ŒUVRES COMPLÈTES
DE VOLTAIRE

TOME TRENTE-QUATRIÈME

PARIS
LIBRAIRIE HACHETTE ET Cⁱᵉ
79, BOULEVARD SAINT-GERMAIN, 79

A LA MÊME LIBRAIRIE

ŒUVRES
DES PRINCIPAUX ÉCRIVAINS FRANÇAIS
VOLUMES IN-18 JÉSUS

On peut se procurer chaque volume de cette série relié en percaline gaufrée, sans être rogné, moyennant 50 cent.; en demi-reliure, dos en chagrin, tranches jaspées, moyennant 1 fr. 50 cent., et avec tranches dorées, moyennant 2 fr. en sus du prix marqué.

1re Série à 1 franc 25 c. le volume.

Barthélemy : *Voyage du jeune Anacharsis en Grèce dans le milieu du IVe siècle avant l'ère chrétienne*. 3 volumes.
Atlas pour le Voyage du jeune Anacharsis, dressé par J.-D. Barbié du Bocage, revu par A.-D. Barbié du Bocage. In-8, 1 fr. 50 c.
Boileau : *Œuvres complètes.* 2 vol.
Bossuet : *Œuvres choisies.* 5 vol.
Corneille : *Œuvres complètes.* 7 vol.
Fénelon : *Œuvres choisies.* 4 vol.
La Fontaine : *Œuvres complètes.* 3 volumes.
Marivaux : *Œuvres choisies.* 2 vol.
Molière : *Œuvres complètes.* 3 vol.
Montaigne : *Essais*, précédés d'une lettre à M. Villemain sur l'éloge de Montaigne, par P. Christian. 2 vol.
Montesquieu : *Œuvres complètes.* 3 volumes.
Pascal : *Œuvres complètes.* 3 vol.
Racine : *Œuvres complètes.* 3 vol.
Rousseau (J.-J.) : *Œuvres complètes.* 13 volumes.
Saint-Simon (le duc de) : *Mémoires complets et authentiques sur le siècle de Louis XIV et la Régence*, collationnés sur le manuscrit original par M. Chéruel, et précédés d'une notice de M. Sainte-Beuve, de l'Académie française. 13 vol.
Sedaine : *Œuvres choisies.* 1 vol.
Voltaire : *Œuvres complètes.* 45 vol.

2e Série à 3 francs 50 cent. le volume.

Chateaubriand : *Le Génie du Christianisme*. 1 vol.
— *Les Martyrs*; — *le Dernier des Abencerrages*. 1 vol.
— *Atala*; — *René*; — *les Natchez*. 1 vol.
Fléchier : *Mémoires sur les Grands Jours d'Auvergne en 1665*, annotés par M. Chéruel et précédés d'une notice par M. Sainte-Beuve 1 vol.
Malherbe : *Œuvres poétiques*, réimprimées pour le texte sur la nouvelle édition des *Œuvres complètes de Malherbe*, publiées par M. Lud. Lalanne dans la Collection des GRANDS ÉCRIVAINS DE LA FRANCE. 1 vol.
Sévigné (Mme de) : *Lettres de Mme de Sévigné, de sa famille et de ses amis*, réimprimées pour le texte sur la nouvelle édition publiée par M. Monmerqué dans la Collection des GRANDS ÉCRIVAINS DE LA FRANCE. 8 vol.

COULOMMIERS. — TYPOGRAPHIE P. BRODARD ET GALLOIS.

ŒUVRES COMPLÈTES

DE VOLTAIRE

Coulommiers. — Typ. P. BRODARD et GALLOIS

ŒUVRES COMPLÈTES

DE VOLTAIRE

TOME TRENTE-QUATRIÈME

PARIS
LIBRAIRIE HACHETTE ET Cie
79, BOULEVARD SAINT-GERMAIN, 79

1890

CORRESPONDANCE.

(SUITE.)

DCCCLXX. — A M. LE MARQUIS D'ARGENSON.

A Beringhen, ce 4 juin.

Je reçois la lettre dont Votre Excellence m'honore, du 28 mai. Je ne savais pas un mot de ce que vous avez vu dans la gazette d'Amsterdam. Nous sommes ici, monsieur, dans un pays barbare, ou, du moins, qui l'a toujours été jusqu'à ce qu'Emilie en soit devenue la souveraine. La gazette de Hollande n'y est pas même connue.

Si vous pouviez donc, monsieur, faire entendre à M. Hérault que je n'ai aucune part à la publication du *désaveu*, que je m'en suis toujours tenu à ses bontés, que j'ai supprimé même tout ce que j'avais fait en ma défense, et que j'espère encore plus que jamais qu'il forcera l'abbé Desfontaines à publier son *désaveu* dans ses *Observations*, vous achèveriez bien dignement cette négociation.

Il est vrai que Rousseau ayant fait, le 10 mai, un voyage à Amsterdam, exprès pour y faire imprimer le libelle de Desfontaines, le gazetier de Hollande m'a rendu un très-grand service en donnant ce contre-poison ; mais, encore une fois, je n'ai appris ce service que par vous.

Puisque vous aimez les odes,

O et præsidium, et dulce decus meum!

vous en aurez donc. Mandez-moi seulement si vous avez l'ode *sur la Superstition*, celle *sur l'Ingratitude*, celle *sur le Voyage des Académiciens*. Mais, je vous prie, n'allez pas préférer une déclamation vague, d'une centaine de vers, à une tragédie dans laquelle il faut créer, conduire, intriguer, et dénouer une action intéressante : ouvrage d'autant plus difficile que les sujets sont plus rares, et qu'il demande une plus grande connaissance du cœur humain. Il est vrai que, puisque ce spectacle est représenté et vu par des hommes et par des femmes, il faut absolument de l'amour. On peut s'en sauver tristement une ou deux fois, mais

Naturam expellas furca, tamen ipsa redibit.
Hor., lib. I, ep. x, v. 24.

Que diront de jeunes actrices ? qu'entendront de jeunes femmes, s'il n'est pas question d'amour ? On joue souvent *Zaïre*, parce qu'elle est tendre; on ne joue point *Brutus*, parce que cette pièce n'est que forte.

Ne croyez pas que ce soit Racine qui ait introduit cette passion au théâtre; c'est lui qui l'a le mieux traitée, mais c'est Corneille qui en a toujours défiguré ses ouvrages. Il n'a presque jamais parlé d'amour qu'en déclamateur, et Racine en a parlé en homme.

Promettez-moi un secret de ministre, et j'aurai l'honneur d'envoyer à Lisbonne plus d'une tragédie, à condition que vous leur donnerez la préférence sur les odes.

Nous n'avons point encore reçu l'essai politique[1] dont vous nous favorisez. Il faut le faire adresser à Bruxelles, et il nous sera fidèlement rendu chez nos Algonquins.

Vous avez grande raison, monsieur, sur notre récitatif. On peut faire de la symphonie italienne, on le doit même; mais on ne doit déclamer à Paris qu'en français, et le récitatif est une déclamation. C'est presque toujours, au reste, la faute du poëte, quand le récitatif ne vaut rien; car peut-on bien déclamer de mauvaises paroles?

J'avais fait, il y a quelques années, des paroles pour Rameau, qui probablement n'étaient pas trop bonnes, et qui d'ailleurs parurent à de grands ministres avoir le défaut de mêler le sacré avec le profane. J'ose croire encore que, malgré le faible des paroles, cet opéra était le chef-d'œuvre de Rameau. Il y avait surtout un certain contraste de guerriers, qui venaient présenter des armes à Samson, et de p...... qui le retenaient, lequel faisait un effet fort profane et fort agréable. Si vous voulez, je vous enverrai encore cette guenille. Quant aux autres misères que vous avez vues dans le portefeuille d'un de vos amis, je puis vous assurer qu'il n'y en a peut-être pas une qui soit de bon aloi; et si vous voulez m'en envoyer copie, je les corrigerai, et j'y mettrai ce qui vous manque, afin que vous ayez mes impertinences complètes.

Il y a trois mois que l'auteur de *Mahomet II* m'envoya son manuscrit. Je trouve qu'il faut beaucoup de génie pour faire porter une tragédie à un terrain si aride et si ingrat. La prétendue barbarie de Mahomet II, accusé d'avoir tué sa maîtresse pour plaire à ses janissaires, est un conte des plus absurdes et des plus ridicules que les chrétiens aient inventés. Cette sottise, et toutes celles qu'on a débitées sur Mahomet II, sont le fruit de la cervelle d'un moine nommé Bandelli. Ces gens-là ne sont bons qu'à tout gâter.

Adieu, monsieur; bon voyage. Puis-je avoir l'honneur de vous faire ma cour à votre retour? N'allez pas vieillir en Portugal. Mme du Châtelet, entourée de barbares, va bientôt avoir la consolation de vous écrire; et moi, je ne cesserai en aucun instant de ma vie de vous être attaché avec la plus tendre et la plus respectueuse reconnaissance.

1. Il s'agit probablement de l'*Essai de l'exercice du tribunal européen pour la France seule*, qui, dans l'édition de 1765, termine les *Considérations*. (ÉD.)

ANNÉE 1739.

DCCCLXXI. — A Frédéric, prince royal de Prusse.

De Bruxelles.

Monseigneur, en revenant de ces tristes terres, dans le voisinage desquelles Votre Altesse royale n'a point été, j'ai l'honneur de lui écrire pour me consoler. J'espère que Votre Altesse royale m'enverra longtemps ses ordres à Bruxelles; je les recevrai beaucoup plus tôt, et plus sûrement que quand ils faisaient tant de cascades de Paris à Bar-le-Duc et à Cirey. Je recevrai au moins vos ordres directement, dans l'espérance qu'un jour, avant de mourir, *videbo dominum meum* facie ad faciem [1].

Je prends la liberté d'adresser à Votre Altesse royale une petite relation, non pas de mon voyage, mais de celui de M. le baron de *Gangan*[2]. C'est une fadaise philosophique qui ne doit être lue que comme on se délasse d'un travail sérieux avec les bouffonneries d'Arlequin. Le véritable ennemi de Machiavel aura-t-il quelques moments pour voyager avec ce baron de *Gangan?* Il y verra au moins un petit article plein de vérité sur les choses de la terre. Je compte vous présenter bientôt un autre tribut de bagatelles poétiques, car je me tiens comptable de mon temps à mon vrai souverain. Les biens des sujets appartiennent, dit-on, aux autres rois; mon cœur et mes moments appartiennent au mien. Mme du Châtelet, son autre sujette, et plus digne ornement de sa cour, lui présente ses respects, selon la permission qu'il nous en a donnée. Elle ne fera ici que plaider; elle trouvera peu de personnes à qui elle puisse parler de philosophie. Les arts n'habitent pas plus à Bruxelles que les plaisirs. Une vie retirée et douce est ici le partage de presque tous les particuliers; mais cette vie douce ressemble si fort à l'ennui, qu'on s'y méprend très-aisément. L'ennui n'approchera point d'une maison qu'Émilie habite, et qui est honorée des lettres de notre prince. Nous sommes dans le quartier le plus retiré, dans la rue de la Grosse-Tour. C'est là que nous nous entretenons tous les jours de ce prince qui sera l'amour de la terre, comme il est le nôtre; et de M. le baron de Kaiserling, si digne de lui plaire et de le voir; et du savant M. Jordan, à qui je porte envie.

Je suis avec le plus profond respect et la plus vive reconnaissance, monseigneur, de Votre Altesse royale, le très-humble, etc.

DCCCLXXII. — A M. Berger.

Bruxelles, le 17 juin.

J'ai fait mille tours; je suis à présent fixé à Bruxelles, et réformé à la suite d'un procès.

Rien ne peut mieux, mon cher monsieur, égayer l'ennui de la chicane que vos agréables lettres. Les nouvelles de Paris en deviennent plus intéressantes, quand elles passent par vos mains. Ma vie est ici

1. *Exode*, XXXIII, v. 11. (ÉD.)
2. Cet ouvrage n'a jamais été connu, du moins sous ce titre. (ÉD.)

aussi uniforme et aussi tranquille qu'elle l'était à Cirey, à cela près qu'on y parle beaucoup moins de Rousseau qui ne se montre nulle part, et dont on ne m'a pas prononcé le nom. M. Pallu m'a écrit, en dernier lieu, qu'il était très-disposé à faire à M. de Billi tous les plaisirs qui dépendront de lui, et cela est, je vous assure, très-indépendant de ma chétive recommandation. Adieu, mon cher ami.

Mes lettres sont aussi stériles que les nouvelles de ce pays-ci. Je vous embrasse de tout mon cœur, et j'attends de vous des lettres aussi longues que la mienne est courte ; car qui écrit bien doit écrire beaucoup.

DCCCLXXIII. — A M. LE MARQUIS D'ARGENSON.

A Bruxelles, 21 juin.

Je reçois, mon cher ami, dans une ville voisine de votre habitation, une de vos très-aimables et très-rares lettres, adressée à Cirey. J'espère que je converserai avec vous incessamment autrement que par lettres.

En attendant, voici, mon cher ami, de quoi vous confirmer dans la bonne opinion que vous avez de Mme du Châtelet. Vous pouvez insérer sous mon nom ce petit *Mémoire* que je vous envoie; je n'y parle que de sa dissertation. Il faut que ma petite planète disparaisse entièrement devant son soleil.

Nous avions travaillé tous deux pour les prix de l'Académie des sciences; les juges nous ont fait l'honneur au moins d'imprimer nos pièces; celle de Mme du Châtelet est le n° VI, et la mienne était le n° VII. M. de Maupertuis, si fameux par sa mesure de la terre, et par son voyage au cercle polaire, était un des juges. Il adjugea le prix au n° VII; mais les autres académiciens, qui malheureusement ne sont pas du sentiment de s'Gravesande et de Boerhaave, ne furent pas de son avis. Au reste on ne soupçonna jamais que le n° VI fût d'une dame. Sans l'opinion trop hardie que le feu n'est point matière, cette dame méritait le prix. Mais le prix véritable, qui est l'estime de l'Europe savante, est bien dû à une personne de son sexe, de son âge et de son rang, qui a le courage, et la force, et le temps de faire de si bons et de si pénibles ouvrages, au milieu des plaisirs et des affaires.

Savez-vous bien que, pendant quelques jours, nous avons séjourné dans une terre qui n'est qu'à huit lieues de Maëstricht ? mais la multitude prodigieuse des affaires qui accablaient notre héroïne nous a empêchés de profiter du voisinage. Son intention était bien de vous prier de la venir voir; mais ce qui est différé est-il perdu?

Parmi les fausses nouvelles dont on est inondé, il faut ranger la prétendue impression de ma prétendue histoire littéraire du siècle de Louis XIV. La vérité est que j'ai commencé, il y a plusieurs années, une histoire de ce siècle qui doit être le modèle des âges suivants; mais mon projet embrasse tout ce qui s'est fait de grand et d'utile ; c'est un tableau de tout le siècle, et non pas d'une partie.

Je vous enverrai le commencement, et vous jugerez du plan de mon ouvrage; mais il faut des années pour qu'il soit en état de paraître

Ne croyez pas que dans cette histoire, ni dans aucun autre ouvrage, je marque du mépris pour Bayle et Descartes; je serais trop méprisable.

J'avoue, à la vérité, avec tous les vrais physiciens, sans exception, avec les Newton, les Halley, les Keill, les s'Gravesande, les Musschenbroeck, les Boerhaave, etc., que la véritable philosophie expérimentale et celle du calcul ont absolument manqué à Descartes. Lisez sur cela une petite *Lettre* que j'ai écrite à M. de Maupertuis, et que du Sauzet a imprimée. Il y a une grande différence entre le mérite d'un homme et celui de ses ouvrages. Descartes était infiniment supérieur à son siècle, j'entends au siècle de France; car il n'était pas supérieur aux Galilée, aux Keppler. Ce siècle-ci, enrichi des plus belles découvertes inconnues à Descartes, laisse la faible aurore de ce grand homme absorbée dans le jour que les Newton et d'autres ont fait luire. En un mot, estimons la personne de Descartes, cela est juste, mais ne le lisons point; il nous égarerait en tout. Tous ses calculs sont faux, tout est faux chez lui, hors la sublime application qu'il a faite le premier de l'algèbre à la géométrie.

A l'égard de Bayle, ce serait une grande erreur de penser que je voulusse le rabaisser. On sait assez en France comment je pense sur ce génie facile, sur ce savant universel, sur ce dialecticien aussi profond qu'ingénieux.

> Par le fougueux Jurieu Bayle persécuté
> Sera des bons esprits à jamais respecté;
> Et le nom de Jurieu, son rival fanatique,
> N'est aujourd'hui connu que par l'horreur publique.

Voilà ce que j'en ai dit dans une *Epître sur l'Envie*, que je vous enverrai, si vous voulez.

Quel a donc été mon but en réduisant en un seul tome le bel esprit de Bayle? De faire sentir ce qu'il pensait lui-même, ce qu'il a dit et écrit à M. Desmaiseaux. ce que j'ai vu de sa main; qu'il aurait écrit moins s'il eût été le maître de son temps. En effet, quand il s'agit simplement de goût, il faut écarter tout ce qui est inutile, écrit lâchement et d'une manière vague.

Il ne s'agit pas d'examiner si les articles de deux cents professeurs plaisent aux gens du monde ou non, mais de voir que Bayle, écrivant si rapidement sur tant d'objets différents, n'a jamais châtié son style. Il faut qu'un écrivain tel que lui se garde du style étudié et trop peigné; mais une négligence continuelle n'est pas tolérable dans des ouvrages sérieux. Il faut écrire dans le goût de Cicéron, qui n'aurait jamais dit qu'*Abélard* s'amusait à tâtonner *Héloïse, en lui apprenant le latin.* De pareilles choses sont du ressort du goût, et Bayle est trop souvent répréhensible en cela, quoique admirable d'ailleurs. Nul homme n'est sans défaut; le dieu du goût remarque jusqu'aux petites fautes échappées à Racine, et c'est cette attention même à les remarquer qui fait le plus d'honneur à ces grands hommes. Ce ne sont pas les grandes fautes des Boyer, des Danchet, des Pellegrin, ces fautes ignorées qu'il faut relever, mais les petites fautes des grands écrivains; car ils sont nos modèles, et il faut craindre de ne leur ressembler que par leur mauvais côté.

Je vais chercher ici vos *Mémoires de la république des lettres*, et tous vos ouvrages. Les cérémonies par lesquelles on passe en France, avant de pouvoir avoir dans sa bibliothèque un livre de Hollande, sont terribles. Il est aussi difficile de faire venir certains bons livres que d'arrêter l'inondation des mauvais qu'on imprime à Paris avec approbation et privilège.

On m'a mandé qu'un jésuite, nommé Brumoi, a fait imprimer un certain *Tamerlan*[1] d'un certain jésuite nommé Margat. L'auteur est mort, et l'éditeur exilé, à ce qu'on dit, parce que ce *Tamerlan* est, dit-on, plein des plus horribles calomnies qu'on ait jamais vomies contre feu M. le duc d'Orléans, régent du royaume.

Je connais l'ouvrage fanatique du petit jésuite[2] contre Bayle. Vous faites très-bien de le réfuter et de confondre les bavards syllogismes d'un autre vieux pédant. Il est bon de faire voir que les honnêtes gens ne sont pas gouvernés par ces pédagogues raisonneurs, éternels ennemis de la raison. Mais je vous prie de bien distinguer entre les disciples d'un grand homme qui trouvent des fautes dans celui qu'ils aiment, et des ennemis jurés qui voudraient ruiner à la fois la réputation du philosophe et la bonne philosophie. Ne confondez donc pas celui qui trouve que Raphael manque de coloris, et celui qui brûle ses tableaux.

Ce mot *brûler* me rappelle toujours Desfontaines. Vous savez peut-être que, par surcroît de reconnaissance, il avait fait contre moi, ou plutôt contre lui, un libelle affreux, il y a quelques mois. Il niait dans ce libelle jusqu'à l'obligation qu'il m'a de n'avoir pas été brûlé vif, et il y ajoutait les plus infâmes calomnies. Tout le public, révolté contre ce misérable, voulait que je le poursuivisse en justice; mais je n'ai pas voulu perdre mon repos, et quitter mes amis pour faire punir un coquin. M. Hérault a pris ma défense, que j'abandonnais, l'a fait comparaître à la police, et, après l'avoir menacé du cachot, lui a fait signer la rétractation que vous avez pu voir dans les papiers publics.

Adieu, mon cher ami; je vous embrasse avec le plaisir d'un homme qui voit d'aussi beaux talents que les vôtres consacrés aux belles-lettres, et avec l'espérance que les petites fautes de la jeunesse ne vous empêcheront point de jouir du sort heureux que vous méritez.

DCCCLXXIV. — A M. LE MARQUIS D'ARGENSON.

A Bruxelles, ce 21 juin.

Je viens, monsieur, de lire un ouvrage qui m'a consolé de la foule des mauvais dont on nous inonde. Vous m'avez fait bien des plaisirs; mais voici le plus grand de vos bienfaits. Il ne s'agit pas ici de vous louer; je suis trop pénétré pour y songer. Je ne crains que d'être trop

---

1. *Histoire de Tamerlan, empereur des Mogols*, par le P. de Margat. (ÉD.)
2. Jean Le Febure, ou Le Febvre. (ÉD.)

prévenu en faveur d'un ouvrage où je retrouve la plupart de mes idées. Vous m'avez défendu de vous donner des louanges, mais vous ne m'avez pas défendu de m'en donner. Je vais donc me donner, à moi, de grands coups d'encensoir; je vais me féliciter d'avoir toujours pensé que le gouvernement féodal était un gouvernement de barbares et de sauvages un peu à leur aise; encore les sauvages aiment-ils l'égalité.

Il ne faut que des yeux pour voir que les villes gouvernées municipalement sont riches, et que la Pologne n'a que des bourgades pauvres. Je suis fâché de ne pouvoir me louer sur les pensionnaires perpétuels, mais, en vérité, cette idée m'a charmé, comme si elle était de moi. Il me semble que vous avez éclairci, dans un système très-bien suivi, les idées confuses et les souhaits sincères de tout bon citoyen. En mon particulier, je vous remercie des belles choses que vous dites sur la vénalité des charges : malheureuse invention qui a ôté l'émulation aux citoyens et qui a privé les rois de la plus belle prérogative du trône.

Comme j'avais peu de bien quand j'entrai dans le monde, j'eus l'insolence de penser que j'aurais une charge comme un autre, s'il avait fallu l'acquérir par le travail et la bonne volonté. Je me jetai du côté des beaux-arts, qui portent toujours avec eux un certain air d'avilissement, attendu qu'ils ne donnent point d'exemptions, et qu'ils ne font point un homme conseiller du roi en ses conseils. On est maître des requêtes avec de l'argent, mais avec de l'argent on ne fait point un poëme épique, et j'en fis un.

Grand merci encore de ce que l'indigne éloge donné à cette vénalité, dans le *Testament politique* attribué au cardinal de Richelieu, vous a fait penser que ce testament n'était point de ce ministre. Je crois, en dépit de toute l'Académie française, que cet ouvrage fut fait par l'abbé de Bourzeis, dont j'ai cru reconnaître le style.

Il y a de plus des contradictions évidentes dans ce livre, lesquelles ne peuvent être attribuées au cardinal de Richelieu; des idées, des projets, des expressions indignes, ce me semble, d'un ministre. Croira-t-on que le cardinal de Richelieu ait appelé la dame d'honneur de la reine *la Dufargis*, en parlant au roi? qu'il ait appelé le duc de Savoie *ce pauvre prince?* qu'il ait, dans un tel ouvrage, parlé à un roi de quarante-deux ans, comme on apprend le catéchisme à un enfant? qu'un ministre ait nommé les rentes à sept pour cent *les rentes au denier sept?*

Tout l'écrit fourmille de ces manques de bienséance, ou de fautes grossières. On trouve, dans un chapitre, que le roi n'avait que trente-trois millions de revenu; on trouve tout autre chose dans un autre. Je devais remarquer d'abord qu'il est question, dès le commencement, d'une paix générale qui n'a jamais été faite, et que le cardinal n'avait nulle envie ni nul intérêt de faire. C'est une preuve assez forte, à mon sens, que tout cela fut écrit par un homme savant et oisif, qui comptait qu'on allait faire la paix. Songeons encore que ce *Testament*, autant qu'il m'en souvient, commence par faire ressouvenir le roi que le cardinal, *en entrant au conseil*, promit à Louis XIII d'abaisser les grands, les huguenots, et la maison d'Autriche. Je soutiens, moi, qu'un tel projet, *en entrant au conseil*, est d'un fanfaron peu fait pour l'exécuter; et j'ajoute qu'en 1624, quand Richelieu entra au conseil, par la faveur de la reine mère, il était fort loin encore d'être premier ministre.

Je me suis un peu étendu sur cet article; le temps qui presse m'empêche de suivre en détail votre ouvrage d'Aristide; Mme du Châtelet le lit à présent. Nous vous en parlerons plus au long, si vous le permettez; mais tout se réduira à regarder l'auteur comme un excellent serviteur du roi, et comme l'ami de tous les citoyens.

Comment avez-vous eu le courage, vous qui êtes d'une aussi ancienne maison que M. de Boulainvilliers, de vous déclarer si généreusement contre lui et contre ses fiefs? J'en reviens toujours là; vous vous êtes dépouillé du préjugé le plus cher aux hommes en faveur du public.

Nous résistons à l'envie la plus forte de faire une copie de ce bel ouvrage; nous sommes aussi honnêtes gens que vous, dignes de votre confiance, et nous ne ferons pas transcrire un mot sans votre permission. Nous vous demanderions celle d'envoyer l'ouvrage au prince royal de Prusse, si vous étiez disposé à l'accorder. Faire connaître cet ouvrage au prince, ce serait lui rendre un très-grand service. Je m'imagine que je contribuerais par là au bonheur de tout un peuple.

On m'annonce une nouvelle qui ne contribuera pas à mon bonheur particulier. On m'écrit que l'abbé Desfontaines a eu la permission de désavouer son *désaveu* même; qu'il a assuré, dans une de ses feuilles, que ce prétendu *désaveu* était une pièce supposée. Cette nouvelle, qui me vient de la Hollande, m'a l'air d'être très-fausse[1]; du moins je le souhaite.

Comment Desfontaines aurait-il eu l'insolence de nier un *désaveu* minuté de votre main, écrit et signé de la sienne, et déposé au greffe de la police? comment oserait-il s'avouer, dans ses feuilles, auteur d'un libelle infâme? et si, en effet, il est capable d'une pareille turpitude, comment pourrait-il désobéir aux ordres de M. Hérault, et nier dans ses feuilles un *désaveu* que M. Hérault lui ordonnait d'y insérer?

Si vous êtes encore à Paris, monsieur, j'ose vous supplier d'en dire un mot.

Je me sers de l'adresse que vous m'avez donnée, dans l'incertitude où je suis de votre départ. Mme du Châtelet, entourée de devoirs, de procès, et de tout ce qui accompagne un établissement, a bien du regret de ne pouvoir vous écrire aujourd'hui, et vous marquer elle-même ce qu'elle pense de l'ouvrage et de l'auteur.

Adieu, monsieur, allez faire aimer les Français en Portugal, et laissez-moi l'espérance de revoir un homme qui fait tant d'honneur à la France. Un Anglais fit mettre sur son tombeau : CI-GÎT L'AMI DE PHI-

1. Cette nouvelle était fausse en effet; son désaveu existe, et nous l'avons en original. (*Éd. de Kehl.*)

LIPPE SIDNEY; permettez-moi que mon épitaphe soit : CI-GIT L'AMI DU MARQUIS D'ARGENSON.

Voilà une charge qu'on n'a point avec de la finance, et que je mérite par le plus respectueux attachement et la plus haute estime.

DCCCLXXV. — DE FRÉDÉRIC, PRINCE ROYAL DE PRUSSE.

A Remusberg, le 26 juin.

Mon cher ami, je souhaiterais beaucoup que votre étoile errante se fixât, car mon imagination déroutée ne sait plus de quel côté du Brabant elle doit vous chercher. Si cette étoile errante pouvait une fois diriger vos pas du côté de notre solitude, j'emploierais assurément tous les secrets de l'astronomie pour arrêter son cours; je me jetterais même dans l'astrologie; j'apprendrais le grimoire, et je ferais des invocations à tous les dieux et à tous les diables, pour qu'ils ne vous permissent jamais de quitter ces contrées. Mais, mon cher Voltaire, Ulysse, malgré les enchantements de Circé, ne pensait qu'à sortir de cette île, où toutes les caresses de la déesse magicienne n'avaient pas tant de pouvoir sur son cœur que le souvenir de sa chère Pénélope. Il me paraît que vous seriez dans le cas d'Ulysse, et que le puissant souvenir de la belle Émilie et l'attraction de son cœur auraient sur vous un empire plus fort que mes dieux et mes démons. Il est juste que les nouvelles amitiés le cèdent aux anciennes; je le cède donc à la marquise, toutefois à condition qu'elle maintiendra mes droits de second contre tous ceux qui voudraient me les disputer.

J'ai cru que je pourrais aller assez vite dans ce que je m'étais proposé d'écrire contre Machiavel, mais j'ai trouvé que les jeunes gens ont la tête un peu trop chaude. Pour savoir tout ce qu'on a écrit sur Machiavel, il m'a fallu lire une infinité de livres, et, avant que d'avoir tout digéré, il me faudra encore quelque temps. Le voyage que nous allons faire en Prusse ne laissera pas que de causer encore quelque interruption à mes études, et retardera *la Henriade*, *Machiavel*, et *Euryale*.

Je n'ai point encore de réponse d'Angleterre; mais vous pouvez compter que c'est une chose résolue, et que *la Henriade* sera gravée. J'espère pouvoir vous donner des nouvelles de cet ouvrage et de l'avant-propos à mon retour de Prusse, qui pourra être vers le 15 d'août.

Un prince oisif est, selon moi, un animal peu utile à l'univers. Je veux du moins servir mon siècle en ce qui dépend de moi; je veux contribuer à l'immortalité d'un ouvrage qui est utile à l'univers; je veux multiplier un poëme où l'auteur enseigne le devoir des grands et le devoir des peuples, une manière de régner peu connue des princes, et une façon de penser qui aurait ennobli les dieux d'Homère autant que leurs cruautés et leurs caprices les ont rendus méprisables.

Vous faites un portrait vrai, mais terrible, des guerres de religion, de la méchanceté des prêtres, et des suites funestes du faux zèle. Ce sont des leçons qu'on ne saurait assez répéter aux hommes, que leurs folies passées devraient du moins rendre plus sages dans leur façon de se conduire à l'avenir.

Ce que je médite contre le machiavélisme est proprement une suite de *la Henriade*. C'est sur les grands sentiments de Henri IV que je forge la foudre qui écrasera César Borgia.

Pour *Nisus et Euryale*, ils attendront que le temps et vos corrections aient fortifié ma verve.

J'envoie par le lieutenant Shilling le vin de Hongrie, sous l'adresse du duc d'Aremberg. Il est sûr que ce duc est le patriarche des bons vivants; il peut être regardé comme père de la joie et des plaisirs. Silène l'a doué d'une physionomie qui ne dément point son caractère, et qui fait connaître en lui une volupté aimable et décrassée de tout ce que la débauche a d'obscénités.

J'espère que vous respirerez en Brabant un air plus libre qu'en France, et que la sécurité de ce séjour ne contribuera pas moins que les remèdes à la santé de votre corps. Je vous assure qu'il m'intéresse beaucoup, et qu'il ne se passe aucun jour que je ne fasse des vœux, en votre faveur, à la déesse de la santé.

J'espère que tous mes paquets vous seront parvenus. Mandez-m'en, s'il vous plaît, quelques petits mots. On dit que les plaisirs se sont donné rendez-vous sur votre route;

> Que la danse et la comédie,
> Avec leur sœur la mélodie,
> Toutes trois firent le dessein
> De vous escorter en chemin,
> Suivies de leur bande joyeuse;
> Et qu'en tous lieux leur troupe heureuse,
> Devant vos pas semant des fleurs,
> Vous a rendu tous les honneurs
> Qu'au sommet de la double croupe,
> Gouvernant sa divine troupe,
> Apollon reçoit des neuf sœurs.

On dit aussi

> Que la politesse et les grâces
> Avec vous quittèrent Paris;
> Que l'ennui froid a pris les places
> De ces déesses et des ris;
> Qu'en cette région trompeuse,
> La politique frauduleuse
> Tient le poste de l'équité;
> Que la timide honnêteté,
> Redoutant le pouvoir inique
> D'un prélat fourbe et despotique
> Ennemi de la liberté,
> S'enfuit avec la vérité.

Voilà une gazette poétique de la façon qu'on les fait à Remusberg. Si vous êtes friand de nouvelles, je vous en promets en prose ou en vers, comme vous les voudrez, à mon retour.

Mille assurances d'estime à la divine Émilie, ma rivale dans votre cœur. J'espère que vous tiendrez les engagements de docilité que vous avez pris avec un Superville[1]. Césarion vous dit tout ce qu'un cœur comme le sien pense, lorsqu'il a été assez heureux pour connaître le vôtre ; et moi, je suis plus que jamais votre fidèle ami, FRÉDÉRIC.

DCCCLXXVI. — A M. BERGER.

A Bruxelles.

Je reçois vos lettres du 25 ; vous ne pouvez ajouter, monsieur, au plaisir que me font vos lettres, qu'en détruisant le bruit qui se répand que j'ai envoyé mon *Siècle de Louis XIV* à Prault. Je sais qu'on n'en a que des copies très-infidèles, et je serais fâché que les copies ou l'original fussent imprimés.

Je n'aurai jamais d'aussi brillantes nouvelles à vous apprendre que celles que vous nous envoyez ; c'est ici le pays de l'uniformité. Bruxelles est si peu bruyant que la plus grande nouvelle d'aujourd'hui est une très-petite fête que je donne à Mme du Châtelet, à Mme la princesse de Chimai[2], et à M. le duc d'Aremberg. Rousseau, je crois, n'en sera pas. C'est sûrement la première fête qu'un poète ait donnée à ses dépens, et où il n'y ait point de poésie. J'avais promis une devise fort galante pour le feu d'artifice, mais j'ai fait faire de grandes lettres bien lumineuses qui disent : *Je suis du jeu, va tout ;* cela ne corrigera pas nos dames, qui aiment un peu trop le brelan ; je n'ai pourtant fait cela que pour les corriger.

Si vous voyez M. Bouchardon, qui élève des monuments un peu plus durables pour sa gloire et pour celle de sa nation, je vous prie de lui faire mes sincères compliments ; vous savez que les Phidias me sont aussi chers que les Homères.

Continuez, mon cher ami, à m'écrire de très-longues lettres qui me dédommagent de tout ce que je ne vois pas à Paris. Mille compliments à M. de Crébillon, à M. de La Bruère. N'oubliez pas de dire à l'abbé Dubos combien je l'estime et je l'aime. Adieu.

DCCCLXXVII. — A M. THIERIOT.

Enghien, le 30 juin.

Vous devriez bien me mander des nouvelles de votre santé et de la république des lettres. Avez-vous encore un Smith[3] ?

Il y a un Gordien d'Afrique dans les médailles dont je vous ai parlé ; informez-en l'abbé de Rothelin, je vous en prie.

Je vous écris d'une maison dont Rousseau a été chassé pour jamais, en juste punition de ses calomnies. Je vous dirais bien des choses, mais je suis encore tout malade d'un saisissement qui me fit presque

---

1. Médecin. (ÉD.)
2. Fille du duc de Saint-Simon auteur des *Mémoires*. (ÉD.)
3. Robert Smith, physicien anglais. (ÉD.)

évanouir, en voyant tomber à mes pieds, du haut d'un troisième étage, deux charpentiers que je faisais travailler. Je m'avisai avant-hier, à Bruxelles, de donner une fête à Mme du Châtelet, à Mme la princesse de Chimai, et à M. le duc d'Aremberg. Figurez-vous ce que c'est que de voir choir deux pauvres artisans, et d'être tout couvert de leur sang. Je vois bien que ce n'est pas à moi de donner des fêtes. Ce triste spectacle corrompit tout le plaisir de la plus agréable journée du monde. Je regrette beaucoup celles que je passais avec vous à Cirey, et je compte vous revoir à Paris, l'hiver prochain.

Mes compliments, je vous prie, aux êtres pensants qui pensent à moi, surtout à *sir Isaac*[1].

DCCCLXXVIII. — A M. HELVÉTIUS.

A Enghien, ce 6 juillet.

Je vois, mon charmant ami, que je vous avais écrit d'assez mauvais vers, et qu'Apollon n'a pas voulu qu'ils vous parvinssent. Ma lettre était adressée à Charleville, où vous deviez être, et j'avais eu soin d'y mettre une petite apostille, afin que la lettre vous fût rendue, en quelque endroit de votre département que vous fussiez. Vous n'avez rien perdu, mais moi j'ai perdu l'idée que vous aviez de mon exactitude. Mon amitié n'est point du tout négligente. Je vous aime trop pour être paresseux avec vous. J'attends, mon bel Apollon, votre ouvrage, avec autant de vivacité que vous le faites. Je comptais vous envoyer de Bruxelles ma nouvelle édition de Hollande, mais je n'en ai pas encore reçu un seul exemplaire de mes libraires. Il n'y en a point à Bruxelles, et j'apprends qu'il y en a à Paris. Les libraires de Hollande, qui sont des corsaires maladroits, ont sans doute fait beaucoup de fautes dans leur édition, et craignent que je ne la voie assez tôt pour m'en plaindre et pour la décrier. Je ne pourrai en être instruit que dans quinze jours. Je suis actuellement, avec Mme du Châtelet, à Enghien, chez M. le duc d'Aremberg, à sept lieues de Bruxelles. Je joue beaucoup au brelan; mais nos chères études n'y perdent rien. Il faut allier le travail et le plaisir; c'est ainsi que vous en usez, et c'est un petit mélange que je vous conseille de faire toute votre vie; car, en vérité, vous êtes né pour l'un et pour l'autre.

Je vous avoue, à ma honte, que je n'ai jamais lu l'*Utopie* de Thomas Morus; cependant je m'avisai de donner une fête, il y a quelques jours, dans Bruxelles, sous le nom de l'envoyé d'Utopie. La fête était pour Mme du Châtelet, comme de raison; mais croiriez-vous bien qu'il n'y avait personne dans la ville qui sût ce que veut dire *Utopie?* Ce n'est pas ici le pays des belles-lettres. Les livres de Hollande y sont défendus, et je ne peux pas concevoir comment Rousseau a pu choisir un tel asile. Ce doyen des médisants, qui a perdu depuis longtemps l'art de médire, et qui n'en a conservé que la rage, est ici aussi inconnu que les belles-lettres. Je suis actuellement dans un château où il n'y a jamais eu de livres que ceux que Mme du Châtelet et moi nous avons

1. Prénom de Newton donné là à Maupertuis. (ÉD.)

apportés; mais, en récompense, il y a des jardins plus beaux que ceux de Chantilly, et on y mène cette vie douce et libre qui fait l'agrément de la campagne. Le possesseur de ce beau séjour vaut mieux que beaucoup de livres; je crois que nous allons y jouer la comédie; on y lira du moins les rôles des acteurs.

J'ai bien un autre projet en tête; j'ai fini ce *Mahomet* dont je vous avais lu l'ébauche. J'aurais grande envie de savoir comment une pièce d'un genre si nouveau et si hasardé réussirait chez nos galants Français; je voudrais faire jouer la pièce et laisser ignorer l'auteur. A qui puis-je mieux me confier qu'à vous? N'avez-vous pas en main cet ami de Paris qui vous doit tout et qui aime tant les vers? Ne pourriez-vous pas la lui envoyer? ne pourrait-il pas la lire aux comédiens? Mais lit-il bien? car une belle prononciation et une lecture pathétique sont une bordure nécessaire au tableau. Voyez, mon cher ami; donnez-moi sur cela vos réflexions.

Quelle est donc cette Mme Lambert à qui je dois des compliments? Vous me faites des amis des gens qui vous aiment; je serai bientôt aimé de tout le monde.

Adieu. Mme du Châtelet vous estime, vous aime, vous n'en doutez pas. Nos cœurs sont à vous pour jamais; elle vous a écrit comme moi à Charleville. Adieu; je vous embrasse du meilleur de mon âme.

DCCCLXXIX. — DE FRÉDÉRIC, PRINCE ROYAL DE PRUSSE.

A Berlin, le 7 juillet.

Mon cher ami, j'ai reçu l'ingénieux *Voyage du baron de Gangan*, à l'instant de mon départ de Remusberg; il m'a beaucoup amusé, ce voyageur céleste, et j'ai remarqué en lui quelque satire et quelque malice qui lui donne beaucoup de ressemblance avec les habitants de notre globe, mais qu'il ménage si bien, qu'on voit en lui un jugement plus mûr et une imagination plus vive qu'en tout autre être pensant. Il y a, dans ce *Voyage*, un article où je reconnais la tendresse et la prévention de mon ami en faveur de l'éditeur de *la Henriade*. Mais souffrez que je m'étonne qu'en un ouvrage où vous rabaissez la vanité ridicule des mortels, où vous réduisez à sa juste valeur ce que les hommes ont coutume d'appeler grand; qu'en un ouvrage où vous abattez l'orgueil et la présomption, vous vouliez nourrir mon amour-propre, et fournir des arguments à la bonne opinion que je puis avoir de moi-même.

Tout ce que je puis me dire à ce sujet peut se réduire à ceci, qu'un cœur pénétré d'amitié voit les objets d'une autre manière qu'un cœur insensible et indifférent.

J'espère que ma dernière lettre vous sera parvenue en compagnie du vin de Hongrie. Votre séjour de Bruxelles n'accélérera guère notre correspondance, durant quelque temps, car je pars incessamment pour un voyage aussi ennuyeux que fatigant. Nous parcourrons, en cinq semaines, plus de mille milles d'Allemagne; nous passerons par des endroits peu habités, et qui me conviennent à peu près comme le pays des Gètes, qui servait d'exil à Ovide. Je vous prie de redoubler votre correspondance, car il ne me faut pas moins que deux de vos lettres toutes les semaines pour me garantir d'un ennui insupportable.

Bruxelles et presque toute l'Allemagne se ressentent de leur ancienne barbarie; les arts y sont peu en honneur, et, par conséquent, peu cultivés. Les nobles servent dans les troupes, ou, avec des études très-légères, ils entrent dans le barreau, où ils jugent, que c'est un plaisir. Les gentillâtres bien rentés vivent à la campagne, ou plutôt dans les bois, ce qui les rend aussi féroces que les animaux qu'ils poursuivent. La noblesse de ce pays-ci ressemble en gros à celle des autres provinces d'Allemagne, mais à cela près qu'ils ont plus d'envie de s'instruire, plus de vivacité, et, si j'ose dire, plus de génie que la plus grande partie de la nation, et principalement que les Westphaliens, les Franconiens, les Souabes et les Autrichiens; ce qui fait qu'on doit s'attendre un jour à voir ici les arts tirés de la roture et habiter les palais et les bonnes maisons. Berlin principalement contient en soi (si je puis m'exprimer ainsi) les étincelles de tous les arts; on voit briller le génie de tous côtés, et il ne faudrait qu'un souffle heureux pour rendre la vie à ces sciences qui rendirent Athènes et Rome plus fameuses que leurs guerres et leurs conquêtes.

Vous devez trouver la différence de la vie de Paris et de Bruxelles bien plus sensible qu'un autre, vous qui ne respiriez qu'au centre des arts, vous qui aviez réuni à Cirey tout ce qu'il y a de plus voluptueux, de plus piquant dans les plaisirs de l'esprit.

La gravité espagnole de l'archiduchesse, le cérémonial guindé de sa petite cour n'inspirera guère de vénération à un philosophe qui apprécie les choses selon leur valeur intrinsèque; et je suis sûr que le baron de *Gangan* en sentira le ridicule s'il pousse ses voyages jusqu'à Bruxelles.

Adieu, mon cher ami; je pars. Fournissez-moi, je vous prie, de tout ce que votre plume produira, car mon esprit court grand risque de mourir d'inanition, à moins que vos soins ne lui conservent la vie.

Je travaillerai, autant que le temps me le permettra, contre Machiavel et pour *la Henriade;* et j'espère de pouvoir vous envoyer de Kœnisberg l'avant-propos de la nouvelle édition.

Mille assurances d'estime à la divine Émilie. Je ne comprends point comment on peut plaider contre elle et de quelle nature peut être le procès qu'on lui intente. Je ne connaîtrais d'autres intérêts à discuter avec elle que ceux du cœur.

Ménagez votre santé; n'oubliez point que je m'intéresse beaucoup à votre conservation, et que j'ai lié d'une manière indissoluble mon contentement à votre prospérité. Je suis à jamais, mon cher ami, votre très-fidèlement affectionné ami,   Fédéric.

Le médecin que je vous ai recommandé s'appelle Superville. C'est un homme sur l'expérience et le savoir duquel on peut faire fond. Adressez-moi les lettres que vous lui écrirez, je vous ferai tenir ses réponses; mais surtout ne négligez point ses avis, et j'ai lieu d'espérer qu'on redressera la faiblesse de votre tempérament, et les infirmités dont votre vie serait rongée.

DCCCLXXX. — A M. L'ABBÉ MOUSSINOT.

A Enghien, près de Bruxelles, le 9 juillet.

J'aurai donc le plaisir de vous voir en Flandre, mon cher abbé. Vous achèterez pour ce qu'il vous plaira de tableaux; mais, en attendant, procurez-moi pour Bruxelles une lettre de change de deux cent cinquante louis. Grondez bien fort ce diable d'Hébert qui ne finit pas un joli petit ouvrage qu'il a commencé et promis depuis six mois. Faites graver une estampe sur le portrait de La Tour, qui soit moins grossière que celle de notre ivrogne.

Pensez aussi, mon cher abbé, que nous sommes dans le temps de notre petite collecte, et que, s'il est possible, nous ne devons rien laisser en arrière. Une lettre à chaque débiteur ne coûte pas beaucoup, si elle n'est guère profitable. Il n'y a point de temps à perdre, ni d'autre parti à prendre, que de faire saisir en mon nom les biens de M. de Lézeau, qui ne veut ni payer, ni compter, ni s'arranger, ni fournir délégation pour cinq mille livres qu'il me doit. J'entends aussi que, dans cette cérémonie de procureur et d'huissier, on ne fasse que les frais indispensables.

Mouhi, mon correspondant, me donne bien de fausses nouvelles, entre autres que je suis brouillé avec Mme du Châtelet. Donnez-lui toujours deux louis d'or, comme si les nouvelles étaient bien bonnes, et portez-vous bien, mon cher abbé.

DCCCLXXXI. — A FRÉDÉRIC, PRINCE ROYAL DE PRUSSE.

A Bruxelles.

Monseigneur, Émilie et moi chétif, nous avons reçu, au milieu des plaisirs d'Enghien, le plus grand plaisir dont nous puissions être flattés. Un homme[1], qui a eu le bonheur de voir mon jeune Marc-Aurèle, nous a apporté de sa part une lettre charmante, accompagnée d'écritoires d'ambre et de boîtes à jouer.

Avec combien d'impatience
Monsieur Gérard nous vit saisir
Ces instruments de la science,
Aussi bien que ceux du plaisir!
Tout est de notre compétence.

Nous jouons donc, monseigneur, avec vos jetons, et nous écrivons avec vos plumes d'ambre.

Cet ambre fut formé, dit-on,
Des larmes que jadis versèrent

1. David Gérard. (ÉD.)

Les sœurs du brillant Phaéton,
Lorsqu'en pins elles se changèrent,
Pour servir, sans doute, au bûcher
Du plus infortuné cocher
Que jamais les dieux renversèrent.

Ces dieux renversent tous les jours de ces cochers qui se mêlent de nous conduire, et ils trouvent rarement des amis qui les pleurent.

A notre retour d'Enghien, à peine arrivons-nous à Bruxelles, qu'une nouvelle consolation m'arrive encore, et je reçois, par la voie d'Amsterdam, une lettre du 7 juillet, de Votre Altesse royale. Il paraît qu'elle connaît le pays où je suis. J'y vois beaucoup de princes et peu d'hommes, c'est-à-dire d'hommes pensants et instruits.

Que vont donc devenir, monseigneur, dans votre ville de Berlin, ces sciences que vous encouragez et à qui vous faites tant d'honneur? qui remplacera M. de La Croze? ce sera sans doute M. Jordan; il me semble qu'il est dans le vrai chemin de la grande érudition. Après tout, monseigneur, il y aura toujours des savants; mais les hommes de génie, les hommes qui, en communiquant leur âme, rendent savants les autres; ces fils aînés de Prométhée, qui s'en vont distribuant le feu céleste à des masses mal organisées, il y en aura toujours très-peu, dans quelque pays que ce puisse être. La marquise jette à présent tout son feu sur ce triste procès qui lui a fait quitter sa douce solitude de Cirey; et moi je réunis mes petites étincelles pour former quelque chose de neuf qui puisse plaire au moderne Marc-Aurèle.

Je prends donc la liberté de lui envoyer ce premier acte d'une tragédie [1] qui me paraît, sinon dans un bon goût, au moins dans un goût nouveau. On n'avait jamais mis sur le théâtre la superstition et le *fanatisme*. Si cet essai ne déplaît pas à mon juge, il aura le reste, acte par acte.

Je comptais avoir l'honneur de lui envoyer ce commencement par M. de Valori, qui va résider auprès de Sa Majesté. Il est digne, à ce qu'on dit, d'avoir l'honneur de dîner avec le père et de souper avec le fi*s*. Je l'attends de jour en jour à Bruxelles; j'espère que ce sera un nouveau protecteur que j'aurai auprès de Votre Altesse royale.

Les *mille milles* d'Allemagne qu'elle va faire retarderont un peu la défaite de Machiavel et les instructions que j'attends de la main la plus respectable et la plus chère. J'ignore si M. de Kaiserling a le bonheur d'accompagner Votre Altesse royale; ou je le plains, ou je l'envie.

J'écrirai donc à M. de Superville. Je n'ai de foi aux médecins que depuis que Votre Altesse royale est l'Esculape qui daigne veiller sur ma santé.

Émilie va quitter ses avocats pour avoir l'honneur d'écrire au patron des arts et de l'humanité. Je suis, etc.

1. *Le Fanatisme, ou Mahomet le Prophète*. (ÉD.)

ANNÉE 1739.

DCCCLXXXII. — A M. LE MARQUIS D'ARGENS.

A Bruxelles, ce 18 juillet.

Êtes-vous parti? pour moi je pars dans la minute. Mes compliments, mon cher ami, au R. P. Janssens[1], jésuite de Bruxelles, lequel a persuadé à la pauvre Mme Viana que son mari était mort hérétique, et que, par conséquent, elle ne pouvait en conscience garder de l'argent chez elle, et qu'il fallait remettre tout entre les mains de son confesseur. La dame Viana, pleine de componction, lui a confié tout son argent. Le cocher qui a aidé le révérend père à porter les sacs dépose juridiquement contre le révérend père. Le bonhomme dit qu'il ne sait ce que c'est et prie Dieu pour eux. Le peuple cependant veut lapider le saint. On va juger l'affaire. Il faut ou le pendre ou le canoniser; et peut-être sera-t-il l'un et l'autre.

Adieu, mon ami; ne soyons ni l'un ni l'autre.

DCCCLXXXIII. — A MLLE QUINAULT.

27 juillet.

[L'arrêt prononcé sévèrement sur *Zulime* par Mlle Quinault a été écouté avec docilité; opinion de Voltaire sur cette tragédie. Parle de l'*Héritier ridicule*, joué devant le roi à Compiègne. Éloge du style pur du *Siége de Calais*. *Œdipe* a été corrigé dans la nouvelle édition des *Œuvres* de Voltaire faite en Hollande. Compliments de Mme du Châtelet.]

DCCCLXXXIV. — DE FRÉDÉRIC, PRINCE ROYAL DE PRUSSE.

A Insterbourg, le 27 juillet.

Mon cher ami, nous voici enfin arrivés, après trois semaines de marche, dans un pays que je regarde comme le *non plus ultra* du monde civilisé. C'est une province peu connue de l'Europe, mais qui mériterait cependant de l'être davantage, parce qu'elle peut être regardée comme une création du roi mon père.

La Lithuanie prussienne est un duché qui a trente grandes lieues d'Allemagne de long sur vingt de large, quoiqu'il aille en se rétrécissant du côté de la Samogitie. Cette province fut ravagée par la peste au commencement de ce siècle, et plus de trois cent mille habitants périrent de maladie et de misère. La cour, peu instruite des malheurs du peuple, négligea de secourir une riche et fertile province, remplie d'habitants et féconde en toute espèce de productions. La maladie emporta les peuples; les champs restèrent incultes et se hérissèrent de broussailles. Les bestiaux ne furent point exempts de la calamité publique. En un mot, la plus florissante de nos provinces fut changée en la plus affreuse des solitudes.

Frédéric I*er* mourut sur ces entrefaites, et fut enseveli avec sa fausse grandeur, qu'il ne faisait consister qu'en une vaine pompe et dans l'étalage fastueux de cérémonies frivoles.

1. Ou Janssln. (*Éd. de Kehl.*)

Mon père, qui lui succéda[1], fut touché de la misère publique. Il vint sur les lieux et vit lui-même cette vaste contrée dévastée, avec toutes les affreuses traces qu'une maladie contagieuse, la disette et l'avarice sordide des ministres laissent après eux. Douze ou quinze villes dépeuplées, et quatre ou cinq cents villages inhabités et incultes, furent le triste spectacle qui s'offrit à ses yeux. Bien loin de se rebuter par des objets aussi fâcheux, il se sentit pénétré de la plus vive compassion et résolut de rétablir les hommes, l'abondance et le commerce, dans cette contrée qui avait perdu jusqu'à la forme d'un pays.

Depuis ce temps-là il n'est aucune dépense que le roi n'ait faite pour réussir dans ses vues salutaires. Il fit d'abord des règlements remplis de sagesse ; il rebâtit tout ce que la peste avait désolé ; il fit venir des milliers de familles de tous les côtés de l'Europe. Les terres se défrichèrent, le pays se repeupla, le commerce fleurit de nouveau, et à présent l'abondance règne dans cette fertile contrée plus que jamais.

Il y a plus d'un demi-million d'habitants dans la Lithuanie ; il y a plus de villes qu'il n'y en avait, plus de troupeaux qu'autrefois, plus de richesses et plus de fécondité qu'en aucun endroit de l'Allemagne. Et tout ce que je viens de vous dire n'est dû qu'au roi, qui non-seulement a ordonné, mais qui a présidé lui-même à l'exécution, qui a conçu les desseins, et qui les a remplis lui seul ; qui n'a épargné ni soins, ni peines, ni trésors immenses, ni promesses, ni récompenses, pour assurer le bonheur et la vie à un demi-million d'êtres pensants, qui ne doivent qu'à lui seul leur félicité et leur établissement.

J'espère que vous ne serez point fâché du détail que je vous fais. Votre humanité doit s'étendre sur vos frères lithuaniens comme sur vos frères français, anglais, allemands, etc., et d'autant plus qu'à mon grand étonnement j'ai passé par des villages où l'on n'entend parler que français.

J'ai trouvé je ne sais quoi de si héroïque dans la manière généreuse et laborieuse dont le roi s'y est pris pour rendre ce désert habité, fertile et heureux, qu'il m'a paru que vous sentiriez les mêmes sentiments en apprenant les circonstances de ce rétablissement.

J'attends tous les jours de vos nouvelles d'Enghien. J'espère que vous y jouirez d'un repos parfait, et que l'ennui, ce dieu lourd et pesant, n'osera point passer par les bras d'Émilie pour aller jusqu'à vous. Ne m'oubliez point, mon cher ami, et soyez persuadé que mon éloignement ne fait qu'augmenter l'impatience de vous voir et de vous embrasser. Adieu. Frédéric.

Mes compliments à la marquise et au duc[2] qu'Apollon dispute à Bacchus.

DCCCLXXXV. — A M. le marquis d'Argenson.

A Bruxelles, 28 juillet.

Monsieur, un Suisse, passant par Bruxelles pour aller à Paris, était désigné pour être dépositaire du plus instructif et du meilleur ouvrage

1. Le 25 février 1713. (Éd.) — 2. Le duc d'Aremberg. (Éd.)

que j'aie lu depuis vingt ans; mais la crainte de tous les accidents qui peuvent arriver à un étranger inconnu m'a déterminé à ne confier l'ouvrage qu'à l'abbé Moussinot, qui aura l'honneur de vous le rendre.

On m'assure que l'auteur de cet ouvrage unique ne va point enterrer à Lisbonne les talents qu'il a pour conduire les hommes et pour les rendre heureux. Puisse-t-il rester à Paris, et puissé-je le retrouver dans un de ces postes où l'on a fait jusqu'ici tant de mal et si peu de bien! Si je suivais mon goût, je vous jure bien que je ne remettrais les pieds dans Paris que quand je verrais M. d'Argenson à la place[1] de son père, et à la tête des belles-lettres.

La décadence du bon goût, le brigandage de la littérature, me font sentir que je suis né citoyen; je suis au désespoir de voir une nation si aimable si prodigieusement gâtée. Figurez-vous, monsieur, que M. de Richelieu inspira au roi, il y a quatre ans, l'envie de voir la comédie de *l'Héritier ridicule*[2], et cela sur une prétendue anecdote de la cour de Louis XIV. On prétendait que le roi et Monsieur avaient fait jouer cette pièce deux fois en un jour. Je suis bien éloigné de croire ce fait; mais ce que je sais bien, c'est que cette malheureuse comédie est un des plus plats et des plus impertinents ouvrages qu'on ait jamais barbouillés. Les comédiens français eurent tant de honte que Louis XV la leur demandât, qu'ils refusèrent de la jouer. Enfin Louis XV a obtenu cette belle représentation des bateleurs de Compiègne; lui et les siens s'y sont terriblement ennuyés. Qu'arrivera-t-il de là? Que le roi, sur la foi de M. de Richelieu, croira que cette pièce est le chef-d'œuvre du théâtre, et que, par conséquent, le théâtre est la chose la plus méprisable.

Encore passe, si les gens qui se sont consacrés à l'étude n'étaient pas persécutés; mais il est bien douloureux de se voir maîtrisé, foulé aux pieds par des hommes sans esprit, qui ne sont pas nés assurément pour commander, et qui se trouvent dans de très-belles places, qu'ils déshonorent.

Heureusement il y a encore quelques âmes comme la vôtre; mais c'est bien rarement dans ce petit nombre qu'on choisit les dispensateurs de l'autorité royale et les chefs de la nation. Un fripon, de la lie du peuple et de la lie des êtres pensants, qui n'a d'esprit que ce qu'il en faut pour nouer des intrigues subalternes et pour obtenir des lettres de cachet, ignorant et haïssant les lois, patelin et fourbe, voilà celui qui réussit, parce qu'il entre par la chatière; et l'homme digne de gouverner vieillit dans des honneurs inutiles.

Ce n'était pas à Bruxelles, c'était à Compiègne qu'il fallait que votre livre fût lu. Quand il n'y aurait que cette seule définition-ci, elle suffirait à un roi : « Un parfait gouvernement est celui où toutes les parties sont également protégées. » Que j'aime cela! « Les savantes recherches sur le droit public ne sont que l'histoire des anciens abus. » Que

---

1. Le marquis d'Argenson fut nommé, non pas garde des sceaux, mais ministre des affaires étrangères en 1744. (*Note de M. Clogenson.*)
2. Comédie en cinq actes, en vers, de Scarron (1649). (Éd.)

cela est vrai! Eh! qu'importe à notre bonheur de savoir les *Capitulaires de Charlemagne?* Pour moi, ce qui m'a dégoûté de la profession d'avocat, c'est la profusion de choses inutiles dont on voulut charger ma cervelle. *Au fait* est ma devise.

Que ce que vous dites sur la Pologne me plaît encore! J'ai toujours regardé la Pologne comme un beau sujet de harangue, et comme un gouvernement misérable; car, avec tous ses beaux priviléges, qu'est-ce qu'un pays où les nobles sont sans discipline, le roi un zéro, le peuple abruti par l'esclavage, et où l'on n'a d'argent que celui qu'on gagne à vendre sa voix? Je vous ai déjà parlé, je crois, de la vieille barbarie du gouvernement féodal.

Votre article sur la Toscane : *Ils viennent de tomber entre les mains des Allemands,* etc., est bien d'un homme amoureux du bonheur public; et je dirai avec vous :

Barbarus has segetes!..............
Virg., ecl. I, v: 72.

Je suis fâché de ne pouvoir relire tout le livre, pour marquer toutes les beautés de détail qui m'ont frappé, indépendamment de la sage économie et de l'enchaînement de principes qui en fait le mérite.

Il y a une anecdote dont je ne puis encore convenir, c'est que les nouvelles rentes ne furent pas proposées par M. Colbert. J'ai toujours oui dire que ce fut lui-même qui les proposa, étant à bout de ses ressources, et je ne crois pas que Louis XIV consultât d'autres que lui[1].

Avant de finir ma lettre, j'ai voulu avoir encore le plaisir de relire le chapitre VI et la fin du précédent : « Un monarque qui n'a plus à songer qu'à gouverner, gouverne toujours bien. » Cette admirable maxime se trouve à la suite de choses très-édifiantes. Mais, pour Dieu, que ce monarque songe donc à gouverner!

Je ne sais si on songe assez à une chose dont j'ai cru m'apercevoir. J'ai manqué souvent d'ouvriers à la campagne; j'ai vu que les sujets manquaient pour la milice, je me suis informé en plusieurs endroits s'il en était de même; j'ai trouvé qu'on s'en plaignait presque partout, et j'ai conclu de là que les moines et les religieuses ne font pas tant d'enfants qu'on le dit, et que la France n'est pas si peuplée (proportion gardée) que l'Allemagne, la Hollande, la Suisse, l'Angleterre. Du temps de M. de Vauban nous étions dix-huit millions : combien sommes-nous à présent? C'est ce que je voudrais bien savoir.

Voilà l'abbé Moussinot qui va monter en chaise, et moi je vais fermer votre livre; mais je ferai avec lui comme avec vous, je l'aimerai toute ma vie.

On me mande que Prault vient d'imprimer une petite histoire de Molière et de ses ouvrages, de ma façon. Voici le fait : M. Pallu me pria d'y travailler, lorsqu'on imprimait le Molière in-4°; j'y donnai

---

1. Elles furent proposées à Colbert par des membres du parlement, et il les adopta par faiblesse et malgré lui. (*Ed. de Kehl.*)

mes petits soins; et, quand j'eus fini, M. de Chauvelin donna la préférence à M. de La Serre :

Sic vos non vobis ! . . . .
Virg.

Ce n'est pas d'aujourd'hui que Midas a des oreilles d'âne. Mon manuscrit est enfin tombé à Prault, qui l'a imprimé, dit-on, et défiguré; mais l'auteur vous est toujours attaché avec la plus respectueuse estime et le plus tendre dévouement.

Mme du Châtelet, aussi enchantée que moi, vous louera bien mieux.

DCCCLXXXVI. — DE FRÉDÉRIC, PRINCE ROYAL DE PRUSSE.

A Kœnisberg, le 9 août.

Sublime auteur, ami charmant,
Vous dont la source intarissable
Nous fournit si diligemment
De ce fruit rare, inestimable,
Que votre muse hardiment,
Dans un séjour peu favorable,
Fait éclore à chaque moment;

Au fond de la Lithuanie,
J'ai vu paraître, tout brillant,
Ce rayon[1] de votre génie
Qui confond, dans la tragédie,
Le fanatisme, en se jouant.

J'ai vu de la philosophie,
J'ai vu le *baron*[2] voyageur,
Et j'ai vu la pièce accomplie,
Où les ouvrages et la *Vie*
De Molière vous font honneur

A la France, votre patrie,
Voltaire, daignez épargner
Les frais que pour l'Académie
Sa main a voulu destiner.

En effet, je suis sûr que ces quarante têtes, qui sont payées pour penser, et dont l'emploi est d'écrire, ne travaillent pas la moitié autant que vous. Je suis certain que, si l'on pouvait apprécier la valeur des pensées, toutes celles de cette nombreuse société, prises ensemble, ne tiendraient pas l'équilibre aux vôtres. Les sciences sont pour tout le monde, mais l'art de penser est le don le plus rare de la nature :

Cet art fut banni de l'école,
Des pédants il est inconnu.

1. Le premier acte du *Fanatisme*. (ÉD.) — 2. Le *baron de Gangan*. (ÉD.)

Par l'inquisition frivole
L'usage en serait défendu,
Si le pouvoir saint de l'étole
S'était à ce point étendu.
Du vulgaire la troupe folle
A penser juste a prétendu ;
Du vil flatteur l'encens vendu
En a parfumé son idole ;
Et l'ignorant a confondu
Le froid non-sens d'une parole,
Et l'enflure de l'hyperbole,
Avec l'art de penser, cet art si peu connu.

Entre cent personnes qui croient penser, il y en a une à peine qui pense par elle-même. Les autres n'ont que deux ou trois idées qui roulent dans leur cerveau, sans s'altérer, et sans acquérir de nouvelles formes ; et le centième pensera peut-être ce qu'un autre a déjà pensé ; mais son génie, son imagination ne sera pas créatrice. C'est cet esprit créateur qui sait multiplier les idées, qui saisit les rapports entre des choses que l'homme inattentif n'aperçoit qu'à peine ; c'est cette force du bon sens qui fait, selon moi, la partie essentielle de l'homme de génie.

Ce talent précieux et rare
Ne saurait se communiquer ;
La nature en paraît avare.
Autant que l'on a pu compter,
Tout un siècle elle se prépare
Lorsqu'elle nous le veut donner ;
Mais vous le possédez, Voltaire ;
Et ce serait vous ennuyer
Qu'apprécier et calculer
L'héritage de votre père.

Trois sortes d'ouvrages me sont parvenus de votre plume, en six semaines de temps. Je m'imagine qu'il y a quelque part en France une société choisie de génies égaux et supérieurs, qui travaillent tous ensemble, et qui publient leurs ouvrages sous le nom de Voltaire, comme une autre société en publie sous le nom de Trévoux. Si cette supposition est sensée, je me fais trinitaire, et je commencerai à voir jour à ce mystère que les chrétiens ont cru jusqu'à présent sans le comprendre.

Ce qui m'est parvenu de *Mahomet* me paraît excellent. Je ne saurais juger de la charpente de la pièce, faute de la connaître ; mais la versification est, à mon avis, pleine de force, et semée de ces portraits et caractères qui font faire fortune aux ouvrages d'esprit.

Vous n'avez pas besoin, mon cher Voltaire, de l'éloquence de M. de Valori ; vous êtes dans le cas qu'on ne saurait détruire ni augmenter votre réputation.

Vainement l'envieux, desséché de fureur,
L'ennemi des humains, qu'afflige leur bonheur,

Cet insecte rampant qui naît avec la gloire,
Dont le toucher impur salit souvent l'histoire,
Sur vos vers immortels répandant ses poisons,
De vos lauriers naissants retarde les moissons.
Votre âme, à tous les arts par son penchant formée,
Par vingt ans de travaux fonda sa renommée :
Sous les yeux d'Émilie, élève de Newton,
Vous effacez de Thou, vous surpassez Maron.

Je suis avec une estime parfaite, mon cher Voltaire, votre très-affectionné ami,
FRÉDÉRIC.

Si vous voyez le duc d'Aremberg, faites-lui bien mes compliments; et dites-lui que deux lignes françaises de sa main me feraient plus de plaisir que mille lettres allemandes, dans le style des chancelleries.

DCCCLXXXVII. — A FRÉDÉRIC, PRINCE ROYAL DE PRUSSE.

Le 12 août.

Monseigneur, j'ai pris la liberté d'envoyer à Votre Altesse royale le second acte de *Mahomet*, par la voie des sieurs David Gérard et compagnie. Je souhaite que les musulmans réussissent auprès de Votre Altesse royale, comme ils font sur la Moldavie. Je ne puis au moins mieux prendre mon temps pour avoir l'honneur de vous entretenir sur le chapitre de ces infidèles qui font plus que jamais parler d'eux.

Je crois à présent Votre Altesse royale sur les bords où l'on ramasse ce bel ambre dont nous avons, grâce à vos bontés, des écritoires, des sonnettes, des boîtes de jeu. J'ai tout perdu au brelan, quand j'ai joué avec de misérables fiches communes; mais j'ai toujours gagné, quand je me suis servi des jetons de Votre Altesse royale.

C'est Frédéric qui me conduit,
Je ne crains plus disgrâce aucune;
Car il préside à ma fortune,
Comme il éclaire mon esprit.

Je vais prier le bel astre de Frédéric de luire toujours sur moi, pendant un petit séjour que je vais faire à Paris avec la marquise votre sujette. Voilà une vie bien ambulante pour des philosophes; mais notre **grand** prince, plus philosophe que nous, n'est pas moins ambulant. Si je rencontre dans mon chemin quelque grand garçon haut de six pieds, je lui dirai : « Allez vite servir dans le régiment de mon prince. » Si je rencontre un homme d'esprit, je lui dirai : « Que vous êtes malheureux de n'être point à sa cour ! »

En effet, il n'y a que sa cour pour les êtres pensants; Votre Altesse royale sait ce que c'est que toutes les autres; celle de France est un peu plus gaie, depuis que son roi a osé aimer[1]. Le voilà en train d'être

---

1. Louis XV, par l'entremise du duc de Richelieu, venait de prendre pour maîtresse la comtesse de Mailly, sœur aînée de Mmes de Vintimille, de Lauraguais et de Châteauroux, avec lesquelles il coucha successivement. (*Note de M. Clément*.)

un grand homme, puisqu'il a des sentiments. Malheur aux cœurs durs! Dieu bénira les âmes tendres. Il y a je ne sais quoi de réprouvé à être insensible : aussi sainte Thérèse définissait-elle le diable, *le malheureux qui ne sait point aimer*.

On ne parle à Paris que de fêtes, de feux d'artifice; on dépense beaucoup en poudre et en fusées. On dépensait autrefois davantage en esprit et en agréments; et, quand Louis XIV donnait des fêtes, c'était les Corneille, les Molière, les Quinault, les Lulli, les Lebrun qui s'en mêlaient. Je suis fâché qu'une fête ne soit qu'une fête passagère, du bruit, de la foule, beaucoup de bourgeois, quelques diamants, et rien de plus; je voudrais qu'elle passât à la postérité. Les Romains, nos maîtres, entendaient mieux cela que nous; les amphithéâtres, les arcs de triomphe, élevés pour un jour solennel, nous plaisent et nous instruisent encore. Nous autres, nous dressons un échafaud dans la place de Grève, où, la veille, on a roué quelques voleurs; on tire des canons de l'hôtel de ville. Je voudrais qu'on employât plutôt ces canons-là à détruire cet hôtel de ville qui est du plus mauvais goût du monde, et qu'on mît, à en rebâtir un beau, l'argent qu'on dépense en fusées volantes. Un prince qui bâtit fait nécessairement fleurir les autres arts : la peinture, la sculpture, la gravure, marchent à la suite de l'architecture. Un beau salon est destiné pour la musique, un autre pour la comédie. On n'a à Paris ni salle de comédie, ni salle d'opéra; et, par une contradiction trop digne de nous, d'excellents ouvrages sont représentés sur de très-vilains théâtres. Les bonnes pièces sont en France et les beaux vaisseaux en Italie.

Je n'entretiens Votre Altesse royale que de plaisirs, tandis qu'elle combat sérieusement Machiavel pour le bonheur des hommes; mais je remplis ma vocation, comme mon prince remplit la sienne; je peux tout au plus l'amuser, et il est destiné à instruire la terre.

Je suis, etc.

DCCCLXXXVIII. — DE FRÉDÉRIC, PRINCE ROYAL DE PRUSSE.

Aux haras de Prusse, le 15 août.

Enfin, hors du piège trompeur,
Enfin, hors des mains assassines
Des charlatans que notre erreur
Nourrit souvent pour nos ruines,
Vous quittez votre empoisonneur :
Du Tokai, des liqueurs divines
Vous serviront de médecines,
Et je serai votre docteur.
Soit, j'y consens, si par avance,
Voltaire, de ma conscience
Vous devenez le directeur.

Je suis bien aise d'apprendre que le vin de Hongrie est arrivé à Bruxelles. J'espère apprendre bientôt de vous-même que vous en avez bu, et qu'il vous a fait tout le bien que j'en attends. On m'écrit que vous avez donné une fête charmante, à Enghien, au duc d'Aremberg, à Mme du Châtelet et à la fille du comte de Lannoi; j'en ai été bien aise, car il est bon de prouver à l'Europe, par des exemples, que le savoir n'est pas incompatible avec la galanterie.

> Quelques vieux pédants radoteurs,
> Dans leurs taudis toujours en cage,
> Hors du monde et loin de nos mœurs,
> Effarouchaient, d'un air sauvage,
> Ce peuple fou, léger, volage,
> Qui turlupine les docteurs.
> Le goût ne fut point l'apanage
> De ces misérables rêveurs
> Qui cherchent les talents du sage
> Dans les rides de leurs visages,
> Et dans les frivoles honneurs
> D'un *in-folio* de cent pages.
> Le peuple, fait pour les erreurs,
> De tout savant crut voir l'image
> Dans celle de ces plats auteurs.
> Bientôt, pour le bien de la terre,
> Le ciel daigna former Voltaire;
> Lors, sous de nouvelles couleurs,
> Et par vos talents ennoblie,
> Reparut la philosophie.
>
> En pénétrant les profondeurs
> Que Newton découvrit à peine,
> Et dont cent auteurs à la gêne
> En vain furent commentateurs;
> En suivant les divines traces
> De ces esprits universels,
> Agents sacrés des immortels,
> Vos mains sacrifièrent aux Grâces,
> Vos fleurs parèrent leurs autels.
> Pesants disciples des Saumaises,
> Disséqueurs de graves fadaises,
> Suivez ces exemples charmants;
> Quittez la région frivole,
> D'où l'air empesté de l'école
> A proscrit tous les agréments.

J'attends, avec bien de l'impatience, les actes suivants de *Mahomet*. Je m'en rapporte bien à vous, persuadé que cette tragédie singulière et nouvelle brillera de charmes nouveaux.

> Ta muse, en conquérant, asservit l'univers;
> La nature a payé son tribut à tes vers.
> L'Amérique et l'Europe ont servi ton génie;

L'Afrique était domptée, il te fallait l'Asie[1].
Dans ses fertiles champs cours moissonner des fleurs,
Au Théâtre-Français combattre les erreurs,
Et frapper nos bigots, d'une main indirecte,
Sur l'auteur insolent d'une infidèle secte.

On m'avait dit que je trouverais la défaite de Machiavel dans les *Notes politiques*[2] d'Amelot de La Houssaie, et dans la traduction du chevalier Gordon[3] : j'ai lu ces deux ouvrages judicieux et excellents dans leur genre ; mais j'ai été bien aise de voir que mon plan était tout à fait différent du leur. Je travaillerai à l'exécuter dès que je serai de retour. Vous serez le premier qui lirez l'ouvrage, et le public ne le verra point, à moins que vous ne l'approuviez. J'ai cependant travaillé autant que me l'ont pu permettre les distractions d'un voyage, et ce tribut que la naissance est obligée de payer, à ce que l'on dit, à l'oisiveté et à l'ennui.

Je serai le 18 à Berlin, et je vous enverrai de là ma préface de *la Henriade*, afin d'obtenir le sceau de votre approbation.

Adieu, mon cher Voltaire ; faites, s'il vous plaît, mes assurances d'estime à la marquise du Châtelet ; grondez un peu, je vous prie, le duc d'Aremberg de sa lenteur à me répondre. Je ne sais qui de nous deux est le plus occupé, mais je sais qui est le plus paresseux.

Je suis, avec toute l'affection possible, mon cher Voltaire, votre parfait ami,

FRÉDÉRIC.

DCCCLXXXIX. — A M. THIERIOT.

Bruxelles, 17-18 août.

Enfin, nous partons pour Paris ; nous sommes des étrangers qui venons voir ce que c'est que cette ville dont on disait autrefois tant de bien. J'espère au moins y retrouver votre amitié, qui me dédommagera de ce que je n'y trouverai pas. On dit qu'on y reçoit assez bien les étrangers qui voyagent ; nous y serons un mois, tout au plus, après quoi je retourne à la suite d'un procès triste et long, mais à la suite de l'amitié qui me rend tout agréable. Je ne sais pas encore où je logerai ; mais, quel que soit le baigneur ou le cabaret qui hébergera mon ambulante personne, j'ai lieu de croire que rien ne m'aura privé de la douceur d'être aimé de vous.

1. L'Amérique désigne *Alzire* ; l'Afrique, *Zulime* ; l'Asie, *Mahomet* ; mais déjà *Zaïre* avait, pour employer l'expression du prince, *dompté l'Asie*. (*Note de M. Beuchot*.)
2. Ces *Notes* font partie de la traduction des *Annales de Tacite*, par Amelot de La Houssaie. (ÉD.)
3. Thomas Gordon. Il publia, en 1728, une traduction anglaise de *Tacite*, précédée de *Discours politiques* remarquables par beaucoup d'amour pour la liberté et beaucoup de haine contre la tyrannie des prêtres. (*Note de M. Clogenson*.)

ANNÉE 1739.

DCCCXC. — A Frédéric, prince royal de Prusse.

A Bruxelles, 1ᵉʳ septembre.

Ce nectar jaune de Hongrie
Enfin dans Bruxelles est venu ;
Le duc d'Aremberg l'a reçu
Dans la nombreuse compagnie
Des vins dont sa cave est fournie ;
Et quand Voltaire en aura bu
Quelques coups avec Émilie,
Son misérable individu,
Dans son estomac morfondu
Sentira renaître la vie ;
La Faculté, la pharmacie,
N'auront jamais tant de vertu.
Adieu, monsieur de Superville ;
Mon ordonnance est du bon vin,
Frédéric est mon médecin,
Et vous m'êtes fort inutile.
Adieu ; je ne suis plus tenté
De vos drogues d'apothicaire,
Et tout ce qui me reste à faire,
C'est de boire à votre santé.

Monseigneur, c'est M. Shilling qui m'apprit, il y a quelques jours, la nouvelle du débarquement de ce bon vin, dans la cave du patron de cette liqueur ; et M. le duc d'Aremberg nous donnera ce divin tonneau, à son retour d'Enghien ; mais la lettre de Votre Altesse royale, datée du 26 juin, et rendue par ledit M. Shilling, vaut tout le canton de Tokaï.

O prince aimable et plein de grâce,
Parlez ; par quel art immortel,
Avec un goût si naturel,
Touchez-vous la lyre d'Horace,
De ces mains dont la sage audace
Va confondre Machiavel ?
Le ciel vous fit expressément
Pour nous instruire et pour nous plaire.
O monarques que l'on révère,
Grands rois, tâchez d'en faire autant ;
Mais, hélas ! vous n'y pensez guère.

Et avec toutes ces grâces légères dont votre charmante lettre est pleine, voilà M. Shilling qui jure encore que le régiment de Votre Altesse royale est le plus beau régiment de Prusse, et, par conséquent, le plus beau régiment du monde ; car

Omne tulit punctum..............
Hor., *de Arte poët.*, v. 343.

est votre devise.

Votre Altesse royale va visiter ses peuples septentrionaux, mais elle échauffera tous ces climats-là; et je suis sûr que quand j'y viendrai (car j'irai sans doute, je ne mourrai point sans lui avoir fait ma cour), je trouverai qu'il fait plus chaud à Remusberg qu'à Frascati. Les philosophes auront beau prétendre que la terre s'est approchée du soleil, ils feront de vains systèmes, et je saurai la vérité du fait.

Votre Altesse royale me dit qu'il lui a fallu lire bien des livres pour son *Anti-Machiavel*; tant mieux, car elle ne lit qu'avec fruit; ce sont des métaux qui deviennent or dans votre creuset. Il y a des *Discours politiques* de Gordon, à la tête de sa traduction de *Tacite*, qui sont bien dignes d'être vus par un lecteur tel que mon prince; mais d'ailleurs quel besoin Hercule a-t-il de secours, pour étouffer Antée ou pour écraser Cacus?

Je vais vite travailler à achever le petit tribut que j'ai promis à mon unique maître; il aura dans quinze jours le second acte de *Mahomet*, le premier doit lui être parvenu par la même voie des sieurs Gérard et compagnie.

On a achevé une nouvelle édition de mes ouvrages en Hollande; mais Votre Altesse royale en a beaucoup plus que les libraires n'en ont imprimé. Je ne reconnais plus d'autre *Henriade* que celle qui est honorée de votre nom et de vos bontés; ce n'est pas moi sûrement qui ai fait les autres *Henriades*. Je quitte mon prince pour travailler à *Mahomet*, et je suis, etc., etc.

DCCCXCI. — A M. CÉSAR DU MISSY.

J'ai lu avec un plaisir bien vif votre estimable lettre, et Mme la marquise du Châtelet y a été aussi sensible que moi; nous voudrions que tous les gens de votre robe vous ressemblassent.

Vous êtes prêtre d'Apollon
Autant que de la sainte Église :
Sans doute votre main baptise
Avec l'eau du sacré vallon.
Les vers dont le dieu d'Hélicon
Si pleinement vous favorise
Sont bien au-dessus d'un sermon.
La brillante inspiration,
Dont l'esprit s'enivre au Parnasse,
Est un des beaux coups de la grâce,
Et voilà ma dévotion.

Si on avait pensé à peu près dans ce goût-là, monsieur, les hommes eussent vécu plus doucement; il n'y eût eu ni concile de Constance, ni Saint-Barthélemy.

Ah! laissons le pape et Calvin
Disputer, en mauvais latin,
A qui peut, d'une main plus sûre,
Ouvrir et fermer la serrure

> Des portes du jardin d'Éden.
> Vivons sans crainte et sans chagrin
> Dans le jardin de la nature;
> En tout temps, sous d'égales lois,
> Cette adorable souveraine
> Unit les peuples et les rois;
> La religion, moins humaine,
> Les a divisés quelquefois.

Je vais passer deux ou trois mois en France, après quoi je reviendrai à Bruxelles; je remets à ce temps-là à vous parler de la littérature. Je vous prie, monsieur, de me continuer votre amitié; la dernière lettre que vous m'avez écrite me rend cette amitié si précieuse, que je me dispense déjà des cérémonies qui ne sont pas faites pour elle.

DCCCXCII. — A M. DE CIDEVILLE.

À Paris, le 5 septembre.

Mon cher ami, je suis bien coupable, mais comptez que quand on ne vous écrit point, et qu'on ne reçoit point de vos nouvelles, on est bien puni de sa faute. La première chose que je fais en arrivant à Paris, c'est de vous dire combien j'ai tort. Cependant, si je voulais, je trouverais bien de quoi m'excuser; je vous dirais que j'ai mené une vie errante, et que dans les moments de repos que j'ai eus, j'ai travaillé dans l'intention de vous plaire. Quoique l'air de Bruxelles n'ait pas la réputation d'inspirer de bons vers, je n'ai pas laissé de reprendre ma lime et mon rabot; et, ne me sentant pas encore tout à fait *apoplectique*[1], j'ai voulu mettre à profit le temps que la nature veut bien encore laisser à mon imagination.

J'étais en beau train, quand un maudit cartésien, nommé Jean Bannières, m'est venu harceler par un gros livre[2] contre Newton. Adieu les vers: il faut répondre aux hérétiques, et soutenir la cause de la vérité. J'ai donc remis ma lyre dans mon étui, et j'ai tiré mon compas. A peine travaillais-je à ces tristes discussions, que la divine Émilie s'est trouvée dans la nécessité de partir pour Paris, et me voilà.

J'ai appris, quelques jours avant mon arrivée en cette bruyante ville, que notre Linant avait gagné le prix de l'Académie française. Je lui en ai fait mon compliment, et je m'en réjouis avec vous. C'est vous qui l'avez fait poëte, et la moitié du prix vous appartient. J'espère que cet honneur éveillera sa paresse et fortifiera son génie. Il m'a envoyé son discours dans lequel j'ai trouvé de très-bonnes choses, et surtout ce qui caractérise l'écrivain d'un esprit au-dessus du commun, image et précision. Je lui souhaite de la gloire et de la fortune. J'espère qu'on jouera sa tragédie cet hiver; on dit qu'il l'a beaucoup corrigée. Je n'en

---

1. J.-B. Rousseau se ressentait toujours d'une attaque de paralysie qu'il avait eue à la fin de janvier 1738, et il composait encore des vers qui, selon Voltaire, étaient fort médiocres et *sentaient le vieillard apoplectique*. (*Note de M. Clogenson.*)
2. *Examen et réfutation des Éléments de la philosophie de Newton*. (Éd.)

sais rien, je ne l'ai point encore vu; je n'ai vu personne. Tout ce que je sais, c'est que s'il travaille et s'il est honnête homme, je lui rends toute mon amitié.

Je vais chercher Formont dans le palais de Plutus[1]; je vais lui parler de vous. Il n'aura peut-être pas la tête tournée, comme l'ont tous les gens de ce pays-ci, qui ne parlent que de feux d'artifice et de fusées volantes, et d'une *Madame* et d'un *Infant* qu'ils ne verront jamais. Les hommes sont de grands imbéciles! Tout le monde paraît occupé profondément d'une marmotte qui n'est point jolie; mais il faut leur pardonner.

Depuis que le père de la mariée est amoureux[2], on dit que tout le monde est gai, et qu'il y a du plaisir, même à Versailles.

Chimon aima, puis devint honnête homme[3].

Bonjour, mon ancien ami; je vais courir par cette grande ville, et chercher, pour un mois, quelque gîte tranquille où je puisse vous écrire quelquefois. Que dites-vous de Voltaire, qui a des meubles à Bruxelles, et qui loge en chambre garnie à Paris? Si vous avez quelques ordres à me donner, adressez-les à l'hôtel de Richelieu. Je vous embrasse tendrement.

DCCCXCIII. — A MLLE QUINAULT.

Samedi, septembre 1739.

[Envoi de *Mahomet* terminé. Reconnaît quelle est la faiblesse de *Zulime*.]

DCCCXCIV. — DE FRÉDÉRIC, PRINCE ROYAL DE PRUSSE.

A Potsdam, le 9 septembre.

Mon cher ami, j'ai reçu deux de vos lettres à la fois, auxquelles je vous réponds, savoir celles du 12 d'août et du 17. J'ai très-bien reçu de même le second acte de *Mahomet*, qui me paraît fort beau, mais, à vous parler franchement, moins travaillé, moins fini que le premier. Il y a cependant un vers, dans le premier acte, qui m'a fait battre un doute : je ne sais si l'usage veut qu'on dise *écraser des étincelles;* j'ai cru qu'il fallait dire *éteindre* ou *étouffer* des étincelles.

Souvenez-vous, je vous prie, de ce beau vers :

Et vers la vérité le doute les conduit.
Henriade, ch. VII, v. 376.

Toujours sais-je bien que mes sens sont affectés d'une manière bien plus aimable par les magnifiques vers de vos musulmans, que par les massacres que ces barbares font, à Belgrade, de nos pauvres Allemands.

Quand, de soufre enflammés, deux nuages affreux,
Obscurcissant les cieux et menaçant la terre,

---

1. Formont s'était fait *sous-fermier* en 1738. (ÉD.)
2. Amoureux de la comtesse de Mailli. (ÉD.)
3. Vers 24 de *la Courtisane amoureuse*, conte de La Fontaine. (ÉD.)

Agités par les vents dans leurs cours orageux,
De leurs flancs entr'ouverts vomissant le tonnerre,
D'un choc impétueux se frappent dans les airs,
Semblent nous abîmer aux gouffres des enfers,
La nature frémit ; ce bruit épouvantable
Paraît dans le chaos plonger les éléments,
Et du monde ébranlé les fondements durables
Craignent, en tressaillant, pour ses derniers moments.

Ainsi, quand le démon, altéré de carnage,
Sous ses drapeaux sanglants rassemble les humains ;
Que la destruction, la mort, l'aveugle rage,
Des vaincus, des vainqueurs a fixé les destins,
De haine et de fureur follement animées,
S'égorgent de sang-froid deux puissantes armées ;
La terre de leur sang s'abreuve avec horreur,
L'enfer de leurs succès empoisonne la source,
Le ciel au loin gémit du cri de leur clameur,
Et les flots pleins de morts interrompent leur course.

Ciel ! d'où part cette voix de vaincus, de trépas ?
O ciel ! quoi ! de l'enfer un monstre abominable
Traîne ces nations dans l'horreur des combats,
Et dans le sang humain plonge leur bras coupable !
Quoi ! l'aigle des Césars, vaincu des musulmans,
Quitte d'un vol hâté ces rivages sanglants !
De morts et de mourants les plaines sont couvertes ;
Le trépas, qui confond toutes les nations,
Dans ce climat fatal, de leurs communes pertes
Assemble avidement les cruelles moissons.

Fatale Moldavie ! ô trop funestes rives !
Que de sang des humains répandu sur vos bords,
Rougissant de vos eaux les ondes fugitives,
Au loin porte l'effroi, le carnage, et les morts !
Du trépas dévorant vos plaines empestées
D'un mal contagieux déjà sont infectées.
Par quel monstre inhumain, par quels affreux tyrans
Ces douces régions sont-elles désolées,
Et tant de légions de braves combattants
Sur l'autel de la mort sont-elles immolées ?

Tel que le mont Athos qui, du fond des enfers,
S'élevant jusqu'aux cieux, au-dessus des nuages,
Contemple avec mépris les aquilons altiers
A l'entour de ses pieds rassemblant les orages ;
Tel, en sa grandeur vaine, au-dessus des humains,
Un monarque indolent maîtrise les destins :
Du fardeau de l'État il charge son ministre,
D'un foudre destructeur il arme ses héros ;

L'autre, au fond d'un sérail signant l'ordre sinistre,
De sang-froid de la guerre allume les flambeaux.

Monarques malheureux, ce sont vos mains fatales
Qui nourrissent les feux de ces embrasements;
La haine, l'intérêt, déités infernales,
Précipitent vos pas dans ces égarements.
Accablés sous le poids de nombreuses provinces,
Vous en voulez encor ravir à d'autres princes!
Payez de votre sang les frais de votre orgueil;
Laissez le fils tranquille et le père à ses filles :
Qu'ainsi que les succès, les malheurs et le deuil
Ne touchent de l'État que vos seules familles.

Ce globe spacieux qu'enferme l'univers,
Ce globe, des humains la commune patrie
Où cent peuples nombreux, de cent climats divers,
Ne forment, rassemblés, qu'une ample colonie,
Distingués par leurs traits, par leurs religions,
Leurs coutumes, leurs mœurs, et leurs opinions,
Du ciel, qui les forma sur un même modèle,
Reçurent tous des cœurs, et c'était pour s'aimer.
Détestez, insensés, votre rage cruelle;
L'amour ne pourra-t-il jamais vous désarmer ?

De leur destin cruel mon âme est attendrie;
Et d'un sort si funeste aveugles artisans,
Dieu! quel acharnement ! avec quelle furie
Les voit-on retrancher la trame de leurs ans!
Européans, Chinois, habitants de l'Afrique,
Et vous, fiers citoyens des bords de l'Amérique,
Mon cœur, également ému de vos malheurs,
Condamne les combats, déplore les misères
Où vous plongent sans fin vos barbares fureurs,
Et je ne vois en vous que mon sang et mes frères.

Que l'univers enfin dans les bras de la paix,
Réprouvant ses erreurs, abandonne les armes,
Et que l'ambition, les guerres, les procès
Laissent le genre humain sans trouble et sans alarmes!
Qu'ils descendent des cieux, pour remplir leurs désirs,
Ces volages enfants, les Ris et les Plaisirs,
Le Luxe fortuné, la prodigue Abondance,
Et tous ces arts heureux par qui furent polis
Memphis, Athènes, Rome, et Paris et Florence,
Dont même à votre tour vous fûtes ennoblis.

Venez, arts enchanteurs, par vos heureux prestiges,
Étaler à nos yeux vos charmes tout-puissants;
Des sujets de terreur, par vos nouveaux prodiges,

Se changent en vos mains et plaisent à nos sens.
Tels, des gouffres profonds, inconnus du tonnerre,
Où mille affreux rochers se cachent sous la terre,
Où roulent en grondant des orageux torrents,
Des hommes ont tiré, guidés par l'industrie,
Ces métaux précieux, ces riches diamants,
Compagnons fastueux des grandeurs de la vie.

Ainsi, possédant l'art des magiques accords,
Voltaire sait orner des fleurs qu'il fait éclore
Ces tragiques sujets, ces carnages, ces morts,
Que, sans ces traits savants, l'œil délicat abhorre.
C'est là qu'on peut souffrir ces massacres affreux;
Les malheurs des humains ne plaisent qu'en ces jeux
Où des auteurs divins tracent à la mémoire
Les règnes détestés de barbares tyrans,
D'un illustre courroux la malheureuse histoire,
Où les crimes des morts corrigent les vivants.

Poursuivez donc ainsi, fiers enfants de Solime,
A nous faire admirer vos triomphes heureux;
Et, bientôt surpassant Mithridate et Monime,
Au Théâtre-Français attirez tous nos vœux.
Allez donc, sur les pas de César et d'Alzire,
Sous le nom de Zopire, à Paris vous produire,
Sans avoir des rivaux moins craints, moins redoutés,
Mais plus sûrs du bonheur de toucher et de plaire.
Je vois déjà briller l'éclat de vos beautés,
Couronnés des lauriers que vous cueillit Voltaire.

Je vous envoie, en même temps, la *Préface de la Henriade*. Il fau.
sept années pour la graver; mais l'imprimeur anglais assure qu'il l'imprimera de manière qu'elle ne le cédera en rien à la beauté de son *Horace* latin. Si vous trouvez quelque chose à changer ou à corriger dans cette préface, il ne dépendra que de vous de le faire. Je ne veux point qu'il s'y trouve rien qui soit indigne de *la Henriade* ou de son auteur. Je vous prie cependant de me renvoyer l'original, ou de le faire copier, car je n'en ai point d'autre.

Après un petit voyage de quelques jours, qui me reste à faire, je me mettrai sérieusement en devoir de combattre Machiavel. Vous savez que l'étude veut du repos, et je n'en ai aucun depuis trois mois; j'ai même été obligé de quitter trois fois la plume, n'ayant pas le temps d'achever cette lettre; et l'ouvrage que je me suis proposé de faire demandant du jugement et de l'exactitude, je l'ai réservé pour mon loisir, dans ma retraite philosophique.

Je vous vois avec plaisir mener une vie presque tout aussi errante que la mienne. Thieriot m'avertit de votre arrivée à Paris. J'avoue que si j'avais le choix des fêtes que célèbrent les Français d'aujourd'hui, et de celles qu'on célébrait du temps de Louis XIV, je serais pour celles où l'esprit a plus de part que la vue; mais je sais bien que je préférerais à toutes ces brillantes merveilles le plaisir de m'entretenir deux heures avec vous,...

On m'interrompt encore; *au diable les fâcheux!*...

Me voici de retour. Vous me parlez de grands hommes et d'engagements; on vous prendrait pour un enrôleur. Vous sacrifiez donc aussi aux dieux de notre pays? Si l'on est à Paris dans le goût des plaisirs, et qu'on se trompe quelquefois sur le choix, on est ici dans le goût des *grands hommes;* on mesure le mérite à la toise, et l'on dirait que quiconque a le malheur d'être né d'un demi-pied de roi moins haut qu'un géant ne saurait avoir du bon sens, et cela fondé sur la règle des proportions. Pour moi, je ne sais ce qui en est; mais, selon ce qu'on dit, Alexandre n'était pas grand, César non plus. Le prince de Condé, Turenne, milord Marlborough, et le prince Eugène que j'ai vu, tous héros à juste titre, brillaient moins par l'extérieur que par cette force d'esprit qui trouve des ressources en soi-même dans les dangers, et par un jugement exquis qui leur faisait toujours prendre avec promptitude le parti le plus avantageux.

J'aime cependant cette aimable manie des Français: j'avoue que j'ai du plaisir à penser que quatre cent mille habitants d'une grande ville ne pensent qu'aux charmes de la vie, sans en connaître presque les désagréments; c'est une marque que ces quatre cent mille hommes sont heureux.

Il me semble que tout chef de société devrait penser sérieusement à rendre son peuple content, s'il ne le peut rendre riche; car le contentement peut fort bien subsister sans être soutenu par de grands biens. Un homme, par exemple, qui se trouve dans un spectacle, à une fête, dans un endroit où une nombreuse assemblée de monde lui inspire une certaine satisfaction; un homme, dans ces moments-là, dis-je, est heureux, et il s'en retourne chez lui l'imagination remplie d'agréables objets qu'il laisse régner dans son âme. Pourquoi donc ne point s'étudier davantage à procurer au public de ces moments agréables qui répandent des douceurs sur toutes les amertumes de la vie, ou qui du moins leur procurent quelques moments de distraction de leurs chagrins? Le plaisir est le bien le plus réel de cette vie; c'est donc assurément faire du bien, et c'est en faire beaucoup, que de fournir à la société les moyens de se divertir.

Il paraît que le monde se met assez en goût des fêtes, car jusqu'au voisinage de la Nouvelle-Zemble et des mers Hyperborées, on ne parle que de réjouissances. Les nouvelles de Pétersbourg ne sont remplies que de bals, de festins et de fêtes qu'ils y font, à l'occasion du mariage du prince de Brunswick. J'ai l'ai vu à Berlin, ce prince de Brunswick, avec le duc de Lorraine¹; et je les ai vus badiner ensemble d'une manière qui ne sentait guère le monarque. Ce sont deux têtes que je ne sais quelle nécessité ou quelle providence paraît destiner à gouverner la plus grande partie de l'Europe.

1. Ce duc de Brunswick est le père de l'empereur Ivan VI; et ce duc de Lorraine est celui qui fut grand-duc de Toscane et empereur d'Allemagne. (Éd.)

Si la Providence était tout ce qu'on en dit, il faudrait que les Newton et les Wolff, les Locke, les Voltaire, enfin les êtres qui pensent le mieux, fussent les maîtres de cet univers; il paraîtrait alors que cette sagesse infinie, qui préside à tous les événements, par un choix digne d'elle, place dans ce monde les êtres les plus sages d'entre les humains pour gouverner les autres : mais, de la manière que les choses vont, il paraît que tout se fait assez à l'aventure. Un homme de mérite n'est point estimé selon sa valeur; un autre n'est point placé dans un poste qui lui convient; un faquin sera illustré, et un homme de bien languira dans l'obscurité; les rênes du gouvernement d'un empire seront commises à des mains novices, et des hommes experts seront éloignés des charges. Qu'on me dise là-dessus tout ce qu'on voudra, on ne pourra jamais m'alléguer une bonne raison de cette bizarrerie des destins.

Je suis fâché que ma destinée ne m'ait point placé de manière que je puisse vous entretenir tous les jours, que je puisse bégayer quelques mots de physique à Mme la marquise du Châtelet, et que le pays des arts et des sciences ne soit pas ma patrie. Peut-être que ce petit mécontentement de la Providence a causé mes plaintes, peut-être que mes doutes se montrent avec trop de témérité; mais je ne pense point cependant que ce soit tout à fait sans raison.

Dites, je vous prie, à la belle Émilie que j'étudierai, cet hiver, cette partie de la philosophie qu'elle protége, et que je la prie d'échauffer mon esprit d'un rayon de son génie.

Ne m'oubliez point, mon cher Voltaire; que les charmes de Paris, vos amis, les sciences, les plaisirs, les belles, n'effacent point de votre mémoire une personne qui devrait y être conservée à perpétuité. Je crois y mériter une place par l'estime et l'amitié avec laquelle je suis à jamais, mon cher Voltaire, votre très-parfait ami, FÉDÉRIC.

DCCCXCV. — A M. L'ABBÉ DU RESNEL.

Je suis aux ordres de la beauté et de l'esprit, et je profiterai, quand Mme Dupin voudra, des bontés dont elle veut bien m'honorer. Je compte aussi sur celles de mon grand abbé. Vous n'aurez qu'à disposer du jour, à compter depuis lundi. *Farewell and let us be merry.*

Je suis bien coupable envers M. et Mme Dupré; mais je demeure au bout du monde, et il n'y a plus ni devoir ni plaisir pour moi. Tout cela changera quand nous nous reverrons un peu à notre aise. Je n'ai pas encore vécu, depuis mon retour; je n'ai que couru.

DCCCXCVI. — A FRÉDÉRIC, PRINCE ROYAL DE PRUSSE.

Paris, septembre.

Monseigneur, j'ai reçu à Paris les deux plus grandes consolations dont j'avais besoin dans cette ville immense, où règnent le bruit, la dissipation, l'empressement inutile de chercher ses amis qu'on ne trouve point; où l'on ne vit que pour soi-même, où l'on se trouve tout d'un coup enveloppé dans vingt tourbillons, plus chimériques que ceux de Descartes, et moins faits pour conduire au bonheur que les absurdités cartésiennes ne font connaître la nature. Mes deux consolations, monseigneur, sont les deux lettres dont Votre Altesse royale m'a honoré, du 9 et du 15 août, qui m'ont été renvoyées à Paris. Il a fallu d'abord, en arrivant, répondre à beaucoup d'objections que j'ai trouvées répandues à Paris contre les découvertes de Newton. Mais ce petit devoir dont je me suis acquitté ne m'a point fait perdre de vue ce *Mahomet* dont j'ai déjà eu l'honneur d'envoyer les prémices à Votre Altesse royale. Voici deux actes à la fois. Si j'avais attendu que cela fût digne de vous être présenté, j'aurais attendu trop longtemps. Je les envoie comme une preuve de mon empressement à vous plaire; et, pour meilleure preuve, je vais les corriger. Votre Altesse royale verra si les horreurs que le *fanatisme* entraîne y sont peintes d'un pinceau assez ferme et assez vrai. Le malheureux Séide, qui croit servir Dieu en égorgeant son père, n'est point un portrait chimérique. Les Jean Châtel, les Clément, les Ravaillac, étaient dans ce cas, et, ce qu'il y a de plus horrible, c'est qu'ils étaient tous dans la bonne foi. N'est-ce donc pas rendre service à l'humanité de distinguer toujours, comme j'ai fait, la religion de la superstition; et méritais-je d'être persécuté pour avoir toujours dit, en cent façons différentes, qu'on ne fait jamais de bien à Dieu en faisant du mal aux hommes? Il n'y a que les suffrages, les bontés et les lettres de Votre Altesse royale qui me soutiennent contre les contradictions que j'ai essuyées dans mon pays. Je regarde ma vie comme la fête de Damoclès chez Denis. Les lettres de Votre Altesse royale et la société de Mme la marquise du Châtelet sont mon festin et ma musique;

Mais de la persécution
Le fer, suspendu sur ma tête,
Corrompt les plaisirs de la fête
Que, dans le palais d'Apollon,
Le divin Frédéric m'apprête.
Sans cela, ma muse, enhardie
Par vos héroïques chansons,
Prendrait une nouvelle vie,
Et, suivant de loin vos leçons,
Aux concerts de votre harmonie
Oserait mêler quelques sons.
Mais, quoi! sous la serre cruelle
De l'impitoyable vautour
Voit-on la tendre Philomèle
Chanter les plaisirs et l'amour?

A peine suis-je arrivé à Paris, qu'on a ôté dire à l'oreille d'un grand ministre que j'avais composé l'histoire de sa vie, et que cette histoire critique allait paraître dans les pays étrangers. Cette calomnie a été bientôt confondue, mais elle pouvait porter coup. Votre Altesse royale sait ce que c'est que le pouvoir despotique, et elle n'en abusera jamais;

mais elle voit quel est l'état d'un homme qu'un seul mot peut perdre. C'est continuellement ma situation. Voilà ce que m'ont valu vingt années consumées à tâcher de plaire à ma nation, et quelquefois peut-être à l'instruire. Mais, encore une fois, Votre Altesse royale m'aime, et je suis bien loin d'être à plaindre; elle daigne faire graver *la Henriade*; quel mal peut-on me faire qui ne soit au-dessous d'un tel honneur? Je viens d'acheter un Machiavel complet, exprès pour être plus au fait de la belle réfutation que j'attends avec ce que vous allez en écrire. Je ne crois pas qu'il y en ait jamais de meilleure réfutation que votre conduite. Les hommes semblent tous occupés, à présent, à se détruire; et, depuis le Mogol jusqu'au détroit de Gibraltar, tout est en guerre; on croit que la France dansera aussi dans cette vilaine pyrrhique. C'est dans ce temps que Votre Altesse royale enseigne la justice, avant d'exercer sa valeur. M'est-il permis de lui demander quand je serai assez heureux pour voir ces leçons d'équité et de sagesse?

J'ai vu les fusées volantes qu'on a tirées à Paris avec tant d'appareil; mais je voudrais toujours qu'on commençât par avoir un hôtel de ville, de belles places, des marchés magnifiques et commodes, de belles fontaines, avant d'avoir des feux d'artifice. Je préfère la magnificence romaine à des feux de joie; ce n'est pas que je condamne ceux-ci : à Dieu ne plaise qu'il y ait un seul plaisir que je désapprouve! mais, en jouissant de ce que nous avons, je regrette encore ce que nous n'avons pas.

Votre Altesse royale sait sans doute que Bouchardon et Vaucanson font des chefs-d'œuvre, chacun dans leur genre. Rameau travaille à mettre à la mode la musique italienne. Voilà des hommes dignes de vivre sous Frédéric; mais je les défie d'en avoir autant d'envie que moi.

Je suis avec le plus profond respect et la plus tendre reconnaissance. de Votre Altesse royale, etc.

DCCCXCVII. — A Mlle Quinault.

Septembre 1739.

[N'ayant pas trois semaines à passer à Paris, il lui témoigne le désir de voir à la première représentation (de *Zulime*, ou plutôt de *Mahomet*.)]

DCCCXCVIII. — A M. de Cideville, au chateau de Tournebu, route de Gaillon.

Ce 26 septembre.

Tibulle de la Normandie,
Vous qui, ne vivant qu'à la cour
Du dieu des vers et de Lesbie,
Ne voyageâtes de la vie
Que sur les ailes de l'Amour,
Venez à Paris, je vous prie,

Sur les ailes de l'Amitié ;
Voltaire et la reine Émilie,
S'ils n'écoutaient que leur envie,
Du chemin feraient la moitié.

Ah! mon cher ami, par quel contre-temps cruel ne vous verrai-je qu'un moment! Je pars mercredi pour Richelieu. Sera-t-il dit que nous ressemblerons aux deux héros du roman de *Zaïde*[1], qui se virent de loin une fois, et s'éloignèrent pour un temps si long? Quand nous retrouverons-nous? quand passerai-je avec vous le soir tranquille de ce jour nébuleux qu'on nomme la vie?

DCCCXCIX. — A Mme DE CHAMPBONIN.

De Paris.

Ma chère amie, Paris est un gouffre où se perdent le repos et le recueillement de l'âme, sans qui la vie n'est qu'un tumulte importun. Je ne vis point; je suis porté, entraîné loin de moi dans des tourbillons. Je vais, je viens; je soupe au bout de la ville, pour souper le lendemain à l'autre. D'une société de trois ou quatre intimes amis il faut voler à l'opéra, à la comédie, voir des curiosités comme un étranger, embrasser cent personnes en un jour, faire et recevoir cent protestations; pas un instant à soi, pas le temps d'écrire, de penser, ni de dormir. Je suis comme cet ancien qui mourut accablé sous les fleurs qu'on lui jetait.

De cette tempête continuelle, de ce roulis de visites, de ce chaos éclatant, j'allais encore à Richelieu, avec Mme du Châtelet; je partais en poste, ou à peu près, et nous revenions de même, pour aller enterrer à Bruxelles toute cette dissipation. Mme la duchesse de Richelieu s'avise de faire une fausse couche, et voilà un grand voyage de moins. Nous partons probablement au commencement d'octobre, pour aller plaider tristement, après avoir été ballottés ici assez gaiement, mais trop fort. C'est avoir la goutte après avoir sauté.

Voilà notre vie, mon cher *gros chat*; et vous, tranquille dans votre gouttière, vous vous moquez de nos écarts; et moi, je regrette ces moments pleins de douceur où l'on jouissait à Cirey de ses amis et de soi-même.

Qu'est-ce donc que ce ballot de livres arrivé à Cirey? est-ce un paquet d'ouvrages contre moi? Je vous dirai, en passant, qu'il n'est pas plus question ici des horreurs de l'abbé Desfontaines, que si lui ni les monstres ses enfants n'avaient jamais existé. Ce malheureux ne peut pas plus se fourrer dans la bonne compagnie à Paris, que Rousseau à Bruxelles. Ce sont des araignées qu'on ne trouve point dans les maisons bien tenues.

Mon cher *gros chat*, je baise mille fois vos pattes de velours.

CM. — A M. HELVÉTIUS.

A Paris, le 3 octobre.

Mon jeune Apollon, j'ai reçu votre charmante lettre. Si je n'étais pas

1. Par Mme de La Fayette. (ÉD.)

avec Mme du Châtelet, je voudrais être à Montbard [1]. Je ne sais comment je m'y prendrai pour envoyer une courte et modeste réponse que j'ai faite aux antinewtoniens. Je suis l'enfant perdu d'un parti dont M. de Buffon est le chef, et je suis assez comme les soldats qui se battent de bon cœur, sans trop entendre les intérêts de leur prince. J'avoue que j'aimerais infiniment mieux recevoir de vos ouvrages que vous envoyer les miens. N'aurai-je point le bonheur, mon cher ami, de voir arriver quelque gros paquet de vous avant mon départ? Pour Dieu, donnez-moi au moins une épître. Je vous ai dédié ma quatrième *Épître sur la Modération*; cela m'a engagé à la retoucher avec soin. Vous me donnez de l'émulation; mais donnez-moi donc de vos ouvrages. Votre métaphysique n'est pas l'ennemie de la poésie. Le P. Malebranche était quelquefois poëte en prose; mais, vous, vous savez l'être en vers. Il n'avait de l'imagination qu'à contre-temps. Mme du Châtelet a amené avec elle à Paris son Koenig, qui n'a de l'imagination en aucun sens, mais qui, comme vous savez, est ce qu'on appelle grand métaphysicien. Il sait à point nommé de quoi la matière est composée, et il jure, d'après Leibnitz, qu'il est démontré que l'étendue est composée de monades non étendues, et la matière impénétrable composée de petites monades pénétrables. Il croit que chaque monade est un miroir de son univers. Quand on croit tout cela, on mérite de croire aux miracles de saint Pâris. D'ailleurs il est très-bon géomètre, comme vous savez; et, ce qui vaut mieux, très-bon garçon. Nous irons bientôt philosopher à Bruxelles ensemble, car on n'a point sa raison à Paris. Le tourbillon du monde est cent fois plus pernicieux que ceux de Descartes. Je n'ai encore eu ni le temps de penser, ni celui de vous écrire. Pour Mme du Châtelet, elle est toute différente, elle pense toujours, elle a toujours son esprit; et, si elle ne vous a pas écrit, elle a tort. Elle vous fait mille compliments, et en dit autant à M. de Buffon.

Le d'Arnaud espère que vous ferez un jour quelque chose pour lui, après Montmirel [2] s'entend; car il faut que chose soit à sa place.

Si je savais où loge votre aimable Montmirel, si j'avais achevé *Mahomet*, je me confierais à lui *in nomine tuo*; mais je ne suis pas encore prêt, et je pourrai bien vous envoyer de Bruxelles mon Alcoran.

Adieu, mon cher ami; envoyez-moi donc de ces vers dont un seul dit tant de choses. Faites ma **cour**, je vous en prie, à M. de Buffon: il me plaît tant, que je voudrais bien lui plaire. Adieu; je suis à vous pour le reste de ma vie.

CMI. — A M. L'ABBÉ DU RESNEL.

Ce mercredi, onze heures du matin, à l'hôtel de Brie.

L'abbé de Voisenon me mande, mon cher abbé, que vous voulez me venir voir ce matin; mais, tout malade que je suis, il faut que je sorte. Savez-vous bien ce qu'il faut faire? Il faut être chez moi, à neuf heures précises, avec l'aimable Cideville qu'on dit être arrivé. Vous

1. Petite ville où Buffon demeurait, et où il naquit, le 7 septembre 1707. (ÉD.)
2. Montmirel avait eu le prix d'éloquence à l'Académie. (ÉD.)

mangerez la poularde du malade; vous permettrez que je me couche de bonne heure. Si vous voulez venir avec M. Dupré de Saint-Maur, il vous ramènerait. Mais où loge M. de Cideville? vous le savez apparemment.

Bonjour, mon cher grand abbé. V.

CMII. — DE FRÉDÉRIC, PRINCE ROYAL DE PRUSSE,

A Remusberg, le 10 octobre.

Mon cher ami, j'avais cru, avec le public, que vous aviez reçu le meilleur accueil du monde de tout Paris, qu'on s'empressait de vous rendre des honneurs et de vous faire des civilités, et que votre séjour dans cette ville fameuse ne serait mêlé d'aucune amertume. Je suis fâché de m'être trompé sur une chose que j'avais fort souhaitée; et il paraît que votre sort et celui de la plupart des grands hommes est d'être persécutés pendant leur vie, et adorés comme des dieux après leur mort. La vérité est que ce sort, quelque brillant qu'il vous peigne l'avenir, vous offre le seul temps dont vous pouvez jouir sous une face peu agréable. Mais c'est dans ces occasions où il faut se munir d'une fermeté d'âme capable de résister à la peur et à tous les fâcheux accidents qui peuvent arriver. La secte des stoïciens ne fleurit jamais davantage que sous la tyrannie des méchants empereurs. Pourquoi ? parce que c'était alors une nécessité, pour vivre tranquille, de savoir mépriser la douleur et la mort.

Que votre stoïcisme, mon cher Voltaire, aille au moins à vous procurer une tranquillité inaltérable. Dites avec Horace :

..................*Mea*
Virtute me involvo.......
Lib. III, od. XXIX, v. 55.

Ah! s'il se pouvait, je vous recueillerais chez moi; ma maison vous serait un asile contre tous les coups de la fortune, et je m'appliquerais à faire le bonheur d'un homme dont les ouvrages ont répandu tant d'agréments sur ma vie.

J'ai reçu les deux nouveaux actes de Zopire. Je ne les ai lus qu'une fois ; mais je vous réponds de leur succès. J'ai pensé verser des larmes en les lisant; la scène de Zopire et de Séide, celle de Séide et de Palmire, lorsque Séide s'apprête à commettre le parricide, et la scène où Mahomet, parlant à Omar, feint de condamner l'action de Séide, sont des endroits excellents. Il m'a paru, à la vérité, que Zopire venait se confesser exprès sur le théâtre pour mourir en règle, que le fond du théâtre ouvert et fermé sentait un peu la machine, mais je ne saurais en juger qu'à la seconde lecture. Les caractères, les expressions des mœurs, et l'art d'émouvoir les passions, y font connaître la main du grand, de l'excellent maître qui a fait cette pièce ; et, quand même Zopire ne viendrait pas assez naturellement sur le théâtre, je croirais que ce serait une tache qu'on pourrait passer sur le corps d'une beauté parfaite, et qui ne serait remarquée que par des vieillards qui examinent avec des lunettes ce qui ne doit être vu qu'avec saisissement et senti qu'avec transport.

Vos fêtes de Paris n'ont satisfait que votre vue : pour moi, je serais pour les fêtes dont l'esprit et tous nos sens peuvent profiter. Il me semble qu'il y a de la pédanterie en savoir et en plaisir; que de choisir une matière pour nous instruire, un goût pour nous divertir, c'est vouloir rétrécir la capacité que le Créateur a donnée à l'esprit humain, qui peut contenir plus d'une connaissance, et c'est rendre inutile l'ouvrage d'un Dieu qui paraît épicurien, tant il a eu soin de la volupté des hommes.

J'aime le luxe et même la mollesse,
Tous les plaisirs, les arts de toute espèce;
....
Tout honnête homme a de tels sentiments.
Le Mondain, v. 9.

C'est Moïse apparemment qui dit cela? Si ce n'est lui, c'est toujours un homme qui serait meilleur législateur que ce Juif imposteur, et que j'estime plus mille fois que toute cette nation superstitieuse, faible et cruelle.

Nous avons eu ici milord Baltimore et M. Algarotti, qui s'en retournent en Angleterre. Ce lord est un homme très-sensé, qui possède beaucoup de connaissances, et qui croit, comme vous, que les sciences ne dérogent point à la noblesse, et ne dégradent point un rang illustre.

J'ai admiré le génie de cet Anglais comme un beau visage à travers un voile. Il parle très-mal français, mais on aime pourtant à l'entendre parler; et l'anglais, il le prononce si vite qu'il n'y a pas moyen de le suivre. Il appelle un Russien un animal mécanique; il dit que Pétersbourg est l'œil de la Russie, avec lequel elle regarde les pays policés; que si on lui éborgnait cet œil, elle ne manquerait pas de retomber dans la barbarie dont elle est à peine sortie. Il est grand partisan de la soleil, et je ne le crois pas trop éloigné des dogmes de Zoroastre touchant cette planète. Il a trouvé ici des gens avec lesquels il pouvait parler sans contrainte, ce qui m'a fait composer l'*Épître* ci-jointe, que je vous prie de corriger impitoyablement.

Le jeune Algarotti, que vous connaissez, m'a plu on ne saurait davantage. Il m'a promis de revenir ici aussitôt qu'il lui serait possible. Nous avons bien parlé de vous, de géométrie, de vers, de toutes les sciences, de badineries, enfin de tout ce dont on peut parler. Il a beaucoup de feu, de vivacité et de douceur, ce qui m'accommode on ne saurait mieux. Il a composé une cantate qu'on a mise aussitôt en musique, et dont on a été très-satisfait. Nous nous sommes séparés avec regret, et je crains fort de ne revoir de longtemps dans ces contrées d'aussi aimables personnes.

Nous attendons, cette semaine, le marquis de La Chétardie, duquel il faudra prendre encore un triste congé. Je ne sais ce que c'est que ce M. Valori; mais j'en ai ouï parler comme d'un homme qui n'avait pas le ton de la bonne compagnie. M. le cardinal aurait bien pu se passer de nous envoyer cet homme et de nous ôter La Chétardie, qui est, en tous sens, un très-aimable garçon.

Soyez sûr qu'ici, à Remusberg, nous nous embarrassons aussi peu de guerre que s'il n'y en avait point dans le monde. Je travaille actuellement à Machiavel, interrompu quelquefois par des importuns dont la race n'est pas éteinte, malgré les coups de foudre que leur lança Molière. Je réfute Machiavel, chapitre par chapitre; il y en a quelques-uns de faits, mais j'attends qu'ils soient tous achevés pour les corriger. Alors vous serez le premier qui verrez l'ouvrage, et il ne sortira de mes mains qu'après que le feu de votre génie l'aura épuré.

J'attends vos corrections sur la préface de la Henriade, afin d'y changer ce que vous avez trouvé à propos; après quoi la Henriade volera sous la presse.

J'ai fait construire une tour au haut de laquelle je placerai un observatoire. L'étage d'en bas devient une grotte; le second, une salle pour des instruments de physique; le troisième, une petite imprimerie. Cette tour est attachée à ma bibliothèque par le moyen d'une colonnade au haut de laquelle règne une plate-forme.

Je vous en envoie le dessin pour vous amuser, en attendant que l'on construise l'hôtel de ville et les marchés de Paris.

J'attends de vos nouvelles avec beaucoup d'impatience, et je vous prie de me croire de vos amis autant qu'il est possible de l'être.

FÉDÉRIC.

Césarion ne veut pas que je sois son interprète, il aime mieux vous écrire lui-même.

BILLET DU BARON DE KAISERLING.

Quoique rien ne saurait être ajouté aux sentiments de tendresse et à mon parfait attachement pour vous, monsieur, il est pourtant hors de doute que, s'il avait plu à mon auguste maître de vous les dépeindre, vous en auriez été convaincu d'une manière bien plus agréable. Je suis en savoir comme une jeune beauté passée qui doit la plupart de ses charmes à ses ajustements. Déshabillée, vous déplairait-elle? je pense que non, et j'ose hardiment vous faire voir toute nue l'amitié avec laquelle je serai toute ma vie, monsieur, tout à vous, et votre, etc.,

DE KAISERLING.

Faites agréer, je vous en supplie, mes assurances de respect à Mme la marquise. Je serais au comble de mes souhaits, si, à la suite de mon adorable maître, je pouvais me transporter à Paris, pendant que Mme du Châtelet, M. le prince de Nassau, et vous, monsieur, contribuez à en embellir le séjour. Mais, monsieur, jugez-moi, s'il vous plaît, par vous-même : seriez-vous disposé à quitter Mme la marquise, pour venir nous trouver à Remusberg?

ANNÉE 1739.

CMIII. — A M. DE CIDEVILLE,
CHEZ M. L'ABBÉ BIGNON, OU AU CHATEAU DE TOURNEBU, ROUTE DE ROUEN.

A Paris, le 11 octobre.

Mon cher ami, je tombai malade le jour même que je devais partir avec M. le duc de Richelieu, et me voici entre MM. Silva et Morand. On ne disait pas trop de bien d'abord de mon cul et de ma vessie; mais, Dieu merci, ces deux parties misérables ne sont pas offensées. On me saigne, on me baigne. Si vous êtes encore dans le voisinage de Paris et dans le dessein d'y faire un tour, votre ancien ami gît rue *Cloche-Perce*, à l'hôtel de *Brie*, et Émilie plane à l'hôtel Richelieu.

Je vous embrasse mille fois.

RÉPONSE DE CIDEVILLE AU BAS DE LA LETTRE.

Le 12.

Oui, j'irai, cher ami, dans peu,
Mais tard au gré de mon envie,
  Adorer Émilie
A cet hôtel de Richelieu,
Vous baiser à celui de Brie,
Sans m'enivrer du vin du lieu.

CMIV. — A M. DE CIDEVILLE.

A Paris, ce jeudi 15 octobre.

Mon cher Cideville, voici un jeune homme qui fait des vers et qui veut en déclamer. Ce serait, je crois, une bonne acquisition pour la troupe de La Noue. Voyez si vous pouvez le recommander; je souhaite qu'il serve, cet hiver, à vos plaisirs. En vous remerciant de celui que vous me fîtes hier.

Il faudra, mon cher ami, pour voir bien à votre aise la divine Émilie, que vous fassiez un souper chez moi avec elle et Mme d'Argental. J'arrangerai cette partie aujourd'hui, sans préjudice du plaisir de vous mener chez elle auparavant et de dîner ensemble, avec cet opéra que j'ai tant d'impatience de voir.

Si vous voulez passer demain chez moi, à midi, nous irons ensemble chez Mme du Châtelet; elle loge à l'hôtel Richelieu. Si elle était chez elle, vous y eussiez soupé le jour même de votre arrivée. En vérité, si Paris a besoin de bonne compagnie, vous devez y rester. Est-il possible que vous viviez ailleurs et toujours loin de moi?

Bonjour, ami charmant.   V.

CMV. — A FRÉDÉRIC, PRINCE ROYAL DE PRUSSE.

De Paris, le 18 octobre.

Monseigneur, je renvoie à Votre Altesse royale le plus grand monument de vos bontés et de ma gloire[1]. Je n'ai de véritable gloire que du

1. La *Préface de la Henriade*, par Frédéric. (ÉD.)

jour que vous m'avez protégé, et vous y avez mis le comble par l'honneur que vous daignez faire à *la Henriade*. Deux véritables amis, que j'ai dans Paris, ont lu ce morceau de prose qui vaut mieux que tous mes vers. Ils ont été prêts à verser des larmes, quand ils ont vu qu'à peine il y a une ligne de votre main qui ne parle d'un cœur né pour le bonheur des hommes, et d'un esprit fait pour les éclairer. Ils ont admiré avec quelle énergie Votre Altesse royale écrit dans une langue étrangère. Ils ont été étonnés du goût singulier qu'elle a pour des choses dont tant de nos princes ont si peu de connaissance. Tout cela les frappait, sans doute; mais les sentiments d'humanité qui règnent dans cet ouvrage ont enlevé leur âme. Tout ce qu'ils peuvent faire, c'est de garder le secret sur cette *préface;* mais le garder sur le prince adorable qui pense avec tant de grandeur et avec tant de bonté, cela est impossible; ils sont trop émus; il faut qu'ils disent avec moi :

> Ne verrons-nous jamais ce divin Marc-Aurèle,
> Cet ornement des arts et de l'humanité,
>   Cet amant de la vérité,
> Qui chez les rois chrétiens n'a point eu de modèle,
> Et qui doit en servir dans la postérité?

Je n'ai rien fait de nouveau depuis les deux derniers actes de *Mahomet*. Me voici les mains vides devant mon maître; mais il faut qu'il me pardonne : tous mes maux m'ont repris. Si mes ennemis, qui m'ont persécuté, savaient ce que je souffre, je crois qu'ils seraient honteux de leur haine et de leur envie; car comment envier un homme dont presque toutes les heures sont marquées par des tourments, et pourquoi haïr celui qui n'emploie les intervalles de ses souffrances qu'à se rendre moins indigne de plaire à ceux qui aiment les arts et les hommes? Mme du Châtelet ne part pour les Pays-Bas que vers le commencement de novembre, et je ne crois pas que ma santé pût me permettre de l'accompagner, quand même elle partirait plus tôt. Je relis Machiavel dans le peu de temps que mes maux et mes études me laissent. J'ai la vanité de penser que ce qui aura le plus révolté dans cet auteur, c'est le chapitre de *la Crudeltà*, où ce monstre ingénieux et politique ose dire : *Deve per tanto un principe non si curare dell' infamia di crudele;* mais surtout le chap. XVIII : *In che modo i principi debbiano osservare la fede*. Si j'osais dire mon sentiment devant Votre Altesse royale, qui est assurément le juge né de ces matières, par son cœur, par son esprit et par son rang, je dirais que je ne trouve ni raison ni esprit dans ce chapitre. Ne voilà-t-il pas une belle preuve qu'un prince doit être un fripon parce qu'Achille a été nourri, selon la Fable, par un animal moitié bête et moitié homme! Encore si Ulysse avait eu un renard pour précepteur, l'allégorie aurait quelque justesse; mais qu'en conclure pour Achille, qui n'est représenté que comme le plus impétueux et le moins politique des hommes?

Dans le même chapitre : il faut être un perfide, *Perchè gli uomini sono tristi;* et, le moment d'après, il dit : *Sono tanto simplici gli uo*

ANNÉE 1739.

mini..., che colui che inganna troverà sempre chi si lascerà ingannare.

Il me semble que le docteur du crime méritait de tomber ainsi en contradiction.

Je n'ai point encore eu les *Notes* d'Amelot de La Houssaye ; mais quel commentaire faut-il à mon prince, pour démêler le faux et pour confondre l'injuste? Béni soit le jour où ses aimables mains auront achevé un ouvrage d'où dépendra le bonheur des hommes, et qui devra être le catéchisme des rois !

Je ne sais pas comment, dans ce catéchisme, le manifeste de l'empereur[1] contre son général et contre son plénipotentiaire serait reçu ; mais ce n'est pas à moi à porter mes vues si haut :

.... *Pastorem, Tityre, pingues*
Pascere oportet oves, nec regum bella referre.
Virg., ecl. VI, v. 4.

J'ai reçu ici une visite du fils de M. Gramkan, qui me paraît un jeune homme de mérite, digne de vous servir et d'entendre Votre Altesse royale.

Je n'entends plus parler du voyage que M. de Kaiserling devait faire à Paris, et j'ai peur de partir sans avoir vu celui avec qui j'aurais passé les jours entiers à parler d'un prince qui fait honneur à l'humanité. Mme du Châtelet a écrit à Votre Altesse royale.

Je suis avec le plus profond respect et la plus tendre reconnaissance, etc.

CMVI. — A MLLE QUINAULT.

29 octobre.

[Voltaire lui donne une autorité absolue sur *Mahomet* et sur *Zulime*, qu'il a laissés aux deux frères (d'Argental et Pont de Veyle).]

CMVII. — A FRÉDÉRIC, PRINCE ROYAL DE PRUSSE.

Novembre.

Brûlez votre vaisseau, vagabond Baltimore,
Qui, du détroit du Sund au rivage du Maure,
Du Bengale au Pérou, fendez le sein des mers ;
Vous, jeune citoyen de ce *plat*[2] univers,
Vous, de nouveaux plaisirs et de science avide,
Élève de Socrate, et d'Horace, et d'Euclide,
Cessez, Algarotti, d'observer les humains,
Les Phrynés de Venise, et les Gitons de Rome,
Les théâtres français, les tables des Germains,
Les ministres, les rois, les héros, et les saints ;
Ne vous fatiguez plus, ne cherchez plus un homme :

1. Charles VI, qui, après avoir destitué son feld-maréchal, le comte de Seckendorf, voulut le faire mourir *par commissaires*. (ÉD.)
2. Allusion au voyage de Maupertuis et de Clairaut au pôle. (ÉD.)

Il est trouvé. Le ciel, qui forma ses vertus,
Le ciel au haut du mont Rémus
A placé mon héros, l'exemple des vrais sages;
Il commande aux esprits, il est roi sans pouvoir;
Au pied du mont Rémus finissez vos voyages,
L'univers n'est plus rien, vous n'avez rien à voir.
Ciel! quand arriverai-je à la montagne auguste
Où règne un philosophe, un bel esprit, un juste,
Un monarque fait homme, un Dieu selon mon cœur?
Mont sacré d'Apollon, double front du Parnasse,
Olympe, Sinaï, Thabor, disparaissez;
Oui, par ce mont Rémus vous êtes effacés,
Autant que Frédéric efface
Et les héros présents, et tous les dieux passés.

J'en demande pardon, monseigneur, à Sinaï et à Thabor; la verve m'a emporté; j'ai dit plus que je ne devais dire. D'ailleurs, les foudres et les tonnerres du mont Sinaï n'ont point de rapport à la vie philosophique qu'on mène au mont Rémus, et la transfiguration du Thabor n'a rien à démêler avec l'uniformité de votre charmant caractère. Enfin que Votre Altesse royale pardonne à l'enthousiasme; n'est-il pas permis d'en avoir un peu, quand on vient de lire la belle épître dont votre muse française a régalé milord Baltimore?

Je vois que mon prince a mis encore la connaissance de la langue anglaise dans ses trésors. *Dulces sermones cujuscumque linguæ.* Je crois que ce lord Baltimore aura été bien surpris de voir un prince allemand écrire en vers français à un Anglais; mais que voulez-vous? je suis encore plus surpris que lui. Je n'entends rien à ce prodige de la nature. Comment se peut-il faire, encore une fois, qu'on écrive si bien dans la langue d'un pays où l'on n'a jamais été? Pour Dieu! monseigneur, dites donc votre secret.

J'enverrais bien aussi des vers à Votre Altesse royale, si j'osais : elle aurait le cinquième acte de *Mahomet*; mais c'est qu'il n'est pas encore transcrit, et, pour les quatre premiers, ils sont actuellement repolis. Si votre beau génie a été un peu content de cette faible ébauche, j'ose espérer qu'elle aura encore la même indulgence pour l'ouvrage achevé. Elle ne trouvera plus certaines répétitions, certains vers lâches et décousus, qui sont des pierres d'attente. Elle verra l'amour paternel et le secret de la naissance des enfants de Zopire jouer un rôle plus grand et bien plus intéressant. Zopire, près d'être assassiné par ses enfants mêmes, n'adresse au ciel ses prières que pour eux, et il est frappé de la main de son fils, tandis qu'il prie les dieux de lui faire connaître ce fils même. Le *fanatisme* est-il peint à votre gré? ai-je assez exprimé l'horreur que doivent inspirer les Ravaillac, les Poltrot, les Clément, les Felton, les Salcède, les Aod, j'ai pensé dire les Judith? En effet, monseigneur, quel bon roi serait à l'abri d'un assassinat, si la religion enseignait à tuer un prince qu'on croit ennemi de Dieu?

Voilà la première tragédie où l'on ait attaqué la superstition. Je voudrais qu'elle pût être assez bonne pour être dédiée à celui de tous les princes qui distingue le mieux le culte de l'Être infiniment bon, et l'infiniment détestable fanatisme.

Je viens de voir d'autres ouvrages sur des matières bien différentes, mais plus dignes de Votre Altesse royale. C'est un cours de géométrie, par M. Clairaut; c'est un jeune homme qui fit un ouvrage sur les courbes à l'âge de quatorze ans, et qui a depuis peu, comme le sait Votre Altesse royale, mesuré la terre sous le cercle polaire. Il traite les mathématiques comme Locke a traité l'entendement humain; il écrit avec la méthode que la nature emploie; et comme Locke a suivi l'âme dans la situation de ses idées, il suit la géométrie dans la route qu'ont tenue les hommes pour découvrir par degrés les vérités dont ils ont eu besoin. Ce sont donc, en effet, les besoins que les hommes ont eus de mesurer qui sont chez Clairaut les vrais maîtres de mathématiques. L'ouvrage n'est pas près d'être fini, mais le commencement me paraît de la plus grande facilité, et, par conséquent, très-utile.

Mais, monseigneur, le plus utile de ces ouvrages, c'est celui que j'attends d'une main faite pour rendre les hommes heureux.

Je vais, moi chétif, me rendre aux *Éléments de Newton*, dont on demande à Paris une nouvelle édition; mais ce travail sera pour Bruxelles. Je pars, je suis Émilie et Mme la duchesse de Richelieu à Cirey; de là je vais en Flandre, etc.

CMVIII. — DE FRÉDÉRIC, PRINCE ROYAL DE PRUSSE.

A Remusberg, le 6 de novembre.

Mon cher ami, j'ai été aussi mortifié de l'état infirme de votre santé, que j'ai été réjoui par la satisfaction que vous me témoignez de ma *Préface*. J'en abandonne le style à la critique de tous les Zoïles de l'univers; mais je me persuade en même temps qu'elle se soutiendra, puisqu'elle ne contient que des vérités, et que l'homme qui pense sera obligé d'en convenir.

Cette réfutation de Machiavel, à laquelle vous vous intéressez, est achevée. Je commence à présent à la reprendre par le premier chapitre, pour corriger, et pour rendre, si je le puis, cet ouvrage digne de passer à la postérité. Pour ne vous faire point attendre, je vous envoie quelques morceaux de ce marbre brut qui ne sont pas encore polis.

J'ai envoyé, il y a huit jours, l'*avant-propos* à la marquise; vous recevrez tous les chapitres corrigés et dans leur ordre, lorsqu'ils seront achevés. Quoique je ne veuille point mettre mon nom à cet ouvrage, je voudrais cependant, si le public en soupçonnait l'auteur, qu'il ne pût me faire du tort. Je vous prie, par cette considération, de me faire l'amitié de me dire naturellement ce qu'il y faut corriger. Vous sentez que votre indulgence, en ce cas, me serait préjudiciable et funeste.

Je m'étais ouvert à quelqu'un du dessein que j'avais de réfuter Machiavel; ce quelqu'un m'assura que c'était peine perdue, puisque l'on trouvait, dans les *Notes politiques* d'Amelot de La Houssaie sur Tacite une réfutation complète du *Prince politique*. J'ai donc lu Amelot et ses

Notes, mais je n'y ai point trouvé ce qu'on m'avait dit ; ce sont quelques maximes de ce politique dangereux et détestable qu'on réfute, mais ce n'est pas l'ouvrage en corps.

Où la matière me l'a permis, j'ai mêlé l'enjouement au sérieux, et quelques petites digressions dans les chapitres qui ne présentaient rien de fort intéressant au lecteur. Ainsi, les raisonnements qui n'auraient pas manqué d'ennuyer par leur sécheresse, sont suivis de quelque chose d'historique, ou de quelques remarques un peu critiques, pour réveiller l'attention du lecteur. Je me suis tu sur toutes les choses où la prudence m'a fermé la bouche, et je n'ai point permis à ma plume de trahir les intérêts de mon repos.

Je sais une infinité d'anecdotes sur les cours de l'Europe, qui auraient à coup sûr diverti mes lecteurs ; mais j'aurais composé une satire d'autant plus offensante qu'elle eût été vraie ; et c'est ce que je ne ferai jamais. Je ne suis point né pour chagriner les princes, je voudrais plutôt les rendre sages et heureux. Vous trouverez donc dans ce paquet cinq chapitres de Machiavel, le plan de Remusberg, que je vous dois depuis longtemps, et quelques poudres qui sont admirables pour vos coliques. Je m'en sers moi-même, elles me font un bien infini. Il les faut prendre le soir, en se couchant, avec de l'eau pure.

Adieu, cher ami toujours malade et toujours persécuté ; je vous quitte pour reprendre mon ouvrage, et noircir le caractère infâme et scélérat de l'avocat du crime, de la même plume qui fit l'éloge de l'incomparable auteur de *la Henriade ;* mais elle confondra plus facilement le corrupteur du genre humain, qu'elle n'a pu louer le précepteur de l'humanité. C'est une chose fâcheuse pour l'éloquence, que, lorsqu'elle a de grandes choses à dire, elle soit toujours inférieure à son sujet.

Mes amitiés à la marquise, mes compliments à vos amis, qui doivent être les miens, puisqu'ils sont dignes d'être les vôtres. Je suis avec toute l'amitié et la tendresse possible, mon cher Voltaire, votre très-fidèle ami, FRÉDÉRIC.

CMIX. — A M. DE PONT DE VEYLE.

Ce 16 de novembre, *en courant.*

Huc quoque clara tui pervenit fama triumphi,
Languida quo fessi vix venit aura noti.
Ovid., *Epist. ex Ponto*, II, I.

J'apprends dans un village de Liége, en revenant à Bruxelles, que l'homme du monde le plus aimable va être aussi un des plus à son aise. Vous êtes, dit-on, monsieur, intendant des classes de la marine. Il y a longtemps que je suis dans la *classe* des gens qui vous sont le plus tendrement attachés, et je vous jure qu'il n'y a personne qui sente plus de plaisir, quand il vous arrive des événements agréables, que les deux voyageurs flamands qui vous font ces compliments très-sincères et très à la hâte. Mme du Châtelet va vous écrire ; mais je l'ai devancée, afin d'avoir un avantage sur elle, une fois en ma vie. Ce sont des hommes comme vous qu'il faut mettre en place, et non pas des animaux qui ne sont graves que par sottise, et qui ne savent ni donner ni recevoir du plaisir. Je vois que M. de Maurepas aime à placer les gens qui lui ressemblent, et qu'il est bon ami comme bon connaisseur. Adieu, monsieur l'intendant; il n'est doux de l'être qu'à Versailles et à Paris. Je vous suis attaché pour jamais avec la tendresse la plus respectueuse.

CMX. — DE FRÉDÉRIC, PRINCE ROYAL DE PRUSSE.

A Berlin, le 4 décembre.

Mon cher ami, vous me promettez votre nouvelle tragédie tout achevée; je l'attends avec beaucoup de curiosité et d'impatience. J'étais déjà charmé de ce premier feu qu'avait jeté votre génie immortel, et je juge de Zopire achevé par la belle ébauche que j'en ai vue. C'est un saint Jean qui promet beaucoup de l'ouvrage qui va le suivre. Je serais content et très-content, si de ma vie j'avais fait une tragédie comme celle des Musulmans, sans correction; mais il n'est pas permis à tout le monde d'aller à Athènes.

Je vous soumets les douze premiers chapitres de mon *Anti-Machiavel*, qui, quoique je les aie retouchés, fourmillent encore de fautes. Il faut que vous soyez le père putatif de ces enfants, et que vous ajoutiez à leur éducation ce que la pureté de la langue française demande pour qu'ils puissent se présenter au public. Je retoucherai, en attendant, les autres chapitres, et les pousserai à la perfection que je suis capable d'atteindre. C'est ainsi que je fais l'échange de mes faibles productions contre vos ouvrages immortels, à peu près comme les Hollandais, qui troquent des petits miroirs et du verre contre l'or des Américains; encore suis-je bien heureux d'avoir quelque chose à vous rendre.

Les dissipations de la cour et de la ville, des complaisances, des plaisirs, des devoirs indispensables, et quelquefois des importuns, me distraient de mon travail; et Machiavel est souvent obligé de céder la place à ceux qui pratiquent ses maximes, et que je réfute, par conséquent. Il faut s'accommoder à ces bienséances qu'on ne saurait éviter, et, quoi qu'on en ait, il faut sacrifier au dieu de la coutume, pour ne point passer pour singulier ou pour extravagant.

Ce M. de Valori, si longtemps annoncé par la voix du public, si souvent promis par les gazettes, si longtemps arrêté à Hambourg, est arrivé enfin à Berlin. Il nous fait beaucoup regretter La Chétardie. M. de Valori nous fait apercevoir tous les jours ce que nous avons perdu au premier. Ce n'est à présent qu'un cours théorique des guerres du Brabant, des bagatelles et des minuties de l'armée française; et je vois sans cesse un homme qui se croit vis-à-vis de l'ennemi et à la tête de sa brigade. Je crains toujours qu'il ne me prenne pour une contrescarpe ou pour un ouvrage à cornes, et qu'il ne me livre malhonnêtement un assaut. M. de Valori a presque toujours la migraine; il n'a point le ton de la société; il ne soupe point; et l'on dit que le mal de tête lui fait trop d'honneur de l'incommoder, et qu'il ne le mérite point du tout.

Nous venons de faire ici l'acquisition d'un très-habile homme. Il s'appelle Célius; il est habile physicien, et très-renommé pour les expériences. On lui donne pour vingt mille écus d'instruments. Il achèvera, cette année, un ouvrage qui lui fera beaucoup d'honneur; c'est une machine mécanique qui démontre parfaitement tous les mouvements des étoiles et des planètes, selon le système de Newton Vous ne connaissez peut-être pas non plus un jeune homme qui commence à paraître : il se nomme Liberq in. C'est un génie admirable pour les mécaniques. Il a fait par l'optique des découvertes étonnantes, et il pousse son art à un point de perfection qui surpasse tout ce qu'on a vu avant lui. Il reviendra ici cet automne, après avoir vu Paris. Il a passé trois années à Londres, et il a été très-estimé de tous les savants d'Angleterre. Je vous parlerai plus en détail sur son chapitre, lorsque je l'aurai vu après son retour.

Je suis ravi de voir de ces heureuses productions de ma patrie; ce sont comme des roses qui croissent parmi les ronces et les orties; ce sont comme des bluettes de génie qui se font jour à travers des cendres où malheureusement les arts sont ensevelis. Vous vivez en France dans l'opulence de ces arts; nous sommes ici indigents de science, ce qui fait peut-être que nous estimons plus le peu que nous avons.

Vous trouverez peut-être que je bavarde beaucoup; mais souvenez-vous qu'il y a quatre semaines que je ne vous ai écrit, et que les pluies ne sont jamais plus abondantes qu'après une grande stérilité.

Je vous suis à Cirey, mon cher Voltaire, et je partage avec vous vos chagrins comme vos plaisirs. Profitez des plaisirs de ce monde autant que vous le pouvez; c'est ce qu'un homme sage doit faire. Instruisez-nous, mais que ce ne soit pas aux dépens de votre santé et de votre vie.

Quand est-ce que les Voltaire et les Émilie voyageront vers le nord? Je crains fort que ce phénomène, quoique impatiemment attendu, n'arrive pas sitôt. Il ne sera pas dit cependant que je mourrai avant de vous avoir vu; dussé-je vous enlever, j'en tenterai l'aventure. Avouez que vous seriez bien étonné si vous entendiez arriver de nuit, à Cirey, des gens masqués, des flambeaux, un carrosse, et tout l'appareil d'un enlèvement. Cette aventure ressemblerait un peu à celle de la *Pentecôte*[1], à la différence près qu'on ne vous ferait d'autre mal que de vous séparer d'Émilie; j'avoue que ce serait beaucoup. Il me semble que ni vous ni cette Émilie n'êtes point nés pour la chicane, et que tant que Paris se trouvera sur la route de la marquise, son affaire pourrait bien être jugée par contumace.

Le pauvre Césarion, accablé de goutte, n'a pas levé son piquet de Remusberg; et, quoique je le revendique sans cesse, son mal ne veut point encore me le renvoyer. Il vous aime comme un ami, et vous estime comme un grand homme. Souffrez que je lui serve d'organe, et que je vous exprime ce que les douleurs et l'impuissance dans laquelle il se trouve l'empêchent de vous dire lui-même.

Je ne vous parle point des misères de la ville, des nouvelles frivoles

---

1. Voyez la pièce intitulée *la Bastille*. (ÉD.)

du temps et des bagatelles du jour, qui ne méritent pas de sortir de notre horizon. Je ne devrais vous parler que de vous-même ou de la marquise, mais je craindrais d'ennuyer en faisant ou le miroir ou l'écho de ce que l'on doit admirer en vous. Faites, s'il vous plaît, mes compliments à la marquise, et soyez persuadé que je vous aime et vous estime autant qu'il est possible, étant à jamais votre très-fidèle ami, FÉDÉRIC.

CMXI. — A FRÉDÉRIC, PRINCE ROYAL DE PRUSSE.

Du 28 décembre.

Monseigneur, que souhaiter à Votre Altesse royale, cette année? Elle a tout ce qu'un prince doit avoir, et plus qu'un particulier qui aurait sa fortune à faire par ses talents. Non, monseigneur, je ne fais point de souhaits pour vous; j'en fais, si vous le permettez, pour moi; et ces souhaits, vous en savez le but, *ut videam salutare meum*[1]. Je fais encore un souhait pour le public : c'est qu'il voie la réfutation que mon prince a faite du corrupteur des princes. Je reçus, il y a quelques jours, à Bruxelles, les douze premiers chapitres; j'avais déjà dévoré les derniers que j'avais reçus en France. Monseigneur, il faut, pour le bien du monde, que cet ouvrage paraisse; il faut que l'on voie l'antidote présenté par une main royale. Il est bien étrange que des princes qui ont écrit n'aient pas écrit sur un tel sujet. J'ose dire que c'était leur devoir, et que leur silence sur Machiavel était une approbation tacite. C'était bien la peine que Henri VIII d'Angleterre écrivît contre Luther; c'était bien à *l'enfant Jésus* que Jacques I*er* devait dédier un ouvrage! Enfin, voici un livre digne d'un prince, et je ne doute pas qu'une édition de Machiavel, avec ce contre-poison à la fin de chaque chapitre, ne soit un des plus précieux monuments de la littérature. Il y a très-peu de ce qu'on appelle des *fautes contre l'usage de notre langue;* et Votre Altesse royale me permettra de m'acquitter de ma charge de mettre des points sur les *i*. Si Votre Altesse royale daigne condescendre à la prière que je lui fais, si elle donne son trésor au public, je lui demande en grâce qu'elle me permette de faire la *Préface*, et d'être son éditeur. Après l'honneur qu'elle me fait de faire imprimer *la Henriade*, elle ne pouvait plus m'en faire d'autre qu'en me confiant l'édition de l'*Anti-Machiavel*. Il arrivera que ma fonction sera plus belle que la vôtre; *la Henriade* peut plaire à quelques curieux, mais l'*Anti-Machiavel* doit être le catéchisme des rois et de leurs ministres.

Vous me permettrez, monseigneur, de dire que, selon les remarques de Mme du Châtelet, oserai-je ajouter selon les miennes? il y a quelques branches de ce bel arbre qu'on pourrait élaguer, sans lui faire de tort. Le zèle contre le précepteur des usurpateurs et des tyrans a dévoré votre âme généreuse; il vous a emporté quelquefois. Si c'est un défaut, il ressemble bien à une vertu. On dit que Dieu, infiniment bon, hait infiniment le vice; cependant, quand on a dit à Machiavel honnêtement d'injures, on pourrait, après cela, s'en tenir aux

[1] Évangile de Luc, ch. II, v. 30. (ÉD.)

raisons. Ce que je propose est aisé, et je le soumets à votre jugement. J'attendrai les ordres précis de mon maître, et je conserverai le manuscrit, jusqu'à ce qu'il permette que j'y touche et que j'en dispose.

Ce sera dorénavant Votre Altesse royale qui m'enverra des productions françaises; je ne suis plus qu'un serviteur inutile; je reçois, et je ne donne rien. Je raccommode un peu le Machiavel de l'Asie; je rabote *Mahomet* dont vous avez vu les commencements informes; je ne continuerai point ici l'*Histoire du Siècle de Louis XIV;* j'en suis un peu dégoûté, quoique je me sois proposé de l'écrire tout entière dans le style modéré dont Votre Altesse royale a pu voir l'échantillon. D'ailleurs, je suis ici sans mes manuscrits et sans mes livres. Je vais me remettre un peu à la physique. Que ne puis-je être avec les Célius et les hommes de mérite que votre réputation attire déjà dans vos États!

On m'avait dit que le ministre tant annoncé était digne de dîner et de souper; mais je vois bien qu'il n'est digne que de dîner. J'ai reçu une lettre d'Algarotti, datée de Londres, du 1er octobre; elle m'a attendu trois mois à Bruxelles. Ce M. Algarotti est encore tout étonné de ce qu'il a vu à Remusberg. « Ah! quel prince est ça! » dit-il; il ne revient pas de sa surprise. Et moi, monseigneur, et moi, pourquoi ne suis-je pas Algarotti! Pourquoi M. du Châtelet n'est-il pas Baltimore! Si je n'étais auprès d'Émilie, je mourrais de n'être pas auprès de vous.

Je suis avec le plus profond respect et la plus tendre reconnaissance, etc.

CMXII. — A M. PITOT DE LAUNAI [1].

2 janvier 1740.

Mon cher philosophe, je vous remercie tendrement de votre souvenir et de la fidélité avec laquelle vous avez soutenu la bonne cause, dans l'affaire de Prault. Il y a longtemps que je connais, que je défie, et que je méprise les calomniateurs. Les esprits malins et légers, qui commencent par oser condamner un homme dont ils n'imiteraient pas les procédés, n'ont garde de s'informer de quelle manière j'en ai usé. Ils le pourraient savoir de Prault lui-même; mais il est plus aisé de débiter un mensonge au coin du feu que d'aller chez les parties intéressées s'informer de la vérité. Il y a peu d'âmes comme la vôtre qui aiment à rendre justice. Les vérités morales vous sont aussi chères que les vérités géométriques. Je vous prie de voir M. Arouet [2], et de demander l'état où il est. Dites-lui que j'y suis aussi sensible que je dois l'être, et que je prendrais la poste pour le venir voir, si je croyais lui faire plaisir. Je vous demande en grâce de m'écrire des nouvelles de la disposition de son corps et de son âme. Adieu; mille amitiés à Mme Pitot sans cérémonie.

1. Membre de l'Académie des sciences. (ÉD.)
2. Armand Arouet, frère aîné de Voltaire, succéda, dans la cour des comptes, à son père, en 1721, et mourut en 1745. (ÉD.)

ANNÉE 1740.

CMXIII. — A Mlle Quinault.
5 janvier 1740.

[Il lui annonce que deux actes de *Zulime* sont refaits, et que les épines de *Mahomet* sont ôtées.]

CMXIV — A M. Helvétius.
5 janvier.

Je vous salue au nom d'Apollon, et je vous embrasse au nom de l'amitié. Voici l'ode de la *Superstition*, que vous demandez, et l'opéra dont nous avons parlé. Quand vous aurez lu l'opéra, mon cher ami, envoyez-le à M. de Pont de Veyle, porte Saint-Honoré. Mais, pour Dieu, envoyez-moi de meilleures étrennes. Je n'ai jamais tant travaillé que ce dernier mois; j'ai la tête fendue. Guérissez-moi par quelque belle épître. Adieu les vers cet hiver, je n'en ferai point; la physique est de quartier; mais vos lettres, votre souvenir, votre amitié, vos vers, seront pour moi de service toute l'année. Avez-vous ce *Recueil* qu'avait fait Prault? Pourquoi le saisir? quelle barbarie? suis-je né sous les Goths et sous les Vandales? Je méprise la tyrannie autant que la calomnie. Je suis heureux avec Émilie, votre amitié, et l'étude. Vous l'avez bien dit : l'*étude* console de tout. Je vous embrasse mille fois.

CMXV. — De Frédéric, prince royal de Prusse.

A Berlin, le 6 de janvier.

Mon cher Voltaire, si j'ai différé de vous écrire, c'était seulement pour ne point paraître les mains vides devant vous. Je vous envoie par cet ordinaire cinq chapitres de l'*Anti-Machiavel*, et une ode *sur la Flatterie*, que mon loisir m'a permis de faire. Si j'avais été à Remusberg, il y aurait longtemps que vous auriez eu jusqu'à la fin de mon ouvrage; mais, avec les dissipations de Berlin, il n'est pas possible de cheminer vite.

L'*Anti-Machiavel* ne mérite point d'être annoncé sous mon nom au roi de France. Ce prince a tant de bonnes et de grandes qualités, que mes faibles écrits seraient superflus pour les développer. De plus, j'écris librement, et je parle de la France comme de la Prusse, de l'Angleterre, de la Hollande et de toutes les puissances de l'Europe. Il est bon que l'on ignore le nom d'un auteur qui n'écrit que pour la vérité, et qui, par conséquent, ne donne point d'entraves à ses pensées. Lorsque vous verrez la fin de l'ouvrage, vous conviendrez avec moi qu'il est de la prudence d'ensevelir le nom de l'auteur dans la discrétion de l'amitié.

Je ne suis point intéressé; et, si je puis servir le public, je travaille sans attendre de lui ni récompense ni louange, comme ces membres inconnus de la société qui sont aussi obscurs qu'ils lui sont utiles.

Après mon semestre de cour viendra mon semestre d'étude. Je

Pandore. (Éd.)

compte embrasser, dans quinze jours, cette vie sage et paisible qui fait vos délices; et c'est alors que je me propose de mettre la dernière main à mon ouvrage, et de le rendre digne des siècles qui s'écouleront après nous. Je compte la peine pour rien, car on n'écrit qu'un temps; mais je compte l'ouvrage que je fais pour beaucoup, car il me doit survivre. Heureux les écrivains qui, secondés d'une belle imagination, et toujours guidés par la sagesse, peuvent composer des ouvrages dignes de l'immortalité ! ils feront plus d'honneur à leur siècle que les Phidias, les Praxitèle et les Zeuxis n'en ont fait au leur. L'industrie de l'esprit est bien préférable à l'industrie mécanique des artistes. Un seul Voltaire fera plus d'honneur à la France que mille pédants, mille beaux esprits manqués, et mille grands hommes d'un ordre inférieur.

Je vous dis des vérités que je ne saurais m'empêcher de vous écrire, comme vous ne pourriez vous empêcher de soutenir les principes de la pesanteur ou de l'attraction. Une vérité en vaut une autre, et elles méritent toutes d'être publiées.

Les dévots suscitent ici un orage épouvantable contre ceux qu'ils nomment *mécréants*. C'est une folie de tous les pays que celle du faux zèle; et je suis persuadé qu'elle fait tourner la cervelle des plus raisonnables, lorsqu'une fois elle a trouvé le moyen de s'y loger. Ce qu'il y a de plus plaisant, c'est que quand cet esprit de vertige s'empare d'une société, il n'est permis à personne de rester neutre; on veut que tout le monde prenne parti, et s'enrôle sous la bannière du fanatisme. Pour moi, je vous avoue que je n'en ferai rien, et que je me contenterai de composer quelques psaumes pour donner bonne opinion de mon orthodoxie. Perdez de même quelques moments, mon cher Voltaire, et barbouillez d'un pinceau sacré l'harmonie de quelques-unes de vos mélodieuses rimes. Socrate encensait les pénates; Cicéron, qui n'était pas crédule, en faisait autant. Il faut se prêter aux fantaisies d'un peuple futile, pour éviter la persécution et le blâme; car, après tout, ce qu'il y a de désirable en ce monde, c'est de vivre en paix. Faisons quelques sottises avec les sots, pour arriver à cette situation tranquille.

On commence à parler de Bernard et de Gresset, comme auteurs de grands ouvrages; on parle de poëmes qui ne paraissent point, et de pièces que je crois destinées à mourir incognito avant d'avoir vu le jour. Ces jeunes poëtes sont trop paresseux pour leur âge; ils veulent cueillir des lauriers sans se donner la peine d'en chercher; la moindre moisson de gloire suffit pour les rassasier. Quelle différence de leur mollesse à votre vie laborieuse ! je soutiens que deux ans de votre vie en valent soixante de celle des Gresset et des Bernard. Je vais même plus loin, et je soutiens que douze êtres pensants, et qui pensent bien, ne fourniraient point à votre égal, dans un temps donné. Ce sont là de ces dons que la Providence ne communique qu'aux grands génies. Puisse-t-elle vous combler de tous ses biens, c'est-à-dire vous fortifier la santé, afin que le monde entier puisse jouir longtemps de vos talents et de vos productions ! Personne, mon cher Voltaire, n'y prend

autant d'intérêt que votre ami, qui est et qui sera toujours, avec toute l'estime qu'on ne saurait vous refuser, votre fidèlement affectionné,
FRÉDÉRIC.

CMXVI. — A M. LE MARQUIS D'ARGENSON.

A Bruxelles, ce 8 janvier.

Vous m'allez croire un paresseux, monsieur, et, qui pis est, un ingrat; mais je ne suis ni l'un ni l'autre. J'ai travaillé à vous amuser depuis que je suis à Bruxelles, et ce n'est pas une petite peine que celle de donner du plaisir. Je n'ai jamais tant travaillé de ma vie; c'est que je n'ai jamais eu tant d'envie de vous plaire.

Vous savez, monsieur, que je vous avais promis de vous faire passer une heure ou deux assez doucement; je devais avoir l'honneur de vous présenter ce petit *Recueil* qu'imprimait Prault. Toutes ces pièces fugitives que vous avez de moi, fort informes et fort incorrectes, m'avaient fait naître l'envie de vous les donner un peu plus dignes de vous. Prault les avait aussi manuscrites. Je me donnai la peine d'en faire un choix et de corriger avec un très-grand soin tout ce qui devait paraître. J'avais mis mes complaisances dans ce petit livre. Je ne croyais pas qu'on dût traiter des choses aussi innocentes plus sévèrement qu'on n'a traité les Chapelle, les Chaulieu, les La Fontaine, les Rabelais, et même les épigrammes de Rousseau.

Il s'en faut beaucoup que le *Recueil* de Prault approchât de la liberté du moins hardi de tous les auteurs que je cite. Le principal objet même de ce *Recueil* était le commencement du *Siècle de Louis XIV*, ouvrage d'un bon citoyen et d'un homme très-modéré. J'ose dire que, dans tout autre temps, une pareille entreprise serait encouragée par le gouvernement. Louis XIV donnait six mille livres de pension aux Valincour, aux Pélisson, aux Racine et aux Despréaux, pour faire son histoire, qu'ils ne firent point; et moi je suis persécuté pour avoir fait ce qu'ils devaient faire. J'élevais un monument à la gloire de mon pays, et je suis écrasé sous les premières pierres que j'ai posées. Je suis en tout un exemple que les belles-lettres n'attirent guère que des malheurs[1].

Si vous étiez à leur tête, je me flatte que les choses iraient un peu autrement, et plût à Dieu que vous fussiez dans les places que vous méritez! Ce n'est pas pour moi, c'est pour le bonheur de l'État que je le désire.

Vous savez comment Gowers a gagné ici son procès tout d'une voix, comment tout le monde l'a félicité, et avec quelle vivacité les grands et les petits l'ont prié de ne point retourner en France. Je compte, pour moi, rester très-longtemps dans ce pays-ci; j'aime les Français, mais je hais la persécution. Je suis indigné d'être traité comme je le suis, et d'ailleurs j'ai de bonnes raisons pour rester ici. J'y suis entre l'étude et l'amitié, je n'y désire rien, je n'y regrette que de ne vous point voir.

1. Le volume dans lequel était l'*Essai sur le Siècle de Louis XIV* venait d'être condamné. (ÉD.)

Peut-être viendra-t-il des temps plus favorables pour moi, où je pourrai joindre aux douceurs de la vie que je mène celle de profiter de votre commerce charmant, de m'instruire avec vous et de jouir de vos bontés. Je ne désespère de rien

J'ai vu ici M. d'Argens; je suis infiniment content de ses procédés avec moi. Je vois bien que vous m'aviez un peu recommandé à lui. Mme du Châtelet vous a écrit, ainsi je ne vous dis rien pour elle. Conservez-moi vos bontés, je vous en conjure; vous savez si elles me sont précieuses.

CMXVII. — A M. DE CIDEVILLE.

A Bruxelles, ce 9 janvier.

Mon très-cher ami, depuis le moment où vous m'apparûtes à Paris, j'accompagnai Mme de Richelieu jusqu'à Langres. Je retournai à Cirey; de Cirey j'allai à Bruxelles. J'y suis depuis plus d'un mois, et si ce mois n'a pas été employé à vous écrire, il l'a été à écrire pour vous, à mon ordinaire. Je n'ai jamais été si inspiré de mes dieux ou si possédé de mes démons. Je ne sais si les derniers efforts que j'ai faits sont ceux d'un feu prêt à s'éteindre; je vous enverrai ma besogne, mon cher ami, et vous en jugerez.

Vous y verrez du moins un homme que les persécutions ne découragent point, et qui aime assurément les belles-lettres pour elles-mêmes. Elles me seront éternellement chères, quelques ennemis qu'elles m'aient attirés. Cesserai-je d'aimer des fruits délicieux, parce que des serpents ont voulu les infecter de leur venin ?

On avait préparé à Paris un petit *Recueil* de la plupart de mes pièces fugitives, mais fort différentes de celles que vous avez; et, en vérité, il fallait bien qu'il en parût enfin une bonne leçon, après toutes les copies informes qui avaient inondé le public dans tant de brochures qui paraissent tous les mois. J'avais donc corrigé le tout avec un très-grand soin; on avait mis à la tête de cette petite collection le commencement de mon *Essai sur le Siècle de Louis XIV*. Si vous ne l'avez pas vu, je vous l'enverrai. Vous jugerez si ce n'est pas l'ouvrage d'un bon citoyen, d'un bon Français, d'un amateur du genre humain et d'un homme modéré. Je ne connais aucun auteur *citramontain* qui ait parlé de la cour de Rome avec plus de circonspection, et j'ose dire que le frontispice de cet ouvrage était l'entrée d'un temple bâti à l'honneur de la vertu et des arts. Les premières pierres de ce temple sont tombées sur moi; la main des sots et des bigots a voulu apparemment m'écraser sous cet édifice; mais ils n'y ont pas réussi, et l'ouvrage et moi nous subsisterons.

Louis XIV donna deux mille écus de pension aux Pélisson, aux Racine, aux Despréaux, aux Valincour, pour écrire son histoire, qu'ils ne firent point. J'ai embrassé à moins de frais un objet plus important, plus digne de l'attention des hommes : l'histoire d'un siècle plus grand que Louis le Grand. J'ai fait la chose *gratis*, ce qui devait plaire par le temps qui court; mais le bon marché n'a pas empêché qu'on en ait agi avec moi comme si j'étais parmi des Vandales ou des

Gépides. Cependant, mon cher ami, il y a encore d'honnêtes gens, il y a des êtres pensants, des Émilie, des Cideville, qui empêchent que la barbarie n'ait droit de prescription parmi nous. C'est avec eux que je me console; ce sont eux qui sont ma récompense.

Que faites-vous, mon cher ami? Êtes-vous à Rouen ou à la campagne, avec les Thomson ou avec les Muses? Quand vivrons-nous ensemble? car vous savez bien que nous y vivrons. Il faut qu'à la fin le petit nombre des adeptes se rassemble dans un petit coin de terre. Nous y serons comme les bons Israélites en Égypte, qui avaient la lumière pour eux tout seuls, à ce qu'on dit, pendant que la cour de Pharaon était dans les ténèbres. Mme du Châtelet vous fait les compliments les plus sincères et les plus vifs. Adieu, mon cher Cideville, adieu, jusqu'au premier envoi que je vous ferai de mes bagatelles. V.

Il y a quatre jours que cette lettre est écrite; j'ai eu quatre accès de fièvre depuis. Je me porte mieux; Mme du Châtelet vous fait ses compliments.

CMXVIII. — De Frédéric, prince royal de Prusse.

A Berlin, le 10 janvier.

Pour avoir illustré la France,
Un vieux prêtre ingrat t'en bannit :
Il radote dans son enfance.
C'est bien ainsi que l'on punit,
Mais non pas que l'on récompense.

J'ai lu le Siècle de Louis le Grand; si ce prince vivait, vous seriez comblé d'honneurs et de bienfaits; mais, dans le siècle où nous sommes, il paraît que le bon goût, ainsi que le vieux cardinal, sont tombés en enfance. Milord Chesterfield disait que, l'année 25, le monde était devenu fou : je crois qu'en l'année 40 il faudra le mettre aux petites maisons. Après les persécutions et les chagrins que l'on vous suscite, il n'est plus permis à personne d'écrire; tout sera donc criminel, tout sera donc condamnable; il n'y aura plus d'innocence, plus de liberté pour les auteurs. Je vous prie cependant, par tout le crédit que j'ai sur vous, par la divine Émilie, d'achever, pour l'amour de votre gloire, l'histoire incomparable dont vous m'avez confié le commencement.

Laisse glapir tes envieux,
Laisse fulminer le saint-père,
Ce vieux fantôme imaginaire,
Idole de nos bons aïeux,
Et qui des intérêts des cieux
Se dit ici-bas le vicaire,
Mais qu'on ne respecte plus guère :
Laisse en propos injurieux,
Dans leur humeur atrabilaire,
Hurler les bigots furieux;
Méprise la folle colère
De l'héritier octogénaire

Des Mazarins, des Richelieux,
De ce doyen machiavéliste,
De ce tuteur ambitieux,
Dans ses discours adroit sophiste,
Qui suit l'intérêt à la piste
Par des détours fallacieux,
Et qui, par l'artifice, pense
De s'emparer de la balance
Que soutinrent ces fiers Anglais
Qui, pour tenir l'Europe libre,
Ont maintenu dans l'équilibre
L'Autrichien et le Français.
Écris, honore ta patrie
Sans bassesse et sans flatterie,
En dépit des fougueux accès
De ce vieux prélat en furie,
Que l'ignorance et la folie
Animent contre tes succès.

Qu'imposant silence aux miracles,
Louis détruise les erreurs;
Qu'il abolisse les spectacles
Qu'à Saint-Médard des imposteurs
Présentent à leurs sectateurs;
Mais qu'il n'oppose point d'obstacles
A ces esprits supérieurs,
De l'univers législateurs,
Dont les écrits sont les oracles
Des beaux esprits et des docteurs.
O toi, le fils chéri des Grâces,
L'organe de la vérité!
Toi, qui vois naître sur tes traces
L'indépendante liberté,
Ne permets point que ta sagesse,
Craignant l'orage et les hasards,
Préfère à l'instinct qui te presse
L'indolente et molle paresse
Et des Gressets et des Bernards.

Quand même la bise cruelle
De son souffle viendrait faner
Les fleurs, production nouvelle,
Dont Flore peut se couronner,
Le jardinier, toujours fidèle,
Loin de se laisser rebuter,
Va de nouveau pour cultiver
Une fleur plus tendre et plus belle

C'est ainsi qu'il faut réparer
Le dégât que cause l'orage;

> Voltaire, achève ton ouvrage,
> C'est le moyen de te venger.

Le conseil vous paraîtra intéressé; j'avoue qu'il l'est effectivement, car j'ai trouvé un plaisir infini à la lecture de l'Histoire de Louis XIV, et je désire beaucoup de la voir achevée. Cet ouvrage vous fera plus d'honneur un jour que la persécution que vous souffrez ne vous cause de chagrin. Il ne faut pas se rebuter si aisément. Un homme de votre ordre doit penser que l'Histoire de Louis XIV, imparfaite, est une banqueroute dans la république des lettres. Souvenez-vous de César, qui, nageant dans les flots de la mer, tenait ses *Commentaires* d'une main sur sa tête, pour les conserver à la postérité[1].

Comment vous parler de mes faibles productions, après vous avoir parlé de vos ouvrages immortels? Je dois cependant vous rendre compte de mes études. L'approbation que vous donnez aux cinq chapitres de *Machiavel* que je vous ai envoyés m'encourage à finir bientôt les quatre derniers chapitres. Si j'avais du loisir, vous auriez déjà tout l'*Anti-Machiavel*, avec des corrections et des additions; mais je ne puis travailler qu'à bâtons rompus.

> Très-occupé pour ne rien faire,
> Le temps, cet être fugitif,
> S'envole d'une aile légère;
> Et l'âge, pesant et tardif,
> Glace ce sang bouillant et vif
> Qui, dans ma jeunesse première,
> Me rendait vigilant, actif.
> On m'ennuie en cérémonie;
> L'ordre pédant, la symétrie,
> Tiennent, en ce séjour oisif,
> Lieu des plaisirs de cette vie,
> Et nous encensent sur l'autel
> Des grandeurs et de la folie.
> Ce sacrifice ponctuel
> Rendant mon âme appesantie,
> Et par les respects assoupie,
> Incapable, en ce temps cruel,
> De me frotter à Machiavel,
> J'attends que, fuyant cette rive,
> Je revole à cet heureux bord
> Où la nature plus naïve,
> Où la gaieté, bien moins craintive,
> Loin des richesses et de l'or,
> Trouvent une grâce plus vive
> Dans la liberté, ce trésor,

---

1. Ce fut Camoëns qui, dans son naufrage sur la côte du royaume de Cambaye, en 1556, tenait de la main droite son poëme de la *Lusiade*, et se servait de la gauche pour nager. (Éd.)

Que dans la grandeur excessive
Des fortunes qu'offre le sort.

Les chapitres de *Machiavel* sont copiés par un de mes secrétaires. Il s'appelle Gaillard; sa main ressemble beaucoup à celle de Césarion. Je voudrais que ce pauvre Césarion fût en état d'écrire; mais la goutte l'attaque impitoyablement dans tous ses membres; depuis deux mois il n'a presque point eu de relâche.

Malgré ses cuisantes douleurs,
La Gaieté, le front ceint de fleurs,
A l'entour de son lit folâtre;
Mais la Goutte, cette marâtre,
Change bientôt les ris en pleurs.
Dans un coin, venant de Cythère,
Tristement regardant sa mère,
On voit le tendre Cupidon;
Il pleure, il gémit, il soupire
De la perte que son empire
Fait du pauvre Césarion;
Et Bacchus, vidant son flacon,
Répand des larmes de champagne
Qu'un si vigoureux champion
Sorte boiteux de la campagne.
Momus se rit de leurs clameurs;
Voilà, messieurs les imposteurs :
Disait-il à ces deux volages;
« Voilà, dit-il, de vos ouvrages !
Ne faites plus tant les pleureurs,
Mais désormais soyez plus sages. »

Je crois que messieurs les Lapons nous ont fait la galanterie de nous envoyer quelques zéphyrs échappés de leurs cavernes; en vérité, nous nous en serions très-bien passés. Je vais écrire à Algarotti pour qu'il nous envoie quelques rayons du soleil de sa patrie; car la nature aux abois paraît avoir un besoin indispensable d'un petit détachement de chaleur pour lui rendre la vie. Si ma poudre pouvait vous rendre la santé, je donnerais dès ce moment la préférence au dieu d'Épidaure sur celui de Delphes. Pourquoi ne puis-je contribuer à votre satisfaction comme à votre santé? Pourquoi ne puis-je vous rendre aussi heureux que vous méritez de l'être? Les uns, dans ce monde, ont le pouvoir sans la volonté, et les autres la volonté sans le pouvoir. Contentez-vous, mon cher Voltaire, de cette volonté et de tous les sentiments d'estime avec lesquels je suis votre fidèle ami, FÉDÉRIC.

CMXIX. — DE M. L'ABBÉ PRÉVOST.

Le 15 de janvier 1740.

Je souhaiterais extrêmement, monsieur, de vous devenir utile en quelque chose : c'est un ancien sentiment que j'ai fait éclater plusieurs fois dans mes écrits, que j'ai communiqué à M. Thieriot dans plus d'une occasion, et qui s'est renouvelé fort vivement depuis l'affaire de Prault. Je ne puis soutenir qu'une infinité de misérables, s'acharnant contre un homme tel que vous, les uns par malignité pure, les autres par un faux air de probité et de justice, s'efforcent de communiquer le poison de leur cœur aux plus honnêtes gens.

Il m'est venu à l'esprit que le goût du public, qui s'est assez soutenu jusqu'à présent pour ma façon d'écrire, me rend plus propre qu'un autre à vous rendre quelque service. L'admiration que j'ai pour vos talents, et l'attachement particulier dont je fais profession pour votre personne, suffiraient bien pour m'y porter avec beaucoup de zèle; mais mon propre intérêt s'y joint : et si je puis servir, dans quelque mesure, à votre réputation, vous pouvez être aussi utile pour le moins à ma fortune.

Voilà deux points, monsieur, qui demandent un peu d'explication; elle sera courte, car je n'ai que le fait à exposer.

1° J'ai pensé qu'une *Défense de M. de Voltaire et de ses ouvrages*, composée avec soin, force, simplicité, etc., pourrait être un fort bon livre, et forcerait peut-être, une fois pour toutes, la malignité à se taire. Je la diviserais en deux: l'une regarderait sa personne, l'autre ses écrits : j'y emploierais tout ce que l'habitude d'écrire pourrait donner de lustre à mes petits talents, et je ne demanderais d'être aidé que de quelques mémoires pour les faits. L'ouvrage paraîtrait avant la fin de l'hiver.

2° Le dérangement de mes affaires est tel, que, si le ciel, ou quelqu'un inspiré de lui, n'y met ordre, je suis à la veille de repasser en Angleterre. Je ne m'en plaindrais pas si c'était ma faute; mais depuis cinq ans que je suis en France, avec autant d'amis qu'il y a d'honnêtes gens à Paris, avec la protection d'un prince du sang qui me loge dans son hôtel[1], je suis encore sans un bénéfice de cinq sous. Je dois environ cinquante louis, pour lesquels mes créanciers réunis m'ont fait assigner, etc.; et le cas est si pressant, qu'étant convenu avec eux d'un terme qui expire le premier du mois prochain, je suis menacé d'un décret de prise de corps, si je ne les satisfais dans ce temps. De mille personnes opulentes avec lesquelles ma vie se passe, je veux mourir si j'en connais une à qui j'aie la hardiesse de demander cette somme, et de qui je me croie sûr de l'obtenir.

Il est question de savoir si M. de Voltaire, moitié engagé par sa générosité et par son zèle pour les gens de lettres, moitié par le dessein que j'ai de m'employer à son service, voudrait me délivrer du plus cruel embarras où je me sois trouvé de ma vie. L'entreprise est digne de lui; et la seule nouveauté de rétablir dans ses affaires un homme qui ne peut s'aider de la protection d'un prince du sang, et j'ose dire de l'amitié de tout Paris, me paraît une amorce singulière.

Au reste, j'ai deux manières de restituer; l'une en sentiment de reconnaissance, et je serais réduit à celle-là si la mort me surprenait,

1. Le prince de Conti. (Éd.)

car je ne possède pas un sou de revenu; mais je suis dans un âge, je jouis d'une santé qui me promettent une longue vie : l'autre voie de restitution est de donner à prendre sur mes libraires ; elle pourrait me servir avec mes créanciers, s'ils entendaient raison; mais des tapissiers et des tailleurs, qu'on a différé un peu de payer, n'y trouvent point assez de sûreté. Un homme de lettres conçoit mieux la solidité de cette ressource.

Je finis, monsieur, car voilà en vérité une lettre fort extraordinaire. Je me flatte qu'autant je trouverai de plaisir à me vanter du bienfait, si vous me l'accordez, autant vous voudrez bien prendre soin d'ensevelir ma prière, si quelque raison, que je ne chercherai pas même à pénétrer, ne vous permet pas de la recevoir aussi favorablement que je l'espère. Mais, dans l'un ou l'autre cas, vous regarderez, s'il vous plaît, monsieur, comme un de vos plus dévoués serviteurs et de vos admirateurs les plus passionnés, l'abbé PRÉVOST.

P. S. Vous vous imaginerez bien que c'est le récit que Prault m'a fait de vos générosités, qui m'a fait naître les deux idées que je viens de vous proposer.

CMXX. — A M. HELVÉTIUS.

Bruxelles, 24 janvier.

Ne les verrai-je point, ces beaux vers que vous faites,
Ami charmant, sublime auteur ?
Le ciel vous anima de ces flammes secrètes
Que ne sentit jamais Boileau l'imitateur,
Dans ses tristes beautés si froidement parfaites.
Il est des beaux esprits, il est plus d'un rimeur;
Il est rarement des poëtes.
Le vrai poëte est créateur ;
Peut-être je le fus, et maintenant vous l'êtes.

Envoyez-moi donc un peu de votre création. Vous ne vous reposerez pas après le sixième jour; vous corrigerez, vous perfectionnerez votre ouvrage, mon cher ami. Votre dernière lettre m'a un peu affligé. Vous tâtez donc aussi des amertumes de ce monde, vous éprouvez des tracasseries, vous sentez combien le commerce des hommes est dangereux; mais vous aurez toujours des amis qui vous consoleront, et vous aurez, après le plaisir de l'amitié, celui de l'*Étude;*

Nam *nil dulcius est bene quam munita tenere*
Edita doctrina sapientum templa serena,
Despicere unde queas alios, passimque videre
Errare atque viam palantes quærere vitæ.
Lucr., II, 7.

Il y a bientôt huit ans que je demeure dans le temple de l'amitié et de l'étude. J'y suis plus heureux que le premier jour. J'y oublie les persécutions des ignorants en place, et la basse jalousie de certains animaux amphibies qui osent se dire gens de lettres. J'y puise des consolations contre l'ingratitude de ceux qui ont répondu à mes bienfaits par des outrages. Mme du Châtelet, qui a éprouvé à peu près la même ingratitude, l'oublie avec plus de philosophie que moi, parce que son âme est au-dessus de la mienne.

Il y a peu de grands seigneurs de deux cent mille livres de rente qui fassent pour leurs parents ce que Mme du Châtelet avait fait pour Kœnig. Elle avait soin de lui et de son frère, les logeait, les nourrissait, les accablait de présents, leur donnait des domestiques, leur fournissait à Paris des équipages. Je suis témoin qu'elle s'est incommodée pour eux; et, en vérité, c'était bien payer la métaphysique romanesque de Leibnitz, dont Kœnig l'entretenait quelquefois les matins. Tout cela a fini par des procédés indignes que Mme du Châtelet veut encore avoir la grandeur d'âme d'ignorer.

Vous trouverez, mon cher ami, dans votre vie, peu de personnes plus dignes qu'elle de votre estime et de votre attachement.

Adieu, mon jeune Apollon, je vous embrasse, je vous aime à jamais.

CMXXI. — A Frédéric, prince royal de Prusse.

A Bruxelles, le 26 janvier.

Monseigneur, j'ai reçu vos chapitres de l'*Anti-Machiavel* et votre Ode *sur la Flatterie*, et votre lettre en vers et en prose que l'abbé de Chaulieu ou le comte Hamilton vous ont sûrement dictée. Un prince qui écrit contre la flatterie est aussi étrange qu'un pape qui écrirait contre l'infaillibilité. Louis XIV n'eût jamais envoyé une pareille ode à Despréaux, et je doute que Despréaux en eût envoyé autant à Louis XIV. Toute la grâce que je demande à Votre Altesse royale, c'est de ne pas prendre mes louanges pour des flatteries. Tout part du cœur chez moi, approbation de vos ouvrages, remercîments de vos bontés; tout cela m'échappe, il faut que vous me le pardonniez.

Je ne suis pas tout à fait exilé, comme on l'a mandé :

<pre>
        Ce vieux madré de cardinal,
        Qui vous escroqua la Lorraine,
        N'a point de son pays natal
        Exclu ma muse un peu hautaine;
        Mais son cœur me veut quelque mal.
        J'ai berné la pourpre romaine;
        Du théâtre pontifical
        J'ai raillé la comique scène;
        C'est un crime bien capital,
        Qui longue pénitence entraîne.
</pre>

Le fait est pourtant que personne n'a parlé de *Rome* avec plus de ménagement. Apparemment qu'il n'en fallait point parler du tout. Il y a dans toute cette persécution un excès de ridicule et de radotage qui fait que j'en ris au lieu de m'en plaindre.

Quand je vois, d'un côté, la cacade devant Dantzick, l'incertitude dans mille démarches, une guerre heureuse par hasard, entreprise malgré soi, et à laquelle on a été forcé par la reine d'Espagne, la marine négligée pendant dix ans, les rentes viagères abolies et volées malgré la foi publique, et que, de l'autre, je vois le *salon d'Hercule*, que le bonhomme regarde comme son apothéose, je m'écrie :

>Le bon Hercule de Fleuri,
>Petit prêtre nonagénaire,
>En Hercule s'est fait portraire,
>De quoi chacun est ébahi ;
>Car on sait que le fils d'Alcmène
>Près de sa maîtresse fila ;
>Mais jamais il ne radota
>Que sur les rives de la Seine.

Je sais bien que par tout pays on voit de pareilles misères, et même de plus grandes ; je sais bien que se tenir chez soi tranquillement, et mettre en prison ses généraux qui ont fait ce qu'ils ont pu, et ses plénipotentiaires qui ont fait une paix nécessaire et ordonnée ; je sais bien, dis-je, que cela ne vaut pas mieux. *Tutto 'l mondo è fatto come la nostra famiglia*. Je conclus que, puisque le monde est ainsi gouverné, il faut que l'*Anti-Machiavel* paraisse ; il faut un Hippocrate en temps de peste. J'ai le chapitre xxiii ; mais je n'ai pas le chapitre xxii, et Votre Altesse royale n'a pas apparemment encore travaillé au chapitre xxiv. Je ne sais si elle dira quelques petits mots sur le projet de *cacciare i barbari d'Italia* ; il me semble qu'il y a actuellement tant d'honnêtes étrangers en Italie, qu'il paraîtrait assez incivil de les vouloir chasser. Le cardinal Alberoni avait un beau projet, c'était de faire un *corps italique* à peu près sur le modèle du corps germanique. Mais, quand on fait de ces projets-là, il ne faut pas être seul de sa bande, ou bien on ressemble à l'abbé de Saint-Pierre.

Votre Altesse royale a grande raison de trouver les Gresset et les Bernard des paresseux ; je leur dirais avec l'autre[1], au lieu de *Vade, piger, ad formicam, Vade, piger, ad Federicum*. Cependant voilà Gresset qui se pique d'honneur, et qui donne une tragédie dont on m'a dit beaucoup de bien ; Bernard me récita, à Paris, un chant de son *Art d'aimer*, qui me paraît plus galant que celui d'Ovide.

Pour moi, monseigneur, je n'ose vous envoyer le cinquième acte de *Mahomet*, tant j'en suis mécontent ; mais je vous enverrai, si cela vous amuse, la comédie de *la Dévote*[2], et ensuite, pour varier, je supplierai instamment Votre Altesse royale de jeter les yeux sur la Métaphysique de Newton, que je compte mettre au-devant d'une nouvelle édition qu'on va faire de mes *Éléments*.

Je n'ai pas encore eu la consolation de voir mes ouvrages imprimés correctement ; je pourrais profiter de mon séjour à Bruxelles pour en faire une édition ; mais Bruxelles est le séjour de l'ignorance. Il n'y a pas un bon imprimeur, pas un graveur, pas un homme de lettres ; et, sans Mme du Châtelet, je ne pourrais parler ici de littérature. De plus

---

1. Salomon, *Proverbes*, ch. vi, v. 6. — 2. *La Prude*. (ÉD.)

ce pays-ci est pays d'obédience; il y a un nonce du pape, et point de Frédéric.

Mme du Châtelet vous présente ses respects. Permettez, monseigneur, que je joigne mes compliments de condoléance à vos jolis vers sur la goutte de M. de Kaiserling. Je ne me porte guère mieux que lui, mais l'espérance de voir un jour Votre Altesse royale me soutient. Je suis, etc.

CMXXII. — A M. LE MARQUIS D'ARGENSON.

A Bruxelles, le 26 janvier.

Les infamies de tant de gens de lettres ne m'empêchent point du tout d'aimer la littérature. Je suis comme les vrais dévots, qui aiment toujours la religion, malgré les crimes des hypocrites. Je vous avoue que, si je suivais entièrement mon goût, je me livrerais tout entier à l'*Histoire du Siècle de Louis XIV*, puisque le commencement ne vous en a pas déplu; mais je n'y travaillerai point tant que je serai à Bruxelles: il faut être à la source pour puiser ce dont j'ai besoin; il faut vous consulter souvent. Je n'ai point assez de matériaux pour bâtir mon édifice hors de France. Je vais donc m'enfoncer dans les ténèbres de la métaphysique et dans les épines de la géométrie, tant que durera le malheureux procès de Mme du Châtelet.

J'ai fait ce que j'ai pu pour mettre *Mahomet* dans son cadre, avant de quitter la poésie; mais j'ai peur que, dans cette pièce, l'attention à ne pas dire tout ce qu'on pourrait dire n'ait un peu éteint mon feu. La circonspection est une belle chose, mais en vers elle est bien triste. Être raisonnable et froid, c'est presque tout un; cela n'est pas à l'honneur de la raison.

Si j'avais de la santé, et si je pouvais me flatter de vivre, je voudrais écrire une histoire de France à ma mode. J'ai une drôle d'idée dans ma tête : c'est qu'il n'y a que des gens qui ont fait des tragédies qui puissent jeter quelque intérêt dans notre histoire sèche et barbare. Mézerai et Daniel m'ennuient; c'est qu'ils ne savent ni peindre ni remuer les passions. Il faut, dans une histoire comme dans une pièce de théâtre, exposition, nœud et dénoûment.

Encore une autre idée. On n'a fait que l'histoire des rois, mais on n'a point fait celle de la nation. Il semble que, pendant quatorze cents ans, il n'y ait eu dans les Gaules que des rois, des ministres, et des généraux; mais nos mœurs, nos lois, nos coutumes, notre esprit, ne sont-ils donc rien?

Adieu, monsieur; respect et reconnaissance.

P. S. Pardon; il s'est trouvé une grande figure d'optique sur l'autre feuillet; je l'ai déchiré.

CMXXIII. — A M. LE COMTE D'ARGENTAL.

Ce 29 janvier.

Je suis absolument de l'avis de l'ange gardien et de ses chérubins sur le retranchement de la scène d'Atide, au quatrième acte. Non-seulement cette arrivée d'Atide ressemblait en quelque chose à l'Atalide de

Bajazet, mais elle me paraît peu décente et très-froide dans une circonstance si terrible, et à la vue du corps expirant d'un père, qui doit occuper toute l'attention de la malheureuse Zulime.

Après avoir bien examiné les autres observations, et avoir plié mon esprit à suivre les routes qu'on me propose, je les trouve absolument impraticables.

On veut que Zulime doute si son amant a assassiné son père; on veut ensuite qu'elle puisse l'excuser sur ce qu'il l'a tué sans le savoir, et que cette idée de l'innocence de Ramire soit l'objet qui occupe principalement le cœur de Zulime.

Je crois avoir ménagé assez le peu de doutes qu'elle doit avoir, et je crois que ce serait perdre toute la force du tragique que de vouloir rendre toujours son amant innocent. Le véritable tragique, le comble de la terreur et de la pitié, est, à mon avis, qu'elle aime son amant criminel et parricide. Point de belles situations sans de grands combats, point de passions vraiment intéressantes sans de grands reproches. Ceux qui conseillèrent à Pradon de ne pas rendre Phèdre incestueuse, lui conseillèrent des bienséances bien malheureuses et bien messéantes au théâtre. Ah! ne me traitez pas en Pradon!

Je condamne aussi sévèrement toute assemblée de peuple. Ce n'est pas d'une vaine pompe dont il s'agit; il faut que Zulime, en mourant, adore encore la cause de ses crimes et de ses malheurs; il faut qu'elle le dise, et, si elle était devant le peuple, cette affreuse confidence serait déplacée; c'est alors que les bienséances seraient violées. J'aime la pompe du spectacle, mais j'aime mieux un vers passionné.

Voici donc les seuls changements que mon temps, mes occupations, et mon départ, me permettent. *Benigno animo legite; et publici juris in theatro fiant.* Je vous supplie d'adresser vos ordres chez l'abbé Moussinot, qui aura mon adresse.

Je me flatte que je vous adresserai bientôt mieux que *Zulime*. Permettez-moi de baiser respectueusement la belle main¹ qui a écrit les remarques auxquelles j'ai obéi en partie.

.... *Si quid novisti rectius istis,*
Candidus imperti; si non, his utere mecum.
Hor., lib. I, ep. VI, v. 67.

Voyez si vous êtes à peu près content. Donnez cela à Mlle Quinault quand il vous plaira, sinon donnez-moi donc de nouveaux ordres. Mais je sens les limites de mon esprit; je ne pourrai guère aller plus loin, comme je ne peux vous aimer ni vous respecter davantage.

CMXXIV. — A M. L'ABBÉ MOUSSINOT.

Février.

Je n'entends plus parler, mon cher ami, de la maladie de mon frère. Voilà tout terminé par le retour de sa santé, et je vous prie de me

---

1. Mme d'Argental servait quelquefois de secrétaire à son mari. (ÉD.)

renvoyer la lettre par laquelle je vous priais, en cas d'accident, de prendre les arrangements de famille convenables.

Quant au testament, je ne doute pas que, avec votre prudence ordinaire, sans me commettre, et sans marquer que je puisse avoir sur cela quelque inquiétude, vous ne soyez informé de ce qui en était. Il serait très-désagréable que mes nièces et neveux eussent à me faire ma part; ce serait à moi, ce semble, à faire la leur.

Point de réponse de M. d'Auneuil. Quand vous serez de loisir, rappelez-lui qu'il a promis plusieurs fois de payer les mille livres qui sont en souffrance. Ainsi vous en demanderez trois mille. Je recommande aussi à vos soins le seigneur de Lézeau et celui de Belle-Poule; et si ce Belle-Poule est saisi par le roi, il faut procéder pour obtenir juridiquement une autre délégation.

Autre anicroche. Le Poyet ne veut plus que les tableaux partent par le coche; mais, de quelque façon qu'ils partent, soyons tous contents. J'attends vos ordres là-dessus. Voici un petit mot de lettre pour notre grand d'Arnaud; et, pour qu'il ait de quoi payer le port, donnez-lui, je vous prie, vingt livres, en attendant ce que nous ferons en avril.

CMXXV. — À M. LE COMTE D'ARGENTAL.

2 février.

C'est moi qui me donne aujourd'hui à tous les diables, pour y avoir presque envoyé hier mes bons anges. Vous mandez par votre lettre à Mme du Châtelet que vous avez une mauvaise santé. Vous ne pouviez mander une nouvelle plus affligeante pour nous. Je consens que mes ouvrages meurent, mais je veux que vous viviez.

Ce qui est plus de votre goût sera plus du mien. Je ferai de *Pandore* ce qu'il vous plaira.

Une scène de *Mahomet* vaut certainement mieux que tout *Zulime*; je vous enverrai l'un et l'autre en deux paquets, sous le couvert de M. de Pont de Veyle, ou sous celui de M. Maurepas, selon les ordres que vous me donnerez. Vous exercerez votre empire absolu sur les deux pièces; mais, si j'ose avoir mon avis, *Mahomet*, malgré son faible cinquième acte, qui sera toujours faible, est un morceau très-singulier, et *Zulime* un peu *in communi martyrum*.

Vous ne voulez donc pas qu'une femme soit aussi friponne que Tartufe? Il ne faut donc les représenter que faibles et point méchantes? Dites-moi donc pourquoi on souffre Cléopâtre dans *Rodogune*; et dites-moi pourquoi on ne peut peindre une femme friponne. S'il ne tenait qu'à adoucir les teintes, et à ne donner à M. Scrupulin d'autre crime que d'avoir épousé la maîtresse de son ami, ce serait l'affaire d'une heure. Il me paraît que le personnage d'Adine est bien intéressant, et je vous défie de nier que Mme Burnet ne soit une bonne diablesse. Je crois qu'avec des corrections cette pièce serait assez suivie; mais la physique ne s'accommode pas de tout cela, et j'y retourne. Je vous supplie de faire ma cour à M. de Solar, et de vouloir bien lui présenter mes très-humbles remerciments.

Je vous envoie le gros vin de *Mahomet*, et la crème fouettée de *Zuime*; vous choisirez. Je baise les ailes de mes anges. La maison d'Ussé se souvient-elle de moi?

Un petit mot; c'est sur *Pandore*. Vous ne goûtez pas la scène de la friponnerie de Mercure, qui lui persuade d'ouvrir la cassette; mais Mercure fait là l'office du serpent qui persuada Ève. Si Ève eût mangé par pure gourmandise, cela eût été bien froid; mais le discours avec le serpent réchauffe l'histoire.

Je sais fort bien que l'aventure de Pandore n'est pas à l'honneur des dieux; je n'ai pas prétendu justifier leur providence, surtout depuis que vous êtes malade.

CMXXVI. — DE FRÉDÉRIC, PRINCE ROYAL DE PRUSSE.

A Berlin, le 3 de février.

Mon cher ami, je vous aurais répondu plus tôt si la situation fâcheuse où je me trouve me l'avait permis. Malgré le peu de temps que j'ai à moi, j'ai pourtant trouvé le moyen d'achever l'ouvrage sur Machiavel, dont vous avez le commencement. Je vous envoie par cet ordinaire la fin de mon ouvrage, en vous priant de me faire part de la critique que vous en ferez. Je suis résolu de revoir et de corriger, sans amour-propre, tout ce que vous jugeriez indigne d'être présenté au public. Je parle trop librement de tous les princes pour permettre que l'*Anti-Machiavel* paraisse sous mon nom. Ainsi j'ai résolu de le faire imprimer, après l'avoir corrigé, comme l'ouvrage d'un anonyme. Faites donc main basse sur toutes les *injures* que vous trouverez superflues, et ne me passez point de fautes contre la pureté de la langue.

J'attends avec impatience la tragédie de *Mahomet*, achevée et retouchée. Je l'ai vue dans son crépuscule; que ne sera-t-elle point en son midi! Vous voilà donc revenu à votre physique, et la marquise à ses procès. En vérité, mon cher Voltaire, vous êtes déplacés tous les deux. Nous avons mille physiciens en Europe, et nous n'avons point de poëte ni d'historien qui approche de vous. On voit en Normandie cent marquises plaider, et pas une qui s'applique à la philosophie. Retournez, je vous prie, à l'Histoire de Louis XIV, et faites venir de Cirey vos manuscrits et vos livres, pour que rien ne vous arrête. Valori dit qu'on vous a exilé de France comme ennemi de la religion romaine, et j'ai répondu qu'il en avait menti.

Mes désirs sont pour Remusberg, comme les vôtres pour Cirey. Je languis d'y retourner saluer mes pénates. Le pauvre Césarion est toujours malade; il ne saurait vous répondre.

Presque trois mois de maladie
Valent un siècle de tourments;
Par les maux son âme engourdie
Ne voit, ne connaît plus que la douleur des sens.

Les charmants accords de ta lyre,
Mélodieux, forts et touchants,

ANNÉE 1740.   69

>Ont sur les esprits plus d'empire
Qu'Hippocrate, Galien et leurs médicaments.

Mais, quelque dieu qui nous inspire,
Tout en est vain sans la santé :
Quand le corps souffre le martyre,
L'esprit ne peut non plus écrire
Que l'aigle s'envoler, privé de liberté.

Consolez-nous, mon cher Voltaire, par vos charmants ouvrages; vous m'accuserez d'en être insatiable, mais je suis dans le cas de ces personnes qui, ayant beaucoup d'acide dans l'estomac, ont besoin d'une nourriture plus fréquente que les autres.

Je suis bien aise qu'Algarotti ne perde point le souvenir de Remusberg. Les personnes d'esprit n'y seront jamais oubliées, et je ne désespère pas de vous y voir. Nous avons vu ici un petit ours en pompons; c'est une princesse russe qui n'a de l'humanité que l'ajustement; elle est petite-fille du prince Cantemir.

Rendez, s'il vous plaît, ma lettre à la marquise, et soyez persuadé que l'estime que j'ai pour vous ne finira jamais.   FÉDÉRIC

CMXXVII. — A MLLE QUINAULT.

                                                  4 février.

[Il lui envoie *Mahomet* et *Zulime* par l'occasion du marquis du Châtelet, donne quelques détails sur *Zulime*, et annonce qu'il n'est pas content du dernier acte de *Mahomet*.]

CMXXVIII. — A M. LE COMTE D'ARGENTAL.

                                                 Ce 16....

Mes anges sont des dieux; ils me commandent l'impossible. J'étais si dégoûté, à Paris, des deux derniers actes de *Zulime*, que je les laissai, parmi mes paperasses inutiles, chez l'abbé Moussinot. Je n'en ai pas ici la moindre trace; mais, si vous êtes dans la résolution de hasarder cette pauvre *Zulime*, que je ne ferai jamais imprimer, qu'importent deux ou trois liaisons de plus ou de moins qui occasionneraient quelques critiques au coin du feu, mais qui glissent sur les spectateurs à la représentation? La grande affaire n'est pas de savoir si le départ des Espagnols est bien assuré au cinquième acte, ni si le serment de fidélité a été dûment prêté au quatrième : *de minimis non curat* SPECTATOR; le point est de savoir si le cœur ne sera pas à la glace quand Zulime, changeant tout d'un coup d'intérêt, clabaudera pour la perte de son père le trouble-fête. Elle n'est point dans le cas de la jeune et innocente Chimène; c'est une femme un peu effrontée qui a franchi toutes les barrières, et qui, après avoir résisté en face à monsieur son père, peut l'enterrer sans tant de remords. On sent bien que cet excès de douleur de Zulime, cette ardeur de venger un père très-importun sur un amant qu'elle adore, est un sentiment plus honnête que naturel, une passion de commande; mais malheur, sur la scène, à ces sentiments-là ! Il ne faut que des passions bien vraies ; la plus effrontée réussira plus que la bienséante, si elle est naturelle : c'est là surtout ce qui m'a fait trembler pour *Zulime*.

Peut-être aurez-vous une douzaine de représentations ; mais je ne veux jamais avoir fait cette pièce. Il n'y a que les trois premiers actes de supportables. Je demande en grâce qu'elle ne soit point imprimée, que Mlle Quinault vous en remette la copie après les douze jours de vie que cette pauvre diablesse aura eus. Que Minet ne transcrive ni la pièce ni les rôles. Ayez la bonté, mes saints anges, d'envoyer chercher un écrivain qui fasse tout sous vos ordres, et que l'abbé Moussinot payera.

Souffrez, par les mêmes raisons, que je ne me découvre point à la petite Gaussin ; elle est aussi incapable de garder un secret que de conserver un amant. Bonne créature ! *Sed plena rimarum, hac illac diffluit*[1]. J'ai extrêmement à cœur de ne point passer pour l'auteur de cette pièce, qui me paraît sans génie.

Il y aurait bien quelque chose de plus raisonnable peut-être à faire, ce serait de l'oublier et de jouer *Mahomet*. Quand ce *Mahomet* ne serait joué que sept fois en carême, je le ferais imprimer, parce qu'il y a plus de neuf, plus d'invention, plus de choses dans une seule scène de ce drôle-là que dans toutes les lamentations amoureuses de la faible *Zulime*. J'envoie à tout hasard aujourd'hui, par la poste, les deux derniers actes de *Mahomet*, à l'adresse de monsieur l'intendant des classes[2]. Après cela, jugez, faites à votre serviteur selon votre sainte volonté. Je suis résigné à vous pour ma vie.

Si vous persistez à faire jeûner le public ce carême avec *Zulime*, vous pouvez aisément faire parler à Gaussin, et lui donner le rôle d'*Atide, reine de Valence*, en grosses lettres ; elle n'est pas d'ailleurs difficile à séduire.

Adieu, tous mes anges ; je me mets sous vos ailes. Émilie l'archange vous fait des compliments célestes.

CMXXIX. — A MLLE QUINAULT.

16 février 1740.

[Les derniers actes de *Zulime* sont à Paris dans ses paperasses ; il faut donner cette tragédie d'après le manuscrit que possède Mlle Quinault ; ne veut pas s'en déclarer l'auteur ni la faire imprimer, eût-elle quarante représentations. Distribution des rôles de *Mahomet* ; envoi de ses deux derniers actes à M. de Pont de Veyle. Il ne faut pas donner le secret de *Zulime* à Mlle Gaussin.]

CMXXX. — A MLLE QUINAULT.

17 février.

[Réponse à la demande des corrections que Mlle Quinault voulait pour *Zulime*.]

1. *Plenus rimarum sum; hac atque illac perfluo.*
Térence, *l'Eunuque*, act. I, sc. II, v. 25. (ÉD.)
2. Pont de Veyle. (ÉD.)

ANNÉE 1740.

CMXXXI. — A FRÉDÉRIC, PRINCE ROYAL DE PRUSSE.

Le 23 février.

Monseigneur, je ne reçus que le 20 le paquet de Votre Altesse royale, du 3, dans lequel je vis enfin la corniche de l'édifice où chaque souverain devrait souhaiter d'avoir mis une pierre.

Vous me permettez, vous m'ordonnez même de vous parler avec liberté, et vous n'êtes pas de ces princes qui, après avoir voulu qu'on leur parlât librement, sont fâchés qu'on leur obéisse. J'ai peur, au contraire, que dorénavant votre goût pour la vérité ne soit mêlé d'un peu d'amour-propre.

J'aime et j'admire tout le fond de l'ouvrage, et je pars de là pour dire hardiment à Votre Altesse royale qu'il me paraît qu'il y a quelques chapitres un peu longs; *transverso calamo signum*[1] y remédiera bien vite, et cet or en filière, devenu plus compacte, en aura plus de poids et de brillant.

Vous commencez la plupart des chapitres par dire ce que Machiavel prétend dans son chapitre que vous réfutez; mais, si Votre Altesse royale a intention qu'on imprime le *Machiavel* et la réfutation à côté, ne pourra-t-on pas, en ce cas, supprimer ces annonces dont je parle, lesquelles seraient absolument nécessaires si votre ouvrage était imprimé séparément? Il me semble encore que quelquefois Machiavel se retranche dans un terrain, et Votre Altesse royale le bat dans un autre; au troisième chapitre, par exemple, il dit ces abominables paroles : *Si ha à notare che i guomini si debbono o vezzegiare o spegnere, perchè si vendicano delle leggieri offese; d lle gravi, non possono.*

Votre Altesse royale s'attache à montrer combien tout ce qui suit de cet oracle de Satan est odieux. Mais le maudit Florentin ne parle que de l'utile. Permettriez-vous qu'on ajoutât à ce chapitre un petit mot pour faire voir que Machiavel même ne devait pas regarder ces menaces comme justifiées par l'événement? car, de son temps même, un Sforce usurpateur avait été assassiné dans Milan; un autre usurpateur du même nom était à Loches, dans une cage de fer; un troisième usurpateur, notre Charles VIII, avait été obligé de fuir de l'Italie qu'il avait conquise; le tyran Alexandre VI mourut empoisonné de son propre poison; César Borgia fut assassiné. Machiavel était entouré d'exemples funestes au crime. Votre Altesse royale en parle ailleurs; voudrait-elle en parler en cet endroit? n'est-ce pas la place véritable? Je m'en rapporte à vos lumières.

C'est à Hercule à dire comme il faut s'y prendre pour étouffer Antée.

Je présente à mon prince ce petit projet de *Préface*, que je viens d'esquisser. S'il lui plaît, je le mettrai dans son cadre, et, après les derniers ordres que je recevrai, je préparerai tout pour l'édition du livre qui doit contribuer au bonheur des hommes.

M. de Valori me fait bien de l'honneur de croire qu'on me traite

1. Horace, *Art poétique*, vers 447. (ÉD.)

comme Socrate et comme Aristote, et qu'on me persécute pour avoir soutenu la vérité contre la folle superstition des hommes. Je tâcherai de me conduire de façon que je ne sois point le martyr de ces vérités dont la plupart des hommes sont fort indignes. Ce serait vouloir attacher des ailes au dos des ânes, qui me donneraient des coups de pied pour récompense.

Je fais copier le *Mahomet* que Votre Altesse royale demande. Je ne sais si cette pièce sera jamais représentée ; mais que m'importe ? C'est pour ceux qui pensent comme vous que je l'ai faite, et non pour nos badauds qui ne connaissent que des intrigues d'amour baptisées du nom de tragédie.

Je crois que Votre Altesse royale aura incessamment celle de Gresset. On dit qu'il y a de très-beaux vers.

Mme la marquise du Châtelet vous fait bien sa cour. Elle abrége tout Wolffius : c'est mettre l'univers en petit.

J'aime mieux voir le monde dans une sphère de deux pieds de diamètre que de voyager de Paris à Quito et à Pékin.

Ma mauvaise santé ne m'a pas permis d'achever encore le précis de la Métaphysique de Newton et les nouveaux *Éléments* où je travaille. Je souffre les trois quarts du jour, et l'autre quart je fais bien peu de besogne. Dès que je serai quitte de cette Métaphysique, et que j'aurai un peu de relâche à mes maux, soyez très-sûr, Monseigneur, que j'obéirai à vos ordres et que j'achèverai le *Siècle de Louis XIV;* il me plaît en ce qu'il a quelque air de celui que vous ferez naître. Pour le siècle du cardinal, je n'y toucherai pas. C'est assez qu'il vive un siècle entier. Il n'y a pas longtemps qu'un neveu de Chauvelin écrivit à cet ambitieux solitaire que notre cardinal dépérissait, et qu'il mettait du rouge pour cacher le livide de son teint. Le cardinal, qui le sut, fit frotter ses joues par ce neveu, et lui montra que son rouge venait de sa santé.

La malheureuse goutte ne quittera-t-elle point M. de Kaiserling ? Je suis, etc.

CMXXXII. — A M. LE COMTE D'ARGENTAL.

26....

Mon cher ange saura que j'ai reçu aujourd'hui sa lettre et le cinquième acte de *Zulime;* que j'ai obéi sur-le-champ, que j'ai travaillé, que j'ai envoyé le tout. Mes anges, je suis votre diable de la *chose impossible;* vous ordonnez toujours, et je rabote toujours. Mais *Zulime* réussira-t-elle ? Je l'espère, à la fin. J'ai relu ce cinquième acte avec quelque satisfaction. Marions donc *Zulime* avant d'établir son gros frère *Mahomet.* Qu'est-ce que cette comédie nouvelle qu'on joue ? Me voilà probablement remis après le saint temps de Pâques. Tant mieux, je n'ai dans tout ceci ni lenteur ni empressement dans l'esprit ; jamais mes anges ne trouveront créature plus résignée ; d'ailleurs je suis si heureux ici, que rien ne m'inquiète. Adieu, couple adorable ; il ne me manque que vous. J'écris à M. de Pont de Veyle et à Mlle Quinault

ANNÉE 1740.

CMXXXIII. — DE FRÉDÉRIC, PRINCE ROYAL DE PRUSSE.

A Berlin, le 26 février.

Mon cher Voltaire, je ne puis répondre qu'en deux mots à la lettre la plus spirituelle du monde, que vous m'avez écrite. La situation où je me trouve me rétrécit si fort l'esprit, que je perds presque la faculté de penser.

> Aux portes de la mort, un père à l'agonie,
>   Assailli de cruels tourments,
> Me présente Atropos prête à trancher sa vie.
> Cet aspect douloureux est plus fort sur mes sens
>   Que toute ma philosophie.
> Tel que d'un chêne énorme un faible rejeton
> Languit, manquant de séve et de sa nourriture,
> Quand des vents furieux l'arbre souffrant l'injure
>   Sèche du sommet jusqu'au tronc :
> Ainsi je sens en moi la voix de la nature
> Plus éloquente encor que mon ambition ;
> Et dans le triste cours de mon affliction,
> De mon père expirant je crois voir l'ombre obscure ;
>   Je ne vois que sa sépulture
> Et le funeste instant de sa destruction.
>   Oui, j'apprends, en devenant maître,
>   La fragilité de mon être :
> Recevant les grandeurs, j'en vois la vanité.
> Que n'ai-je, hélas ! vécu sans être transplanté,
>   De ce climat doux et tranquille
>   Où prospérait ma liberté,
> Dans ce terrain scabreux, raboteux, difficile,
>   De machiavélisme infecté !
> Loin des folles grandeurs de la cour, de la ville,
>   De l'éblouissante clarté
>   Du trône et de la majesté,
>   Loin de tout cet éclat fragile,
> Je leur *eus* préféré mon studieux asile,
>   Mon aimable repos et mon obscurité [1].

Vous voyez, par ces vers, que le cœur est plein de ce dont la bouche abonde ; je suis sûr que vous compatissez à ma situation, et que vous y prenez une véritable part. Envoyez-moi, je vous prie, votre *Dévote*,

---

1. On a déjà vu que le prince royal faisait des vers lorsqu'il était attaqué d'une crampe dans l'estomac ; il en fait ici dans le moment où la mort prochaine de son père semblait exiger d'autres soins. On sait que, dans les circonstances les plus cruelles de la guerre de 1756, il envoya à M. de Voltaire des vers remplis de sentiments stoïques. Ce pouvoir de se distraire des grandes inquiétudes ou des grandes affaires, en se livrant à une occupation profonde, n'appartient qu'à des âmes très-fortes ; et c'est pour elles une ressource nécessaire, sans laquelle elles ne pourraient peut-être résister à la violence de leurs passions. (*Éd. de Kehl.*)

votre *Mahomet*, et généralement tout ce que vous croyez capable de me distraire. Assurez la marquise de mon estime, et soyez persuadé que, dans quelque situation que le sort me place, vous ne verrez d'autre changement en moi que quelque chose de plus efficace, réuni à l'estime et à l'amitié que j'ai et que j'aurai toujours pour vous. *Vale*.
Frédéric.

Je pense mille fois à l'endroit de *la Henriade* qui regarde les courtisans des Valois :

Ses courtisans en pleurs, autour de lui rangés, etc.
Ch. V, v. 335.

J'enverrai dans peu *la Henriade* en Angleterre, pour la faire imprimer. Tout est achevé et réglé pour cet effet.

CMXXXIV. — A. M. LE PRÉSIDENT HÉNAULT, LE FAVORI DES MUSES.

Bruxelles, ce 2 mars.

Quand à la ville un solitaire envoie
Des fruits nouveaux, honneur de ses jardins,
Nés sous ses yeux, et plantés par ses mains,
Il les croit bons, et prétend qu'on le croie

Quand, par le don de son portrait flatté,
La jeune Aminte à ses lois vous engage,
Elle ressemble à la divinité
Qui veut vous faire adorer son image.

Quand un auteur, de son œuvre entêté,
Modestement vous en fait une offrande,
Que veut de vous sa fausse humilité ?
C'est de l'encens que son orgueil demande.

Las ! je suis loin de tant de vanité.
A tous ces traits gardez de reconnaître
Ce qui par moi vous sera présenté ;
C'est un tribut, et je l'offre à mon maître.

J'ose donc, monsieur, vous envoyer ce tribut très-indigne ; j'aurais **voulu** faire encore plus de changements à ces faibles ouvrages ; mais **Bruxelles** est l'éteignoir de l'imagination.

Les vers et les galants écrits
Ne sont pas de cette province,
Et dans les lieux où tout est prince
Il est très-peu de beaux esprits.
Jean Rousseau, banni de Paris,
Vit émousser dans ce pays
Le tranchant aigu de sa pince ;
Et sa muse, qui toujours grince,
Et qui fuit les jeux et les ris,

ANNÉE 1740.

>Devint ici grossière et mince.
>Comment vouliez-vous que je tinsse
>Contre les frimas épaissis?
>Voudriez-vous que je redevinsse
>Ce que j'étais, quand je suivis
>Les traces du pasteur du Mince [1],
>Et que je chantais les Henris?
>Apollon la tête me rince,
>Il s'aperçoit que je vieillis;
>Il voulut qu'en lisant Leibnitz
>De plus rimailler je m'abstinsse;
>Il le voulut, et j'obéis.
>Auriez-vous cru que j'y parvinsse?

Il serait plus doux, monsieur, de parvenir à avoir l'honneur de vivre avec vous, et à jouir des délices de votre commerce. L'imagination de Virgile eût langui s'il avait vécu loin des Varius et des Pollion. Que dois-je devenir loin de vous? La France a très-peu de philosophes; elle a encore moins d'hommes de goût. C'est là où le nombre des élus est prodigieusement petit; vous êtes un des saints de ce paradis, et Bruxelles est un purgatoire. Il serait l'enfer et les limbes à la fois pour des êtres pensants, si Mme du Châtelet n'était ici. J'ai lu le *Parallèle des Romains*, etc., etc., comme vous me l'avez ordonné. Il est vrai que la comparaison est un peu étonnante, mais le livre est plein d'esprit; je le croirais fait par un bâtard de M. de Montesquieu, qui serait philosophe et bon citoyen. J'espère que nous aurons quelque chose de mieux sur l'*Histoire de France*, et vous savez bien pourquoi. Vous êtes une coquette qui m'avez montré une fois quelques-unes de vos beautés; je me flatte que, quand je serai à Paris, j'obtiendrai de plus grandes faveurs. Adieu, monsieur; Mme du Châtelet, qui est pleine d'estime et d'amitié pour vous, vous fait les plus sincères compliments. Vous connaissez mon tendre et respectueux attachement pour vous.

Le petit ballot de mes rêveries doit être à Paris, par la voiture de samedi, à l'inquisition de la chambre syndicale. Il a été mis au coche de Lille.

CMXXXV. — A FRÉDÉRIC, PRINCE ROYAL DE PRUSSE.

A Bruxelles, le 10 mars.

>Quoi! tout prêt à tenir les rênes d'un empire,
>Vous seul vous redoutez ce comble des grandeurs
>   Que tout l'univers désire!
>Vous ne voyez qu'un père, et vous versez des pleurs!
>Grand Dieu! qu'avec amour l'univers vous contemple,
>Vous qui du seul devoir avez rempli les lois,
>Vous si digne du trône, et peut-être d'un temple,
>Aux fils des souverains vous immortel exemple,

1. Le Mincio. (En.)

Vous qui serez un jour l'exemple des bons rois!
Hélas! si votre père, en ces moments funestes,
　　Pouvait lire dans votre cœur;
Dieu! qu'il remercierait les puissances célestes!
A ses derniers moments quel serait son bonheur!
Qu'il périrait content de vous avoir fait naître!
Qu'en vous laissant au monde, il laisse de bienfaits!
Qu'il se repentirait.... Mais j'en dis trop peut-être!
　　Je vous admire, et je me tais.

Je ne m'attendais pas, monseigneur, à cette lettre du 26 février que j'ai reçue le 9 mars. Celle-ci partira lundi 14, parce que ce sera le jour de la poste d'Amsterdam.

J'ignore actuellement votre situation, mais je ne vous ai jamais tant aimé et admiré. Si vous êtes roi, vous allez rendre beaucoup d'hommes heureux; si vous restez prince royal, vous allez les instruire. Si je me comptais pour quelque chose, je désirerais, pour mon intérêt, que vous restassiez dans votre heureux loisir, et que vous pussiez encore vous amuser à écrire de ces choses charmantes qui m'enchantent et qui m'éclairent. Étant roi, vous n'allez être occupé qu'à faire fleurir les arts dans vos États, à faire des alliances sages et avantageuses, à établir des manufactures, à mériter l'immortalité. Je n'entendrai parler que de vos travaux et de votre gloire; mais probablement je ne recevrai plus de ces vers agréables, ni de cette prose forte et sublime qui vous donnerait bien une autre sorte d'immortalité, si vous vouliez. Un roi n'a que vingt-quatre heures dans la journée; je les vois employées au bonheur des hommes, et je ne vois pas qu'il puisse y avoir une minute de réservée pour le commerce littéraire dont Votre Altesse royale m'a honoré avec tant de bonté. N'importe: je vous souhaite un trône, parce que j'ai l'honnêteté de préférer la félicité de quelques millions d'hommes à la satisfaction de mon individu.

J'attends toujours vos derniers ordres sur le *Machiavel*; je compte que vous ordonnerez que je fasse imprimer la traduction de La Houssaie à côté de votre réfutation. Plus vous allez réfuter Machiavel par votre conduite, plus j'espère que vous permettrez que l'antidote préparé par votre plume soit imprimé.

J'ai eu l'honneur d'envoyer *Mahomet* à Votre Altesse royale. On transcrit cette *Dévote;* si elle vient dans un temps où elle puisse amuser Votre Altesse royale, elle sera fort heureuse ; sinon, elle attendra un moment de loisir pour être honorée de vos regards.

J'ai une singulière grâce à demander à Votre Altesse royale ; c'est, tout franc, qu'elle me loue un peu moins dans la *préface* qu'elle a daigné faire à *la Henriade*. Vous m'allez trouver bien insolent de vouloir modérer vos bontés, et il serait plaisant que Voltaire ne voulût pas être loué par son prince. Je veux l'être, sans doute ; j'ai cette vanité au plus haut degré ; mais je vous demande en grâce de me permettre de retrancher quelques choses que je sens bien que je ne mérite guère. Je suis comme un courtisan modéré (si vous en trouvez) qui vous dicait : « Donnez-moi un peu de grandeur, mais ne m'en donnez pas trop, de peur que la tête ne me tourne. »

Je remercie du fond de mon cœur Votre Altesse royale d'avoir changé l'idée d'une gravure contre celle d'une belle impression; cela sera mieux, et je jouirai plus tôt de l'honneur inestimable que vous daignez me faire. Je ne me promets point une vie aussi longue que le serait l'entreprise d'une gravure de *la Henriade*. J'emploierai bientôt le temps que la nature veut encore me laisser à achever le *Siècle de Louis XIV*.

Mme du Châtelet a écrit à Votre Altesse royale avant que j'eusse reçu votre lettre du 26; elle est devenue toute leibnitzienne; pour moi, j'arrange les pièces du procès entre Newton et Leibnitz, et j'en fais un petit précis qui pourra, je crois, se lire sans contention d'esprit.

Grand prince, je vous demande mille pardons d'être si bavard, dans le temps que vous devez être très-occupé. Roi ou prince, vous êtes toujours mon roi, mais vous avez un sujet fort babillard. Je suis, etc.

CMXXXVI. — A Mlle Quinault.

Bruxelles, 11 mars.

[Corrections de *Zulime*; détails sur la manière dont cette tragédie doit être jouée.]

CMXXXVII. — A M. le comte d'Argental.

Le 12 mars.

Mon très-cher ange gardien, je fis partir hier, à l'adresse de votre frère, un petit paquet contenant à peu près toutes les corrections que mon grand conseil m'a demandées pour cette *Zulime*. Je m'étais refroidi sur cet ouvrage, et j'en avais presque perdu l'idée, aussi bien que la copie. Il a fallu que Mlle Quinault m'ait renvoyé les cinq actes, pour me mettre au fait de mon propre ouvrage. Il est bien difficile de rallumer un feu presque éteint; il n'y a que le souffle de mes anges qui puisse en venir à bout. Voyez si vous retrouverez encore quelque chaleur dans les changements que j'ai envoyés. Je commence à espérer beaucoup de succès de cet ouvrage aux représentations, parce que c'est une pièce dans laquelle les acteurs peuvent déployer tous les mouvements des passions; et une tragédie doit être des passions parlantes. Je ne crois pas qu'à la lecture elle fît le même effet, parce que la pièce a trop l'air d'un magasin dans lequel on a brodé les vieux habits de Roxane, d'Atalide, de Chimène, de Callirhoé[1].

J'en reviens à *Mahomet*, il est tout neuf.

......*Tentanda via est, qua me quoque possim*
Tollere humo.

Georg., lib. III, v. 8.

Mais *Zulime* sera la pièce des femmes, et *Mahomet* la pièce des hommes : je recommande l'une et l'autre à vos bontés.

1. *Callirhoé*, opéra joué en 1712, est de Rol. (Éd.)

Avez-vous oublié *Pandore?* Vous m'aviez dit qu'on en pouvait faire quelque chose. Je crois qu'il me sera plus aisé de vous satisfaire sur *Pandore* que sur *Zulime*. Je vous avoue que je serais fort aise d'avoir courtisé avec succès, une fois en ma vie, la Muse de l'opéra; je les aime toutes neuf, et il faut avoir le plus de bonnes fortunes qu'on peut, sans être pourtant trop coquet.

Le prince royal m'a écrit une lettre touchante, au sujet de monsieur son père qui est à l'agonie. Il semble qu'il veuille m'avoir auprès de lui; mais vous me connaissez trop pour penser que je puisse quitter Mme du Châtelet pour un roi, et même pour un roi aimable. Permettez, à ce sujet, que je vous demande un petit plaisir. Vous ne pouvez passer dans la rue Saint-Honoré sans vous trouver auprès d'Hébert; je vous supplie de passer chez lui, et de voir une écritoire de Martin que nous faisons faire pour la présenter au prince royal. Voyez si elle vous plaît. Le présent est assez convenable à un prince comme lui; c'est Soliman qui envoie un sabre à Scanderbeg; mais ce maudit Hébert me fait attendre des siècles. Le roi de Prusse se meurt; et, s'il est mort avant que ma petite écritoire arrive, ma galanterie sera perdue. Il n'y a pas trop de bonne grâce à donner à un roi qui peut rendre beaucoup. Cet air intéressé ôterait tout le mérite de l'écritoire.

Vous devriez bien me dire quelques nouvelles des spectacles; ils m'intéressent toujours, quoique je sois à présent tout hérissé des épines de la philosophie.

Mais vous ne me mandez jamais rien de ce qui vous regarde, rien sur votre vessie ni sur vos plaisirs; je m'intéresse à tout cela plus qu'à tous les spectacles du monde. Allez-vous toujours les matins vous ennuyer en robe à juger des plaideurs?

CMXXXVIII. — DE FRÉDÉRIC, PRINCE ROYAL DE PRUSSE.

A Berlin, le 18 mars.

Mon cher Voltaire, vous m'avez obligé véritablement par votre sincérité, et par les remarques que vous m'aidez à faire sur ma réfutation. Vous deviez vous attendre naturellement à recevoir du moins quelques chapitres corrigés, et c'était bien mon intention : mais je suis dans une crise si épouvantable, qu'il me faut plutôt penser à réfuter Machiavel par ma conduite que par mes écrits. Je vous promets cependant de tout corriger dès que j'aurai quelques moments dont je pourrai disposer. A peine ai-je pu parcourir le Prophète fanatique de l'Asie. Je ne vous en dis point mon sentiment, car vous savez qu'on ne saurait juger d'ouvrages d'esprit qu'après les avoir lus à tête reposée.

Je vous envoie quelques petites bagatelles en vers, pour vous prouver que je remplis, en me délassant avec Calliope, le peu de vide qu'ont à présent mes journées.

Je suis très-satisfait de la résolution dans laquelle je vous vois d'achever le *Siècle de Louis XIV*. Cet ouvrage doit être entier pour la gloire de notre siècle, et pour lui donner un triomphe parfait sur tout ce que l'antiquité a produit de plus estimable.

On dit que votre cardinal éternel deviendra pape; il pourrait, en ce cas, faire peindre son apothéose au dôme de l'église de Saint-Pierre, à Rome. Je doute à la vérité de ce fait, et je m'imagine que le timon du gouvernement de France vaut bien les clefs moitié rouillées de saint Pierre. Machiavel pourrait bien le disputer à saint Paul, et M. de Fleuri pourrait trouver plus convenable à sa gloire de duper les cabinets des princes composés de gens d'esprit, que d'en imposer à la canaille superstitieuse et orthodoxe de l'Église catholique.

Vous me ferez grand plaisir de m'envoyer votre *Dévote* et votre *Métaphysique*. Je n'aurai peut-être rien à vous rendre; mais je me fonde sur votre générosité, et j'espère que vous voudrez bien me faire crédit pour quelques semaines, après quoi *Machiavel*, et peut-être encore quelques autres riens, pourront m'acquitter envers vous.

Voici une lettre de Césarion, dont la santé se fortifie de jour en jour. Nous parlons tous les jours de nos amis de Cirey; je les vois en esprit, mais je ne les vois jamais sans souhaiter quelque réalité à ce rêve agréable dont l'illusion me tient même lieu de plaisir.

Adieu, mon cher Voltaire; faites une ample provision de santé et de force; soyez-en aussi économe que je suis prodigue envers vous des sentiments d'estime et d'amitié avec lesquels vous me trouverez toujours votre très-fidèle ami, Frédéric.

CMXXXIX. — À M. LE COMTE D'ARGENTAL.

Le 22 mars.

Ange de paix, eh bien! comment trouvez-vous donc ce commencement de l'*Histoire de Louis XIV*? Je crois que j'en pourrais faire un ouvrage bien neuf, et peut-être honorable à la nation. Mais comme je suis traité dans cette nation, pour qui je travaille!

Et *Zulime, Zulime!* si le cinquième acte n'est pas à votre fantaisie, je n'ai qu'à me noyer, car j'y ai mis tout ce que je sais. J'ai vu de beaux yeux pleurer en le lisant; mais je me défie toujours des beaux yeux; celles qui les portent sont d'ordinaire séduites ou trompeuses. La personne dont je vous parle est peut-être trop séduite en ma faveur; cependant elle n'a guère pleuré à *Mérope*, et elle a pleuré beaucoup à *Zulime*.

Pour l'amour de Dieu, n'exigez pas que je commence par faire de Zulime un trouble-fête! Quelle cruelle idée mon conseil a-t-il eue! Croyez-moi, il n'y aurait plus d'intérêt. Atide doit ne pas déplaire, mais Zulime doit déchirer le cœur. Prenez-y garde, tout serait perdu.

Au reste mon conseil est le seul conseil dans Paris qui soit instruit des affaires d'Afrique. Si cela pouvait être joué à Pâques, je bénirais *Mahomet*; décidez. Il y a bien autre chose sur le tapis.

Permettez-vous que je vous adresse une de mes rêveries, que vous jetterez au feu si vous la condamnez, et que vous ferez voir à M. le comte de Maurepas, si vous l'approuvez? Je lui donne, par mon dernier vers, la louange la plus flatteuse. Je lui dis qu'il a des amis, et c'est votre amitié qui fait son éloge.

Est-ce que vous ne voulez pas donner un musicien à *Pandore ?*
Est-ce que vous pensez qu'on ne peut rien tirer de cette Mme Prudise[1], en lui faisant faire par pure faiblesse ce qu'on lui fait faire au théâtre anglais par une méchanceté déterminée, qui révolterait nos mœurs un peu faibles et trop délicates? Le rôle du petit Adine me paraît si joli ! Laissez-vous toucher, et que je fasse quelque chose de cette Prudise.

J'ai lu *Édouard.* Je vous suis très-obligé de la bonté que vous avez eue de m'envoyer la traduction d'Ortolani; elle me paraît assez belle.

J'ai répondu à Gresset une lettre polie et d'amitié; je le crois un bon diable.

Adieu, mon adorable ami; toujours *sub umbra alarum tuarum.* Je suis bien persécuté, tout va de travers; mais vous m'aimez, Émilie m'aime, c'est la réponse à tout.

CMXL. — De Frédéric, prince royal de Prusse.

A Berlin, le 23 mars.

Ne crains point que les dieux, ni le sort, ni l'empire,
Me fassent pour le sceptre abandonner la lyre ;
Que d'un cœur trop léger, et d'un esprit coquet,
Je préfère aux beaux-arts l'orgueil et l'intérêt.
Je vois des mêmes yeux l'ambition humaine,
Qu'au conseil de Priam on vit la belle Hélène.
L'appareil des grandeurs ne peut me décevoir,
Ni cacher la rigueur d'un sévère devoir
Les beaux-arts ont pour moi l'attrait d'une maîtresse,
La triste royauté, de l'hymen la rudesse.
J'aurais su préférer l'état heureux d'amant
A celui qu'un époux remplit si tristement ;
Mais le fil dont Clotho traça les destinées,
Ce fil lia nos mains du sort prédestinées ;
Ainsi, de mes destins n'étant point artisan,
Je souscris à ses lois, et je suis le torrent.

Mon amitié n'est point semblable au baromètre
Qu'un air rude ou plus doux fait monter ou décroître.
Un vain nom peut flatter ces esprits engagés
Dans la vulgaire erreur des faibles préjugés ;
Mais le mortel sensé, que la raison éclaire,
Au ciel des immortels n'oubliera point Voltaire ;
Dépouillant la grandeur, l'ennui, la royauté
Chérira tes écrits tant que, sa liberté
Excitant de tes chants l'harmonieux ramage,
Ta voix l'éveillera par un doux gazouillage,

---

[1]. Ce nom du principal personnage de *la Prude* a été changé en celui de *Dorfise.* (Éd.)

> Et, quittant les Walpole, les Birens, les Fleuris,
> Ira, pour respirer, dans ces prés si fleuris,
> Où les bords fortunés du fécond Hippocrène
> De son feu languissant ranimeront la veine.

C'est bien ainsi que je l'entends, et, quel que puisse être mon sort, vous me verrez partager mon temps entre mon devoir, mon ami, et les arts. L'habitude a changé l'aptitude que j'avais pour les arts en tempérament. Quand je ne puis ni lire ni travailler, je suis comme ces grands preneurs de tabac, qui meurent d'inquiétude, et qui mettent mille fois la main à la poche, lorsqu'on leur a ôté leur tabatière. La décoration de l'édifice peut changer, sans altérer en rien les fondements ni les murs; c'est ce que vous pourrez voir en moi, car la situation de mon père ne nous laisse aucune espérance de guérison. Il me faut donc préparer à subir ma destinée.

La vie privée conviendrait mieux à ma liberté que celle où je dois me plier. Vous savez que j'aime l'indépendance, et qu'il est bien dur d'y renoncer pour s'assujettir à un pénible devoir. Ce qui me console est l'unique pensée de servir mes concitoyens et d'être utile à ma patrie. Puis-je espérer de vous voir, ou voulez-vous cruellement me priver de cette satisfaction? Cette idée consolante règne dans mon esprit, comme celle du Messie régnait dans la nation hébraïque.

Je corrigerai encore la *Préface* de la *Henriade;* mais vous ne trouverez pas mauvais que j'y laisse des vérités qui ne ressemblent à des louanges que parce que bien des gens les prodiguent mal à propos. Je change actuellement quelques chapitres du *Machiavel*, mais je n'avance guère, dans la situation où je suis. *Mahomet* que j'admire, tout fanatique qu'il est, doit vous faire beaucoup d'honneur. La conduite de la pièce est remplie de sagesse; il n'y a rien qui choque la vraisemblance ni les règles du théâtre; les caractères sont parfaitement bien soutenus. La fin du troisième acte et le quatrième entier m'ont ému jusqu'à me faire répandre des larmes. Comme philosophe, vous savez persuader l'esprit; comme poëte, vous savez toucher le cœur; et je préférerais presque ce dernier talent au premier, puisque nous sommes tous nés sensibles, mais très-peu raisonnables.

> Vous m'envoyez une écritoire,
> Mais c'est le moins lorsqu'on écrit;
> Pour mon plaisir et pour ma gloire,
> Il eût fallu, Voltaire, y joindre votre esprit.

Je vous en fais mes remercîments, ainsi qu'à la marquise, à laquelle je vous prie d'offrir cette boîte travaillée à Berlin, et d'une pierre qu'on trouve à Remusberg. Comme je crains, mon cher ami, que vous n'ayez plus de moi la mémoire aussi fraîche qu'à Cirey, je vous envoie mon portrait qui, je l'espère, ne quittera jamais votre doigt. Si je change de condition, vous en serez instruit des premiers. Plaignez-moi, car je vous assure que je suis effectivement à plaindre; aimez-moi toujours, car je fais plus de cas de votre amitié que de vos respects. Soyez persuadé que votre mérite m'est trop connu pour ne vous pas donner, en toutes les occasions, des marques de la parfaite estime avec laquelle je serai toujours votre très-fidèle ami, FÉDÉRIC.

CMXLI. — A M. HELVÉTIUS, A PARIS.

A Bruxelles, ce 24 mars.

Je vous renvoie, mon cher ami, le manuscrit que vous avez bien voulu me communiquer. Vous me donnez toujours les mêmes sujets d'admiration et de critique. Vous êtes le plus habile architecte que je connaisse, et celui qui se passe le plus volontiers du ciment. Vous seriez trop au-dessus des autres, si vous vouliez faire attention combien les petites choses servent aux grandes, et à quel point elles sont indispensables ; je vous prie de ne pas les négliger en vers, et surtout dans ce qui regarde votre santé; vous m'avez trop alarmé par le danger où vous avez été. Nous avons besoin de vous, mon cher enfant en Apollon, pour apprendre aux Français à penser un peu vigoureusement; mais moi j'en ai un besoin essentiel, comme d'un ami que j'aime tendrement, et dont j'attends plus de conseils dans l'occasion que je ne vous en donne ici.

J'attends la pièce de M. Gresset. Je ne me presse point de donner *Mahomet*, je le travaille encore tous les jours. A l'égard de *Pandore*, je m'imagine que cet opéra prêterait assez aux musiciens, mais je ne sais à qui le donner. Il me semble que le récitatif en fait la principale partie, et que le savant Rameau néglige quelquefois le récitatif. M. d'Argental en est assez content; mais il faut encore des coups de lime. Ce M. d'Argental est un des meilleurs juges, comme un des meilleurs hommes que nous ayons. Il est digne d'être votre ami. J'ai lu l'*Optique* du P. Castel. Je crois qu'il était aux Petites-Maisons quand il fit cet ouvrage. Il n'y en a qu'un que je puisse lui comparer, c'est le quatrième tome [1] de Joseph Privat de Molières, où il donne de son cru une preuve de l'existence de Dieu, propre à faire plus d'athées que tous les livres de Spinosa. Je vous dis cela en confidence. On me parle avec éloge des détails d'une comédie [2] de Boissy; je n'en croirai rien de bon que quand vous en serez content. Le janséniste Rollin continue-t-il toujours à mettre en d'autres mots ce que tant d'autres ont écrit avant lui? et son parti préconise-t-il toujours comme un grand homme ce prolixe et inutile compilateur? A-t-on imprimé, et vend-on enfin l'ouvrage de l'abbé de Gamaches? Il y aura sans doute un petit système de sa façon; car il faut des romans aux Français. Adieu, charmant fils d'Apollon; nous vous aimons ici tendrement. Ce n'est point un roman cela, c'est une vérité constante; car nous sommes ici deux êtres très-constants.

1. *Leçons de physique* par l'abbé de Molières. (ÉD.)
2. *Les Dehors trompeurs*. (ÉD.)

CMXLII. — A M. L'ABBÉ MOUSSINOT.

Mars.

J'ai laissé, mon cher abbé, deux tasses de porcelaine montées avec leur soucoupe chez M. le duc de Richelieu. Vous pouvez les faire demander par un billet à son concierge de la maison du Temple. On demandera aussi deux plumes d'or à manche d'ébène qui étaient dans une petite écritoire à portefeuille. Si cela est aisé, ayez la bonté d'y songer; sinon, cela n'est bon qu'à négliger.

Je reçois par la poste l'*Édouard* de Gresset : il m'en a coûté une pistole de port, et je la regretterais beaucoup si dans la tragédie il ne se trouvait quelques bons vers.

Je suis bien paresseux, car je n'ai encore écrit ni à M. de Lézeau ni à M. d'Auneuil. C'est un petit devoir dont il faut s'acquitter avant d'en venir aux cérémonies des sergents.

Aux deux tasses que vous enverrez, si elles se retrouvent, joignez un énorme pot de pâte liquide, un très-petit pot de pommade de concombre. Belles commissions!

Encore quatre bouteilles d'esprit-de-vin, puis c'est tout, et pardon; et puis.... ce n'est pas tout, car il faut donner à d'Arnaud soixante livres sans rien lui promettre, sans lui lire ma lettre, sans entrer avec lui dans aucun détail. Donnez-lui seulement cet argent, assurez-le de mon amitié; dites-lui que j'ai reçu sa lettre, et que je l'en remercie, quoique j'aie eu un peu de peine à la déchiffrer.

CMXLIII. — A M. LE MARQUIS D'ARGENSON.

A Bruxelles, ce 30 mars.

C'est une chose plaisante, monsieur, que la tracasserie qu'on m'avait voulu faire avec M. de Valori, à Berlin et à Paris. J'entrevois que quelqu'un, qui veut absolument se mêler des affaires d'autrui, a mis dans sa tête de détruire M. de Valori et moi dans l'esprit du prince royal, et ce n'est pas la première niche qu'on m'a voulu faire dans cette cour. J'ai beau vivre dans la plus profonde retraite, et passer mes jours avec Euclide et Virgile, il faut qu'on trouble mon repos.

Je crois connaître assez le prince royal pour espérer qu'il en redoublera de bontés pour moi, et que, si on a voulu lui inspirer des sentiments peu favorables pour notre ministre, il ne sentira que mieux son mérite. C'est un prince qui unira, je crois, les lettres et les armes, qui s'accommodera en homme juste pour Berg et Juliers, si on lui fait des propositions honorables, et qui défendra ses droits, dans l'occasion, avec de vrais soldats, sans avoir des géants inutiles.

Je serais fort étonné si le roi son père revenait de sa maladie. Il faut qu'il soit bien mal, puisqu'il est défendu en Prusse de parler de sa santé ni en mal ni en bien.

Lorsque vous m'avez fait l'honneur de m'écrire au sujet de M. de Valori, je venais de recevoir une lettre d'une de mes nièces[1], femme

---

1. Mme Denis. (ÉD.)

d'un commissaire des guerres à Lille, qui m'instruisait aussi de cette tracasserie. M. l'abbé de Valori, prévôt du chapitre de Lille, lui en avait parlé. Je ne peux mieux faire, je crois, monsieur, que d'avoir l'honneur de vous envoyer la copie de la réponse à ma nièce.

« Les tracasseries viennent donc, ma chère enfant, jusque dans ma retraite, et prennent leur grand tour par Berlin. Je vois très-clairement que quelque bonne âme a voulu me nuire à la fois dans l'esprit du prince royal de Prusse et dans celui de M. de Valori; et il y a quelque apparence qu'une certaine personne, qui avait voulu desservir M. de Valori à la cour de Berlin, a semé encore ce petit grain de zizanie.

« Je connais M. de Valori, en général, par l'estime publique qu'il s'est acquise, et plus particulièrement par le cas infini qu'en fait M. d'Argenson, qui m'avait même flatté que j'aurais une nouvelle protection dans M. de Valori auprès du prince royal.

« J'avais eu l'honneur d'écrire plusieurs fois à ce prince que M. de Valori augmenterait le goût que Son Altesse royale a pour les Français, et que j'espérais que ce serait pour moi un nouveau moyen de me conserver dans ses bonnes grâces. Je me flatte encore que le petit malentendu qu'on a fait naître ne détruira pas mes espérances.

« Il est tout naturel que M. de Valori, ayant vu, dans les gazetins infidèles dont l'Europe est inondée, une fausse nouvelle sur mon compte, l'ait crue comme les autres; qu'on en ait dit un petit mot en passant à la cour de Prusse, et que quelqu'un, à qui cela est revenu à Paris, en ait fait un commentaire.

« Il ne résultera de cette petite malice, qu'on a voulu faire à M. de Valori, rien autre chose que des assurances de la plus respectueuse estime, que je vous prie de faire passer à M. de Valori par le canal de monsieur son frère. Si tous les tracassiers de Paris étaient ainsi payés de leurs peines, le nombre en serait moins grand. »

Voilà, monsieur, mes véritables sentiments. Je fais toujours des vœux pour que vous soyez dans quelque place où vous puissiez donner un peu de carrière à vos grands talents, à votre bonne volonté pour le genre humain et à votre goût pour les arts.

En attendant, je vous conseille de ne pas négliger Mlle Lemaure. C'était autrefois un beau pédantisme que celui qui tenait toujours les premiers magistrats en longue jaquette, et qui leur interdisait les spectacles. Je ne croirai les Français tout à fait revenus de l'ancienne barbarie que quand l'archevêque de Paris, le chancelier et le premier président auront chacun une loge à l'Opéra et à la Comédie. Mme du Châtelet vous fait bien des compliments, et moi, monsieur, je vous suis dévoué, pour ma vie, avec la plus tendre et la plus respectueuse reconnaissance.

CMXLIV. — A M. DE FORMONT.

A Bruxelles, 1er avril.

Vous voilà dans l'heureux pays
Des belles et des beaux esprits,

ANNÉE 1740.

> Des bagatelles renaissantes,
> Des bons et des mauvais écrits.
> Vous entendez, les vendredis,
> Ces clameurs longues et touchantes
> Dont Lemaure enchante Paris.
> Des soupers avec gens choisis,
> De vos jours, filés par les ris,
> Finissent les heures charmantes;
> Mais, ce qui vaut assurément
> Bien mieux qu'une pièce nouvelle
> Et que le souper le plus grand,
> Vous vivez avec du Deffand;
> Le reste est un amusement,
> Le vrai bonheur est auprès d'elle.
> Pour la triste ville où je suis,
> C'est le séjour de l'ignorance,
> De la pesanteur, des ennuis,
> De la stupide indifférence;
> Un vrai pays d'obédience,
> Privé d'esprit, rempli de foi;
> Mais Émilie est avec moi;
> Seule, elle vaut toute la France.

En vous remerciant, mon cher ami, des marques de votre souvenir. Vous avez donc lu ce fatras inutile sur la teinture, que M. le P. Castel appelle son *Optique?* Il est assez plaisant qu'il s'avise de dire que Newton s'est trompé, sans en donner la plus légère preuve, sans avoir fait la moindre expérience sur les couleurs primitives. C'est à présent la physique qui se met à être plaisante, depuis que la comédie ne l'est plus. J'ai lu le quatrième tome des *Leçons de Physique* de Joseph Privat de Molières, de l'Académie des sciences; cela est encore assez comique; mais j'aime mieux l'autre Molière que celui-ci. Joseph Privat ne peut réjouir que quelques philosophes malins qui aiment à rire des absurdités imprimées avec approbation et privilège. Le cher homme a une preuve toute nouvelle de l'existence de Dieu à faire pouffer de rire : c'est, dit-il, qu'il y a des cas où une boule de cinq livres en pèse sept, ce qui ne peut arriver que par permission divine. Or vous pouvez être sûr que ni Privat de Molières ni sa boule ne pèseront jamais un grain de plus en aucun sens. Six vieux régents de l'Université ont donné six approbations authentiques à cette belle découverte, à laquelle ils n'entendent rien; mais, au moins, MM. de Mairan et de Bragelongue, députés de l'Académie pour louer M. Privat, n'ont pas donné dans le traquet; ils ont déclaré nettement qu'il y avait certaines hypothèses dans ce livre qu'ils ne pouvaient admettre.

> Quand il s'agit de prouver Dieu,
> Ces messieurs de l'Académie
> Tirent leur épingle du jeu
> Avec beaucoup de prudhomie.

Pour moi, qui crois en Dieu autant et plus que personne, si je n'avais d'autres preuves que celle de ce Privat de Mollières, je sens bien qu'il me resterait encore quelques petits scrupules.

J'ai lu la tragédie de Vert-Vert, qu'il m'a fait l'honneur de m'envoyer; ainsi il faut que j'en dise du bien. Il y a d'ailleurs un certain air anglais qui ne me déplaît pas.

On dit que ces Anglais ont pillé Porto-Bello et Panama; c'est bien là une vraie tragédie. Si le dénoûment de cette pièce est tel qu'on le dit, il y aura beaucoup de négociants français et hollandais ruinés. Je ne sais quand finira cette guerre de pirates. Pour celle que fait ici Mme du Châtelet avec d'autres pirates nommés avocats et procureurs, elle sera peut-être plus longue que la querelle de l'Espagne et de l'Angleterre. J'ai l'air de rester du temps à Bruxelles; mais que m'importe? Avec Émilie et des livres, je suis dans la capitale de l'univers. Pourvu que je n'y végète pas comme Rousseau! Mille respects à Mme du Deffand. Je vous embrasse du meilleur cœur du monde, etc.

CMXLV. — A M. LE COMTE D'ARGENTAL.

A Bruxelles, ce 1ᵉʳ avril.

Plus ange gardien que jamais, je m'étais déjà avisé de travailler tout seul à ma *Pandore*, et je n'avais pas attendu la grâce d'en haut; j'allais l'envoyer, pour chercher un musicien, lorsque le paquet de mon cher ange est arrivé.

J'ai grande impatience de savoir si vous trouvez le *Mahomet* mieux lié, plus intéressant, mieux écrit, et enfin si, après le grand fracas du quatrième acte, le cinquième vous semble supportable.

Vous pourriez, en attendant, mon respectable ami, couronner vos bontés pour *Zulime*, en promettant à Mlle Gaussin le premier rôle dans *Mahomet*. Vous voulez que j'espère de *Zulime*, j'espère donc; *in verbo tuo laxavi rete*¹.

Revenons à *Pandore*; je n'ai point d'expressions pour vous remercier. Il faudra donc encore une fois rompre la chaîne des études philosophiques, et quitter le compas pour la lyre. Soit; je suis le *maître Jacques* du Parnasse, mais malheureusement *maître Jacques* n'était ni bon cocher ni bon cuisinier.

Vous ne laissez pas de m'embarrasser. Vous me foudroyez mes Titans au troisième acte. La pièce alors aurait l'air d'être finie, et on en recommencerait une autre, qui serait le Mariage et la Boîte de Pandore. Le grand point, me semble, est de refondre les deux actions en une; je veux dire la guerre des Titans et cette boîte fameuse.

Je ne haïrais pas que le Destin lui-même parût au milieu du combat, et réglât les deux partis. Il n'y aura pas grand mal quand Jupiter aura un peu tort; il est accoutumé, sur la scène de l'Opéra, à ne pas jouer le beau rôle; et, sur la scène de ce monde, quels reproches ne lui fait-on pas! que de plaintes de la part des femmes qui n'ont pas les

---

1. Évangile de saint Luc, v. 5.

grâces de Mme d'Argental, et de la part des hommes qui n'ont pas votre mérite! Dans ce monde chacun l'accuse, et sur le théâtre il reçoit des soufflets.

Je trouvais assez bon que Mercure fît la besogne du tentateur. Au bout du compte, il faut bien que les dieux soient coupables du mal moral et du mal physique. D'ailleurs Pandore en était plus excusable; et qu'importe que cette Pandore-Ève soit séduite par Mercure ou par le diable? Dites-moi, je vous prie, si la boîte n'est pas un trait de la vengeance des dieux, quels rapports auront les trois premiers actes avec les deux derniers. Voilà, encore une fois, ce qui m'embarrasse. L'opéra pourrait commencer au quatrième acte; c'est, à mon sens, le plus grand des défauts. Donnez-moi une réponse à cette objection.

Au reste, je profiterai de toutes vos bontés et de tous vos avis, et je me mettrai en besogne dès que vous m'aurez bien voulu répondre. J'invoquerai *angelum meum*, et je travaillerai.

Hélas! j'ai peur que, parmi les maux sortis de la boîte de Pandore, la mort de Mme de Richelieu ne soit bientôt un des plus certains, comme un des plus cruels. On dit qu'elle crache du pus, et qu'elle a la fièvre. Vous perdriez une amie qui vous avait goûté infiniment.

Je ne sais si la poste en use avec les intendants des classes comme avec moi. Les paquets ont beau être contre-signés, le contre-seing d'un ministre français est ici très-peu considéré, et on paye ce beau seing neuf à dix florins; ainsi, quand par hasard vous aurez quelque gros paquet à envoyer, faites-le porter chez l'abbé Moussinot.

Bonsoir, mon aimable, mon respectable ami, mon conseil, mon juge, qui souffrez toutes mes rébellions; vous ne croyez donc pas qu'on puisse jamais réduire Mme Prudise aux mœurs françaises?... Si pourtant.... Adieu; je vous embrasse mille fois.

CMXLVI. — A MILORD HERVEY, GARDE DES SCEAUX D'ANGLETERRE.

Je fais compliment à votre nation, milord, sur la prise de Porto-Bello, et sur votre place de garde des sceaux. Vous voilà fixé en Angleterre; c'est une raison pour moi d'y voyager encore. Je vous réponds bien que, si certain procès est gagné, vous verrez arriver à Londres une petite compagnie choisie de newtoniens à qui le pouvoir de votre attraction, et celui de milady Hervey, feront passer la mer. Ne jugez point, je vous prie, de mon *Essai sur le Siècle de Louis XIV* par les deux chapitres imprimés en Hollande avec tant de fautes qui rendent mon ouvrage inintelligible. Si la traduction anglaise est faite sur cette copie informe, le traducteur est digne de faire une version de l'*Apocalypse;* mais, surtout, soyez un peu moins fâché contre moi de ce que j'appelle le siècle dernier le *Siècle de Louis XIV*. Je sais bien que Louis XIV n'a pas eu l'honneur d'être le maître ni le bienfaiteur d'un Bayle, d'un Newton, d'un Halley, d'un Addison, d'un Dryden; mais dans le siècle qu'on nomme de Léon X, ce pape Léon X avait-il tout fait? N'y avait-il pas d'autres princes qui contribuèrent à polir et à éclairer le genre humain? Cependant le nom de Léon X a prévalu.

parce qu'il encouragea les arts plus qu'aucun autre. Eh! quel roi a donc en cela rendu plus de services à l'humanité que Louis XIV? Quel roi a répandu plus de bienfaits, a marqué plus de goût, s'est signalé par de plus beaux établissements? Il n'a pas fait tout ce qu'il pouvait faire, sans doute, parce qu'il était homme; mais il a fait plus qu'aucun autre, parce qu'il était un grand homme : ma plus forte raison pour l'estimer beaucoup, c'est qu'avec des fautes connues il a plus de réputation qu'aucun de ses contemporains; c'est que, malgré un million d'hommes dont il a privé la France, et qui tous ont été intéressés à le décrier, toute l'Europe l'estime, et le met au rang des plus grands et des meilleurs monarques.

Nommez-moi donc, milord, un souverain qui ait attiré chez lui plus d'étrangers habiles, et qui ait plus encouragé le mérite dans ses sujets. Soixante savants de l'Europe reçurent à la fois des récompenses de lui, étonnés d'en être connus.

« Quoique le roi ne soit pas votre souverain, leur écrivait M. Colbert, il veut être votre bienfaiteur; il m'a commandé de vous envoyer la lettre de change ci-jointe, comme un gage de son estime. » Un Bohémien, un Danois, recevaient de ces lettres datées de Versailles. Guglielmini[1] bâtit une maison à Florence des bienfaits de Louis XIV; il mit le nom de ce roi sur le frontispice; et vous ne voulez pas qu'il soit à la tête du siècle dont je parle !

Ce qu'il a fait dans son royaume doit servir à jamais d'exemple. Il chargea de l'éducation de son fils et de son petit-fils les plus éloquents et les plus savants hommes de l'Europe. Il eut l'attention de placer trois enfants de Pierre Corneille[2], deux dans les troupes, et l'autre dans l'Église; il excita le mérite naissant de Racine, par un présent considérable pour un jeune homme inconnu et sans bien; et, quand ce génie se fut perfectionné, ces talents, qui souvent sont l'exclusion de la fortune, firent la sienne. Il eut plus que la fortune, il eut la faveur, et quelquefois la familiarité d'un maître dont un regard était un bienfait; il était, en 1688 et 1689, de ces voyages de Marly tant brigués par les courtisans; il couchait dans la chambre du roi pendant ses maladies, et lui lisait ces chefs-d'œuvre d'éloquence et de poésie qui décoraient ce beau règne.

Cette faveur, accordée avec discernement, est ce qui produit de l'émulation et qui échauffe les grands génies : c'est beaucoup faire des fondations, c'est quelque chose de les soutenir; mais s'en tenir à ces établissements, c'est souvent préparer les mêmes asiles pour l'homme inutile et pour le grand homme; c'est recevoir dans la même ruche l'abeille et le frelon.

Louis XIV songeait à tout; il protégeait les Académies, et distinguait ceux qui s'y signalaient. Il ne prodiguait point ses faveurs à un genre

---

1. Voltaire confond ici Dominique Guglielmini, mort à Padoue, en 1710, avec Vincent Viviani, géomètre, qu'il cite dans le chapitre xxv du *Siècle de Louis XIV*, et qui mourut à Florence en 1703. (ÉD.)
2. Pierre Corneille, capitaine de cavalerie et gentilhomme ordinaire; ....Corneille, tué à Grave; et l'abbé d'Aiguesvives. (ÉD.)

de mérite, à l'exclusion des autres, comme tant de princes qui favorisent, non ce qui est bon, mais ce qui leur plaît; la physique et l'étude de l'antiquité attirèrent son attention. Elle ne se ralentit pas même dans les guerres qu'il soutenait contre l'Europe; car, en bâtissant trois cents citadelles, en faisant marcher quatre cent mille soldats, il faisait élever l'Observatoire, et tracer une méridienne d'un bout du royaume à l'autre, ouvrage unique dans le monde. Il faisait imprimer dans son palais les traductions des bons auteurs grecs et latins; il envoyait des géomètres et des physiciens au fond de l'Afrique et de l'Amérique chercher de nouvelles connaissances. Songez, milord, que, sans le voyage et les expériences de ceux qu'il envoya à Cayenne, en 1672, et sans les mesures de M. Picard, jamais Newton n'eût fait ses découvertes sur l'attraction. Regardez, je vous prie, un Cassini et un Huygens, qui renoncent tous deux à leur patrie qu'ils honorent, pour venir en France jouir de l'estime et des bienfaits de Louis XIV. Et pensez-vous que les Anglais mêmes ne lui aient pas d'obligation? Dites-moi, je vous prie, dans quelle cour Charles II puisa tant de politesse et tant de goût. Les bons auteurs de Louis XIV n'ont-ils pas été vos modèles? N'est-ce pas d'eux que votre sage Addison, l'homme de votre nation qui avait le goût le plus sûr, a tiré souvent ses excellentes critiques? L'évêque Burnet avoue que ce goût, acquis en France par les courtisans de Charles II, réforma chez vous jusqu'à la chaire, malgré la différence de nos religions; tant la saine raison a partout d'empire! Dites-moi si les bons livres de ce temps n'ont pas servi à l'éducation de tous les princes de l'empire. Dans quelles cours de l'Allemagne n'a-t-on pas vu des théâtres français? Quel prince ne tâchait pas d'imiter Louis XIV? Quelle nation ne suivait pas alors les modes de la France?

Vous m'apportez, milord, l'exemple du czar Pierre le Grand, qui a fait naître les arts dans son pays, et qui est le créateur d'une nation nouvelle; vous me dites cependant que son siècle ne sera pas appelé dans l'Europe le *Siècle du czar Pierre;* vous en concluez que je ne dois pas appeler le siècle passé le *Siècle de Louis XIV.* Il me semble que la différence est bien palpable. Le czar Pierre s'est instruit chez les autres peuples; il a porté leurs arts chez lui; mais Louis XIV a instruit les nations; tout, jusqu'à ses fautes, leur a été utile. Des protestants, qui ont quitté ses États, ont porté chez vous-mêmes une industrie qui faisait la richesse de la France. Comptez-vous pour rien tant de manufactures de soie et de cristaux? Ces dernières surtout furent perfectionnées chez vous par nos réfugiés, et nous avons perdu ce que vous avez acquis.

Enfin la langue française, milord, est devenue presque la langue universelle. A qui en est-on redevable? Était-elle aussi étendue du temps de Henri IV? Non, sans doute; on ne connaissait que l'italien et l'espagnol. Ce sont nos excellents écrivains qui ont fait ce changement. Mais qui a protégé, employé, encouragé ces excellents écrivains? C'était M. Colbert, me direz-vous; je l'avoue, et je prétends bien que le ministre doit partager la gloire du maître. Mais qu'eût fait un Colbert sous un autre prince, sous votre roi Guillaume, qui n'aimait rien, sous le roi d'Espagne Charles II, sous tant d'autres souverains?

Croiriez-vous bien, milord, que Louis XIV a réformé le goût de sa cour en plus d'un genre? Il choisit Lulli pour son musicien, et ôta le privilége à Cambert, parce que Cambert était un homme médiocre, et Lulli un homme supérieur. Il savait distinguer l'esprit du génie; il donnait à Quinault les sujets de ses opéras; il dirigeait les peintures de Lebrun; il soutenait Boileau, Racine, et Molière, contre leurs ennemis; il encourageait les arts utiles comme les beaux-arts, et toujours en connaissance de cause : il prêtait de l'argent à Van Robais pour établir ses manufactures; il avançait des millions à la compagnie des Indes, qu'il avait formée; il donnait des pensions aux savants et aux braves officiers. Non-seulement il s'est fait de grandes choses sous son règne, mais c'est lui qui les faisait. Souffrez donc, milord, que je tâche d'élever à sa gloire un monument que je consacre encore plus à l'utilité du genre humain.

Je ne considère pas seulement Louis XIV parce qu'il a fait du bien aux Français, mais parce qu'il a fait du bien aux hommes; c'est comme homme, et non comme sujet, que j'écris; je veux peindre le dernier siècle, et non pas simplement un prince. Je suis las des histoires où il n'est question que des aventures d'un roi, comme s'il existait seul, ou que rien n'existât que par rapport à lui; en un mot, c'est encore plus d'un grand siècle que d'un grand roi que j'écris l'histoire.

Pélisson eût écrit plus éloquemment que moi; mais il était courtisan, et il était payé. Je ne suis ni l'un ni l'autre; c'est à moi qu'il appartient de dire la vérité.

J'espère que, dans cet ouvrage, vous trouverez, milord, quelques-uns de vos sentiments; plus je penserai comme vous, plus j'aurai droit d'espérer l'approbation publique.

CMXLVII. — A M. PITOT DE LAUNAI

A Bruxelles, ce 5 avril.

Monsieur, je vous fais mon compliment sur ce que vous allez changer de vilaine eau en une terre fertile. Cela est moins brillant que de mesurer la terre et de déterminer sa figure, mais cela est plus utile; et il vaut mieux donner aux hommes quelques arpents de terre que de savoir si elle est plate aux pôles. Vous n'aurez besoin de personne auprès de votre confrère[1] M. de Richelieu, mais je me vanterai à lui d'être votre ami; et c'est moi qui vous prie de lui bien faire ma cour, et à un très-aimable syndic avec qui j'ai fait la moitié du voyage jusqu'à Langres. Je vous prie, avant de partir, de me mander ce qu'on pense, ou plutôt ce que vous pensez sur le quatrième tome de la *Physique* de l'abbé de Molières.

Entre autres opinions qui m'ont surpris dans ce livre, j'ai une preuve surabondante de l'existence de Dieu, qui, me semble, ferait des athées

---

1. Richelieu était membre de l'Académie des sciences. (ÉD.)

si on pouvait l'être. Me trompé-je ? M. de Molières me paraît étrangement antimécanique.

Je suis fâché que l'auteur¹ des *Institutions physiques* abandonne quelquefois Newton pour Leibnitz ; mais il faut aimer ses amis, de quelque parti qu'ils soient. Adieu ; je vous prie de vous souvenir de moi avec tous vos amis. Vous savez que je vous aime et que je vous estime trop pour vous faire des compliments ordinaires. Ne m'oubliez pas auprès de Mme Pitot. L'illustre *Newto-leibnitzienne* va vous écrire.

CMXLVIII. — A FRÉDÉRIC, PRINCE ROYAL DE PRUSSE.

A Bruxelles, 6 avril.

Monseigneur, j'ai reçu le paquet du 18 mars dont Votre Altesse royale m'a honoré. Vous êtes fait assurément pour les choses uniques, et c'en est une que, dans la crise où vous avez été, vous ayez pu faire des choses qui demandent le plus grand recueillement d'esprit. Tout ce que vous dites sur la patience est d'un grand héros et d'un grand génie ; c'est une des plus belles choses que vous ayez daigné m'envoyer. En vous remerciant, monseigneur, des bonnes leçons que je vois là pour moi :

> Je la dois sans doute exercer,
> Cette vertu de patience ;
> Les dévots ont su m'y forcer ;
> Quand on a pu les courroucer,
> Il faut en faire pénitence.
> Ces messieurs, prêchant la douceur,
> Imitent fort bien le Seigneur :
> Ils sont friands de la vengeance.

La traduction de l'ode *Rectius vives, Licini*, fait voir qu'il y a des Mécènes qui sont eux-mêmes des Horaces. Vous n'avez pas voulu rendre exactement :

> *Auream quisquis mediocritatem*
> *Diligit, tutus caret obsoleti*
> *Sordibus tecti; caret invidenda*
>   *Sobrius aula.*
>   Hor., lib. II, od. x, v. 5.

Vous sentez si bien ce qui est propre à notre langue, et les beautés de la latine, que vous n'avez pas traduit *obsoleti tecti*, qui serait très-bas en français.

> Loin de la grandeur fastueuse,
> La frugale simplicité
> N'en est que plus délicieuse.

Ces expressions sont bien plus nobles en français ; elles ne peignent

1. Mme du Châtelet. (ÉD.)

pas comme le latin, et c'est là le grand malheur de notre langue, qui n'est pas assez accoutumée aux détails. Au reste, nous faisons *médiocrité* de cinq syllabes; si vous voulez absolument n'en mettre que trois, quatre, les princes sont les maîtres.

La fin de l'épître d *M. Jordan* est un engagement de rendre les hommes heureux; vous n'avez pas besoin de le promettre, j'en crois votre caractère, sans avoir besoin de votre parole.

Voici quelques pièces, moitié prose, moitié vers, pour payer mon tribut à celui qui m'enrichit toujours. L'*Épître à M. de Maurepas*, l'un de nos secrétaires d'État, est bien pour Votre Altesse royale autant que pour lui; car il me semble que c'est bien là le goût de Votre Altesse royale de protéger également tous les arts; et je suis bien sûr que si quelqu'un avait fait le livre édifiant de *Marie Alacoque*, vous ne lui donneriez point l'archevêché de Sens pour récompense, avec cent mille livres de rente, tandis qu'on laisse dans la misère des hommes de vrais talents.

Je ne sais si Votre Altesse royale aura reçu certaine écritoire envoyée à Wesel par la poste, cachetée aux armes de la princesse de La Tour, et adressée à M. le général Borck, ou au commandant de Wesel, pour faire tenir en diligence. Votre Altesse royale m'a envoyé de quoi noire, et moi je prends la liberté d'envoyer de quoi écrire.

> Donner un cornet pour du vin
> N'est pas grande reconnaissance;
> Mais ce cornet fera, je pense,
> Éclore quelque œuvre divin
> Qui vaudra tous les vins de France.

Je me flatte que Votre Altesse royale me pardonne ces excessives libertés. J'attends ses derniers ordres sur la réfutation du docteur des ministres [1]: il y a très-peu de chose à réformer, et je crois toujours qu'il est avantageux pour le genre humain que cet antidote soit public.

Je fais transcrire mon petit exposé de la métaphysique de Newton et de Leibnitz. Le paquet sera gros; puis-je l'adresser à Wesel? J'attends vos ordres auxquels je me conformerai toute ma vie, car vous savez que Minerve, Apollon et la Vertu m'ont fait votre sujet. Mme du Châtelet aura l'honneur d'envoyer à Votre Altesse royale quelque chose qui la dédommagera de l'ennui que je pourrai lui causer. Je suis, etc.

CMXLIX. — A M. L'ABBÉ MOUSSINOT.

Bruxelles.

Je vous prie, mon cher ami, de passer chez M. le marquis d'Argenson, pour lui renouveler ma respectueuse reconnaissance, et pour le remercier de toutes ses bontés. Vous lui remarquerez, en même temps, et avec votre sagesse ordinaire, combien je serais fâché que la lettre

---

1. Machiavel, que Voltaire appelle ailleurs *docteur du crime*. (ÉD.)

du prince royal de Prusse courût, et à quel point je lui suis obligé de sa discrétion. Ce remercîment tiendra lieu d'une prière, et l'engagera à prévenir le chagrin que j'aurais si cette pièce était publique.

Cette lettre, mon cher ami, est écrite avec une plume d'ambre que le prince royal vient de nous envoyer; je m'en sers avec un grand plaisir pour dire que je vous embrasse mille fois.

CML. — DE FRÉDÉRIC, PRINCE ROYAL DE PRUSSE.

A Berlin, 15 avril.

Mon cher Voltaire, votre *Dévote* est venue le plus à propos du monde. Elle est charmante, les caractères bien soutenus, l'intrigue bien conduite, le dénoûment naturel. Nous l'avons lue, Césarion et moi, avec beaucoup de plaisir, et souhaitant beaucoup de la voir représenter ici en présence de son auteur, de cet ami que nous désirions tant de voir. Mon amphibie vous fait des compliments de ce que, tout malade que vous êtes, vous travaillez plus et mieux que tant d'auteurs pleins de santé. Je ne conçois rien à votre être très-particulier, car, chez nous autres mortels, l'esprit souffre toujours des langueurs du corps; la moindre chose me rend incapable de penser. Mais votre esprit, supérieur à ses organes, triomphe de tout. Puisse-t-il triompher de la mort même!

Vous lirez, s'il vous plaît, un petit conte assez mal tourné que je vous envoie, et une épître où je me suis avisé de parler très-sérieusement à une sorte de gens qui ne sont guère d'humeur à régler leur conduite sur la morale des poëtes. *Machiavel* suivra quand il pourra; vous voudrez bien attendre que j'aie le temps d'y mettre la dernière main.

Le monde est si tracassier ici, si inquiet, si turbulent, qu'il n'est presque pas possible d'échapper à ce mal épidémique; tout ce que je puis faire quelquefois, c'est de rimer des sottises. J'attends à me trouver dans une assiette plus tranquille pour reprendre des occupations plus sérieuses et qui demandent de la réflexion. A présent, voilà une malheureuse suite de fêtes qu'il faut fêter, malgré que l'on en ait, et des discours très-inconséquents qu'il faut entendre et même applaudir. Je fais ce manège à contre-cœur, haïssant tout ce qui approche de l'hypocrisie et de la fausseté.

Algarotti m'écrit que Pine n'a pas encore achevé son impression de Virgile, et que *la Henriade* serait pendue au croc, en attendant l'*Énéide*. J'en ai fort grondé; car il me semble que

> Virgile, vous cédant la place
> Qu'il obtint jadis au Parnasse,
> Vous devait bien le même honneur
> Chez maître Pine, l'imprimeur.

Vous voyez, mon cher Voltaire, la différence qu'il y a entre les décrets d'Apollon et les fantaisies d'un imprimeur. Je soutiens la gloire de ce dieu en accélérant la publication de votre ouvrage. J'espère de réduire bientôt les caprices de cet Anglais, en satisfaisant son avidité intéressée.

Assurez, je vous prie, la marquise du Châtelet de mes attentions. Ménagez la santé d'un homme que je chéris; et n'oubliez jamais qu'étant mon ami, vous devez apporter tous vos soins à me conserver le bien le plus précieux que j'aie reçu du ciel. Donnez-moi bientôt des nouvelles de votre convalescence, et comptez que, de toutes celles que je puis recevoir, celles-là me seront les plus agréables. Adieu, je suis tout à vous.   FRÉDÉRIC.

CMLI. — A FRÉDÉRIC, PRINCE ROYAL DE PRUSSE.

Avril.

Monseigneur, votre idée m'occupe le jour et la nuit. Je rêve à mon prince comme on rêve à sa maîtresse.

Tempus erat quo prima quies mortalibus ægris
Incipit, et dono Divum gratissima serpit
In somnis ecce ante oculos pulcherrimus heros
Visus adesse mihi....
VIRG., Æn., II, v. 268.

Je vous ai vu sur un trône d'argent massif, que vous n'aviez point fait faire, et sur lequel vous montiez avec plus d'affliction que de joie.

Plus frappé de la triste vue
D'un père expirant devant vous
Que de la brillante cohue
Qui s'empressait à vos genoux.

Beaucoup de courtisans, qui avaient négligé de venir voir Son Altesse royale à Remusberg, venaient en foule saluer Sa Majesté à Berlin.

Je remarquais tout l'étalage
Et l'air de ces nouveaux venus;
Ce sont seigneurs de haut lignage;
Car ils descendent de Janus,
Ayant tous un double visage.

Ils pourraient même venir aussi, par femmes, du prophète Élisée, qui, au rapport de la très-sainte Écriture[1], avait un esprit double, de quoi plusieurs prêtres ont hérité aussi bien qu'eux.

Plein de douceur et de prudence,
Mon grand prince, avec complaisance
Voyait près de son trône admis
Ceux qui, par pure obéissance,
Jadis furent ses ennemis;
Ils éprouvent tous sa clémence;

1. IVe livre des *Rois*, chap. II, v. 9. (ÉD.)

ANNÉE 1740.

>Mais il distinguait ses amis;
>Ils éprouvent sa bienfaisance.

Les Antonins, les Titus, les Trajan, les Julien descendaient du ciel pour voir ce triomphe.

>Tous ces héros du nom romain
>N'ont plus qu'un mépris souverain
>Pour la malheureuse Italie;
>Ils s'étonnent que leur génie
>Ne se retrouve qu'à Berlin.

Il ne tenait qu'à eux d'être à l'élection d'un pape[1]; mais les cardinaux et le Saint-Esprit ne sont pas faits pour les Titus et les Marc-Aurèle. La Vérité, que ces héros aiment, n'est guère au conclave : elle était près de ce trône d'argent.

>Mon héros, d'un air de franchise,
>L'y fit asseoir à son côté;
>Elle était honteuse et surprise
>De se voir tant de liberté.

Elle sait bien que le trône n'est guère plus sa place que le conclave, et qu'à cette pauvre exilée n'appartient pas tant d'honneur; mais Frédéric la rassurait comme une personne de sa connaissance.

>Le Florentin Machiavel,
>Voyant cette fille du ciel,
>S'en retourna tout au plus vite
>Au fond du manoir infernal,
>Accompagné d'un cardinal,
>D'un ministre et d'un vieux jésuite.

Mais Frédéric ne voulut pas que Machiavel eût osé paraître devant lui sans faire amende honorable au genre humain en la personne de son protecteur. Il le fit mettre à genoux,

>Et l'Italien, confondu,
>Fit sa pénitence publique,
>En avouant que la vertu
>Est la meilleure politique.

Toutes les Vertus se mirent alors à caresser le vainqueur de Machiavel.

>La sage Libéralité,
>Qui récompense avec justice,
>Enchaînait avec fermeté
>La folle Prodigalité
>Et la méprisable Avarice.

1. Clément XII était mort le 6 février 1740; son successeur, élu le 17 août suivant, fut Benoît XIV, auquel Voltaire dédia *Mahomet*. (ÉD.)

Le Devoir, le Travail sévère,
Semblaient régner dans ce séjour;
Mais les Jeux, l'Amour et sa mère
N'étaient point bannis de la cour
Pour tous également affable,
Il les embrassait tour à tour,
Il savait maîtriser l'Amour
Et rendre le Travail aimable.

Cependant Mars et la Politique montraient le plan de Berg et de Juliers, et mon héros tirait son épée, prêt à la remettre dans le fourreau pour le bonheur de ses sujets et pour celui du monde; les beaux-arts venaient de tous côtés rendre hommage à leur protecteur : la Musique, la Peinture, l'Éloquence, l'Histoire, la Physique, travaillaient sous ses yeux; il présidait à tout, et semblait né pour tous ces arts comme pour celui de gouverner et de plaire. Un théâtre s'élevait, une académie se formait, non pas telle que celle des jetonniers français :

Ces gens, doctement ridicules,
Parlant de rien, nourris de vent,
Et qui pèsent si gravement
Des mots, des points et des virgules.

C'était une académie dans le goût de celle des Sciences et de la Société de Londres. Enfin tout ce qu'il y a de bon, de beau, de vrai, de juste, d'aimable, était rassemblé sur ce trône. Je n'ai point oublié mon songe comme ce fou de la sainte Écriture[1], qui menaçait de faire mourir ses conseillers d'État, s'ils ne devinaient son rêve, qu'il avait oublié. Je m'en souviens très-bien, et il ne me faut ni Daniel ni Joseph pour l'expliquer.

Non, non, ce n'est point un mensonge
Qui trompa mon cœur enchanté;
Chez tous les autres rois mon rêve est un vain songe;
Chez vous, mon rêve est vérité.

Dans ma dernière lettre, j'avais déjà reproché à mon souverain d'avoir fait *médiocrité* de quatre syllabes; *médiocrité* est de cinq, et mon prince l'avait fait de quatre, énorme faute, et l'une des plus grandes qu'il fera jamais.

CMLII. — A M. DE CIDEVILLE.

A Bruxelles, ce 25 avril.

Voulez-vous savoir, mon charmant ami, mon confrère en Apollon, mon maître dans l'art de penser délicatement, l'effet que m'a fait votre dernière lettre? Celui qu'un bon instrument de musique fait sur un autre; il en fait résonner toutes les cordes qui sont à l'unisson. Vous m'avez remis sur-le-champ la lyre à la main; j'ai serré mes compas, je suis revenu à l'autel de Melpomène et au temple des Grâces. Vous me direz si j'ai été exaucé de vos trois déesses.

1. Voyez Daniel, chap. II. (ÉD.)

Tout ce que vous soupçonniez que j'ébauchais est prêt à vous être envoyé. Donnez-moi donc l'adresse sûre que vous m'avez promise. J'ai plus de choses à vous faire tenir que vous ne pensez. Je peux avoir mal employé mon temps, mais je ne suis pas resté oisif; je sais qu'il y a longtemps que je ne vous ai écrit, mais aussi vous aurez deux tragédies[1] pour excuse; et, si vous n'êtes pas content, j'ai encore autre chose à vous montrer.

Je veux vous rendre un peu compte de mes études; il me semble que c'est un devoir que l'amitié m'impose. Outre toutes les bagatelles poétiques que vous recevrez de moi, vous en aurez aussi de philosophiques. Je crois avoir enfin mis les *Éléments de Newton* au point que l'homme le moins exercé dans ces matières et le plus ennemi des sciences de calcul pourra les lire avec quelque plaisir et avec fruit. J'ai mis au-devant de l'ouvrage un exposé de la Métaphysique de Newton et de celle de Leibnitz, dont tout homme de bon sens est juge-né. On va l'imprimer en Hollande, au commencement de mai. Mais il va paraître, à Paris, un ouvrage plus intéressant et plus singulier en fait de physique : c'est une *Physique* que Mme du Châtelet avait composée pour son usage, et que quelques membres de l'Académie des sciences se sont chargés de rendre publique pour l'honneur de son sexe et pour celui de la France.

Vous avez lu sans doute la comédie des *Dehors trompeurs*. Quel dommage! il y a des scènes charmantes et des morceaux frappés de main de maître. Pourquoi cela n'est-il pas plus étoffé, et pourquoi les derniers actes sont-ils si languissants!

.....................*Amphora cœpit*
Institui; currente rota, cur urceus exit?
Hor., *de Art. poet.*, v. 21.

Il en est à peu près de même de la pièce de Gresset, et, qui pis est, c'est une déclamation vide d'intérêt. Mon Dieu! pourquoi me parlez-vous de la tragédie, soi-disant de *Coligni*? Il semble que vous ayez soupçonné qu'elle est de moi. Le du Sauzet, libraire de Hollande, et par conséquent doublement fripon, a eu l'insolence absurde de la débiter sous mon nom; mais, Dieu merci, le piège est grossier; et, fût-il plus fin, vous n'y seriez pas pris. Cette pitoyable rapsodie est d'un bon enfant nommé d'Arnaud, qui s'est avisé de vouloir mettre le second chant de *la Henriade* en tragédie. Heureusement pour lui sa personne et sa pièce sont assez inconnues.

Adieu, mon cher ami; mon cœur et mon esprit sont à vous pour jamais. Mme du Châtelet vous fait mille compliments.

CMLIII. — A M. BERGER.
Le 26 avril.

Si vous êtes curieux d'avoir *Pandore*, elle est avec sa boîte chez l'abbé Moussinot, qui doit vous la remettre. Ce sera à vous à faire que de cette boîte il ne sorte pas des sifflets.

1. *Zulime* et *Mahomet*.

Zulime est quelque chose de si commun au théâtre, qu'il faut bien que *Pandore* soit quelque chose de neuf. Mme d'Aiguillon, qui l'a lue, dit que c'est un opéra à la Milton. Voyez de Rameau ou de Mondonville qui vous voudrez choisir, ou qui voudra s'en charger; mais voyez auparavant si cela mérite qu'on s'en charge.

Il y a une lettre de milord Hervey entre les mains de l'abbé Moussinot, que je voudrais, en qualité de bon Français, qui fût un peu connue. Il vous en donnera copie. Un peu de secret pour *Pandore*. Je vous embrasse de tout mon cœur.

Je ne puis me mêler de proposer un intendant à M. le duc de Richelieu. Si je le pouvais, cela serait fait. Adieu encore une fois.

CMLIV. — DE FRÉDÉRIC, PRINCE ROYAL DE PRUSSE.

A Berlin, le 26 avril.

Mon cher Voltaire, les galions de Bruxelles m'ont apporté des trésors qui sont pour moi au-dessus de tout prix. Je m'étonne de la prodigieuse fécondité de votre Pérou, qui paraît inépuisable. Vous adoucissez les moments les plus amers de ma vie. Que ne puis-je contribuer également à votre bonheur! Dans l'inquiétude où je suis, je ne me vois ni le temps ni la tranquillité d'esprit pour corriger *Machiavel*. Je vous abandonne mon ouvrage, persuadé qu'il s'embellira entre vos mains; il faut votre creuset pour séparer l'or de l'alliage.

Je vous envoie une épître sur la nécessité de cultiver les arts; vous en êtes bien persuadé, mais il y a bien des gens qui pensent différemment. Adieu, mon cher Voltaire; j'attends de vos nouvelles avec impatience; celles de votre santé m'intéressent autant que celles de votre esprit. Assurez la marquise de mon estime, et soyez persuadé qu'on ne saurait être plus que je ne le suis, votre très-fidèle ami,

FRÉDÉRIC.

CMLV. — DE FRÉDÉRIC, PRINCE ROYAL DE PRUSSE.

A Remusberg, le 3 mai.

Mon cher Voltaire, il faut avouer que vos rêves valent les veilles de beaucoup de gens d'esprit; non point parce que je suis le sujet de vos vers, mais parce qu'il n'est guère possible de dire de plus jolies choses et de plus galantes sur un plus mince sujet.

Ce dieu du *Goût* dont tu peignis le *temple*,
Voulant lui-même éclairer l'univers,
Et nous donner son immortel exemple,
A, sous ton nom, sans doute fait ces vers.

Je le crois effectivement, et c'est vous qui nous abusez.

L'aimable, le divin Voltaire
Écrit, mais il ne fait pas tout;
L'on assure qu'au dieu du Goût
Il ne sert que de secrétaire.

Dites-nous un peu si c'est la vérité, et comment votre état vous permet d'accorder tant d'imagination et tant de justesse, tant de profondeur et tant de légèreté,

Tant de savoir, tant de génie;
Melpomène avec Uranie,
Euclide armé de son compas,
Et les Grâces qui sur tes pas
S'empressent autour d'Émilie;
Les ris badins, les ris moqueurs,
Avec les doctes profondeurs
De l'immense philosophie.

Ce sera, je crois, une énigme pour les siècles futurs, et le désespoir de ceux qui voudront être savants et aimables après vous.

Votre rêve, mon cher Voltaire, quoique très-avantageux pour moi, m'a paru porter le caractère véritable des rêves, qui ne ressemblent jamais parfaitement à la vérité. Il y manque beaucoup de choses pour l'accomplir, et il me semble qu'un esprit prophétique aurait pu y ajouter ceci :

L'ange protecteur de Berlin,
Voulant y planter la science,
Chercha, parmi le genre humain,
Un sage en qui sa confiance
Des beaux-arts remit le destin.
Il ne chercha point dans la France
Ce radoteur, vieille Éminence,
Qu'un peuple rongé par la faim,
Ou quelque auteur manquant de pain,
Assez grossièrement encense;
Mais, loin de ce prélat romain,
Il trouva l'aimable Voltaire
Que Minerve même instruisait,
Tenant en ses mains notre sphère.
Lui sagement examinait,
Et tout rigidement pesait
Au poids que, d'une main sévère,
La Vérité lui fournissait.
« Ah! dit l'ange: c'est mon affaire.
Si l'esprit, ainsi qu'autrefois,
Sur le trône élevait les rois,
La Prusse te verrait naguère
Revêtu de ce caractère;
Mais de plus indulgentes lois
Aux sots donnent les mêmes droits.
D'où vient que ces faveurs insignes
Ne sont jamais pour les plus dignes?»

Cet ange, ou ce génie de la Prusse, n'en resta pas là; il voulait, à quelque prix que ce fût, vous engager à vous mettre à la tête de cette nouvelle académie dont le rêve fait mention. Je lui dis que nous n'en étions pas encore où nous en croyions être :

Car que peut une académie
Contre l'appât de la beauté?
Le poids seul que donne Émilie,
Entraîne tout de son côté.

L'ange tenait ferme ; il prétendait prouver que le plaisir de connaître était préférable à celui de jouir.

Mais finissons, ceci suffit :
Car Despréaux sagement dit
Qu'un bavard qui prétend tout dire,
Franc ignorant dans l'art d'écrire,
Lasse un lecteur qu'il étourdit.

Du génie heureux de la Prusse, je passe à l'ange gardien de Remusberg, dont la protection s'est manifestée dans le terrible incendie qui a réduit en cendres la plus grande partie de la ville. Le château a été sauvé ; cela n'est point étonnant, votre portrait y était enfermé.

Ce palladium le sauva
D'une affreuse flamme en furie
(Ondoyante, ardente ennemie
Qui bientôt le bourg consuma);
Car au château l'on conserva,
Et toujours l'on y révéra,
De vous l'image tant chérie.
Mais le Troyen qui négligea
D'un dieu la céleste effigie,
Vit sa négligence punie ;
Bientôt le Grégeois apporta
La semence de l'incendie
Par lequel Ilion brûla.

Ce palladium est placé dans le sanctuaire du château, dans la bibliothèque où les sciences et les arts lui tiennent compagnie, et lui servent de cadre ;

Et les sages de tous les temps,
Les beaux esprits et les savants
L'honorent dans cette chapelle
De ses ouvrages excellents
On voit le monument fidèle,
De ses écrits tous les fragments,
Et la *Henriade* immortelle
D'une foule de courtisans,
Tous animés de même zèle,
Reçoit les hommages fervents.

En vérité, sainte Marie,
Lorette et tous vos ornements,
La pompe de vos sacrements,
Vos prêtres et leur momerie,
Ne valent pas assurément
Ce culte exempt de flatterie,
Sans faste et sans hypocrisie;
Ce culte de nos sentiments,
Qui sur l'autel du vrai mérite,
Le discernement à sa suite,
Offre le plus pur des encens.

Je vous prie de critiquer et mes vers et ma prose; je corrige tout à mesure que je reçois vos oracles. Pour vous fournir nouvelle matière à correction, je vous envoie un conte dont mon séjour de Berlin m'a fourni le sujet. Le fond de l'histoire est véritable; j'ai cru devoir l'ajuster. Le fait est qu'un homme nommé Kirch, astronome de profession, et, je crois, un peu astrologue par plaisir, est mort d'apoplexie : un ministre de la religion réformée, de ses amis, vint voir ses sœurs, toutes deux astronomes, et leur conseilla de ne point enterrer leur frère, parce qu'il y avait beaucoup d'exemples de personnes que l'on avait enterrées avant que leur trépas fût avéré; et, par le conseil de cet ami, les sœurs crédules du mort attendirent trois semaines avant que de l'enterrer, jusqu'à ce que l'odeur du cadavre les y força, malgré les représentations du ministre, qui s'attendait tous les jours à la résurrection de M. Kirch. J'ai trouvé l'histoire si singulière qu'elle m'a paru mériter la peine d'être mise dans un conte. Je n'ai eu d'autre objet en vue que celui de m'égayer; et, s'il est trop long, vous n'en attribuerez la raison qu'à l'intempérance de ma verve.

Que ma bague, mon cher Voltaire, ne quitte jamais votre doigt. Ce talisman est rempli de tant de souhaits pour votre personne, qu'il faut de nécessité qu'il vous porte bonheur; j'y contribuerai toujours autant qu'il dépendra de moi, vous assurant que je suis inviolablement votre très-fidèle ami.

Faites, s'il vous plaît, mes compliments à votre aimable marquise.

CMLVI. — A Frédéric, prince royal de Prusse.

Monseigneur,

On vous dit à Ruppin rendu,
Sauvé de la foule importune
Du courtisan trop assidu,
Et des attraits de la Fortune,
Entre les bras de la Vertu.

Les gazettes disent que Votre Altesse royale y fait faire un manége; apparemment qu'il y aura une place pour le cheval Pégase, qui me paraît un des chevaux de votre écurie que vous montez le plus souvent. Vous vous étonnez, monseigneur, que ma faible santé m'ait laissé assez de force pour faire quelques ouvrages médiocres; et moi, je suis bien plus surpris que la situation où vous avez été si longtemps ait pu vous laisser dans l'esprit assez de liberté pour faire des choses si singulières. Faire des vers, quand on n'a rien à faire, ne m'effraye point; mais en faire de si bons, et dans une langue étrangère, quand on est dans une crise si violente, cela est fort au-dessus de mes forces.

   Tantôt votre muse badine
   Dans un conte folâtre et rit;
   Tantôt sa morale divine
   Éclaire et forme notre esprit.
   Je vois là votre caractère;
   Vous êtes fait assurément
   Pour l'agréable et pour le grand,
   Pour nous gouverner, pour nous plaire;
   Il est gens dans le ministère
   De qui je n'en dirais pas tant.

Je n'ai point ici les ouvrages de Boileau; mais je me souviens qu'il traduisit en deux vers le vers d'Horace :

  Tantalus a labris sitiens fugientia captat
  Flumina.
     Lib. I, sat. I, v. 68.

Vous, le Boileau des princes, vous le traduisez en un seul : eh! tant mieux, cela en est bien plus fort et plus énergique. J'aime à vous voir *imperatoriam gravitatem.*

Ce n'est pas là le style qu'en général on reproche aux Allemands. Or, à présent que j'ai eu l'honneur de vous prouver en passant que vous aviez ce petit avantage sur Boileau, il n'est plus surprenant que je vous dise, monseigneur, en toute humilité, qu'il y a dans votre épître plusieurs vers que je serais bien glorieux d'avoir faits. Votre Altesse royale entend l'art de s'exprimer autant que celui d'être heureux dans toutes les situations. On dit ici Sa Majesté entièrement rétablie. Les vœux de votre cœur vertueux sont exaucés.

Vous direz toujours comme Horace :

  Nave ferar magna an parva, ferar unus et idem.
     Lib. II, ep. II, v. 200.

   Les plaisirs, l'amitié, l'étude,
   Vous suivront dans la solitude.
  Du haut du mont Rémus vous instruirez les rois,
  Le véritable trône est partout où vous êtes.
  Les arts et les vertus, dans vos douces retraites,
  Parlent par votre bouche, et nous donnent des lois;
  Vous régnez sur les cœurs, et surtout sur vous-même
  Faut-il à votre front un autre diadème?
  A la laide coquette il faut des ornements,

> A tout petit esprit, des dignités, des places;
> Le nain monte sur des échasses;
> Que de nains couronnés paraissent des géants!
> Du nom de héros on les nomme;
> Le sot s'en éblouit, l'ambitieux les sert,
> Le sage les évite, il n'aime qu'un grand homme;
> Ce grand homme est à Remusberg.

J'ai fait partir, monseigneur, pour cette délicieuse retraite, un gros paquet qui vaut mieux que tout ce que je pourrais envoyer à Votre Altesse royale. C'est la philosophie leibnitzienne d'une Française devenue Allemande par son attachement à Leibnitz, et bien plus encore par celui qu'elle a pour vous.

Voici le temps où j'aurais une grande envie de voir un second tome des sentiments d'un certain *membre du parlement d'Angleterre* sur les affaires de l'Europe; il me semble que celles d'Angleterre, de Suède et de Russie méritent bien l'attention de ce digne citoyen. Voilà la Suède, de menaçante qu'elle était autrefois, devenue mesurée; la voilà embarrassée de sa liberté et indécise entre l'argent d'Angleterre et celui de France, comme l'âne de Buridan entre deux mesures d'avoine. Mais le citoyen dont je parle ne donnera-t-il aucune permission sur l'*Anti-Machiavel?* S'il veut en gratifier le public, il y a si peu de chose à faire, il n'y a plus que la besogne d'éditeur; votre génie a fait tout ce qu'il faut. Le reste ne peut s'ajuster que quand on confrontera le texte de *Machiavel* pour le mettre vis-à-vis de la réponse, afin d'en faire un volume qui ne soit pas trop gros.

J'attends vos ordres pour tout, excepté pour vous admirer.

Il est bien douloureux que la goutte prenne à la main de M. de Kaiserling, quand il est près de donner de ses nouvelles.

> Ce Kaiserling charmant, l'honneur de votre empire,
> A dès longtemps gagné mon cœur;
> Je sens à la fois sa douleur
> Et le chagrin de ne pouvoir le lire.

Souffrez, monseigneur, que *la Henriade* vous remercie encore de l'honneur que vous lui faites. Elle dit humblement avec Stace :

> *Nec tu divinam Æneida tenta,*
> *Sed longe sequere, et vestigia semper adora.*
> Theb., fin du liv. XII.

> Je ne suis point si difficile;
> Ce serait pour moi trop d'honneur,
> Si je marchais après Virgile,
> Chez mon prince et chez l'imprimeur.

Je suis avec le plus profond respect et la plus tendre reconnaissance, etc.

CMLVII. — A M. DE CIDEVILLE, CONSEILLER HONORAIRE DU PARLEMENT

A Bruxelles, ce 5 mai.

Un ballot est parti, mon cher ami; il est marqué d'un grand T. *Signa* Thau *super caput dolentium*[1]. Ce paquet est très-honteux de ne contenir que quatre tomes de mes anciennes rêveries imprimées à Amsterdam, et rien de mes nouvelles folies.

On va jouer *Zulime* à Paris. Peut-être la jouera-t-on quand vous recevrez cette lettre; mais je l'ai tant corrigée que je n'ai pu encore la faire transcrire pour vous l'envoyer. Il eût été mieux de vous l'envoyer d'abord tout informe qu'elle était; j'y aurais gagné de bons conseils, mais aussi je vous aurais fait un mauvais présent. Voilà ce que c'est que d'être condamné à vivre loin de vous. Quel plaisir ce serait de vous consulter tous les jours, de vous montrer le lendemain ce que vous auriez réformé la veille! Voilà comme les belles-lettres font le charme de la vie; autrement elles n'en font que la faible consolation.

J'espère enfin vous envoyer bientôt *Zulime* et *Mahomet*. Ce Mahomet n'est pas, comme vous croyez bien, le Mahomet II qui coupe la tête à sa bien-aimée; c'est Mahomet le fanatique, le cruel, le fourbe, et, à la honte des hommes, le grand, qui de garçon marchand devint prophète, législateur et monarque.

Zulime n'est que le danger de l'amour, et c'est un sujet rebattu; *Mahomet* est le danger du *fanatisme*, cela est tout nouveau. Heureux celui qui trouve une veine nouvelle dans cette mine du théâtre si longtemps fouillée et retournée! mais je veux savoir si c'est de l'or que j'ai tiré de cette veine; c'est à votre pierre de touche, mon cher ami, que je veux m'adresser.

J'ai bien envie de mettre bientôt dans votre bibliothèque un monument singulier de l'amour des beaux-arts, et des bontés d'un prince unique en ce monde. Le prince royal de Prusse, à qui son ogre de père permettait à peine de lire, n'attend pas que ce père soit mort pour oser faire imprimer *la Henriade*. Il a fait fondre en Angleterre des caractères d'argent, et il compte établir dans sa capitale une imprimerie aussi belle que celle du Louvre. Est-ce que ce premier pas d'un roi philosophe ne vous enchante pas? Mais, en même temps, quel triste retour sur la France! C'est à Berlin que les beaux-arts vont renaître. Eh! que fait-on pour eux en France? on les persécute. Je me console, parce qu'il y a une Émilie et un Cideville, et que, quand on a le bonheur de leur plaire, on n'a que faire de l'appui des sots.

Adieu, mon cher ami; Mme du Châtelet vous fait mille compliments. Je suis à vous pour la vie.
V.

CMLVIII. — A M. BERGER.

C'est que je suis le plus distrait des hommes, et que j'ai mis probablement 26 février pour 26 avril. Je voudrais ne faire que de ces fautes.

1. *Signa* THAU *super frontes virorum gementium et dolentium*. Ezéchiel, chap. IX, v. 4. (ÉD.)

L'opéra était entre les mains de M. d'Argental. Il me l'a renvoyé pour y faire des coupures nécessaires et pour ajuster ma tragique muse aux usages de l'opéra. J'ai obéi, car j'ai bien de la foi à ses évangiles. Il ne s'agit plus, mon cher monsieur, que d'avoir un moyen de renvoyer *Pandore* par la poste. Parlez-en à ce même M. d'Argental, qui trouve remède à tout.

Si vous avez bonne opinion de Mondonville, vous le ferez travailler sous vos yeux; vous lui donnerez du sentiment et de l'expression; voilà le point, car, pour des doubles croches, il en fait assez.

La pièce dont vous me parlez¹ est d'un de mes amis' que j'ai un peu aidé. Il est bien faux qu'elle soit de moi; et c'est ce que je vous prie de dire.

J'oubliais une condition pour mon opéra : c'est que vous m'écrirez souvent; ce sera le meilleur marché que j'aurai fait de ma vie.

CMLIX. — A M. L'ABBÉ MOUSSINOT.

Dans trois ou quatre jours, M. le marquis du Châtelet vous remettra de l'argent pour moi ou bien un mandement sur Bronod, notaire, lequel mandement vaudra de l'argent comptant; après cela, vous pourrez payer les frais que fera M. Robert, et acquitter nos autres dettes. Empêchez surtout que j'aie un nouveau procès avec Demoulin au sujet des quatre cent quatre-vingts livres payables à l'ordre d'Hébert, joaillier.

Si M. Le Chanteur, notaire, n'a point encore donné à M. Hérault les cinquante pistoles, je vous recommande de le prier de vous les remettre avec mes billets et mes lettres; je lui demande bien pardon de l'avoir importuné et d'avoir abusé de ses bontés; je le prie de recevoir pour cela toutes les excuses que je lui dois. Ces cinquante pistoles étaient pour Jore; je ferai mieux.

Un portrait promptement fait, et à bon marché, c'est toujours ce que je demande pour Mme la marquise du Châtelet. Son estampe doit être pour un in-8°; ainsi il ne la faut pas plus grande que la mienne. Je ne sais quels sont les bijoux qu'elle vous a envoyés, elle m'en a fait un mystère; mandez-moi ce que c'est, si la probité le permet.

L'affaire de M. de Richelieu est donc finie; soyez-en loué, mon cher surintendant de mes petites finances. On ne peut vous connaître sans vous avoir des obligations.

CMLX. — DE FRÉDÉRIC, PRINCE ROYAL DE PRUSSE.

A Remusberg, le 18 mai.

Je vois dans vos discours la puissante évidence,
Et, d'un autre côté, la brillante apparence :
Par tous deux ébranlé, séduit également,
Je demeure indécis dans mon aveuglement.

1. *Zulime*, qui fut jouée le 8 juin. (ÉD.)

L'homme est né pour agir; il est libre, il est maître;
Mais ses sens limités ne sauraient tout connaître;
Ses organes grossiers confondent les objets;
L'atome n'est point vu de ses yeux imparfaits,
Et les trop vastes corps à ses regards échappent;
Les tubes vainement dans les cieux les rattrapent.
Pour tout connaître, enfin, nous ne sommes pas faits,
Mais devinons toujours, et soyons satisfaits.

Voilà tout le jugement que je puis faire entre la marquise et M. de Voltaire. Quand je lis votre *Métaphysique*, je m'écrie, j'admire et je crois; lorsque je lis les *Institutions physiques* de la marquise, je me sens ébranlé, et je ne sais si je me suis trompé ou si je me trompe. En un mot, il faudrait avoir une intelligence aussi supérieure aux vôtres, que vous êtes au-dessus des autres êtres pensants, pour dire qui de vous a deviné le mot de l'énigme. J'avoue humblement que je respecte beaucoup la *raison suffisante*, mais que je la croirais d'un usage infiniment plus sûr, si nos connaissances étaient aussi étendues qu'elle l'exige. Nous n'avons que quelques idées des attributs de la matière et des lois de la mécanique; mais je ne doute point que l'éternel architecte n'ait une infinité de secrets que nous ne découvrirons jamais et qui, par conséquent, rendent l'usage de la *raison suffisante* insuffisant entre nos mains. J'avoue, d'un autre côté, que ces êtres simples qui pensent me paraissent bien métaphysiques, et que je ne comprends rien au *vide* de Newton, et très-peu à l'*espace* de Leibnitz. Il me paraît impossible aux hommes de raisonner sur les attributs et sur les actions du Créateur sans dire des pauvretés. Je n'ai de Dieu aucune autre idée que d'un Être souverainement bon.

Je ne sais pas si sa liberté implique contradiction avec la *raison suffisante* ou si des lois coéternelles à son existence rendent ses actions si nécessaires et assujetties à leur détermination; mais je suis très-convaincu que tout est assez bien dans ce monde, et que, si Dieu avait voulu faire de nous des métaphysiciens, il nous aurait assurément communiqué des lumières et des connaissances infiniment supérieures aux nôtres.

Il est fâcheux pour les philosophes qu'ils soient obligés de rendre raison de tout. Il faut qu'ils imaginent, lorsqu'ils manquent d'objets palpables. Avec tout cela, je suis obligé de vous dire que je suis très-satisfait de votre Traité de Métaphysique. C'est le Pitt[1] ou le grand Sanci, qui, dans leur petit volume, renferment des trésors immenses. La solidité du raisonnement et la modération de vos jugements devraient servir d'exemple à tous les philosophes et à tous ceux qui se mêlent de discuter des vérités. Le désir de s'instruire paraît leur objet naturel, et le plaisir de se chicaner en devient trop souvent la suite malheureuse.

Je voudrais bien me trouver dans la situation paisible et tranquille où vous me croyez. Je vous assure que la philosophie me paraît plus

---

1. Le *Pitt*, ou le *Pitre*, est un diamant que le duc d'Orléans, régent, acheta d'un Anglais en 1717 et qui, pour cette raison, fut appelé le *Régent*. (Éd.)

charmante et plus attrayante que le trône; elle a l'avantage d'un plaisir solide; elle l'emporte sur les illusions et les erreurs des hommes, et ceux qui peuvent la suivre dans le pays de la vertu et de la vérité sont très-condamnables de l'abandonner pour celui des vices et des prestiges.

    Sorti du palais de Circé,
    Loin des cris de la multitude
    Je me croyais débarrassé
    Des périls au sein de l'étude;
    Plus qu'alors je suis menacé
    D'une triste vicissitude,
    Et, par le sort, je suis forcé
    D'abandonner ma solitude.

C'est ainsi que, dans le monde, les apparences sont fort trompeuses. Pour vous dire naturellement ce qui en est, je dois vous avertir que le langage des gazettes est plus menteur que jamais, et que l'amour de la vie et l'espérance sont inséparables de la nature humaine; ce sont là les fondements de cette prétendue convalescence dont je souhaiterais beaucoup de voir la réalité. Mon cher Voltaire, la maladie du roi est une complication de maux dont les progrès nous ôtent tout espoir de guérison; elle consiste dans une hydropisie et une étisie formelle dans tout le corps. Les symptômes les plus fâcheux de cette maladie sont des vomissements fréquents, qui affaiblissent beaucoup le malade. Il se flatte et croit se sauver par les efforts qu'il fait de se montrer en public : c'est là ce qui trompe ceux qui ne sont pas bien informés du véritable état des choses.

    On n'a jamais ce qu'on désire;
    Le sort combat notre bonheur;
    L'ambitieux veut un empire,
    L'amant veut posséder un cœur;
    Un autre après l'argent soupire,
    Un autre court après l'honneur.

    Le philosophe se contente
    Du repos, de la vérité;
    Mais, dans cette si juste attente,
    Il est rarement contenté.
    Ainsi, dans le cours de ce monde,
    Il faut souscrire à son destin;
    C'est sur la raison que se fonde
    Notre bonheur le plus certain.

    Ceint du laurier d'Horace, ou ceint du diadème,
    Toujours d'un pas égal tu me verras marcher,
    Sans me tourmenter ni chercher
    Le repos souverain qu'au fond de mon cœur même.

C'est la seule chose qui me reste à faire; car je prévois avec trop de certitude qu'il n'est plus en mon pouvoir de reculer. C'est en regrettant mon indépendance que je la quitte, et, déplorant mon heureuse obscurité, je suis forcé de monter sur le grand théâtre du monde.

Si j'avais cette liberté d'esprit que vous me supposez, je vous enverrais autre chose que de mauvais vers; mais apprenez que ce ne sont pas là les derniers, et que vous êtes encore menacé d'une nouvelle épître. « Encore une épître! » direz-vous. Oui, mon cher Voltaire, encore une épître, il en faut passer par là.

A propos de vers, j'ai vu une tragédie de Gresset intitulée *Édouard*. La versification m'en a paru heureuse; mais il m'a semblé que les caractères étaient mal peints. Il faut étudier les passions pour les mettre en action; il faut connaître le cœur humain, afin qu'en imitant son ressort, l'automate du théâtre ressemble et agisse conformément à la nature. Gresset n'a point puisé à la bonne source, autant qu'il me paraît. Les beautés de détail peuvent rendre sa tragédie supportable à la lecture; mais elles ne suffisent pas pour la soutenir à la représentation :

> Autre est la voix d'un perroquet,
> Autre est celle de Melpomène.

Celui qui a lâché ce lardon à Gresset n'a pas mal attrapé ses défauts. Il y a je ne sais quoi de mou et de languissant dans le rôle d'Édouard, qui ne peut guère inspirer que de l'ennui à l'auditeur.

Ennuyé des longueurs du sieur Pine, j'ai pris la résolution de faire imprimer *la Henriade* sous mes yeux. Je fais venir exprès la plus belle imprimerie à caractères d'argent qu'on puisse trouver en Angleterre. Tous nos artistes travaillent aux estampes et aux vignettes. Quoi qu'il en coûte, nous produirons un chef-d'œuvre digne de la matière qu'il doit présenter au public.

> Je serai votre renommée;
> Ma main, de sa trompette armée,
> Publiera dans tout l'univers
> Vos vertus, vos talents, vos vers

Je crains que vous ne me trouviez aujourd'hui sinon le plus importun, au moins le plus bavard des princes. C'est un des petits défauts de ma nation que la longueur; on ne s'en corrige pas si vite. Je vous en demande excuse, mon cher Voltaire, pour moi et pour mes compatriotes. Je suis cependant plus excusable qu'eux; car j'ai tant de plaisir à m'entretenir avec vous, que les heures me paraissent des moments. Si vous voulez que mes lettres soient plus courtes, soyez moins aimable, ou, selon le paragraphe XII de Leibnitz, cela implique contradiction : donc, etc.

Aimez-moi toujours un peu, car je suis jaloux de votre estime, et soyez bien persuadé que vous ne pouvez faire moins sans beaucoup d'ingratitude pour celui qui est avec admiration votre très-fidèle ami,

FÉDÉRIC.

ANNÉE 1740.

CMLXI. — A M. LE MARQUIS D'ARGENSON, A PARIS.

A Bruxelles, le 21 mai.

Les petits hommages que je vous dois, monsieur, depuis longtemps, sont partis *par le coche*, comme Scudéry, pour aller *en cour* ; ce sont quatre volumes de mes rêveries imprimées à Amsterdam. Les fautes des éditeurs se trouvaient en fort grand nombre avec les miennes. J'ai corrigé tout ce que j'ai pu[1], et il s'en faut beaucoup que j'en aie corrigé assez. Si je croyais que cela pût vous amuser quelques moments, je me croirais bien payé de mes peines.

Je ne connais et ne veux d'autre récompense que de plaire au petit nombre qui pense comme vous. Les faveurs du roi sont faites pour le courtisan le plus adroit ; les places des gens de lettres sont pour ceux qui sont bien à la cour ; votre estime est pour le mérite. Je vous avoue que je ne regrette qu'une chose, c'est que mes ouvrages ne soient imprimés que chez les étrangers. Je suis fâché d'être de contrebande dans ma patrie. Je ne sais par quelle fatalité, n'ayant jamais parlé ni écrit qu'en honnête homme et en bon citoyen, je ne puis parvenir à jouir des priviléges qu'on doit à ces deux titres. Peut-être,

. . . . *Exstinctus amabitur idem;*
Hor. lib., II, ep. 1, v. 14.

mais, si c'est de vous qu'il est aimé, il n'a pas besoin d'attendre, et il est heureux de son vivant.

Le procès de Mme du Châtelet n'avance guère. Il faut se préparer à rester ici longtemps. J'y suis avec elle ; j'y suis à l'abri de la persécution, et cependant je vous regrette.

Je ne sais, monsieur, si vous avez entendu parler du jésuite Janssens, à qui on redemande ici, en justice, un dépôt de deux cent mille florins. Le procès se poursuit vivement. Le rapporteur m'a dit qu'il y avait de terribles preuves contre ce jésuite. Il pourra être condamné ; mais ses confrères resteront tout-puissants ; car on ne peut ni les souffrir ni s'en défaire. Il y a des sociétés immortelles comme des hommes immortels.

Adieu, monsieur ; il y a ici deux cœurs qui vous sont dévoués pour jamais.

CMLXII. — A MLLE QUINAULT.

23 1740.

[Renvoi du cinquième acte de *Zulime* corrigé ; le succès dépendra du soin qu'on aura de cacher le nom de l'auteur.]

1. Cet exemplaire est aujourd'hui à la Bibliothèque de l'Arsenal, sous le n° 20,706. Il était inscrit au catalogue du duc de La Vallière, sous le n° 17,874, de la deuxième partie. Je possède un exemplaire de la même édition ayant appartenu au président Hénault, et contenant, de la même main, les corrections qui sont sur l'exemplaire de la Bibliothèque de l'Arsenal, et plusieurs qui n'y sont pas. (*Note de M. Beuchot.*)

CMLXIII. — A Mme DE CHAMPBONIN.

De Bruxelles.

Mon cher ami *gros chat*, vous vous divertissez à Paris, car vous n'écrivez point. Mais pourrai-je, moi, vous divertir à mon tour? On va jouer *Zulime*, qui pourtant ne vaut pas *Mahomet*. N'allez donc pas partir de Paris sans avoir vu *Zulime*. Mais ne pouvez-vous donc point voir un homme plus tendre, plus aimable, plus sûr de son succès que toutes les tragédies du monde? C'est mon ange gardien, c'est M. d'Argental. C'est lui qui vous dira le sort de *Zulime*; car il sait bien ce que le public en doit penser. Comme on a son bon ange, on a aussi son mauvais ange; malheureusement c'est Thieriot qui fait cette fonction. Je sais qu'il m'a rendu de fort mauvais offices, mais je les veux ignorer. Il faut se respecter assez soi-même pour ne se jamais brouiller ouvertement avec ses anciens amis; et il faut être assez sage pour ne point mettre ceux à qui on a rendu service à portée de nous nuire. Agissez donc avec ce Thieriot comme j'agis moi-même. Je ne fais point d'attention à son ingratitude; mais, comme il est assez singulier que ce soit lui qui se plaigne de mon silence, faites-lui sentir, je vous prie, combien il est mal à lui de ne m'avoir point écrit, et de trouver mauvais que je ne lui écrive pas. Ne me compromettez point; mais informez-moi un peu, mon cher gros chat, de sa conduite et de ses sentiments. Je remets cette négociation à votre prudence, à laquelle je donne carte blanche. Adieu, ma chère amie, que j'aimerai toujours. J'embrasse votre pleine lune. Quand nous reverrons-nous? quand causerons-nous ensemble dans la galerie de Cirey?

CMLXIV. — A M. BERNARD.

Bruxelles, le 27 mai.

Le secrétaire de l'Amour est donc le secrétaire des dragons. Votre destinée, mon cher ami, est plus agréable que celle d'Ovide; aussi votre *Art d'aimer* me paraît au-dessus du sien. Je fais mon compliment à M. de Coigni de ce qu'il joint à ses mérites celui de récompenser et d'aimer le vôtre. Vous me dites que sa fortune a des ailes; voilà donc tous les dieux ailés qui se mettent à vous favoriser.

> Vous êtes formés tous les deux
> Pour plaire aux héros comme aux belles;
> Mais si la fortune a des ailes,
> Je vois que la vôtre a des yeux.

On ne l'appellera plus aveugle, puisqu'elle prend tant de soin d vous. Vous serez toujours des *trois Bernard* celui pour qui j'aurai le plus d'attachement, quoique vous ne soyez encore ni un Crésus ni un saint. Je vous remercie pour les acteurs de Paris, à qui vous souhaitez de la santé. Pour moi, je leur souhaite une meilleure pièce que *Zulime;* c'est de la pluie d'été. J'avais quelque chose de plus passable dans mon portefeuille; mais on dit qu'il faut attendre l'hiver Vous voyez que Newton ne me fait pas renoncer aux Muses; que les dragons ne vous y fassent pas renoncer. Vous avez commencé, mon charmant Bernard, un ouvrage unique en notre langue, et qui sera aussi aimable que vous. Continuez, et souvenez-vous de moi au milieu de vos lauriers et de vos myrtes. Je vous embrasse de tout mon cœur.

CMLXV. — AU PRINCE ROYAL DE PRUSSE.

Le 1ᵉʳ juin.

Monseigneur, ma destinée est de devoir à Votre Altesse royale le rétablissement de ma santé; il y a près d'un mois qu'on m'empêche d'écrire; mais enfin l'envie d'écrire à mon souverain m'a rendu des forces. Il fallait que je fusse bien mal, pour que les vers que je reçus de Berlin, datés du 26 avril, ne pussent ranimer mon corps en échauffant mon âme. Cette épître sur la nécessité de remplir le vide de l'année par l'étude, est, je crois, le meilleur ouvrage de vers qui soit sorti de mon Marc-Aurèle moderne.

C'est ainsi qu'à Berlin, à l'ombre du silence,
Je consacrais mes jours aux dieux de la science....

Toute cette fin-là est achevée, et le reste de la pièce brille partout d'étincelles d'imagination. Votre raison a bien de l'esprit; mais il y a encore un de vos enfants qui m'intéresse davantage; c'est la Réfutation de Machiavel. Je viens de la relire; je puis encore une fois assurer Votre Altesse royale que c'est un ouvrage nécessaire au genre humain. Je ne vous cacherai point qu'il y a des répétitions, et que c'est le plus bel arbre du monde qu'il faut élaguer. Je vous dis la vérité, grand prince, comme vous méritez qu'on vous la dise, et j'espère que, quand vous serez un jour sur le trône, vous trouverez d   mis qui vous la diront. Vous êtes fait pour être unique en tout ge   t pour goûter des plaisirs que les autres rois sont faits pour ignorer. M. de Kaiserling vous avertira, quand, par hasard, vous aurez passé une journée sans faire des heureux; et le cas arrivera rarement. Pour moi, je mettrai, en attendant, les points et les virgules à l'*Anti-Machiavel*. Je vais profiter de la permission que Votre Altesse royale m'a donnée. J'écris aujourd'hui à un libraire de Hollande, en attendant qu'il y ait à Berlin une belle imprimerie et une belle manufacture de papier qui fournisse toute l'Allemagne. Je viens d'apprendre, dans le moment, qu'il y a quelques anciennes brochures imprimées contre *le Prince* de Machiavel. On m'a fait connaître le titre de trois : la première est l'*Anti-Machiavel*; la seconde, *Discours d'Estat* contre Machiavel; la troisième, *Fragment contre Machiavel*.

Je serais bien aise de les voir, afin d'en parler, s'il en est besoin, dans ma préface; mais ces ouvrages sont probablement fort mauvais, puisqu'ils sont difficiles à trouver; cela ne retardera en rien l'impression du plus bel ouvrage que je connaisse. Que vous y faites un portrait vrai des Français et du gouvernement de France! Que le chapitre sur les puissances ecclésiastiques est intéressant et fort! La comparaison de la Hollande avec la Russie, les réflexions sur la vanité des grands seigneurs, qui font les souverains en miniature, sont des morceaux charmants. Je vais, dans l'instant, en achever la quatrième lecture, la plume à la main. Cet ouvrage réveille bien en moi l'envie d'achever l'histoire du *Siècle de Louis XIV;* je suis honteux de faire tant de choses frivoles, quand mon prince m'enseigne à en faire de solides.

Que dira de moi Votre Altesse royale? on va jouer une tragédie[1] nouvelle de ma façon, à Paris, et ce n'est point *Mahomet;* c'est une pièce toute d'amour, toute distillée à l'eau rose des dames françaises. Voilà pourquoi je n'ai pas osé en parler encore à Votre Altesse royale. Je suis honteux de ma mollesse; cependant la pièce n'est point sans morale, elle peint les dangers de l'amour, comme *Mahomet* peint les dangers du fanatisme. Au reste, je compte corriger encore beaucoup ce *Mahomet,* et le rendre moins indigne de vous être dédié. Je vais refondre toute la pièce. Je veux passer ma vie à me corriger, et à mériter les bonnes grâces de mon adorable souverain et d'Émilie. Votre Altesse royale a dû recevoir un peu de philosophie de ma part, et beaucoup de la sienne. Mme du Châtelet est ce que je voudrais être, digne de votre cour.

Je suis avec un profond respect et la plus vive reconnaissance, etc.

CMLXVI. — A M. VAN DUREN.

A Bruxelles, rue de la Grosse-Tour, le 1er juin.

Vous m'avez envoyé, monsieur, les vers latins de quelques gens de l'Académie française, chose dont je suis peu curieux, et vous ne m'avez point envoyé la Chimie de Stahl, dont j'ai un très-grand besoin. Je vous prie instamment de me la faire tenir par la même voie que vous avez prise pour le premier ballot.

J'ai en main un manuscrit singulier, composé par un des hommes les plus considérables de l'Europe; c'est une espèce de réfutation du *Prince* de Machiavel, chapitre par chapitre. L'ouvrage est nourri de faits intéressants et de réflexions hardies qui piquent la curiosité du lecteur, et qui font le profit du libraire. Je suis chargé d'y retoucher quelque petite chose, et de le faire imprimer. J'enverrais l'exemplaire que j'ai entre les mains, à condition que vous le ferez copier à Bruxelles, et que vous me renverrez mon manuscrit; j'y joindrais une préface, et je ne demanderais d'autre condition que de le bien imprimer, et d'en envoyer deux douzaines d'exemplaires, magnifiquement reliés en maroquin, à la cour d'Allemagne qui vous serait indiquée. Vous m'en feriez tenir aussi deux douzaines en veau. Mais je voudrais que le *Machiavel,* soit en italien, soit en français, fût imprimé à côté de la réfutation, le tout en beaux caractères, et avec grande marge.

J'apprends, dans le moment, qu'il y a trois petits livres imprimés contre *le Prince* de Machiavel. Le premier est l'*Anti-Machiavel;* le se-

1. *Zulime.* (Éd.)

cond, *Discours d'Estat contre Machiavel;* le troisième, *Fragment contre Machiavel.*

Il s'agirait à présent, monsieur, de chercher ces trois livres; et, si vous pouvez les trouver, ayez la bonté de me les faire tenir. Vous pouvez trouver des occasions; en tout cas, la barque s'en chargera. Si ces brochures ne se trouvent point, on s'en passera aisément. Je ne crois pas que l'ouvrage dont je suis chargé ait besoin de ces petits secours. Je suis, etc ... Voltaire.

CMLXVII. — A Mlle Quinault.

3 juin 1740.

[Il lui annonce l'envoi d'une édition de ses OEuvres imprimées en Hollande, en quatre volumes; et, en même temps, qu'il a trouvé un cinquième acte de *Mahomet.*]

CMLXVIII. — Au prince royal de Prusse.

A Bruxelles.

Lorsque autrefois notre bon Prométhée
Eut dérobé le feu sacré des cieux,
Il en fit part à nos pauvres aïeux;
La terre en fut également dotée,
Tout eut sa part; mais le Nord amortit
Ces feux sacrés que la glace couvrit.
Goths, Ostrogoths, Cimbres, Teutons, Vandales,
Pour réchauffer leurs espèces brutales,
Dans des tonneaux de cervoise et de vin
Ont recherché ce feu pur et divin ;
Et la fumée épaisse, assoupissante,
Rabrutissait leur tête non pensante;
Rien n'éclairait ce sombre genre humain.
Christine vint, Christine l'immortelle
Du feu sacré surprit quelque étincelle;
Puis, avec elle emportant son trésor,
Elle s'enfuit loin des antres du Nord,
Laissant languir dans une nuit obscure
Ces lieux glacés où dormait la nature.
Enfin mon prince, au haut du mont Rémus,
Trouva ce feu que l'on ne cherchait plus.
Il le prit tout; mais, sa bonté féconde
S'en est servi pour éclairer le monde,
Pour réunir le génie et le sens,
Pour animer tous les arts languissants,
Et de plaisir la terre transportée
Nomma mon roi le second Prométhée.

Cette petite vérité allégorique vient de naître, mon adorable monarque, à la vue du dernier paquet de Votre Altesse royale, dans lequel vous jugez si bien la métaphysique, et où vous êtes si aimable, si

Voltaire — XXXIV 8

bon, si grand en vers et en prose. Vous êtes bien mon **Prométhée**; votre feu réveille les étincelles d'une âme affaiblie par tant de langueurs et de maux; j'ai souffert un mois sans relâche. Je surpris, il y a quelques jours, un moment pour écrire à Votre Altesse royale, et mes maux furent suspendus. Mais je ne sais si ma lettre sera parvenue jusqu'à vous; elle était sous le couvert des correspondants du sieur David Gérard; ces correspondants se sont avisés de faire banqueroute; j'ai l'honneur même d'être compris dans leur mésaventure, pour quelques effets que je leur avais confiés; mais mon plus précieux effet c'est ma correspondance avec Marc-Aurèle. S'il n'y a point de lettre perdue, ils peuvent perdre tout ce qui m'appartient sans que je m'en plaigne.

J'avais l'honneur, dans cette lettre, de dire à Votre Altesse royale que je suis sur le point de rendre public ce catéchisme de la vertu, et cette leçon des princes dans laquelle la fausse politique et la logique des scélérats sont confondues avec autant de force que d'esprit. J'ai pris les libertés que vous m'avez données; j'ai tâché d'égaler à peu près les longueurs des chapitres à ceux de Machiavel; j'ai jeté quelques poignées de mortier dans un ou deux endroits d'un édifice de marbre. Pardonnez-moi, et permettez-moi de retrancher ce qui se trouve, au sujet des disputes de religion, dans le chapitre XXI.

Machiavel y parle de l'adresse qu'eut Ferdinand d'Aragon de tirer de l'argent de l'Église, sous le prétexte de faire la guerre aux Maures, et de s'en servir pour envahir l'Italie. La reine d'Espagne vient d'en faire autant. Ferdinand d'Aragon poussa encore l'hypocrisie jusqu'à chasser les Maures pour acquérir le nom de bon *catholique*, fouiller impunément dans les bourses des sots catholiques, et piller les Maures en vrai catholique. Il ne s'agit donc point là de disputes de prêtres et des vénérables impertinences des théologiens de parti, que vous traitez ailleurs selon leur mérite.

Je prends donc, sous votre bon plaisir, la liberté d'ôter cette petite excroissance à un corps admirablement conformé dans toutes ses parties. Je ne cesse de vous le dire, ce sera là un livre bien singulier et bien utile.

Mais quoi! mon grand prince, en faisant de si belles choses, Votre Altesse royale daigne faire venir des caractères d'argent d'Angleterre, pour faire imprimer cette *Henriade!* Le premier des beaux-arts que Votre Altesse royale fait naître est l'imprimerie. Cet art, qui doit faire passer vos exemples et vos vertus à la postérité, doit vous être cher. Que d'autres vont le suivre, et que Berlin va bientôt devenir Athènes! Mais enfin le premier qui va fleurir y renaît en ma faveur; c'est par moi que vous commencez à faire du bien.

Je suis votre sujet, *je le suis, je veux l'être*[1].
Je ne dépendrai plus des caprices d'un prêtre.
Non, à mes vœux ardents le ciel sera plus doux;

1. Hémistiche de Corneille, acte V de *Cinna*. (ÉD.)

ANNÉE 1740. 115

Il me fallait un sage, et je le trouve en vous.
Ce sage est un héros, mais un héros aimable;
Il arrache aux bigots leur masque méprisable;
Les arts sont ses enfants, les vertus sont ses dieux
Sur moi, du mont Rémus, il a baissé les yeux;
Il descend avec moi dans la même carrière,
Me ranime lui seul des traits de sa lumière.
Grands ministres courbés du poids des petits soins,
Vous qui faites si peu, qui pensez encor moins,
Rois, fantômes brillants qu'un sot peuple contemple,
Regardez Frédéric, et suivez son exemple.

Oserai-je abuser des bontés de Votre Altesse royale, au point de lui proposer une idée que vos bienfaits me font naître?

Votre Altesse royale est l'unique protecteur de *la Henriade*. On travaille ici très-bien en tapisserie; si vous le permettiez, je ferais exécuter quatre ou cinq pièces, d'après les quatre ou cinq morceaux les plus pittoresques dont vous daignez embellir cet ouvrage : la Saint-Barthélemy, le temple du Destin, le temple de l'Amour, la bataille d'Ivri, fourniraient, ce me semble, quatre belles pièces pour quelque chambre d'un de vos palais, selon les mesures que Votre Altesse royale donnerait; je crois qu'en moins de deux ans cela serait exécuté. Je prévois que le procès de Mme du Châtelet, qui me retient à Bruxelles, durera bien trois ou quatre années. J'aurai sûrement le temps de servir Votre Altesse royale dans cette petite entreprise, si elle l'agrée. Au reste, je prévois que si Votre Altesse royale veut faire un jour un établissement de tapisserie dans son Athènes, elle pourra aisément trouver ici des ouvriers. Il me semble que je vois déjà tous les arts à Berlin, le commerce et les plaisirs florissants; car je mets les plaisirs au rang des plus beaux arts.

Mme du Châtelet a reçu la lettre de Votre Altesse royale, et va bientôt avoir l'honneur de lui répondre. En vérité, monseigneur, vous avez bien raison de dire que la métaphysique ne doit brouiller personne. Il n'appartient qu'à des théologiens de se haïr pour ce qu'ils n'entendent point. J'avoue que je mets volontiers à la fin de tous les chapitres de métaphysique cet *N* et cet *L* des sénateurs romains, qui signifiaient *non liquet*, et qu'ils mettaient sur leurs tablettes, quand les avocats n'avaient pas assez expliqué la cause. A l'égard de la géométrie, je crois que, hors une quarantaine de théorèmes qui sont le fondement de la saine physique, tout le reste ne contient guère que des vérités difficiles, sèches et inutiles. Je suis bien aise de n'être pas tout à fait ignorant en géométrie; mais je serais fâché d'y être trop savant, et d'abandonner tant de choses agréables pour des combinaisons stériles. J'aime mieux votre *Anti-Machiavel* que toutes les courbes qu'on carre, ou qu'on ne carre point. J'ai plus de plaisir à une belle histoire qu'à un théorème qui peut être vrai sans être beau.

Comptez, monseigneur, que je mets encore les belles épîtres au rang des plaisirs préférables à des *sinus* et à des *tangentes*. Celle *sur la*

Fausseté me charme et m'étonne ; car enfin, quoique vous vous portiez mieux que moi, quoique vous soyez dans l'âge où le génie est dans sa force, vos journées ne sont pas plus longues que les nôtres. Vous êtes sans doute occupé des plans que vous tracez pour le bien de l'espèce humaine ; vous essayez vos forces en secret, pour porter ce fardeau brillant et pénible qui va tomber sur votre tête ; et avec cela, mon Prométhée est Apollon tant qu'il veut.

Que ce M. de Camas [1] est heureux de mériter et de recevoir de pareils éloges! Ce que j'aime le plus dans cet art, à qui vous faites tant d'honneur, c'est cette foule d'images brillantes dont vous l'embellissez ; c'est tantôt le vice qui est *un océan immense et plein d'orages*, c'est

Un monstre couronné, de qui les sifflements
Écartent loin de lui la vérité si pure.

Surtout je vois partout des exemples tirés de l'histoire, je reconnais la main qui a confondu Machiavel.

Je ne sais, monseigneur, si vous serez encore au mont Rémus ou sur le trône quand cet *Anti-Machiavel* paraîtra. Les maladies de l'espèce de celle du roi sont quelquefois longues. J'ai un neveu [2] que j'aime tendrement, qui est dans le même cas absolument, et qui dispute sa vie depuis six mois.

Quelque chose qui arrive, rien ne pourra augmenter les sentiments du respect, de la tendre reconnaissance avec lesquels j'ai l'honneur d'être, etc.

CMLXIX. — A M. VAN DUREN.

A Bruxelles, rue de la Grosse-Tour, ce 5 juin.

Il est nécessaire que vous me fassiez, monsieur, la réponse la plus prompte et la plus précise. Si vous saviez de quelle main est le *manuscrit*, vous m'auriez une obligation très-singulière et vous ne tarderiez pas à en profiter. C'est tout ce qu'il m'est permis de vous dire. Mais, si vous ne me répondez pas, trouvez bon que je gratifie un autre de ce présent.
VOLTAIRE.

CMLXX. — DE FRÉDÉRIC II, ROI DE PRUSSE

A Charlottenbourg, le 6 juin.

Mon cher ami, mon sort est changé, et j'ai assisté aux derniers moments d'un roi, à son agonie, à sa mort. En parvenant à la royauté, je n'avais pas besoin assurément de cette leçon pour être dégoûté de la vanité des grandeurs humaines.

J'avais projeté un petit ouvrage de métaphysique ; il s'est changé en

---

1. Paul-Henri Tilio de Camas, d'une famille de réfugiés français, né à Wesel, en 1688, avait perdu, au siège de Pizzighetone, le bras gauche, qui fut remplacé par un bras artificiel dont il se servait très-adroitement. Il fut envoyé en France par Frédéric pour annoncer son avénement au trône. Il est mort à Breslau d'une fièvre chaude, en avril 1741. (*Note de M. Beuchot.*)
2. Mignot, conseiller correcteur à la chambre des comptes. (ED.)

un ouvrage de politique. Je croyais jouter avec l'aimable Voltaire, et il me faut escrimer avec le vieux Machiavel mitré¹. Enfin, mon cher Voltaire, nous ne sommes point maîtres de notre sort. Le tourbillon des événements nous entraîne, et il faut se laisser entraîner. Ne voyez en moi, je vous prie, qu'un citoyen zélé, un philosophe un peu sceptique, mais un ami véritablement fidèle. Pour Dieu, ne m'écrivez qu'en homme, et méprisez avec moi les titres, les noms et tout l'éclat extérieur.

Jusqu'à présent il me reste à peine le temps de me reconnaître; j'ai des occupations infinies; je m'en donne encore de surplus; mais, malgré tout ce travail, il me reste toujours du temps assez pour admirer vos ouvrages et pour puiser chez vous des instructions et des délassements.

Assurez la marquise de mon estime. Je l'admire autant que ses vastes connaissances et la rare capacité de son esprit le méritent.

Adieu, mon cher Voltaire; si je vis, je vous verrai, et même dès cette année. Aimez-moi toujours, et soyez toujours sincère avec votre ami,

FÉDÉRIC.

CMLXXI. — A M. L'ABBÉ MOUSSINOT.

Juin.

Nous sommes enfin déterminés, mon cher abbé, à habiter le palais Lambert, et, pour cela, nous nous recommandons à vos bontés accoutumées. Mme du Châtelet a quelques meubles qui peuvent aider; elle a surtout un fort beau lit sans matelas. Ces meubles sont chez Mlle Auger, qui se donnera tous les mouvements nécessaires pour vous seconder, qui sera à vos ordres, qui fera tout ce que vous commanderez. Aidez-nous, mon cher abbé, je vous en prie, dans ce petit projet qui nous rapprochera de vous. Meublez donc ce palais comme vous pourrez, au meilleur marché que vous pourrez, le plus tôt que vous pourrez, à payer de quinzaine en quinzaine comme vous pourrez.

Remettez à M. Berger le manuscrit de *Pandore*, et offrez-lui quelque argent, si vous sentez qu'il en ait besoin. J'ai fait, pour obéir à l'amitié, cette *Pandore*, qui ne vaut pas celle de Vulcain; aussi ne suis-je pas amoureux de mon ouvrage, comme il le fut du sien, qui en valait la peine; mais je le suis beaucoup de la belle musique de Rameau. Je le prie d'embellir mes guenilles.

Le roi de Prusse est mort; on doit savoir cela dans votre chapitre. L'Europe et votre cloître pourront bien changer de face; mais les sentiments que je vous ai voués ne changeront jamais. Je ne tarderai pas à voir face à face Sa Majesté prussienne; ce sera pour moi un honneur que le Seigneur n'accorda pas à Moïse.

CMLXXII. — A M. L'ABBÉ DE VALORI.

Bruxelles, le 12 juin.

Monsieur, si l'amitié ne me retenait à Bruxelles auprès des personnes

1. On voit par la lettre CMLXXVIII que le roi désigne ici le cardinal de Fleuri. (*Éd. de Kehl.*)

que j'ai eu l'honneur d'accompagner, je serais déjà l'heureux témoin du bien qu'un prince philosophe va faire aux hommes; et je demanderais à monsieur votre frère l'honneur de sa protection auprès d'un roi qui m'honore déjà de tant de bontés. Celles que vous voulez bien me témoigner seraient ma plus forte recommandation auprès de M. de Valori. Il y a longtemps que je me suis vanté au prince royal, sur les assurances de M. d'Argenson, que j'aurais en M. de Valori un protecteur auprès de lui. Je me flatte que ce n'est pas là une fanfaronnade; et votre lettre et mes sentiments me répondent de l'honneur de sa bienveillance. Vous voulez bien que je lui écrive pour lui faire mon compliment sur la mort du feu roi et sur l'avénement du prince royal à la couronne.

Plus le nouveau roi de Prusse a de mérite, plus il doit sentir celui de monsieur votre frère. J'ai l'honneur d'être, avec l'estime la plus respectueuse et bien de l'envie de mériter votre amitié, etc

VOLTAIRE.

CMLXXIII. — A M. LE COMTE D'ARGENTAL.

12 juin.

Mon adorable ami, vous savez que je n'ai jamais espéré un succès brillant de *Zulime*. Je vous ai toujours mandé que la mort du père tuerait la pièce; et la véritable raison, à mon gré, c'est qu'alors l'intérêt change; cela fait une pièce double. Le cœur n'aime point à se voir dérouté; et, quand une fois il est plein d'un sentiment qu'on lui a inspiré, il rebute tout ce qui se présente à la traverse : d'ailleurs les passions qui règnent dans *Zulime* ne sont point assez neuves. Le public, qui a vu déjà les mêmes choses sous d'autres noms, n'y trouve point cet attrait invincible que la nouveauté porte avec soi. Que vous êtes charmants, vous et Mme d'Argental! que vous êtes au-dessus de mes ouvrages! mais aussi je vous aime plus que tous mes vers.

Je vous supplie de faire au plus tôt cesser pour jamais les représentations de *Zulime* sur quelque honnête prétexte. Je vous avoue que je n'ai jamais mis mes complaisances que dans *Mahomet* et *Mérope*. J'aime les choses d'une espèce toute neuve. Je n'attends qu'une occasion de vous envoyer la dernière leçon de *Mahomet*; et, si vous n'êtes pas content, vous me ferez recommencer. Vous m'enverrez vos idées, je tâcherai de les mettre en œuvre. Je ne puis mieux faire que d'être inspiré par vous.

Voulez-vous, avant votre départ, une seconde dose de *Mérope ?* Je suis comme les chercheurs de pierre philosophale; ils n'accusent jamais que leurs opérations et ils croient que l'art est infaillible. Je crois *Mérope* un très-beau sujet et je n'accuse que moi. J'en ai fait trois nouveaux actes; cela vous amuserait-il?

En attendant, voici une façon d'ode que je viens de faire pour mon cher roi de Prusse. De quelle épithète je me sers là pour un roi! *Un roi cher!* cela ne s'était jamais dit. Enfin voilà l'ode, ou plutôt les stances; c'est mon cœur qui les a dictées, bonnes ou mauvaises; c'est lui qui me dicte les plus tendres remerciments pour vous, la reconnaissance, l'amitié la plus respectueuse et la plus inviolable.

CMLXXIV. — DE FRÉDÉRIC II, ROI DE PRUSSE.

A Charlottenbourg, le 12 juin.

Non, ce n'est plus du mont Rémus,
Douce et studieuse retraite
D'où mes vers vous sont parvenus,
Que je date ces vers confus;
Car, dans ce moment, le poëte
Et le prince sont confondus.
Désormais mon peuple, que j'aime,
Est l'unique dieu que je sers;
Adieu les vers et les concerts,
Tous les plaisirs, Voltaire même;
Mon devoir est mon dieu suprême.
Qu'il entraîne de soins divers!
Quel fardeau que le diadème!
Quand ce dieu sera satisfait,
Alors dans vos bras, cher Voltaire,
Je volerai, plus prompt qu'un trait,
Puiser, dans les leçons de mon ami sincère,
Quel doit être d'un roi le sacré caractère.

Vous voyez, mon cher ami, que le changement du sort ne m'a pas tout à fait guéri de la métromanie, et que peut-être je n'en guérirai jamais. J'estime trop l'art d'Horace et de Voltaire pour y renoncer; et je suis du sentiment que chaque chose de la vie a son temps.

J'avais commencé une épître sur les abus de la mode et de la coutume, lors même que la coutume de la primogéniture m'obligeait de monter sur le trône et de quitter mon épître pour quelque temps. J'aurais volontiers changé mon épître en satire contre cette même mode, si je ne savais que la satire doit être bannie de la bouche des princes.

Enfin, mon cher Voltaire, je flotte entre vingt occupations, et je ne déplore que la brièveté des jours, qui me paraissent trop courts de vingt-quatre heures.

Je vous avoue que la vie d'un homme qui n'existe que pour réfléchir, et pour lui-même, me semble infiniment préférable à la vie d'un homme dont l'unique occupation doit être de faire le bonheur des autres.

Vos vers sont charmants. Je n'en dirai rien, car ils sont trop flatteurs.

Mon cher Voltaire, ne vous refusez pas plus longtemps à l'empressement que j'ai de vous voir. Faites en ma faveur tout ce que vous croyez que votre humanité comporte. J'irai à la fin d'août à Wesel, et peut-être plus loin. Promettez-moi de me joindre, car je ne saurais vivre heureux ni mourir tranquille sans vous avoir embrassé. Adieu. FÉDÉRIC.

Mille compliments à la marquise. Je travaille des deux mains, d'un côté à l'armée, de l'autre au peuple et aux beaux-arts.

CMLXXV. — A M. VAN DUREN.

A Bruxelles, ce 13 juin.

Je crois que vous trouverez bon, monsieur, que je vous envoie par la poste ce que j'ai déjà fait transcrire de la réfutation du *Prince* de Machiavel. Je pense qu'il est de votre intérêt de l'imprimer sans délai. Je vous conseille de tirer les deux douzaines d'exemplaires que vous devez envoyer en Allemagne sur le plus beau papier, avec la plus grande marge; et, pour ne vous pas laisser dans l'incertitude, sachez que c'est à ....
qu'il faut adresser le paquet, en main propre. Cela vous vaudra probablement, outre un présent, l'honneur ....
.... Ne manquez donc pas de préparer le plus beau maroquin pour la reliure, à laquelle vous mettrez ses armes.

Ne perdez pas un moment pour cette édition; le reste suivra immédiatement. Imprimez à côté le texte de la traduction du *Prince* de Machiavel, par Amelot de La Houssaie, et les mêmes titres courants des chapitres. Cependant, monsieur, faites-moi tenir un exemplaire de cette traduction, afin que je me règle sur elle pour composer la Préface dont on m'a fait l'honneur de me charger.

Je vous prie de joindre dix exemplaires de mes Œuvres in-8° à cette traduction de Machiavel, et de me les envoyer par la barque, à mon adresse.

J'ai lu avec plaisir le premier tome de l'Histoire de Louis XIV. Quand pourrai-je avoir la suite? Je suis aussi fort content du *Moréri* [1], quoiqu'il y ait encore bien des fautes.

VOLTAIRE.

CMLXXVI. — A M. VAN DUREN.

A Bruxelles, le 15 juin.

Je vous envoie aujourd'hui jusqu'au dix-huitième chapitre inclusivement. Je crois que vous me remercierez de vous avoir donné un tel ouvrage. Je vous recommande encore de ne rien épargner, pour que l'impression vous fasse autant d'honneur que le livre en doit faire à son illustre et respectable auteur, quel qu'il soit.

C'est sur la réputation de votre probité et de votre intelligence que je vous ai préféré. Je vous recommande la diligence la plus prompte, et je vous prie de m'envoyer la première feuille imprimée, par la poste. J'attends l'envoi des dix exemplaires de mes Œuvres, par la barque, avec un volume du *Machiavel* d'Amelot de La Houssaie.

VOLTAIRE.

Je reçois votre billet et le duplicata; accusez-moi la réception des deux paquets.

1. La dix-neuvième édition venait de paraître en Hollande. (ÉD.)

CMLXXVII. — A Mademoiselle Quinault.
17 juin 1840.

[Il a reçu sa lettre du 5 mai qui a été décachetée. Il attend ses critiques sur *Zulime* que M. d'Argental lui annonce, et redemande les deux copies de cette tragédie. Afin de se raccommoder avec les dévots, il a pris l'abbé Moussinot pour intendant.]

CMLXXVIII. — Au roi de Prusse.
18 juin.

Sire, si votre *sort est changé*, votre belle âme ne l'est pas; mais la mienne l'est. J'étais un peu misanthrope, et les injustices des hommes m'affligeaient trop. Je me livre à présent à la joie avec tout le monde. Grâce au ciel Votre Majesté a déjà rempli presque toutes mes prédictions. Vous êtes déjà aimé et dans vos États et dans l'Europe. Un résident de l'empereur disait, dans la dernière guerre au cardinal de Fleuri : « Monseigneur, les Français sont bien aimables, mais ils sont tous Turcs. » L'envoyé de Votre Majesté peut dire à présent : Les Français sont tous Prussiens.

Le marquis d'Argenson, conseiller d'État du roi de France, ami de M. de Valori, et homme d'un vrai mérite, avec qui je me suis entretenu souvent à Paris de Votre Majesté, m'écrit le 13 que M. de Valori s'exprime avec lui dans ces propres mots : « Il commence son règne comme il y a apparence qu'il le continuera; partout des traits de bonté de cœur; justice qu'il rend au défunt, tendresse pour ses sujets. » Je ne fais mention de cet extrait à Votre Majesté que parce que je suis sûr que cela a été écrit d'abondance de cœur, et qu'il m'est revenu de même. Je ne connais point M. de Valori, et Votre Majesté sait que je ne devais pas compter sur ses bonnes grâces; cependant, puisqu'il pense comme moi, et qu'il vous rend tant de justice, je suis bien aise de la lui rendre.

Le ministre qui gouverne le pays où je suis me disait : « Nous verrons s'il renverra tout d'un coup les géants inutiles qui ont fait tant crier; » et moi je lui répondis : « Il ne fera rien précipitamment; il ne montrera point un dessein marqué de condamner les fautes qu'a pu faire son prédécesseur; il se contentera de les réparer avec le temps. » Daignez donc avouer, grand roi, que j'ai bien deviné.

Votre Majesté m'ordonne de songer, en lui écrivant, moins au roi qu'à l'*homme*. C'est un ordre bien selon mon cœur. Je ne sais comment m'y prendre avec un roi, mais je suis bien à mon aise avec un homme véritable, avec un homme qui a dans sa tête et dans son cœur l'amour du genre humain.

Il y a une chose que je n'oserais jamais demander au roi, mais que j'oserais prendre la liberté de demander à l'homme : c'est si le feu roi a du moins connu et aimé tout le mérite de mon adorable prince avant de mourir. Je sais que les qualités du feu roi étaient si différentes des vôtres, qu'il se pourrait bien faire qu'il n'eût pas senti tous vos différents mérites; mais enfin, s'il s'est attendri, s'il a agi avec confiance, s'il a justifié les sentiments admirables que vous avez daigné me témoigner pour lui dans vos lettres, je serai un peu content. Un mot de votre adorable main me ferait entendre tout cela.

Le roi me demandera peut-être pourquoi je fais ces questions à l'*homme ;* il me dira que je suis bien curieux et bien hardi : savez-vous ce que je répondrai à Sa Majesté? « Sire, c'est que j'aime l'homme de tout mon cœur. »

Votre Majesté, ou votre *humanité*, me fait l'honneur de me mander qu'elle est obligée à présent de donner la préférence à la politique sur la métaphysique, et qu'elle s'escrime avec notre bon cardinal.

> Vous paraissez en défiance
> De ce saint au ciel attaché,
> Qui, par esprit de pénitence,
> Quitta son petit évêché
> Pour être humblement roi de France;
> Je pense qu'il va s'occuper,
> Avec un zèle catholique,
> Du juste soin de vous tromper;
> Car vous êtes un hérétique.

On a agité ici la question si Votre Majesté se ferait sacrer et oindre ou non ; je ne vois pas qu'elle ait besoin de quelques gouttes d'huile pour être respectable et chère à ses peuples. Je révère fort les *saintes ampoules*, surtout lorsqu'elles ont été apportées du ciel, et pour des gens tels que Clovis ; et je sais bon gré à Samuel d'avoir versé de l'huile d'olive sur la tête de Saül, puisque les oliviers étaient fort communs dans leur pays;

> Mais, seigneur, après tout, quand vous ne seriez point,
> Ce que l'Écriture appelle *oint*,
> Vous n'en seriez pas moins mon héros et mon maître.
> Le grand cœur, les vertus, les talents font un roi ;
> Et vous seriez sacré pour la terre et pour moi,
> Sans qu'on vît votre front huilé des mains d'un prêtre.

Puisque Votre Majesté, qui s'est faite *homme*, continue toujours à m'honorer de ses lettres, j'ose la supplier de me dire comment elle partage sa journée ; j'ai bien peur qu'elle ne travaille trop. On soupe quelquefois sans avoir mis d'intervalle entre le travail et le repas ; on se relève le lendemain avec une digestion laborieuse, on travaille avec la tête moins nette ; on s'efforce et on tombe malade : au nom du genre humain, à qui vous devenez nécessaire, prenez soin d'une santé si précieuse.

Je demanderai encore une autre grâce à Votre Majesté : c'est, quand elle aura fait quelque nouvel établissement, qu'elle aura fait fleurir quelqu'un des beaux-arts, de daigner m'en instruire ; car ce sera m'apprendre les nouvelles obligations que je lui aurai. Il y a un mot dans la lettre de Votre Majesté qui m'a transporté ; elle me fait espérer une vision béatifique cette année. Je ne suis pas le seul qui soupire après ce bonheur. La reine de Saba voudrait prendre des mesures pour voir Salomon dans sa gloire. J'ai fait part à M. de Kaiserling d'un petit projet sur cela; mais j'ai bien peur qu'il n'échoue.

J'espère, dans six ou sept semaines, si les libraires hollandais ne me trompent point, envoyer à Votre Majesté le meilleur livre et le plus utile qu'on ait jamais fait, un livre digne de vous et de votre règne.

Je suis avec la plus tendre reconnaissance, avec profond respect, cela va sans dire, avec des sentiments que je ne peux exprimer, sire, de Votre Majesté, etc.

CMLXXIX. — A M. LE MARQUIS D'ARGENSON.

A Bruxelles, le 15 juin.

Si j'avais l'honneur d'être auprès de mon cher monarque, savez-vous bien, monsieur, ce que je ferais? je lui montrerais votre lettre, car je crois que ses ministres ne lui donneront jamais de si bons conseils. Mais il n'y a pas d'apparence que je voie, du moins sitôt, mon messie du Nord. Vous vous doutez bien que je ne sais point quitter mes amis pour des rois; et je l'ai mandé tout net à ce charmant prince, que j'appelle *votre humanité*, au lieu de l'appeler *votre majesté*.

A peine est-il monté sur le trône[1], qu'il s'est souvenu de moi pour m'écrire la lettre la plus tendre, et pour m'ordonner, ce sont ses termes, de lui écrire toujours comme à un *homme*, et jamais comme à un roi.

Savez-vous que tout le monde s'embrasse dans les rues de Berlin, en se félicitant sur les commencements de son règne? Tout Berlin pleure de joie; mais, pour son prédécesseur, personne ne l'a pleuré, que je sache. Belle leçon pour les rois! Les gens en place sont pour la plupart de grands misérables; ils ne savent pas ce qu'on gagne à faire du bien.

J'ai cru faire plaisir, monsieur, au roi, à vous, et à M. de Valori, en lui transcrivant les propres paroles de ce ministre dont vous m'avez fait part : « Il commence son règne, comme il y a apparence qu'il le continuera; partout des traits de bonté, etc. » J'ai écrit aussi à M. de Valori; j'ai fait plus encore, j'ai écrit à M. le baron de Kaiserling, favori du roi, et je lui ai transcrit les louanges non suspectes qui me reviennent de tous côtés de notre cher Marc-Aurèle prussien, et surtout les quatre lignes de votre lettre.

Vous m'avouerez qu'on aime d'ordinaire ceux dont on a l'approbation, et que le roi ne saura pas mauvais gré à M. de Valori de mon petit rapport, ni M. de Valori à moi. Des bagatelles établissent quelquefois la confiance; et la première des instructions d'un ministre c'est de plaire.

Les affaires me paraissent bien brouillées en Allemagne et partout; et je crois qu'il n'y a que le conseil de la Trinité qui sache ce qui arrivera dans la petite partie de notre petit tas de boue qu'on appelle Eu-

1. Le 31 mai 1740. (Éd.)

rope. La maison d'Autriche voudrait bien attaquer les *Borbonides*; mais sa pragmatique la retient. La Saxe et la Bavière disputeront la succession[1]; Berg et Juliers est une nouvelle pomme de discorde, sans compter les Goths Visigoths et Gépides, qui pourraient danser dans cette pyrrhique de barbares.

Suave, mari magno turbantibus æquora ventis,
E terra magnum alterius spectare laborem.
Lucr., lib. II, v. 1.

Débrouille qui voudra ces fusées; moi je cultive en paix les arts, bien fâché que les comédiens aient voulu à toute force donner cette *Zulime*, que je n'ai jamais regardée que comme de la crème fouettée, dans le temps que j'avais quelque chose de meilleur à leur donner. J'ai eu l'honneur de vous en montrer les prémices.

Si me, Marce[2], tuis vatibus inseris,
Sublimi feriam sidera vertice.
Hor., lib. I, od. 1, v. 35.

Mme du Châtelet vous fait mille compliments; vous connaissez mon tendre et respectueux attachement.

CMLXXX. — A M. VAN DUREN.

Le 19 juin.

J'ai reçu, monsieur, votre lettre du 12, et vous avez dû recevoir deux paquets contenant plusieurs chapitres de suite de l'*Anti-Machiavel* jusqu'au dix-huitième.

Voici aujourd'hui les XIXe, XXe et XXIe. Il n'y en a que vingt-six; ainsi vous ne devez pas perdre de temps.

Faites vos efforts, je vous prie, pour trouver un *Machiavel* d'Amelot de La Houssaie. Si vous n'en trouvez pas, envoyez-moi l'italien imprimé à côté de la réfutation. C'est un livre fait pour être éternellement lu par tous les politiques et par tous les ministres. Ils entendent tous l'italien, et, de plus, cet assemblage des deux langues sera quelque chose de nouveau en fait de littérature. Le *Machiavel* a été imprimé en trois volumes, peut-être même chez vous; vous pouvez aisément en détacher le *Prince*. Mandez-moi à quoi vous vous résolvez, afin que j'y conforme la *Préface* dont on m'a fait l'honneur de me charger. Du reste, gardez-moi le secret, comme je le garde à l'illustre auteur de cet ouvrage. VOLTAIRE.

CMLXXXI. — A M. DE MAUPERTUIS.

A Bruxelles, le 22 juin.

Les grands hommes sont mes rois, monsieur, mais la converse n'a pas lieu ici; les rois ne sont pas mes grands hommes. Une tête a beau

---

1. De l'empereur Charles VI, mort le 20 octobre 1740. (Éd.)
2. *Marc* était le prénom du comte d'Argenson, et non du marquis, son frère aîné. (Éd.)

être couronnée, je ne fais cas que de celles qui pensent comme la vôtre; et c'est votre estime et votre amitié, non la faveur des souverains, que j'ambitionne. Il n'y a que le roi de Prusse que je mets de niveau avec vous, parce que c'est de tous les rois le moins roi et le plus *homme*. Il est bienfaisant et éclairé, plein de grands talents et de grandes vertus; il m'étonnera et m'affligera sensiblement, s'il se dément jamais. Il ne lui manque que d'être géomètre, mais il est profond métaphysicien, et moins bavard que le grand Wolffius.

J'irais observer cet astre du Nord, si je pouvais quitter celui dont je suis depuis dix [1] ans le satellite. Je ne suis pas comme les comètes de Descartes, qui voyagent de tourbillon en tourbillon.

A propos de tourbillon, j'ai lu le quatrième tome de Joseph Privat de Molières, qui prouve l'existence de Dieu par un poids de cinq livres posé sur un 4 de chiffre [2]. Il paraît que vos confrères les examinateurs de son livre n'ont pas donné leurs suffrages à cette étrange preuve; sur quoi j'avais pris la liberté de dire :

> Quand il s'agit de prouver Dieu,
> *Vos* messieurs de l'Académie
> Tirent leur épingle du jeu
> Avec beaucoup de prud'homie.

J'ai lu quelque chose de M. de Gamaches [3], mais je ne sais pas bien encore ce qu'il prétend. Il fait quelquefois le plaisant; j'aimerais mieux clarté et méthode.

J'apprends de bien funestes nouvelles de la santé de Mme de Richelieu; vous perdrez une personne qui vous estimait et qui vous aimait, puisqu'elle vous avait connue; c'était presque la seule protectrice qui me restait à Paris. Je lui étais attaché dès son enfance; si elle meurt, je serai inconsolable.

Adieu, monsieur; je vous suis attaché pour jamais. Vous savez que je vous ai toujours aimé, quoique je vous admirasse; ce qui est assez rare à concilier.

CMLXXXII. — A M. Van Duren.

A Bruxelles, ce 23 juin.

Voici, monsieur, les XXII° et XXIII° chapitres; j'attends les derniers avec impatience. Plus je relis cet ouvrage, plus j'en augure un succès grand et durable, et plus je me félicite de contribuer à le publier. Si vous n'avez point d'Amelot de La Houssaie, ne balancez pas à imprimer l'italien à côté du français. Vous devez avoir commencé déjà. Vous devez trouver à la Haie les armes .... qui veut bien protéger cet ouvrage, et auquel vous devez faire tenir deux douzaines d'exemplaires. Au reste, je vous manderai à qui il faudra les adresser en droiture; ce sera, je crois, à son ....; et ce ne sera

---

1. Lisez *huit* ans. (Éd.)
2. On appelle 4 *de chiffre* un piège à rats, sur lequel on met un poids. (Éd.)
3. L'*Astronomie physique* de l'abbé de Gamaches. (Éd.)

pas un mauvais service que je vous aurai rendu; si vous pouvez, par cette occasion, fournir la bibliothèque de......................
VOLTAIRE.

CMLXXXIII. — DE FRÉDÉRIC II, ROI DE PRUSSE.

A Charlottenbourg, le 24 juin.

Mon cher ami, celui qui vous rendra cette lettre de ma part est l'homme de ma dernière épître. Il vous rendra du vin de Hongrie, à la place de vos vers immortels; et ma mauvaise prose, au lieu de votre admirable philosophie. Je suis accablé et surchargé d'affaires; mais, dès que j'aurai quelques moments de loisir, vous recevrez de moi les mêmes tributs que par le passé, et aux mêmes conditions. Je suis à la veille d'un enterrement, d'une augmentation de beaucoup de voyages, et de soins auxquels mon devoir m'engage. Je vous *demande* excuse si ma lettre et celle que vous avez reçue, il y a trois semaines, se ressentent de quelque pesanteur ; ce grand travail finira, et alors mon esprit pourra reprendre son élasticité naturelle.

Vous, le seul dieu qui m'inspirez,
Voltaire, en peu vous me verrez,
Libre de soins, d'inquiétudes,
Chanter vos vers et mes plaisirs;
Mais, pour combler tous mes désirs,
Venez charmer nos solitudes.

C'est en tremblant que ma muse me dicte ce dernier vers; et je sais trop que l'amitié doit céder à l'amour.

Adieu, mon cher Voltaire; aimez-moi toujours un peu. Dès que je pourrai faire des odes et des épîtres, vous en aurez les gants. Mais il faut avoir beaucoup de patience avec moi, et me donner le temps de me traîner lentement dans la carrière où je viens d'entrer. Ne m'oubliez pas, et soyez sûr qu'après le soin de mon pays, je n'ai rien de plus à cœur que de vous convaincre de l'estime avec laquelle je suis votre très-fidèle ami, FÉDÉRIC.

CMLXXXIV. — A M. LE COMTE D'ARGENTAL.

Ce 24 de juin.

Zulime, mon respectable ami, est faite pour mon malheur. Vous savez que Mme de Richelieu est à la mort; peut-être en est-ce fait à l'heure où je vous écris. Vous n'ignorez pas la perte que je fais en elle; j'avais droit de compter sur ses bontés, et, j'ose dire, sur l'amitié de M. de Richelieu. Il faut que je joigne à la douleur dont cette mort m'accable celle d'apprendre que M. de Richelieu me sait le plus mauvais gré du monde d'avoir laissé jouer *Zulime* dans ces cruelles circonstances. Vous pouvez me rendre justice. Cette malheureuse pièce devait être donnée longtemps avant que Mme de Richelieu fût à Paris. Elle fut représentée, le 9 juin, quand Mme de Richelieu donnait à souper, et se croyait très-loin d'être en danger. J'ai fait depuis humainement ce que j'ai pu pour la retirer, sans en venir à bout. Elle était à la troisième représentation, lorsque j'eus le malheur de perdre mon neveu, qui était correcteur des comptes, et que j'aimais tendrement. Ma famille ne s'est point avisée de trouver mauvais qu'on représentât un de mes ouvrages, pendant que mon pauvre neveu était à l'agonie, et que j'avais le cœur percé. Faudrait-il que ceux qui se disent protecteurs ou amis, et qui souvent ne sont ni l'un ni l'autre affectassent de se fâcher d'un prétendu manque de bienséance dont je n'ai pas été le maître, quand ma famille n'a pas imaginé de s'en formaliser? Vous êtes peut-être à portée, vous ou monsieur votre frère, de faire valoir à M. de Richelieu mon innocence; il a grand tort assurément de m'affliger. Je sens aussi douloureusement que lui la perte de Mme de Richelieu, et je suis bien loin de mériter son mécontentement; il m'est très-sensible dans une occasion si triste. Il est bien dur de paraître insensible quand on a le cœur déchiré.

Mille tendres respects à Mme d'Argental. Mme du Châtelet vous fait à tous deux bien des compliments, elle vous aime autant que je vous suis attaché.

CMLXXXV. — A M. L'ABBÉ PRÉVOST.

Bruxelles, juin.

Arnauld fit autrefois l'apologie de Boileau, et vous voulez, monsieur, faire la mienne. Je serais aussi sensible à cet honneur que le fut Boileau, non que je sois aussi vain que lui, mais parce que j'ai plus besoin d'apologie. La seule chose qui m'arrête tout court est celle qui empêcha le grand Condé d'écrire des mémoires. Vous voyez que je ne prends pas d'exemples médiocres. Il dit qu'il ne pourrait se justifier sans accuser trop de monde.

.... *Si parva licet componere magnis,*
            Georg., IV, 176.

Je suis à peu près dans le même cas.

Comment pourrais-je, par exemple, ou comment pourriez-vous parler des souscriptions de ma *Henriade*, sans avouer que M. Thieriot, alors fort jeune, dissipa malheureusement l'argent des souscriptions de France? J'ai été obligé de rembourser à mes frais tous les souscripteurs qui ont eu la négligence de ne point envoyer à Londres, et j'ai encore par devers moi les reçus de plus de cinquante personnes. Serait-il bien agréable pour ces personnes, qui, pour la plupart, sont des gens très-riches, de voir publier qu'ils ont eu l'économie de recevoir à mes dépens l'argent de mon livre? Il est très-vrai qu'il m'en a coûté beaucoup pour avoir fait *la Henriade*, et que j'ai donné autant d'argent en France que ce poëme m'en a valu à Londres; mais plus cette anecdote est désagréable pour notre nation, plus je craindrais qu'on ne la publiât.

S'il fallait parler de quelques ingrats que j'ai faits, ne serait-ce pas me faire des ennemis irréconciliables? Pourrais-je enfin publier la lettre que m'écrivait l'abbé Desfontaines, de Bicêtre, sans commettre ceux qui y sont nommés? J'ai sans doute de quoi prouver que l'abbé Desfontaines me doit la vie, je ne dirai point l'honneur; mais y a-t-il quelqu'un qui l'ignore, et n'y a-t-il pas de la honte à se mesurer avec un homme aussi universellement haï et méprisé que Desfontaines?

Loin de chercher à publier l'opprobre des gens de lettres, je ne cherche qu'à le couvrir. Il y a un écrivain connu[1] qui m'écrivit un jour : « Voici, monsieur, un libelle que j'ai fait contre vous; si vous voulez m'envoyer cent écus, il ne paraîtra pas. » Je lui fis mander que cent écus étaient trop peu de chose; que son libelle devait lui valoir au moins cent pistoles, et qu'il devait le publier. Je ne finirais point sur de pareilles anecdotes; mais elles me peignent l'humanité trop en laid, et j'aime mieux les oublier.

Il y a un article dans votre lettre qui m'intéresse beaucoup davantage, c'est le besoin que vous avez de douze cents livres. M. le prince de Conti est à plaindre de ce que ses dépenses le mettent hors d'état de donner à un homme de votre mérite autre chose qu'un logement. Je voudrais être prince ou fermier général, pour avoir la satisfaction de vous marquer une estime solide. Mes affaires sont actuellement fort loin de ressembler à celles d'un fermier général, et sont presque aussi dérangées que celles d'un prince. J'ai même été obligé d'emprunter deux mille écus de M. Bronod, notaire, et c'est de l'argent de Mme la marquise du Châtelet que j'ai payé ce que je devais à Prault fils; mais, sitôt que je verrai jour à m'arranger, soyez très-persuadé que je préviendrai l'occasion de vous servir avec plus de vivacité que vous ne pourriez la faire naître. Rien ne me serait plus agréable et plus glorieux que de pouvoir n'être pas inutile à celui de nos écrivains que j'estime le plus. C'est avec ces sentiments très-sincères que je suis, monsieur, etc.

CMLXXXVI. — A M. Van Duren.

A Bruxelles, rue de la Grosse-Tour, ce 27 juin.

Je reçois, monsieur, votre lettre du 24 avec la préface d'Amelot de La Houssaie, à l'occasion de laquelle je vais composer celle dont je suis chargé. Voici la fin de l'ouvrage en deux paquets. Celui qui est marqué *A* devait partir par le même ordinaire; *B* n'a été prêt qu'aujourd'hui.

Puisque vous avez la traduction d'Amelot, ne manquez pas de l'imprimer à côté de mon auteur. Ma *Préface* précédera celle d'Amelot et celle de Machiavel, qu'Amelot a traduite, et annoncera l'économie de tout le livre.

Je vous prie de m'envoyer la première feuille imprimée. VOLTAIRE.

CMLXXXVII. — De Frédéric II, roi de Prusse

A Charlottenbourg, le 27 juin.

Mon cher Voltaire, vos lettres me font toujours un plaisir infini, non pas par les louanges que vous me donnez, mais par la prose instructive

1. La Jonchère. (Éd.)

et les vers charmants qu'elles contiennent. Vous voulez que je vous parle de *moi-même*, comme

L'éternel abbé de Chaulieu.

Qu'importe? il faut vous contenter.

Voici donc la gazette de Berlin telle que vous me la demandez.

J'arrivai, le vendredi au soir, à Potsdam, où je trouvai le roi dans une si triste situation, que j'augurai bientôt que sa fin était prochaine. Il me témoigna mille amitiés, il me parla plus d'une grande heure sur les affaires, tant internes qu'étrangères, avec toute la justesse d'esprit et le bon sens imaginables. Il me parla de même le samedi, le dimanche et le lundi, paraissant très-tranquille, très-résigné, et soutenant ses souffrances avec beaucoup de fermeté. Il résigna la régence entre mes mains le mardi matin à cinq heures, prit tendrement congé de mes frères, de tous les officiers de marque et de moi. La reine, mes frères et moi, nous l'avons assisté dans ses dernières heures; dans ses angoisses il a témoigné le stoïcisme de Caton. Il est expiré avec la curiosité d'un physicien sur ce qui se passait en lui à l'instant même de sa mort, et avec l'héroïsme d'un grand homme, nous laissant à tous des regrets sincères de sa perte, et sa mort courageuse comme un exemple à suivre.

Le travail infini qui m'est échu en partage, depuis sa mort, laisse à peine du temps à ma juste douleur. J'ai cru depuis la perte de mon père je me devais entièrement à la patrie. Dans cet esprit, j'ai travaillé autant qu'il a été en moi pour prendre les arrangements les plus prompts et les plus convenables au bien public.

J'ai d'abord commencé par augmenter les forces de l'État de seize bataillons, de cinq escadrons de houssards et d'un escadron de gardes du corps. J'ai posé les fondements de notre nouvelle Académie. J'ai fait acquisition de Wolf, de Maupertuis, d'Algarotti. J'attends la réponse de s'Gravesande, de Vaucanson et d'Euler. J'ai établi un nouveau collége pour le commerce et les manufactures; j'engage des peintres et des sculpteurs; et je pars pour la Prusse pour y recevoir l'hommage, etc., sans la sainte ampoule et sans les cérémonies inutiles et frivoles que l'ignorance et la superstition ont établies et que la coutume favorise.

Mon genre de vie est assez peu réglé quant à présent, car la faculté a trouvé à propos de m'ordonner, *ex officio*, de prendre les eaux de Pyrmont. Je me lève à quatre heures, je prends les eaux jusqu'à huit, j'écris jusqu'à dix, je vois les troupes jusqu'à midi, j'écris jusqu'à cinq heures, et le soir je me délasse en bonne compagnie. Lorsque les voyages seront finis, mon genre de vie sera plus tranquille et plus uni mais, jusqu'à présent, j'ai le cours ordinaire des affaires à suivre, j'ai les nouveaux établissements de surplus, et avec cela beaucoup de compliments inutiles à faire, d'ordres circulaires à donner.

Ce qui me coûte le plus est l'établissement de magasins assez considérables dans toutes les provinces, pour qu'il s'y trouve une provision de grains d'une année et demie de consommation pour chaque pays.

Lassé de parler de moi-même,
Souffrez du moins, ami charmant,
Que je vous apprenne gaiement
La joie et le plaisir extrême
Que nos premiers embrassements
Déjà font sentir à mes sens.
Orphée approchant d'Eurydice,
Au fond de l'infernal manoir,
Sentit, je crois, moins de délice
Que m'en pourra donner le plaisir de vous voir.
Mais je crains moins Pluton que je crains Émilie;
Ses attraits pour jamais enchaînent votre vie;
L'amour sur votre cœur a bien plus de pouvoir
Que le Styx n'en pouvait avoir
Sur Eurydice et sa sortie.

Sans rancune, madame du Châtelet; il m'est permis de vous envier un bien que vous possédez, et que je préférerais à beaucoup d'autres biens qui me sont échus en partage.

J'en reviens à vous, mon cher Voltaire; vous ferez ma paix avec la marquise; vous lui conserverez la première place dans votre cœur, et elle permettra que j'en occupe une seconde dans votre esprit.

Je compte que mon homme de l'épître vous aura déjà rendu ma lettre et le vin de Hongrie. Je vous paye très-matériellement de tout l'esprit que vous me prodiguez; mais, mon cher Voltaire, consolez-vous, car, dans tout l'univers, vous ne trouveriez assurément personne qui voulût faire assaut d'esprit avec vous. S'il s'agit d'amitié, je le dispute à tout autre, et je vous assure qu'on ne saurait vous aimer ni vous estimer plus que vous l'êtes de moi. FÉDÉRIC.

CMLXXXVIII. — A M. DE CIDEVILLE.

A Bruxelles, ce 28 de juin.

Eh bien! mon cher ami, avez-vous reçu le paquet T? C'est M. Helvétius, un de nos confrères en Apollon, quoique fermier général, qui s'est chargé de le faire mettre au coche de Reims, recommandé à Paris pour Rouen. Si les soins d'un fermier général et l'adresse d'un premier président ne suffisent pas, à qui faudra-t-il avoir recours? Vous devez trouver dans cette édition beaucoup de corrections à la main, deux cents vers nouveaux dans *la Henriade*, quelques pièces fugitives qui n'étaient pas dans les autres éditions; mais, surtout, les fautes énormes de l'éditeur réformées tant que je l'ai pu.

Je ne vous ai point envoyé *Zulime*, que les comédiens de Paris ont représentée presque malgré moi, et qui n'est pas digne de vous. Si j'avais de la vanité, je vous dirais qu'elle n'est pas digne de moi; du moins je crois pouvoir mieux faire, et qu'en effet *Mahomet* vaut mieux. Vous jugerez si j'ai bien peint les fourbes et les fanatiques.

En attendant, voyez, mon cher ami, si vous êtes un peu content de la petite *odelette* pour notre souverain, le roi de Prusse. Je l'appelle notre souverain, parce qu'il aime, qu'il cultive, qu'il encourage les arts que nous aimons. Il écrit en français beaucoup mieux que plusieurs de nos académiciens, et quelquefois, dans ses lettres, il laisse échapper de petits sixains ou dizains que peut-être ne désavoueriez-vous pas. Sa passion dominante est de rendre les hommes heureux et de faire fleurir chez lui les belles-lettres. Me serait-il permis de vous dire que, dès qu'il a été sur le trône, il m'a écrit ces propres paroles : « Pour Dieu, ne m'écrivez qu'en homme et méprisez avec moi les noms, les titres et tout l'éclat extérieur? »

Eh bien! qu'en dites-vous? Votre cœur n'est-il pas ému? N'est-on pas heureux d'être né dans un siècle qui a produit un homme si singulier? Avec tout cela, je reste à Bruxelles, et le meilleur roi de la terre, son mérite et ses faveurs ne m'éloigneront pas un moment d'Émilie. Les rois (même celui-là) ne doivent marcher jamais qu'après les amis; vous sentez bien que cela va sans dire.

Ne pouvez-vous pas me rendre un très-grand service, en rendant un petit à M. le marquis du Châtelet? Il s'agit seulement d'épargner le voyage d'un maître des comptes ou d'un auditeur.

M. du Châtelet a, comme vous savez, en Normandie, de petites terres relevant du roi, nommées Saint-Rémi, Heurlemont et Feuilloi; il en a rendu les aveux et dénombrements à la chambre des comptes de Rouen; il s'agit actuellement d'obtenir la main levée de ces dénombrements, et, pour y parvenir, il faut faire, dit-on, information sur les lieux. C'est apparemment le droit de la chambre des comptes. Elle députe un ou deux commissaires, à ce qu'on dit, pour aller faire semblant de voir si l'on a accusé juste, et se faire payer grassement de leur voyage inutile. Or, on prétend qu'il n'est ni malaisé ni hors d'usage d'obtenir un arrêt de dispense de la chambre des comptes et d'obtenir la main levée sans avoir à payer les frais de cette surérogatoire information. Le père de M. du Châtelet obtint pareil arrêt pour les mêmes terres. Voyez, pouvez-vous parler, faire parler, faire écrire à quelqu'un de la chambre des comptes, et nous dire ce qu'il faut faire pour obtenir cet arrêt de dispense?

Adieu, mon aimable ami; vous êtes fait pour plaire et pour rendre service. V.

CMLXXXIX. — A M. BERGER.

Bruxelles, le 23 juin.

Je ne souhaite point du tout, monsieur, que M. Rameau travaille vite; je désire, au contraire, qu'il prenne tout le temps nécessaire pour faire un ouvrage qui mette le comble à sa réputation. Je ne doute pas qu'il n'ait montré mon poëme[1] dans la maison de M. de La Popelinière, et qu'il n'en rapporte des idées désavantageuses. Je sais que je n'ai jamais eu l'honneur de plaire à M. de La Popelinière, et qu'il pense sur la poésie tout différemment de moi. Je ne blâme point son

1. *Pandore*. (ÉD.)

goût, mais j'ai le malheur qu'il condamne le mien. Si vous en voulez une preuve, la voici. M. Thieriot m'envoya, il y a quelques années[1], des corrections qu'on avait faites, dans cette maison, à mon *Épître sur la Modération*. J'avais dit :

> Pourquoi l'aspic affreux, le tigre, la panthère,
> N'ont jamais adouci leur cruel caractère,
> Et que reconnaissant la main qui le nourrit,
> Le chien meurt en léchant le maître qu'il chérit?

On voulait :

> Le chien lèche, en criant, le maître qui le bat.

Les autres vers étaient corrigés dans ce goût. Cela me fait craindre qu'une manière de penser si différente de la mienne, jointe à peu de bonne volonté pour moi, ne dégoûte beaucoup M. Rameau. On m'assure qu'un homme[2] qui demeure chez M. de La Popelinière, et à l'amitié duquel j'avais droit, a mieux aimé se ranger du nombre de mes ennemis que de me conserver une amitié qui lui devenait inutile. Je ne crois point ce bruit. Je ne me plains ni de M. de La Popelinière ni de personne, mais je vous expose seulement mes doutes, afin que vous fassiez sentir au musicien qu'il ne doit pas tout à fait s'en rapporter à des personnes qui ne peuvent m'être favorables. Au reste, je compte faire des changements au cinquième acte, et je pense qu'il n'y a que ce qu'on appelle des coupures à exiger dans les premiers.

Il y a une affaire qui me tient plus au cœur; c'est celle dont vous me parlez. Vous ne me mandez point si monsieur votre frère est à Paris ou à Lyon, s'il fait commerce ou s'il est chargé d'autres affaires. J'espère que je verrai S. M. le roi de Prusse, vers la fin de l'automne, dans les pays méridionaux de ses États, en cas que Mme la marquise du Châtelet puisse faire le voyage. C'est là que je pourrais vous être utile, et c'est ce qui redouble mon envie d'admirer de plus près un prince né pour faire du bien.

CMXC. — A M. DE MAUPERTUIS.

Bruxelles, 29 juin.

M. s'Gravesande, mon cher monsieur, voudrait bien savoir s'il est vrai que vous avez reconnu une assez grande erreur dans la détermination des hauteurs du pôle qui ont servi de fondement aux calculs de la méridienne de MM. de Cassini. Vous me feriez un sensible plaisir si vous vouliez m'envoyer sur cela un petit détail, tant pour mon instruction que pour satisfaire la curiosité de M. s'Gravesande.

Il court des nouvelles bien tristes du Pérou ; il vaudrait mieux que les mines du Potose fussent perdues que d'avoir seulement la crainte de perdre des gens[3] qui ont été chercher la vérité dans le pays de l'or. Je ne crois pas qu'on ait besoin d'eux pour savoir comment la terre est faite; mais ils ont grand besoin de revenir.

1. En 1738. (ÉD.) — 2. Thieriot. (ÉD.)

Est-il vrai que les *Mémoires* de M. Duguay[1] sont rédigés par vous? Paraissent-ils? C'était un homme comme vous, unique en son genre. Mon genre à moi est d'être le très-humble serviteur du vôtre, et de vous être attaché pour jamais.

CMXCI. — A Frédéric II, roi de Prusse.

Juin.

Sire,
Hier vinrent, pour mon bonheur,
Deux bons tonneaux de Germanie;
L'un contient du vin de Hongrie,
L'autre est la panse rebondie
De monsieur votre ambassadeur.

Si les rois sont les images des dieux et les ambassadeurs les images des rois, il s'ensuit, Sire, par le quatrième théorème de Wolff, que les dieux sont joufflus et ont une physionomie très-agréable. Heureux ce M. de Camas, non pas tant de ce qu'il représente Votre Majesté que de ce qu'il la reverra!

Je volai hier au soir chez cet aimable M. de Camas, envoyé et chanté par son roi; et dans le peu qu'il m'en dit, j'appris que Votre Majesté, que j'appellerai toujours votre *humanité*, vit en homme plus que jamais, et qu'après avoir fait sa charge de roi sans relâche les trois quarts de la journée, elle jouit le soir des douceurs de l'amitié, qui sont si au-dessus de celles de la royauté.

Nous allons dîner dans une demi-heure tous ensemble chez Mme la marquise du Châtelet; jugez, Sire, quelle sera sa joie et la mienne. Depuis l'apparition de M. de Kaiserling nous n'avons pas eu un si beau jour.

Cependant vous courez sur les bords du Prégel,
Lieux où glace est fréquente, et très-rare est dégel.
Puisse un diadème éternel
Orner cet aimable visage!
Apollon l'a déjà couvert de ses lauriers;
Mars y joindra les siens, si jamais l'héritage
De ce beau pays de Juliers
Dépendait des combats et de votre courage.

Votre Majesté sait qu'Apollon, le dieu des vers, tua le serpent Python et les Aloïdes; le dieu des arts se battait comme un diable dans l'occasion.

Ce dieu vous a donné son carquois et sa lyre;
Si l'on doit vous chérir, on doit vous redouter.
Ce n'est point des exploits que ce grand cœur désire;
Mais vous savez les faire, et les savez chanter.

C'est un peu trop à la fois, Sire, mais votre destin est de réussir à

1. Les *Mémoires* de Duguay-Trouin paraissaient alors, avec une continuation, non de Maupertuis, son compatriote, mais de Godard de Beauchamps. (Éd.)

tout ce que vous entreprendrez, parce que je sais de bonne part que vous avez cette fermeté d'âme qui fait la base des grandes vertus. D'ailleurs Dieu bénira sans doute le règne de votre *humanité*, puisque, quand elle s'est bien fatiguée tout le jour à être roi pour faire des heureux, elle a encore la bonté d'orner sa lettre, à moi chétif,

> D'un des plus aimables sixains
> Qu'écrive une plume légère.
> Vers doux et sentiments humains,
> De telle espèce il n'en est guère
> Chez nosseigneurs les souverains,
> Ni chez le bel esprit vulgaire.

Votre *humanité* est bien adorable de la façon dont elle parle à son sujet sur le voyage de Clèves.

> Vous faites trop d'honneur à ma persévérance;
> Connaissez les vrais nœuds dont mon cœur est lié.
> Je ne suis plus, hélas! dans l'âge où l'on balance
> Entre l'amour et l'amitié.

Je me berce des plus flatteuses espérances sur la vision béatifique de Clèves. Si le roi de France envoie complimenter Votre Majesté par qui je le désire, je vous fais ma cour; sinon, je vous fais encore ma cour. Votre Majesté ne souffrira-t-elle pas qu'on vienne lui rendre hommage en son privé nom, sans y venir en cérémonie? De manière ou d'autre, *Siméon verra son salut*[1].

L'ouvrage de Marc-Aurèle est bientôt tout imprimé. J'en ai parlé à Votre Majesté dans cinq lettres; je l'ai envoyé, selon la permission expresse de Votre Majesté, et voilà M. de Camas qui me dit qu'il y a un ou deux endroits qui déplairaient à certaines puissances. Mais moi, j'ai pris la liberté d'adoucir ces deux endroits, et j'oserais bien répondre que le livre fera autant d'honneur à son auteur, quel qu'il soit, qu'il sera utile au genre humain. Cependant, s'il avait pris un remords à Votre Majesté, il faudrait qu'elle eût la bonté de se hâter de me donner ses ordres, car, dans un pays comme la Hollande, on ne peut arrêter l'empressement avide d'un libraire qui sent qu'il a sa fortune sous la presse.

Si vous saviez, Sire, combien votre ouvrage est au-dessus de celui de Machiavel, même par le style, vous n'auriez pas la cruauté de le supprimer. J'aurais bien des choses à dire à Votre Majesté sur une académie qui fleurira bientôt sous ses auspices; me permettra-t-elle d'oser lui présenter mes idées et de les soumettre à ses lumières?

Je suis toujours avec le plus respectueux et le plus tendre dévouement, etc.

CMXCII. — A M. DE MAUPERTUIS.

Bruxelles, le 1er juillet.

Le roi de Prusse me mande qu'il *a fait acquisition* de vous, mon-

1. Évangile de saint Luc, II, 30. (ÉD.)

sieur, et de MM. Wolff et Euler. Cela veut-il dire que vous allez à Berlin, ou que vous dirigerez, de Paris, les travaux académiques de la société que le plus aimable de tous les rois, le plus digne du trône, et le plus digne de vous, veut établir? Je vous prie de me mander quelles sont vos idées, et de croire que vous ne pouvez les communiquer à un homme qui soit plus votre admirateur et votre ami. Ayez la bonté aussi de me répondre sur les articles de ma dernière lettre. Le roi de Prusse voudrait aussi avoir M. s'Gravesande. Je crois qu'il fera cette conquête plus aisément que la vôtre¹.

M. de Camas, adjudant général du roi de Prusse, et homme plus instruit qu'un adjudant ne l'est d'ordinaire, vient à Paris voir le roi et vous. Je m'imagine qu'il vous enlèvera s'il peut; vous voyez que le destin du père et du fils est d'avoir les *grands* hommes.

Comptez pour jamais sur la tendre et sincère amitié de V.

CMXCIII. — A M. Van Duren.

A Bruxelles, ce 3 juillet au soir; la poste part le 4.

Je vous accuse, monsieur, la réception des dix exemplaires de mes ouvrages qui me sont parvenus.

Je suis fort inquiet de ne point recevoir de vos nouvelles. Vous avez dû recevoir, par la poste, une lettre d'avis et deux paquets qui contiennent le reste de l'*Anti-Machiavel*. J'espérais que non-seulement je serais instruit aujourd'hui de leur réception, mais que je pourrais encore avoir la première feuille ou demi-feuille de votre ouvrage.

La *Préface* est toute prête; je n'attends qu'un consentement nécessaire pour vous l'envoyer. Je vous conseille de travailler avec la plus extrême diligence, si vous prétendez fournir une bibliothèque qui doit être l'une des plus belles de l'Europe. VOLTAIRE.

CMXCIV. — A MLLE QUINAULT.

3 juillet.

[Voltaire accuse réception de sa lettre du 29 juin. Il avoue que la cabale la plus forte contre *Zulime* étaient les quatrième et cinquième actes. Il partage l'avis de M. de Pont de Veyle, que la mort du père de Zulime affaiblit l'intérêt; leçon nouvelle à cet égard qu'il fallait suivre. Il donne un plan nouveau pour *Mahomet* qu'il lui communique, et parle d'un paquet, contenant un exemplaire de ses *OEuvres*, qu'Helvétius a dû lui faire passer.]

CMXCV. — A M. Van Duren.

Bruxelles, le 8 juillet.

Voilà qui va bien, monsieur, hâtez-vous; mais que votre correcteur soit un peu plus attentif.

Je vois une énorme faute, page 10, en haut : *On n'entendait et on ne voyait que des larmes.*

1. Maupertuis accepta les offres de Frédéric, et s'Gravesande les refusa. (Ed.)

Entendre des larmes! cela est trop ridicule. Il doit y avoir dans le manuscrit : *on n'entendait que des regrets, on ne voyait que des larmes.*

Au reste, monsieur, ne perdez pas un instant, afin que l'ouvrage puisse être présenté dans un temps convenable à celui auquel on doit l'offrir. Ce ne sera pas la peine de mettre des armes sur la reliure; de beau maroquin suffira; un petit filet d'or n'y nuira pas.

J'attends qu'on me renvoie la *Préface*, pour vous la faire tenir. VOLTAIRE.

CMXCVI. — AU MÊME

A Bruxelles, ce 10 juillet.

Je reçois votre lettre, monsieur, et dans le moment je reçois aussi d'ailleurs un énorme paquet, contenant des corrections, additions et notes. Je vais faire transcrire le tout, et vous l'envoyer. Je vous prie de ne pas aller en avant que vous n'ayez reçu mon paquet. Les notes commencent au cinquième chapitre; ayez la bonté, monsieur, de me renvoyer le cinquième et le dixième, que je n'ai point par devers moi, et sans lesquels je ne peux rien arranger. Je préparerai tout le reste, de sorte que vous n'attendrez pas un moment. Je ne sais qu'obéir exactement aux ordres que je reçois. Je vous prie de vous conformer à ma ponctualité, afin que ni vous ni moi n'ayons point de reproches.

Si vous aviez déjà imprimé le cinquième chapitre, qu'il faut réformer, j'ai ordre de vous payer tous vos frais; et, s'il y a, dans le cours de l'ouvrage, des cartons à faire, vous en serez payé. Je compte faire partir, dans quelques jours, un homme chargé d'acheter beaucoup de livres à la Haye et à Amsterdam; je vous l'adresserai. VOLTAIRE.

Je vous prie de m'envoyer, par la poste, la seconde et la troisième feuille imprimées, sitôt la présente reçue, et de me mander où vous en êtes de l'impression.

CMXCVII. — A M. DE PONT DE VEYLE.

Ce lundi, 11 de juillet.

Humbles remontrances. — 1° Je ne peux goûter le personnage qu'on veut que je fasse jouer à Hercide[1]. Si Séide s'échappe du camp de Mahomet pour se rendre à la Mecque, et si Hercide en fait autant, ces deux évasions, pour faire rendre dans un même lieu deux hommes dont on a besoin, seront alors un artifice du poëte peu vraisemblable, peu délié, et par là peu intéressant.

De plus il ne me paraît pas raisonnable que Mahomet eût fait mettre en prison Hercide sur cette raison seule qu'Hercide a de l'amitié pour des enfants qu'il a élevés, et dont l'un est l'objet même de l'amour de Mahomet. Une troisième raison qui me détourne encore de faire ainsi revenir Hercide, c'est la nécessité où je serais d'interrompre le fil de

---

1. Personnage muet de la suite de Mahomet. (ÉD.)

l'action pour conter à plusieurs reprises l'emprisonnement et l'évasion d'Hercide. Je ne suis déjà chargé que de trop de récits préliminaires. Enfin, il me paraît plus court et plus tragique qu'Hercide demeure comme il était.

2° Pour les changements qu'on peut faire dans le détail des scènes de Mahomet et de Palmire, je m'y livrerai sans aucune répugnance.

3° J'essayerai le cinquième acte tel qu'on le propose, et je le dégrossirai pour voir s'il n'y a point là une action double, si, le père étant mort, le spectateur attend encore quelque chose, et, surtout, si Mahomet ne porte pas le crime à un excès révoltant. Une lettre empoisonnée me parait une chose assez délicate; mais ce qui me fera le plus de peine, c'est Palmire, qui doit être désarmée, et qui cependant doit se donner la mort. Je pourrais remédier à cet inconvénient, en la faisant tuer avec le poignard qui a frappé Zopire, et que son frère apporterait à la tête des habitants; mais il faut là de la promptitude. Il sera bien difficile que la douleur et le désespoir aient lieu dans l'âme de Mahomet, surtout dans un moment où il s'agit de sa vie et de sa gloire. Il ne sera guère vraisemblable qu'il déplore la perte de sa maîtresse dans une crise si violente. C'est un homme qui a fait l'amour en souverain et en politique; comment lui donner les regrets d'un amant désespéré? Cependant le moment où Mahomet se justifie aux yeux du peuple par ce faux miracle de la mort de Séide, et cet art étonnant de conserver sa réputation par un crime, est à mon gré une si belle horreur, que je vais tout sacrifier pour peindre ce sujet de Rembrandt de ses couleurs véritables.

Ce 12 juillet, mardi.

Je viens d'esquisser ce cinquième acte à peu près tel qu'on l'a voulu. C'est aux anges qui m'inspirent à voir si je dois continuer. J'attends leur ordre et la grâce d'en haut, que je ne dois qu'à eux.

CMXCVIII. — A M. LE COMTE D'ARGENTAL.

A Bruxelles, le 12 de juillet

Mon adorable ami, jamais ange gardien n'a plus travaillé pour le mortel qui lui est confié. Vous avez fait une besogne vraiment angélique. J'ai d'abord mis par écrit quelques murmures qui me sont échappés, à moi profane, et que j'ai envoyés, sous le nom de *Remontrances*, à M. de Pont de Veyle; mais aujourd'hui j'ai esquissé le cinquième acte, et je l'ai joint à mes murmures. Je tiens qu'il faut toujours voir les statues un peu dégrossies pour juger de l'effet que feront les grands traits. Mandez-moi comment vous trouvez cette première ébauche de l'admirable idée que vous m'avez suggérée, et ce que vous pensez de mes petites objections. Je commence à entrevoir que *Mahomet* sera, sans aucune comparaison, ce que j'aurai fait de mieux, et ce sera à vous que j'en aurai l'obligation. Que le succès sera flatteur pour moi quand je vous le devrai! En vérité vous êtes bien aimable; mais avouez qu'il n'y a personne que vous qui pût rendre de ces services d'ami.

Si le roi de Prusse n'achète pas vos bustes[1], il faudra qu'il ait une haine décidée pour le cavalier Bernin et pour moi. J'ai tout lieu de croire qu'il fera ce que je lui proposerai incessamment sur cette petite acquisition, soit que j'aie le bonheur de le voir, soit que je lui écrive. Je ne sais encore, entre nous, s'il joindra une magnificence royale à ses autres qualités; c'est de quoi je ne peux encore répondre. Philosophie, simplicité, tendresse inaltérable pour ceux qu'il honore du nom de ses amis, extrême fermeté et douceur charmante, justice inébranlable, application laborieuse, amour des arts, talents singuliers, voilà certainement ce que je peux vous assurer qu'il possède. Soyez tout aussi sûr, mon respectable ami, que je le presserai avec la vivacité que vous me connaissez. Je suis heureusement à portée d'en user ainsi. Il ne m'a jamais écrit si souvent ni avec tant de confiance et de bonté qui depuis qu'il est sur le trône, et qu'il fait jour et nuit son métier de roi avec une application infatigable. Quel bonheur pour moi si je peux engager ce roi, que j'idolâtre, à faire une chose qui puisse plaire à un ami qui est dans mon cœur fort au-dessus encore de ce roi!

CMXCIX. — A Frédéric II, roi de Prusse.

A la Haye, le 26 juillet.

Tandis que Votre Majesté
Allait en poste au pôle arctique[2],
Pour faire la félicité
De son peuple lithuanique,
Ma très-chétive infirmité
Allait, d'un air mélancolique,
Dans un chariot détesté,
Par Satan sans doute inventé,
Dans ce pesant climat belgique.
Cette voiture est spécifique
Pour trémousser et secouer
Un bourguemestre apoplectique;
Mais certe il fut fait pour rouer
Un petit Français très-étique,
Tel que je suis, sans me louer.

J'arrivai donc hier à la Haye, après avoir eu bien de la peine d'obtenir mon congé.

Mais le devoir parlait, il faut suivre ses lois;
Je vous immolerais ma vie;
Et ce n'est que pour vous, digne exemple des rois,
Que je peux quitter Émilie.

1. Ces bustes, représentant les douze premiers empereurs romains, avaient été trouvés, vers la fin de 1737, dans la galerie du château du Bouchet, appartenant à la famille de Mme d'Argental, aux environs de Paris. On les attribuait au célèbre Bernini. (Éd.)
2. Sur les rives du Prégel, qui se jette, aux environs de Kœnigsberg, dans le Frisch-Haf. (Éd.)

Vos ordres me semblaient positifs, la bonté tendre et touchante avec laquelle votre *humanité* me les a donnés me les rendait encore plus sacrés. Je n'ai donc pas perdu un moment. J'ai pleuré de voyager sans être à votre suite; mais je me suis consolé, puisque je faisais quelque chose que Votre Majesté souhaitait que je fisse en Hollande.

> Un peuple libre et mercenaire,
> Végétant dans ce coin de terre,
> Et vivant toujours en bateau,
> Vend aux voyageurs l'air et l'eau,
> Quoique tous deux n'y valent guère.
> Là plus d'un fripon de libraire
> Débite ce qu'il n'entend pas,
> Comme fait un prêcheur en chaire;
> Vend de l'esprit de tous États,
> Et fait passer en Germanie
> Une cargaison de romans
> Et d'insipides sentiments,
> Que toujours la France a fournie.

La première chose que je fis hier, en arrivant, fut d'aller chez le plus retors et le plus hardi libraire du pays, qui s'était chargé de la chose en question. Je répète encore à Votre Majesté que je n'avais pas laissé dans le manuscrit un mot dont personne en Europe pût se plaindre. Mais malgré cela, puisque Votre Majesté avait à cœur de retirer l'édition, je n'avais plus d'autre volonté ni d'autre désir. J'avais déjà fait sonder ce hardi fourbe nommé Jean Van Duren, et j'avais envoyé en poste un homme qui, par provision, devait au moins retirer, sous des prétextes plausibles, quelques feuilles du manuscrit, lequel n'était pas à moitié imprimé; car je savais bien que mon Hollandais n'entendrait à aucune proposition. En effet, je suis venu à temps; le scélérat avait déjà refusé de rendre une page du manuscrit. Je l'envoyai chercher, je le sondai, je le tournai de tous les sens; il me fit entendre que, maître du manuscrit, il ne s'en dessaisirait jamais pour quelque avantage que ce pût être, qu'il avait commencé l'impression, qu'il la finirait.

Quand je vis que j'avais affaire à un Hollandais qui abusait de la liberté de son pays, et à un libraire qui poussait à l'excès son droit de persécuter les auteurs, ne pouvant ici confier mon secret à personne, ni implorer le secours de l'autorité, je me souvins que Votre Majesté dit, dans un des chapitres de l'*Anti-Machiavel*, qu'il est permis d'employer quelque honnête finesse en fait de négociation. Je dis donc à Jean Van Duren que je ne venais que pour corriger quelques pages du manuscrit : « Très-volontiers, monsieur, me dit-il; si vous voulez venir chez moi, je vous le confierai généreusement feuille à feuille, vous corrigerez ce qu'il vous plaira, enfermé dans ma chambre, en présence de ma famille et de mes garçons. »

J'acceptai son offre cordiale; j'allai chez lui, et je corrigeai en effet quelques feuilles qu'il reprenait à mesure, et qu'il lisait pour voir si je ne le trompais point. Lui ayant inspiré par là un peu moins de défiance, j'ai retourné aujourd'hui dans la même prison où il m'a enfermé de même, et ayant obtenu six chapitres à la fois, pour les confronter, je les ai raturés de façon, et j'ai écrit dans les interlignes de si horribles galimatias et des coq-à-l'âne si ridicules, que cela ne ressemble plus à un ouvrage. Cela s'appelle faire sauter son vaisseau en l'air pour n'être point pris par l'ennemi. J'étais au désespoir de sacrifier un si bel ouvrage; mais enfin j'obéissais au roi que j'idolâtre, et je vous réponds que j'y allais de bon cœur. Qui est étonné à présent et confondu? c'est mon vilain. J'espère demain faire avec lui un marché honnête, et le forcer à me rendre le tout, manuscrit et imprimé; et je continuerai à rendre compte à Votre Majesté

M. — A M. DE MAUPERTUIS.

A la Haye, ce 21 juillet.

Vous voilà, monsieur, comme le Messie; trois rois courent après vous[1]; mais je vois bien que, puisque vous avez sept mille livres de la France, et que vous êtes Français, vous n'abandonnerez point Paris pour Berlin. Si vous aviez à vous plaindre de votre patrie, vous feriez très-bien d'en accepter une autre, et, en ce cas, je féliciterais mon adorable roi de Prusse; mais c'est à vous à voir dans quelle position vous êtes. Au bout du compte, vous avez conquis la terre sur les Cassini, et vous êtes sur vos lauriers; si vous y trouvez quelque épine, vous en émousserez bientôt la pointe.

Cependant, si ces épines étaient telles que vous voulussiez abandonner le pays qui les porte, pour aller à la cour de Berlin, confiez-vous à moi en toute sûreté; dites-moi si vous voulez que je mette un prix à votre acquisition; je vous garderai le secret, comme je l'exige de vous, et je vous servirai aussi vivement que je vous aime et que je vous estime.

Me voici pour quelques jours à la Haye; je retournerai bientôt à Bruxelles; me permettrez-vous de vous parler ici d'une chose que j'ai sur le cœur depuis longtemps? Je suis affligé de vous voir en froideur avec une dame[2] qui, après tout, est la seule qui puisse vous entendre, et dont la façon de penser mérite votre amitié. Vous êtes faits pour vous aimer l'un et l'autre; écrivez-lui (un homme a toujours raison quand il se donne le tort avec une femme), vous retrouverez son amitié, puisque vous avez toujours son estime.

Je vous prie de me mander où je pourrais trouver la première bévue que l'on fit à votre Académie, quand on jugea d'abord que la terre était aplatie aux pôles, sur des mesures qui la donnaient allongée[3].

Ne sait-on rien du Pérou?

Adieu; je suis un Juif errant à vous pour jamais.

1. M. de Maupertuis venait d'avoir de la France une nouvelle pension de 3000 livres; la Russie lui en offrait une plus considérable, et le roi de Prusse l'appelait pour lui confier le soin de son Académie. (*Ed. de Kehl.*)
2. Mme du Châtelet, qui avait pris des leçons de Maupertuis. (ÉD.)
3. M. Jacques Cassini, mort en 1756, avait trouvé, en 1701, par sa mesure

MI. — Au même.

A la Haye, le 24 juillet.

Comme je resterai à la Haye, mon cher monsieur, un peu plus que je ne comptais, vous pouvez adresser votre lettre en droiture chez l'envoyé de Prusse. M. s'Gravesande vous fait mille compliments; vous savez que lui et M. Musschenbroek ont préféré leur patrie à Berlin. Pardon de cette épître laconique. Si je vous disais tout ce que je pense pour vous, j'écrirais plus que Wolffius.

MII. — A Frédéric II, roi de Prusse.

A la Haye.

Sire, dans cette troisième lettre, je demande pardon à Votre Majesté des deux premières qui sont trop bavardes.

J'ai passé cette journée à consulter des avocats et à faire traiter sous main avec Van Duren. J'ai été procureur et négociateur. Je commence à croire que je viendrai à bout de lui; ainsi de deux choses l'une, ou l'ouvrage sera supprimé à jamais, ou il paraîtra d'une manière entièrement digne de son auteur.

Que Votre Majesté soit sûre que je resterai ici, qu'elle sera entièrement satisfaite, ou que je mourrai de douleur. Divin Marc-Aurèle, pardonnez à ma tendresse. J'ai entendu dire ici secrètement que Votre Majesté viendrait à la Haye. J'ai, de plus, entendu dire que ce voyage pourrait être utile à ses intérêts.

Vos intérêts, Sire, je les chéris sans doute; mais il ne m'appartient ni d'en parler ni de les entendre.

Tout ce que je sais, c'est que si votre *humanité* vient ici, elle gagnera les cœurs, tout hollandais qu'ils sont. Votre Majesté a déjà ici de grands partisans.

J'ai dîné ici, aujourd'hui, avec un député de Frise, nommé M. Halloy, qui a eu l'honneur de voir Votre Majesté à l'armée, qui compte lui faire sa cour à Clèves, et qui pense sur le Marc-Aurèle du Nord comme moi. O que je vais demain embrasser ce M. Halloy! Aujourd'hui M. de Fénelon [1]...

MIII. — De Frédéric II, roi de Prusse.

A Charlottenbourg, le 29 juillet.

Mon cher ami, des voyageurs qui reviennent des bords du Frisch-Haf ont lu vos charmants ouvrages, qui leur ont paru un restaurant

des degrés du méridien de Paris à Collioure, qu'ils décroissaient en approchant du pôle; il en conclut d'abord, mais faussement, que la terre était aplatie vers les pôles; et M. de Fontenelle, dans l'extrait qu'il donna du mémoire de Cassini, parut adopter la fausse conclusion de cet astronome (*Mémoires de l'Académie* pour l'année 1701). Cette erreur a été corrigée dans la nouvelle édition qu'on a faite des premières années de ces mémoires. Ce fut un ingénieur nommé de Roubaix qui s'en aperçut le premier, et qui donna un mémoire à ce sujet dans les journaux de Hollande. (*Ed. de Kehl.*)

1. Le reste manque. (*Ed. de Kehl.*)

admirable, et dont ils avaient grand besoin pour les rappeler à la vie. Je ne dis rien de vos vers, que je louerais beaucoup, si je n'en étais le sujet; mais, un peu moins de louanges, et il n'y aurait rien de plus beau au monde.

> Mon large ambassadeur, à *panse rebondie*,
> Harangue le roi très-chrétien
> Et gens qu'il ne vit de sa vie;
> Il en gagnera l'étisie
> En très-bon rhétoricien.
> Fleuri nous affublait d'un bavard de sa clique,
> Mutilé de trois doigts, courtois en matelot;
> Je me tais sur Camas, je connais sa pratique,
> Et l'on verra s'il est manchot.

Les lettres de Camas ne sont remplies que de Bruxelles; il ne tarit point sur ce sujet; et, à juger par ses relations, il semble qu'il ait été envoyé à Voltaire, et non à Louis.

Je vous envoie les seuls vers que j'aie eu le temps de faire depuis longtemps. Algarotti les a fait naître. Le sujet est : *la Jouissance*. L'Italien supposait que nous, autres, habitants du Nord, ne pouvions pas sentir aussi vivement que les voisins du lac de la Garde. J'ai senti, et j'ai exprimé ce que j'ai pu pour lui montrer jusqu'où notre organisation pouvait nous procurer du sentiment. C'est à vous de juger si j'ai bien peint ou non. Souvenez-vous, au moins, qu'il y a des instants aussi difficiles à représenter que l'est le soleil dans sa plus grande splendeur. Les couleurs sont trop pâles pour les peindre; et il faut que l'imagination du lecteur supplée au défaut de l'art.

Je vous suis très-obligé des peines que vous voulez bien vous donner touchant l'impression de l'*Anti-Machiavel*. L'ouvrage n'était pas encore digne d'être publié; il faut mâcher et remâcher un ouvrage de cette nature, afin qu'il ne paraisse pas d'une manière incongrue aux yeux du public, toujours enclin à la satire. Je me prépare à partir sous peu de jours pour le pays de Clèves. C'est là que

> J'entendrai donc les sons de la lyre d'Orphée;
> Je verrai ces savantes mains
> Qui, par des ouvrages divins,
> Aux cieux des immortels placent votre trophée.
> J'admirerai ces yeux si clairs et si perçants,
> Que les secrets de la nature,
> Cachés dans une nuit obscure,
> N'ont pu se dérober à leurs regards puissants.
> Je baiserai cent fois cette bouche éloquente
> Dans le sérieux et le badin,
> Dont la voix folâtre et touchante
> Va du cothurne au brodequin,
> Toujours enchanteresse et toujours plus charmante.

Enfin je me fais une véritable joie de voir l'homme du monde entier que j'aime et que j'estime le plus.

Pardonnez mes *lapsus calami* et mes autres fautes. Je ne suis pas encore dans une assiette tranquille; il me faut expédier mon voyage, après quoi j'espère trouver du temps pour moi.

Adieu, charmant, divin Voltaire; n'oubliez pas les pauvres mortels de Berlin, qui vont faire diligence pour joindre dans peu les dieux de Cirey. *Vale*.
FRÉDÉRIC.

MIV. — A FRÉDÉRIC II, ROI DE PRUSSE.

Août.

Sire, votre *humanité* ne recevra point, cette poste, de mes paquets énormes. Un petit accident d'ivrogne arrivé dans l'imprimerie a retardé l'achèvement de l'ouvrage que je fais faire. Ce sera pour le premier ordinaire; cependant ce fripon de Van Duren débite sa marchandise, et en a déjà trop vendu.

   Parmi ce tribut légitime
   D'amour, de respect et d'estime,
   Que vous donne le genre humain,
   Le très-fade cousin germain[1]
   Du très-prolixe Télémaque,
   Très-dévotement vous attaque,
   Et prétend vous miner sous main.
   Ce bon papiste vous condamne,
   Et vous et le Machiavel,
   A rôtir avec Uriel,
   Ainsi que tout auteur profane.
   « Il sera damné comme un chien,
   Dit-il, cet auteur qu'on renomme;
   Ce n'est qu'un sage, un honnête homme
   Je veux un fripon bon chrétien,
   Et qui soit serviteur de Rome. »
   Ainsi parle ce bon bigot,
   Pilier boiteux de son Église;
   Comme ignorant je le méprise,
   Mais je le crains comme dévot.

Lui et le jésuite La Ville[2], qui lui sert de secrétaire, commencent pourtant à raccourcir la prolixité de leurs phrases insolentes en faveur du prélat liégeois. Ils parlaient sur cela avec trop d'indécence. La dernière lettre de Votre Majesté a fait partout un effet admirable. Qu'il me soit permis, Sire, de représenter à Votre Majesté que vous renvoyez,

---

1. Le marquis de Fénelon, alors ambassadeur en Hollande. Il était fort dévot, d'ailleurs assez aimable et bon officier. (ED.)

2. Depuis premier commis des affaires étrangères. Il quitta les jésuites, tandis que Lavaur, secrétaire du marquis de Fénelon, lui cédait sa place pour prendre l'habit de saint Ignace. C'est ce même Lavaur qui a joué depuis un rôle si singulier dans l'affaire du comte de Lalli. (*Ed. de Kehl*.)

dans cette lettre publique, aux protestations faites contre les contrats subreptices d'échange et aux raisons déduites dans le mémoire de 1737. Comme l'abrégé que j'ai fait de ce mémoire est la seule pièce qui ait été connue et mise dans les gazettes, je me flatte que c'est donc à cet abrégé que vous renvoyez, et qu'ainsi Votre Majesté n'est plus mécontente que j'aie osé soutenir vos droits d'une main destinée à écrire vos louanges. Cependant je ne reçois de nouvelles de Votre Majesté ni sur cela ni sur *Machiavel*.

C'est un plaisant pays que celui-ci. Croiriez-vous, Sire, que Van Duren, ayant le premier annoncé qu'il vendrait l'*Anti-Machiavel*, est en droit par là de le vendre selon les lois, et croit pouvoir empêcher tout autre libraire de vendre l'ouvrage?

Cependant, comme il est absolument nécessaire, pour faire taire certaines gens, que l'ouvrage paraisse un peu plus chrétien, je me charge seul de l'édition, pour éviter toute chicane, et je vais en faire des présents partout; cela sera plus prompt, plus noble et plus conciliant : trois choses dont je fais cas.

Rousseau, cet errant hypocrite,
D'un vieil Hébreu vieux parasite,
A quitté ces tristes climats.
Monsieur du Lis, l'Israélite,
Le plus riche juif des États,
A donné, d'un air d'importance,
L'aumône de cinq cents ducats
A son rimeur dans l'indigence.
Le rimeur ne jouira pas
De cette aumône magnifique;
Déjà son âme satirique
Est dans les ombres du trépas,
Et son corps est paralytique.
Pour la pesante république
De nosseigneurs des Pays-Bas,
Elle est toujours apoplectique.

MV. — A M. BERGER.

En revenant de la Haye, monsieur, j'ai trouvé vos lettres à Bruxelles. Je pourrai bien probablement vous donner des nouvelles de l'affaire dont vous m'avez chargé. Si elle ne réussit pas, cela ne sera pas ma faute. Vous me ferez grand plaisir, en attendant, de me procurer par vos lettres une lecture plus agréable que celle de la plupart des livres nouveaux, sans en excepter l'*Institution d'un prince*[1], qui est un recueil de lieux communs dans les deux premiers volumes, et de fort plats sermons dans les deux derniers. La véritable *institution d'un prince* est l'exemple du roi de Prusse.

Je vous embrasse de tout mon cœur.

1. Par Duguet. (ÉD.)

MVI. — DE FRÉDÉRIC II, ROI DE PRUSSE.

A Berlin, le 5 août.

Mon cher Voltaire, j'ai reçu trois de vos lettres dans un jour de trouble, de cérémonie et d'ennui. Je vous en suis infiniment obligé. Tout ce que je puis vous répondre à présent, c'est que je remets le *Machiavel* à votre disposition, et je ne doute point que vous n'en usiez de façon que je n'aie pas lieu de me repentir de la confiance que je mets en vous. Je me repose entièrement sur mon cher éditeur.

J'écrirai à Mme du Châtelet en conséquence de ce que vous désirez. A vous parler franchement touchant son voyage, c'est Voltaire, c'est vous, c'est mon ami que je désire de voir; et la divine Émilie, avec toute sa divinité, n'est que l'accessoire d'Apollon newtonianisé.

Je ne puis vous dire encore si je voyagerai ou si je ne voyagerai pas. Apprenez, mon cher Voltaire, que le roi de Prusse est une girouette de politique; il me faut l'impulsion de certains vents favorables pour voyager ou pour diriger mes voyages. Enfin, je me confirme dans les sentiments qu'un roi est mille fois plus malheureux qu'un particulier. Je suis l'esclave de la fantaisie de tant d'autres puissances, que je ne peux jamais, touchant ma personne, ce que je veux. Arrive cependant ce qui pourra, je me flatte de vous voir. Puissiez-vous être uni à jamais à mon berceau!

Adieu, mon cher ami, esprit sublime, premier-né des êtres pensants. Aimez-moi toujours sincèrement, et soyez persuadé qu'on ne saurait vous aimer et vous estimer plus que je fais. *Vale.* FÉDÉRIC.

MVII. — DU MÊME.

A Berlin, le 6 août.

Mon cher ami, je me conforme entièrement à vos sentiments, et je vous fais arbitre. Vous en jugerez comme vous le trouverez à propos; et je suis tranquille, car mes intérêts sont en bonnes mains.

Vous aurez reçu de moi une lettre datée d'hier; voici la seconde que je vous écris de Berlin; je m'en rapporte au contenu de l'autre. S'il faut qu'Émilie accompagne Apollon, j'y consens; mais, si je puis vous voir seul, je préférerai le dernier. Je serais trop ébloui, je ne pourrais soutenir tant d'éclat à la fois; il me faudrait le voile de Moïse pour tempérer les rayons mêlés de vos divinités.

Pour le coup, mon cher Voltaire, si je suis surchargé d'affaires, je travaille sans relâche; mais je vous prie de m'accorder suspension d'armes. Encore quatre semaines, et je suis à vous pour jamais.

Vous ne sauriez augmenter les obligations que je vous dois, ni la parfaite estime avec laquelle je suis à jamais votre inviolable ami,
FÉDÉRIC.

MVIII. — DU MÊME.

A Remusberg, le 8 août.

Mon cher Voltaire, je crois que Van Duren vous coûte plus de soins et de peines que Henri IV. En versifiant la vie d'un héros, vous écriviez l'histoire de vos pensées; mais, en harcelant un scélérat, vous joutez avec un ennemi indigne de vous être opposé. Je vous ai d'autant plus d'obligation de l'affection avec laquelle vous prenez mes intérêts à cœur, et je ne demande pas mieux que de vous en témoigner ma reconnaissance. Faites donc rouler la presse, puisqu'il le faut, pour punir la scélératesse d'un misérable. Rayez, changez, corrigez, et remplacez tous les endroits qu'il vous plaira. Je m'en remets à votre discernement.

Je pars dans huit jours pour Dantzick, et je compte être, le 22, à Francfort. En cas que vous y soyez, je m'attends bien, à mon passage, de vous voir chez moi. Je compte pour sûr de vous embrasser à Clèves ou en Hollande.

Maupertuis est autant qu'engagé chez nous; mais il me manque encore beaucoup d'autres sujets que vous me ferez plaisir de m'indiquer.

Adieu, charmant Voltaire; il faut que je quitte ce qu'il y a de plus aimable parmi les hommes, pour disputer le terrain à toutes sortes de Van Duren politiques, qui, pour surcroît de malheurs, n'ont pas des Carmes pour confesseurs[1].

Aimez-moi toujours, et soyez sûr de l'estime inviolable que j'ai pour vous. FÉDÉRIC.

MIX. — A M. DE MAUPERTUIS.

A Bruxelles, le 9 août.

Je crois vous avoir mandé, monsieur, par un petit billet, combien votre lettre du 31 juillet m'avait étonné et mortifié. Les détails que vous voulez bien me faire dans votre lettre du 4 m'affligent encore davantage. Je vois avec douleur ce que j'ai vu toujours, depuis que je respire, que les plus petites choses produisent les plus violents chagrins.

Un malentendu a produit, entre la personne dont vous me parlez et le Suisse[2], une scène très-désagréable. Vous avez, permettez-moi de vous le dire, écrit un peu sèchement à une personne qui vous aimait et qui vous estimait. Vous lui avez fait sentir qu'elle avait un tort humiliant dans une affaire où elle croyait s'être conduite avec générosité; elle en a été sensiblement affligée.

Si j'avais pu vous écrire plus tôt ce que je vous écrivis en arrivant à la Haye, si j'avais été à portée d'obtenir de vous que vous fissiez quelques pas, toujours honorables à un homme, et que son amitié pour vous avait mérités, je n'aurais pas aujourd'hui le chagrin d'apprendre ce que vous m'apprenez. J'en ai le cœur percé; mais, encore une fois, je ne crois pas que ce que vous me mandez puisse vous faire ort. On aura sans doute outré les rapports qu'on vous aura faits; les

1. Le *jésuite* Pollet était alors le confesseur du cardinal de Fleuri, qui gouvernait Louis XV, confessé par le *jésuite* Tascheren de Lignières. (*Note de M. Clogenson.*)
2. Il s'agit ici d'une discussion entre Mme du Châtelet et Kœnig, qui, dans un voyage en France, s'était chargé de lui expliquer la philosophie leibnitzienne. M. de Maupertuis avait pris le parti de Kœnig. (*Ed. de Kehl.*)

termes que vous soulignez sont incroyables. N'y ajoutez point foi, je vous en conjure. Donnez-moi un exemple de philosophie; croyez que je parlerai comme il faut, que je vous rendrai, que je vous ferai rendre la justice qui vous est due; fiez-vous à mon cœur.

Je vous étonnerai peut-être quand je vous dirai que je n'ai pas su un mot de la querelle du Suisse à Paris. Soyez tout aussi convaincu que vous m'apprenez de tout point la première nouvelle d'une chose mille fois plus cruelle.

Je vous conjure, encore une fois, de mêler un peu de douceur à la supériorité de votre esprit. Il est impossible que la personne dont vous me parlez ne se rende à la raison et à ma juste douleur.

Soyez sûr que je conserve pour vous la plus tendre estime, que je n'y ai jamais manqué, et que vous pouvez disposer entièrement de moi.

MX. — A M. LE PRÉSIDENT HÉNAULT.

A Bruxelles, le 20 d'août.

Rien ne m'a tant flatté depuis longtemps, monsieur, que votre souvenir et vos ordres. Vous croyez bien que j'ai reçu M. du Molard comme un homme qui m'est recommandé par vous. Je n'ai pu lui rendre encore que de petits soins, mais j'espère lui rendre bientôt de plus grands services. Il sera heureux si, n'étant pas auprès de vous, il peut être auprès d'un roi qui pense comme vous, qui sait qu'il faut plaire, et qui en prend tous les moyens. Sa passion dominante est de faire du bien, et ses autres passions sont tous les arts. C'est un philosophe sur le trône; c'est quelque chose de plus, c'est un homme aimable. M. de Maupertuis est allé l'observer; mais je ne l'envie point. Je passe ma vie avec un être supérieur, à mon gré, aux rois, et même à celui-là. J'ai été très-aise que M. de Maupertuis ait vu Mme du Châtelet. Ce sont deux astres (pour parler le langage newtonien) qui ne peuvent se rencontrer sans s'attirer. Il y avait de petits nuages qu'un moment de lumière a dissipés.

Pour le livre de Mme du Châtelet, dont vous me parlez, je crois que c'est ce qu'on a jamais écrit de mieux sur la philosophie de Leibnitz. Si les cœurs des philosophes allemands se prennent par la lecture, les Wolffius, les Hanschius et les Thummingius seront tous amoureux d'elle sur son livre, et lui enverront, du fond de la Germanie, les lemmes et les théorèmes les plus galants; mais je suis bien persuadé qu'il vaut mieux souper avec vous que d'enchanter le Nord ou de le mesurer.

Je prends la liberté de vous envoyer une Épître au roi de Prusse, que mon cœur m'a dictée, il y a quelque temps, et que je souhaite que vous lisiez avec autant d'indulgence que lui. Si Mme du Deffand, et les personnes avec lesquelles vous vivez, daignaient se souvenir que j'existe, je vous supplierais de leur présenter mes respects. Ne doutez pas des sentiments qui m'attachent à vous pour la vie.

MXI. — A M. DE LA NOUE, DIRECTEUR DE LA COMÉDIE, A DOUAI.

A Bruxelles, ce 20 août.

Il y a longtemps, mon cher monsieur, qu'une parfaite estime m'a rendu votre ami. Cette amitié est bien fortifiée par votre lettre. Vous pensez aussi bien en prose qu'en vers, et je ferai certainement usage des réflexions que vous avez bien voulu me communiquer. J'espère toujours que quand le plus aimable roi de l'univers sera un peu fixé dans sa capitale, il mettra la tragédie et la comédie françaises au nombre des beaux-arts qu'il fera fleurir. Il n'en protége aucun qu'il ne connaisse; il est juge éclairé du mérite en tout genre. Je crois que je ne pourrais jamais mieux le servir qu'en lui procurant un homme d'esprit et de talents, aussi estimable par son caractère que par ses ouvrages, et seul capable peut-être de rendre à son art l'honneur et la considération que cet art mérite. Berlin va devenir Athènes; je crois que le roi pensera comme les Périclès et les autres Athéniens, qui honoraient le théâtre et ceux qui s'y adonnaient, et qui n'étaient point assez sots pour ne pas attacher une juste estime à l'art de bien parler en public.

Si je suis assez heureux pour procurer à Sa Majesté un homme tel que vous, je suis très-sûr qu'il ne vous considérera pas seulement comme le chef d'une société destinée au plaisir, mais comme un auteur, et comme un homme digne de ses attentions.

Si les choses prennent un autre tour, si l'amour de votre patrie vous empêche d'aller à la cour d'un roi que tous les gens de lettres veulent servir, ou si quelqu'un lui donne une autre idée, ou s'il n'a point de spectacle, je féliciterai la France de vous garder. Je me flatte que j'aurai bientôt le plaisir de vous entendre à Lille. Mandez-moi, je vous prie, si vous pourriez y être vers le 1er septembre. J'ai mes raisons, et ces raisons sont principalement l'estime et l'amitié avec lesquelles je compte être toute ma vie, monsieur, votre, etc.

MXII. — A M. LE COMTE DE CAYLUS.

Bruxelles, le 21 août.

J'ai reçu, monsieur, l'ambulante *Bibliothèque orientale*[1] que vous avez eu la bonté de m'adresser. M. du Molard saurait encore plus d'hébreu, de chaldéen, qu'il ne me ferait jamais autant de plaisir que m'en ont fait les assurances que vous m'avez données, en français, de la continuation de vos bontés. Soyez très-sûr que j'emploierai mon petit crédit à faire connaître un homme que vous favorisez, et qui m'en paraît très-digne. Il est aimable comme s'il ne savait pas un mot de syriaque; je me suis bien douté que c'était un homme de mérite, dès qu'il m'a dit être porteur d'une lettre de vous.

En vérité vous êtes un homme charmant, vous protégez tous les

---

1. Ce titre d'un ouvrage de d'Herbelot désigne ici du Molard. (*Note de M. Beuchot.*)

arts, vous encouragez toute espèce de mérite, il semble que vous soyez né à Berlin. Du moins il me semble qu'on ne suit guère votre exemple à la cour de France. Je vous avertis que, tant qu'on n'emploiera son argent qu'à bâtir ce monument de mauvais goût qu'on nomme Saint-Sulpice, tant qu'il n'y aura pas de belles salles de spectacle, des places, des marchés publics magnifiques à Paris, je dirai que nous tenons encore à la barbarie :

............*Hodieque manent vestigia ruris.*
Hor., lib. II, ep. I, v. 160.

La campagne, en France, est abîmée, et les villes peu embellies ; c'est à vous à représenter à qui il appartient ce que les Français peuvent faire, et ce qu'ils ne font pas ; il semble que vous méritiez de naître dans un plus beau siècle. Nous avons un Bouchardon, mais nous n'avons guère que lui ; je me flatte que vous inspirerez le goût à ceux qui ont le bonheur ou le malheur d'être en place ; car, sans cela, point de beaux-arts en France.

Pour moi, dans quelque pays que je sois, je vous serai toujours, monsieur, bien tendrement attaché ; je vous regarderai comme celui que les artistes en tout genre doivent aimer, et celui auquel il faut plaire. Je vous remercie mille fois de ce que vous me dites au sujet d'un ministre[1] dont j'ai toujours estimé la personne, sans autre but que celui de lui plaire ; son suffrage et ses bontés me seront toujours chers. Il est vrai qu'avec la bienveillance singulière, j'oserai dire avec l'amitié dont m'honore un grand roi, je ne devrais pas rechercher d'autre protection ; mais je ne vivrai jamais auprès de ce roi aimable ; un devoir sacré m'arrête dans des liens que je ne comprends point. Telle est ma destinée que l'amitié m'attache à un pays qui me persécute. J'aurai donc toujours besoin de trouver dans votre ami un rempart contre les hypocrites et contre les sots, que je hais autant que je vous aime. Mme du Châtelet vous fait bien des compliments. Vous savez, monsieur, avec quelle estime respectueuse et quel tendre attachement je serai toute ma vie votre, etc.

MXIII. — A Frédéric II, roi de Prusse.

A Bruxelles, le 22 août.

Ce sera donc un nouveau Salomon
Qui de Saba viendra trouver la reine ;
S'il en naissait quelque divin poupon,
Bien ce serait pour la nature humaine ;
Mais j'aime mieux qu'il n'en advienne rien ;
C'est bien assez pour la terre embellie,
D'un Salomon avec une Émilie ;
Le monde et moi ne voulons d'autre bien.

1. Il s'agit vraisemblablement ici de Maurepas. (Éd.)

Or, Sire, voici le fait. Le monde attache des yeux de lynx sur mon Salomon. « Mais est-il vrai qu'il va en France? dit l'un. — Il verra l'Italie, dit l'autre, et on l'élira pape pour régénérer Rome. — Passera-t-il par Bruxelles? » On parie pour et contre. « S'il y passe, dit Mme la princesse de La Tour, il logera dans ma maison. — Oh! pour cela non, madame la princesse; Sa Majesté ne logera point chez Votre Altesse sérénissime; et, s'il vient à Bruxelles, il y sera très-incognito; il logera lui et sa suite aimable chez Émilie. C'est la dernière maison de la ville, loin du peuple et des altesses bruxelloises; et il y sera tout aussi bien que chez vous, quoique cette maison de louage ne soit pas aussi bien meublée que la vôtre. » Voilà ce que je pense. Mais que fait la princesse de La Tour? De la campagne où elle est, elle envoie tout courant savoir de Mme du Châtelet si Sa Majesté passera; et Mme du Châtelet répond qu'il n'y a pas un mot de vrai, et que tout ce qu'on dit est un conte. Ne voilà-t-il pas Mme de La Tour qui, sur-le-champ, envoie des courriers pour savoir la vérité du fait! Sire, le monde est bien curieux. Il n'y aurait qu'à faire mettre dans les gazettes que Votre Majesté va à Aix-la-Chapelle ou à Spa, pour dépayser les nouvellistes.

Cependant, s'il était vrai que votre *humanité* passât par Bruxelles, je la supplie de faire apporter des gouttes d'Angleterre, car je m'évanouirai de plaisir.

M. de Maupertuis est à Wesel pour vous observer et vous mesurer. Il n'a vu ni ne verra jamais d'étoile d'une si heureuse influence.

L'affaire de l'*Anti-Machiavel* est en très-bon train, pour l'instruction et le bonheur du monde. Sire, vos sujets sont heureux et ils le disent bien, mais je serai plus heureux qu'eux tous au commencement de septembre.

Je suis avec le plus profond respect et cent autres sentiments inexprimables, etc.

MXIV. — A M. THIERIOT.

A Bruxelles, le 26 d'août.

Comme je ne connais aucun cérémonial, Dieu merci, je n'ai jamais imaginé qu'il y en eût dans l'amitié, et je ne conçois pas comment vous vous plaignez du silence d'un solitaire qui, retiré loin de Paris et de la persécution, ne peut avoir rien à mander, tandis que vous, qui êtes au centre des arts et des agréments, ne lui avez pas écrit une seule fois dans le temps qu'il paraissait avoir besoin de la consolation de ses amis. Je n'avais pas besoin de cette longue interruption de votre commerce pour en sentir mieux le prix; mais si la première loi de l'amitié est de la cultiver, la seconde loi est de pardonner quand on a manqué à la première. Mon cœur est toujours le même, quoique vos faveurs soient inégales. Je ne sais ni vous oublier, ni m'accoutumer à votre oubli, ni vous le trop reprocher.

L'homme dont vous me parlez me sera cher par deux raisons, parce qu'il est savant et qu'il vient de votre part; mais j'ai peur de l'avoir manqué en chemin. J'étais à la Haye pour une petite commission; j'en revins hier au soir; je trouvai votre lettre du 26 juillet à Bruxelles;

j'appris qu'un Français, qui allait à Berlin, m'avait demandé ici en passant, et je juge que c'est ce M. du Molard. Le roi aime toutes les sortes de littérature et de mérite, et les encourage toutes. Il sait qu'il y a d'autres talents dans le monde que celui de mesurer des courbes. Il est comme le Père céleste; *in domo ejus mansiones multæ sunt*[1]. Je ne sais si ma retraite me permettra d'être fort utile auprès de lui aux beaux-arts qu'il protége. Une amitié qui m'est sacrée me privera du bonheur de vivre à sa cour, et m'empêchera de le regretter. Plus ses lettres me l'ont fait connaître, et plus je l'admire. Il est né pour être, je ne dis pas le modèle des rois, cela n'est pas bien difficile, mais le modèle des hommes. Il connaît l'amitié, et, soit dit sans reproche, il me donne de ses nouvelles plus souvent que vous.

M. de Maupertuis va honorer sa cour; c'est quelque chose de mieux que Platon, qui va trouver un meilleur roi que Denys; il vient d'arriver à Bruxelles, et va de là à Wesel ou à Clèves; il y trouvera bientôt le plus aimable roi de la terre, entouré de quelques serviteurs choisis qu'il appelle ses amis, et qui méritent ce titre. Ses sujets et les étrangers le comblent de bénédictions. Tout le monde s'embrassait à son retour dans les rues de Berlin; tout le monde pleurait de joie. Plus de trente familles, que la rigueur du dernier gouvernement avait forcées d'aller en Hollande, ont tout vendu pour aller vivre sous le nouveau roi. Un petit-fils du premier ministre de Saxe, qui a cinquante mille florins de revenu, me disait ces jours passés : « Je n'aurai jamais d'autre maître que le roi de Prusse; je vais m'établir dans ses États. » Il n'a encore perdu aucune journée, il fait des heureux; il respecte même la mémoire de son père; il l'a pleuré, non par ostentation de vertu, mais par l'excès de son bon naturel. Je bénis l'auteur de la nature d'être né dans le siècle d'un si bon prince. Peut-être son exemple donnera de l'émulation aux autres souverains. Adieu, rougissons de n'être pas aussi vertueux que lui, et de ne pas cultiver assez l'amitié, la première des vertus dont un roi donne l'exemple aux hommes.

MXV. — A M. DE MAUPERTUIS.

A Bruxelles, le 29 d'août; *la troisième année depuis la terre aplatie.*

Comment diable vouliez-vous, mon grand philosophe, que je vous écrivisse à Wesel? Je vous en croyais parti pour aller trouver le roi des sages sur sa route. J'ai appris qu'on était si charmé de vous avoir dans ce bouge fortifié, que vous devez vous y plaire; car qui donne du plaisir en a.

Vous avez déjà vu l'ambassadeur rebondi du plus aimable monarque du monde. M. de Camas est sans doute avec vous. Pour moi, je crois que c'est après vous qu'il court. Mais vraiment, à l'heure que je vous parle, vous êtes auprès du roi. Le philosophe et le prince s'aperçoivent déjà qu'ils sont faits l'un pour l'autre. Vous direz avec M. Alga-

---

1. Saint Jean, XIV, 2. (Éd.)

roti : *Faciamus hic tria tabernacula*[1]; pour moi je ne puis faire que *duo tabernacula*.

Sans doute je serais avec vous si je n'étais pas à Bruxelles, mais mon cœur n'en est pas moins à vous, et n'en est pas moins le sujet du roi qui est fait pour régner sur tout être pensant et sentant. Je ne désespère pas que Mme du Châtelet ne se trouve quelque part sur votre chemin ; ce sera une aventure de conte de fées; elle arrivera avec *raison suffisante*, entourée de *monades*[2]. Elle ne vous aime pourtant pas moins, quoiqu'elle croie aujourd'hui le monde *plein*, et qu'elle ait abandonné si hautement le *vide*. Vous avez sur elle un ascendant que vous ne perdrez jamais. Enfin, mon cher monsieur, je souhaite aussi vivement qu'elle de vous embrasser au plus tôt. Je me recommande à votre amitié dans la cour digne de vous où vous êtes.

MXVI. — A Frédéric II, roi de Prusse.

A Bruxelles, le 1er septembre.

Sire, mon roi est à Clèves; une petite maison l'attend à Bruxelles; un palais presque digne de lui l'attend à Paris, et moi j'attends ici mon maître.

  Mon cœur me dit que je touche
  A ce moment fortuné,
  Où j'entendrai de la bouche
  De l'Apollon couronné
  Ces traits que la sage Rome
  Aurait admirés jadis;
  Je verrai, j'entendrai l'homme
  Que j'adore en ses écrits.

O Paris! ô Paris! séjour des gens aimables et des badauds, du bon et du mauvais goût, de l'équité et de l'injustice; grand magasin de tout ce qu'il y a de bon et de beau, de ridicule et de méchant; sois digne, si tu peux, du vainqueur que tu recevras dans ton enceinte irrégulière et crottée. Puisse-t-il te voir incognito et jouir de tout sans les embarras de la royauté ! puisse-t-il ne voir et n'être vu que quand il voudra ! Heureux l'hôtel du Châtelet, le cabinet des Muses, la galerie d'Hercule, le salon de l'Amour!

  Lesueur et Lebrun, nos illustres Apelles,
  Ces rivaux de l'antiquité,
  Ont, en ces lieux charmants, étalé la beauté
  De leurs peintures immortelles;
  Les neuf Sœurs elles-même ont orné ce séjour
  Pour en faire leur sanctuaire;
  Elles avaient prévu qu'il recevrait un jour
  Celui qui des neuf Sœurs est le juge et le père.

1. Saint Matthieu, xvii, 4.
2. Allusion à la philosophie de Leibnitz que Mme du Châtelet avait expliquée dans ses *Institutions de physique*. (Éd. de Kehl.)

Sire, par tout ce que j'apprends de cette grande ville de Paris, je crois qu'il est nécessaire qu'on dise un mot, dans les gazettes, d'une lettre de Votre Majesté à M. de Maupertuis, qui a été imprimée. Il y a sans doute quelques mots d'oubliés dans la copie incorrecte qui a paru. Ce ne serait qu'une bagatelle pour tout autre; mais, Sire, votre personne est en spectacle à toute l'Europe : on parle des États et des ministres des autres souverains, et c'est de vous qu'on parle; c'est vous, Sire, qu'on examine, dont on pèse toutes les paroles, et qu'on juge déjà avec une sévérité proportionnée à votre mérite et à votre réputation. Pardonnez, Sire, à la franchise d'un cœur qui vous idolâtre; je vous importune peut-être; n'importe, le cœur ne peut être coupable. Si Votre Majesté agrée mes réflexions, elle fera parvenir aux gazetiers ce petit mot ci-joint; sinon elle aura de l'indulgence pour ma tendresse trop scrupuleuse, et ce qui touche le moins du monde votre personne m'est sacré; les petites choses me paraissent alors les plus grandes.

Pardonnez cette ardeur extrême
De mon zèle trop inquiet;
C'est ainsi que l'amour est fait,
Et c'est ainsi que je vous aime.

MXVII. — A M. L'ABBÉ MOUSSINOT.

Bruxelles.

Voici, mon cher ami, un secret que je vous confie : M. de Champbonin doit vous envoyer, de ma part, un paquet qui sera bientôt suivi d'un autre. Le tout est un manuscrit singulier, composé par un homme plus singulier encore. On ne pourra point avoir de privilège pour ma *Philosophie*, dont je vous prie de presser l'impression, et il n'en faudra pas demander; mais on en obtiendra aisément pour le manuscrit que j'envoie. C'est, comme vous le verrez, la réfutation de Machiavel; elle est d'un homme qui tient un des plus grands rangs dans l'Europe, et qui, par son nom seul, quand il sera connu, fera la fortune du libraire. Vous pouvez transiger avec Prault fils; mais il ne faudra pas moins qu'un bon marché de mille écus, dont le dixième, s'il vous plaît, sera pour vous. Je n'ai nulle part ni au manuscrit ni au profit; je remplis seulement ma mission, et je charge votre amitié de cette petite négociation typographique; et si, après cela, il m'est permis de venir au temporel, je vous demanderai des nouvelles de ma pension, et vous observerez que M. de Guébriant me doit dix années entières. C'est beaucoup pour lui, et trop pour moi. Pensez à cela, mon cher abbé.

MXVIII. — DE FRÉDÉRIC II, ROI DE PRUSSE.

A Wesel, le 2 septembre.

Mon cher Voltaire, j'ai reçu à mon arrivée trois lettres de votre part, des vers divins et de la prose charmante. J'y aurais répondu d'abord, si la fièvre ne m'en eût empêché; je l'ai prise ici fort mal à propos, d'autant plus qu'elle dérange tout le plan que j'avais formé dans ma tête.

Vous voulez savoir ce que je suis devenu depuis mon départ de Berlin; vous en trouverez la description ci-jointe. Je ne vais point à Paris, comme on l'a débité; ce n'a point été mon dessein d'y aller cette année, mais je pourrais peut-être faire un voyage aux Pays-Bas. Enfin la fièvre et l'impatience de ne vous avoir pas vu encore sont à présent les deux objets qui m'occupent le plus. Je vous écrirai, dès que ma santé le permettra, où et comment je pourrai avoir le plaisir de vous embrasser. Adieu. FÉDÉRIC.

J'ai vu une lettre que vous avez écrite à Maupertuis; il ne se peut rien de plus charmant. Je vous réitère encore mille remercîments de la peine que vous avez prise à la Haye touchant ce que vous savez. Conservez toujours l'amitié que vous avez pour moi; je sais trop le cas qu'il faut faire d'amis de votre trempe.

MXIX. — DU MÊME.

A Wesel, le 5 septembre.

De votre passe-port muni,
Et d'un certain petit mémoire,
S'en vint ici le sieur Honi,
En s'applaudissant de sa gloire.

Ah! digne apôtre de Bacchus,
Ayez pitié de ma misère!
De votre vin je ne bois plus;
J'ai la fièvre, et c'est chose claire.

« Apollon, qui me fit ces vers,
Est dieu, dit-il, de médecine;
Entendez ses charmants concerts,
Et sentez sa force divine. »

Je lus vos vers, je les relus;
Mon âme en fut plus que ravie.
Heureux, dis-je, sont vos élus!
D'un mot vous leur rendez la vie.

Et le plaisir et la santé,
Que votre verve a su me rendre,
Et l'amour de l'humanité,
D'un saut me porteront en Flandre.

Enfin je verrai, dans huit jours,
Le dieu du Pinde et de Cythère;
Entre les Arts et les Amours,
Cent fois j'embrasserai Voltaire.

Partez, Honi, mon précurseur;
Déjà mon esprit vous devance;

ANNÉE 1740.

> L'intérêt est votre moteur;
> Le mien, c'est la reconnaissance.

J'attends le jour de demain comme étant l'arbitre de mon sort, la marque caractéristique de la fièvre ou de ma guérison. Si la fièvre ne revient plus, je serai mardi (de demain en huit) à Anvers, où je me flatte du plaisir de vous voir avec la marquise. Ce sera le plus charmant jour de ma vie. Je crois que j'en mourrai; mais, du moins, on ne peut choisir de genre de mort plus aimable.

Adieu, mon cher Voltaire; je vous embrasse mille fois. FÉDÉRIC.

MXX. — DU MÊME.

A Wesel, le 6 septembre.

Mon cher Voltaire, il faut, malgré que j'en aie, céder à la fièvre quarte, plus tenace qu'un janséniste; et, quelque envie que j'aie eue d'aller à Anvers et à Bruxelles, je ne me vois pas en état d'entreprendre pareil voyage sans risque. Je vous demanderai donc si le chemin de Bruxelles à Clèves ne vous paraîtrait pas trop long pour me joindre; c'est l'unique moyen de vous voir qui me reste. Avouez que je suis bien malheureux; car, à présent que je puis disposer de ma personne, et que rien ne m'empêchait de vous voir, la fièvre s'en mêle et paraît avoir le dessein de me disputer cette satisfaction.

Trompons la fièvre, mon cher Voltaire, et que j'aie du moins le plaisir de vous embrasser. Faites bien mes excuses à la marquise de ce que je ne puis avoir la satisfaction de la voir à Bruxelles. Tous ceux qui m'approchent connaissent l'intention dans laquelle j'étais, et il n'y avait certainement que la fièvre qui pût me la faire changer.

Je serai dimanche à un petit endroit proche de Clèves, où je pourrai vous posséder véritablement à mon aise. Si votre vue ne me guérit, je me confesse tout de suite.

Adieu; vous connaissez mes sentiments et mon cœur. FÉDÉRIC.

MXXI. — DU MÊME.

Septembre.

> Tu naquis pour la liberté,
> Pour ma maîtresse tant chérie,
> Que tu courtise, en vérité,
> Plus que Phyllis et qu'Émilie.
> Tu peux, avec tranquillité,
> Dans mon pays, à mon côté,
> La courtiser toute ta vie.
> N'as-tu donc de félicité
> Que dans ton ingrate patrie?

Je vous remercie encore, avec toute la reconnaissance possible, de toutes les peines que vous donnent mes ouvrages. Je n'ai pas le plus petit mot à dire contre tout ce que vous avez fait, sinon que je regrette le temps que vous emportent ces bagatelles.

Mandez-moi, je vous prie, les frais et les avances que vous avez faits pour l'impression, afin que je m'acquitte, du moins en partie, de ce que je vous dois.

J'attends de vous des comédiens, des savants, des ouvrages d'esprit, des instructions, et à l'infini des traits de votre grande âme. Je n'ai à vous rendre que beaucoup d'estime et de reconnaissance, et l'amitié parfaite avec laquelle je suis tout à vous. FÉDÉRIC.

MXXII. — A M. LE MARÉCHAL DE SCHULENBOURG[1], GÉNÉRAL DES VÉNITIENS.

A la Haye, le 15 septembre 1740.

Monsieur, j'ai reçu par un courrier de monsieur l'ambassadeur de France le journal de vos campagnes de 1703 et 1704, dont Votre Excellence a bien voulu m'honorer. Je dirai de vous comme de César *Eodem animo scripsit quo bellavit*. Vous devez vous attendre, monsieur, qu'un tel bienfait me rendra très-intéressé, et attirera de nouvelles demandes. Je vous supplie de me communiquer tout ce qui pourra m'instruire sur les autres événements de la guerre de Charles XII. J'ai l'honneur de vous envoyer le journal des campagnes de ce roi[2], digne de vous avoir combattu. Ce journal va jusqu'à la bataille de Pultava inclusivement; il est d'un officier suédois, nommé M. Adlerfeldt: l'auteur me paraît très-instruit et aussi exact qu'on peut l'être; ce n'est pas une histoire, il s'en faut beaucoup; mais ce sont d'excellents matériaux pour en composer une, et je compte bien réformer la mienne en beaucoup de choses sur les mémoires de cet officier.

Je vous avoue d'ailleurs, monsieur, que j'ai vu avec plaisir dans ces mémoires beaucoup de particularités qui s'accordent avec les instructions sur lesquelles j'avais travaillé. Moi qui doute de tout, et surtout des anecdotes, je commençais à me condamner moi-même sur beaucoup de faits que j'avais avancés : par exemple, je n'osais plus croire que M. de Guiscard, ambassadeur de France, eût été dans le vaisseau de Charles XII à l'expédition de Copenhague; je commençais à me repentir d'avoir dit que le cardinal primat, qui servit tant à la déposition du roi Auguste, s'opposa en secret à l'élection du roi Stanislas; j'étais presque honteux d'avoir avancé que le duc de Marlborough s'adressa d'abord au baron de Gœrtz avant de voir le comte Piper, lorsqu'il alla conférer avec le roi Charles XII. Le sieur de La Motraye m'avait repris sur tous ces faits avec une confiance qui me persuadait qu'il avait raison; cependant ils sont tous confirmés par les Mémoires de M. Adlerfeldt.

1. Cette lettre a été d'abord publiée à la suite des chap. II et III *Sur les Mensonges imprimés*. Elle était précédée de l'avertissement suivant :
« On a cru, à la suite de ces discussions, pouvoir placer une lettre écrite il y a plusieurs années à M. le maréchal de Schulenbourg. On verra par cette lettre quelles peines il faut prendre pour démêler la vérité, avec quelle constance il la faut chercher, se corriger quand on s'est trompé, se défendre quand on a raison, mépriser les mauvaises critiques, et demander toujours de bons conseils aux seuls hommes qui peuvent en donner. » (ÉD.)
2. *Histoire militaire de Charles XII*, par G. d'Adlerfeldt. (ÉD.)

J'y trouve aussi que le roi de Suède mangea quelquefois, comme je l'avais dit, avec le roi Auguste qu'il avait détrôné, et qu'il lui donna la droite. J'y trouve que le roi Auguste et le roi Stanislas se rencontrèrent à sa cour et se saluèrent sans se parler. La visite extraordinaire que Charles XII rendit à Auguste à Dresde, en quittant ses États, n'y est pas omise. Le bon mot même du baron de Strallheim y est cité mot pour mot, comme je l'avais rapporté.

Voici enfin comme on parle dans la préface du livre de M. Adlerfeldt :

« Quant au sieur de La Motraye, qui s'est ingéré de critiquer M. de Voltaire, la lecture de ces mémoires ne servira qu'à le confondre, et à lui faire remarquer ses propres erreurs, qui sont en bien plus grand nombre que celles qu'il attribue à son adversaire. »

Il est vrai, monsieur, que je vois évidemment par ce journal que j'ai été trompé sur les détails de plusieurs événements militaires. J'avais, à la vérité, accusé juste le nombre des troupes suédoises et moscovites à la célèbre bataille de Narva ; mais, dans beaucoup d'autres occasions, j'ai été dans l'erreur. Le temps, comme vous savez, est le père de la vérité ; je ne sais même si on peut jamais espérer de la savoir entièrement. Vous verrez que, dans certains points, M. Adlerfeldt n'est point d'accord avec vous, monsieur, au sujet de votre admirable passage de l'Oder ; mais j'en croirai plus le général allemand, qui a dû tout savoir, que l'officier suédois, qui n'en a pu savoir qu'une partie.

Je réformerai mon histoire sur les mémoires de Votre Excellence et sur ceux de cet officier. J'attends encore un extrait de l'histoire suédoise de Charles XII, écrite par M. Nordberg, chapelain de ce monarque.

J'ai peur, à la vérité, que le chapelain n'ait quelquefois vu les choses avec d'autres yeux que les ministres qui m'ont fourni mes matériaux. J'estimerai son zèle pour son maître ; mais moi qui n'ai été chapelain ni du roi ni du czar, moi qui n'ai songé qu'à dire vrai, j'avouerai toujours que l'opiniâtreté de Charles XII à Bender, son obstination à rester dix mois au lit, et beaucoup de ses démarches après la malheureuse bataille de Pultava, me paraissent des aventures plus extraordinaires qu'héroïques.

Si l'on peut rendre l'histoire utile, c'est, ce me semble, en faisant remarquer le bien et le mal que les rois ont fait aux hommes. Je crois, par exemple, que si Charles XII, après avoir vaincu le Danemark, battu les Moscovites, détrôné son ennemi Auguste, affermi le nouveau roi de Pologne, avait accordé la paix au czar qui la lui demandait ; s'il était retourné chez lui vainqueur et pacificateur du Nord ; s'il s'était appliqué à faire fleurir les arts et le commerce dans sa patrie, il aurait été alors véritablement un grand homme ; au lieu qu'il n'a été qu'un grand guerrier, vaincu à la fin par un prince qu'il n'estimait pas. Il eût été à souhaiter, pour le bonheur des hommes, que Pierre le Grand eût été quelquefois moins cruel, et Charles XII moins opiniâtre.

Je préfère infiniment à l'un et à l'autre un prince qui regarde l'humanité comme la première des vertus, qui ne se prépare à la guerre que par nécessité, qui aime la paix parce qu'il aime les hommes, qui encourage tous les arts, et qui veut être, en un mot, un sage sur le trône : voilà mon héros, monsieur. Ne croyez pas que ce soit un être de raison; ce héros existe peut-être dans la personne d'un jeune roi dont la réputation viendra bientôt jusqu'à vous; vous verrez si elle me démentira; il mérite des généraux tels que vous. C'est de tels rois qu'il est agréable d'écrire l'histoire : car alors on écrit celle du bonheur des hommes.

Mais si vous examinez le fond du journal de M. Adlerfeldt, qu'y trouverez-vous autre chose, sinon : lundi 3 avril il y a eu tant de milliers d'hommes égorgés dans un tel champ : le mardi, des villages entiers furent réduits en cendres; et les femmes furent consumées par les flammes avec les enfants qu'elles tenaient dans leurs bras : le jeudi on écrasa de mille bombes les maisons d'une ville libre et innocente, qui n'avait pas payé comptant cent mille écus à un vainqueur étranger qui passait auprès de ses murailles : le vendredi quinze ou seize cents prisonniers périrent de froid et de faim. Voilà à peu près le sujet de quatre volumes.

N'avez-vous pas fait réflexion souvent, monsieur le maréchal, que votre illustre métier est encore plus affreux que nécessaire? Je vois que M. Adlerfeldt déguise quelquefois des cruautés, qui en effet devraient être oubliées, pour n'être jamais imitées. On m'a assuré, par exemple, qu'à la bataille de Frauenstadt, le maréchal Rehnskœld fit massacrer de sang-froid douze ou quinze cents Moscovites qui demandaient la vie à genoux six heures après la bataille; il prétend qu'il n'y en eut que six cents, encore ne furent-ils tués qu'immédiatement après l'action. Vous devez le savoir, monsieur; vous aviez fait les dispositions admirées des Suédois même à cette journée malheureuse : ayez donc la bonté de me dire la vérité, que j'aime autant que votre gloire.

J'attends avec une extrême impatience le reste des instructions dont vous voudrez bien m'honorer ; permettez-moi de vous demander ce que vous pensez de la marche de Charles XII en Ukraine, de sa retraite en Turquie, de la mort de Patkul. Vous pouvez dicter à un secrétaire bien des choses, qui serviront à faire connaître des vérités dont le public vous aura obligation. C'est à vous, monsieur, à lui donner des instructions en récompense de l'admiration qu'il a pour vous.

Je suis avec les sentiments de la plus respectueuse estime, et avec des vœux sincères pour la conservation d'une vie que vous avez si souvent prodiguée, monsieur, de Votre Excellence, le très-humble et très-obéissant serviteur, V.

En finissant ma lettre, j'apprends qu'on imprime à la Haye la traduction française de l'*Histoire de Charles XII*, écrite en suédois par M. Nordberg : ce sera pour moi une nouvelle palette[1] dans laquelle je tremperai les pinceaux dont il me faudra repeindre mon tableau.

1. La palette n'a pu servir. On sait que l'*Histoire de Charles XII* par Nordberg n'est, jusqu'en 1709, qu'un amas indigeste de faits mal rapportés, et, depuis 1709, qu'une copie de l'histoire composée par M. de Voltaire.

MXXIII. — A M. DE MAUPERTUIS.

A la Haye, ce 18 de septembre.

Je vous sers, monsieur, plus tôt que je ne vous l'avais promis; et voilà comme vous méritez qu'on vous serve. Je vous envoie la réponse de M. Smith[1]; vous verrez de quoi il est question.

Quand nous partîmes tous deux de Clèves, et que vous prîtes à droite, et moi à gauche, je crus être au jugement dernier, où le bon Dieu sépare ses élus des damnés. *Divus Federicus* vous dit : « Asseyez-vous à ma droite, dans le paradis de Berlin; » et à moi : « Allez, maudit, en Hollande. »

Je suis donc dans cet enfer flegmatique, loin du feu divin qui anime les Frédéric, les Maupertuis, les Algarotti. Pour Dieu, faites-moi la charité de quelques étincelles dans les eaux croupissantes où je suis morfondu! Instruisez-moi de vos plaisirs, de vos desseins. Vous verrez sans doute M. de Valori; présentez-lui, je vous en supplie, mes respects. Si je ne lui écris point, c'est que je n'ai nulle nouvelle à lui mander; je serais aussi exact que je lui suis dévoué, si mon commerce pouvait lui être utile ou agréable.

Voulez-vous que je vous envoie quelques livres? Si je suis encore en Hollande, à la réception de vos ordres, je vous obéirai sur-le-champ. Je vous prie de ne me pas oublier auprès de M. de Kaiserling.

Mandez-moi, je vous prie, si l'énorme monade de Wolffius argumente à Marbourg, à Berlin, ou à Halle.

Adieu, monsieur; vous pouvez m'adresser vos ordres à la Haye. Ils me seront rendus partout où je serai, et je serai par toute terre à vous pour jamais.

MXXIV. — A FRÉDÉRIC II, ROI DE PRUSSE.

A la Haye, ce 22 septembre.

Oui, le monarque prêtre est toujours en santé,
   Loin de lui tout danger s'écarte ;
   L'Anglais demande en vain qu'il parte
Pour le vaste pays de l'immortalité;
Il rit, il dort, il dîne, il fête, il est fêté;
   Sur son teint toujours frais est la sérénité;
   Mais mon prince a la fièvre quarte !
O fièvre, injuste fièvre, abandonne un héros
Qui rend le monde heureux, et qui du moins doit l'être!
   Va tourmenter notre vieux prêtre;
   Va saisir, si tu veux, soixante cardinaux;
Prends le pape et sa cour, ses monsignors, ses moines;
Va flétrir l'embonpoint des indolents chanoines;
   Laisse Frédéric en repos.

J'envoie à mon adorable maître l'*Anti-Machiavel* tel qu'on commence à présent à l'imprimer; peut-être cette copie sera-t-elle un peu

---

1. Physicien anglais. (ÉD.)

difficile à lire, mais le temps pressait; il a fallu en faire pour Londres, pour Paris, et pour la Hollande; relire toutes ces copies et les corriger. Si Votre Majesté veut faire transcrire celle-ci correctement, si elle a le temps de la revoir, si elle veut qu'on y change quelque chose, je ne suis ici que pour obéir à ses ordres. Cette affaire, Sire, qui vous est personnelle, me tient au cœur bien vivement. Continuez, homme charmant autant que grand prince, homme qui ressemblez bien peu aux autres hommes, et en rien aux autres rois.

 L'héritier [1] des Césars tient fort souvent chapelle;
 Des trésors du Pérou l'indolent possesseur [2]
  A perdu, dit-on, la cervelle
 Entre sa jeune femme et son vieux confesseur.
 George [3] a paru quitter les soins de sa grandeur
  Pour une Yarmouth qu'il croit belle.
 De Louis, je n'en dirai rien,
  C'est mon maître, je le révère;
  Il faut le louer, et me taire;
Mais plût à Dieu, grand roi, que vous fussiez le mien!

M. de Fénelon vint avant-hier chez moi pour me questionner sur votre personne; je lui répondis que vous aimez la France, et ne la craignez point; que vous aimez la paix, et que vous êtes plus capable que personne de faire la guerre; que vous travaillez à faire fleurir les arts à l'ombre des lois; que vous faites tout par vous-même, et que vous écoutez un bon conseil. Il parla ensuite de l'évêque de Liége, et sembla l'excuser un peu; mais l'évêque n'en a pas moins tort, et il en a deux mille démonstrations [4] à Maseick. Je suis, etc.

MXXV. — A M. LE MARQUIS D'ARGENS.

À la Haye, le 2 d'octobre.

Mon cher ami, dont l'imagination et la probité font honneur aux lettres, vous m'avez bien prévenu; j'allais vous écrire et vous dire combien j'ai été fâché de ne point vous trouver ici. On m'avait assuré que vous logiez chez celui [5] que vous avez enrichi. J'y ai volé : on vous a dit à Stuttgart. Que ne puis-je y aller! Je suis accablé d'affaires, je ne pourrai y être que quatre ou cinq jours encore; il faudra que je retourne d'ailleurs incessamment à Bruxelles; mais vous, pourquoi aller en Suisse? Quoi! il y a un roi de Prusse dans le monde! Quoi! le plus aimable des hommes est sur le trône! les Algarotti, les Wolff, les Maupertuis, tous les arts y courent en foule, et vous iriez en Suisse! Non, non; croyez-moi, établissez-vous à Berlin; la raison, l'esprit, la vertu, y vont renaître. C'est la patrie de quiconque pense;

---

1. Charles VI. (Ép.) — 2. Philippe V. (Ép.) — 3. George II. (Ép.)
4. Allusion aux deux mille hommes que Frédéric fit entrer dans Maseick, le 14 septembre 1740, pour soutenir ce qu'il appelait ses droits sur la baronnie d'Héristal. (Ép.)
5. Pauple, son libraire. (Ép.)

c'est une belle ville, un climat sain; il y a une bibliothèque publique que le plus sage des rois va rendre digne de lui. Où trouverez-vous ailleurs les mêmes secours en tout genre? Savez-vous bien que tout le monde s'empresse à aller vivre sous le Marc-Aurèle du Nord? J'ai vu aujourd'hui un gentilhomme de cinquante mille livres de rente, qui m'a dit : « Je n'aurai point d'autre patrie que Berlin, je renonce à la mienne, je vais m'établir là, il n'y aura pas d'autre roi pour moi. » Je connais un très-grand seigneur de l'empire qui veut quitter Sa sacrée Majesté pour l'*humanité* du roi de Prusse. Mon cher ami, allez dans ce temple qu'il élève aux arts. Hélas! je ne pourrai vous y suivre, un devoir sacré m'entraîne ailleurs. Je ne peux quitter Mme du Châtelet, à qui j'ai voué ma vie, pour aucun prince, pas même pour celui-là; mais je serai consolé si vous vous faites une vie douce dans le seul pays où je voudrais être, si je n'étais pas auprès d'elle. Paupie m'a appris vos arrangements. Je vous en fais les plus tendres compliments; que ne puis-je avoir l'honneur de vous embrasser! Adieu, mon cher *Isaac*; vis content et heureux.

Si vous avez quelque chose à m'apprendre de votre destinée, écrivez à Bruxelles.

Adieu, mon aimable et charmant ami.

MXXXVI. — De Frédéric II, roi de Prusse.

A Remusberg, octobre.

Je suis honteux de vous devoir trois lettres, mais je le suis bien encore d'avoir toujours la fièvre. En vérité, mon cher Voltaire, nous sommes une pauvre espèce; un rien nous dérange et nous abat.

J'ai profité de vos avis touchant M. de Liége, et vous verrez que mes droits seront imprimés dans les gazettes. Cependant l'affaire se termine, et je crois que, dans quinze jours, mes troupes pourront évacuer le comté de Horn. Césarion vous aura répondu touchant M. du Châtelet. J'espère que vous serez content de sa réponse.

En vérité, je me repens d'avoir écrit le *Machiavel;* car les disputes où il vous entraîne avec Van Duren font au monde lettré une espèce de banqueroute de quinze jours de votre vie.

J'attends le *Mahomet* avec bien de l'impatience.

Voudriez-vous engager le comédien[1], auteur de *Mahomet II*, et lui enjoindre de lever une troupe en France, et de l'amener à Berlin le 1ᵉʳ de juin 1741? Il faut que la troupe soit bonne et complète pour le tragique et le comique, les premiers rôles doubles.

Je me suis enfin ravisé sur le savant[2] à tant de langues; vous me ferez plaisir de me l'envoyer. Bernard parle en adepte; il ne veut point imprimer des livres, mais il veut faire de l'or.

Si je puis, je ferai marcher la tortue de Bréda[3]; je ferai même écrire à Vienne, pour Mme du Châtelet, à mon ministre, qui pourra peut-

---

1. La Noue. (ÉD.) — 2. Charles du Molard. (ÉD.)
3. Le prince d'Orange. (ÉD.)

être s'employer utilement pour elle ¹. Saluez de ma part cette rare et aimable personne, et soyez persuadé que, tant que Voltaire existera, il n'aura pas de meilleur ami que FRÉDÉRIC.

MXXVII. — A FRÉDÉRIC II, ROI DE PRUSSE.

7 octobre.

Sire, j'oubliai de mettre, dans mon dernier paquet à Votre Majesté, la lettre du sieur Beck, sur laquelle il m'a fallu revenir à la Haye. Je suis bien honteux de tant de discussions dont j'importune Votre Majesté, pour une affaire qui devait aller toute seule. J'ai fait connaissance avec un jeune homme fort sage, qui a de l'esprit, des lettres et des mœurs : c'est le fils de l'infortuné M. Luiscius. Son père n'a eu, je crois, d'autre défaut que de ne pas faire assez de cas d'une vie qu'il avait vouée au service de son maître. Le fils me sert, dans ma petite négociation, avec toute la sagacité et la discrétion imaginables. Je prends la liberté d'assurer à Votre Majesté que, si elle veut prendre ce jeune homme à son service pour lui servir de secrétaire, en cas qu'elle en ait besoin, ou si elle daigne l'employer autrement et le former aux affaires, ce sera un sujet dont Votre Majesté sera extrêmement contente. Je vous suis trop attaché, Sire, pour vous parler ainsi de quelqu'un qui ne le mériterait pas : il est déjà instruit des affaires, malgré sa jeunesse; il a beaucoup travaillé sous son père, et plus d'un secret d'État est entre ses mains. Plus je le pratique, plus je le reconnais prudent et discret. Votre Majesté ne se repentira pas d'avoir pris le baron de Schmettau ²; je crois que, dans un goût différent, elle sera tout aussi contente, pour le moins, du jeune Luiscius. Je suis comme les dévots, qui ne cherchent qu'à donner des âmes à Dieu. J'attends que j'aie bien mis toutes les choses en train pour quitter le champ de bataille et m'en retourner auprès de mon autre monarque, à Bruxelles.

Je suis, en attendant, dans votre palais, où M. de Raesfeld ³ m'a donné un appartement sous le bon plaisir de Votre Majesté. Votre palais de la Haye est l'emblème des grandeurs humaines.

> Sur des planchers pourris, sous des toits délabrés,
> Sont des appartements dignes de notre maître;
>   Mais malheur aux lambris dorés
>   Qui n'ont ni porte ni fenêtre !
> Je vois dans un grenier les armures antiques,
>   Les rondaches et les brassards,
>   Et les charnières des cuissarts
> Que portaient aux combats vos aïeux héroïques.
> Leurs sabres tout rouillés sont rangés dans ces lieux,
> Et les bois vermoulus de leurs lances gothiques,
>   Sur la terre couchés, sont en poudre comme eux.

1. Dans son procès contre la famille de Honsbrouk. (ED.)
2. Frère du feld-maréchal de ce nom. (ED.)
3. Ou Bawfeld, envoyé de la cour de Berlin à la Haye. (ED.)

Il y a aussi des livres que les rats seuls ont lus depuis cinquante ans, et qui sont couverts des plus larges toiles d'araignées de l'Europe, de peur que les profanes n'en approchent.

Si les pénates de ce palais pouvaient parler, il vous diraient sans doute :

    Se peut-il que ce roi, que tout le monde admire,
        Nous abandonne pour jamais,
        Et qu'il néglige son palais,
        Quand il rétablit son empire?

Je suis, etc.

MXXVIII. — A M. L'ABBÉ MOUSSINOT.

A la Haye, au palais du roi de Prusse, le 7 octobre.

Je n'ai qu'un mot à dire, mon cher abbé, et qu'un moment pour écrire. J'ai retrouvé l'Avant-Propos en question. Donnez le *Machiavel* à qui vous voudrez, comme vous voudrez, et qu'on l'imprime comme le libraire voudra, avec ou sans privilége.

Donnez un louis d'or à d'Arnaud ; qu'il compte sur mes soins ; je travaille pour lui ; mais il faut attendre. Je suis laconique, mais je vous aimerai toujours.

MXXIX. — DE FRÉDÉRIC II, ROI DE PRUSSE.

A Remusberg, le 7 octobre.

    L'amant favori d'Uranie
    Va fouler nos champs sablonneux,
    Environné de tous les dieux,
    Hors de l'immortelle Émilie.

    Brillante imagination,
    Et vous ses compagnes les Grâces,
    Vous nous annoncez par vos traces
    Sa rapide apparition.

    Notre âme est souvent le prophète
    D'un sort heureux et fortuné ;
    Elle est le céleste interprète
    De ton voyage inopiné.

    L'aveugle et stupide ignorance
    Craint pour son règne ténébreux ;
    Tu parais ; toute son engeance
    Fuit tes éclairs trop lumineux.

    Enfin l'heureuse Jouissance
    Ouvre les portes des plaisirs ;
    Les Jeux, les Ris et nos désirs
    T'attendent pleins d'impatience.

    Des mortels nés d'un sang divin
    Volent de Paris, de Venise.

Et des rives de la Tamise,
Pour te préparer le chemin.

Déjà les beaux-arts ressuscitent;
Tu fais ce miracle vainqueur,
Et de leur sépulcre ils te citent
Comme leur immortel sauveur.

Enfin je puis me flatter de vous voir ici. Je ne ferai point comme les habitants de la Thrace, qui, lorsqu'ils donnaient des repas aux dieux, avaient auparavant mangé la moelle eux-mêmes. Je recevrai Apollon comme il mérite d'être reçu. C'est Apollon non-seulement dieu de la médecine mais de la philosophie, de l'histoire, enfin de tous les arts.

L'ananas, qui de tous les fruits
Rassemble en lui les goûts exquis,
Voltaire, est de fait ton emblème;
Ainsi les arts au point suprême
Se trouvent en toi réunis.

Vous m'attaquez un peu sur le sujet de ma santé, vous me croyez plein de préjugés, et je crois en avoir peut-être trop peu pour mon malheur.

Aux saints de la cour d'Hippocrate
En vain j'ai voulu me vouer;
Comment pourrai-je m'en louer?
Tout, jusqu'au quinquina, me rate.

Ou jésuite, ou musulman,
Ou bonze, ou brame, ou protestant,
Ma peu subtile conscience
Les tient en égale balance.

Pour vous, arrogants médecins,
Je suis hérétique, incrédule;
Le ciel gouverne nos destins,
Et non pas votre art ridicule.

L'avocat, fort d'un argument,
Sur la chicane et l'éloquence,
Veut élever notre espérance;
Tout change par l'événement.

De ces trois états la furie
Nous persécutant à la mort;
L'un en veut à notre trésor,
L'autre à l'âme, un autre à la vie.

Très-redoutables charlatans,
Médecins, avocats et prêtres,
Assassins, scélérats et traîtres,
Vous n'éblouirez point mes sens.

J'ai lu le *Machiavel* d'un bout à l'autre; mais, à vous dire le vrai, je n'en suis pas tout à fait content, et j'ai résolu de changer ce qui ne m'y plaisait point, et d'en faire une nouvelle édition, sous mes yeux, à Berlin. J'ai, pour cet effet, donné un article pour les gazettes, par lequel l'auteur de l'*Essai* désavoue les deux impressions. Je vous demande pardon, mais je n'ai pu faire autrement; car il y a tant d'étranger dans votre édition, que ce n'est plus mon ouvrage. J'ai trouvé les chapitres xv et xvi tout différents de ce que je voulais qu'ils fussent; ce sera l'occupation de cet hiver que de refondre cet ouvrage. Je vous prie cependant, ne m'affichez pas trop; car ce n'est pas me faire plaisir; et d'ailleurs vous savez que, lorsque je vous ai envoyé le manuscrit, j'ai exigé un secret inviolable.

J'ai pris le jeune Luiscius à mon service. Pour son père, il s'est sauvé, il y a passé, je crois, un an, du pays de Clèves; et je pense qu'il est très-indifférent où ce fou finira sa vie.

Je ne sais où cette lettre vous trouvera; je serai toujours fort aise qu'elle vous trouve proche d'ici; tout est préparé pour vous recevoir; et, pour moi, j'attends avec impatience le moment de vous embrasser.

MXXX. — A M. ***.

La Haye.

Soyez très-sûr, monsieur, que j'ai sondé le terrain pour les choses que vous souhaitez, et que, si cela avait été praticable, je l'aurais fait; mais il n'y a pas la moindre apparence qu'on ait le plus léger besoin ni la plus petite envie de ce que vous imaginez. Le philosophe couronné est un vrai roi philosophe qui pense en héros, mais qui vit avec simplicité, et qui ne connaît pas le besoin du superflu : du moins il est ainsi jusqu'à présent. Ses dépenses consistent à entretenir cent mille hommes, ou à faire fleurir les arts; le reste lui est inconnu.

Si je peux vous être de quelque utilité, vous n'avez qu'à parler. Adressez votre lettre au palais de Prusse, à La Haye

Je vous embrasse, mon cher monsieur, de tout mon cœur.

VOLTAIRE.

MXXXI. — A FRÉDÉRIC II, ROI DE PRUSSE.

A la Haye, le 12 octobre

Sire, Votre Majesté est d'abord suppliée de lire la lettre ci-jointe du jeune Luiscius; elle verra quels sont, en général, les sentiments du public sur l'*Anti-Machiavel*.

M. Trévor, l'envoyé d'Angleterre, et tous les hommes un peu instruits, approuvent l'ouvrage unanimement; mais je l'ai, je crois, déjà dit à Votre Majesté, il n'en est pas tout à fait de même de ceux qui ont moins d'esprit et plus de préjugés. Autant ils sont forcés d'admirer ce qu'il y a d'éloquent et de vertueux dans le livre, autant ils s'efforcent de noircir ce qu'il y a d'un peu libre. Ce sont des hiboux offensés du grand jour; et, malheureusement, il y a trop de ces hiboux dans le monde. Quoique j'eusse retranché ou adouci beaucoup de ces vérités fortes qui irritent les esprits faibles, il en est cependant encore resté quelques-unes dans le manuscrit copié par Van Duren. Tous les gens de lettres, tous les philosophes, tous ceux qui ne sont que gens de bien, seront contents; mais le livre est d'une nature à devoir satisfaire tout le monde : c'est un ouvrage pour tous les hommes et pour tous les temps. Il paraîtra bientôt traduit dans cinq ou six langues.

Il ne faut pas, je crois, que les cris des moines et des bigots s'opposent aux louanges du reste du monde : ils parlent, ils écrivent, ils font des journaux; il y a même dans l'*Anti-Machiavel* quelques traits dont un ministre malin pourrait se servir pour indisposer quelques puissances.

C'est donc, Sire, dans la vue de remédier à ces inconvénients que j'ai fait travailler nuit et jour à cette nouvelle édition, dont j'envoie les premières feuilles à Votre Majesté. Je n'ai fait qu'adoucir certains traits de votre admirable tableau, et j'ose m'assurer qu'avec ces petits correctifs, qui n'ôtent rien à la beauté de l'ouvrage, personne ne pourra jamais se plaindre, et cette instruction des rois passera à la postérité comme un livre sacré que personne ne blasphémera.

Votre livre, Sire, doit être comme vous; il doit plaire à tout le monde; vos plus petits sujets vous aiment, vos lecteurs les plus bornés doivent vous admirer.

Ne doutez pas que votre secret, étant entre les mains de tant de personnes, ne soit bientôt su de tout le monde. Un homme de Clèves disait, tandis que Votre Majesté était à Moiland : « Est-il vrai que nous avons un roi, un des plus savants et des plus grands génies de l'Europe? On dit qu'il a osé réfuter Machiavel. »

Votre cour en parle depuis plus de six mois. Tout cela rend nécessaire l'édition que j'ai faite, et dont je vais distribuer les exemplaires dans toute l'Europe, pour faire tomber celle de Van Duren, qui d'ailleurs est très-fautive.

Si, après avoir confronté l'une et l'autre, Votre Majesté me trouve trop sévère, si elle veut conserver quelques traits retranchés ou en ajouter d'autres, elle n'a qu'à dire; comme je compte acheter la moitié de la nouvelle édition de Paupie pour en faire des présents, et que Paupie a déjà vendu, par avance, l'autre moitié à ses correspondants, j'en ferai commencer, dans quinze jours, une édition plus correcte, et qui sera conforme à vos intentions. Il serait surtout nécessaire de savoir bientôt à quoi Votre Majesté se déterminera, afin de diriger ceux qui traduisent l'ouvrage en anglais et en italien. C'est ici un monument pour la dernière postérité, le seul livre digne d'un roi depuis quinze cents ans. Il s'agit de votre gloire; je l'aime autant que votre personne. Donnez-moi donc, Sire, des ordres précis.

Si Votre Majesté ne trouve pas assez encore que l'édition de Van Duren soit étouffée par la nouvelle, si elle veut qu'on retire le plus qu'on pourra d'exemplaires de celle de Van Duren, elle n'a qu'à ordonner. J'en ferai retirer autant que je pourrai, sans affectation, dans les pays étrangers, car il a commencé à débiter son édition dans les autres pays; c'est une de ces fourberies à laquelle on ne pouvait remédier. Je suis obligé de soutenir ici un procès contre lui; l'intention du scélérat était d'être seul le maître de la première et de la seconde édition. Il voulait imprimer et le manuscrit que j'ai tenté de retirer de ses mains, et celui même que j'ai corrigé. Il veut friponner sous le manteau de la loi. Il se fonde sur ce qu'ayant le premier manuscrit de moi, il a seul le droit d'impression; il a raison d'en user ainsi; ces deux éditions et les suivantes feraient sa fortune, et je suis sûr qu'un libraire qui aurait seul le droit de copie en Europe gagnerait trente mille ducats, au moins.

Cet homme me fait ici beaucoup de peine; mais, Sire, un mot de votre main me consolera; j'en ai grand besoin, je suis entouré d'épines. Me voilà dans votre palais. Il est vrai que je n'y suis pas à charge à votre envoyé; mais enfin un hôte incommode au bout d'un certain temps. Je ne peux pourtant sortir d'ici sans honte, ni y rester avec bienséance sans un mot de Votre Majesté à votre envoyé.

Je joins à ce paquet la copie de ma lettre à ce malheureux curé, dépositaire du manuscrit; car je veux que Votre Majesté soit instruite de toutes mes démarches. Je suis, etc.

MXXXII. — DE FRÉDÉRIC II, ROI DE PRUSSE.

A Remusberg, ce 12 octobre 1740 [1].

Enfin je puis me flatter de vous voir ici. Je ne ferai point comme les habitants de la Thrace, qui, lorsqu'ils donnaient des repas aux dieux, avaient soin de manger la moelle auparavant. Je recevrai Apollon comme il mérite d'être reçu. C'est Apollon non-seulement dieu de la médecine, mais de la philosophie, de l'histoire, enfin de tous les arts.

Venez, que votre vue écarte
Mes maux, l'ignorance, et l'erreur;
Vous le pouvez en tout honneur,
Car Émilie est sans frayeur,
Et j'ai toujours la fièvre quarte.

Ici, loin du faste des rois,
Loin du tumulte de la ville,
A l'abri des paisibles lois,
Les arts trouvent un doux asile.

S'aimer, se plaire, et vivre heureux,
Est tout l'objet de notre étude;
Et, sans importuner les dieux
Par des souhaits ambitieux,
Nous nous faisons une habitude
D'être satisfaits et joyeux.

Grâces vous soient rendues du bel écrit que vous venez de faire en ma faveur! L'amitié n'a point de bornes chez vous; aussi ma reconnaissance n'en a-t-elle point non plus.

1. Le premier alinéa fait double emploi avec un passage de la lettre MXXIX. (ÉD.)

Vos politiques hollandais,
Et votre ambassadeur français,
En fainéants experts critiquent et réforment,
D'un fauteuil à duvet sur nous lancent leurs traits,
Et sur le monde entier tranquillement s'endorment.
Je jure qu'ils sont trop heureux
D'être immobiles dans leur sphère ;
Ne faisant jamais rien comme eux,
On ne saurait jamais mal faire.

MXXXIII. — A M. THIERIOT.

A la Haye, octobre...

Mon cher ami, je reçois votre lettre. Vous serez content, au plus tard, au mois de juin. Vous avez affaire à un roi qui est réglé dans ses finances comme un géomètre, et qui a toutes les vertus. Ne vous mettez point dans la tête les choses dont vous me parlez. Continuez à bien servir le plus aimable monarque de la terre, et à aimer vos anciens amis d'une amitié ferme et courageuse, qui ne cède point aux insinuations de ceux qui cherchent à extirper dans le cœur des autres une vertu qu'ils n'ont point connue dans le leur.

Enfin le roi de Prusse a accepté le présent que je lui ai voulu faire de M. du Molard. Annoncez-lui cette bonne nouvelle. M. Jordan vous mandera les détails, s'il ne les a déjà mandés.

Voici de la graine des Périclès et des Lælius : c'est un jeune républicain d'une famille distinguée dans sa patrie, et qui lui fera honneur par lui-même. Il désire de voir à Paris des hommes et des livres ; vous pouvez lui procurer ce qu'il y a de mieux dans ces deux espèces.

Scribe tui gregis hunc, et fortem crede bonumque.
Hor., lib. I, ep. IX, v. 13.

Je vous embrasse, etc.

MXXXIV. — A FRÉDÉRIC II, ROI DE PRUSSE.

La Haye, le 17 octobre.

Bientôt à Berlin vous l'aurez
Cette cohorte théâtrale,
Race gueuse, fière, et vénale,
Héros errants et bigarrés,
Portant avec habits dorés
Diamants faux et linge sale ;
Hurlant pour l'empire romain,
Ou pour quelque fière inhumaine,
Gouvernant, trois fois la semaine,
L'univers pour gagner du pain.

Vous aurez maussades actrices,
Moitié femme et moitié patin,

> L'une bégueule avec caprices,
> L'autre débonnaire et catin,
> A qui le souffleur ou Crispin
> Fait un enfant dans les coulisses.

Dieu soit loué que Votre Majesté prenne la généreuse résolution de se donner du bon temps! C'est le seul conseil que j'aie osé vous donner; mais je défie tous les politiques d'en proposer un meilleur. Songez à ce mal fixe de côté; ce sont de ces maux que le travail du cabinet augmente et que le plaisir guérit. Sire, qui rend heureux les autres mérite de l'être, et avec un mal de côté on ne l'est point.

Voici enfin, Sire, des exemplaires de la nouvelle édition de l'*Anti-Machiavel*. Je crois avoir pris le seul parti qui restait à prendre, et avoir obéi à vos ordres sacrés. Je persiste toujours à penser qu'il a fallu adoucir quelques traits qui auraient scandalisé les faibles et révolté certains politiques. Un tel livre, encore une fois, n'a pas besoin de tels ornements. L'ambassadeur Camas serait hors des gonds s'il voyait à Paris de ces maximes chatouilleuses, et qu'il pratique pourtant un peu trop. Tout vous admirera, jusqu'aux dévots. Je ne les ai pas trop dans mon parti, mais je suis plus sage pour vous que pour moi. Il faut que mon cher et respectable monarque, que le plus aimable des rois plaise à tout le monde. Il n'y a plus moyen de vous cacher, Sire, après l'ode de Gresset; voilà la mine éventée, il faut paraître hardiment sur la brèche. Il n'y a que des Ostrogoths et des Vandales qui puissent jamais trouver à redire qu'un jeune prince ait, à l'âge de vingt-cinq ou vingt-six ans, occupé son loisir à rendre les hommes meilleurs, et à les instruire, en s'instruisant lui-même. Vous vous êtes taillé des ailes à Remusberg pour voler à l'immortalité. Vous irez, Sire, par toutes les routes; mais celle-ci ne sera pas la moins glorieuse

> J'en atteste le Dieu que l'univers adore,
> Qui jadis inspira Marc-Aurèle et Titus.
> Qui vous donna tant de vertus,
> Et que tout bigot déshonore.

Il vient tous les jours ici de jeunes officiers français; on leur demande ce qu'ils viennent faire, ils disent qu'ils vont chercher de l'emploi en Prusse. Il y en a quatre actuellement de ma connaissance : l'un est le fils du gouverneur de Berg-Saint-Vinox, l'autre le garçon-major du régiment de Luxembourg, l'autre le fils d'un président, l'autre le bâtard d'un évêque. Celui-ci s'est enfui avec une fille, cet autre s'est enfui tout seul, celui-là a épousé la fille de son tailleur, un cinquième veut être comédien, en attendant qu'on lui donne un régiment.

J'apprends une nouvelle qui enchante mon esprit tolérant; Votre Majesté fait revenir de pauvres anabaptistes qu'on avait chassés, je ne sais trop pourquoi.

> Que deux fois on se rebaptise,
> Ou que l'on soit débaptisé.
> Qu'étole au cou Jean exorcise,

Ou que Jean soit exorcisé ;
Qu'il soit hors ou dedans l'Eglise,
Musulman, brachmane, ou chrétien,
De rien je ne me scandalise,
Pourvu qu'on soit homme de bien.
Je veux qu'aux lois on soit fidèle,
Je veux qu'on chérisse son roi ;
C'est en ce monde assez, je croi
Le reste, qu'on nomme la foi,
Est bon pour la vie éternelle,
Et c'est peu de chose pour moi.

MXXXV. — A M. LE MARÉCHAL DE BROGLIE.

A la Haye, au palais du roi de Prusse, le 17 octobre.

Monseigneur, il m'est venu trouver ici un jeune homme d'une figure assez aimable, quoique petite ; portant ses cheveux, ayant l'air vif, une petite bouche, et paraissant âgé de vingt-trois à vingt-quatre ans. Il se nomme M. de Champflour, et se dit garçon-major et lieutenant dans le régiment de Luxembourg, actuellement en garnison dans votre citadelle de Strasbourg.

Il se flatte de n'être pas oublié de vous, monseigneur, et il dit que monsieur son père, qui a l'honneur d'être connu de vous, pourra être touché de son état, si vous voulez bien le protéger.

Il me paraît dans la plus grande misère, chargé d'une femme grosse, et accablé de sa misère et de celle de sa femme. Il vient tous les jours ici tant d'aventuriers, que je ne peux lui rien donner, ni le recommander à personne, sans avoir auparavant votre agrément.

S'il était vrai que son père, pour lequel je prends la liberté de joindre ici une lettre, voulût faire quelque chose en sa faveur, je lui ferais avancer ici de l'argent. Je ne le connais que par le malheur de son état qui l'a forcé à se découvrir à moi.

Je saisis cette occasion pour vous renouveler les assurances du profond respect avec lequel je serai toute ma vie, monseigneur, votre....

VOLTAIRE.

Me serait-il permis de présenter mes respects à madame la maréchale ?

MXXXVI. — A M. DE CHAMPFLOUR PÈRE.

A la Haye, dans le palais du roi de Prusse, ce 18 octobre.

Quoique je n'aie pas l'honneur d'être connu de vous, monsieur, je me crois obligé de vous écrire pour vous avertir que monsieur votre fils s'est adressé à moi, à la Haye. Il m'a avoué qu'il a fait des fautes de jeunesse dont il éprouve à la fois la punition et le repentir. Il manque de tout ; une telle misère peut conduire à des fautes nouvelles. Si vous le jugez à propos, monsieur, je lui avancerai ce qu'il faudra pour l'aider à vivre, et pour lui procurer quelque emploi dans lequel il puisse vivre en honnête homme et vous faire honneur. VOLTAIRE.

MXXXVII. — A M. DE CAMAS, AMBASSADEUR DU ROI DE PRUSSE.

A la Haye, ce 18 d'octobre.

Monsieur, les jansénistes disent qu'il y a des commandements de Dieu qui sont impossibles. Si Dieu ordonnait ici que l'on supprimât l'*Anti-Machiavel*, les jansénistes auraient raison. Vous verrez, monsieur, par la lettre ci-jointe au dépositaire du manuscrit, la manière dont je me suis conduit. J'ai senti, dès le premier moment, que l'affaire était très-délicate, et je n'ai fait aucun pas sans être éclairé du secrétaire de la légation de Prusse à la Haye, et sans instruire le roi de tout. J'ai toujours représenté ce qui était, et j'ai obéi à ce qu'on voulait. Il faut partir d'où l'on est. Van Duren ayant imprimé, sous deux titres différents, l'*Anti-Machiavel*, et le livre étant très-défiguré de la part du libraire, et assez dangereux en quelques pays par le tour malin qu'on peut donner à plus d'une expression, j'ai cru qu'on ne pouvait y remédier qu'en donnant l'ouvrage tel que je l'ai déposé à la Haye, et tel qu'il ne peut déplaire, je crois, à personne. Avant même de faire cette démarche, j'ai envoyé à Sa Majesté une nouvelle copie manuscrite de son ouvrage, avec ces petits changements que j'ai cru que la bienséance exigeait. Je lui ai envoyé aussi un exemplaire de l'édition de Van Duren. S'il veut encore y corriger quelque chose, ce sera pour une nouvelle édition; car vous jugez bien qu'on s'arrache le livre dans toute l'Europe. En général, on en est charmé (je parle de l'édition de Van Duren même); les maximes qui y sont répandues ont plu infiniment ici à tous les membres de l'État et à la plupart des ministres. Mais il faut avouer qu'il y a aussi quelques ministres qui en sont révoltés, et c'est pour eux et pour leurs cours que j'ai fait la nouvelle édition; car ce livre, qui est le catéchisme de la vertu, doit plaire dans tous les États et dans toutes les sectes, à Rome comme à Genève, aux jésuites comme aux jansénistes, à Madrid comme à Londres. Je vous dirai hardiment, monsieur, que je fais plus de cas de ce livre que des *Césars* de l'empereur Julien et des *Maximes* de Marc-Aurèle. Je trouve bien des gens de mon sentiment; et tout le monde admire qu'un jeune prince de vingt-cinq ans ait employé ainsi un loisir que les autres princes et les autres hommes n'occupent que d'amusements dangereux ou frivoles.

Enfin, monsieur, la chose est faite: il l'a voulu, il n'y a qu'à la soutenir. J'ai tout lieu d'espérer que la conduite du roi justifiera en tout l'*Anti-Machiavel* du prince. J'en juge par ce qu'il me fait l'honneur de m'écrire, du 7 octobre, au sujet d'Herstal[1] :

« Ceux qui ont cru que je voulais garder le comté de Horn, au lieu d'Herstal, ne m'ont pas connu. Je n'aurais eu d'autres droits sur Horn que ceux que le plus fort a sur les biens du plus faible. »

Un prince qui donne à la fois ces exemples de justice et de fermeté ne sera-t-il pas respecté dans toute l'Europe? Quel prince ne recher-

---

1. Le passage que cite ici Voltaire n'est pas dans la lettre du 7 octobre telle qu'elle nous est parvenue. (Éd.)

chera pas son amitié? Enfin, monsieur, il vous aime, et vous l'aimez ; il connaît le prix de vos conseils, c'est assez pour me répondre de sa gloire. Je crois qu'il est né pour servir d'exemple à la nature humaine ; et sûrement il sera toujours semblable à lui-même, s'il croit vos conseils. Je ne lui suis attaché par aucun intérêt; ainsi rien ne m'aveugle. Ce sera au temps à décider si j'ai eu raison ou non de lui donner les surnoms de Titus et de Trajan.

Je me destine à passer mes jours dans une solitude, loin des rois et de toute affaire; mais je ne cesserai jamais d'aimer le roi de Prusse et M. de Camas. Ces expressions sont un peu familières; le roi les permet, permettez-les aussi, et souffrez que je ne distingue point ici le monarque du ministre.

Je suis pour toute ma vie, monsieur, avec tous les sentiments que je vous dois, etc.

MXXXVIII. — A M. DE CIDEVILLE.

A la Haye, au palais du roi de Prusse, le 18 d'octobre.

Voici mon cas, mon très-aimable Cideville. Quand vous m'envoyâtes, dans votre dernière lettre, ces vers parmi lesquels il y en a de charmants et d'inimitables pour notre Marc-Aurèle du Nord, je me proposais bien de lui en faire ma cour. Il devait alors venir à Bruxelles *incognito;* nous l'y attendions; mais la fièvre quarte, qu'il a malheureusement encore, dérangea tous ces projets. Il m'envoya un courrier à Bruxelles, et je partis pour l'aller trouver auprès de Clèves.

C'est là que je vis un des plus aimables hommes du monde, un homme qui serait le charme de la société, qu'on rechercherait partout, s'il n'était pas roi ; un philosophe sans austérité, rempli de douceur, de complaisance, d'agréments, ne se souvenant plus qu'il est roi dès qu'il est avec ses amis, et l'oubliant si parfaitement qu'il me le faisait presque oublier aussi, et qu'il me fallait un effort de mémoire pour me souvenir que je voyais assis sur le pied de mon lit un souverain qui avait une armée de cent mille hommes. C'était bien là le moment de lui lire vos aimables vers; Mme du Châtelet, qui devait me les envoyer, ne l'a pas fait. J'étais bien fâché, et je le suis encore; ils sont à Bruxelles, et moi, depuis un mois, je suis à la Haye ; mais je vous jure bien fort que la première chose que je ferai, en revenant à Bruxelles, sera de les faire copier, et de les envoyer à celui qui en est digne, et qui en sentira tout le prix. Soyez sûr que vous en aurez des nouvelles.

Savez-vous bien ce que je fais à présent à la Haye? Je fais imprimer la réfutation de *Machiavel*, ouvrage fait pour rendre le genre humain heureux, s'il peut l'être, composé, il y a trois ans, par ce jeune prince, qui, dans un temps que les gens de son espèce employoient à la chasse, se formait à la vertu et à l'art de régner. J'y ai joint une petite *préface* de ma façon, et cela était nécessaire pour prévenir deux éditions toutes tronquées, toutes défigurées, qui paraissent coup sur coup, l'une chez Meyer, à Londres, l'autre chez Van Duren, à la Haye.

Il faut que vous lisiez, mon cher ami, cet ouvrage digne d'un roi.

Quelque Goth et quelque Vandale trouveront peut-être à redire qu'un souverain ose si bien penser et si bien écrire; ils regretteront les heureux temps où les rois signaient leur nom avec un monogramme, sans savoir épeler; mais mon cher Cideville et tous les êtres pensants applaudiront. Je n'y sais autre chose que d'envoyer un exemplaire du livre à M. de Pontcarré, avec un autre pour vous dans le paquet.

Et *Mahomet;* il est tout prêt. Quand, comment le faire tenir au meilleur de mes amis et de mes juges? Je vous embrasse mille fois.

MXXXIX. — De Frédéric II, roi de Prusse.

A Nuremberg, ce 21 octobre.

Mon cher Voltaire, je vous suis mille fois obligé de tous les bons offices que vous me rendez, du Liégeois que vous abattez, de Van Duren que vous retenez, et, en un mot, de tout le bien que vous me faites. Vous êtes enfin le tuteur de mes ouvrages, et le génie heureux que sans doute quelque être bienfaisant m'envoie pour me soutenir et m'inspirer.

O vous, mortels ingrats! ô vous, cœurs insensibles!
Qui ne connaissez point l'amour ni la pitié,
Qui n'enfantez jamais que des projets nuisibles,
    Adorez l'Amitié.

La vertu la fit naître, et les dieux la douèrent
De l'honneur scrupuleux, de la fidélité;
Les traits les plus brillants et les plus doux l'ornèrent
    De la divinité.

Elle attire, elle unit les âmes vertueuses,
Leur sort est au-dessus de celui des humains;
Leurs bras leur sont communs, leurs armes généreuses
    Triomphent des destins.

Tendre et vaillant Nisus, vous sensible Euryale[1],
Héros dont l'amitié, dont le divin transport
Sut resserrer les nœuds de votre ardeur égale
    Jusqu'au sein de la mort;

Vos siècles engloutis du temps qui les dévore,
Contre les hauts exploits à jamais conjurés,
N'ont pu vous dérober l'encens dont on honore
    Vos grands noms consacrés.

Un nom plus grand me frappe et remplit l'hémisphère;
L'auguste Vérité dresse déjà l'autel,
Et l'Amitié paraît pour t'y placer, Voltaire,
    Dans son temple immortel.

1. Frédéric, en 1739, avait commencé une tragédie intitulée *Nisus et Euryale*. (Éd.)

Mornai, de ces lambris habitant pacifique,
Dès longtemps solitaire, heureux, et satisfait,
Entend ta voix, s'étonne, et son âme héroïque
T'aperçoit sans regret.

« Par zèle et par devoir j'ai secondé mon maître;
Ou ministre, ou guerrier, j'ai servi tour à tour;
Ton cœur plus généreux assiste (sans paraître)
Ton ami par amour.

« Celui qui me chanta m'égale et me surpasse;
Il m'a peint d'après lui; ses crayons lumineux
Ornèrent mes vertus, et m'ont donné la place
Que j'ai parmi les dieux. »

Ainsi parlait ce sage; et les intelligences
Aux bouts de l'univers l'annonçaient aux vivants:
Le ciel en retentit, et ses voûtes immenses
Prolongeaient leurs accents.

Pendant qu'on t'applaudit et que ton éloquence
Terrasse, en ma faveur, deux venimeux serpents,
L'amitié me transporte, et je m'envole en France
Pour fléchir tes tyrans.

O divine amitié d'un cœur tendre et flexible!
Seul espoir dans ma vie, et seul bien dans ma mort,
Tout cède devant toi; Vénus est moins sensible,
Hercule était moins fort.

J'emploie toute ma rhétorique auprès d'Hercule de Fleuri, pour voir si l'on pourra l'humaniser sur votre sujet. Vous savez ce que c'est qu'un prêtre, qu'un politique, qu'un homme très-têtu, et je vous prie d'avance de ne me point rendre responsable des succès qu'auront mes sollicitations; c'est un Van Duren placé sur le trône.

Ce Machiavel en barrette,
Toujours fourré de faux-fuyants,
Lève de temps en temps sa crête,
Et honnit les honnêtes gens.
Pour plaire à ses yeux bienséants
Il faut entonner la trompette
Des éloges les plus brillants,
Et parfumer sa vieille idole
De baume arabique et d'encens.
Ami, je connais ton bon sens;
Tu n'as pas la cervelle folle
De l'abjecte faveur des grands,
Et tu n'as point l'âme assez molle
Pour épouser leurs sentiments.

ANNÉE 1740.

Fait pour la vérité sincère,
A ce vieux monarque mitré,
Précepteur de gloire entouré,
Ta franchise ne saurait plaire.

MXL. — A FRÉDÉRIC II, ROI DE PRUSSE.

A la Haye, le 25 octobre

Ombre aimable, charmant espoir,
Des plaisirs image légère,
Quoi ! vous me flattez de revoir
Ce roi qui sait régner et plaire !

Nous lisons dans certain auteur
(Cet auteur est, je crois, la *Bible*,
Que Moïse, le voyageur,
Vit Jéhovah, quoique invisible

Certain verset[1] dit hardiment
Qu'il vit sa face de lumière;
Un autre nous dit bonnement
Qu'il ne parla qu'à son derrière[2]

On dit que la *Bible* souvent
Se contredit de la manière ;
Mais qu'importe, dans ce mystère,
Ou le derrière, ou le devant ?

Il vit son Dieu, c'est chose claire ;
Il reçut ses commandements;
Les vôtres seront plus charmants,
Et votre présence plus chère.

Je pourrai dire quelque jour :
J'ai vu deux fois ce prince aimable,
Né pour la guerre et pour l'amour,
Et pour l'étude et pour la table.

Il sait tout, hors être en repos ;
Il sait agir, parler, écrire;
Il tient le sceptre de Minos,
Et des Muses il tient la lyre.

Mais, dieux ! aujourd'hui qu'il s'écarte
De la droite raison qu'il a !
Il esquive le quinquina
Pour conserver sa fièvre quarte.

Sire, dans ce moment monseigneur le prince de Hesse vient de m'as-

1. *Loquebatur autem Dominus ad Moysen facie ad faciem.* Exod., XXXIII, 11. (ÉD.)
2. ....*Videbis* POSTERIORA *mea ; faciem autem meam videre non poteris.* *Ibid.*, v. 23. (ÉD.)

surer que le roi de Suède ayant été longtemps dans la même opinion que Votre Majesté, accablé d'une longue fièvre, a fait céder enfin son opiniâtreté à celle de la maladie, a pris le quinquina, et a guéri.

Je sais que tous les rois ensemble
Sont loin de mon roi vertueux;
Votre âme l'emporte sur eux,
Mais leur corps au moins vous ressemble.

Si dans le climat de la Suède un roi (soit qu'il prenne parti pour la France ou non) guérit par la *poudre des jésuites*, pourquoi, Sire, n'en prendriez-vous pas ?

A Loyola que mon roi cède!
Que votre esprit luthérien
Confonde tout ignatien!

Mais pour votre estomac prenez de son remède.

Sire, je veux venir à Berlin avec une balle de quinquina en poudre. Votre Majesté a beau travailler en roi avec sa fièvre, occuper son loisir en faisant de la prose de Cicéron et des vers de Catulle, je serai toujours très-affligé de cette maudite fièvre que vous négligez.

Si Votre Majesté veut que je sois assez heureux pour lui faire ma cour pendant quelques jours,

Mon cœur et ma maigre figure
Sont prêts à se mettre en chemin;
Déjà le cœur est à Berlin,
Et pour jamais, je vous le jure.

Je serai dans une nécessité indispensable de retourner bientôt à Bruxelles, pour le procès de Mme du Châtelet, et de quitter Marc-Aurèle pour la chicane; mais, Sire, quel homme est le maître de ses actions? Vous-même n'avez-vous pas un fardeau immense à porter qui vous empêche souvent de satisfaire vos goûts en remplissant vos devoirs sacrés? Je suis, etc.

MXLI. — DE FRÉDÉRIC II, ROI DE PRUSSE.

Remusberg, le 26 octobre.

Mon cher Voltaire, l'événement le moins prévu du monde m'empêche, pour cette fois, d'ouvrir mon âme à la vôtre comme d'ordinaire, et de bavarder comme je le voudrais. L'empereur [1] est mort.

Ce prince, né particulier,
Fut roi, puis empereur, Eugène fut sa gloire;
Mais, par malheur pour son histoire,
Il est mort en banqueroutier.

Cette mort dérange toutes mes idées pacifiques, et je crois qu'il s'a-

1. Charles VI. (Éd.)

gira, au mois de juin, plutôt de poudre à canon, de soldats, de tranchées, que d'actrices, de ballets et de théâtres; de façon que je me vois obligé de suspendre le marché¹ que nous aurions fait. Mon affaire de Liége est toute terminée², mais celles d'à présent sont de bien plus grande conséquence pour l'Europe ; c'est le moment du changement total de l'ancien système de politique; c'est ce rocher détaché qui roule sur la figure des quatre métaux que vit Nabuchodonosor, et qui les détruisit tous. Je vous suis mille fois obligé de l'impression du *Machiavel* achevée; je ne saurais y travailler à présent : je suis surchargé d'affaires. Je vais faire passer ma fièvre, car j'ai besoin de ma machine, et il en faut tirer à présent tout le parti possible.

Je vous envoie une ode, en réponse à celle de Gresset. Adieu, cher ami, ne m'oubliez jamais, et soyez persuadé de la tendre estime avec laquelle je suis votre très-fidèle ami.

MXLII. — A M. Helvétius, à Paris.

A la Haye, au palais du roi de Prusse, ce 27 d'octobre.

Mon cher et jeune Apollon, mon poëte philosophe, il y a six semaines que je suis plus errant que vous. Je comptais, de jour en jour, repasser par Bruxelles, et y relire deux pièces charmantes de poésie et de raison, sur lesquelles je vous dois beaucoup de points d'admiration, et aussi quelques points interrogants. Vous êtes le génie que j'aime, et qu'il fallait aux Français. Il vous faut encore un peu de travail, et je vous réponds que vous irez au sommet du temple de la gloire par un chemin tout nouveau. Je voudrais bien, en attendant, trouver un chemin pour me rapprocher de vous. La Providence nous a tous dispersés ; Mme du Châtelet est à Fontainebleau ; je vais peut-être à Berlin ; vous voilà, je crois, en Champagne ; qui sait cependant si je ne passerai pas une partie de l'hiver à Cirey, et si je n'aurai pas le plaisir de voir celui qui est aujourd'hui *nostri spes altera Pindi?* Ne seriez-vous pas à présent avec M. de Buffon? celui-là va encore à la gloire par d'autres chemins ; mais il va aussi au bonheur, il se porte à merveille. Le corps d'un athlète et l'âme d'un sage, voilà ce qu'il faut pour être heureux.

A propos de sage, je compte vous envoyer incessamment un exemplaire de l'*Anti-Machiavel;* l'auteur était fait pour vivre avec vous. Vous verrez une chose unique, un Allemand qui écrit mieux que bien des Français qui se piquent de bien écrire ; un jeune homme qui pense en philosophe, et un roi qui pense en homme. Vous m'avez accoutumé, mon cher ami, aux choses extraordinaires. L'auteur de l'*Anti-Machiavel* et vous sont deux choses qui me réconcilient avec le siècle. Permettez-moi d'y mettre encore Émilie ; il ne la faut pas oublier dans la liste, et cette liste ne sera jamais bien longue.

1. Relativement à une troupe de comédiens. (Éd.)
2. L'accommodement entre le roi de Prusse et l'évêque de Liége avait été signé à Berlin le 20 octobre. (Éd.)

Je vous embrasse de tout mon cœur ; mon imagination et mon cœur courent après vous.

MXLIII. — A M. LE PRÉSIDENT HÉNAULT.

La Haye, ce 31 octobre.

Si le roi de Prusse était venu à Paris, monsieur, il n'aurait point démenti les charmes que vous trouvez dans les lettres qu'on vous a montrées. Il parle comme il écrit. Je ne sais pas encore bien précisément s'il y a eu de plus grands rois, mais il n'y a guère eu d'hommes plus aimables. C'est un miracle de la nature que le fils d'un ogre couronné, élevé avec des bêtes, ait deviné, dans ses déserts, toute cette finesse et toutes ces grâces naturelles, qui ne sont à Paris que le partage d'un petit nombre de personnes, et qui font cependant la réputation de Paris. Je crois avoir déjà dit que ses passions dominantes sont d'être juste et de plaire. Il est fait pour la société comme pour le trône ; il me demanda, quand j'eus l'honneur de le voir, des nouvelles de ce petit nombre d'élus qui méritait qu'il fit le voyage de France ; je vous mis à la tête. Si jamais il peut venir en France, vous vous apercevrez que vous êtes connu de lui, et vous verrez quelque petite différence entre ses soupers et ceux que vous avez faits quelquefois, en France, avec des princes. Vous avez grande raison d'être surpris de ses lettres ; vous le serez donc bien davantage de l'*Anti-Machiavel*. Je ne suis pas pour que les rois soient auteurs ; mais vous m'avouerez que, s'il y a un sujet digne d'être traité par un roi, c'est celui-là. Il est beau, à mon gré, qu'une main qui porte le sceptre compose l'antidote du venin qu'un scélérat d'Italien fait boire aux souverains depuis deux siècles ; cela peut faire un peu de bien à l'humanité, et certainement beaucoup d'honneur à la royauté. J'ai été presque seul d'avis qu'on imprimât cet ouvrage unique, car les préjugés ne me dominent en rien. J'ai été bien aise qu'un roi ait fait ainsi, entre mes mains, serment à l'univers d'être bon et juste.

Autant que je déteste et que je méprise la basse et infâme superstition, qui déshonore tant d'États, autant j'adore la vertu véritable ; je crois l'avoir trouvée et dans ce prince et dans son livre.

S'il arrive jamais que ce roi trahisse de si grands engagements, s'il n'est pas digne de lui-même, s'il n'est pas en tout temps un Marc-Aurèle, un Trajan, et un Titus, je pleurerai et je ne l'aimerai plus.

M. d'Argenson doit avoir reçu un *Anti-Machiavel* pour vous ; je vais en faire une belle édition ; j'ai été obligé de faire celle-ci à la hâte, pour prévenir toutes les mauvaises qu'on débite, et pour les étouffer. Je voudrais pouvoir en envoyer à tout le monde ; mais comment faire avec la poste ? Reste à savoir si les censeurs approuveront ce livre, et s'il sera signé *Passart* ou *Cherrier*.

J'aurais déjà pris mon parti de passer le reste de ma vie auprès de ce prince aimable, et d'oublier dans sa cour la manière indigne dont j'ai été traité dans un pays qui devait être l'asile des arts ; mais la personne¹ qui vous a montré les lettres l'emporte sur celui qui les a écrites; et, quoi que je puisse devoir à ce roi, jusqu'à présent le modèle des rois, je dois cent fois plus à l'amitié. Permettez-moi de vous compter toujours parmi ceux qui m'attachent à ma patrie, et que Mme du Deffand ne pense pas que l'envie de lui plaire et d'avoir son suffrage sorte jamais de mon cœur. M. de Formont est-il à Paris? Il est, comme vous le savez, du petit nombre des élus. Mes respects à *quelli pochissimi signori*, et surtout à vous, monsieur, qui ne m'avez jamais aimé qu'en passant, et à qui je suis attaché pour toujours.

J'espère que du Molard ne sera pas mal, et qu'il vous aura obligation toute sa vie.

MXLIV. — A M. LE CARDINAL DE FLEURI.

La Haye, le 4 novembre.

Monseigneur, je ne peux résister aux ordres réitérés de S. M. le roi de Prusse. Je vais, pour quelques jours, faire ma cour à un monarque qui prend votre manière de penser pour son modèle.

J'ai eu l'honneur de faire tenir à Votre Éminence un *Anti-Machiavel*, livre où l'on ne trouve que vos sentiments, et qui a, ainsi que votre conduite, le bonheur du monde pour objet.

Quel que soit l'auteur de cet ouvrage, si Votre Éminence daignait me marquer qu'elle l'approuve, je suis sûr que l'auteur, qui est déjà plein d'estime pour votre personne, y joindrait l'amitié, et chérirait encore plus la nation dont vous faites la félicité.

Je me flatte que Votre Éminence approuvera mon zèle, et qu'elle voudra bien me le témoigner par un mot de lettre, sous le couvert de M. le marquis de Beauvau. Je suis, avec un profond respect, monseigneur, etc. VOLTAIRE.

MXLV. — DE FRÉDÉRIC II, ROI DE PRUSSE.

Remusberg, 8 novembre.

Ton Apollon te fait voler au ciel,
Tandis, ami, que, rampant sur la terre,
Je suis en butte aux carreaux du tonnerre,
A la malice, aux dévots, dont le fiel
Avec fureur cent fois a fait la guerre
A maint humain bien moins qu'eux criminel.
Mais laissons là leur imbécile engeance
Hurler l'erreur et prêcher l'abstinence,
Du sein du luxe et de leurs passions.
Tu veux percer la carrière immense
De l'avenir, et voir les actions
Que le destin avec tant de constance
Aux curieux bouillant d'impatience
Cacha toujours très-scrupuleusement?

1. Mme du Châtelet. (ÉD.)

Pour te parler tant soit peu sensément,
A ce palais qu'on trouve dans Voltaire,
Temple où Henri fut conduit par son père,
Où tout paraît nu devant le destin,
Si son auteur t'en montre le chemin,
Entièrement tu peux te satisfaire.
Mais, si tu veux d'un fantasque tableau,
En ta faveur de ce chaos nouveau
Je vais ici te barbouiller l'histoire,
De Jean Callot empruntant le pinceau.
Premièrement vois bouillonner la Gloire
Au feu d'enfer attisé d'un démon ;
Vois tous les fous d'un nom dans la mémoire
Boire à l'excès de ce fatal poison ;
Vois dans ses mains, secouant un brandon,
Spectre hideux, femelle affreuse et noire,
Parlant toujours langage de grimoire,
Et s'appuyant sur le sombre Soupçon,
Sur le Secret, et marchant à tâton,
La Politique, implacable harpie,
Et l'Intérêt, qui lui donna le jour,
Insinuer toute leur troupe impie
Auprès des rois, en inonder leur cour,
Et de leurs traits blesser les cœurs d'envie,
Souffler la haine, et brouiller sans retour
Mille voisins de qui la race amie
Par maint hymen signalait leur amour.
Déjà j'entends l'orage du tambour ;
De cent héros je vois briller la rage,
Sous les beaux noms d'audace et de courage ;
Déjà je vois envahir cent États,
Et tant d'humains moissonnés avant l'âge,
Précipités dans la nuit du trépas.
De tous côtés je vois croître l'orage,
Je vois plus d'un illustre et grand naufrage,
Et l'univers tout couvert de soldats,
Je vois *Petit*. J'en vis bien davantage ;
Et vous, à votre imagination
C'est à finir ; car ma Muse essoufflée,
De la fureur et de l'ambition
Te crayonnant la désolation,
Fuyant le meurtre et craignant la mêlée,
S'est promptement de ces lieux envolée.

Voilà une belle histoire des choses que vous prévoyez. Si don Louis d'Acuhna, le cardinal Alberoni, ou l'*Hercule* mitré, avaient des commis qui leur fissent de pareils plans, je crois qu'ils sortiraient avec deux oreilles de moins de leur cabinet

Vous vous en contenterez cependant pour le présent; c'est à vous d'imaginer de plus tout ce qu'il vous plaira. Quant aux affaires de votre petite politique particulière, nous en aviserons à Berlin, et je crois que j'aurai dans peu des moyens entre les mains pour vous rendre satisfait et content.

Adieu, cher cygne, faites-moi quelquefois entendre votre chant; mais que ce ne soit point, selon la fiction des poëtes, en rendant l'âme au bord du Simoïs. Je veux de vos lettres, vous bien portant et même mieux qu'à présent. Vous connaissez l'estime que j'ai pour vous. vous en êtes persuadé.

MXLVI. — A FRÉDÉRIC II, ROI DE PRUSSE.

A Herford, le 11 novembre

Dans un chemin creux et glissant,
Comblé de neiges et de boues,
La main d'un démon malfaisant
De mon char a brisé les roues.
J'avais toujours imprudemment
Bravé celle de la fortune,
Mais je change de sentiment;
Je la fuyais, je l'importune,
Je lui dis d'une faible voix :
« O toi qui gouvernes les rois,
Excepté le héros que j'aime;
O toi qui n'auras sous tes lois
Ni son cœur, ni son diadème,
Je vais trouver mon seul appui!
Qu'enfin ta faveur me seconde;
Souffre qu'en paix j'aille vers lui;
Va troubler le reste du monde »

La Fortune, Sire, a été trop jalouse de mon accès auprès de Votre Majesté; elle est bien loin d'exaucer ma prière; elle vient de briser, sur le chemin d'Herford, ce carrosse qui me menait dans la terre promise. Du Molard l'oriental, que j'amène dans les États de Votre Majesté suivant vos ordres, prétend, Sire, que, dans l'Arabie, jamais pèlerin de la Mecque n'eut une plus triste aventure, et que les Juifs ne furent pas plus à plaindre dans le désert.

Un domestique va d'un côté demander du secours à des Vestphaliens qui croient qu'on leur demande à boire; un autre court sans savoir où. Du Molard, qui se promet bien d'écrire notre voyage en arabe et en syriaque, est cependant de ressource, comme s'il n'était pas savant. Il va à la découverte, moitié à pied, moitié en charrette; et moi, je monte en culotte de velours, en bas de soie, et en mules, sur un cheval rétif.

Hélas! grand roi, qu'eussiez-vous cru,
En voyant ma faible figure
Chevauchant tristement à cru
Un coursier de mon encolure?

CORRESPONDANCE.

C'est ainsi qu'on vit autrefois
Ce héros vanté par Cervante,
Son écuyer et Rossinante,
Égarés au milieu des bois.
Ils ont fait de brillants exploits.
Mais j'aime mieux ma destinée;
Ils ne servaient que Dulcinée,
Et je sers le meilleur des rois.

En arrivant à Herford dans cet équipage, la sentinelle m'a demandé mon nom; j'ai répondu, comme de raison, que je m'appelais don Quichotte, et j'entre sous ce nom. Mais quand pourrai-je me jeter à vos pieds sous celui de votre créature, de votre admirateur, de..., etc.?

MXLVII. — Du Cardinal de Fleuri.

A Issy, ce 14 novembre 1740.

Je reçois dans le moment, monsieur, une seconde lettre de vous, et je n'en perds pas un pour y répondre, dans la crainte que M. le marquis de Beauvau ne soit parti de Berlin. Je ne puis qu'approuver le voyage que vous y allez faire, et vous êtes attaché par des titres trop justes et trop pressants au roi de Prusse pour ne pas lui donner cette marque de votre respect et de votre reconnaissance; le seul motif de la reine de Saba vous eût suffi pour ne pas vous y refuser. Je ne savais pas que le précieux présent que m'a fait Mme la marquise du Châtelet de l'*Anti-Machiavel* vînt de vous; il ne m'en est que plus cher, et je vous en remercie de tout mon cœur. Comme j'ai peu de moments à donner à mon plaisir, je n'ai pu en lire jusqu'ici qu'une quarantaine de pages, et je tâcherai de l'achever dans ce que j'appelle improprement ma retraite; car elle est par malheur trop troublée pour mon repos.

Quel que soit l'auteur de cet ouvrage, s'il n'est pas prince, il mérite de l'être; et le peu que j'en ai lu est si sage, si raisonnable, et renferme des principes si admirables, que celui qui l'a fait serait digne de commander aux autres hommes, pourvu qu'il eût le courage de les mettre en pratique. S'il est né prince, il contracte un engagement bien solennel avec le public; et l'empereur Antonin ne se serait pas acquis la gloire immortelle qu'il conservera dans tous les siècles, s'il n'avait soutenu par la justice de son gouvernement la belle morale dont il avait donné des leçons si instructives à tous les souverains.

Vous me dites des choses si flatteuses pour moi que je n'ai garde de les prendre à la lettre; mais elles ne laissent pas de me faire un sensible plaisir, parce qu'elles sont du moins une preuve de votre amitié. Je serais infiniment touché que Sa Majesté prussienne pût trouver dans ma conduite quelque conformité avec ses principes; mais du moins puis-je vous assurer que je sens et regarde les siens comme le modèle du plus parfait et du plus glorieux gouvernement.

....

Je tombe sans y penser dans des réflexions politiques, et je finis en vous assurant que je tâcherai de ne pas me rendre indigne de la bonne opinion que Sa Majesté prussienne daigne avoir de moi. Il a la qualité de prince de trop ; et s'il n'était qu'un simple particulier, on se ferait un bonheur de vivre avec lui en société. Je vous porte envie, monsieur, d'en jouir, et vous félicite d'autant plus que vous ne le devez qu'à vos talents et à vos sentiments, etc.

MXLVIII. — A M. LE CARDINAL DE FLEURI.

A Berlin, le 26 de novembre.

J'ai reçu, monseigneur, votre lettre du 14, que M. le marquis de Beauvau m'a remise. J'ai obéi aux ordres que Votre Éminence ne m'a point donnés ; j'ai montré votre lettre au roi de Prusse. Il est d'autant plus sensible à vos éloges qu'il les mérite, et il me paraît qu'il se dispose à mériter ceux de toutes les nations de l'Europe. Il est à souhaiter pour leur bonheur, ou, du moins, pour celui d'une grande partie, que le roi de France et le roi de Prusse soient amis. C'est votre affaire ; la mienne est de faire des vœux, et de vous être toujours dévoué avec le plus profond respect.

MXLIX. — A FRÉDÉRIC II, ROI DE PRUSSE.

A Berlin, ce 28 novembre.

Puisque votre *humanité* aime la petite écriture :

O champs vestphaliens, faut-il vous traverser ?
Destin, où m'allez-vous réduire ?
Je quitte un demi-dieu que je dois encenser,
Le modèle des rois dans l'art de se conduire,
Et le mien dans l'art de penser.

J'ai paru devant vous, ô respectable mère !
Vous à qui doit Berlin sa gloire et son appui,
Vous dont tient mon héros son divin caractère,
Vous qu'on aime à la fois et pour vous et pour lui.

Les sœurs de Marc-Aurèle, Henri, son digne frère,
Tour à tour enchantent mes yeux.
Je crois voir dans leur sanctuaire
Les dieux encore enfants, et Cybèle avec eux.

Ce superbe arsenal, où la main de la guerre
Tient la destruction des plus fermes remparts,
Me paraît à la fois le monument des arts,
Le séjour de la mort, de Mars, et du tonnerre

Mais d'où partent ces doux concerts ?
C'est Achille qui chante, Apollon qui l'inspire ;
Il porte entre ses mains et l'épée et la lyre ;
Il fait le destin de l'empire ;
Il fait plus, il fait de beaux vers.

Je reçois, Sire, dans ce moment, une lettre de Votre Majesté, que M. du Raesfeld me renvoie.

Je suis bien fâché de ne l'avoir pas reçue plus tôt, j'aurais été consolé. Votre Majesté m'apprend qu'elle a pris le parti de désavouer l'une et l'autre édition, et d'en faire imprimer une nouvelle leçon à Berlin, quand elle en aura le loisir. Cela seul suffit pour mettre sa gloire en sûreté, en cas qu'il y ait quelque chose dans ces éditions qui déplaise à Sa Majesté. L'ouvrage est déjà si généralement goûté, que Votre Majesté ne peut que se rendre encore plus respectable en corrigeant ce que j'ai gâté, et fortifiant ce que j'ai affaibli. Puissé-je être aussi fripon qu'un jésuite, aussi gueux qu'un chimiste, aussi sot qu'un capucin, si j'ai rien en vue que votre gloire! Sire, je vous ai érigé un autel dans mon cœur; je suis sensible à votre réputation comme vous-même. Je me nourris de l'encens que les connaisseurs vous donnent; je n'ai plus d'amour-propre que par rapport à vous.

Lisez, Sire, cette lettre que je reçois de M. le cardinal de Fleuri. Trente particuliers m'en écrivent de pareilles; l'Europe retentit de vos louanges. Je peux jurer à Votre Majesté qu'excepté le malheureux écrivain de petites nouvelles, il n'y a personne qui ne sache que je suis incapable d'avoir fait un tel ouvrage de politique, et qui ne connaisse ce que peut votre singulier génie.

Mais, Sire, quelque grand génie qu'on puisse être, on ne peut écrire ni en vers ni en prose, sans consulter quelqu'un qui nous aime.

Au reste, que la lettre de M. le cardinal de Fleuri ne vous étonne pas, Sire; il m'a toujours écrit avec quelque air d'amitié. Si j'étais mal avec lui, c'est que je croyais avoir sujet d'être mécontent de lui, et je n'avais pu plier mon caractère à lui faire ma cour. Il n'y a jamais que le cœur qui me conduise.

Votre Majesté verra, par sa lettre en original, que quand j'ai fait tenir l'*Anti-Machiavel* à ce ministre, comme à tant d'autres, je me suis bien donné de garde de désigner Votre Majesté pour l'auteur de cet admirable livre.

Je vous supplie, Sire, de juger ma conduite dans cette affaire par la scrupuleuse attention que j'ai eue à ne jamais donner à personne copie des vers dont Votre Majesté m'a honoré; j'ose dire que je suis le seul dans ce cas.

Je vais partir demain. Mme du Châtelet est fort mal. Je me flatte encore d'être assez heureux pour assurer un moment Votre Majesté, à Potsdam, du tendre attachement, de l'admiration et du respect avec lesquels je serai toute ma vie, Sire, de Votre Majesté le très-humble et très-obéissant serviteur.

ML. — A M. DE MAUPERTUIS.

Potsdam, décembre.

Mon cher hibou de philosophe errant, venez donc dîner aujourd'hui chez M. de Valori, et, s'il dîne chez M. de Beauvau, nous mangerons chez M. de Beauvau. Il faut que j'embrasse mon philosophe avant que

ANNÉE 1740.

de prendre congé de la respectable, singulière et aimable p.....[1] qui arrive.

MLI. — A FRÉDÉRIC II, ROI DE PRUSSE.

....

Je vous quitte, il est vrai ; mais mon cœur déchiré
    Vers vous revolera sans cesse ;
Depuis quatre ans vous êtes ma maîtresse,
Un amour de dix ans doit être préféré ;
    Je remplis un devoir sacré.
Héros de l'amitié, vous m'approuvez vous-même ;
    Adieu, je pars désespéré.
Oui, je vais aux genoux d'un objet adoré,
    Mais j'abandonne ce que j'aime.

Votre ode est parfaite enfin, et je serais jaloux si je n'étais transporté de plaisir. Je me jette aux pieds de votre *humanité*, et j'ose être attaché tendrement au plus aimable des hommes, comme j'admire le protecteur de l'empire, de ses sujets, et des arts.

MLII. — A M. DE MAUPERTUIS.

Potsdam, décembre.

Étant obligé de quitter les rois et les philosophes, ou les philosophes et les rois, je vous recommande M. du Molard comme Français et comme homme de mérite. Unissez-vous, je vous prie, avec M. Jordan, pour le présenter au roi par l'ordre duquel il est venu, et pour faire régler sa destinée ; la mienne sera de vous aimer toujours.

MLIII — A FRÉDÉRIC II, ROI DE PRUSSE.

A quatre lieues par delà Vesel, je ne sais où,
ce 6 décembre.

O détestable Vestphalie !
Vous n'avez chez vous ni vin frais,
Ni lit, ni servante jolie ;
De couvents vous êtes remplie,
Et vous manquez de cabarets.
Quiconque veut vivre sans boire,
Et sans dormir et sans manger,
Fera très-bien de voyager
Dans votre chien de territoire.
Monsieur l'évêque de Munster ?
Vous tondez donc votre province ?
Pour le peuple est l'âge de fer,
Et l'âge d'or est pour le prince.
Je vois bien maintenant pourquoi,
Dans cette maudite contrée,

1. Le roi de Prusse. (ÉD.)

On donna la paix et la loi
A l'Allemagne déchirée.
Du très-saint empire romain
Les sages plénipotentiaires,
Dégoûtés de tant de misères,
Voulurent en partir soudain,
Et se hâtèrent de conclure
Un traité fait à l'aventure,
Dans la peur de mourir de faim.
Ce n'est pas de même à Berlin;
Les beaux-arts, la magnificence,
La bonne chère, l'abondance,
Y font oublier le destin
De l'Italie et de la France.
De l'Italie! Algarotti,
Comment trouvez-vous ce langage?
Je vous vois, frappé de l'outrage,
Me regarder en ennemi.
Modérez ce bouillant courage,
Et répondez-nous en ami.
Vos pantalons à robe d'encre,
Vos lagunes à forte odeur,
Où deux galères sont à l'ancre,
Dix mille putains dont le ...
Plus que vos canaux est profond,
Malgré le virus qui l'échancre;
Un palais sans cour et sans parc
Où végète un doge inutile;
Un vieux manuscrit d'Évangile
Griffonné, dit-on, par saint Marc;
Vos nobles, avec prud'homie,
Allant du sénat au marché
Chercher pour deux sous d'eau-de-vie;
Un peuple mou, faible, entiché
D'ignorance et de fourberie,
Le fessier souvent ébréché,
Grâce aux efforts du vieux péché
Que l'on appelle sodomie,
Voilà le portrait ébauché
De la très-noble seigneurie.
Or cela vaut-il, je vous prie,
Notre adorable Frédéric,
Ses vertus, ses goûts, sa patrie?
J'en fais juge tout le public.

J'espère que je ne serai pas dénoncé au conseil des Dix. On dit que la république entretient un apothicaire qui a l'honneur d'être l'empoisonneur ordinaire de la sérénissime, et qui donne parties égales de jusquiame, de ciguë et d'opium aux mauvais plaisants; mais je n'en crois rien. D'ailleurs, si je meurs, ce sera, je crois, dans le Rhin ou dans la Meuse, entre lesquels je me trouve renfermé, et qui se débordent de leur mieux. Je serai puni par le déluge d'avoir quitté mon roi; je vais, si je puis, me réfugier à Clèves; je me flatte que ses troupes auront trouvé de meilleurs chemins. Pour Sa Majesté, elle a trouvé le chemin de la gloire de bien bonne heure. J'entrevois de bien grandes choses; mon roi agit comme il écrit. Mais se souviendra-t-il encore de son malheureux serviteur, qui s'en est allé presque aveugle[1], et qui ne sait plus où il va, mais qui sera jusqu'au tombeau, avec le plus profond et le plus tendre respect, de Sa Majesté le très-humble, très-obéissant serviteur et admirateur?

MLIV. — A Frédéric II, roi de Prusse.

Clèves, ce 15 décembre.

Grand roi, je vous l'avais prédit
Que Berlin deviendrait Athène
Pour les plaisirs et pour l'esprit;
La prophétie était certaine.

Mais quand, chez le gros Valori,
Je vois le tendre Algarotti
Presser d'une vive embrassade
Le beau Lugeac, son jeune ami,
Je crois voir Socrate affermi
Sur la croupe d'Alcibiade;
Non pas ce Socrate entêté,
De sophismes faisant parade,
A l'œil sombre, au nez épaté,
A front large, à mine enfumée;
Mais Socrate Vénitien,
Aux grands yeux, au nez aquilin
Du bon saint Charles Borromée.
Pour moi, très-désintéressé
Dans ces affaires de la Grèce,
Pour Frédéric seul empressé,
Je quittais étude et maîtresse;
Je m'en étais débarrassé;
Si je volai dans son empire,
Ce fut au doux son de la lyre;
Mais la trompette m'a chassé.

Vous ouvrez d'une main hardie
Le temple horrible de Janus;
Je m'en retourne tout confus
Vers la chapelle d'Émilie.

1. Voltaire avait une ophthalmie, en revenant de Prusse.

Il faut retourner sous sa loi,
C'est un devoir; j'y suis fidèle,
Malgré ma fluxion cruelle,
Et malgré vous, et malgré moi.
Hélas! ai-je perdu pour elle
Mes yeux, mon bonheur et mon roi?

Sire, je prie le dieu de la paix et de la guerre qu'il favorise toutes vos grandes entreprises, et que je puisse bientôt revoir mon héros à Berlin, couvert d'un double laurier, etc.

MLV. — DE FRÉDÉRIC II, ROI DE PRUSSE.

Au quartier de Herendorf en Silésie, le 23 décembre.

Mon cher Voltaire, j'ai reçu deux de vos lettres; mais je n'ai pu y répondre plus tôt; je suis comme le roi d'échecs de Charles XII, qui marchait toujours. Depuis quinze jours nous sommes continuellement par voie et par chemin, et par le plus beau temps du monde.

Je suis trop fatigué pour répondre à vos charmants vers, et trop saisi de froid pour en savourer tout le charme; mais cela reviendra. Ne demandez point de poésie à un homme qui fait actuellement le métier de charretier, et même quelquefois de charretier embourbé. Voulez-vous savoir ma vie?

Nous marchons depuis sept heures jusqu'à quatre de l'après-midi. Je dîne alors; ensuite je travaille, je reçois des visites ennuyeuses; vient après un détail d'affaires insipides. Ce sont des hommes difficultueux à rectifier, des têtes trop ardentes à retenir, des paresseux à presser, des impatients à rendre dociles, des rapaces à contenir dans les bornes de l'équité, des bavards à écouter, des muets à entretenir; enfin il faut boire avec ceux qui en ont envie, manger avec ceux qui ont faim; il faut se faire juif avec les juifs, païen avec les païens.

Telles sont mes occupations, que je céderais volontiers à un autre, si ce fantôme nommé la Gloire ne m'apparaissait trop souvent. En vérité, c'est une grande folie, mais une folie dont il est trop difficile de se départir, lorsqu'une fois on en est entiché.

Adieu, mon cher Voltaire; que le ciel préserve de malheur celui avec lequel je voudrais souper après m'être battu ce matin! Le cygne de Padoue[1] s'en va, je crois, à Paris, profiter de mon absence; le philosophe géomètre[2] carre des courbes; le philosophe littérateur[3] traduit du grec, et le savant doctissime[4] ne fait rien, ou peut-être quelque chose qui en approche beaucoup.

Adieu, encore une fois, cher Voltaire, n'oubliez pas les absents qui vous aiment. FÉDÉRIC.

MLVI. — A M. CHAMPFLOUR PÈRE.

A la Haye, ce 27 décembre.

J'ai trouvé à la Haye, monsieur, une lettre dont vous m'honorâtes

1. Algarotti. (ÉD.) — 2. Maupertuis. (ÉD.) — 3. Du Molard. (ÉD.)
4. Jordan. (ÉD.)

il y a environ un mois. Je ne pouvais la recevoir dans des circonstances plus convenables pour monsieur votre fils. Monsieur l'ambassadeur de France, en lui procurant les secours nécessaires, n'a pas seulement suivi son zèle, il y a encore été déterminé par l'intérêt qu'on ne peut s'empêcher de prendre pour un père aussi respectable que vous. J'ai vu la lettre que vous avez écrite à monsieur votre fils; elle m'a inspiré, monsieur, la plus forte estime pour vous, et j'ose même dire de la tendresse. Il est inutile sans doute de faire sentir à monsieur votre fils ce qu'il doit à un si bon père, il m'en paraît pénétré. Il serait indigne de vivre s'il ne s'empressait pas de venir mériter chez vous, par ses sentiments et par sa conduite, votre indulgence et votre amitié. Son caractère me paraît, à la vérité, vif et léger, mais le fond est plein de droiture; et, s'il vous aime, les fautes que la seule jeunesse fait commettre seront bientôt oubliées.

Je compte le mener à Bruxelles, et là, suivant les ordres de M. de Fénelon et les vôtres, faire partir pour Luxembourg la personne qui l'a un peu écarté de son devoir. Elle n'est point sa femme: il l'avait d'abord annoncée sous ce nom, pour couvrir le scandale. Monsieur votre fils trouvera à Bruxelles le ministre de France, M. Dagieu, très-honnête homme, qui sera plus à portée que moi de vous rendre service. Je me joindrai à lui pour rendre un fils au meilleur des pères. Je ne cesserai, pendant la route, de cultiver dans son cœur les semences d'honneur et de vertu qu'un jeune homme né de vous doit nécessairement avoir. Permettez-moi, monsieur, de saisir cette occasion d'assurer toute votre famille de mes respects, et de vous prier aussi de vouloir bien faire souvenir de moi votre respectable prélat [1], à qui je souhaite une vie presque aussi durable que sa gloire.

J'ai l'honneur d'être, monsieur, avec tous les sentiments qu'on ne peut refuser à un caractère si estimable, votre, etc. VOLTAIRE.

MLVII. — A FRÉDÉRIC II, ROI DE PRUSSE.

Décembre.

Sire, je ressemble à présent aux pèlerins de la Mecque, qui tournent les yeux vers cette ville après l'avoir quittée; je tourne les miens vers votre cour. Mon cœur, pénétré des bontés de Votre Majesté, ne connaît que la douleur de ne pouvoir vivre auprès d'elle. Je prends la liberté de lui envoyer une nouvelle copie de cette tragédie de *Mahomet*, dont elle a bien voulu, il y a déjà longtemps, voir les premières esquisses. C'est un tribut que je paye à l'amateur des arts, au juge éclairé, surtout au philosophe, beaucoup plus qu'au souverain.

Votre Majesté sait quel esprit m'animait en composant cet ouvrage: l'amour du genre humain et l'horreur du fanatisme, deux vertus qui sont faites pour être toujours auprès de votre trône, ont conduit ma plume. J'ai toujours pensé que la tragédie ne doit pas être un simple spectacle qui touche le cœur sans le corriger. Qu'importent au genre humain les passions et les malheurs d'un héros de l'antiquité, s'ils ne

---

1. Massillon, mort à Clermont le 18 septembre 1742. (ÉD.)

servent pas à nous instruire? On avoue que la comédie du *Tartufe*, ce chef-d'œuvre qu'aucune nation n'a égalé, a fait beaucoup de bien aux hommes, en montrant l'hypocrisie dans toute sa laideur; ne peut-on pas essayer d'attaquer, dans une tragédie, cette espèce d'imposture qui met en œuvre à la fois l'hypocrisie des uns et la fureur des autres? Ne peut-on pas remonter jusqu'à ces anciens scélérats, fondateurs illustres de la superstition et du fanatisme, qui, les premiers, ont pris le couteau sur l'autel pour faire des victimes de ceux qui refusaient d'être leurs disciples?

Ceux qui diront que les temps de ces crimes sont passés; qu'on ne verra plus de Barcochebas, de Mahomet, de Jean de Leyde, etc.; que les flammes des guerres de religion sont éteintes, font, ce me semble, trop d'honneur à la nature humaine. Le même poison subsiste encore, quoique moins développé; cette peste, qui semble étouffée, reproduit de temps en temps des germes capables d'infecter la terre. N'a-t-on pas vu de nos jours les prophètes des Cévennes tuer, au nom de Dieu, ceux de leur secte qui n'étaient pas assez soumis?

L'action que j'ai peinte est atroce; et je ne sais si l'horreur a été plus loin sur aucun théâtre. C'est un jeune homme né avec de la vertu, qui, séduit par son fanatisme, assassine un vieillard qui l'aime, et qui, dans l'idée de servir Dieu, se rend coupable, sans le savoir, d'un parricide; c'est un imposteur qui ordonne ce meurtre, et qui promet à l'assassin un inceste pour récompense. J'avoue que c'est mettre l'horreur sur le théâtre; et Votre Majesté est bien persuadée qu'il ne faut pas que la tragédie consiste uniquement dans une déclaration d'amour, une jalousie, et un mariage.

Nos historiens mêmes nous apprennent des actions plus atroces que celle que j'ai inventée. Séide ne sait pas du moins que celui qu'il assassine est son père, et, quand il a porté le coup, il éprouve un repentir aussi grand que son crime. Mais Mézerai rapporte qu'à Melun un père tua son fils de sa main pour sa religion, et n'en eut aucun repentir. On connaît l'aventure des deux frères Diaz, dont l'un était à Rome, et l'autre en Allemagne, dans les commencements des troubles excités par Luther. Barthélemi[1] Diaz, apprenant à Rome que son frère donnait dans les opinions de Luther à Francfort, part de Rome dans le dessein de l'assassiner, arrive, et l'assassine. J'ai lu dans Herrera, auteur espagnol, que ce « Barthélemi Diaz risquait beaucoup par cette action; mais que rien n'ébranle un homme d'honneur quand la probité le conduit. » Herrera, dans une religion toute sainte et tout ennemie de la cruauté, dans une religion qui enseigne à souffrir, et non à se venger, était donc persuadé que la probité peut conduire à l'assassinat et au parricide; et on ne s'élèvera pas de tous côtés contre ces maximes infernales!

Ce sont ces maximes qui mirent le poignard à la main du monstre

1. Alphonse Diaz, auquel Voltaire donne aussi le prénom de *Barthélemi*, est le fanatique qui fit assassiner son frère en 1546. Barthélemi Diaz, navigateur portugais, n'a que le nom de commun avec l'Espagnol Alphonse Diaz. (ÉD.)

qui priva la France de Henri le Grand ; voilà ce qui plaça le portrait de Jacques Clément sur l'autel, et son nom parmi les bienheureux ; c'est ce qui coûta la vie à Guillaume, prince d'Orange, fondateur de la liberté et de la grandeur des Hollandais. D'abord Salcède le blessa au front d'un coup de pistolet ; et Strada raconte que « Salcède (ce sont ses propres mots) n'osa entreprendre cette action qu'après avoir purifié son âme par la confession aux pieds d'un dominicain, et l'avoir fortifié par le pain céleste. » Herrera dit quelque chose de plus insensé et de plus atroce : « *Estando firme con el exemplo de nuestro salvador Jesu-Christo, y de sus Santos.* » Balthazar Gérard, qui ôta enfin la vie à ce grand homme, en usa de même que Salcède.

Je remarque que tous ceux qui ont commis de bonne foi de pareils crimes étaient des jeunes gens comme Séide. Balthazar Gérard avait environ vingt ans. Quatre Espagnols, qui avaient fait avec lui serment de tuer le prince, étaient du même âge. Le monstre qui tua Henri III n'avait que vingt-quatre ans. Poltrot, qui assassina le grand duc de Guise, en avait vingt-cinq ; c'est le temps de la séduction et de la fureur. J'ai été presque témoin, en Angleterre, de ce que peut sur une imagination jeune et faible la force du fanatisme. Un enfant de seize ans, nommé Shepherd, se chargea d'assassiner le roi George I*er*, votre aïeul maternel[1]. Quelle était la cause qui le portait à cette frénésie ? c'était uniquement que Shepherd n'était pas de la même religion que le roi. On eut pitié de sa jeunesse, on lui offrit sa grâce, on le sollicita longtemps au repentir ; il persista toujours à dire qu'il valait mieux *obéir à Dieu qu'aux hommes*, et que, s'il était libre, le premier usage qu'il ferait de sa liberté serait de tuer son prince. Ainsi on fut obligé de l'envoyer au supplice, comme un monstre qu'on désespérait d'apprivoiser.

J'ose dire que quiconque a un peu vécu avec les hommes a pu voir quelquefois combien aisément on est prêt à sacrifier la nature à la superstition. Que de pères ont détesté et déshérité leurs enfants ! que de frères ont poursuivi leurs frères par ce funeste principe ! J'en ai vu des exemples dans plus d'une famille.

Si la superstition ne se signale pas toujours par ces excès qui sont comptés dans l'histoire des crimes, elle fait dans la société tous les petits maux innombrables et journaliers qu'elle peut faire. Elle désunit les amis ; elle divise les parents ; elle persécute le sage, qui n'est qu'homme de bien, par la main du fou, qui est enthousiaste ; elle ne donne pas toujours de la ciguë à Socrate, mais elle bannit Descartes d'une ville qui devait être l'asile de la liberté ; elle donne à Jurieu, qui faisait le prophète, assez de crédit pour réduire à la pauvreté le savant et philosophe Bayle ; elle bannit, elle arrache à une florissante jeunesse qui court à ses leçons le successeur du grand Leibnitz ; et il faut, pour le rétablir, que le ciel fasse naître un roi philosophe, vrai miracle qu'il fait bien rarement. En vain la raison humaine se perfectionne par la philosophie, qui fait tant de progrès en Europe ; en vain

---

1. Wolff. (ÉD.)

vous surtout, grand prince, vous efforcez-vous de pratiquer et d'inspirer cette philosophie si humaine; on voit dans ce même siècle, où la raison élève son trône d'un côté, le plus absurde fanatisme dresser encore ses autels de l'autre.

On pourra me reprocher que, donnant trop à mon zèle, je fais commettre dans cette pièce un crime à Mahomet, dont en effet il ne fut point coupable.

M. le comte de Boulainvilliers écrivit, il y a quelques années, la *Vie* de ce prophète. Il essaya de le faire passer pour un grand homme que la Providence avait choisi pour punir les chrétiens, et pour changer la face d'une partie du monde. M. Sale, qui nous a donné une excellente version de l'Alcoran en anglais, veut faire regarder Mahomet comme un Numa et comme un Thésée. J'avoue qu'il faudrait le respecter, si, né prince légitime, ou appelé au gouvernement par le suffrage des siens, il avait donné des lois paisibles comme Numa, ou défendu ses compatriotes comme on le dit de Thésée. Mais qu'un marchand de chameaux excite une sédition dans sa bourgade; qu'associé à quelques malheureux coracites, il leur persuade qu'il s'entretient avec l'ange Gabriel; qu'il se vante d'avoir été ravi au ciel, et d'y avoir reçu une partie de ce livre inintelligible qui fait frémir le sens commun à chaque page; que, pour faire respecter ce livre, il porte dans sa patrie le fer et la flamme; qu'il égorge les pères, qu'il ravisse les filles, qu'il donne aux vaincus le choix de sa religion ou de la mort, c'est assurément ce que nul homme ne peut excuser, à moins qu'il ne soit né Turc, et que la superstition n'étouffe en lui toute lumière naturelle.

Je sais que Mahomet n'a pas tramé précisément l'espèce de trahison qui fait le sujet de cette tragédie. L'histoire dit seulement qu'il enleva la femme de Séide, l'un de ses disciples, et qu'il persécuta Abusofian, que je nomme Zopire; mais quiconque fait la guerre à son pays, et ose la faire au nom de Dieu, n'est-il pas capable de tout? Je n'ai pas prétendu mettre seulement une action vraie sur la scène, mais des mœurs vraies; faire penser les hommes comme ils pensent dans les circonstances où ils se trouvent, et représenter enfin ce que la fourberie peut inventer de plus atroce, et ce que le fanatisme peut exécuter de plus horrible. Mahomet n'est ici autre chose que Tartufe les armes à la main.

Je me croirai bien récompensé de mon travail si quelqu'une de ces âmes faibles, toujours prêtes à recevoir les impressions d'une fureur étrangère qui n'est pas au fond de leur cœur, peut s'affermir contre ces funestes séductions par la lecture de cet ouvrage; si, après avoir eu en horreur la malheureuse obéissance de Séide, elle se dit à elle-même : « Pourquoi obéirais-je en aveugle à des aveugles qui me crient : Haïssez, persécutez, perdez celui qui est assez téméraire pour n'être pas de notre avis sur des choses même indifférentes que nous n'entendons pas? » Que ne puis-je servir à déraciner de tels sentiments chez les hommes! L'esprit d'indulgence ferait des frères; celui d'intolérance peut former des monstres.

C'est ainsi que pense Votre Majesté. Ce serait pour moi la plus grande des consolations de vivre auprès de ce roi philosophe. Mon attachement est égal à mes regrets; et si d'autres devoirs m'entraînent, ils n'effaceront jamais de mon cœur les sentiments que je dois à ce prince qui pense et qui parle en homme; qui fuit cette fausse gravité sous laquelle se cachent toujours la petitesse et l'ignorance, qui se communique avec liberté, parce qu'il ne craint point d'être pénétré; qui veut toujours s'instruire, et qui peut instruire les plus éclairés.

Je serai toute ma vie, avec le plus profond respect et la plus vive reconnaissance, etc.

MLVIII. — AU MÊME.

Dans un vaisseau, sur les côtes de Zélande, où j'enrage, ce dernier décembre.

Sire,

Vous en souviendrez-vous, grand homme que vous êtes,
De ce fils d'Apollon qui vint au mont Rémus,
Amateur malheureux de vos belles retraites,
Mais heureux courtisan de vos seules vertus?

Vous en souviendrez-vous aux champs de Silésie,
Tant de projets en tête, et la foudre à la main,
Quand l'Europe en suspens, d'étonnement saisie,
Attend de mon héros les arrêts du destin?

On applaudit, on blâme, on s'alarme, on espère;
L'Autriche va se perdre, ou se mettre en vos bras;
Le Batave incertain, les Anglais en colère,
Et la France attentive, observent tous vos pas.

Prêt à le raffermir, vous ébranlez l'Empire;
C'est à vous seul ou d'être ou de faire un César.
La Gloire et la Prudence attellent votre char;
On murmure, on vous craint; mais chacun vous admire.

Vous qui vous étonnez de ce coup imprévu,
Connaissez le héros qui s'arme pour la guerre;
Il accordait sa lyre en lançant le tonnerre;
Il ébranlait le monde, et n'était pas ému.

Sire, je ne peux poursuivre sur ce ton; les vents contraires et les glaces morfondent l'imagination de votre serviteur; je n'ai pas l'honneur de ressembler à Votre Majesté : elle affronte les tempêtes sur terre, je ne les supporte sur aucun élément. Peut-être resterai-je quelque temps sur le sein d'Amphitrite. Vous aurez, Sire, tout le temps de changer la face de l'Europe avant mon arrivée à Bruxelles. Puis-sé-je y trouver les nouvelles de vos succès, et surtout de vos vers! Je suis très-respectueusement attaché à Frédéric le héros; mais j'aime bien l'homme charmant qui, après avoir travaillé tout le jour en roi, fait le soir les plus jolis vers du monde pour se délasser. Le hasard m'a fait prendre dans mon vaisseau un capitaine suisse qui revient de

Stockholm d'auprès du roi de Suède. Nous avons quitté nos rois l'un et l'autre; mais j'ai plus perdu que lui; il n'est pas aussi édifié de la cour de Suède que je le suis de celle de Votre Majesté. Il avait fait le voyage de Stockholm pour présider à l'éducation de deux petits bâtards, que le roi[1] de Hesse, premier sénateur de Suède, prétend avoir faits à Mme de Taube; le capitaine jure que ces deux petits garçons appartiennent à un jeune officier nommé Mingen, auquel ils ressemblent comme deux gouttes d'eau. Cependant le roi s'est séparé de Mme de Taube en pleurant, comme Henri IV quand il quitta la belle Gabrielle; et le capitaine suisse a quitté le roi, Mme de Taube, les petits garçons, et Mingen leur père, sans pleurer.

Il n'en est pas ainsi de moi; je regrette mon roi, et le regretterai sur terre, comme au milieu des glaçons et du royaume des vents. Le ciel me punit bien de l'avoir quitté; mais qu'il me rende la justice de croire que ce n'est pas pour mon plaisir.

J'abandonne un grand monarque qui cultive et qui honore un art que j'idolâtre, et je vais trouver quelqu'un[2] qui ne lit que *Christianus Wolfius*. Je m'arrache à la plus aimable cour de l'Europe pour un procès.

 Un ridicule amour n'embrase point mon âme,
  Cythère n'est point mon séjour,
 Et je n'ai point quitté votre adorable cour
 Pour soupirer en sot aux genoux d'une femme.

Mais, Sire, cette femme a abandonné pour moi toutes les choses pour lesquelles les autres femmes abandonnent leurs amis; il n'y a aucune sorte d'obligation que je ne lui aie. Les coiffes et la jupe qu'elle porte ne rendent pas les devoirs de la reconnaissance moins sacrés.

  L'amour est souvent ridicule;
  Mais l'amitié pure a ses droits
  Plus grands que les ordres des rois.
  Voilà ma peine et mon scrupule.

Ma petite fortune, mêlée avec la sienne, n'apporte aucun obstacle à l'envie extrême que j'ai de passer mes jours auprès de Votre Majesté. Je vous jure, Sire, que je ne balancerai pas un moment à sacrifier ces petits intérêts au grand intérêt d'un être pensant, de vivre à vos pieds et de vous entendre.

  Hélas! que Gresset est heureux!
  Mais, grand roi, charmante coquette,
  Ne m'abandonnez pas pour un autre poëte;
  Donnez vos faveurs à tous deux.

J'ai travaillé *Mahomet* sur le vaisseau; j'ai fait l'*Épître dédicatoire*. Votre Majesté permet-elle que je la lui envoie?

1. Beau-frère de Charles XII. (Éd.)
2. Mme du Châtelet. (Éd.)

Je suis avec le plus tendre regret et le plus profond respect, Sire, de votre *humanité*, le sujet, l'admirateur, le serviteur, l'adorateur.

MLIX. — A M. LE COMTE D'ARGENTAL.

A Bruxelles, ce 6 de janvier 1741.

Je suis arrivé à Bruxelles bien tard, mais le plus tôt que j'ai pu, mon cher ange gardien; la Meuse, le Rhin et la mer m'ont tenu un mois en route. Ne pensez pas, je vous en prie, que le voyage de Silésie ait avancé mon retour; quand on m'aurait offert la Silésie, je serais ici. Il me semble qu'il y a une grande folie à préférer quelque chose au bonheur de l'amitié. Que peut avoir de plus celui à qui la Silésie demeurera?

Je suis obligé de m'excuser de mon voyage à Berlin auprès d'un cœur comme le vôtre; il était indispensable; mais le retour l'était bien davantage. J'ai refusé au roi de Prusse deux jours de plus qu'il me demandait. Je ne vous dis pas cela par vanité; il n'y a pas de quoi se vanter; mais il faut que mon ange gardien sache au moins que j'ai fait mon devoir. Jamais Mme du Châtelet n'a été plus au-dessus des rois.

MLX. — A MLLE QUINAULT.

6 janvier.

[Voltaire lui fait des remerciments de ses prophéties favorables au sujet de *Mahomet*, qui lui devra sa fortune.]

MLXI. — A M. HELVÉTIUS, A PARIS.

A Bruxelles, ce 7 de janvier.

Mon cher rival, mon poète, mon philosophe, je reviens de Berlin, après avoir essuyé tout ce que les chemins de Vestphalie, les inondations de la Meuse, de l'Elbe et du Rhin, et les vents contraires sur la mer, ont d'insupportable pour un homme qui revole dans le sein de l'amitié. J'ai montré au roi de Prusse votre épître corrigée; j'ai eu le plaisir de voir qu'il a admiré les mêmes choses que moi, et qu'il a fait les mêmes critiques. Il manque peu de chose à cet ouvrage pour être parfait. Je ne cesserai de vous dire que, si vous continuez à cultiver un art qui semble si aisé, et qui est si difficile, vous vous ferez un honneur bien rare parmi les Quarante, je dis les quarante de l'Académie comme ceux des fermes.

Les *Institutions de physique* et l'*Anti-Machiavel* sont deux monuments bien singuliers. Se serait-on attendu qu'un roi du Nord et une dame de la cour de France eussent honoré à ce point les belles-lettres? Prault a dû vous remettre de ma part un *Anti-Machiavel*; vous avez eu la *Philosophie leibnitzienne* de la main de son aimable et illustre auteur. Si Leibnitz vivait encore, il mourrait de joie de se voir ainsi expliqué, ou de honte de se voir surpasser en clarté, en méthode, et en élégance. Je suis en peu de choses de l'avis de Leibnitz; je l'ai même abandonné sur les forces vives; mais, après avoir lu presque tout ce qu'on a fait en Allemagne sur la philosophie, je n'ai rien vu qui approche, à beaucoup près, du livre de Mme du Châtelet. C'est une chose très-honorable pour son sexe et pour la France. Il est peut-être aussi honorable pour l'amitié d'aimer tous les gens qui ne sont pas de notre avis, et même de quitter pour son adversaire un roi qui me comble de bontés, et qui veut me fixer à sa cour par tout ce qui peut flatter le goût, l'intérêt, et l'ambition. Vous savez, mon cher ami, que je n'ai pas eu grand mérite à cela, et qu'un tel sacrifice n'a pas dû me coûter. Vous la connaissez; vous savez si on a jamais joint à plus de lumières un cœur plus généreux, plus constant, et plus courageux dans l'amitié. Je crois que vous me mépriseriez bien si j'étais resté à Berlin. M. Gresset, qui probablement a des engagements plus légers, rompra sans doute[1] ses chaînes à Paris, pour aller prendre celles d'un roi à qui on ne peut préférer que Mme du Châtelet. J'ai bien dit à Sa Majesté prussienne que Gresset lui plairait plus que moi, mais que je n'étais jaloux ni comme auteur ni comme courtisan. Sa maison doit être comme celle d'Horace :

.... *est locus uni-
cuique suus.*

Lib. I, sat. IX, v. 51 et 52.

Pour moi, il ne me manque à présent que mon cher Helvétius; ne reviendra-t-il point sur les frontières? n'aurai-je point encore le bonheur de le voir et de l'embrasser?

MLXII. — A M. L'ABBÉ MOUSSINOT.

Bruxelles, le 8 janvier

J'arrive à Bruxelles, mon cher abbé; je vous souhaite la bonne année, et vous prie d'accepter un petit contrat de cent livres de rente foncière, que vous ferez remplir, ou de votre nom, ou de celui de la nièce que vous aimerez le mieux. Ce sera une petite rente dont vous la gratifierez, et qui lui sera affectée après ma mort. A monsieur votre frère, en attendant mieux, une gratification de cinquante pistoles.

Ces articles passés, je vous prie de semondre un peu mes illustres débiteurs, tant Richelieu que Villars, d'Estaing, Guébriant, et autres seigneurs non payants. Je vais encore tirer sur vous, vous épuiser, et vous remercier du secret inviolable que vous gardez avec tout le monde, sans exception, sur la petite messe du philosophe que vous aimez, et qui vous aime infiniment.

MLXIII. — A M. LE MARQUIS D'ARGENSON, A PARIS.

A Bruxelles, ce 8 de janvier.

J'ai été un mois en route, monsieur, de Berlin à Bruxelles. J'ai appris, en arrivant, votre nouvel établissement[2] et vos peines. Voilà

---

1. Gresset n'alla pas en Prusse. (ÉD.)
2. Il succédait à son frère dans la place de chancelier du duc d'Orléans. (ÉD.)

comme tout est dans le monde. Les deux tonneaux de Jupiter ont toujours leur robinet ouvert; mais enfin, monsieur, ces peines passent, parce qu'elles sont injustes, et l'établissement reste.

J'en ai quitté un assez brillant et assez avantageux. On m'offrait tout ce qui peut flatter; on s'est fâché de ce que je ne l'ai point accepté. Mais quels rois, quelles cours et quels bienfaits valent une amitié de plus de dix années? A peine m'auraient-ils servi de consolation si cette amitié m'avait manqué.

J'ai eu tout lieu, dans cette occasion, de me louer des bontés de M. le cardinal de Fleuri; mais il n'y a rien pour moi dans le monde que le devoir sacré qui m'arrête à Bruxelles. Plus je vis, plus tout ce qui n'est pas liberté et amitié me paraît un supplice. Que peut prétendre de plus le plus grand roi de la terre? Voilà pourtant ce qui est inconnu des rois et de leurs esclaves dorés.

Vos affaires vous auront-elles permis, monsieur, de lire un peu à tête reposée l'ouvrage du Salomon du Nord, et celui de la reine de Saba[1]? Je ne doute pas du jugement que vous aurez porté sur les *Institutions de physique;* c'est assurément ce qu'on a écrit de meilleur sur la philosophie de Leibnitz, et c'est une chose unique en son genre. Le livre du roi de Prusse est aussi singulier dans le sien; mais je voudrais que vos occupations et vos bontés pour moi pussent vous permettre de m'en dire votre avis.

J'oserais souhaiter encore que vous ne marquassiez si on ne désire pas qu'après avoir écrit comme Antonin, l'auteur vive comme lui. Je voudrais enfin quelque chose que je pusse lui montrer. Il m'a parlé souvent de ceux qui font le plus d'honneur à la France; il a voulu connaître leur caractère et leur façon de penser; je vous ai mis à la tête de ceux dont on doit rechercher le suffrage. Il est passionné pour la gloire. Je l'ai quitté, il est vrai; je l'ai sacrifié, mais je l'aime; et, pour l'honneur de l'humanité, je voudrais qu'il fût à peu près parfait, comme un roi peut l'être.

Le sentiment des hommes de mérite peut lui faire beaucoup d'impression. Je lui enverrais une page de votre lettre, si vous le permettiez. Son expédition de la Silésie redouble l'attention du public sur lui. Il peut faire de grandes choses et de grandes fautes. S'il se conduit mal, je briserai la trompette que j'ai entonnée.

M. de Valori n'a pas à se plaindre de la façon dont le roi de Prusse pense sur lui; il le regarde comme un homme sage et plein de droiture; c'est sur quoi M. de Valori peut compter. Puisse-t-il rester longtemps dans cette cour! et puissent les couteaux qu'on aiguise de tous côtés se remettre dans le fourreau!

Mais, qu'il y ait guerre ou paix, je ne songe qu'à l'amitié et à l'étude. Rien ne m'ôtera ces deux biens; celui de vous être attaché sera pour moi le plus précieux. Il y a à Bruxelles deux cœurs qui sont à vous pour jamais. Mon respectueux dévouement ne finira qu'avec ma vie.

1. Le roi de Prusse et Mme du Châtelet. (ÉD.)

MLXIV. — A M. L'ABBÉ MOUSSINOT.

Bruxelles, le 17 janvier.

Faites, je vous supplie, mon cher abbé, l'acquisition d'un petit lustre de cristaux de Bohême. Je ne veux point de ces anciens petits cristaux, mais de ces gros cristaux nouveaux, semblables à ceux que vous m'envoyâtes à Cirey. N'oubliez ni le cordon de soie, ni la houppe, ni le crampon. Envoyez le tout, avec un mot d'avis, à M. Denis, commissaire des guerres à Lille. Payez le port, et que la galanterie soit complète.

M. Berger ne me dit rien de l'opéra que vous lui avez remis. Orphée refuserait-il d'animer ma *Pandore*? Craint-il que de sa boîte il sorte des sifflets ? cela se pourrait bien ; mais je suis bien sûr que, s'il veut en prendre la peine, le bruit de ces sifflets sera étouffé sous les beaux accords de la musique. Rassurez donc M. Berger et M. Rameau.

MLXV. — A M. DE MAUPERTUIS.

A Bruxelles, ce 19 de janvier.

M. Algarotti est comte [1] ; mais vous, vous êtes marquis du cercle polaire, et vous avez à vous en propre un degré du méridien en France, et un en Laponie. Pour votre nom, il a une bonne partie du globe. Je vous trouve réellement un très-grand seigneur. Souvenez-vous de moi dans votre gloire.

Vous avez perdu, pour un temps, le plus aimable roi de ce monde ; mais vous êtes entouré de reines, de margraves, de princesses, et de princes, qui composent une cour capable de faire oublier tout le reste. Je n'oublierai jamais cette cour ; et je vous avoue que je ne m'attendais pas qu'il fallût aller à quatre cents lieues de Paris pour trouver la véritable politesse.

Ne voyez-vous pas souvent M. de Kaiserling et M. de Pœllnitz? Je vous prie de leur parler quelquefois de moi. Nous avons reçu des lettres de M. de Kaiserling qui nous apprennent le retour de sa santé. Peut-être est-il continuellement en Silésie ; n'irez-vous point là aussi? Vous y seriez déjà, si la Silésie était un peu plus au nord.

Adieu, monsieur; quand vous retournerez au Midi, souvenez-vous qu'il y a dans Bruxelles deux personnes qui vous admireront et vous aimeront toujours.

MLXVI. — A M. LE COMTE D'ARGENTAL.

A Bruxelles, ce 19 de janvier.

Je reçois votre lettre, mon cher et respectable ami. Je veux absolument que vous soyez content de ma conduite et de *Mahomet*. Si vous saviez pourquoi j'ai été obligé d'aller à Berlin, vous approuveriez assurément mon voyage. Il s'agissait d'une affaire qui regardait la personne même qui s'est plainte. Elle était à Fontainebleau ; elle devait passer du temps à Paris, et j'avais pris mon temps si juste que, sans les ac-

1. Algarotti, fils d'un riche marchand de Venise, venait d'être fait comte du royaume de Prusse par Frédéric II. (ÉD.)

cidents de mon voyage, les débordements des rivières, et les vents contraires, je serais retourné à Bruxelles avant elle. Ses plaintes étaient très-injustes, mais leur injustice m'a fait plus de plaisir que les cours de tous les rois ne pourraient m'en faire. Si jamais je voyage, ce ne sera qu'avec elle et pour vous.

J'ai reçu des lettres charmantes de Silésie. C'est assurément une chose unique qu'à la tête de son armée il trouve le temps d'écrire des lettres d'homme de bonne compagnie. Il est fort aimable, voilà ce qui me regarde; pour tout le reste, cela ne regarde que les rois. Je vous avais écrit un petit billet jadis, dans lequel je vous disais : *Il n'a qu'un défaut*[1]. Ce défaut pourra empêcher que les douze Césars n'aillent trouver le treizième. Le Knobelsdorf, qui les a vus à Paris, a soutenu qu'ils ne sont pas de Bernin; et j'ai peur qu'on ne soit aisément de l'avis de celui qui ne veut pas qu'on les achète (ceci soit entre nous); Algarotti promet plus qu'il n'espère. Cependant, si on pouvait prouver et bien prouver qu'ils sont de Bernin peut-être réussirait-on à vous en défaire dans cette cour. Mais quand sera-t-il chez lui? et qui peut prévoir le tour que prendront les affaires de l'Empire? Je songe, en attendant, à celles de *Mahomet*; et voici ma réponse à ce que vous avez la bonté de m'écrire.

1° Pour la scène du quatrième acte, il est aisé de supposer que les deux enfants entendent ce que dit Zopire; cela même est plus théâtral et augmente la terreur. Je pousserais la hardiesse jusqu'à leur faire écouter attentivement Zopire; et, lorsqu'il dit :

Si du fier Mahomet vous respectez le sort;

je voudrais que Séide dît à Palmire :

Tu l'entends, il blasphème;

et que Zopire continuât :

Accordez-moi la mort;
Mais rendez-moi mes fils à mon heure dernière.

Il n'est pas douteux qu'il ne faille, dans le couplet de Zopire, supprimer le nom d'Hercide. Il dira :

Hélas! si j'en croyais mes secrets sentiments,
Si vous me conserviez mes malheureux enfants, etc.

Il me semble que par là tout est sauvé.

A l'égard du cinquième, aimeriez-vous que Mahomet finît ainsi :

Périsse mon empire, il est trop acheté;
Périsse Mahomet, son culte, et sa mémoire!

A Omar.

Ah! donne-moi la mort, mais sauve au moins ma gloire;
Délivre-moi du jour; mais cache à tous les yeux
Que Mahomet coupable est faible et malheureux.

1. L'avarice. (Éd.)

La critique du poison me paraît très-peu de chose. Il me semble que rien n'est plus aisé que d'empoisonner l'eau d'un prisonnier. Il ne faut pas là de détails. Rien ne révolte plus que des personnages qui parlent à froid de leurs crimes.

Il y a une scène qui m'embarrasse infiniment plus. C'est celle de Palmire et de Mahomet, au troisième acte. Vous sentez bien que Mahomet, après avoir envoyé Séide recevoir les derniers ordres pour un parricide, tout rempli d'un attentat et d'un intérêt si grand, peut avoir bien mauvaise grâce à parler longtemps d'amour avec une jeune innocente. Cette scène doit être très-courte. Si Mahomet y joue trop le rôle de Tartufe et d'amant, le ridicule est bien près. Il faut courir vite dans cet endroit-là, c'est de la cendre brûlante. Voyez si vous êtes content de la scène telle que je vous l'envoie.

Je suis fâché de n'avoir pu vous envoyer toute la pièce au net, avec les corrections ; les yeux seraient plus satisfaits, on verrait mieux le fil de l'ouvrage, on jugerait plus aisément. Ayez la bonté d'y suppléer; l'ouvrage est à vous plus qu'à moi. Voyez, jugez ; trouvez-vous enfin *Mahomet* jouable ? En ce cas, je crois qu'il faut le donner le lendemain des Cendres; c'est une vraie pièce de carême; d'ailleurs, ce qui peut frapper dans cette pièce ira plus à l'esprit qu'au cœur. Il y a peu de larmes à espérer, à moins que Séide et Palmire ne se surpassent. L'impression que fait la terreur est plus passagère que celle de la pitié, le succès plus douteux; ainsi j'aimerais bien mieux que *Mahomet* fût livré aux représentations du carême. On peut, après le petit nombre de représentations que ce temps permet, la retirer avec honneur; mais, après Pâques, nous manquerons de prétexte.

Il n'y a pas d'apparence que je vienne à Paris ni avant ni après Pâques. Après avoir quitté Mme du Châtelet pour un roi, je ne la quitterai pas pour un prophète. Je m'en rapporterai à mon cher ange gardien. Il ne s'agira que de précipiter un peu les scènes de raisonnements, et de donner des larmes, de l'horreur et des attitudes à Grandval et à Gaussin. Mlle Quinault entend le jeu du théâtre comme tout le reste; et, si vous vouliez honorer de votre présence une des répétitions, je n'aurais aucune inquiétude. Enfin, je remets tout entre vos mains, et je n'ai de volontés que les vôtres. Mes anges gardiens sont mes maîtres absolus.

MLXVII. — A Frédéric II, roi de Prusse.

A Bruxelles, le 28 janvier.

M. DE KAISERLING ET UN QUESTIONNEUR

LE QUESTIONNEUR.

Aimable adjudant d'un grand roi
Et du dieu de la poésie,
Sur mon héros instruisez-moi :
Que fait-il dans la Silésie ?

ANNÉE 1741.

KAISERLING.

Il fait tout ; il se fait aimer.

LE QUESTIONNEUR.

En deux mots c'est beaucoup m'apprendre ;
Mais ne pourriez-vous point étendre
Un détail qui me doit charmer ?
Je sais que, pour bien peindre un sage,
Un trait de vos crayons suffit ;
Un mot est assez pour l'esprit,
Mais le cœur en veut davantage,

KAISERLING.

Sachez donc que notre héros,
Dont la peau douce et très-frileuse
Semblait faite pour le repos,
Affronta la glace et les eaux
Dans la saison la plus affreuse.
Sa politique imagina
Un projet belliqueux et sage
Que personne ne devina.
L'activité le prépara,
Et la gaieté fut du voyage
La fière Autriche en murmura,
Le conseil aulique cria,
Dépêcha plus d'une estafette,
Plus d'une lettre barbouilla,
Et dit que ce voyage-là
Etait contraire à l'étiquette.
Cependant Frédéric parut
Dans la Silésie étonnée ;
Vers lui tout un peuple accourut,
En bénissant sa destinée.
Il prit les filles par la main ;
Il caressa le citadin ;
Il flatta la sottise altière
De celui qui dans sa chaumière
Se dit issu de Witikind ;
Aux huguenots il fit accroire
Qu'il était bon luthérien ;
Au papiste, à l'ignatien,
Il dit qu'un jour il pourrait bien
Leur faire en secret quelque bien,
Et croire même au purgatoire.
Il dit, et chaque citoyen
A sa santé s'en alla boire.
Ils criaient tous à haute voix :

« Vivons et buvons sous ses lois ! »
Mais, tandis qu'on tient ce langage,
Que de fleurs on couvre ses pas,
Il part, et son brillant courage
Appelle déjà les combats.
Va donc préparer ta trompette,
Et tes lauriers, et tes crayons.
Un héros exige un poëte,
Des exploits veulent des chansons
Célèbre ce héros qu'on aime ;
Fais des vers dignes de mon roi.

LE QUESTIONNEUR.

Pardieu, qu'il les fasse lui-même !
Il sait les faire mieux que moi.

J'avoue, Sire, que j'attends au moins un huitain du vainqueur de la Silésie. J'aime à voir mon héros toucher aux deux extrémités à la fois.

A peine fus-je arrivé à Bruxelles, que j'allai à Lille avec Mme du Châtelet. J'y vis un opéra français assez passable pour Votre Majesté ; elle remarquera seulement si une nation qui a des opéras dans ses places frontières n'est pas faite pour la joie. J'y vis aussi la comédie de La Noue[1], à laquelle il comptait beaucoup réformer et ajouter, pour la rendre digne de divertir un connaisseur tel que mon roi.

Si, après avoir donné des lois à l'Allemagne, Votre Majesté veut, quelque jour, se réjouir à Berlin (ce qui n'est pas un mauvais parti), qu'elle remercie la petite Gautier[2].

Pourquoi en remercier la petite Gautier ? me dira Votre Majesté. Voici le fait, Sire : c'est que La Noue, comme de raison, ne voulait pas quitter sa maîtresse, tant qu'elle a été ou qu'elle lui a paru fidèle ; mais, depuis qu'il l'a reconnue très-infidèle, Votre Majesté peut se flatter d'avoir La Noue.

Je crois devoir envoyer les mémoires et lettres que je reçus de La Noue, lorsque je lui écrivis par ordre de Votre Majesté ; elle verra, si elle veut s'en donner la peine, qu'il demandait d'abord quarante mille écus. Ensuite, par sa lettre du 23 octobre, il ne veut pas s'engager. Mais le 28 octobre il s'engagea, parce qu'il fut quitté de sa donzelle du 23 au 28 octobre.

A présent, Sire, cet amant malheureux attend vos derniers ordres pour fournir ou ne fournir pas baladins et baladines pour les plaisirs de Berlin. Il presse beaucoup et demande des ordres positifs, à cause des frais qu'un délai entraînerait.

J'envoie à Votre Majesté une lettre plus digne d'attirer votre attention : elle est du président Hénault, l'homme de France qui a le plus

---

1. La tragédie de *Mahomet II*. (ÉD.)
2. Mlle Gautier, après avoir vécu quelques années avec La Noue, épousa, en 1751, l'acteur Drouin. Elle est connue au théâtre sous le nom de Mme Drouin. Elle vivait encore en 1795. (ÉD.)

de goût et de discernement, et mériterait d'être lue de Votre Majesté, quand même il n'y serait pas question d'elle.

Puisque je prends la liberté d'envoyer tant de manuscrits, que Votre Majesté me permette de lui faire passer aussi une lettre de Mme du Châtelet, que j'ai reçue de la Haye; il y a des choses qui peut-être méritent d'être lues de Votre Majesté. Il court à Paris beaucoup de satires en vers et en prose sur l'expédition de la Silésie. On y fait l'honneur à quelques-uns de vos serviteurs de leur lâcher quelque lardon, quoiqu'ils n'aient, me semble, aucune part en cette affaire; mais

> Mon roi protégera l'empire,
> Et sera l'arbitre du Nord;
> Et qui saura braver la mort
> Sait aussi braver la satire.

Sire, de Votre Majesté le très-humble et très-obéissant serviteur.

P. S. Oserai-je supplier Votre Majesté de me faire envoyer un exemplaire du manifeste imprimé de ses droits sur la Silésie?

MLXVIII. — A M. L'ABBÉ MOUSSINOT.

Bruxelles, février.

Comptez sur mon amitié, mon cher abbé, quand il s'agira de faire valoir vos tableaux. Vous n'avez en ce genre que de la belle et bonne denrée. Le roi de Prusse aime fort les Watteau, les Lancret et les Patel. J'ai vu de tout cela chez lui; mais je soupçonne quatre petits Watteau qu'il avait dans son cabinet d'être d'excellentes copies. Je me souviens, entre autres, d'une noce de village où il y avait un vieillard en cheveux blancs très-remarquable. Ne connaissez-vous point ce tableau? Tout fourmille en Allemagne de copies qu'on fait passer pour des originaux. Les princes sont trompés et trompent quelquefois.

Quand le roi de Prusse sera à Berlin, je pourrai lui procurer quelques morceaux de votre cabinet, et il ne sera pas trompé; à présent il a d'autres choses en tête. Il m'a offert honneurs, fortune, agréments, mais j'ai tout refusé pour revoir mes anciens amis.

Mettez-moi un peu, mon cher, au fil de mes affaires, que j'ai entièrement perdu, m'en rapportant toujours à vos bontés, et vous priant de donner à M. Berger une copie de ma lettre à milord Hervey. Je crois qu'il est bon que cette lettre soit connue; elle est d'un bon Français, et ce sont mes véritables sentiments sur Louis XIV et sur son siècle. Quelque chose qu'on dise à M. Berger sur le siècle et sur la lettre, dites-lui, vous, mon ami, de ne point perdre de temps pour l'imprimer.

MLXIX. — A M. DE CHAMPFLOUR PÈRE.

A Bruxelles, ce 12 février.

Je n'ai pu encore, monsieur, avoir l'honneur de répondre à votre dernière lettre, parce que M. le marquis du Châtelet, qui a ramené monsieur votre fils à Paris, et qui, depuis, est allé en ses terres en

Champagne, n'avait point encore donné ici de nouvelles de l'arrivée de M. de Champflour. Je n'en reçus qu'hier, et je vis avec plaisir que M. du Châtelet avait été aussi content que moi de la conduite de ce jeune homme. Vous savez, monsieur, quelle pénitence il voulut faire à Lille. M. Carrau, votre ami, vous aura mandé tout ce détail. Je ne doute pas qu'il n'ait enfin le bonheur d'être auprès de vous. Il sent quel devoir sacré il a à remplir. Vos bontés lui imposent la nécessité d'être plus vertueux qu'un autre. Il faut qu'il devienne un exemple de sagesse, pour être digne d'un si bon père.

Vous ne devez point, je crois, monsieur, être en peine de la personne qui l'avait un peu dérangé; elle a eu, pour se conduire, plus qu'il n'a été compté. M. Carrau et le jeune homme ont arrangé, à Lille, le compte de l'évaluation des espèces de Hollande et de Brabant, à l'aide d'un banquier, et M. Carrau a voulu absolument me rembourser. Si vous voulez, monsieur, écrire un petit mot à M. le marquis du Châtelet, le maréchal de camp, adressez votre lettre à Cirey, en Champagne.

Permettez-moi d'embrasser mon compagnon de voyage, que je crois à présent à vos genoux. VOLTAIRE.

MLXX. — A M. THIERIOT.

Bruxelles, 16 février.

Vous me ferez un plaisir extrême de me mander des nouvelles de votre pension. Comptez que personne ne s'y intéresse davantage. Je ne me vante point d'être le premier qui en ait parlé au roi, mais je dois être jaloux que vous sachiez que j'ai rempli le devoir de l'amitié. Ceux qui vous ont dit que le roi avait réglé deux mille francs vous ont dit une chose très-différente de ce que j'entendis de sa bouche à Reinsberg, dans la petite chambre de M. de Kaiserling. C'est tout ce que je peux vous assurer. Je ne sais si on lui en a reparlé depuis. J'ai reçu trois lettres de Sa Majesté depuis son départ pour la Silésie, dans lesquelles elle ne me fait point l'honneur de me parler de cet arrangement; mais je vous l'ai dit, et je vous le redis encore, je suis à vos ordres quand vous jugerez que je dois écrire.

Je vous remercie infiniment de l'avis que vous m'avez donné de l'édition qu'on projette. Je sais qu'elle est très-avancée; c'est un petit malheur qu'il faut supporter. Les libraires sont d'étranges gens d'imprimer les auteurs sans les consulter.

Mandez-moi comment je pourrais vous faire tenir mes Œuvres d'Amsterdam, corrigées à la main, sans passer par l'enfer de la chambre syndicale.

Je vous suis obligé de cette ancienne *Épître au prince royal* que vous m'avez renvoyée. Je n'en avais point de copie. Je ne sais comment elle a transpiré en dernier lieu. C'est la faute de mon cher Kaiserling, qui en fait trop peu de cas.

Il est très-faux que je l'aie jamais envoyée à ***. Il est vrai que je m'adressai, je crois, à lui une fois pour faire passer une lettre au prince royal; mais c'eût été le comble du ridicule de lui envoyer une copie de cette pièce. Je ne crois pas qu'il soit assez effronté pour le dire. Adieu; je suis à vous pour jamais.

MLXXI. — A M. LE COMTE D'ARGENTAL.

Ce 20 février.

Voilà, je crois, mon cher ange gardien, la seule occasion de ma vie où je puisse être fâché de recevoir une lettre de Mme d'Argental; mais, puisque vous avez tous deux, au milieu de vos maux (car tout est commun), la bonté de me dire où en est votre fluxion, ayez donc la charité angélique de continuer. Vous êtes, en vérité, les seuls liens qui m'attachent à la France; j'oublie ici tout, hors vous, et je ne songe à *Mahomet* qu'à cause de vous. Que Mme d'Argental daigne encore m'honorer d'un petit mot. Buvez-vous beaucoup d'eau? Je me suis guéri avec les eaux du Weser, de l'Elbe, du Rhin et de la Meuse, de la plus abominable ophthalmie dont jamais deux yeux aient été affublés; et cela, mon cher ange, en courant la poste au mois de décembre; mais

> Je n'avais rien à redouter,
> Je revolais vers Émilie;
> Les saisons et la maladie
> Ont appris à me respecter.

Elle s'intéresse à votre santé comme moi; elle vous le dit par ma lettre, et vous le dira elle-même cent fois mieux. Je fais transcrire et retranscrire mon coquin de *Prophète;* sachez que vous êtes le mien, et que tout ce que vous avez ordonné est accompli à la lettre, sans changer, comme dit l'autre, un *iota* à votre loi.

Est-il vrai que le despotisme des premiers gentilshommes a dérangé la république des comédiens? La tribu Quinault quitte le théâtre¹; c'est un grand événement que cela, et je crois qu'on ne parle à Paris d'autre chose. On dit ici les Prussiens battus par le général Brown; mais, pour battre une armée, il faut en avoir une, et le général Brown n'en a pas, que je sache. Et puis, qu'importe? quand Dufresne quitte, tout le reste n'est rien.

Adieu, mon cher ami, mon conseil, mon appui, à qui je veux plaire. Que les rois s'échinent et s'entre-mangent; mais portez-vous bien.

MLXXII. — AU MÊME.

Le 25 février.

Vos yeux, mon cher et respectable ami, pourront-ils lire ce que vous écrivent deux personnes qui s'intéressent si tendrement à vous? Nous apprenons par monsieur votre frère le triste état où vous avez été; il nous flatte en même temps d'une prompte guérison. J'en félicite

---

1. Quinault-Dufresne et Jeanne-Françoise Quinault, sa sœur, quittèrent effectivement le théâtre le 19 mars 1741. (ÉD.)

Mme d'Argental, qui aura été sûrement plus alarmée que vous, et dont les soins auront contribué à vous guérir, autant, pour le moins, que ceux de M. Silva.

Cette beauté que vous aimez,
Et dont le souvenir m'est toujours plein de charmes,
A sans doute éteint par ses larmes
Le feu trop dangereux de vos yeux enflammés.

Je vous renvoie, sur *Mahomet* et sur le reste, à la lettre que j'ai l'honneur d'écrire à M. de Pont de Veyle. J'attendrai que vos yeux soient en meilleur état pour vous envoyer mon *Prophète*; mais j'ai peur qu'il ne soit pas prophète dans mon pays. Adieu; je vous embrasse, songez à votre santé; je sais mieux qu'un autre ce qu'il en coûte à la perdre. Adieu; je suis à vous pour jamais avec tous les sentiments que vous me connaissez; *je* veut dire *nous*. Mille tendres respects à Mme d'Argental.

MLXXIII. — AU MÊME.

Le 26 février.

Comment se porte mon cher ange gardien? Je lui demande bien pardon de lui adresser, par monsieur son frère, un grimoire[1] de physique; heureusement vous ne fatiguerez pas vos yeux à le lire. Je vous prie de le donner à M. de Mairan; s'il en est content, il me fera plaisir de le lire à l'Académie. Je suis absolument de son sentiment, et il faut que j'en sois bien pour combattre l'opinion de Mme du Châtelet. Nous avons, elle et moi, de belles disputes dont M. de Mairan est la cause. Elle peut dire : *Multa passa sum propter eum*[2]. Nous sommes ici tous deux une preuve qu'on peut fort bien disputer sans se haïr.

Le *Prophète* est tout prêt; il ne demande qu'à partir pour être jugé par vous en dernier ressort. J'attends que vous ayez la bonté de m'ordonner par quelle voie vous voulez qu'il se rende à votre tribunal. Il n'est rien tel que de venir au monde à propos; la pièce, toute faible qu'elle est, vaut certainement mieux que l'*Alcoran*, et cependant elle n'aura pas le même succès. Il s'en faudra beaucoup que je sois prophète dans mon pays; mais, tant que vous aurez un peu d'amitié pour moi, je serai très-content de ma destinée et de celle des miens.

MLXXIV. — A M. DE CHAMPFLOUR PÈRE.

A Bruxelles, ce 3 mars.

Vous êtes trop bon, mon cher monsieur; j'ai reçu une lettre d'avis de M. Carrau qui m'annonce l'arrivée de deux caisses de pâtes d'Auvergne. M. du Châtelet n'est point ici; mais Mme du Châtelet, qui aime passionnément ces pâtes, vous remercie de tout son cœur. Je vous envoie un petit paquet qui ne contient pas des choses si agréables,

---

1. *Doutes sur la mesure des forces motrices.* (ÉD.)
2. Matthieu, XXVII, 19. (ÉD.)

mais qui vous prouvera que je compte sur votre amitié, puisque je prends de telles libertés. C'est un recueil d'une partie de mes ouvrages, imprimé en Hollande. La beauté de l'édition est la seule chose qui puisse excuser la hardiesse de l'envoi ; il est parti de Lille. Mon neveu, M. Denis, commissaire des guerres à Lille, a fait mettre le paquet au coche, adressé à Clermont en Auvergne. Si on faisait, à Paris, quelque difficulté, vous pourriez aisément la faire lever par un de vos amis. J'écris à monsieur votre fils ; je partage, monsieur, avec vous et avec lui la joie que je me flatte que sa bonne conduite vous donnera. Il vous aime, il est bien né, il a de l'esprit, il sent vivement ses torts et vos bontés ; voilà de quoi faire son bonheur et le vôtre. Je remercie la Providence de m'avoir procuré l'occasion de rendre service à un père si digne d'être aimé, et à un honnête homme qui a pour amis tous ceux qui ont eu le bonheur de le connaître. M. de La Granville, M. Carrau, ne parlent de vous qu'avec éloge et avec sensibilité. Je sais combien M. de Trudaine vous aime. Mettez-moi, monsieur, je vous en prie, au rang de vos amis, et comptez que je serai toute ma vie, avec une estime bien véritable, etc.

VOLTAIRE.

MLXXV. — A M. DE FORMONT.

A Bruxelles, le 3 mars.

Formont! vous et les du Deffands,
C'est-à-dire les agréments,
L'esprit, les bons mots, l'éloquence,
Et vous, plaisirs qui valez tout,
Plaisirs, je vous suivis par goût,
Et les Newton par complaisance.
Que m'ont servi tous ces efforts
De notre incertaine science?
Et ces carrés de la distance,
Ces corpuscules, ces ressorts,
Cet infini si peu traitable?
Hélas! tout ce qu'on dit des corps
Rend-il le mien moins misérable?

Mon esprit est-il plus heureux,
Plus droit, plus éclairé, plus sage,
Quand de René[1] le songe-creux
J'ai lu la romanesque ouvrage?
Quand, avec l'oratorien[2],
Je vois qu'en Dieu je ne vois rien?
Ou qu'après quarante escalades
Au château de la Vérité,
Sur le dos de Leibnitz monté,
Je ne trouve que des monades?

1. René Descartes. (ÉD.) — 2. Malebranche. (ÉD.)

> Ah! fuyez, songes imposteurs,
> Ennuyeuse et froide chimère!
> Et, puisqu'il nous faut des erreurs,
> Que nos mensonges sachent plaire.
> L'esprit méthodique et commun
> Qui calcule un par un donne un,
> S'il fait ce métier importun,
> C'est qu'il n'est pas né pour mieux faire.
>
> Du creux profond des antres sourds
> De la sombre philosophie
> Ne voyez-vous pas Émilie
> S'avancer avec les Amours?
> Sans ce cortége qui toujours
> Jusqu'à Bruxelles l'a suivie,
> Elle aurait perdu ses beaux jours
> Avec son Leibnitz, qui m'ennuie.

Mon cher ami, voilà comme je pense; et, après avoir bien examiné s'il faut supputer la force motrice des corps par la simple vitesse, ou par le carré de cette vitesse, j'en reviens aux vers, parce que vous me les faites aimer. J'ose donc vous envoyer quatre volumes de rêveries poétiques. Je trouve qu'il est encore plus difficile d'avoir des songes heureux en poésie qu'en philosophie. *Mahomet* est un terrible problème à résoudre, et je ne crois pas que je sois prophète dans mon pays, comme il l'a été dans le sien. Mais si vous m'aimez toujours, je serai plus que prophète, comme dit l'autre. C'est l'opinion que j'ai de votre extrême indulgence qui me fait hasarder ces quatre volumes par le coche de Bruxelles. C'est à vous maintenant, mon cher ami, à vous servir de votre crédit, et à faire quelque brigue à la cour pour pouvoir retirer de la douane ce paquet qui pèse environ deux livres. Une de vos conversations avec Mme du Deffand vaut mieux que tout ce qui est à la chambre syndicale des libraires.

Mme du Châtelet vous fait mille compliments. Elle sait ce que vous valez, tout comme Mme du Deffand. Ce sont deux femmes bien aimables que ces deux femmes-là! Adieu, mon cher ami.

MLXXVI. — A M. WARMHOLTZ[1].

A Bruxelles, 12 mars.

Permettez-moi, monsieur, de vous faire ressouvenir de la promesse que vous avez bien voulu me faire; ma reconnaissance sera aussi vive que vos bons offices me sont précieux. Vous savez à quel point j'aime la vérité, et que je n'ai ni d'autre but ni d'autre intérêt que de la connaître. Il ne vous en coûtera pas quatre jours de travail de mettre quelques notes sur les pages blanches. Cette histoire vous est présente;

1. Warmholtz, né en Suède en 1710, mort en 1784, a traduit en français l'*Histoire de Charles XII*, par Nordberg. (ÉD.)

vous savez en quoi M. Nordberg diffère de moi. Marquez-moi, je vous en conjure, les endroits où je me suis trompé, et procurez-moi le plaisir de me corriger.

J'ai l'honneur d'être, etc.

MLXXVII. — A M. DE MAIRAN.

A Bruxelles, 12 mars.

Des savants digne secrétaire,
Vous qui savez instruire et plaire,
Pardonnez à mes vains efforts.
J'ai parlé des forces des corps,
Et je vous adresse l'ouvrage;
Et si j'avais, dans mon écrit,
Parlé des forces de l'esprit,
Je vous devrais le même hommage.

Je vous supplie, monsieur, quand vous aurez un moment de loisir, de me mander si vous êtes de mon avis. Il peut se faire que vous n'en soyez point, quoique je sois du vôtre, et que j'aie très-mal soutenu une bonne cause.

Mme du Châtelet l'a mieux attaquée que je ne l'ai soutenue. Vous devriez troquer d'adversaire et de défenseur. Mais nous sommes, elle et moi, très-réunis dans les sentiments de la parfaite estime avec laquelle je serai toute ma vie, monsieur, votre très-humble et très-obéissant serviteur. VOLTAIRE.

MLXXVIII. — A MME LA COMTESSE D'ARGENTAL.

A Bruxelles, le 12 mars.

AU TRÈS-AIMABLE SECRÉTAIRE DE MON ANGE GARDIEN.

Près de vous perdre la lumière,
C'est doublement être accablé.
Qui vous entend est consolé;
Mais celui qui, sachant vous plaire,
Vous aime et vit auprès de vous,
Celui-là n'a plus rien à craindre;
Quoi qu'il perde, son sort est doux,
Et les seuls absents sont à plaindre.

Cependant il faut que mon cher et respectable ami cesse d'être Quinze-Vingts, car encore faut-il voir ce que l'on aime.

Quand il vous aura bien vue, madame, je vous demande en grâce à tous deux de lire le nouveau *Mahomet*, qui est tout prêt. Je l'ai remanié, corrigé, repoli de mon mieux. Il est nécessaire qu'il soit entre vos mains avant Pâques, si mon conseil ordonne qu'il soit joué cette année.

Je n'ai vu aucune des pauvretés qui courent dans Paris. Nous étudions de vieilles vérités, et nous ne nous soucions guère des sottises nouvelles. Mme du Châtelet a gagné, ces jours-ci, un incident très-considérable de son procès; et elle l'a gagné à force de courage, d'esprit et de fatigues. Cela abrégera le procès de plus de deux ans; et toutes les apparences sont qu'elle gagnera le fond de l'affaire comme elle a gagné ce préliminaire.

Alors, madame, nous irons vivre dans ce beau palais peint par Lebrun et Lesueur, et qui est fait pour être habité par des philosophes qui aient un peu de goût.

Je ne sais pas encore si le roi de Prusse mérite l'intérêt que nous prenons à lui; il est roi, cela fait trembler. Attendons tout du temps.

Adieu; je vous embrasse, mes chers anges gardiens. Mme du Châtelet vous aime plus que jamais.

MLXXIX. — A M. DE CIDEVILLE.

A Bruxelles, ce 13 mars.

Devers Pâque on doit pardonner
Aux chrétiens qui font pénitence;
Je la fais; un si long silence
A de quoi me faire damner;
Donnez-moi plénière indulgence

Après avoir, en grand courrier,
Voyagé pour chercher un sage,
J'ai regagné mon colombier,
Je n'en veux sortir davantage;
J'y trouve ce que j'ai cherché,
J'y vis heureux, j'y suis caché.
Le trône et son fier esclavage,
Ces grandeurs dont on est touché,
Ne valent pas notre ermitage.

Vers les champs hyperboréens
J'ai vu des rois dans la retraite
Qui se croyaient des Antonins;
J'ai vu s'enfuir leurs bons desseins
Aux premiers sons de la trompette.
Ils ne sont plus rien que des rois;
Ils vont par de sanglants exploits
Prendre ou ravager des provinces;
L'ambition les a soumis.
Moi, j'y renonce; adieu les princes;
Il ne me faut que des amis.

Ce sont surtout des amis tels que mon cher Cideville qui sont très au-dessus des rois. Vous me direz que j'ai donc grand tort de leur écrire si rarement; mais aussi il faut m'écouter dans mes défenses.

Malgré ces rois, ces voyages, malgré la physique, qui m'a encore tracassé; malgré ma mauvaise santé, qui est fort étonnée de toute la peine que je donne à mon corps, j'ai voulu rendre *Mahomet* digne de vous être envoyé. Je l'ai remanié, refondu, repoli, depuis le mois de janvier. J'y suis encore. Je le quitte pour vous écrire. Enfin je veux que vous le lisiez tel qu'il est; je veux que vous ayez mes prémices, et que vous me jugiez en premier et dernier ressort. La Noue vous aura mandé sans doute que nos deux *Mahomet* se sont embrassés à Lille. Je lui lus le mien; il en parut assez content; mais moi je ne le fus pas, et je ne le serai que quand vous l'aurez lu à tête reposée. Ce La Noue me paraît un très-honnête garçon, et digne de l'amitié dont vous l'honorez. Il faut que Mlle Gautier ait récompensé en lui la vertu, car ce n'est pas à la figure qu'elle s'était donnée; mais à la fin elle s'est lassée de rendre justice au mérite.

Or, mandez-moi, mon cher ami, comment il faut s'y prendre pour vous faire tenir mon manuscrit. Je ne sais si vous avez reçu l'*Anti-Machiavel* que j'envoyai pour vous à Prault le libraire, à Paris. Je le soupçonne d'être avec les autres dans la chambre infernale qu'on nomme *syndicale*. Il est plaisant que le *Machiavel* soit permis, et que l'antidote soit contrebande. Je ne sais pas pourquoi on veut cacher aux hommes qu'il y a un roi qui a donné aux hommes des leçons de vertu. Il est vrai que l'invasion de la Silésie est un héroïsme d'une autre espèce que celui de la modération tant prêchée dans l'*Anti-Machiavel*. La Chatte, métamorphosée en femme, court aux souris, dès qu'elle en voit; et le prince jette son manteau de philosophe et prend l'épée dès qu'il voit une province à sa bienséance.

Puis fiez-vous à la philosophie !

Il n'y a que la philosophe Mme du Châtelet dont je ne me défie pas. Celle-là est constante dans ses principes, et plus fidèle encore à ses amis qu'à Leibnitz.

A propos, monsieur le conseiller, vous saurez que cette philosophe a gagné un préliminaire de son procès, fort important, et qui paraissait désespéré. Son courage et son esprit l'ont bien aidée. Enfin je crois que nous sortirons heureusement du labyrinthe de la chicane où nous sommes.

Mais vous, que faites-vous ? où êtes-vous ?

Quæ circumvolitas agilis thyma ?..........
Hor., lib. I, ep. III, v. 21.

Mandez un peu de vos nouvelles au plus ancien et au meilleur de vos amis. Bonjour, mon très-cher Cideville. Mme du Châtelet vous fait mille compliments.

MLXXX. — A M. THIERIOT.

Bruxelles, 13 mars.

J'allais vous écrire, lorsque je reçois votre lettre du 9. Votre santé me paraît toujours aussi faible que la mienne; mais avec ces deux mots *obtinés et sustiné*, nous ne laissons pas de vivre. Après votre santé, c'est votre pension qui m'intéresse. Il est vrai qu'elle est de douze cents livres; mais comme j'ai toujours espéré que Sa Majesté l'augmenterait, je ne vous ai jamais accusé la somme. La Silésie fait grand tort à la reine de Hongrie et à vous; mais vous aurez certainement votre pension, et je serai fort étonné si l'héritière des Césars reprend la Silésie. Il me semble que voici l'époque fatale de la maison d'Autriche, et *super vestem suam miserunt sortem*[1].

M. de Maupertuis m'a mandé qu'il pourrait faire un voyage. Je crois que du Molard reviendra aussi.

Je ne doute pas que le roi de Prusse, en vous payant votre pension, ne vous paye les arrérages; et ma grande raison, c'est que la chose est juste et digne de lui.

J'aurai l'honneur d'écrire à M. des Alleurs pour le remercier; je ne manquerai pas aussi de remercier M. de Poniatowski.

Je vais écrire à l'abbé Moussinot pour qu'il fournisse un copiste; mais, si vous en avez un, vous pouvez l'employer et faire prix. L'abbé Moussinot le payera.

Il n'y aura qu'à mettre les papiers dans un sac de procureur au coche de Bruxelles, le tout ficelé, non cacheté: cette voie est sûre. On ne s'avise jamais de dérober ce qui n'est d'aucun usage.

Je vous enverrai mon édition, moitié imprimée, moitié manuscrite, quand vous m'aurez dit comment il faut m'y prendre. Je n'ai que cet exemplaire-là.

Je voudrais bien qu'on ne s'empressât point tant de m'imprimer. J'ai de quoi fournir une édition presque neuve. J'ai tout corrigé, tout refondu. Je vais travailler entièrement l'*Histoire de Charles XII*, non-seulement sur les mémoires de M. de Poniatowski, mais sur l'*Histoire* que M. Nordberg, chapelain de Charles XII, va publier par ordre du sénat. Il faut donc me laisser un peu de temps. Je voudrais que lorsque j'aurai tout arrangé, et que je vous aurai mis en possession de ce que doit contenir l'édition nouvelle, vous vous en accommodassiez avec quelque libraire intelligent, afin que l'édition fût bien faite, et qu'elle pût vous être de quelque utilité.

Je vous prie de demander à l'agent du roi de Prusse à qui je peux adresser à Hambourg une caisse pour Mme la margrave de Bareuth, sœur du roi. Je ne veux pas l'envoyer par la poste, comme en usa une fois monsieur son frère, lequel m'envoya un jour je ne sais quoi, qui me coûta deux cents francs de port.

Je suis fâché du départ de Mme de Béranger. Je vous embrasse.
Je vais faire réponse à Néaulme.

MLXXXI. — A M. DE MAIRAN, A PARIS.

Le 24 mars.

Vous êtes, mon cher monsieur, le premier ministre de la philosophie; il ne faut pas vous dérober un temps précieux. Je voudrais bien

1. Ps. xxi, 19; et Jean, xix, 24. (Éd.)

avoir fait en peu de paroles; mais j'ai peur d'être long, et j'en suis fâché pour nous deux, malgré tout le plaisir que j'ai de m'entretenir avec vous.

J'ai reçu votre présent; je vous en remercie doublement, car j'y trouve amitié et instruction, les deux choses du monde que j'aime le mieux, et que vous me rendez encore plus chères.

Parlons d'abord de Mme du Châtelet, car cette adversaire-là vaut mieux que votre disciple. Vous lui dites, dans votre lettre imprimée, qu'elle n'a commencé sa rébellion qu'après avoir hanté les malintentionnés leibnitziens. Non, mon cher maître, pas un mot de cela, croyez-moi; j'ai la preuve par écrit de ce que je vous dis.

Elle commença à chanceler dans la foi un an avant de connaître l'apôtre des monades qui l'a pervertie, et avant d'avoir vu Jean Bernoulli, fils de Jean.

La manière d'évaluer les *forces motrices* par ce qu'elles ne font point la révolta. Un très-célèbre géomètre¹ fut entièrement de son avis; je n'en fus point, malgré toutes les raisons qui devaient me séduire. Tenez-m'en compte, si vous voulez; mais je regarde ma persévérance comme une très-belle action.

Mme du Châtelet vous répondra probablement. Je souhaite qu'elle ait une réplique; elle mérite que vous entriez un peu dans des détails instructifs avec elle. Je crois que le public et elle y gagneront. Vous ferez comme les dieux d'Homère, qui, après s'être battus, n'en reçoivent pas moins en commun l'encens des hommes. Voilà pour Mme du Châtelet. Venons à votre serviteur.

Premièrement, je vous déclare que je crois fermement à la simple vitesse multipliée par la masse. Mais, quand je dis qu'il faut l'appliquer au temps, je dis ce que le docteur Clarke dit le premier à Leibnitz; et, quand je dis que deux pressions en *deux* temps donnent *deux* de vitesse et *quatre* de force, je n'avoue rien dont les adversaires tirent avantage; car je ne veux dire autre chose sinon que l'action est quadruple en deux temps.

Je pourrais être mieux reçu qu'un autre à tenir ce langage, parce que je ne sais ce que c'est que cet être qu'on appelle *force*. Je ne connais qu'*action*, et je ne veux dire autre chose sinon que l'action est quadruple en un temps double, pour les raisons que vous avez.

Mais, pour lever toute équivoque, je vous prierai de remettre mon mémoire à M. l'abbé Moussinot, qui aura l'honneur de vous rendre cette lettre, et qui bientôt aura celui de vous en présenter un autre plus court, dont vous ferez l'usage que votre discernement et vos bontés vous feront juger le plus convenable.

J'ai relu votre mémoire de 1728, et je le trouve, comme je l'ai toujours trouvé et comme il paraît à Mme du Châtelet, méthodique, clair, plein de finesse et de profondeur. J'y trouve de plus ce qu'elle n'y

1. Sans doute Clairaut, qui passa par Cirey, vers le mois de février 1739. (Éd.)

voit pas, que vous pouvez très-bien évaluer la valeur des forces motrices par *les espaces non parcourus*. Votre supposition même paraît aussi recevable que toutes les suppositions qu'on accorde en géométrie.

Je viens de lire attentivement le mémoire de M. l'abbé Deidier; il est digne de paraître avec le vôtre. Je ne saurais trop vous remercier de me l'avoir envoyé, et je vous supplie, monsieur, de vouloir bien remercier pour moi l'auteur du profit que je tire de son ouvrage. Il y a, ce me semble, de l'invention dans la nouvelle démonstration qu'il donne, *fig. II*.

Je n'ose abuser de votre patience; mais si vous, ou M. l'abbé Deidier, avez le temps, ayez la bonté de m'éclairer sur quelques doutes, je vous serai bien obligé.

M. Deidier, page 127, dit que le corps A (on sait de quoi il est question) aura une force avant le choc qui sera comme le produit de la masse par la vitesse.

Mais c'est de quoi les *force-viviers* ne conviendront point du tout; ils vous diront hardiment que ce corps renferme en soi une force qui est le produit du carré de sa vitesse, et que, s'il ne manifeste pas cette force en courant sur ce plan poli, c'est qu'il n'en a pas d'occasion. C'est un soldat qui marche armé; dès qu'il trouvera l'ennemi, il se battra; alors il déploiera sa force, et alors $m \times u$.

Ils soutiennent donc que le mobile a reçu cette force que nous nions, et ils tâchent de prouver qu'il l'a reçue *a priori*; ce qui est bien pis encore que des expériences.

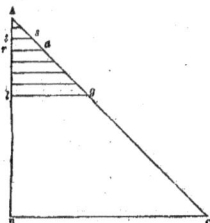

Ne disent-ils pas que, dans ce triangle, la force reçue dans le corps A est le produit d'une infinité de pressions accumulées? Ne disent-ils pas que A n'aurait pas en *l* la force qui résulte de ces pressions, si la ligne *ts*, par exemple, ne représentait deux pressions, si *rd* n'en représentait trois, etc.?

Mais, disent-ils, le triangle A*lg* est au triangle ABC comme le carré de *lg* au carré de BC, et ces deux triangles sont infiniment petits; donc ils représentent, dans le premier triangle A*lg*, les pressions qui donnent une force égale au carré de *lg*, et, dans le grand triangle, la somme des pressions qui donnent la force égale au carré BC.

Mais n'y a-t-il pas là un artifice? et ne faut-il pas que toutes ces pressions, si on les distingue, agissent chacune l'une après l'autre? Il y a donc dans cet instant autant d'instants que de pressions. Cette figure même montre évidemment un mouvement uniformément accéléré; or comment peut-on supposer qu'un mouvement accéléré s'opère en un instant indivisible?

Je demande si cette seule réponse ne peut pas suffire à découvrir le sophisme.

Je viens ensuite à la conclusion très-spécieuse que les leibnitziens tirent de la percussion des corps à ressort et des corps inélastiques.

Dans la collision des corps à ressort ils retrouvent toujours les mêmes forces devant et après le choc, quand ils supputent la force par le carré de la vitesse; et, dans la collision d'un corps inélastique qui choque un corps dur, ils retrouvent encore leur compte.

Par exemple, une boule de terre glaise, suspendue à un fil, rencontre un morceau de cuivre de même pesanteur qu'elle;

Leur masse est 2, leur vitesse 5;

Le choc produit un enfoncement que j'appelle 2; que chaque masse soit 2, et chaque vitesse 10, l'enfoncement est 4.

Mais que la masse de l'un soit 4 et la vitesse 5, la masse de l'autre 2 et la vitesse 10, l'enfoncement n'est que 3.

C'est là que les *force-viviers* prétendent triompher; car, disent-ils, nous avons trouvé cavité 2 produite par 200 de force, et cavité 4 produite par 400 de force; nous trouvons ici cavité 3 produite par 300, selon notre calcul.

Mais, si l'on compte, poursuivent-ils, selon l'ancienne méthode, on aura pour le troisième cas, non pas 300 de force, mais 4×5 pour un des mobiles, 2×10 pour l'autre; le tout $= 40$. Donc, selon l'ancien calcul, l'enfoncement devrait être 4 comme dans le second cas, et non pas 3; donc il faut, concluent-ils, que l'ancienne façon de compter soit très-mauvaise.

Je sais bien qu'on peut dire que, dans la percussion de deux corps à ressort, lorsqu'un plus petit va choquer un plus grand, le ressort augmente les forces; mais ici, lorsque ce mobile de cuivre et ce mobile inélastique de terre glaise se rencontrent, pourquoi se perd-il de la force? Nous n'avons plus, dans ce cas, la ressource des ressorts.

Ne dois-je pas recourir à une raison primitive? et, si cette raison satisfait pleinement à ces deux difficultés qui paraissent opposées, pourrai-je me flatter d'avoir rencontré juste?

Cette cause que je cherche n'est-elle pas la masse même des corps?

Je remarque que, dans les corps à ressort, il n'y a accroissement de quantité de mouvement (que j'appelle force) que lorsque le corps à ressort choqué est plus pesant que celui qui l'attaque.

Je vois, au contraire, que, quand le mobile inélastique souffre un enfoncement moins grand qu'il ne devrait le recevoir, le corps inélastique a moins de masse; par exemple, quand la boule de terre glaise, qui est 2, et qui a 10 de vitesse, rencontre le cuivre 2, qui a aussi 10 de vitesse, l'enfoncement est 4.

Mais si l'un des deux corps a 2 de masse et 10 de vitesse, et l'autre 4 de masse et 5 de vitesse, alors, quoique les causes paraissent égales, quoiqu'il y ait de part et d'autre égale quantité de mouvement, l'effet est cependant très-différent. Pourquoi? n'est-ce pas que les corps réagissent moins quand ils ont moins de masse, et réagissent plus quand ils sont plus massifs?

N'est-ce pas, toutes choses égales, parce qu'un corps est plus massif qu'il a plus de ressort, et qu'ainsi il réagit plus contre un petit corps à ressort qui le vient frapper? comme dans l'expérience d'Hermann[1]. Et n'est-ce pas par cette même raison qu'un corps quelconque, toutes choses égales, réagit moins, s'il est plus petit?

Voilà mon doute. Pardon de cette confession générale au temps de Pâques. Elle est trop longue; mais, si je voulais vous dire combien je vous aime et vous estime, je serais bien plus prolixe.

Adieu; je suis de toute mon âme votre, etc.

MLXXXII. — A Frédéric II, roi de Prusse.

A Bruxelles, ce 25 mars.

A moi, Gresset! soutiens de ta lyre éclatante
Les sons déjà cassés de ma voix tremblotante;
Envoie en Silésie un *perroquet* nouveau,
Qui vole vers mon prince aux murs du grand Glogau.
Un oiseau plus fameux et plus plein de merveilles,
Qui possède cent yeux, cent langues, cent oreilles,
Le courrier des héros, déjà dans l'univers
A prévenu tes chants, a devancé mes vers;
La Renommée avance, et sa trompette efface
La voix du perroquet qui gazouille au Parnasse.
On l'entend en tous lieux, cette fatale voix
Qui déjà sur le trône étonne tous les rois.
« Du sein de l'indolence éveillez-vous, dit-elle;
Monarques, paraissez, Frédéric vous appelle;
Voyez, il a couvert, au milieu des hasards,
Les lauriers d'Apollon du casque du dieu Mars.

---

[1] Jacques Hermann, ami de Leibnitz, et auteur d'un traité *De viribus et motibus corporum*. (Éd.)

Sa main, dans tous les temps noblement occupée,
Tient la lyre d'Achille et porte son épée;
Il pouvait mieux que vous, dans un loisir heureux,
Cultiver les beaux-arts, et caresser les jeux;
Sans sortir de sa cour il eût trouvé la gloire;
Le repos eût encore ennobli sa mémoire;
Mais des bords du Permesse il s'élance aux combats,
Il brave les saisons, il cherche le trépas;
Et vous, vous entendez, sans que rien vous alarme,
Ou les rêves d'un bonze, ou les sermons d'un carme·
Vous allez à la messe et vous en revenez.
Végétaux sur le trône à languir destinés,
N'attendez rien de moi : mes voix et mes trompettes
Pour des rois eudormis sont à jamais muettes;
Ou plutôt, vils objets de mon juste courroux,
Rougissez et tremblez, si je parle de vous. »
Ainsi la Renommée, en volant sur la terre,
Célébrait le héros des arts et de la guerre.
Vous, enfants d'Apollon, par sa voix excités,
Perroquets de la gloire, écoutez, et chantez.

Ah! Sire, *les honneurs changent les mœurs;* faut-il, parce que Votre Majesté se bat tous les jours contre de vilains housards auxquels elle ne voudrait pas parler, et qui ne savent pas ce que c'est qu'un vers, qu'elle ne m'écrive plus du tout? Autrefois elle daignait me donner de ses nouvelles, elle me parlait de sa fièvre quarte; à présent qu'elle affronte la mort, qu'elle prend des villes, et qu'elle donne la fièvre continue à tant de princes, elle m'abandonne cruellement. Les héros sont des ingrats. Voilà qui est fait, je ne veux plus aimer Votre Majesté, je me contenterai de l'admirer. N'abusez pas, Sire, de ma faiblesse. On nous a conté qu'on avait fait une conspiration contre Votre Majesté. C'est bien alors que j'ai senti que je l'aimais.

Je voudrais seulement, Sire, que vous eussiez la bonté de me dire, la main sur la conscience, si vous êtes plus heureux que vous ne l'étiez à Reinsberg. Je conjure Votre Majesté de satisfaire à cette question philosophique. Profond respect.

MLXXXIII. — A Mlle Quinault.

Bruxelles, 1er avril.

[Sur sa retraite du théâtre et celle de son frère.]

MLXXXIV. — A M. de Mairan, a Paris.

A Bruxelles, le 1er avril.

Me voici, monsieur, tout à travers du schisme. Je suis toujours le confesseur de votre évangile, au milieu même des tentations. Je vous envoie mon petit grimoire; vous verrez seulement, par la première partie, si je vous ai bien entendu, et, en cas que vous trouviez quelques réflexions un peu neuves dans la seconde, vous pourrez montrer mes questions à votre aréopage.

Je serai curieux de savoir si on croit que je suis dans le bon chemin. Voilà tout ce que je prétends. Je ne veux point une approbation, mais une décision. Ai-je tort? ai-je raison? ai-je bien ou mal pris vos idées?

Vous recevrez peut-être la réponse de Mme la marquise du Châtelet imprimée, en recevant mon manuscrit. Puisque vous avez eu la patience de lire mon essai sur la métaphysique de Leibnitz, vous avez déjà vu que l'amitié ne me donne ni ne m'ôte mes opinions. Ce petit traité, mal imprimé en Hollande, fait partie d'une introduction aux *Éléments de Newton* qu'on réimprime ; et c'est à Mme du Châtelet elle-même que j'adresse et que je dédie cet ouvrage dans lequel je prends la liberté de la combattre. Il me semble que c'est là, pour les gens de lettres, un bel exemple qu'on peut être tendrement et respectueusement attaché à ceux que l'on contredit.

Je me flatte donc que votre petite guerre avec Mme du Châtelet ne servira qu'à augmenter l'estime et l'amitié que vous avez l'un pour l'autre. Elle est un peu piquée que vous lui ayez reproché qu'elle n'a pas lu assez votre mémoire. Je voudrais qu'elle fût persuadée des choses que vous y dites autant qu'elles les a lues ; mais songeons, mon cher et aimable philosophe, combien il est difficile à l'esprit humain de renoncer à ses opinions. Il n'y a que l'auteur du *Télémaque* à qui cela soit arrivé. C'est qu'il aima mieux sacrifier le quiétisme que son archevêché ; et Mme du Châtelet ne veut point sacrifier les *forces vives*, même à vous.

Elle ne peut point convenir qu'il soit possible d'épuiser la force à former des ressorts, et de la reprendre ensuite. Elle trouve là une contradiction qui la frappe. J'ai beau faire ; nous disputons tout le jour, et nous n'avançons point. Voilà pourquoi je veux savoir si son opiniâtreté ne vient pas en partie de ses lumières, et en partie de ce que je soutiens mal votre cause.

Je ne sais par quelle fatalité les dames se sont déclarées pour Leibnitz. Mme la princesse de Columbrano a écrit aussi en faveur des *forces vives*. Je ne m'étonne plus que ce parti soit si considérable. Nous ne sommes guère galants ni vous ni moi. Mais vous êtes comme Hercule, qui combattait contre les Amazones sans ménagement, et moi je ne suis dans votre armée qu'un volontaire peu dangereux.

Si nous étions à Paris, la paix serait bientôt faite ; et je me flatte bien que nous dînerions ensemble un jour dans cette belle maison consacrée aux arts, peinte par Lesueur et par Lebrun, et digne de recevoir M. de Mairan.

Adieu, cher ennemi de mes amis ; adieu, mon maître, digne d'être celui de votre illustre et aimable adversaire.

P. S. Depuis cette lettre écrite, je reçois votre billet à l'abbé Moussinot. Ne me répondez point, mon cher philosophe ; le temps est à ménager, quoi qu'en disent les *force-viviers*; mais, si vous croyez que vous me ferez plaisir en montrant à l'Académie de quelle façon je pense, si on peut voir par mon mémoire que je ne suis pas absolument étranger dans Jérusalem, ayez la bonté de le communiquer; sinon, *pereat*.

Je me tiens pour répondu; je ne veux pas un mot. Je vous embrasse, je vous estime, je vous aime autant que le méritez.

MLXXXV. — A M. HELVÉTIUS.

A Bruxelles, le 3 avril.

J'ai reçu aujourd'hui, mon cher ami, votre diamant, qui n'est pas encore parfaitement taillé, mais qui sera très-brillant.

Croyez-moi, commencez par achever la première *Épître;* elle touche à la perfection, et il manque beaucoup à la seconde.

Votre première *Épître*, je vous le répète, sera un morceau admirable; sacrifiez tout pour la rendre digne de vous; donnez-moi la joie de voir quelque chose de complet sorti de vos mains. Envoyez-la-moi dans un paquet un peu moins gros que celui d'aujourd'hui. Il n'est pas besoin de page blanche. D'ailleurs, quand vous en gardez un double, je puis aisément vous faire entendre mes petites réflexions. J'ai autant d'impatience de voir cette épître arrondie que votre maîtresse en a de vous voir arriver au rendez-vous. Vous ne savez pas combien cette première épître sera belle, et moi je vous dis que les plus belles de Despréaux seront au-dessous; mais il faut travailler, il faut savoir sacrifier des vers; vous n'avez à craindre que votre abondance, vous avez trop de sang, trop de substance; il faut vous saigner et jeûner. Donnez de votre superflu aux petits esprits compassés, qui sont si méthodiques et si pauvres, et qui vont si droit dans un petit chemin sec et uni qui ne mène à rien. Vous devriez venir nous voir ce mois-ci; je vous donne rendez-vous à Lille; nous y ferons jouer *Mahomet*; La Noue le jouera, et vous en jugerez. Vous seriez bien aimable de vous arranger pour cette partie.

J'ai peur que nous n'ayons pas raison contre Mairan, dans le fond; mais Mairan a un peu tort dans la forme, et Mme du Châtelet méritait mieux. Bonsoir, mon cher poëte philosophe; bonsoir, aimable Apollon.

MLXXXVI. — A M. L'ABBÉ MOUSSINOT.

Bruxelles.

M. de Froulai de Tessé, frère de l'ambassadeur de Venise, et bailli de Malte, a une lettre de change de 2400 livres signée Voltaire; cela est payable à vue. Je viens d'en donner une autre de 2000 livres au sieur Desvignes, à quinze jours de vue; il ne m'en a payé que la moitié. Sans vous commettre en aucune façon, vous pouvez payer moitié, et me donner le loisir de prendre un arrangement certain pour l'autre moitié. Usez donc de votre prudence ordinaire pour ne rien hasarder.

Plus, j'ai donné à M. Dagieu, notre ministre à Bruxelles, une lettre de change de 500 et tant de livres; ma foi, je ne me souviens pas de combien. J'ai la tête si embrouillée, ces jours-ci, de métaphysique, que j'ai oublié cette affaire temporelle. Le fait est qu'un nommé l'Hôte vous présentera cette lettre de change, qu'elle est signée de votre ami, et qu'elle est payable à vue. Ayez la bonté de donner dix écus à***, s'il est toujours dans le même état de misère où son oisiveté et sa vanité ont la mine de le laisser longtemps.

Bonsoir.

MLXXXVII. — A M. THIERIOT

Bruxelles, ce 6 avril.

J'étais instruit du *quiproquo* avant d'avoir reçu votre lettre, et j'avais heureusement déjà renvoyé à M. des Alleurs l'original de la main de M. de Poniatowski. Ainsi je crois que la petite méprise est entièrement réparée, et que M. des Alleurs verra que ce malentendu vient uniquement du secrétaire et non de vous. Il ne mettra dorénavant sa délicatesse qu'à vous aimer davantage.

J'ignore comme vous, pour le présent, les arrangements de votre pension. Le roi de Prusse a eu la bonté de m'écrire du 19 mars, du fond de la Silésie; mais quoique j'eusse trouvé le secret de le faire souvenir en vers de vous et de du Molard, et de quelques petits projets concernant les belles-lettres, il n'est occupé présentement que de récompenser ceux qui ont pris le grand Glogau.

Je suis très-sûr que les Muses auront leur tour après Bellone, et que vous aurez infailliblement votre pension. Sa Majesté ne me dit point que M. de Maupertuis soit déjà en Silésie; apparemment qu'il était parti depuis cette lettre écrite.

Je suis fâché que M. du Molard se soit dégoûté sitôt, il me semble que Sa Majesté voulait lui donner une pension de deux mille livres; mais il y a toujours dans toutes les affaires quelque chose qu'on ne voit point et qui change les choses que l'on voit.

Je m'intéresse tendrement aux vôtres, et je me flatte que votre pension assurée et bien payée vous mettra en état de jouir d'un loisir heureux et de cette indépendance nécessaire au bonheur, surtout à un certain âge, où il faut vivre et penser un peu pour soi.

Je vous enverrai cette édition moitié imprimée, moitié manuscrite. Vous y trouverez quelques changements à *la Henriade*, et à tous mes autres ouvrages. Je ne sais ce qu'est devenue l'édition que le roi de Prusse avait fait commencer en Angleterre. L'entreprise de la Silésie a tout suspendu.

On dit que les belles-lettres sont encore plus négligées à Paris qu'à Berlin. La comédie est tombée par la retraite de Dufresne et de Mlle Quinault. Les petits vers dont vous me parlez, et qui m'échappent quelquefois dans mes lettres, ne ressusciteront pas la littérature : ces bagatelles n'ont de prix qu'autant qu'elles font l'agrément de la société; mais ce n'est rien pour le public. Il est plus difficile de faire dix vers dans le goût de Boileau, que mille dans celui de Chapelle et de Chaulieu.

On dit qu'on va rejouer *l'Enfant prodigue*, malgré le mal qu'on vous en a dit. On a réimprimé aussi mes pièces fugitives et mes épîtres, mais on n'y a pas mis les corrections d'un homme difficile [1] qui voulait, au lieu de

>Le chien meurt en léchant le maître qu'il chérit,
>*Discours sur la modération*, v. 20.

mettre

>Le chien lèche en criant le maître qui le bat.

Je crois qu'à présent vous n'êtes plus tant de l'avis de ce juge sévère, qui critique et qui corrige si bien. Je n'ai jamais vu d'homme à humeur qui eût le goût sûr. Vous penserez toujours mieux par vous-même que quand vous vous prêterez au jugement des demi-poètes qui critiquent tous les vers, et des demi-philosophes qui veulent douter de tout.

J'ai grand intérêt que vous consultiez toujours avec moi votre propre cœur. Le mien est toujours plein pour vous de la plus véritable amitié, et vous me trouverez toujours tel que j'ai été dans tous les temps. Adieu, je vous embrasse de tout mon cœur; j'attends pour vous le mois de juin avec plus d'impatience que l'élection d'un empereur; car peu m'importe qu'il y ait des césars, et il m'importe beaucoup que mon ami soit heureux.

MLXXXVIII. — A M. LE COMTE D'ARGENTAL.

A Bruxelles, le 7 avril.

O vous, qui cultivez les vertus du vrai sage,
    L'amour des arts et l'amitié,
    Vous dont la charmante moitié
Augmente encor vos goûts, puisqu'elle les partage!
De mon esprit lassé qu'énervait sa langueur
Vous avez ranimé la verve dégoûtée;
Vous rallumez dans moi ce feu de Prométhée
Dont la froide physique avait éteint l'ardeur.
Ranimez donc Paris, où les beaux-arts gémissent
    Sans récompense et sans appui.
Qu'on pense comme vous, j'y revole aujourd'hui.

Mais de la France, hélas! les jours heureux finissent;
Apollon négligé fuit en d'autres climats.
De nos maîtres en vain j'avais suivi les pas,
En vain par une heureuse et pénible industrie
J'ai d'un poème épique enrichi ma patrie.
Hélas! quand je courais la carrière des arts,
La détestable Envie, aux farouches regards,
La Persécution m'accabla de ses armes.

1. La Popelinière. (ÉD.)

Sur mes lauriers flétris je répandis des larmes,
Je maudis mes travaux, et mon siècle, et les arts.
Je fuyais une gloire ou funeste ou frivole
   Qui trompe ses adorateurs.
Mais vous me rengagez; un ami me console
Des jaloux, des bigots, et des persécuteurs.

C'est vous, mon cher ange gardien, qui m'encourageâtes à donner *Alzire*; c'est vous qui avez corrigé *Mahomet*; et je ne veux que vos conseils et vos suffrages. Il n'y a plus moyen de le faire jouer à Paris, après le départ de Dufresne; mais j'ai voulu au moins essayer quel effet il ferait sur le théâtre. J'ai à Lille des parents[1], La Noue y a établi une troupe assez passable; il est bon acteur, il ne lui manque que de la figure; je lui ai confié ma pièce comme à un honnête homme dont je connais la probité. Il ne souffrira pas qu'on en tire une seule copie. Enfin c'est un plaisir que j'ai voulu donner à Mme du Châtelet, et que je voudrais bien que vous pussiez partager. Mais commencez par guérir vos yeux et la fièvre de Mme d'Argental. Soyez bien sûr que, quoique auteur, j'aime mieux votre santé que mon ouvrage.

On dira que je ne suis plus qu'un auteur de province; mais j'aime encore mieux juger moi-même de l'effet que fera cet ouvrage, dans une ville où je n'ai point de cabale à craindre, que d'essuyer encore les orages de Paris. J'ai corrigé la pièce avec beaucoup de soin, et j'ai suivi tous vos conseils. La représentation m'éclairera encore, et me rendra plus sévère. C'est une répétition que je fais faire en province, pour donner la pièce à Paris quand vous le jugerez à propos. Ce sont vos troupes que j'exerce sur la frontière.

Je ne sais qui a pu faire courir le bruit que j'étais brouillé avec le roi de Prusse; on l'a même imprimé; la chose n'en est pas moins fausse. S'il m'avait retiré ses bontés, il serait vraisemblable que le tort serait de son côté; car, quand on se brouille avec un roi, il est à croire que le roi a tort. Mais je ne veux pas laisser à mes ennemis le plaisir de croire que le roi de Prusse ait ce tort-là avec moi. Il me fait l'honneur de m'écrire aussi souvent qu'autrefois, et avec la même bonté.

Il est vrai qu'il a été un peu piqué que je l'aie quitté un peu trop tôt; mais le motif de mon départ de Berlin a dû augmenter son estime pour moi. Il n'a jamais compté que je pusse quitter Mme du Châtelet. Il me connaît trop; il sait quels droits a l'amitié, et il les respecte.

J'avoue que j'aurais à Berlin un peu plus de considération qu'à Paris; mais il n'y a pour moi ni Paris ni Berlin, il n'y a que les lieux qu'habite votre amie; et, si je pouvais vivre entre elle et vous, je n'aurais plus rien à désirer.

Elle répond à M. de Mairan. Cette guerre n'est pas susceptible d'es-

1. M. et Mme Denis. (ÉD.)

prit; cependant elle y en a mis, en dépit du sujet. Elle y a joint de la politesse, car on porte son caractère partout.

Elle fait mille compliments aux anges.

MLXXXIX. — A M. L. C.

15 avril 1741.

Monsieur, si vous voulez vous appliquer sérieusement à l'étude de la nature, permettez-moi de vous dire qu'il faut commencer par ne faire aucun système. Il faut se conduire comme les Boyle, les Galilée, les Newton; examiner, peser, calculer et mesurer, mais jamais deviner. M. Newton n'a jamais fait de système; il a vu, et il a fait voir; mais il n'a point mis ses imaginations à la place de la vérité. Ce que nos yeux et les mathématiques nous démontrent, il faut le tenir pour vrai. Dans tout le reste, il n'y a qu'à dire : « J'ignore. »

Il est incontestable que les marées suivent exactement le cours du soleil et de la lune : il est mathématiquement démontré que ces deux astres pèsent sur notre globe, et en quelle portion ils pèsent; de là Newton a non-seulement calculé l'action du soleil et de la lune sur les marées de la terre, mais encore l'action de la terre et du soleil sur les eaux de la lune (supposé qu'il y en ait). Il est étrange à la vérité qu'un homme ait pu faire de telles découvertes : mais cet homme s'est servi du flambeau des mathématiques, qui est la grande lumière des hommes.

Gardez-vous donc bien, monsieur, de vous laisser séduire par l'imagination. Il faut la renvoyer à la poésie, et la bannir de la physique : imaginer un feu central pour expliquer le flux de la mer, c'est comme si on résolvait un problème avec un madrigal.

Qu'il y ait du feu dans tous les corps, c'est une vérité dont il n'est pas permis de douter : il y en a dans la glace même, et l'expérience le démontre; mais qu'il y ait une fournaise précisément dans le centre de la terre, c'est une chose que personne ne peut savoir, et que par conséquent on ne peut admettre en physique.

Quand même ce feu existerait, il ne rendrait raison ni des grandes marées, ni pourquoi les marées retardent avec la lune des équinoxes et des solstices, ni de celles des pleines lunes, ni pourquoi les mers qui ne communiquent point à l'Océan n'ont aucune marée, etc. Donc il n'y aurait pas la moindre raison d'admettre ce prétendu foyer pour cause du gonflement des eaux.

Vous demandez, monsieur, ce que deviennent les eaux des fleuves portées à la mer? Ignorez-vous qu'on a calculé combien l'action du soleil, à un degré de chaleur donné, dans un temps donné, élève d'eau, pour la résoudre ensuite en pluies par le secours des vents.

Vous dites, monsieur, que vous trouvez très-mal imaginé ce que plusieurs auteurs avancent, que les neiges et les pluies suffisent à la formation des rivières; comptez que cela n'est ni bien ni mal imaginé, mais que c'est une vérité reconnue par le calcul. Vous pouvez consulter sur cela Mariotte et les *Transactions* d'Angleterre.

En un mot, monsieur, s'il m'est permis de répondre à l'honneur de votre lettre par des conseils, lisez les bons auteurs qui n'ont que l'expérience et le calcul pour guides; et ne regardez tout le reste que comme des romans indignes d'occuper un homme qui veut s'instruire.

J'ai l'honneur d'être, etc.

MXC. — DE FRÉDÉRIC II, ROI DE PRUSSE.

A Olau, le 16 avril.

Je connais les douceurs d'un studieux repos;
Disciple d'Épicure, amant de la Mollesse,
　　Entre ses bras, plein de faiblesse,
J'aurais pu sommeiller à l'ombre des pavots.

Mais un rayon de gloire animant ma jeunesse,
Me fit voir d'un coup d'œil les faits de cent héros,
　　Et, plein de cette noble ivresse,
Je voulus surpasser leurs plus fameux travaux.

Je goûte le plaisir, mais le devoir me guide.
Délivrer l'univers de monstres plus affreux
　　Que ceux terrassés par Alcide,
C'est l'objet salutaire auquel tendent mes vœux.

Soutenir de mon bras les droits de ma patrie,
Et réprimer l'orgueil des plus fiers des humains,
　　Tous fous de la vierge Marie,
Ce n'est point un ouvrage indigne de mes mains.

Le bonheur, cher ami, cet être imaginaire,
Ce fantôme éclatant qui fuit devant nos pas,
　　Habite aussi peu cette sphère
Qu'il établit son règne au sein de mes États.

Aux berceaux de Reinsberg, aux champs de Silésie,
Méprisant du bonheur le caprice fatal,
　　Ami de la philosophie,
Tu me verras toujours aussi ferme qu'égal.

On dit les Autrichiens battus, et je crois que c'est vrai. Vous voyez que la lyre d'Horace a son tour après la massue d'Alcide. Faire son devoir, être accessible aux plaisirs, ferrailler avec les ennemis, être absent, et ne point oublier ses amis, tout cela sont des choses qui vont fort bien de pair, pourvu qu'on sache assigner des bornes à chacune d'elles. Doutez de toutes les autres; mais ne soyez pas pyrrhonien sur l'estime que j'ai pour vous, et croyez que je vous aime.　　FRÉDÉRIC.

MXCI. — A M. L'ABBÉ VALORI.

Bruxelles, le 2 mai.

Si quelque chose, monsieur, pouvait augmenter les regrets que vous me laissez, ce serait votre attention obligeante. Vous êtes né pour faire les charmes de la société. Vous ne vous contentez pas de plaire, vous cherchez toujours à obliger. A peine recevez-vous une relation intéressante, que vous voulez bien nous en faire part. Vous vous donnez la peine de transcrire tout l'article qui regarde le pauvre Maupertuis. Je viens de le lire à Mme du Châtelet; nous en sommes touchés aux larmes. Mon Dieu! quelle fatale destinée! *Qu'allait-il faire dans cette galère?* Je me souviens qu'il s'était fait faire un habit bleu; il l'aura porté sans doute en Silésie, et ce maudit habit aura été la cause de sa mort. On l'aura pris pour un Prussien; je reconnais bien les gens appartenant à un roi du Nord, de refuser place à Maupertuis dans le carrosse. Il y a là une complication d'accidents qui ressemble fort à ce que fait la destinée, quand elle veut perdre quelqu'un; mais il ne faut désespérer de rien; peut-être est-il prisonnier, peut-être n'est-il que blessé.

J'apprends dans le moment, monsieur, que Maupertuis est à Vienne, en bonne santé. Il fut dépouillé par les paysans dans cette maudite Forêt Noire, où il était comme don Quichotte faisant pénitence. On le mit tout nu; quelques housards, dont un parlait français, eurent pitié de lui: chose peu ordinaire aux housards. On lui donna une chemise sale, et on le mena chez le comte Neuperg. Tout cela se passa deux jours avant la bataille. Le comte lui prêta cinquante louis, avec quoi il prit sur-le-champ le chemin de Vienne, comme prisonnier sur sa parole; car on ne voulut pas qu'il retournât vers le roi, après avoir vu l'armée ennemie, et on craignit le compte qu'en pouvait rendre un géomètre. Il alla donc à Vienne trouver la princesse de Lichtenstein, qu'il avait fort connue à Paris; il en a été très-bien reçu, et on le fête à Vienne comme on le faisait à Berlin. Voilà un homme né pour les aventures.

S'il avait eu celle de vivre avec vous, monsieur, pendant huit jours, il n'en chercherait point d'autres; c'est bien ainsi que pense Mme du Châtelet. Le nom de Valori lui est devenu cher. Elle vous fait les plus sincères compliments, ainsi qu'à toute votre aimable famille. Permettez-moi d'y joindre mes respects, et de remercier les yeux à qui j'ai fait répandre des larmes[1].

Voulez-vous bien encore, monsieur, que je fasse par vous les assurances de mon respectueux dévouement pour M. le duc de Boufflers, et pour Mme de La Granville[2]? C'est avec les mêmes sentiments que je serai toute ma vie, monsieur, etc.

MXCII. — DE FRÉDÉRIC II, ROI DE PRUSSE.

Au camp de Molwitz, le 2 mai.

De cette ville portative,
Légère, et qu'ébranlent les vents,
D'architecture peu massive,
Dont nous sommes les habitants;

---

1. On donna à Lille plusieurs représentations de *Mahomet*, à l'une desquelles l'abbé de Valori assista avec plusieurs ecclésiastiques. (ÉD.)
2. Femme de l'intendant de Flandre. (ÉD.)

Des glorieux et tristes champs
Où des soldats la fureur vive
Défit la troupe fugitive
De nos ennemis impuissants;
Des lieux où l'ambition folle
Réunit sous ses étendards
Ceux qu'instruisit à son école
Le fier, le sanguinaire Mars;
En un mot, du centre du trouble,
Je vous cherche au sein de la paix,
Où vous savez jouir au double
De cent plaisirs, de cent succès;
Où vous vivez quand je travaille;
Où vous instruisez l'univers,
Lorsque de cent peuples divers
Je vois, au fort de la bataille,
Les ombres passer aux enfers.

Voilà tout ce que peut vous dire ma muse guerrière, d'un camp très-froid. Je n'entre point en détail avec vous, car il n'y a rien de raffiné dans la façon dont nous nous entretenons; cela se fait toujours à mon grand regret; et, si je dirige la fureur obéissante de mes troupes, c'est toujours aux dépens de mon humanité, qui pâtit du mal nécessaire que je ne saurais me dispenser de faire.

Le maréchal de Belle-Ile est venu ici avec une suite de gens très-sensés. Je crois qu'il ne reste plus guère de raison aux Français, après celle que ces messieurs de l'ambassade ont reçue en partage. On regarde en Allemagne comme un phénomène très-rare de voir des Français qui ne soient pas fous à lier. Tels sont les préjugés des nations les unes contre les autres; quelques gens de génie savent s'en affranchir; mais le vulgaire croupit toujours dans la fange des préjugés. L'erreur est son partage. A vous qui la combattez, soit honneur, santé, prospérité, et gloire à jamais. Ainsi soit-il. Adieu. FÉDÉRIC.

MXCIII. — A M. L'ABBÉ MOUSSINOT.

Bruxelles, le 2 mai.

M. de Poniatowski[1] est-il encore à Paris? il m'est important, mon cher ami, de le savoir. J'ai reçu ses nouveaux *Mémoires*, avec un formulaire de procuration que je suivrai exactement.

Je m'arrange pour payer ici huit mille livres que j'avais déléguées sur l'hôtel de ville de Paris. Cette somme, et même plus, me sera due en juillet. Je toucherai à la fois de la ville et de M. de Guébriant. Si cependant vous voulez recevoir à présent de la direction, je vous enverrai mes pancartes. Ne pourrions-nous pas mettre dix mille francs sur la place? Pâquier, s'il le veut, les fera valoir à cinq pour cent. C'est un argent que je trouverai à Paris, lorsqu'il faudra me meubler à l'hôtel

1. Père du roi de Pologne Stanislas-Auguste. (ÉD.)

du Châtelet[1]. Recevez toujours deux ordonnances sur le trésor royal. A l'égard de Lézeau, nous en parlerons une autre fois.

J'attends avec impatience un exemplaire des nouveaux *Éléments*[2]. Dites-le à la veuve. Je pars demain pour une terre[3] de M. du Châtelet, près de Liége. A mon retour, j'espère vous donner avis d'une belle vente de tableaux.

MXCIV. — A M. DE MAUPERTUIS.
A Bruxelles, le 4 mai.

Mme du Châtelet, monsieur, m'a dérobé une marche; elle a envoyé sa lettre avant la mienne; mais je n'ai été ni moins touché ni moins inquiet, et je n'ai pas été moins satisfait qu'elle, quand j'ai appris votre heureuse arrivée à Vienne, après tant de fatigues et de dangers. Vous êtes fait pour plaire partout où vous êtes; mais vous ne plairez jamais tant à personne qu'à vos compatriotes, quand vous les reverrez. Ils sont plus dignes que les Islandais de jouir de votre commerce.

Si vous prenez le parti de repasser en France, et que vous preniez votre chemin par Bruxelles, vous porterez la consolation et la joie dans notre solitude. Vous savez, sans doute, combien tout le monde s'est intéressé à votre destinée. Croyez que ce n'est pas à Bruxelles qu'on vous aime le moins. Il y a deux personnes ici qui ne sont point du tout du même avis sur les imaginations de Leibnitz, mais qui se réunissent à vous estimer et à vous aimer de tout leur cœur.

Conservez-moi, je vous en prie, l'amitié que vous m'avez toujours témoignée, et surtout conservez-vous.

MXCV. — A M. DE MAIRAN.
A Bruxelles, le 5 mai.

J'ai reçu, monsieur, votre certificat; mais je vois que l'Académie est neutre, et n'ose pas juger un procès qui me paraît pourtant assez éclairci par vous.

Je crois que la Société royale serait plus hardie, et ne balancerait pas à prononcer qu'en temps égal deux font deux, et quatre font quatre; car, en vérité, tout bien pesé, voilà à quoi se réduit la question.

Franchement, Leibnitz n'est venu que pour embrouiller les sciences. Sa raison insuffisante, sa continuité, son plein, ses monades, etc., sont des germes de confusion dont M. Wolff a fait éclore méthodiquement quinze volumes in-4°, qui mettront plus que jamais les têtes allemandes dans le goût de lire beaucoup et d'entendre peu. Je trouve plus à profiter dans un de vos mémoires que dans tout ce verbiage qu'on nous donne *more geometrico*. Vous parlez *more geometrico et humano*.

Ce Kœnig, élève de Bernoulli, qui nous apporta à Cirey la religion des monades, me fit trembler, il y a quelques années, avec sa longue démonstration qu'une force double communique en un seul temps

---

1. L'hôtel Lambert. (ÉD.)
2. Les *Éléments de la philosophie de Newton*. (ÉD.)
3. La terre de Beringhen. (ÉD.)

une force quadruple. Ce tour de passe-passe est un de ceux de Bernoulli, et se résout très-facilement.

Je suis fâché que mes amis se soient laissé prendre à ce piége, et encore plus de la querelle qui s'est élevée. Mais il ne faut pas gêner ses amis dans leur profession de foi; et moi, qui ne prêche que la tolérance, je ne peux pas damner les hérétiques. J'ai beau regarder les monades avec leur perception et leur aperception comme une absurdité, je m'y accoutume comme je laisserais ma femme aller au prêche, si elle était protestante.

La paix vaut encore mieux que la vérité. Je n'ai guère connu ni l'une ni l'autre en ce monde; mais ce que je connais très-bien, c'est l'estime et l'amitié avec laquelle je serai toute ma vie, mon très-cher philosophe, votre, etc.

La première fois qu'on disséquera un corps calleux, mes respects à l'âme qui y loge.

MXCVI. — A Frédéric II, roi de Prusse.

5 mai.

Je croyais autrefois que nous n'avions qu'une âme,
Encore est-ce beaucoup, car les sots n'en ont pas;
Vous en possédez trente, et leur céleste flamme
Pourrait seule animer tous les sots d'ici-bas.
Minerve a dirigé vos desseins politiques;
Vous suivez à la fois Mars, Orphée, Apollon;
Vous dormez en plein champ sur l'affût d'un canon;
Neuperg fuit devant vous aux plaines germaniques.
César, votre patron, par qui tout fut soumis,
Aimait aussi les arts, et sa main triomphale
Cueille encor des lauriers dans ses nobles écrits;
Mais a-t-il fait des vers au grand jour de Pharsale?
A peine ce Neuperg est-il par vous battu,
Que vous prenez la plume en montrant votre épée.
Mon attente, ô grand roi! n'a point été trompée,
Et non moins que Neuperg mon génie est vaincu.

Sire, faire des vers et de jolis vers après une victoire est une chose unique, et, par conséquent, réservée à Votre Majesté. Vous avez battu Neuperg et Voltaire. Votre Majesté devrait mettre dans ses lettres des feuilles de laurier, comme les anciens généraux romains. Vous méritez à la fois le triomphe du général et du poëte, et il vous faudrait deux feuilles de laurier au moins.

J'apprends que Maupertuis est à Vienne; je le plains plus qu'un autre; mais je plains quiconque n'est pas auprès de votre personne. On dit que le colonel Camas est mort bien fâché de n'être pas tué à vos yeux. Le major Knobertoff (dont j'écris mal le nom) a eu au moins ce triste honneur, dont Dieu veuille préserver Votre Majesté! Je suis sûr de votre gloire, grand roi, mais je ne suis pas sûr de votre vie; dans quels dangers et dans quels travaux vous la passez, cette vie si belle! des ligues à prévenir ou à détruire, des alliés à se faire ou à retenir, des siéges, des combats, tous les desseins, toutes les actions, et tous les détails d'un héros. Vous aurez peut-être tout, hors le bonheur. Vous pourrez, ou faire un empereur, ou empêcher qu'on n'en fasse un, ou vous faire empereur vous-même. Si le dernier cas arrive, vous n'en serez pas plus sacrée majesté pour moi.

J'ai bien de l'impatience de dédier *Mahomet* à cette adorable majesté. Je l'ai fait jouer à Lille, et il a été mieux joué qu'il ne l'eût été à Paris; mais, quelque émotion qu'il ait causée, cette émotion n'approche pas de celle que ressent mon cœur, en voyant tout ce que vous faites d'héroïque.

MXCVII. — A M. LE COMTE D'ARGENTAL.

A Bruxelles, ce 5 mai.

Mes saints anges sauront que j'obéis de tout mon cœur à leurs ordres de ne point imprimer notre Prophète; mes idées avaient prévenu sur cela leur volonté. J'attendrai qu'ils mettent *Mahomet* sur les tréteaux de Paris.

Le roi de Prusse m'a fait l'honneur de me mander, deux jours[1] après la bataille : *On dit les Autrichiens battus, et je crois que c'est vrai.* Pour moi, je vous dois un peu plus de détail de la journée de Lille; car c'est à mes souverains que j'écris, et il faut leur rendre compte des opérations de la campagne. On n'a pas pu refuser quatre représentations aux empressements de la ville; et, de ces quatre, il y en a eu une chez l'intendant, en faveur du clergé, qui a voulu absolument voir un fondateur de religion. Vous croirez peut-être que je blasphème quand je dis que La Noue, avec sa physionomie de singe, a joué le rôle de Mahomet bien mieux que n'eût fait Dufresne. Cela n'est pas vraisemblable, mais cela est très-vrai. Le petit Baron s'est tellement perfectionné, depuis la première représentation, a eu un jeu si naturel, des mouvements si passionnés, si vrais, et si tendres, qu'il faisait pleurer tout le monde, comme on saigne du nez. C'est une chose bien singulière qu'une pièce nouvelle soit si bien jouée en province de façon à me faire désespérer qu'elle puisse avoir le même succès à Paris. Mon sort d'ailleurs a toujours été d'être persécuté dans cette capitale, et de trouver ailleurs plus de justice. On dit que le goût des mauvaises pointes et des quolibets est la seule chose qui soit aujourd'hui de mode, et que, sans la voix de la Lemaure et le canard de Vaucanson, vous n'auriez rien qui fît ressouvenir de la gloire de la France.

Je devrais dire :

Frange, miser, calamos, vigilataque prælia dele.
Juven., sat. VII, v. 27.

Cependant j'aime toujours les lettres comme si elles étaient honorées et récompensées; vous seuls me les rendez toujours chères, et vous faites ma patrie.

Mme du Châtelet a encore gagné aujourd'hui un incident considé-

1. Six jours. (ÉD.)

rable, et la justice est absolument bannie de ce monde, si elle ne gagne pas un jour le fond du procès; mais ce jour est loin, et le peu qui reste de belles années se consume à Bruxelles. Nous n'en serons pas quittes avant trois ans. N'importe, mon courage ne s'épuisera pas, et je ne regretterai ni Paris ni Berlin. Je souhaite seulement que nous puissions venir faire un tour, quand vous nous direz de venir.

Adieu, nos anges; je suis toujours *sub umbra alarum* vestrarum [1].

P. S. Vous savez M. de Maupertuis à Vienne, chez le prince de Lichtenstein, après avoir été dépouillé par des paysans *en raison directe* de tout ce qu'il avait.

MXCVIII. — DE FRÉDÉRIC II, ROI DE PRUSSE.

Au camp de Molwitz, le 13 mai.

Les gazettes de Paris qui vous disaient à l'extrémité, et Mme du Châtelet ne bougeant de votre chevet, m'ont fait trembler pour les jours d'un homme que j'aime, lorsque j'ai vu par votre lettre que ce même homme est plein de vie, et qu'il m'aime encore.

Ce n'est point mon frère qui a été blessé, c'est le prince Guillaume mon cousin. Nous avons perdu à cette heureuse et malheureuse journée quantité de bons sujets. Je regrette tendrement quelques amis dont la mémoire ne s'effacera jamais de mon cœur. Le chagrin des amis tués est l'antidote que la Providence a daigné joindre à tous les heureux succès de la guerre, pour tempérer la joie immodérée qu'excitent les avantages remportés sur les ennemis. Le regret de perdre de braves gens est d'autant plus sensible qu'on doit de la reconnaissance à leurs mânes, et sans pouvoir jamais s'en acquitter.

La situation où je suis m'amènera dans peu, mon cher Voltaire, à risquer de nouveaux hasards. Après avoir abattu un arbre, il est bon d'en détruire jusqu'aux racines, pour empêcher que des rejetons ne le remplacent avec le temps. Allons donc voir ce que nous pourrons faire à l'arbre dont M. Neuperg doit être regardé comme la sève.

J'ai vu et beaucoup entretenu le maréchal de Belle-Ile, qui sera dans tout pays ce que l'on appelle un très-grand homme. C'est un Newton pour le moins en fait de guerre, autant aimable dans la société qu'intelligent et profond dans les affaires, et qui fait un honneur infini à la France sa nation, et au choix de son maître.

Je souhaite de tout mon cœur de n'attendre que de bonnes nouvelles de votre part; soyez persuadé que personne ne s'y intéresse plus que votre fidèle ami, FÉDÉRIC.

MXCIX. — A M. LE PRÉSIDENT HÉNAULT.

A Bruxelles, ce 15 mai.

J'ai reçu hier bien tard, monsieur, la lettre dont vous m'avez honoré le 19 avril, et qui était adressée à Valenciennes. Je n'ai pas été assez heureux pour voir M. de Boufflers dans son ermitage, ni M. de

1. *Psaume* XVI, v. 8. (ÉD.)

Séchelles[1] dans son royaume. Le procès de Mme du Châtelet nous a rappelés à Bruxelles. Je voudrais bien que vous jugeassiez, en dernier ressort, celui de *Mahomet*, auquel vous avez la bonté de vous intéresser. Il y avait très-longtemps que j'avais commencé cet ouvrage, aussi bien que *Mérope*; je les avais tous deux abandonnés, soit à cause de la difficulté du sujet, soit que d'autres études m'entraînassent, et que je fusse un peu honteux de faire toujours des vers entre Newton et Leibnitz. Mais, depuis que le roi de Prusse en fait après une victoire, il ne faut pas rougir d'être poète. N'aimez-vous pas le style de sa lettre? *On dit les Autrichiens battus, et je crois que c'est vrai*; et de là, sans penser à sa bataille, il m'écrit une demi-douzaine de stances, dont quelques-unes ont l'air d'avoir été faites à Paris par des gens du métier. S'il peut y avoir quelque chose de mieux que de trouver le temps d'écrire dans de pareilles circonstances, c'est assurément d'avoir le temps de faire de jolis vers. Il ne manque à Mme du Châtelet que des vers, après avoir vaincu le secrétaire perpétuel de l'Académie des sciences; mais elle fait mieux; elle daigne toujours avoir de l'amitié pour moi, quoique je ne sois point du tout de son avis. Elle me trouva, ces jours passés, écrivant au roi de Prusse. Il y avait dans ma lettre :

> Songez que les boulets ne vous épargnent guère;
> Que du plomb dans un tube entassé par des sots
> Peut casser aisément la tête d'un héros,
> Lorsque multipliant son poids par *sa vitesse*,
> Il fend l'air qui résiste, et pousse autant qu'il presse.

Elle mit de sa main, *par le carré de sa vitesse*. J'eus beau lui dire que le vers serait trop long; elle répondit qu'il fallait toujours être de l'avis de Leibnitz, en vers et en prose; qu'il ne fallait point songer à la mesure des vers, mais à celle des *forces vives*. Si vous ne sentez pas bien la plaisanterie de cette dispute, consultez l'abbé de Molières ou Pitot; gens fort plaisants, qui vous mettront au fait. N'allez-vous pas, monsieur, acheter bien des livres à l'inventaire de la bibliothèque de Lancelot[2]? Le roi de Prusse a renvoyé votre bibliothécaire du Molard. Il paraît qu'il ne paye pas les arts comme il les cultive, ou peut-être du Molard s'est-il lassé d'attendre. Je lui rendrai toujours tous les services qui dépendront de moi; vous ne doutez pas que je ne m'intéresse vivement à un homme que vous protégez.

Je serais bien curieux de voir ce que vous avez rassemblé sur l'*Histoire de France*. Vous vous êtes fait une belle occupation, et bien digne de vous. Je vis toujours dans l'espérance de m'instruire un jour auprès de vous, et de profiter des agréments de votre commerce; mais la vie se passe en projets, et on meurt avant d'avoir rien fait de ce qu'on voulait faire. Il est bien triste d'être à Bruxelles quand vous

---

1. Moreau de Séchelles, intendant du Hainaut, puis contrôleur général. (Éd.)
2. Antoine Lancelot, mort le 8 novembre 1740. Ce savant littérateur laissa une bibliothèque fort riche, dont le catalogue fut publié par G. Martin en 1741. (Éd.)

êtes à Paris. Mme du Châtelet, qui sent comme moi tout ce que vous valez, vous fait mille compliments. Quand vous passerez par la rue de Beaune, souvenez-vous de moi.

Vous savez que le prince de Lorraine vient à Bruxelles; que le prince royal de Saxe n'épouse plus l'archiduchesse; et que la chose du monde dont on s'aperçoit qu'on peut se passer le plus aisément, c'est un empereur.

MC. — À M. DE LA NOUE,
Entrepreneur des spectacles, à Lille.

Bruxelles, mai.

Mon cher faiseur et embellisseur de *Mahomets*, j'apprends à l'instant que Paris vous désire, et que MM. les ducs de Rochechouart et d'Aumont doivent vous engager, s'ils ne l'ont déjà fait, à venir dans la capitale où les grands talents doivent se rendre. Ils veulent que vous veniez avec Mlle Gautier. Allez donc orner Paris l'un et l'autre, et puissé-je vous y trouver bientôt! Je me recommande à vous quand vous serez dans votre royaume. Allons donc! que Mlle Gautier travaille de toutes ses forces; qu'elle mette plus de variété dans son récit; qu'elle joigne tout ce que peut l'art à tout ce que la nature a fait pour elle; elle est faite pour être le charme du théâtre comme celui de la société. Je la remercie de l'honneur qu'elle a fait à une certaine Palmire. Je vous prie d'écrire à monsieur son père que vous le priez de rendre au plus tôt à l'abbé Moussinot les paquets dont il a bien voulu se charger; cela m'est très-important. Adieu, mon cher ami.

MCI. — A M. L'ABBÉ MOUSSINOT.

Bruxelles, le 17 mai.

Eh bien, mon cher ami, vous avez donc employé les cent vieux louis? Soit. Tout ce que vous faites est bien; et *vidit quod esset bonum* [1], et *est bonum* d'avoir mille écus de rente de plus. Il faudra un peu pâtir cette année; mais, si Dieu permet que je vive, je vivrai à mon aise.

Faites-moi le plaisir, mon cher ami, d'expédier promptement à Lille, à M. Denis, et franc de port, un joli paravent à feuilles, pour mettre devant une cheminée, haut d'environ trois pieds et demi, plus ou moins, les feuilles se levant et se baissant à volonté.

C'est de Lille, où j'ai passé quelques jours, que je vous envoyai ma signature en parchemin, dans laquelle j'oubliai le nom d'Arouet, que j'oublie assez volontiers. Je vous renvoie d'autres parchemins où se trouve ce nom, malgré le peu de cas que j'en fais. Dans peu vous aurez mon certificat de vie, puisque, malgré ma maigreur et ma langueur, on dit que je vis encore. Dites-le vous-même, écrivez-le à nos débiteurs.

---

1. *Genèse*, chap. I, v. 10, 12, 18, 21, 25. (ÉD.)

MCII. — A M. DE LA NOUE,
Entrepreneur des spectacles, à Lille.

Bruxelles.

Eh bien ! mon cher confrère, je ferai donc venir ce manuscrit de *l'Enfant prodigue*, qui est entre les mains des comédiens de Paris; il est fort différent de l'imprimé. Le moindre des chang ments est celui que mes amis furent obligés d'y faire, à la hâte, du président en sénéchal. La police ne voulut jamais permettre qu'on osât mettre sur le théâtre un président. On n'était pas si difficile du temps de Perrin-Dandin. En Angleterre, j'ai vu sur la scène un cardinal qui meurt en athée.

Quant à la situation de la fin, je m'en rapporte à vous. Vous connaissez mieux le théâtre que moi; croirez-vous bien que je n'ai jamais vu jouer ni répéter *l'Enfant prodigue?* Les effets du théâtre ne se devinent point dans le cabinet; mais je ne suis point tenté de quitter mon cabinet pour aller voir la décadence du théâtre de Paris; je ne veux y aller que quand vous ranimerez les très-languissantes Muses de ce pays-là. Poésie, déclamation, tout y périt. Si nous pouvions, en attendant, faire un petit tour à Lille, je vous donnerais *Mérope*, en cas que vous eussiez du loisir; mais en vérité il n'y a pas moyen de travestir Mlle Gautier en reine douairière; elle ne doit embellir que les rôles des jeunes princesses. Je reprends de temps en temps mon coquin de Prophète en sous-œuvre. Tous les *Mahomets* sont nés pour vous avoir obligation.

Bonsoir, mon cher confrère. Mille compliments, je vous prie, à Mlle Gautier.

MCIII. — A M. WARMHOLTZ.

A Bruxelles, mai.

Monsieur, vous m'auriez fait un vrai plaisir, si vous aviez pu remplir les promesses que vous aviez eu la bonté de me faire; mais, puisque vous ne le pouvez pas, j'attendrai que votre grande et belle édition ait paru, pour corriger mon petit abrégé de l'*Histoire de Charles XII*, que je compte seulement faire imprimer à la suite de mes œuvres. Je ne manquerai pas alors de rendre la justice qui est due à la source où j'aurai puisé. Il est très-naturel que M. Nordberg, Suédois et témoin oculaire, ait été mieux instruit que moi étranger, et il est juste que sa grande histoire serve d'instruction pour mon petit abrégé. J'aurais renoncé entièrement à cette partie de mes ouvrages, si cette histoire, que j'ai donnée, n'avait eu quelque succès, au moins par le style, et si le public n'avait paru souhaiter que ce morceau assez intéressant fût appuyé de faits authentiques.

Au reste, il est très-faux que je me sois adressé à aucun libraire, ni indirectement ni directement, pour faire imprimer cet abrégé nouveau qui n'est pas même commencé.

Vous me ferez plaisir, monsieur, et vous me rendrez justice, si vous voulez bien avertir, dans la préface ou dans les notes de votre ouvrage, que je ne prétends point combattre M. Nordberg, mais me réformer sur ses mémoires [1]. Je crois même que ce serait la seule note qui me conviendrait; car il me paraît fort inutile de citer les endroits où j'aurai été trompé dans mes premières éditions, puisque tous ces endroits seront corrigés dans la nouvelle. C'est sur quoi je m'abandonne à votre discrétion, étant de tout mon cœur, monsieur, etc.

MCIV. — A M. DE CIDEVILLE.

A Bruxelles, le 27 mai.

Je n'apprends qu'aujourd'hui, mon cher ami, que ce manuscrit de *Mahomet*, dont je vous destinais l'hommage depuis si longtemps, est enfin arrivé à Paris, malgré les saints inquisiteurs. Ce bon musulman est entre les mains d'un docteur de Sorbonne, nommé l'abbé Moussinot, cloître Saint-Merri, et cet abbé n'attend que vos ordres pour vous l'envoyer par la voie que vous voudrez.

Je vous prie instamment de le lire avec des yeux de critique, et non pas avec ceux d'un ami. J'ai essayé, comme vous savez, la pièce à Lille. La Noue ne s'en est pas mal trouvé; mais je ne regarde les jugements de Lille que comme une sentence de juges inférieurs qui pourrait bien être cassée à votre tribunal. Vous consulter de loin, mon cher Cideville, c'est une consolation d'une si longue absence; si je vivais avec vous, je vous consulterais tous les jours.

Pourquoi ne pouvez-vous pas faire comme le jeune Helvétius, qui est venu passer ici quelques jours? Nous avons parlé de belles-lettres, nous avons rempli toutes nos heures; ce serait avec vous surtout qu'un pareil commerce serait délicieux, *sed nos fata premunt*. Où êtes-vous à présent, et que faites-vous? Cueillez-vous les fleurs du Parnasse, ou arrachez-vous les chardons de la chicane? Il me semble que vous m'aviez écrit que quelquefois la malheureuse nécessité de plaider vous arrachait à l'étude et au plaisir; c'est le cas où est Mme du Châtelet.

Nos patriæ fines et dulcia linquimus arva;
Nos patriam fugimus.

Virg., ecl. I, v. 3.

Et pourquoi? pour plaider six ou sept ans en Brabant. Personne ne mène la vie qu'il devrait mener. Voilà-t-il pas le roi de Prusse,

L'enragé qu'il était, né roi d'une province
Qu'il pouvait gouverner en bon et sage prince,

Boileau, sat. VIII, v. 103.

qui s'en va hasarder sa vie en Silésie contre des housards! Maupertuis, qui pouvait vivre heureux en France, cherche à Berlin le bonheur, qui n'y est pas, et se fait prendre par des paysans de Moravie, qui le mettent tout nu, et lui prennent plus de cinquante théorèmes qu'il avait dans ses poches. J'ai été plus sage; j'ai revolé bien vite vers

---

[1]. M. de Voltaire se trompait; il trouva dans le chapelain plus d'injures et d'erreurs que de faits intéressants ou de remarques utiles. (*Éd. de Kehl.*)

Émilie. Le roi de Prusse m'en a un peu boudé. Depuis les incivilités qu'il a faites à la reine de Hongrie, il souffre impatiemment qu'on lui préfère une femme. Il m'a fait des coquetteries immédiatement après la bataille de Molwitz, et actuellement que je vous écris, je lui dois deux lettres.

> Mais il faut que je vous préfère ;
> Car, dût-il être mon appui,
> Vous faites des vers mieux que lui,
> Et votre amitié m'est plus chère.

Il ne doit aller qu'après vous et Mme du Châtelet; chacun doit être à sa place. Il n'est que roi, au bout du compte, et vous êtes le plus aimable des hommes. Adieu; je vous embrasse.

MCV. — A M. DE MAUPERTUIS.

A Bruxelles, ce 26 mai.

Vous n'avez pas sans doute reçu les lettres que Mme du Châtelet et moi nous vous avons écrites à Vienne. Si vous aviez pu savoir la douleur dont nous fûmes pénétrés sur le faux bruit de votre mort, vous m'écririez avec un peu plus d'amitié, et vous ne vous borneriez point à me parler au nom de la reine mère. Est-il possible que ce soit vous qui ayez des inégalités! Je ne vous cacherai point qu'on m'a mandé que vous vous étiez plaint à Berlin d'expressions dont je m'étais servi en parlant de vous. Je ne me souviens pas d'en avoir jamais employé d'autres que celles de *digne appui de Newton*, de mon *maître dans l'art de penser*.

Je l'ai dit en vers et en prose, et vous n'avez jamais eu de partisan plus attaché que moi. Si ce sont ces expressions qui vous ont choqué, je vous avertis que je ne m'en corrigerai pas; et que, si vous avez de l'inégalité dans l'humeur et de l'injustice dans le cœur, je ne vous en regarderai pas moins comme un homme qui fait honneur à son siècle. Mais il m'en coûterait infiniment d'être réduit à n'avoir pour vous que les froids sentiments de l'estime.

Je vous ai toujours aimé, et ne vous ai jamais manqué. Je suis en droit, par mon amitié, de vous gronder vivement, de vous reprocher votre humeur avec moi. J'use de mes droits, et je vous conjure de ne jamais croire que je puisse ni penser ni parler de vous d'une manière qui vous déplaise. C'est une vérité aussi incontestable que celle de l'aplatissement des pôles.

Si vous écrivez au roi, je vous prie de lui dire qu'il y a près d'un mois que je suis malade; c'est ce qui m'empêche de répondre à la lettre charmante dont il m'a honoré. Vous pourrez aisément m'excuser envers Sa Majesté de la manière dont vous savez tout dire.

Vous savez qu'on n'a pas été trop content dans le monde de la lettre de M. de Mairan, et qu'on l'a été beaucoup de celle de Mme du Châtelet. L'Académie est toujours partagée sur les *forces vives*. J'ai pris la liberté d'entrer dans la querelle et d'envoyer un Mémoire à l'Académie. Je voulais un jugement; mais MM. Camus et Pitot, nommés commissaires, se sont contentés de dire que je n'entendais pas mal la matière; et M. Pitot prétend que le fond de la chose *est aussi difficile que la quadrature du cercle*. Je ne croyais pas que cette question fût si profonde.

Savez-vous que M. de La Trimouille est mort de la petite vérole? Ce n'était pas un grand géomètre, mais c'était un homme infiniment aimable, à ce qu'on dit.

Si vous faites un tour à Paris, prenez votre chemin par Bruxelles; vous y verrez une dame plus digne que jamais de vous voir, et un homme qui mérite votre amitié, parce qu'il vous aime autant qu'il vous estime.

Je reçois dans ce moment une lettre du roi, dans laquelle il me conte votre aventure de Molwitz avec tout l'esprit que vous lui connaissez. Je suis si malade que je ne peux répondre à ses jolis vers. Je vous prie, plus que jamais, de faire mes excuses en cas que vous lui écriviez. S'il pense comme moi, il doit préférer votre prose à mes vers.

Adieu, mon cher monsieur; aimez-moi un peu, je vous en prie, et ne me tenez pas rigueur.

Du très-humble et très-obéissant, vous n'en aurez pas de Voltaire.

MCVI. — A M. DE S'GRAVESANDE.

A Cirey, le 1ᵉʳ juin.

Je vous remercie, monsieur, de la figure que vous avez bien voulu m'envoyer de la machine dont vous vous servez pour fixer l'image du soleil. J'en ferai faire une sur votre dessin, et je serai délivré d'un grand embarras; car moi, qui suis fort maladroit, j'ai toutes les peines du monde dans ma chambre obscure avec mes miroirs. A mesure que le soleil avance, les couleurs s'en vont, et ressemblent aux affaires de ce monde, qui ne sont pas un moment de suite dans la même situation. J'appelle votre machine un *sta, sol*. Depuis Josué, personne, avant vous, n'avait arrêté le soleil.

J'ai reçu, dans le même paquet, l'ouvrage que je vous avais demandé, dans lequel mon adversaire¹, et celui de tous les philosophes, emploie environ trois cents pages au sujet de quelques *Pensées* de Pascal, que j'avais examinées dans moins d'une feuille. Je suis toujours pour ce que j'ai dit. Le défaut de la plupart des livres est d'être longs. Si on avait la raison pour soi, on serait court; mais peu de raison et beaucoup d'injures ont fait les trois cents pages.

J'ai toujours cru que Pascal n'avait jeté ses idées sur le papier que pour les revoir et en rejeter une partie. Le critique n'en veut rien croire. Il soutient que Pascal aimait toutes ses idées, et qu'il n'en eût retranché aucune; mais, s'il savait que les éditeurs eux-mêmes en supprimèrent la moitié, il serait bien surpris. Il n'a qu'à voir celles que le P. Desmolets a recouvrées depuis quelques années, écrites de

---

1. Boullier, auteur de la *Défense de Pascal*. (ÉD.)

la main de Pascal même, il sera bien plus surpris encore. Elles sont imprimées dans le *Recueil de Littérature*.

En voici quelques-unes :

Selon les lumières naturelles, s'il y a un Dieu, il n'a ni parties, ni bornes, il n'a aucun rapport à nous Nous sommes donc incapables de connaître ni ce qu'il est, ni s'il est. Croyez-vous en bonne foi, monsieur, que Pascal eût conservé ce *s'il est?* Apparemment que le P. Hardouin avait eu cette pensée quand il mit Pascal dans sa ridicule liste des athées modernes.

Je ne me sentirais pas assez de force pour trouver dans la nature de quoi convaincre les athées. Mais Clarke, Locke, Wolff et tant d'autres ont eu cette force ; et assurément Pascal l'aurait eue.

Toutes les fois qu'une proposition est inconcevable, il ne faut pas la nier, mais examiner le contraire; et, s'il est manifestement faux, on peut affirmer le contraire, tout incompréhensible qu'il est. Pascal avait oublié sa géométrie, quand il faisait cet étrange raisonnement. Deux carrés font un cube ; deux cubes font un carré : voilà deux propositions contraires, toutes deux également absurdes, etc.

Je veux vous faire voir une chose infinie et indivisible; c'est un point se mouvant partout d'une vitesse infinie; car il est en tous lieux et tout entier. Voilà qui est encore bien antimathématique : il y a autant de fautes que de mots. Assurément de telles idées n'étaient pas faites pour être employées. Mon critique changera un peu d'avis s'il va à votre école. Il verra qu'il s'en faut bien qu'on doive croire aveuglément tout ce que Pascal a dit.

Les hommes d'une imagination forte, comme Pascal, parlent avec une autorité despotique ; les ignorants et les faibles écoutent avec une admiration servile ; les bons esprits examinent.

Pascal croyait toujours, pendant les dernières années de sa vie, voir un abîme à côté de sa chaise ; faudrait-il pour cela que nous en imaginassions autant ? Pour moi je vois aussi un abîme, mais c'est dans les choses qu'il a cru expliquer. Vous trouverez dans les *Mélanges* de Leibnitz que la mélancolie égara sur la fin la raison de Pascal ; il le dit même un peu durement. Il n'est pas étonnant, après tout, qu'un homme d'un tempérament délicat, d'une imagination triste, comme Pascal, soit, à force de mauvais régime, parvenu à déranger les organes de son cerveau. Cette maladie n'est ni plus surprenante ni plus humiliante que la fièvre et la migraine. Si le grand Pascal en a été attaqué, c'est Samson qui perd sa force. Je ne sais de quelle maladie était affligé le docteur qui argumente si amèrement contre moi ; mais il prend le change en tout, et principalement sur l'état de la question.

Le fond de mes petites *Remarques sur les Pensées de Pascal*, c'est qu'il faut croire sans doute au péché originel, puisque la foi l'ordonne, et qu'il faut y croire d'autant plus que la raison est absolument impuissante à nous montrer que la nature humaine est déchue. La révélation seule peut nous l'apprendre. Platon s'y était jadis cassé le nez. Comment pouvait-il savoir que les hommes avaient été autrefois plus beaux, plus grands, plus forts, plus heureux? qu'ils avaient eu de belles ailes, et qu'ils avaient fait des enfants sans femmes?

Tous ceux qui se sont servis de la physique pour prouver la décadence de ce petit globe de notre monde n'ont pas eu meilleure fortune que Platon. « Voyez-vous ces vilaines montagnes, disaient-ils, ces mers qui entrent dans les terres, ces lacs sans issue? ce sont des débris d'un globe maudit; » mais quand on y a regardé de plus près, on a vu que ces montagnes étaient nécessaires pour nous donner des rivières et des mines, et que ce sont les perfections d'un monde béni. De même mon censeur assure que notre vie est fort raccourcie, en comparaison de celle de corbeaux et des cerfs. Il a entendu dire à sa nourrice que les cerfs vivent trois cents ans, et les corbeaux neuf cents. La nourrice d'Hésiode lui avait fait aussi apparemment le même conte; mais mon docteur n'a qu'à interroger quelque chasseur, il saura que les cerfs ne vont jamais à vingt ans. Il a beau faire, l'homme est de tous les animaux celui à qui Dieu accorde la plus longue vie, et quand mon critique me montrera un corbeau qui aura cent deux ans, comme M. de Saint-Aulaire[1] et Mme de Chanclos, il me fera plaisir.

C'est une étrange rage que celle de quelques messieurs qui veulent absolument que nous soyons misérables. Je n'aime point un charlatan qui veut me faire accroire que je suis malade pour me vendre ses pilules. Garde ta drogue, mon ami, et laisse-moi ma santé. Mais pourquoi me dis-tu des injures parce que je me porte bien, et que je ne veux point de ton orviétan?

Cet homme m'en dit de très-grossières, selon la louable coutume des gens pour qui les rieurs ne sont pas. Il a été déterrer dans je ne sais quel journal je ne sais quelles *Lettres* sur la nature de l'âme, que je n'ai jamais écrites, et qu'un libraire a toujours mises sous mon nom à bon compte, aussi bien que beaucoup d'autres choses que je ne lis point. Mais, puisque cet homme les lit, il devait voir qu'il est évident que ces *Lettres* sur la nature de l'âme ne sont point de moi, et qu'il y a des pages entières copiées mot à mot de ce que j'ai autrefois écrit sur Locke. Il est clair qu'elles sont de quelqu'un qui m'a volé; mais je ne vole point ainsi, quelque pauvre que je puisse être.

Mon docteur se tue à prouver que l'âme est spirituelle. Je veux croire que la sienne l'est; mais, en vérité, ses raisonnements le sont fort peu. Il veut donner des soufflets à Locke sur ma joue, parce que Locke a dit que Dieu était assez puissant pour faire penser un élément de la matière. Plus je relis ce Locke, et plus je voudrais que tous ces messieurs l'étudiassent. Il me semble qu'il a fait comme Auguste, qui donna un édit *de coercendo intra fines imperio*. Locke a resserré l'empire de la science pour l'affermir. Qu'est-ce que l'âme? je n'en sais rien. Voilà Joseph-Godefroi Leibnitz qui a découvert que la matière est un assemblage de monades. Soit; je ne le comprends pas, ni lui non plus. Eh bien! mon âme sera une monade; ne me voilà-t-il pas bien instruit? « Je vais vous prouver que vous êtes immortel, » me dit

1. Cent ans. (ÉD.)

mon docteur. Mais vraiment il me fera plaisir; j'ai tout aussi grande envie que lui d'être immortel. Je n'ai fait *la Henriade* que pour cela; mais mon homme se croit bien plus sûr de l'immortalité par ses arguments que moi par ma *Henriade*. VANITAS *vanitatum et* METAPHYSICA *vanitas!*

Nous sommes faits pour compter, mesurer, peser; voilà ce qu'a fait Newton; voilà ce que vous faites avec M. Musschenbroek; mais, pour les premiers principes des choses, nous n'en savons pas plus qu'Épistémon et maître Éditue [1].

Les philosophes qui font des systèmes sur la secrète construction de l'univers, sont comme nos voyageurs qui vont à Constantinople, et qui parlent du sérail. Ils n'en ont vu que les dehors, et ils prétendent savoir ce que fait le sultan avec ses favorites. Adieu, monsieur; si quelqu'un voit un peu, c'est vous; mais je tiens mon censeur aveugle. J'ai l'honneur de l'être aussi; mais je suis un *Quinze-Vingts* de Paris, et lui un aveugle de province. Je ne suis pas assez aveugle pourtant pour ne pas voir tout votre mérite, et vous savez combien mon cœur est sensible à votre amitié.

MCVII. — DE FRÉDÉRIC II, ROI DE PRUSSE.

Au camp de Grotkau, le 2 juin.

Vous qui possédez tous les arts,
Et surtout le talent de plaire;
Vous qui pensez à nos housards,
En cueillant des fruits de Cythère,
Qui chantez Charles et Newton,
Et qui du giron d'Émilie
Aux beaux esprits donnez le ton,
Ainsi qu'à la philosophie;
De ce camp, d'où maint peloton
S'exerce en tirant à l'envie,
De ma très-turbulente vie
Je vous fais un léger crayon.

Nous avons vu Césarion,
Le court Jordan qui l'accompagne,
Tenant en main son Cicéron,
Horace, Hippocrate, et Montagne;
Nous avons vu des maréchaux,
Des beaux esprits, et des héros,
Des bavards, et des politiques,
Et des soldats très-impudiques;
Nous avons vu dans nos travaux
Combats, escarmouches, et sièges,
Mines, fougasses, et cent piéges,

---

1. Épistémon et Éditue sont les noms de personnages de *Pan'.gruel* : Épistémon signifie savant; Éditue, gardien d'un temple. (ÉD.)

> Et moissonner dame Atropos,
> Faisant rage de ses ciseaux
> Parmi la cohue imbécile
> Qui suit d'un pas fier et docile
> Les traces de ses généraux.
> Mais si j'avais vu davantage,
> En serais-je plus fortuné ?
> Qui pense et jouit à mon âge
> Qui de vous est endoctriné,
> Mérite seul le nom de sage;
> Mais qui peut vous voir de ses yeux
> Mérite seul le nom d'heureux.

Ni mon frère, ni ce Knobelsdorf que vous connaissez, n'ont été à l'action. C'est un de mes cousins et un major de dragons *Knodelsdorf* qui ont eu le malheur d'être tués.

Donnez-moi plus souvent de vos nouvelles. Aimez-moi toujours, et soyez persuadé de l'estime que j'ai pour vous. Adieu.   FÉDÉRIC.

MCVIII. — A M. L'ABBÉ MOUSSINOT.

Bruxelles, le 4 juin.

Il est certain, mon cher curieux, que l'affaire des tableaux[1] est de tout point une malheureuse affaire. Collens est pauvre, dérangé, voluptueux, et inappliqué; vous ne recevrez jamais un sou de tout ce qui lui a passé par les mains. Il faut absolument finir avec lui ; mais il n'y a que vous au monde qui le puissiez. Il faut lui donner un rendez-vous, le chercher, le trouver, ne le point quitter que vous n'ayez signé avec lui un compromis. Il reste ici pour environ dix-huit cents florins de tableaux, sur le prix de l'achat; il en a emporté environ autant. Il faut lui proposer qu'il vous abandonne en entier la perte et le gain de ceux qui sont encore ici, et que je vais faire retirer, ou qu'il prenne le tout pour lui, et qu'il vous compte à Paris ces dix-huit cents florins. Nous y perdrons, mais il vaut mieux s'en tirer ainsi que de s'embourber davantage; d'ailleurs, il y a des occasions où il faut savoir perdre.

Ne quittez pas Collens qu'il n'ait pris un de ces partis, car je prévois depuis longtemps un procès. Il voudra me faire payer sa fausse déclaration; je sais qu'on l'excite à me poursuivre; ainsi, il se trouverait que j'aurais prêté plus de seize cents florins, et que j'aurais un procès au bout. C'est la circonstance où je suis avec lui qui me met entièrement hors d'état de rien proposer. C'est à vous, mon cher abbé, à consommer cette affaire; je vous en prie très-instamment. J'aurai perdu les frais de votre voyage; le mal est médiocre, et le plaisir de vous avoir vu ne peut être trop payé.

---

1. L'abbé Moussinot aimait beaucoup les tableaux; il paraît même qu'il en faisait une sorte de spéculation à laquelle s'associait Voltaire, qui fournissait les fonds. (ÉD.)

MCIX. — A M. LE COMTE D'ARGENTAL.

À Bruxelles, ce 5 juin.

Comment mes anges, qui sondent les cœurs, peuvent-ils s'imaginer que je fasse imprimer leur *Mahomet*? Je ne suis pas assez impie pour transgresser leurs ordres; on ne l'imprimera, on ne le jouera à Paris que quand ils le voudront.

Vous avez cru, je ne sais sur quel billet moitié vers et moitié prose, écrit à La Noue il y a quelques mois, que je lui envoyais ce *Mahomet* imprimé; mais mes anges sauront qu'il y a deux points dans cette affaire. Le premier est que j'envoyais à ce La Noue la pièce manuscrite avec les rôles, et qu'il m'a rendu le tout fidèlement, car ce La Noue est un honnête garçon.

Le second point est que ledit La Noue a été aussi indiscret qu'honnête homme, pour le moins; qu'il a montré mes lettres, et que ces petits vers dont vous me parlez, très-peu faits pour être montrés, ont couru Paris. C'est ce second point qui me fâche beaucoup. Il est défendu, dans la sainte Écriture, de révéler la turpitude de son prochain; et la plus grande des turpitudes, c'est une lettre écrite d'abondance de cœur à un ami, et qui devient publique. J'ai appris même qu'on a défiguré et fort envenimé ces petits vers dont en vérité il ne me souvient plus. Enfin, j'ai tout lieu de croire que cette bagatelle est allée jusqu'aux oreilles de M. le cardinal. Ce qui me le persuade, c'est que, dans ce temps-là même, M. du Châtelet étant à Paris, et ayant retiré d'office mes ordonnances du trésor royal, M. le cardinal donna ordre qu'on ne les payât point.

Mme du Châtelet, sans m'en rien dire, m'a joué le tour d'écrire à Son Éminence, qui a répondu qu'on me payerait, mais qui n'a pas mis dans sa lettre le même air de bonté pour moi que celui dont il m'honorait quand j'étais en Hollande et en Prusse.

Je vais avoir l'honneur de lui écrire pour le remercier; mais je ne sais si je dois prendre la liberté de lui proposer de lire *Mahomet*; je ne ferai rien sans les ordres de mes anges gardiens.

Je fais mon compliment[1] à M. de La Chaussée. Je voudrais bien que quelque jour il pût me le rendre; mais je doute fort qu'on trouve à la Comédie-Française quatre acteurs tels que ceux qui ont joué *Mahomet* à Lille.

Je sais que La Noue a l'air d'un fils rabougri de Baubourg, mais aussi il joue, à mon sens, d'une manière plus forte, plus vraie et plus tragique que Dufresne. Il y a un petit Baron qui n'a qu'un filet de voix, mais qui a fait verser des ruisseaux de larmes. J'en verserais moi de n'être pas auprès de vous, si je n'étais pas ici. Je me mets à l'ombre de vos ailes.

1. Relativement à *Mélanide*, comédie en cinq actes et en vers, représentée pour la première fois, le 12 mai 1741. (ÉD.)

MCX. — A M. L'ABBÉ MOUSSINOT.

Bruxelles.

J'ai un besoin effroyable d'argent, mon cher trésorier; j'écris à M. le duc de Villars; la parole de M. le président d'Auneuil ne donne que des espérances. Si nous touchons de M. de Guébriant, c'est quelque chose. Je ferai encore une représentation honnête à M. de Lézeau, après quoi nous agirons en justice. Après les devoirs de bienséance viendront les devoirs d'intérêt. De M. d'Estaing et de son Belle-Poule? Rien. Cela est dur. Que dit M. de Barassi à cela? Je lui ai écrit; point de réponse. C'est plus que dur.

Son Éminence écrit à Mme la marquise du Châtelet qu'on n'avait qu'à se présenter au trésor royal pour être payé de mes ordonnances. De la part de Son Éminence c'est un *quiproquo*, à la vérité, de peu de conséquence pour l'Europe. Avant tout il faut avoir ces ordonnances; quand vous aurez consommé les aventures du Palais-Royal, il faudra les demander à Versailles, à M. Thévenot. N'oubliez pas ce monsieur, qui est très-disposé à nous oublier.

M. Boulanger, qui m'a remis votre lettre, est un très-honnête garçon, et je soupçonne dans ce jeune homme quelque chose de plus que de l'honnêteté, de la probité, de la modestie, et de la candeur.

Le Ravoisier, à qui j'ai fait tant de bien, est le malheureux qui m'avait volé. Voilà ce qu'on gagne à vieillir, d'apprendre qu'on a été dupe.

Il y a un M. Decaux qui me doit cent francs; il en faut prendre cinquante, et donner quittance des cent. Je vous recommande le Mouhi. Une autre fois nous parlerons de d'Arnaud.

MCXI. — A M. PITOT DE LAUNAI.

Bruxelles, le 19 juin.

Je suis un paresseux, mon cher philosophe; je crois que c'est une mauvaise qualité attachée au peu de santé que j'ai. Je passe des six mois entiers sans écrire à mes amis. Il est vrai qu'il faut m'excuser un peu : j'ai fait des voyages au Nord, quand vous alliez au Midi; mais ne jugez point, je vous prie, de mon amitié par mon silence; personne ne s'intéresse plus vivement que moi à tout ce qui vous arrive; il suffit d'ailleurs d'être bon citoyen pour être charmé que vous soyez employé en Languedoc. J'aimerais mieux encore que vous fussiez occupé à ouvrir de nouveaux canaux en France qu'à rajuster les anciens. Il me semble qu'il manque à l'industrie des Français et à la splendeur de l'État d'embellir le royaume, et de faciliter le commerce par ces rivières artificielles dont on a déjà de si beaux exemples. De tels ouvrages valent bien l'aire d'une courbe, et la mesure leibnitzienne des *forces vives*. Vous faites de la géométrie l'usage le plus honorable, puisque c'est le plus utile; car je m'imagine qu'il en est de la physique comme de la politique des princes : où est le profit, là est l'honneur [1].

1. Cette maxime est de Louis XI. (ÉD.)

J'ai un peu abandonné cette physique pour d'autres occupations; il ne faut faire qu'une chose à la fois pour la bien faire. Mme du Châtelet est assez heureuse pour n'avoir rien à présent qui la détourne de cette étude; sa lettre à M. de Mairan a été fort bien reçue, mais j'aurais mieux aimé que cette dispute n'eût pas été publique. Le fond de la question n'a pas été entamé dans les lettres de M. de Mairan et de Mme du Châtelet, et le fond de la question consistant à savoir si le temps doit entrer dans la mesure des forces, il me semble que tout le monde devrait être d'accord. M. de Bernoulli lui-même ne nie plus qu'on doive admettre le temps. Ainsi, si on peut disputer encore, ce ne peut plus être que sur les termes dont on se sert. Il est triste pour des géomètres qu'on se soit si longtemps battu sans s'entendre; on les aurait presque pris pour des théologiens.

Je crois que vous êtes bien content du séjour du Languedoc. Est-il vrai qu'on s'y porte toujours bien ? Il n'en est pas de même en Flandre; ma santé continue d'y être bien mauvaise. Les études en souffrent; l'âme est toujours malade avec le corps, quoique ces deux choses soient, dit-on, de nature si *hétérogène*. Avez-vous auprès de vous madame votre femme, ou l'avez-vous laissée à Paris? et vivez-vous avec elle comme Cérès avec Proserpine, six mois d'absence et six mois de séjour ?

Mr de Maupertuis doit être arrivé à Paris. On le dit mécontent; il n'a point fondé d'académie à Berlin, comme il l'espérait, a mangé beaucoup d'argent, a perdu son petit bagage à la bataille de Molwitz, et n'est pas récompensé comme on s'en flattait. Il n'a point passé, à son retour, par Bruxelles, et il y a très-longtemps que je n'ai reçu de ses nouvelles. On nous dit, dans le moment, qu'il y a une suspension d'armes en Silésie; mais cette nouvelle mérite confirmation.

Toute l'Europe se prépare à la guerre; Dieu veuille que ce soit pour avoir la paix !

Adieu, mon cher monsieur; je vous aime tout comme si je vous écrivais tous les jours. Mon cœur n'est pas paresseux.

Mme du Châtelet vous fait mille compliments. Je vous embrasse sans cérémonie.

MCXII. — A M. HELVÉTIUS.

A Bruxelles, ce 20 juin.

Je me gronde bien de ma paresse, mon cher et aimable ami, mais j'ai été si indignement occupé de prose depuis un mois, que j'osais à peine vous parler de vers. Mon imagination s'appesantit dans des études qui sont à la poésie ce que des garde-meubles sombres et poudreux sont à une salle de bal bien éclairée. Il faut secouer la poussière pour vous répondre. Vous m'avez écrit, mon charmant ami, une lettre où je reconnais votre génie. Vous ne trouvez point Boileau assez fort; il n'a rien de sublime, son imagination n'est point brillante, j'en conviens avec vous; aussi il me semble qu'il ne passe point pour un poète sublime, mais il a bien fait ce qu'il pouvait et ce qu'il voulait faire. Il a mis la raison en vers harmonieux; il est clair, conséquent, facile, heureux dans ses transitions; il ne s'élève pas, mais il ne tombe guère. Ses sujets ne comportent pas cette élévation dont ceux que vous traitez sont susceptibles. Vous avez senti votre talent, comme il a senti le sien. Vous êtes philosophe, vous voyez tout en grand ; votre pinceau est fort et hardi. La nature en tout cela vous a mis, je vous le dis avec la plus grande sincérité, fort au-dessus de Despréaux ; mais ces talents-là, quelque grands qu'ils soient, ne seront rien sans les siens. Vous avez d'autant plus besoin de son exactitude, que la grandeur de vos idées souffre moins la gêne et l'esclavage. Il ne vous coûte point de penser, mais il coûte infiniment d'écrire. Je vous prêcherai donc éternellement cet art d'écrire que Despréaux a si bien connu et si bien enseigné, ce respect pour la langue, cette liaison, cette suite d'idées, cet air aisé avec lequel il conduit son lecteur, ce naturel qui est le fruit de l'art, et cette apparence de facilité qu'on ne doit qu'au travail. Un mot mis hors de sa place gâte la plus belle pensée. Les idées de Boileau, je l'avoue encore, ne sont jamais grandes, mais elles ne sont jamais défigurées ; enfin, pour être au-dessus de lui, il faut commencer par écrire aussi nettement et aussi correctement que lui.

Votre danse haute ne doit pas se permettre un faux pas ; il n'en fait point dans ses petits menuets. Vous êtes brillant de pierreries ; son habit est simple, mais bien fait. Il faut que vos diamants soient bien mis en ordre, sans quoi vous auriez un air gêné avec le diadème en tête. Envoyez-moi donc, mon cher ami, quelque chose d'aussi bien travaillé que vous imaginez noblement ; ne dédaignez point tout à la fois d'être possesseur de la mine et ouvrier de l'or qu'elle produit. Vous sentez combien, en vous parlant ainsi, je m'intéresse à votre gloire et à celle des arts. Mon amitié pour vous a redoublé encore à votre dernier voyage. J'ai bien la mine de ne plus faire de vers. Je ne veux plus aimer que les vôtres. Mme du Châtelet, qui vous a écrit, vous fait mille compliments. Adieu ; je vous aimerai toute ma vie.

MCXIII. — A M. THIERIOT.

A Bruxelles, le 21 juin.

Je vous avoue que je suis étonné et embarrassé de l'affaire de votre pension. Je ne peux douter que vous ne la touchiez tôt ou tard. Si vous n'entendez parler d'ici à un mois que des affaires de Hongrie, et point des vôtres, et si vous jugez à propos de m'employer, je prendrai la liberté de faire souvenir Sa Majesté prussienne de ses promesses ; si même vous croyez que je doive écrire à présent, je ne balancerai pas. Mon crédit, à la vérité, est aussi médiocre que les bontés continuelles dont le roi m'honore sont flatteuses. Il pourrait très-bien souffrir mes vers et ma prose, et faire très-peu de cas de mes recommandations. Mais enfin j'ai quelque droit de lui écrire d'une chose dont j'ai osé lui parler, et sur laquelle j'ai sa parole. La dernière lettre que j'ai reçue est du 3 juin. Je pourrais, dans ma réponse, glisser une commémoration très-convenable de vos services et de vos besoins.

Vous me ferez plaisir de m'apprendre à quel point M. de Maupertuis est satisfait, et ce que Sa Majesté prussienne a ajouté à la manière distinguée dont elle l'a toujours traité. Vous pouvez me parler avec une liberté entière, et compter sur ma discrétion comme sur mon zèle.

Les vers qui regardent le roi de Prusse, et qui sont en manuscrit à quelques exemplaires de *la Henriade*, ne sont plus convenables. Ils n'étaient faits que pour un prince philosophe et pacifique, et non pour un roi philosophe et conquérant. Il ne me siérait plus de blâmer la guerre, en m'adressant à un jeune monarque qui la fait avec tant de gloire.

Vous savez d'ailleurs qu'il avait fait commencer une édition gravée de *la Henriade*. Je ne sais si les affaires importantes qui l'occupent lui permettront de continuer à me faire cet honneur; mais, soit qu'on la réimprime à Berlin, soit qu'on la grave en Angleterre, je ne pourrai me dispenser de changer cette dédicace d'une manière convenable au sujet et au temps.

A l'égard de ces additions et de ces corrections en vers et en prose que je vous ai envoyées, vous sentez bien qu'il ne faut jamais que cela passe en des mains profanes. Ce qui est bon pour deux ou trois personnes sensées ne l'est point pour le grand nombre. Je vous prie donc de ne vous en point dessaisir. Ce n'est pas que je pense qu'il y ait rien de dangereux dans ces petites additions; mais, quelque circonspection que j'apporte dans ce que j'écris, on en peut toujours abuser. Je passerais pour coupable des mauvaises interprétations que la malignité fait trop aisément; enfin je ne dois donner aucune prise. Je me crois d'autant plus obligé à une extrême retenue, que les obligations que j'ai à M. le cardinal m'imposent un nouveau devoir de les justifier par la conduite la plus mesurée. Je dois particulièrement ses bontés à Mme du Châtelet, dont il a senti tout le mérite dans les entretiens qu'il eut avec elle à Fontainebleau, et pour laquelle il a conservé la plus grande estime et les attentions les plus flatteuses. Tout cela redouble en moi l'envie de lui plaire; et je vous avoue que quand on voit dans les pays étrangers comment on pense de lui, et avec quel respect on le regarde, cette envie-là ne diminue pas.

M. d'Argenson m'a prévenu. Je voulais faire relier proprement ce recueil pour vous prier de lui en faire présent de ma part; il s'est saisi d'un bien qui était à lui et que j'aurais voulu lui offrir. Je vous prie de l'assurer de mes plus tendres respects. Je vous embrasse et vous souhaite tranquillité, santé et fortune.

MCXIV. — DE FRÉDÉRIC II, ROI DE PRUSSE.

Au camp de Strelen, le 25 juin.

....

L'annonce de votre histoire me fait bien du plaisir; cela n'ajoutera pas un petit laurier de plus à ceux que vous prépare la main de l'Immortalité; c'est votre gloire, en un mot, que je chéris. Je m'intéresse au *Siècle de Louis XIV*; je vous admire comme philosophe, mais je vous aime bien mieux poëte.

   Préférez la lyre d'Horace
    Et ses immortels accords
   A ces gigantesques efforts
   Que fait la pédantesque race,
   Pour mieux connaître les ressorts
   De l'air, des corps, et de l'espace,
   Grands objets trop peu faits pour nous.
   Ces sages souvent sont bien fous.

L'un fait un roman de physique, l'autre monte avec bien de la peine et ajuste ensemble les différentes parties d'un système sorti de son cerveau creux.

   Ne perdons point à rêvasser
   Un temps fait pour la jouissance.
   Ce n'est point à philosopher
   Qu'on avance dans la science.
   Tout l'art est d'apprendre à douter,
   Et modestement confesser
   Nos sottises, notre ignorance.

L'histoire et la poésie offrent un champ bien plus libre à l'esprit. Il s'agit d'objets qui sont à notre portée, de faits certains, et de vraies peintures. La véritable philosophie, c'est la fermeté d'âme et la liberté de l'esprit qui nous empêche de tomber dans les erreurs du vulgaire, et de croire aux effets sans cause.

La belle poésie, c'est sans contredit la vôtre; elle contient tout ce que les poëtes de l'antiquité ont produit de meilleur.

   Votre Muse, forte et légère,
   Des agréments semble la mère,
   Parlant la langue des amours;
   Mais, lorsque vous peignez la guerre,
   Comme un impétueux tonnerre
   Elle entraîne tout dans son cours.

C'est que vous et votre Muse, vous êtes tout ce que vous voulez. Il n'est pas permis à tout le monde d'être Protée comme vous; et nous autres pauvres humains, nous sommes obligés de nous contenter du petit talent que l'avare nature a daigné nous donner.

Je ne puis vous mander des nouvelles de ce camp, où nous sommes les gens les plus tranquilles du monde. Nos hussards sont les héros de la pièce pendant l'intermède, tandis que les ambassadeurs me haranguent, qu'on fait les Silésiens cocus, etc., etc.

Bien des compliments à la marquise; quant à vous, je pense bien que vous devez être persuadé de la parfaite estime et de l'amitié que j'aurai toujours pour vous. Adieu. Fédéric.

Le pauvre Césarion est malade à Berlin où je l'ai renvoyé pour le guérir; et Jordan, qui vient d'arriver de Breslau, est tout fatigué du voyage.

MCXV. — A M. L'ABBÉ MOUSSINOT.
Bruxelles, le 26 juin.

Je me servais habilement, mon cher ami, d'un almanach de l'année passée, et voilà justement d'où venait l'erreur des dates de mes dernières lettres.

J'ai soixante-dix billets de la loterie de l'hôtel de ville de Paris, et je ne pense pas être en état d'en prendre davantage; d'ailleurs, nous avons du temps. Mandez-moi seulement si cette opération prend toujours faveur dans le public.

Mandez-moi aussi, mon cher abbé, s'il est vrai qu'on a saisi chez Prault fils un petit programme du *Siècle de Louis XIV*, et quelques livres. Comment cela s'est-il fait, et pourquoi? Si Prault est actuellement dans le besoin et dans la peine, s'il est réellement pressé d'argent, si réellement cette saisie a été faite, je vous prie de lui compter cinq cents francs, en exigeant de lui qu'il rende généralement tous les papiers et toutes les lettres qu'il pourrait avoir à moi, aucune n'étant créance.

Vingt livres à d'Arnaud, et conseil de sagesse.

MCXVI. — A FRÉDÉRIC II, ROI DE PRUSSE.
A Bruxelles, le 29 juin.

Sire, chacun son lot: une aigle vigoureuse,
Non l'aigle de l'Empire (elle a depuis un temps
Perdu son bec retors et ses ongles puissants),
Mais l'aigle de la Prusse, et jeune et valeureuse,
Réveille dans son vol, au bruit de ses exploits,
La Gloire, qui dormait loin des trônes des rois.
Un vieux renard adroit, tapi dans sa tanière,
Attend quelques perdrix auprès de sa frontière;
Un honnête pigeon, point fourbe et point guerrier,
Cache ses jours obscurs au fond d'un colombier.
Je suis ce vieux pigeon; j'admire en sa carrière
Cette aigle foudroyante et si vive et si fière.
Ah! si d'un autre bec les dieux m'avaient pourvu,
Si j'étais moins pigeon, je vous suivrais peut-être;
Je verrais dans son camp mon adorable maître;
Et, tel que Maupertuis, peut-être au dépourvu,
De housards entouré, dépouillé, mis à nu,
J'aurais, par les doux sons de quelque chansonnette,
Consolé, s'il se peut, Neuperg de sa défaite.
Le ciel n'a pas voulu que de mes sombres jours
Cette grande aventure ait éclairé le cours.
Mais dans mon colombier je vous suis en idée;
De vos vaillants exploits ma verve possédée
Voyage en fiction vers les murs de Breslau,
Dans les champs de Molwitz, aux remparts de Glogau;
Je vous y vois, tranquille au milieu de la gloire,

Arracher une plume au dos de la Victoire,
Et m'écrire en jouant, sur la peau d'un tambour,
Ces vers toujours heureux, pleins de grâce et de tour
Hindfort, et vous Ginckel, vous dont le nom barbare
Fait jurer de mes vers la cadence bizarre,
Venez-vous près de lui, le caducée en main,
Pour séduire son âme et changer son destin?
Et vous, cher Valori, toujours prêt à conclure,
Voulez-vous des Ginckel déranger la mesure?
Ministres cauteleux, ou pressants, ou jaloux,
Laissez là tout votre art, il en sait plus que vous,
Il sait quel intérêt fait pencher la balance,
Quel traité, quel ami convient à sa puissance;
Et toujours agissant, toujours pensant en roi,
Par la plume et l'épée il sait donner la loi.
Cette plume surtout est ce qui fait ma joie;
Car, messieurs, quand le jour, à tant de sots en proie,
Il a campé, marché, recampé, ferraillé,
Écouté cent avis, répondu, conseillé,
Ordonné des piquets, des haltes, des fourrages,
Garni, forcé, repris, débouché vingt passages,
Et parlé dans sa tente à des ambassadeurs
(Gens quelquefois trompés, encor que grands trompeurs),
Alors tranquille et gai, n'ayant plus rien à faire,
En vers doux et nombreux il écrit à Voltaire.
En faites-vous autant, George, Charles, Louis,
Très-respectables rois, d'Apollon peu chéris?
La maison des Bourbons ni les filles d'Autriche
N'ont jamais fait pour moi le plus court hémistiche.
Qu'importent leurs aïeux, leur trône, leurs exploits?
S'ils ne font point de vers, ils ne sont point mes rois.
Je consens qu'on soit bon, juste, grand, magnanime,
Que l'on soit conquérant, mais je prétends qu'on rime.
Protecteur d'Apollon, grand génie, et grand roi,
Battez-vous, écrivez, et surtout aimez-moi.

Sire, le plus prosaïque de vos serviteurs ne peut rimer davantage. Je suis actuellement enfoncé dans l'histoire; elle devient tous les jours plus chère pour moi, depuis que je vois le rang illustre que vous y tiendrez. Je prévois que Votre Majesté s'amusera quelque jour à faire le récit de ces deux campagnes; heureux qui pourrait être alors son secrétaire! mais aussi très-heureux qui sera son lecteur! C'est aux Césars à faire leurs *Commentaires*. Messieurs de Lacroze et Jordan, de grâce, prêtez-moi vos vieux livres et vos lumières nouvelles, pour les antiques vérités que je cherche; mais quand je serai arrivé au siècle illustré par Frédéric, permettez-moi d'avoir recours directement à notre héros. Que vous êtes heureux, ô Jordan! vous le voyez ce héros, et vous avez de plus une très-belle bibliothèque; il n'en est pas ainsi de moi, je n'ai point ici de héros, et j'ai très-peu de livres. Cependant je travaille, car les gens oisifs ne sont pas faits pour lui plaire.

>De son sublime esprit la noble activité
>Réveillerait dans moi la molle oisiveté.
>Tout mortel doit agir, roi, fermier, soldat, prêtre;
>A ces conditions le ciel nous donna l'être;
>Le plaisir véritable est le fruit des travaux.
>Grand Dieu, que de plaisir doit goûter mon héros!

Je suis de sa majesté, de son humanité, *de son activité, de son esprit, et de son cœur, l'admirateur et le sujet.*

MCXVII. — A M. DE MAUPERTUIS.
A Bruxelles, le 1ᵉʳ juillet.

Je suis très-mortifié, monsieur, que vous soyez assez leibnitzien pour imaginer que vous avez une raison suffisante d'être en colère contre moi. Je crois, pour moi, que votre fâcherie est un de ces effets de la liberté de l'homme, dont il y a point de raison à rendre.

En vérité, si on vous avait fait quelques rapports, n'était-ce pas à moi-même qu'il fallait vous adresser? Ne connaissez-vous pas mes sentiments et ma franchise? puis-je avoir quelque sujet et quelque envie de vous nuire? prétends-je être meilleur géomètre que vous? ai-je pris parti pour ceux qui n'ont pas été de votre sentiment? ai-je manqué une occasion de vous rendre justice? n'ai-je pas parlé de vous au roi de Prusse, comme j'en ai parlé à toute la terre?

Je vous avoue qu'il est bien dur d'avoir fait tant d'avances pour n'en recueillir qu'une tracasserie. Si vous aviez passé par Bruxelles, vous auriez bien connu votre injustice. Voilà, ce me semble, de ces cas où il est doux d'avouer qu'on a tort.

Quand je vous priai de m'excuser auprès du roi de Prusse de ce que je ne lui écrivais point, c'est qu'en effet je pensais que vous lui écririez en partant de Berlin, et que vous ne partiriez pas avant d'avoir reçu ma lettre.

J'ai été fort occupé, et ensuite j'ai été malade; cela m'ôtait la liberté d'esprit nécessaire pour écrire ces lettres moitié prose et moitié vers, qui me coûtent beaucoup plus qu'au roi. Je n'ai point d'imagination quand je suis malade, et il faut que je demande quartier. Ce commerce épistolaire est plus vif que jamais. Je ne reviens point de mon étonnement de recevoir des lettres pleines de plaisanteries du camp de Molwitz et d'Ottmachau. Vous pensez bien que votre prise n'a pas été oubliée dans les lettres du roi; mais il n'y a rien qui doive vous déplaire; et, s'il parle de votre aventure comme aurait fait l'abbé de Chaulieu, je me flatte qu'il en a usé ou en usera avec vous comme eût fait Louis XIV; mais, encore une fois, il fallait passer par Bruxelles pour se dire sur cela tout ce qu'on peut se dire.

Mme du Châtelet n'a point reçu une lettre qu'il me semble que vous dites lui avoir écrite de Francfort. Mandez-lui, elle vous en prie, si c'est de Francfort que vous lui avez écrit cette lettre qui n'est point parvenue jusqu'à elle, et si vous avez été instruit qu'on imprimât dans cette ville les *Institutions de physique*.

M. de Crousaz, le philosophe le moins philosophe, et le bavard le plus bavard des Allemands, a écrit une énorme lettre à Mme du Châtelet, dont le résultat est qu'il n'est pas du sentiment de Leibnitz, parce qu'il est bon chrétien.

Je vous prie d'embrasser pour moi M. Clairaut. Je pourrais lui écrire une lettre à la Crousaz sur les *forces vives;* je l'avais déjà commencée, mais je la lui épargne. Il me semble que tout est dit sur cela, que ce n'est plus qu'une question de nom.

Il n'en est pas ainsi de mes sentiments pour vous; c'est la chose la plus décidée. Ne soyez jamais injuste avec moi, et soyez sûr que je vous aimerai toute ma vie.

MCXVIII. — A M. L'ABBÉ MOUSSINOT.
Bruxelles.

Je vous le répète, mon cher ami, il faut compter votre voyage en Flandre uniquement pour une partie de plaisir qui n'a pas trop coûté, et engager Collens de se charger de me rembourser l'argent que j'ai avancé, et à faire le remboursement de la façon que je le propose. Je gagnerais bien le procès contre lui; mais encore serait-il désagréable de le gagner.

Il faut donc que, entre vous et lui, il y ait un compromis bien net et bien cimenté; que par ce compromis il convienne que vous avez avancé, prêté dix-huit cents florins, ou environ, pour le total des tableaux; et ce faisant il fera une chose très-juste, et toute discussion finira. Je ne donnerai pas ici deux mille francs pour hasarder de les perdre encore; je recule tant que je peux, mais je ne peux pas différer toujours; il faut finir. Le pis aller serait d'abandonner le tout aux commis, pour les trois cents florins de taxation, et vous garderiez l'argent que vous avez touché des autres tableaux vendus à Paris. Il peut très-bien arriver que tout ceci tourne fort mal. Je n'avancerai pas un sou à Bruxelles, sans avoir un billet de Collens qui me réponde de ce que j'ai déjà avancé. Cela me paraît simple, et je ne vois aucun prétexte de refus. Voilà bien du verbiage, je me tais.

Je vous embrasse, et vous prie de donner cinquante francs à d'Arnaud, si vous avez de l'argent.

MCXIX. — A M. DE CIDEVILLE.
Bruxelles, ce 11 juillet.

Vir bonus et prudens versus reprehendet inertes;
....
Fiet Aristarchus...............
Hor., *de Art. poet.*, v. 445 et 450.

Voilà comme il faut des amis. Dites-moi donc votre sentiment, mon cher Aristarque, et ayez la bonté de renvoyer bien cacheté à l'abbé

Moussinot ce que¹ j'ai soumis à vos lumières. Si Mahomet n'est pas votre prophète, soyez le mien. Il serait plus doux de se parler que de s'écrire; mais la destinée recule toujours le temps heureux où Paris doit nous réunir. Nous y habiterons un jour, je n'en veux pas douter; mais j'y arriverai vieilli par les maladies et par la faiblesse de mon tempérament. Le cœur ne vieillit point, je le sais bien; mais il est dur aux immortels de se trouver logés dans des ruines. Je rêvais, il n'y a pas longtemps, à cette décadence qui se fait sentir de jour en jour, et voici comme j'en parlais, car il faut que je vous fasse cette douloureuse confidence.

Si vous voulez que j'aime encore,
Rendez-moi l'âge des amours;
Au crépuscule de mes jours
Rejoignez, s'il se peut, l'aurore.

Des beaux lieux où le dieu du vin
Avec l'Amour tient son empire,
Le Temps, qui me prend par la main,
M'avertit que je me retire.

Quoi! pour toujours vous me fuyez,
Tendresse, illusion, folie,
Dons du ciel, qui me consoliez
Des amertumes de la vie!

Que le matin touche à la nuit!
Je n'eus qu'une heure; elle est finie.
Nous passons; la race qui suit
Déjà par une autre est suivie.

On meurt deux fois, je le vois bien;
Cesser d'aimer et d'être aimable,
C'est une mort insupportable;
Cesser de vivre, ce n'est rien.

Ainsi je déplorais la perte
Des erreurs de mes premiers ans;
Et mon âme aux désirs ouverte
Regrettait ses égarements.

Du ciel alors daignant descendre,
L'Amitié vint à mon secours;
Elle est plus égale, aussi tendre,
Et moins vive que les Amours.

Touché de sa beauté nouvelle,
Et de sa lumière éclairé,
Je la suivis, mais je pleurai
De ne pouvoir plus suivre qu'elle.

---

1. *Le Fanatisme,* ou *Mahomet le prophète.* (ÉD.)

Cette amitié est pourtant une charmante consolation. Eh! qui m'en fait connaître le prix mieux que vous? L'amour à qui vous avez si bien sacrifié toute votre vie n'a servi qu'à vous rendre tendre pour vos amis, et à rendre votre société encore plus délicieuse. Cependant vous plaidez, et vous voilà près des degrés du palais. Quel métier pour vous et pour Mme du Châtelet de passer son temps avec des exploits et des contredits! Je défie votre chicane de Rouen d'être plus chicane que celle de Bruxelles. Un beau matin nous devrions laisser là toutes ces amertumes de la vie, et nous rassembler avec *levia carmina et faciles versus*. N'êtes-vous pas à présent avec votre procureur? Mme du Châtelet est avec le sien. Mais moi, je suis avec vous deux. Adieu, bonsoir, charmant ami. Je vais m'enfoncer dans le travail, qui, après l'amitié, est une grande consolation.

MCXX. — A M. DE LOCMARIA.

Bruxelles, le 17 juillet.

J'ai reçu, monsieur, le mémoire des vexations juridiques que vous avez essuyées. Je suis très-sensible à votre souvenir et à vos peines. Du temps d'Anne de Bretagne, vous auriez gagné votre procès tout d'une voix. La jurisprudence a changé. Il est plaisant qu'on ait raison par delà la Loire, et tort en deçà; mais les hommes ne savent pas mieux, et il faut que leur justice se ressente de leur misérable nature.

Recevez aussi mes remerciments sur l'estampe de M. de Maupertuis. Il est beau à vous de songer, entre les griffes de la chicane, à la gloire de votre ami et de votre compatriote. L'estampe est digne de lui, et je me sens bien indigne de joindre mes crayons à ce burin-là. Une inscription latine me déplaît, parce que je suis bon Français. Je trouve ridicule que nos jetons, nos médailles et nos louis soient latins. En Allemagne, en Angleterre, la plupart des devises sont françaises; il n'y a que nous qui n'osions pas parler notre langue dans les occasions où les étrangers la parlent. Je sens très-bien qu'il faudrait faire toutes les inscriptions en français, mais aussi cela est trop difficile. La marche de notre langue est trop gênée; notre rime délaye en quatre vers ce qu'un vers latin pourrait facilement exprimer. Ni vous ni moi ne serions contents du chétif quatrain que voici :

Ce globe mal connu, qu'il a su mesurer,
Devient un monument où sa gloire se fonde;
Son sort est de fixer la figure du monde,
De lui plaire, et de l'éclairer.

Si vous voulez mieux, comme de raison, faites les vers vous-même, ou, à votre refus, qu'il les fasse. Despréaux a bien eu le courage de faire son inscription; il disait modestement de lui-même :

Je rassemble en moi Perse, Horace et Juvénal;

mais c'est que Boileau n'était pas philosophe. J'ose vous prier d'ajouter à vos bontés celle de vouloir bien faire ma cour à Mme la duchesse d'Aiguillon. Quand vous la ferez graver, tout le monde se battra à qui fera l'inscription.

MCXXI. — A M. DE CIDEVILLE.

Bruxelles, ce 19 juillet.

Mon cher ami, celui qui a fait un examen si approfondi et si juste de *Mahomet* est seul capable de faire la pièce. Vous avez développé et éclairci beaucoup de doutes obscurs que j'avais; vous m'avez déterminé tout d'un coup sur deux points très-importants de cet ouvrage.

Le premier, c'est la résolution que prenait ou semblait prendre Mahomet, dès le second acte, de faire assassiner Zopire par son propre fils, sans être forcé à ce crime. C'était sans doute un raffinement d'horreur qui devait révolter, puisqu'il n'était pas nécessaire. Il y avait là deux grands défauts, celui d'être inutile, et celui de n'être pas assez expliqué.

Voici à peu près comme je compte tourner cet endroit. Voyez si vous l'approuvez, car j'ai autant de confiance en vous, que de défiance de moi-même.

Le second point essentiel, c'est la disparate de Mahomet au cinquième acte, qui envoie chercher des filles dans son boudoir, quand le feu est à la maison. Je crois qu'il ne sera pas mal que Palmire vienne elle-même se présenter à lui pour lui demander la grâce de son frère; alors les bienséances sont observées, et cette action même de Palmire produit un coup de théâtre.

J'aurais voulu pouvoir retrancher l'amour; mais l'exécution de ce projet a toujours été impraticable, et je me suis heureusement aperçu, à la représentation, que toutes les scènes de Palmire ont été très-bien reçues, et que la naïveté tendre de son caractère faisait un contraste très-intéressant avec l'horreur du fond du sujet.

La scène, au quatrième acte, avec Séide, qui la consulte, et leur innocence mutuelle concourant au plus cruel des crimes, la mort de leur père devenue le prix de leur amour, tout cela faisait au théâtre un effet que je ne peux vous exprimer; et il me semble que cette scène est aussi neuve qu'elle est touchante et terrible. Je dis plus, cette scène est nécessaire, et sans elle l'acte serait manqué. Je n'ai vu personne qui n'ait pensé ainsi, à la lecture et à la représentation.

Il y a bien d'autres détails dont je vous remercie; mais au lieu de les discuter, je vais les corriger. Je ne sais ce que vous voulez dir d'un à *l'invincible Omar*; il y a

Et l'invincible Omar, et ton amant peut-être.

Ce *peut-être* me paraît un correctif nécessaire pour un jeune homme qui se fait de fête avec Mahomet et Omar.

Je ne trouve point le mot de *ciment de l'amitié* bas, et j'avoue que j'aime fort *haine invétérée*; *crie encore à son père* me paraît aussi, je vous l'avoue, bien supérieur à *invoqué encor son père*. L'un peint et donne une idée précise, l'autre est vague.

La métaphore *des flambeaux de la haine consumés des mains du Temps* me paraît encore très-exacte. Le temps consume un flambeau précisément et physiquement, comme il consume du marbre, en enlevant les parties *insensibles*. L'*insecte insensible* n'est pas l'insecte qui ne sent pas, mais qui n'est pas senti. L'*indigne partage* me paraît aussi mauvais qu'à vous ;

Des trônes renversés en sont la récompense ;

ils sont alors, dites-vous, de peu de valeur ; non, non, les morceaux en sont bons.

Mais je me laisse presque entraîner à un petit air de dispute, lorsqu'il ne faut que je travaille. Il faut que je vous dise encore pourtant que tout le monde a exigé absolument quelques petits remords à la fin de la pièce, pour l'édification publique. Au reste, mon cher ami, je suis bien loin de croire la pièce finie ; je ne l'ai fait jouer et je ne vous l'ai envoyée que pour savoir si je la finirais.

Si le sujet était tout neuf, il était aussi bien épineux. C'est un nouveau monde à défricher. Je vais renoncer pour un temps à mes anciennes occupations, pour reprendre *Mahomet* en sous-œuvre. La peine que vous avez bien voulu prendre m'encourage à en prendre beaucoup. J'aurai sans cesse votre excellente critique devant les yeux.

Adieu, cher ami, aussi utile qu'aimable ; renvoyez cette faible esquisse à l'abbé Moussinot, et prions, chacun de notre côté, les dieux qui président aux lettres et à la douceur de la vie qu'ils nous réunissent un jour.

MCXXII. — DE FRÉDÉRIC II, ROI DE PRUSSE.

Au camp de Strelen, 22 juillet.

....

Après la sentence que vous venez de prononcer sur votre Hélicon, je ne puis vous écrire qu'en vers. C'est une corruption dont je me sers pour captiver votre affection. Si vous étiez médiateur entre la reine d'Hongrie et moi, je plaiderais ma cause en vers, et mes vieux documents en rimes serviraient aux amusements de mon pacificateur. Il n'y aura pas assurément autant de lacunes dans l'histoire que vous écrivez, qu'il se trouve de vide dans notre campagne ; mais notre inaction ne sera pas longue. Si nous suspendons nos coups, ce n'est que pour frapper dans peu d'une manière plus sûre et plus éclatante.

Je vous recommande les intérêts du siècle divin que vous peignez si élégamment. J'aimerais mieux l'avoir fait que d'avoir gagné cent batailles.

Adieu, cher Voltaire ; lorsque vous faisiez la guerre à vos libraires et à vos autres ennemis, j'écrivais ; à présent que vous écrivez, je m'escrime d'estoc et de taille. Tel est le monde.

Ne doutez pas de la parfaite amitié avec laquelle je suis tout à vous.
FRÉDÉRIC.

MCXXIII. — A M. L'ABBÉ MOUSSINOT.

Juillet.

Mon cher abbé, je reçois votre lettre, qui m'apprend la banqueroute générale de ce receveur général nommé Michel ; il m'emporte donc une assez bonne partie de mon bien. *Deus dedit, Deus abstulit ; sit nomen Domini benedictum* [1] *!* mais je suis assez résigné.

> Souffrir nos maux en patience
> Depuis quarante ans est mon lot;
> Et l'on peut, sans être dévot,
> Se soumettre à la Providence.

J'avoue que je ne m'attendais pas à cette banqueroute. Je ne conçois pas comment un receveur général des finances de Sa Majesté Très-Chrétienne a pu tomber si lourdement, à moins qu'il n'ait voulu être encore plus riche. En ce cas, M. Michel a double tort, et je m'écrierais volontiers :

> Michel, au nom de l'Éternel,
> Mit jadis le diable en déroute;
> Mais, après cette banqueroute,
> Que le diable emporte Michel !

Mais ce serait une mauvaise plaisanterie, et je ne veux me moquer ni des pertes de M. Michel, ni de la mienne.

Cependant, mon cher abbé, vous verrez que l'événement sera que les enfants de M. Michel resteront fort riches, fort bien établis. Le conseiller au grand conseil me jugera, si j'ai un procès devant l'auguste tribunal dont on est membre à beaux deniers comptant. Son frère, l'intendant des menus plaisirs du roi, empêchera, s'il veut, qu'on ne joue mes pièces à Versailles; et moi, moitié philosophe et moitié poëte, j'en serai pour mon argent ; je ne jugerai personne, et n'aurai point de charge à la cour.

Je voudrais bien savoir le nom que prend en cour cet intendant des menus, qui aura sans doute quitté celui de Michel pour le nom de quelque belle terre.

Voyez M. de Nicolaï, et plaignez-vous à lui; voyez le caissier de Michel, demandez-lui la manière de nous y prendre pour ne pas tout perdre; faites opposition au scellé, si cela se pratique, et si cela est utile. Bonsoir, mon cher abbé; je vous embrasse de toute mon âme. Consolez-vous de la déroute de Michel; votre amitié me console de ma perte.

MCXXIV. — A FRÉDÉRIC II, ROI DE PRUSSE.

A Bruxelles, le 3 août.

> Vous dont le précoce génie
> Poursuit sa carrière infinie
> Du Parnasse aux champs des combats,
> Défiant, d'un essor sublime,
> Et les obstacles de la rime,
> Et les menaces du trépas;
>
> Amant fortuné de la Gloire,
> Vous avez voulu que l'histoire

[1] Job, chap. I, v. 21. (ÉD.)

Devint l'objet de mes travaux;
Du haut du temple de Mémoire,
Sur les ailes de la Victoire,
Vos yeux conduisent mes pinceaux.

Mais non, c'est à vous seul d'écrire,
A vous de chanter sur la lyre
Ce que vous seul exécutez;
Tel était jadis ce grand homme,
L'oracle et le vainqueur de Rome,
Qu'on vante, et que vous imitez.

Cependant la douce Éminence,
Ce roi tranquille de la France,
Étendant partout ses bienfaits,
Vers les frontières alarmées
Fait déjà marcher quatre armées,
Seulement pour donner la paix.

J'aime mieux Jordan, qui s'allie[1]
Avec certain Anglais impie
Contre l'idole des dévots,
Contre ce monstre atrabilaire
De qui les fripons savent faire
Un engin pour prendre les sots.

Autrefois Julien le sage,
Plein d'esprit, d'art et de courage,
Jusqu'en son temple l'a vaincu;
Ce philosophe sur le trône,
Unissant Thémis et Bellone,
L'eût détruit s'il avait vécu.

Achevez cet heureux ouvrage,
Brisez ce honteux esclavage
Qui tient les humains enchaînés;
Et, dans votre noble colère,
Avec Jordan le secrétaire,
Détruisez l'idole, et vivez.

Vous que la raison pure éclaire,
Comment craindriez-vous de faire
Ce qu'ont fait vos braves aïeux[2],
Qui, dans leur ignorance heureuse,
Bravèrent la puissance affreuse
De ce monstre élevé contre eux?

Hélas! votre esprit héroïque
Entend trop bien la politique

1. Jordan traduisait alors un ouvrage anglais. (Éd.)
2. Au treizième siècle, ils chassèrent tous les prêtres. (Éd. de Kehl.)

ANNÉE 1741.

> Je vois que vous n'en ferez rien.
> Tous les dévots, saisis de crainte,
> Ont déjà partout fait leur plainte
> De vous voir si mauvais chrétien.
>
> Content de briller dans le monde,
> Vous leur laissez l'erreur profonde
> Qui les tient sous d'indignes lois.
> Le plus sage aux plus sots veut plaire,
> Et les préjugés du vulgaire
> Sont encor les tyrans des rois.

Ainsi donc, sire, Votre Majesté ne combattra que des princes, et laissera Jordan combattre les erreurs sacrées de ce monde. Puisqu'il n'a pu devenir poëte auprès de votre personne, que sa prose soit digne du roi que nous voudrions tous deux imiter. Je me flatte que la Silésie produira un bon ouvrage contre ce que vous savez, après ces beaux vers qui me sont déjà venus des environs de la Neiss. Certainement, si Votre Majesté n'avait pas daigné aller en Silésie, jamais on n'y aurait fait de vers français. Je m'imagine qu'elle est à présent plus occupée que jamais; mais je ne m'en effraye pas; et, après avoir reçu d'elle des vers charmants le lendemain d'une victoire, il n'y a rien à quoi je ne m'attende. J'espère toujours que je serai assez heureux pour avoir une relation de ses campagnes, comme j'en ai une du voyage de Strasbourg, etc.

MCXXV. — A M. LE MARQUIS D'ARGENSON.

A Bruxelles, ce 9 août.

Mme du Châtelet, monsieur, vous mande que je suis assez heureux pour soumettre à vos lumières un certain *Prophète* dont j'avais déjà eu l'honneur de vous réciter quelques scènes. Je voudrais pousser ce bonheur-là jusqu'à vous le présenter moi-même à Paris; mais nous sommes encore loin d'une félicité si complète.

J'ai de plus à vous prévenir que vous n'en verrez qu'une copie très-informe. Depuis que la personne qui doit vous prêter le manuscrit en est possesseur, j'y ai changé plus de deux cents vers, et, dans ces deux cents vers, il y a beaucoup de choses essentielles. Il n'y a pas moyen de vous envoyer la véritable leçon. Pardonnez-moi donc si vous n'avez qu'une ébauche informe. Je vous fais ma cour comme je peux, et certainement je voudrais mieux faire. Je voudrais pouvoir me vanter à moi-même de vous avoir amusé une heure ou deux, dussent ces deux heures m'avoir coûté deux ans de travail. Si vous aviez été jusqu'à Lille, je n'aurais pas manqué d'y retourner. Je vous aurais couru, comme les autres courent les princes.

On dit que vous avez un fils digne d'un autre siècle, mais non d'un autre père. Il fait de jolis vers.

Macte animo, generose puer................

Je croyais qu'on ne faisait plus de vers français qu'en Prusse et en

Silésie. Je reçois toujours quelques vers de Breslau et de Berlin; voilà tout le commerce que j'ai avec le Parnasse.

Toute votre nation, à ce qu'on dit, veut passer le Rhin et la Meuse, sans trop savoir ce qu'ils y vont faire; mais ils partent, ils font des équipages, ils vont à la guerre, et cela leur suffit. Ils chantent et dansent la première campagne; la seconde ils bâillent, et la troisième ils enragent. Il n'y a pas d'apparence qu'ils fassent la troisième. Les choses semblent tournées de façon qu'on pourra faire bientôt frapper une nouvelle médaille de *regna assignata*. Il semble que la France, depuis Charlemagne, n'a jamais été dans une si belle situation; mais de quoi tout cela servira-t-il aux particuliers? Ils payeront le dixième de leurs biens, et n'auront rien à gagner.

Je reviens à *Mahomet*; l'abbé Moussinot aura l'honneur de vous l'envoyer cacheté. Je vous prie instamment de me le renvoyer de même, sans permettre qu'il en soit tiré copie.

Adieu, monsieur; aimez toujours beaucoup les belles-lettres, et daignez aussi aimer un peu l'homme du monde qui vous est attaché avec le respect le plus tendre.

MCXXVI. — A M. DE MAUPERTUIS.

A Bruxelles, 10 août.

Je ne mettrai pas, mon cher aplatisseur de mondes et de Cassinis, de tels quatrains[1] au bas du portrait de Christianus Wolffius. Il y avait longtemps que j'avais vu, avec une stupeur de monade, quelle taille ce bavard germanique assigne aux habitants de Jupiter. Il en jugeait par la grandeur de nos yeux et par l'éloignement de la terre au soleil; mais il n'a pas l'honneur d'être l'inventeur de cette sottise; car un Wolffius met en trente volumes les inventions des autres, et n'a pas le temps d'inventer. Cet homme-là ramène en Allemagne toutes les horreurs de la scolastique surchargée de *raisons suffisantes*, de *monades*, d'*indiscernables*, et de toutes les absurdités scientifiques que Leibnitz a mises au monde par vanité, et que les Allemands étudient parce qu'ils sont Allemands.

C'est une chose déplorable qu'une Française telle que Mme du Châtelet ait fait servir son esprit à broder ces toiles d'araignée. Vous en êtes coupable, vous qui lui avez fourni cet enthousiaste de Kœnig, chez qui elle puisa ces hérésies qu'elle rend si séduisantes.

Si vous étiez assez généreux pour m'envoyer votre *Cosmologie*, je vous jurerais bien, par Newton et par vous, de n'en pas tirer de copie, et de vous la renvoyer après l'avoir lue. Il ne faut pas que vous mettiez *la chandelle sous le boisseau*[2]; et, en vérité, un homme qui a le malheur d'avoir lu la Cosmologie de Christian Wolff a besoin de la vôtre pour se dépiquer.

Est-il vrai qu'Euler est à Berlin? Vient-il faire une académie au

---

1. Les vers pour le portrait de M. de Maupertuis étaient joints à cette lettre; on les a vus dans celle à M. Locmaria, du 17 juillet. (*Éd. de Kehl.*)
2. Matthieu, v. 15; Marc, IV, 21; Luc, XI, 33. (ÉD.)

rabais? Le comte Algarotti vous a-t-il écrit? Je m'imagine que la même âme charitable qui m'avait fait une tracasserie avec votre très-vive philosophie m'en a fait une avec sa politique.

Le roi m'écrit toujours comme à l'ordinaire et dans le même style. Kaiserling est toujours malade à Berlin, où je crois qu'il s'ennuie et où probablement vous ne vous ennuierez plus. On dit que vous allez dans un lieu beaucoup plus agréable, et chez une dame[1] qui vaut mieux que tous les rois que vous avez vus. Il n'y a pas d'apparence que celle-là devienne wolffienne.

Plus on lit, plus on trouve que ces métaphysiciens-là ne savent ce qu'ils disent; et tous leurs ouvrages me font estimer Locke davantage. Il n'y a pas un mot de vérité, par exemple, dans tout ce que Malebranche a imaginé; il n'y a pas jusqu'à son système sur l'apparente grandeur des astres à l'horizon qui ne soit un roman. M. Smith a fait voir, en dernier lieu, que c'est un effet très-naturel des règles de l'optique[2]. Votre vieille Académie sera encore bien fâchée de cette nouvelle vérité découverte en Angleterre. Cependant Privat de Molières (qui ne vaut pas Poquelin de Molière) *approfondit toujours le tourbillon*, et les professeurs de l'Université enseignent ces chimères; tant les professeurs de toute espèce sont faits pour tromper les hommes!

Bonsoir;. Mme du Châtelet, qui dans le fond de son cœur sent bien que vous valez mieux que Wolff, vous fait des compliments dans lesquels il y a plus de sincérité que dans ses idées leibnitziennes. Je suis à vous pour jamais.

MCXXVII. — A M. DE FORMONT.

A Bruxelles, le 10 août.

Mon cher ami, il me semble que, si je vivais entre vous et notre aimable Cideville, j'en aimerais mieux les vers, et je les ferais meilleurs. Je suis charmé que vous ayez lu avec lui mon fripon de *Prophète*, et que vous soyez de même avis. Il ne faudrait jamais rien donner au public qu'après avoir consulté gens comme vous. Je ne regarde la tragédie que vous avez lue que comme une ébauche. Je sentais qu'il y avait dans cet embryon le germe de quelque chose d'assez neuf et d'assez tragique; et en vérité, si vous l'aviez vu jouer à Lille, vous auriez été ému. Vous avez grande raison de vouloir que mon illustre coquin ne se serve de la main du petit Séide pour tuer son bonhomme de père que faute d'autre; car les crimes, au théâtre comme en politique, ne sont passables, à ce qu'on dit, qu'autant qu'ils sont nécessaires. Il ne serait pas mal, par exemple, que le grand vicaire Omar dit au prélat Mahomet :

Pour ce grand attentat je réponds de Séide;
C'est le seul instrument d'un pareil homicide.

1. Mme la duchesse d'Aiguillon, douairière. (*Éd. de Kehl.*)
2. La solution de Smith, bien examinée, se trouve être la même que celle de Malebranche. (*Éd. de Kehl.*)

Otage de Zopire, il peut seul aujourd'hui
L'approcher à toute heure, et te venger de lui.
Tes autres favoris, pour remplir ta vengeance,
Pour s'exposer à tout ont trop d'expérience;
La jeunesse imprudente a plus d'illusions;
Séide est enivré de superstitions,
Jeune, ardent, dévoré du zèle qui l'inspire.

Voilà à peu près comme je voudrais fonder cette action, en ajoutant à ces idées quelques autres préparations dont j'envoyai un cahier presque versifié à M. de Cideville, il y a quelques jours. Enfin j'y rêverai un peu à loisir; et, si vous pensez l'un et l'autre qu'on puisse faire quelque chose de cet ouvrage, je m'y mettrai tout de bon.

C'est à de tels lecteurs que j'offre mes écrits.
                            Boileau, ép. VII, v. 101.

J'ai lu cette justification de Thomas Corneille dont vous me parlez. L'esprit fin et délicat de Fontenelle ne pourra jamais faire que son oncle *minor* ait eu l'imagination d'un poëte; et Boileau avait raison de dire que Thomas avait été partagé en cadet de Normandie. Il est plaisant de venir nous citer *Camma* et *le Baron d'Albicrac;* cela prouve seulement que M. de Fontenelle est un bon parent. C'est une grande erreur, ce me semble, de croire les pièces de ce Thomas bien conduites, parce qu'elles sont fort intriguées. Ce n'est pas assez d'une intrigue, il la faut intéressante, il la faut tragique; il ne la faut pas compliquée, sans quoi il n'y a plus de place pour les beaux vers, pour les portraits, pour les sentiments, pour les passions; aussi ne peut-on retenir par cœur vingt vers de ce cadet, qui est partout un homme médiocre en poésie, aussi bien que son cher neveu, d'ailleurs homme d'un mérite très-étendu.

Il me tarde bien, mon cher confrère en Apollon, de raisonner avec vous de notre art dont tout le monde parle, que si peu de gens aiment et que moins d'adeptes encore savent connaître. Nous sommes le petit nombre des élus, encore sommes-nous dispersés. Il y a un jeune Helvétius qui a bien du génie; il fait de temps en temps des vers admirables. En parlant de Locke, par exemple, il dit :

D'un bras il abaissa l'orgueil du platonisme,
De l'autre il rétrécit le champ du pyrrhonisme.

Je le prêche continuellement d'écarter les torrents de fumée dont il offusque le beau feu qui l'anime. Il peut, s'il veut, devenir un grand homme. Il est déjà quelque chose de mieux, bon enfant, vertueux et simple. Embrassez pour moi mon cher Cideville, à qui j'écrirai bientôt. Adieu; aimez-moi et encouragez-moi à n'abandonner les vers pour rien au monde. Adieu, mon très-aimable ami.

ANNÉE 1741.

MCXXVIII. — A M. HELVÉTIUS.
A Bruxelles, ce 14 août.

Mon cher confrère en Apollon, j'ai reçu de vous une lettre charmante, qui me fait regretter plus que jamais que les ordres de Plutus nous séparent, quand les Muses devraient nous rapprocher. Vous corrigez donc vos ouvrages? vous prenez donc la lime de Boileau pour polir des pensées à la Corneille? Voilà l'unique façon d'être un grand homme. Il est vrai que vous pourriez vous passer de cette ambition. Votre commerce est si aimable que vous n'avez pas besoin de talents; celui de plaire vaut bien celui d'être admiré. Quelques beaux ouvrages que vous fassiez, vous serez toujours au-dessus d'eux par votre caractère. C'est, pour le dire en passant, un mérite que n'avait pas ce Boileau dont je vous ai tant vanté le style correct et exact. Il avait besoin d'être un grand artiste pour être quelque chose. Il n'avait que ses vers, et vous avez tous les charmes de la société. Je suis très-aise qu'après avoir bien raboté en poésie, vous vous jetiez dans les profondeurs de la métaphysique. On se délasse d'un travail par un autre. Je sais bien que de tels délassements fatigueraient un peu bien des gens que je connais, mais vous ne serez jamais comme bien des gens, en aucun genre.

Permettez-moi d'embrasser votre aimable ami[1], qui a remporté le prix de l'éloquence. Votre maison est le temple des Muses. Je n'avais pas besoin du jugement de l'Académie française, ou *françoise*, pour sentir le mérite de votre ami. Je l'avais vu, je l'avais entendu, et mon cœur partageait les obligations qu'il vous a. Je vous prie de lui dire combien je m'intéresse à ses succès.

M. du Châtelet est arrivé ici. Il se pourrait bien faire que, dans un mois, Mme du Châtelet fût obligée d'aller à Cirey, où le théâtre de la guerre qu'elle soutient sera probablement transporté pour quelque temps. Je crois qu'il y aura une commission des juges de France, pour constater la validité du testament de M. Trichâteau. Jugez quelle joie ce sera pour nous, si nous pouvons vous enlever sur la route. Je me fais une idée délicieuse de revoir Cirey avec vous. M. de Montmirel ne pourrait-il pas être de la partie? Adieu; je vous embrasse de tout mon cœur; il ne manque que vous à la douceur de ma vie.

MCXXIX. — A M. LE CARDINAL DE FLEURI.
Bruxelles, le 18 août.

Il ne m'appartient pas d'oser demander des grâces à Votre Éminence Si quelque chose peut excuser, à vos yeux, cette liberté, c'est le bien du service qui se joint peut-être à mes respectueuses prières. Le sieur Denis, mon neveu, longtemps officier dans le régiment de Champagne, et actuellement commissaire des guerres à Lille, ayant servi en Italie et fait les fonctions de commissaire ordonnateur, demande à l'être en effet et à servir en cette qualité. J'ose supplier Votre Éminence de

1. De Montmirel. Le sujet du prix qu'il venait de remporter était *Respect au malheur*. (ÉD.)

vouloir bien se faire informer, par M. le maréchal de Coigni et M. de Fontanier, s'il a en effet rendu des services et s'il est capable d'en rendre. M. de Breteuil, après s'être informé de lui, pourra rendre compte à Votre Éminence que je ne l'importune pas pour un homme indigne de ses bontés.

J'attends sans doute beaucoup plus des informations qu'elle peut faire que de mes supplications; cependant, monseigneur, s'il était possible que vos bontés pour moi entrassent un peu dans la grâce que mon neveu demande, j'avoue que jamais je n'aurais été si flatté.

Je n'ai pas besoin, monseigneur, de cette nouvelle bonté pour être véritablement attaché à votre personne. Il suffit d'être Français, et il est impossible de n'avoir pas un cœur infiniment français sous un tel ministre.

Je suis, etc.

MCXXX. — A M. LE COMTE D'ARGENTAL.

A Bruxelles, 22 août.

Je ne vous écris guère, mon cher et respectable ami, mais c'est que j'en suis fort indigne. J'ai eu le temps de mettre toute l'histoire des musulmans en tragédie; cependant j'ai à peine mis un peu de réforme dans mon scélérat de *Prophète*. Toute l'Europe joue à présent une pièce plus intriguée que la mienne. Je suis honteux de faire si peu pour les héros du temps passé, dans le temps que tous ceux d'aujourd'hui s'efforcent de jouer un rôle. Je compte en jouer un bien agréable, si je peux vous voir. Mme du Châtelet vous a mandé que le théâtre de sa petite guerre va être bientôt transporté à Cirey. Nous ne passerons à Paris que pour vous y voir. Sans vous, que faire à Paris? Les arts, que j'aime, y sont méprisés. Je ne suis pas destiné à ranimer leur langueur. La supériorité qu'une physique sèche et abstraite a usurpée sur les belles-lettres commence à m'indigner. Nous avions, il y a cinquante ans, de bien plus grands hommes en physique et en géométrie qu'aujourd'hui, et à peine parlait-on d'eux. Les choses ont bien changé. J'ai aimé la physique, tant qu'elle n'a point voulu dominer sur la poésie; à présent qu'elle écrase tous les arts, je ne veux plus la regarder que comme un tyran de mauvaise compagnie. Je viendrai à Paris faire abjuration entre vos mains. Je ne veux plus d'autre étude que celle qui peut rendre la société plus agréable, et le déclin de la vie plus doux. On ne saurait parler physique un quart d'heure, et s'entendre. On peut parler poésie, musique, histoire, littérature, tout le long du jour. En parler souvent avec vous serait le comble de mes plaisirs. Je vous apporterai une nouvelle leçon de *Mahomet*, dans laquelle vous ne trouverez pas assez de changements; vous m'en ferez faire de nouveaux; je serai plus inspiré auprès de vous. Tout ce que je crains, c'est que vous ne soyez à la campagne quand nous arriverons. Je connais ma destinée, elle est toute propre à m'envoyer à Paris pour ne vous y point trouver, en ce cas, c'est être exilé à Paris.

On dit que vous n'avez pas un comédien. On ne trouve plus ni qui récite des vers, ni qui les fasse, ni qui les écoute. Je serais venu au monde mal à propos, si je n'étais venu de votre temps et de celui de mes autres anges gardiens, Mme d'Argental et M. Pont de Veyle. Je leur baise très-humblement le bout des ailes, et me recommande à vos saintes inspirations.

MCXXXI. — DE FRÉDÉRIC II, ROI DE PRUSSE.
Au camp de Renhenbach, le 24 août.

De tous les monstres différents
Vous voulez que je sois l'Hercule,
Que Vienne avec ses adhérents
Genève, Rome avec la bulle,
Tombent sous mes coups assommants;
Approfondissez mieux vos gens,
Et connaissez la différence
De la massue aux arguments.

L'antique idole qu'on encense,
La crédule Religion,
Se soutient par prévention,
Par caprice, et par ignorance.
La foudroyante Vérité
A poursuivi ce monstre en Grèce;
A Rome il fut persécuté
Par les vers sensés de Lucrèce.

Vous-même vous avez tenté
De rendre le monde incrédule,
En dévoilant le ridicule
D'un vieux rêve longtemps vanté;
Mais l'homme stupide, imbécile,
Et monté sur le même ton,
Croit plutôt à son évangile
Qu'il ne se range à la raison;
Et la respectable nature,
Lorsqu'elle daigna travailler
A pétrir l'humaine figure,
Ne l'a pas faite pour penser.

Croyez-moi, c'est peine perdue
Que de prodiguer le bon sens
Et d'étaler des arguments
Aux bœufs qui traînent la charrue;
Mais de vaincre dans les combats
L'orgueil et ses fiers adversaires,
Et d'écraser dessous ses pas
Et les scorpions et les vipères,
Et de conquérir des États,
C'est ce qu'ont opéré nos pères,
Et ce qu'exécutent nos bras.
Laissez donc dans l'erreur profonde

L'esprit entêté de ce monde.
Eh! que m'importent ses travers,
Pourvu que j'entende vos vers,
Et qu'après le feu de la guerre,
La paix renaissant sur la terre,
Pallas vous conduise à Berlin?
Là, tantôt au sein de la ville,
Goûtant le plus brillant destin,
Ou préférant le doux asile
De la campagne plus tranquille
A l'ombre de nos étendards
Laissant reposer le fier Mars,
Nous jouirons, comme Épicure,
De la volupté la plus pure,
En laissant aux savants bavards
Leur physique et métaphysique,
A messieurs de la mécanique,
Leur mouvement perpétuel;
Au calculateur éternel,
Sa fluxion géométrique;
Au dieu d'Épidaure empirique,
Son grand remède universel;
A tout fourbe, à tout politique,
Son scélérat Machiavel;
A tout chrétien apostolique,
Jésus et le péché mortel;
En nous réservant pour partage
Des biens de ce monde l'usage,
L'honneur, l'esprit, et le bon sens,
Le plaisir, et les agréments.

Jordan traduit son auteur anglais avec la même fidélité que les Septante translatèrent la Bible. Je crois l'ouvrage bientôt achevé. Il y a tant de bonnes choses à dire contre la religion, que je m'étonne qu'elles ne viennent pas dans l'esprit de tout le monde; mais les hommes ne sont pas faits pour la vérité. Je les regarde comme une horde de cerfs dans le parc d'un grand seigneur, et qui n'ont d'autre fonction que de peupler et remplir l'enclos.

Je crois que nous nous battrons bientôt; c'est œuvre assez folie; mais que voulez-vous? il faut être quelquefois fou dans sa vie.

Adieu, cher Voltaire. Écrivez-moi plus souvent; mais surtout ne vous fâchez pas si je n'ai pas le temps de vous répondre. Vous connaissez mes sentiments. Frédéric.

MCXXXII. — A M. Thieriot.

Bruxelles, 16 septembre.

Je comptais faire un voyage à Cirey, et passer par Paris à la fin de de ce mois; mais il faut attendre que les griffes de la chicane qui nous accrochent veuillent nous laisser aller. Je remets à ce temps à vous dire beaucoup de choses qu'il vaut mieux faire entendre à son ami au coin du feu que lui écrire par la poste. Je serai probablement à Paris au commencement de l'hiver; vous êtes assurément un de ceux qui me font désirer le plus de faire ce voyage. J'ai encore reçu des lettres de Silésie, par lesquelles on m'invite d'aller ailleurs qu'à Paris; mais j'espère que ma constance dans l'amitié ne vous déplaira pas.

Je vous embrasse de tout mon cœur.

MCXXXIII. — A M. SEGUI.
Bruxelles, le 29 septembre.

J'ai reçu, monsieur, la lettre que vous m'avez fait l'honneur de m'écrire, avec votre projet de souscription pour les œuvres du célèbre poète dont vous étiez l'ami. Je me mets très-volontiers au rang des souscripteurs, quoique j'aie été malheureusement au rang de ses ennemis les plus déclarés. Je vous avouerai même que cette inimitié pesait beaucoup à mon cœur. J'ai toujours pensé, j'ai dit, j'ai écrit que les gens de lettres devraient être tous frères. Ne les persécute-t-on pas assez? faut-il qu'ils se persécutent encore eux-mêmes les uns les autres? Plût à Dieu qu'ils pussent s'aider, se soutenir, se consoler mutuellement, surtout dans un temps où il paraît qu'on cherche à rabaisser un art qui a fait la principale gloire du siècle de Louis XIV ! Il semblait que la destinée, en me conduisant à la ville où l'illustre et malheureux Rousseau a fini ses jours, me ménageât une réconciliation avec lui.

L'espèce de maladie dont il était accablé m'a privé de cette consolation que nous avions tous deux également souhaitée. L'amour de la paix l'eût emporté sur tous les sujets d'aigreur qu'on avait semés entre nous. Ses talents, ses malheurs, et sa mort, ont banni de mon cœur tout ressentiment, et n'ont laissé mes yeux ouverts qu'à ce qu'il avait de mérite.

Votre amitié pour lui, monsieur, sert encore beaucoup à me faire regretter de n'avoir pu avoir la sienne. J'attends donc avec impatience une édition que votre sensibilité pour sa mémoire, votre goût et votre probité rendront sûrement digne du public à qui vous la présentez. C'est avec ces sentiments, et ceux de la considération la plus distinguée, que j'ai l'honneur d'être, etc. VOLTAIRE.

MCXXXIV. — A M. DE MAUPERTUIS.
A Bruxelles, le 6 octobre.

Vous devez, mon cher aplatisseur de ce globe, avoir reçu une invitation de vous rendre à Berlin. On compte que nous pourrons arriver ensemble; mais, pour moi, je n'irai, je pense, qu'à Cirey. Je pourrai bien passer par Paris avec Mme du Châtelet; j'espère au moins que je vous y verrai.

Si vous n'êtes pas assez philosophe pour préférer le séjour de l'amitié à la cour des rois, vous le serez peut-être assez pour ne pas vous déterminer sitôt à retourner en Prusse. Mandez-moi, je vous prie, quelles sont vos résolutions, si vous en avez. Examinez-vous, et voyez ce que vous voulez. Ceci est une affaire de calcul. Il y a une sorte de gloire et du repos dans le refus; il y a une autre gloire et des espérances dans le voyage. C'est un problème que vous pouvez trouver difficile à résoudre, et qui certainement est embarrassant. Je conçois très-bien que ceux qui sont assez heureux pour vivre avec vous décideront que vous devez rester; mais le problème ne doit être résolu que par vous. Ne montrez point ma lettre, je vous prie; n'en parlez point, et si vous faites quelque cas de moi, mandez-moi ce que vous pensez. Je vous promets le plus profond secret. Je vous renverrai même votre lettre si vous le voulez. Il me semble que c'est un assez beau siècle que celui où les gens de lettres balancent à se rendre à la cour des rois; mais s'ils ne balancent point, le siècle sera bien plus beau.

Je suis toujours au rang de vos plus tendres et de vos plus fidèles serviteurs.

MCXXXV. — A M. DE CIDEVILLE.

A Bruxelles, ce 28 octobre.

Vous, qu'à plus d'un doux mystère
Les dieux ont associé,
Dans l'art des vers initié,
Qui savez les juger aussi bien que les faire;
Vous, Hercule en amour, Pylade en amitié,
Vous seul manquez encore aux charmes de ma vie.
Sous le ciel de Paris, grands dieux! prenez le soin
De ramener ma Muse avec la sienne unie!
C'est n'être point heureux que de l'être si loin.

Je compte donc, mon cher ami, passer par Paris au commencement de novembre; je ne me flatte pas de vous y rencontrer; je me plains, par avance, de ce que probablement je ne vous y verrai pas. C'est le temps où tout le monde est à la campagne, et vous êtes un de ces héros qui passez votre temps dans des châteaux enchantés. De Paris où irons-nous? plaider à la plus voisine juridiction de Cirey, et de là replaider à Bruxelles. Ne voilà-t-il pas une vie bien digne d'une Émilie! Cependant elle fait tout cela avec allégresse, parce que c'est un devoir. Je compte, moi, parmi mes devoirs, de rendre mon *Prophète* un peu plus digne de mon cher Aristarque. Je l'ai laissé reposer depuis quelques mois, afin de tâcher de le revoir avec des yeux moins paternels et plus éclairés. Quelle obligation n'aurai-je point à vos critiques, si jamais l'ouvrage vaut quelque chose! Ce sont là de ces plaisirs que toutes sortes d'amis ne peuvent pas faire. Je doute que Pylade et Pirithoüs eussent corrigé des tragédies. Il me manque de vous voir pour vous en remercier. Je ne sais plus où vous me prendrez pour ajouter à vos faveurs celle de m'écrire. Dès que je serai fixé pour quelque temps, je vous le manderai.

J'ai lu le poëme de Linant, que l'Académie s'accoutume à couronner. Il y a du bon. Je souhaite qu'il tire de son talent plus de fortune qu'il n'en recueillera de réputation. Je ne suis pius guère en état de l'aider comme je l'aurais voulu. Un certain Michel, à qui j'avais confié une partie de ma fortune, s'est avisé de faire la plus horrible banqueroute que mortel financier puisse faire. C'était un receveur général des finances de Sa Majesté. Or, je ne conçois que médiocrement comment un receveur général des finances peut faire banqueroute sans être un fripon. Vous, qui êtes prêtre de Thémis comme d'Apollon, vous m'expliquerez ce mystère.

Mon Dieu, mon cher ami, qu'il y a des gens malheureux dans ce monde ! Vous souvenez-vous de votre compatriote et de votre ancien camarade Lecoq ? Je viens de voir arriver chez moi une figure en linge sale, un menton de galoche, une barbe de quatre doigts; c'était Leroq qui traîne sa misère de ville en ville. Cela fait saigner le cœur.

On m'a envoyé le *Discours* de votre autre compatriote, Fontenelle, à l'Académie. Cela n'est pas excellent; mais heureux qui fait des choses médiocres à quatre-vingt-cinq ans passés !

Adieu, mon cher ami. Si vous avez encore à Rouen le très-aimable Formont, dites-lui, je vous en prie, combien il me serait doux de vivre entre vous deux.

MCXXXVI. — A M. THIERIOT.

Le 6 novembre.

Je suis dans l'ancienne maison[1] où nous avons logé; mais on n'y dort plus. Je suis si fatigué que je ne peux sortir. L'amitié me conduirait chez vous si je pouvais remuer. Je me flatte que, si vous sortez ce matin, vous viendrez égayer les mânes de Mme de Fontaines-Martel, et me soulager de mon insomnie.

MCXXXVII. — A LA REINE DE PRUSSE

Paris.

Madame, Son Altesse Royale Madame la margrave de Bareuth m'ayant fait l'honneur de m'avertir que Votre Majesté souhaitait de voir cette tragédie de *Mahomet*, dont le roi a une copie, je n'ai songé, depuis ce moment, qu'à la corriger, pour la rendre moins indigne des attentions de Votre Majesté; et, après l'avoir retravaillée avec tous les soins dont je suis capable, je l'ai adressée à M. de Raesfeld, envoyé de votre cour à la Haye, afin qu'elle parvînt à Votre Majesté avec sûreté et promptitude.

Je cherche moins peut-être à obéir à une reine, qu'à mériter, si je puis, le suffrage d'un excellent juge. Il n'est pas étonnant qu'on n'ait pas d'autre envie que celle de plaire à Votre Majesté, dès qu'on a eu le bonheur de l'approcher. Mon zèle pour elle sera aussi durable que

---

1. Cette maison était voisine du Palais-Royal, et elle était habitée par la baronne de Fontaines-Martel, quand, antérieurement à 1731, cette dame admit Thieriot chez elle, en lui payant, en outre, une pension annuelle de douze cents francs. Voltaire commença à demeurer chez la même personne en décembre 1731, et il la nomme *déesse de l'Hospitalité*, dans la lettre CXLI. Il ne quitta cet hôtel que quelque temps après la mort de la baronne, c'est-à-dire le 15 mai 1733, pour se loger, rue de Long-Pont, vis-à-vis le portail de l'église Saint-Gervais. (*Note de M. Clogenson.*)

mes regrets. Berlin est le séjour de la politesse et des arts, comme la Silésie est celui de la gloire. Puisse Votre Majesté faire longtemps l'ornement de l'Allemagne, et puisse le roi, qui en fait le destin, jouir auprès de vous de tout le bonheur qu'il mérite!

Je suis avec un très-profond respect, etc. VOLTAIRE.

MCXXXVIII. — A FRÉDÉRIC II, ROI DE PRUSSE.

A Cirey, ce 21 décembre.

Soleil, pâle flambeau de nos tristes hivers,
　Toi qui de ce monde es le père,
Et qu'on a cru longtemps le père des bons vers,
Malgré tous les mauvais que chaque jour voit faire;
　Soleil, par quel cruel destin
Faut-il que dans ce mois, où l'an touche à sa fin,
Tant de vastes degrés t'éloignent de Berlin?
C'est là qu'est mon héros, dont le cœur et la tête
Rassemblent tout le feu qui manque à ses États,
Mon héros, qui de Neiss achevait la conquête,
　Quand tu fuyais de nos climats;
Pourquoi vas-tu, dis-moi, vers le pôle antarctique?
Quels charmes ont pour toi les nègres de l'Afrique?
Revole sur tes pas loin de ce triste bord;
Imite mon héros, viens éclairer le Nord.

C'est ce que je disais, sire, ce matin au soleil votre confrère, qui est aussi l'âme d'une partie de ce monde. Je lui en dirais bien davantage sur le compte de Votre Majesté, si j'avais cette facilité de faire des vers, que je n'ai plus et que vous avez. J'en ai reçu ici que vous avez faits dans Neiss, tout aussi aisément que vous avez pris cette ville. Cette petite anecdote, jointe aux vers que votre *humanité* m'envoya immédiatement après la victoire de Molwitz, fournit de bien singuliers mémoires pour servir un jour à l'histoire.

Louis XIV prit en hiver la Franche-Comté; mais il ne donna point de bataille, et ne fit point de vers au camp devant Dôle ou devant Besançon; aussi j'ai pris la liberté de mander à Votre Majesté que l'histoire de Louis XIV me paraissait un cercle trop étroit; je trouve que Frédéric élargit la sphère de mes idées. Les vers que Votre Majesté a faits dans Neiss ressemblent à ceux que Salomon faisait dans sa gloire, quand il disait, après avoir tâté de tout : *Tout n'est que vanité*. Il est vrai que le bonhomme parlait ainsi au milieu de sept cents femmes et de trois cents concubines; le tout sans avoir donné de bataille, ni fait de siége. Mais, n'en déplaise, sire, à Salomon et à vous, ou bien à vous et à Salomon, il ne laisse pas d'y avoir quelque réalité dans ce monde.

Conquérir cette Silésie,
Revenir couvert de lauriers
Dans les bras de la Poésie;
Donner aux belles, aux guerriers,

Opéra, bal et comédie;
Se voir craint, chéri, respecté,
Et connaître au sein de la gloire
L'esprit de la société,
Bonheur si rarement goûté
Des favoris de la Victoire;
Savourer avec volupté,
Dans des moments libres d'affaire,
Les bons vers de l'antiquité,
Et quelquefois en daigner faire
Dignes de la postérité :
Semblable vie a de quoi plaire;
Elle a de la réalité,
Et le plaisir n'est point chimère.

Votre Majesté a fait bien des choses en peu de temps. Je suis persuadé qu'il n'y a personne sur la terre plus occupé qu'elle, et plus entraîné dans la variété des affaires de toute espèce. Mais avec ce génie dévorant, qui met tant de choses dans sa sphère d'activité, vous conserverez toujours cette supériorité de raison qui vous élève au-dessus de ce que vous êtes et de ce que vous faites.

Tout ce que je crains, c'est que vous ne veniez à trop mépriser les hommes. Des millions d'animaux sans plumes, à deux pieds, qui peuplent la terre, sont à une distance immense de votre personne, par leur âme comme par leur état. Il y a un beau vers de Milton :

Amongst unequals no society.
Liv. VIII, v. 383.

Il y a encore un autre malheur : c'est que Votre Majesté peint si bien les nobles friponneries des politiques, les soins intéressés des courtisans, etc., qu'elle finira par se défier de l'affection des hommes de toute espèce, et qu'elle croira qu'il est démontré en morale qu'on n'aime point un roi pour lui-même. Sire, que je prenne la liberté de faire aussi ma démonstration. N'est-il pas vrai qu'on ne peut pas s'empêcher d'aimer pour lui-même un homme d'un esprit supérieur qui a bien des talents et qui joint à tous ces talents-là celui de plaire? Or, s'il arrive que par malheur ce génie supérieur soit roi, son état en doit-il empirer? et l'aimerait-on moins parce qu'il porte une couronne? Pour moi, je sens que la couronne ne me refroidit point du tout.

Je suis, etc.

MCXXXIX. — A M. BERGER.

Cirey.

Vous ne devez pas plus douter, mon cher monsieur, de mon amitié que de ma paresse. Ce n'est pas que je sois de ces aimables paresseux de nouvelle date, qui se tourmentent à dire qu'ils ne font rien. Je suis d'une espèce toute contraire. J'ai tant travaillé que j'en ai presque renoncé au commerce des humains; mais le vôtre m'est toujours bien précieux, et c'est un bel intermède, dans mes occupations, que la lecture de vos lettres.

Le roi de Prusse me mande qu'il prend La Noue et Dupré [1]. S'il enlève aussi Gresset, nous n'aurons guère plus de danseurs, d'acteurs, ni de poëtes. Nous acquérons de la gloire en Allemagne, et les talents périssent à Paris.

Je vous embrasse, et suis pour toujours plein d'attachement pour vous.

MCXL. — A M. LE COMTE D'ARGENTAL, A PARIS.

A Cirey, ce 25 décembre.

Je ne rends pas à mes chers anges gardiens un compte bien exact de ma conduite; je leur écris peu, et, en cela, je pèche grièvement; mais ne lisent-ils pas dans mon cœur? ne savent-ils pas qu'on est occupé d'eux à Cirey, et qu'on les regrette partout? On a encore donné quelques coups de lime à leur *Mahomet;* mais voici une triste nouvelle pour la Comédie et pour l'Opéra. Le roi de Prusse n'est pas content d'avoir pris la Silésie. Il me mande qu'il prend Dupré et La Noue. Le héros tragique n'est pas si bien fait que le héros dansant, et c'est faire venir un singe de loin; mais ce singe-là joue très-bien; et je ne connais guère que lui qui pût mettre dans notre *Mahomet* et la force et la terreur convenables. Ce qui me rassure un peu, c'est que La Noue aime fort Mlle Gautier, et que sûrement on ne peut quitter ce qu'on aime pour le roi de Prusse. La place de premier acteur à Paris vaut bien d'ailleurs une pension à Berlin, et notre parterre vaut un peu mieux qu'un parterre de Prussiens. Mandez-moi, je vous en prie, combien de temps l'ambassadeur turc sera à Paris, et ce qu'on fait à la Comédie. Mme du Châtelet va passer un jour à Commercy; nous irons ensuite à Gray, et de là nous reviendrons vous voir, mes très-chers anges, à qui je souhaite la santé et tous les plaisirs de ce monde.

Me mettant toujours à l'ombre de vos ailes.

MCXLI. — DE FRÉDÉRIC II, ROI DE PRUSSE.

A Berlin, le 8 janvier 1742.

Mon cher Voltaire, je vous dois deux lettres, à mon grand regret, et je me trouve si occupé par les grandes affaires que les philosophes appellent des billevesées, que je ne puis encore penser à mon plaisir, le seul solide bien de la vie. Je m'imagine que Dieu a créé les ânes, les colonnes doriques, et nous autres rois, pour porter les fardeaux de ce monde, où tant d'autres êtres sont faits pour jouir des biens qu'il produit.

A présent me voilà à argumenter avec une vingtaine de Machiavels plus ou moins dangereux. L'aimable Poésie attend à la porte, sans avoir d'audience. L'un me parle de limites; l'autre, de droits; un autre encore, d'indemnisation; celui-ci, d'auxiliaires, de contrats de mariage, de dettes à payer, d'intrigues à faire, de recommandations, de dispositions, etc. On publie que vous avez fait telle chose à laquelle vous n'avez jamais pensé; on suppose que vous prendrez mal tel évé-

1. Célèbre danseur qui devint, en 1747, maître des ballets à l'Opéra. (ÉD.)

nement dont vous vous réjouissez; on écrit du Mexique que vous allez attaquer un tel, que votre intérêt est de ménager; on vous tourne en ridicule, on vous critique; un gazetier fait votre satire; les voisins vous déchirent; un chacun vous donne au diable en vous accablant de protestations d'amitié. Voilà le monde; et telles sont, en gros, les matières qui m'occupent.

Avez-vous envie de troquer la poésie pour la politique? La seule ressemblance qui se trouve entre l'une et l'autre est que les politiques et les poètes sont le jouet du public, et l'objet de la satire de leurs confrères.

Je pars après-demain pour Remusberg reprendre la houlette et la lyre, veuille le ciel, pour ne les quitter jamais! Je vous écrirai de cette douce solitude avec plus de tranquillité d'esprit. Peut-être Calliope m'inspirera-t-elle encore. Je suis tout à vous. Fédéric.

MCXLII. — A M. LE MARQUIS D'ARGENSON, A PARIS.

A Cirey, le 10 janvier.

Frère Macaire et frère François se recommandent, monsieur, à vos bontés. Frère Macaire est un petit ermite qui ne sait pas son catéchisme, mais qui est bon, doux, simple, qui gagne sa vie à nettoyer de vieux tableaux, à recoller de vieux châssis, à barbouiller des fenêtres et des portes. Il demeure dans les bois de Doulevant[1], l'un de vos domaines voisins de Cirey. Il passe dans le canton pour un bon religieux, attendu qu'il ne fait point de mal et qu'il rend service. Son ermitage est une petite chapelle appartenante à M. le duc d'Orléans; il voudrait bien une petite permission d'y demeurer et d'y être fixé.

Il y a, je crois, à Toul, une espèce de général des ermites qui les fait voyager comme le diable de Papefiguière[2], et frère Macaire ne veut point voyager. Mme du Châtelet, qui trouve cet ermite un bon diable, serait fort aise qu'il restât dans sa chapelle, d'où il viendrait quelquefois travailler de son métier à Cirey. Si donc, monsieur, vous pouvez donner à frère Macaire une patente d'ermite de Doulevant, ou une permission telle quelle de rester là comme il pourra, Mme du Châtelet vous remerciera, et Dieu et saint Antoine vous béniront.

Quant à frère François, c'est moi, monsieur, qui suis encore plus ermite que frère Macaire, et qui ne voudrais sortir de mon ermitage que pour vous faire ma cour. J'y vis entre l'étude et l'amitié, plus heureux encore que frère Macaire; et, si j'avais de la santé, je n'envierais aucune destinée; mais la santé me manque, et m'ôte jusqu'au plaisir de vous écrire aussi souvent que je le voudrais. Au lieu d'aller à Paris, nous allons, sœur Émilie et frère François, en Franche-Comté, au milieu des neiges et des glaces. On pourrait choisir un plus beau temps, mais Mme d'Autrey est malade; on a logé chez elle à Paris. L'amitié et les bons procédés ne connaissent point les saisons.

1. Chef-lieu de canton de la commune de Cirey, à trois lieues de Vassy (Haute-Marne). (Éd.)
2. Voy. *Pantagruel*, liv. IV, chap. XLVI et XLVII. (Éd.)

Je me flatte qu'après ce voyage vous voudrez bien, monsieur, me permettre de profiter quelquefois de vos moments de loisir, et que j'aurai encore l'honneur de vous voir dans cette ancienne maison de la baronne où l'on faisait si gaiement de si mauvais soupers.

Voulez-vous bien que je présente mes respects à monsieur votre fils et à celui d'Apollon, qui va faire au Châtelet son apprentissage de maître des requêtes, d'intendant, de conseiller d'État et de ministre?

Frère François priera toujours Dieu pour vous avec un très-grand zèle et très-efficace.

MCXLIII. — A M. LE COMTE D'ARGENTAL.

A Gray en Franche-Comté, ce 19 janvier.

Nous avons passé par la Franche-Comté, mon cher et respectable ami, pour venir plus tôt vous revoir. Puisque l'amitié et la reconnaissance ont conduit Mme du Châtelet à Gray, elles nous ramèneront bien vite auprès de vous. Je ne vous mandai point le succès entier de son affaire, parce que je croyais qu'elle vous écrirait le même jour que moi. Je me contentai de vous parler des bagatelles intéressantes du théâtre. Je n'ai point écrit à La Noue. Entre les rois et les comédiens, il ne faut point mettre le doigt, non plus qu'entre l'arbre et l'écorce. Je ne veux me brouiller ni avec le roi de Prusse, ni avec un roi de théâtre; j'attendrai paisiblement que La Noue soit reçu à Paris, et je ne compte pas plus me mêler de cette élection que de celle de l'empereur. Je ne me mêle que de reprendre de temps en temps mon *Mahomet* en sous-œuvre. J'y ai fait ce que j'ai pu; je le crois plus intéressant que lorsqu'il fit pleurer les Lillois. J'avoue que la pièce est très-difficile à jouer; mais cette difficulté même peut causer son succès; car cela suppose que tout y est dans un goût nouveau, et cette nouveauté suppléera du moins à ma faiblesse.

Je ne regrette point Dufresne; il est trop formé pour Séide, et trop faible pour Mahomet. Il n'était nullement fait pour les rôles de dignité, ni de force; je l'ai vu guindé dans *Athalie*, quand il faisait le grand prêtre. La Noue est très-supérieur à lui dans les rôles de ce caractère; c'est dommage qu'il ait l'air d'un singe.

J'ai lu enfin les *Confessions du comte de****[1]; car il faut toujours être *comte* ou donner les *Mémoires d'un homme de qualité*. J'aime mieux ces *Confessions* que celles de saint Augustin; mais, franchement, ce n'est pas là un bon livre, un livre à aller à la postérité; ce n'est qu'un journal de bonnes fortunes, une histoire sans suite, un roman sans intrigues, un ouvrage qui ne laisse rien dans l'esprit, et qu'on oublie comme le héros oublie ses anciennes maîtresses. Cependant je conçois que le naturel et la vivacité du style, et surtout le fond du sujet, aura réjoui les vieilles et les jeunes, et que ces portraits, qui conviennent à tout le monde, ont dû plaire aussi à tout le monde.

Bonsoir, homme charmant, à qui je voudrais plaire. Mille tendres respects à l'autre ange.

1. Par Duclos. (ÉD.)

MCXLIV. — A M. DE CIDEVILLE.

A Gray en Franche-Comté, ce 19 janvier.

Le plus ambulant de vos amis, le plus écrivain, et le moins écrivant, se jette au pied de l'autel de l'Amitié, et avoue d'un cœur contrit sa misérable paresse. J'aurais dû vous écrire de Paris et de Cirey, mon aimable Cideville; fallait-il attendre que je fusse en Franche-Comté? Nous en partons d'aujourd'hui en huit, nous retournons à Cirey passer quelques jours, et de là nous faisons un petit tour à Paris. Nous y logerons dans la maison de Mme la comtesse d'Autrey, près du Palais-Royal, qui appartient à la dame de la ville de Gray, où nous sommes actuellement. Je ne sais si Mme du Châtelet vous a fait tout ce détail dans sa lettre, mais je vous dois cette ample instruction de mes marches, pour avoir sûrement quelques lettres de vous, à mon arrivée à Paris.

Ne serez-vous point homme à passer dans cette grande capitale des bagatelles une partie du saint temps de carême? N'ai-je pas entendu dire que le philosophe Formont y doit venir? Il serait très-doux, mon cher ami, de nous rassembler un petit nombre d'élus, serviteurs d'Apollon et du plaisir. Je ne sais pas trop comment vont les spectacles. Voilà ce qui m'intéresse; car, pour le spectacle de l'Europe, les armées d'Allemagne, et la comédie [1] de Francfort, je n'y jette qu'un coup d'œil. Je paye mon dixième pour être un moment debout au parterre, et je n'y pense plus; mais nous manquons d'acteurs à la Comédie-Française, c'est là l'objet intéressant. J'ai plus besoin de voir Dufresne remplacé que de voir Maximilien de Bavière sur le trône de Charles VI.

Un grand comédien d'Allemagne, nommé le roi de Prusse, m'a mandé qu'il aurait La Noue; d'un côté on se flattait de l'avoir à Paris, et je voudrais bien que La Noue fît comme moi, qu'il quittât les rois pour ses amis. Je ferai jouer *Mahomet*, s'il vient dans la troupe, supposé, s'entend, que vous soyez content de cet illustre fripon, que j'ai retaillé, recoupé, relimé, raboté, rebrodé, le tout pour vous plaire; car il faut commencer par vous, et je serai sûr du public.

J'aurai encore le temps d'attendre que l'ambassadeur turc soit parti; car, en vérité, il ne serait pas honnête de dénigrer le prophète pendant que l'on nourrit l'ambassadeur, et de se moquer de sa chapelle sur notre théâtre. Nous autres Français nous respectons le droit des gens, surtout avec les Turcs.

Mon Dieu, mon cher ami, que je voudrais vous retrouver à Paris pendant notre ramazan! car, que je fasse jouer ou non mon fripon, je n'y resterai pas longtemps. Il faut encore aller boire à Bruxelles la lie du calice de la chicane, et végéter deux ans dans le pays de l'insi-

1. Cette *comédie*, dont on s'occupait alors à Francfort-sur-le-Mein, était l'élection de Charles-Albert de Bavière, fils de Maximilien-Emmanuel. Charles-Albert (Charles VII), élu empereur le 24 janvier 1742, fut couronné à Francfort le 12 février suivant. (ED.)

pidité. Quelques étincelles de votre imagination, et quelques jours de votre présence, me serviront d'antidote. Je cours grand risque de rester encore deux ans au moins chez les barbares. Ne pourrai-je avoir la consolation de vous voir deux jours?

Adieu, mon cher ami, à qui mon cœur est uni pour toute la vie. Je vous embrasse bien tendrement.

MCXLV. — A M. DE LA NOUE, DIRECTEUR DES SPECTACLES, A LILLE.

A Bruxelles, le 28 janvier.

Mon cher Mahomet, mon cher Thraséas, etc., j'ai envoyé votre lettre à celui [1] qui serait heureux s'il se bornait aux plaisirs que des hommes tels que vous peuvent lui donner. S'il vous connaissait, je sais bien ce qu'il ferait, ou du moins ce qu'il devrait faire. Je ne doute pas que vous n'obteniez les choses très-justes que vous demandez; mais, en même temps, je crois que vous devez entièrement vous conformer à ce que M. Algarotti vous a mandé, et ne faire aucuns préparatifs à compter du jour de la réception de sa lettre. Vous m'avez donné une grande envie de revenir à Lille. Je ne vous ai ni assez vu ni assez entendu. J'aime en vous l'auteur, l'acteur, et surtout l'homme de bonne compagnie. Comptez que vous avez fait en moi une conquête pour la vie. Ne me retrouverai-je jamais entre le cher Cideville et vous!

O noctes cœnæque Deum!..............
Hor., lib. II, sat. VI, v. 65.

Je vous aimerais bien mieux là qu'à Berlin. Adieu, mon ami.

MCXLVI. — A M. DE CHAMPPLOUR PÈRE.

A Cirey en Champagne, ce 3 février.

La lettre que vous m'avez fait l'honneur de m'adresser à Bruxelles, monsieur, m'a été renvoyée assez tard. J'ai un peu voyagé, cet hiver, avec Mme la marquise du Châtelet, pour le même procès qui me ramènera à Bruxelles incessamment.

Je vais passer le carême à Paris, et je logerai près du Palais-Royal. Si je peux y exécuter quelques-uns de vos ordres, vous n'avez qu'à commander. La connaissance que j'ai faite avec vous et par lettres devient une véritable amitié. Il me semble, par les choses touchantes dont elles sont pleines, que j'ai eu la satisfaction de vivre avec vous. Elles suppléent à une longue habitude. Je me doutais bien que monsieur votre fils serait votre consolation et votre joie. Les sentiments dont je fus témoin, dans le peu de temps que je le vis, m'en étaient bien garants. Il faut convenir d'ailleurs qu'il est fort aimable. Son tour d'esprit gai et naturel me plut beaucoup. Il doit faire l'agrément de la société et le plaisir de sa famille. Souffrez, monsieur, que je partage

1. Le roi de Prusse, qui, en 1740, avait chargé Voltaire d'engager La Noue à venir à Berlin en qualité de directeur du théâtre. (ÉD.)

avec vous la satisfaction de votre cœur, et permettez que je mette dans votre paquet cette petite lettre pour lui.

Je suis, monsieur, avec tous les sentiments que je vous dois, etc.

VOLTAIRE.

MCXLVII. — A M. DE CHAMPFLOUR, FILS.

A Cirey en Champagne, ce 3 février.

Je suis bien sensible à votre souvenir, mon cher monsieur, et je le suis encore davantage au bonheur dont vous jouissez, et à la satisfaction que vous mettez dans le cœur du meilleur des pères. Je ne suis point étonné de vos succès dans l'étude du droit. Votre esprit est fait pour se plier et pour réussir à tout. Mais il y a bien du mérite à revenir si aisément de l'état militaire à celui de la robe.

Ce dernier procure une vie plus douce et plus heureuse. Eh! qu'avons-nous à faire dans ce monde qu'à nous rendre heureux nous et les nôtres? Je ne viendrai m'établir à Paris qu'environ dans deux années. Si vous y faites alors quelque voyage, ou si vous me jugez capable de vous servir en ce pays-là, vous pourrez disposer de moi. Votre reconnaissance, monsieur, pour de petits services que tout autre que moi eût rendus à ma place, me fait sentir combien il serait doux de vous en rendre qui me coûtassent plus de soins. Comptez, monsieur, que vous aurez toujours en moi un ami qui s'intéressera tendrement au bonheur de votre vie. C'est dans ces sentiments que je suis de tout mon cœur, etc.

VOLTAIRE.

MCXLVIII. — DE FRÉDÉRIC II, ROI DE PRUSSE.

A Olmutz, le 3 février.

Mon cher Voltaire, le démon qui m'a promené jusqu'à présent m'a mené à Olmutz, pour redresser les affaires que les autres alliés ont embrouillées, dit-on. Je ne sais ce qui en sera; mais je sais que mon étoile est trop errante. Que pouvez-vous prétendre d'une cervelle où il n'y a que du foin, de l'avoine et de la paille hachée? Je crois que je ne rimerai à présent qu'en *oin* et en *oine*.

Laissez calmer cette tempête;
Attendez qu'à Berlin, sur les débris de Mars,
La paix ramène les beaux-arts.
Pour faire enfler les sons de ma tendre musette,
Il faut que la fin des hasards
Impose le silence au bruit de la trompette.

Je vous renvoie bien loin peut-être; cependant il n'y a rien à présent, et d'un mauvais payeur il faut prendre ce qu'on peut.

Je lis maintenant, ou plutôt je dévore votre *Siècle de Louis le Grand*. Si vous m'aimez, envoyez-moi ce que vous avez fait ultérieurement de cet ouvrage; c'est mon unique consolation, mon délassement, ma récréation. Vous qui ne travaillez que par goût et que par génie, ayez pitié d'un manœuvre en politique, et qui ne travaille que par nécessité.

Aurait-on dû présumer, cher Voltaire, qu'un nourrisson des Muses dût être destiné à faire mouvoir, conjointement ×o une douzaine de graves fous que l'on nomme grands politiques, la grande roue des événements de l'Europe? Cependant c'est un fait qui est authentique, et qui n'est pas fort honorable pour la Providence.

Je me rappelle, à ce propos, le conte que l'on fait d'un curé à qui un paysan parlait du Seigneur Dieu avec une vénération idiote : *Allez, allez*, lui dit le bon presbyte, *vous en imaginez plus qu'il y en a; moi qui le fais et qui le vends par douzaines, j'en connais la valeur intrinsèque.*

On se fait ordinairement dans le monde une idée superstitieuse des grandes révolutions des empires; mais, lorsqu'on est dans les coulisses l'on voit, pour la plupart du temps, que les scènes les plus magiques sont mues par des ressorts communs, et par de vils faquins qui, s'ils se montraient dans leur état naturel, ne s'attireraient que l'indignation du public.

La supercherie, la mauvaise foi et la duplicité sont malheureusement le caractère dominant de la plupart des hommes qui sont à la tête des nations, et qui en devraient être l'exemple. C'est une chose bien humiliante que l'étude du cœur humain dans de pareils sujets; elle me fait regretter mille fois ma chère retraite, les arts, mes amis, et mon indépendance.

Adieu, cher Voltaire; peut-être retrouverai-je un jour tout ce qui est perdu pour moi à présent. Je suis, avec tous les sentiments que vous pouvez imaginer, votre fidèle ami,

FÉDÉRIC.

MCXLIX. — A M. DE LA ROQUE.

Mars.

Permettez, monsieur, que je m'adresse à vous pour détromper le public, au sujet de plusieurs éditions de mes ouvrages, que j'ai vues répandues dans les pays étrangers et dans les provinces de France. Depuis l'édition d'Amsterdam, faites par les Ledet, qui m'a paru très-belle pour le papier, les caractères, et les gravures, on en a fait plusieurs dans lesquelles non-seulement on a copié toutes les fautes de cette édition des Ledet, mais qu'on a défigurées par des négligences intolérables.

Si on veut, par exemple, se donner la peine d'ouvrir la tragédie d'*Œdipe*, on trouve, à la seconde page, trois vers entiers oubliés, et presque partout des contre-sens inintelligibles. Si on veut consulter, dans le tome que les éditeurs ont intitulé *Mélanges de littérature et de philosophie*, le chapitre qui regarde le gouvernement d'Angleterre, on y verra les fautes les plus révoltantes que l'inattention d'un éditeur puisse commettre. Il y avait dans la première édition de Londres ces paroles : « Ce qu'on reproche le plus aux Anglais, et avec raison, c'est le supplice de Charles I*er*, monarque digne d'un meilleur sort, qui fut traité par ses vainqueurs, etc. »

Au lieu de ces paroles, on trouve celles-ci, qui sont également absurdes et odieuses : « Ce qu'on reproche le plus aux Anglais, c'est le supplice de Charles I*er* qui fut, et *avec raison*, traité par ses vainqueurs, etc. »

Et, pour comble d'inattention, les éditeurs ont mis en marge, mo-

narque digne d'un meilleur sort, comme si ces mots étaient une anecdote, ou quelque titre distinctif. Quand ces éditeurs ont trouvé le terme italien, *il costume*, consacré à la peinture, ils n'ont pas manqué de prendre ce mot pour une faute, et de mettre à la place *la coutume*. On y voit les arts *engagés* par Louis XIV, au lieu d'*encouragés; la mère de La Bruyère*, au lieu de *l'amer La Bruyère; les toiles solaires*, pour *l'étoile polaire*, etc.

Je ne veux pas faire ici une énumération fatigante de tous les contresens dont toutes ces éditions fourmillent; mais je dois me plaindre surtout d'une édition de Rouen, en cinq volumes, sous le nom de la compagnie d'Amsterdam, qui est l'opprobre de la librairie. C'est peu qu'il n'y ait pas une page correcte; on a mis sous mon nom des pièces qu'assurément personne ne mettra jamais sous le sien; une apothéose infâme de la demoiselle Le Couvreur; un fragment de roman qu'on dit impudemment avoir trouvé écrit de ma main dans mes papiers; je ne sais quelles chansons faites pour la canaille, et plusieurs ouvrages dans ce goût. Attribuer ainsi à un auteur ce qui n'est point de lui, c'est tout à la fois outrager un citoyen et abuser le public; c'est en quelque façon un acte de faussaire.

Les libraires qui ont voulu imprimer mes ouvrages devaient au moins s'adresser à moi; je ne leur aurais pas refusé mon secours; ils n'auraient pas à se reprocher ces éditions indignes, qui ne doivent leur apporter aucun profit, et qui font dire aux étrangers que l'imprimerie tombe en France avec la littérature.

J'avertis donc tous les particuliers qui auront ces éditions qu'ils n'auront qu'à voir si, dans le cinquième tome, ils trouveront les pièces dont je parle; en ce cas, je leur conseille de ne point se charger d'un livre si peu fait pour la bibliothèque des honnêtes gens.

MCL. — A M. LE COMTE D'ARGENTAL.
Paris, mars.

Les saints anges sont adorables; que ne puis-je communier avec eux aujourd'hui! Cette cène serait charmante pour moi. Mme du Châtelet est priée pour aujourd'hui et demain, et a donné sa parole. Je viendrai faire ma cour à mes chers anges à l'issue de leur dîner. Mme du Châtelet est réellement affligée de ne pouvoir souper avec eux. Si elle pouvait se dégager, elle le ferait. Ah, chevreuil! ah, perdrix! ce n'est que dans cette compagnie-là que je pourrais vous digérer.

MCLI. — A M. DE CIDEVILLE.
Ce samedi.

Mon cher ami, je mène une vie désordonnée, soupant quand je devrais me coucher, me couchant pour ne point dormir, me levant pour courir, ne travaillant pas, ne voyant point mon cher Cideville, privé du plaisir solide, entouré de plaisirs imaginaires; et, sur ce, je sors pour aller tracasser ma vie, jusqu'à deux heures après minuit. Je suis bien las de ma conduite. Bonjour, mon aimable ami; plaignez-moi de vivre comme les autres. *Vale*. V.

MCLII. — DE FRÉDÉRIC II, ROI DE PRUSSE.

A Selowitz, le 23 mars.

Mon cher Voltaire, je crains de vous écrire, car je n'ai d'autres nouvelles à vous mander que d'une espèce dont vous ne vous souciez guère, ou que vous abhorrez.

Si je vous disais, par exemple, que des peuples de deux différentes contrées de l'Allemagne sont sortis du fond de leurs habitations pour se couper la gorge avec d'autres peuples dont ils ignoraient jusqu'au nom même, et qu'ils ont été chercher dans un pays fort éloigné; pourquoi? parce que leur maître a fait un contrat avec un autre prince, et qu'ils voulaient, joints ensemble, en égorger un troisième; vous me répondriez que ces gens sont fous, sots et furieux, de se prêter ainsi aux caprices et à la barbarie de leurs maîtres. Si je vous disais que nous nous préparons avec grand soin à détruire quelques murailles élevées à grands frais; que nous faisons la moisson où nous n'avons point semé, et les maîtres où personne n'est assez fort pour nous résister; vous vous écrieriez : « Ah, barbares! ah, brigands! inhumains que vous êtes, les injustes n'hériteront point du royaume des cieux, selon saint Matthieu, chap. XII, vers. 42 [1]. »

Puisque je prévois tout ce que vous me diriez sur ces matières, je ne vous en parlerai point. Je me contenterai de vous informer qu'une tête assez folle, dont vous aurez entendu parler, sous le nom de *roi de Prusse*, apprenant que les États de son allié l'empereur étaient ruinés par la reine de Hongrie, a volé à son secours; qu'il a joint ses troupes à celles du roi de Pologne, pour opérer une diversion en Basse-Autriche; et qu'il a si bien réussi, qu'il s'attend dans peu à combattre les principales forces de la reine de Hongrie, pour le service de son allié.

Voilà de la générosité, direz-vous, voilà de l'héroïsme; cependant, cher Voltaire, le premier tableau et celui-ci sont les mêmes. C'est la même femme qu'on représente premièrement en cornette de nuit, lorsqu'elle se dépouille de ses charmes, et ensuite avec son fard, ses dents, et ses pompons.

De combien de différentes façons n'envisage-t-on pas les objets! combien les jugements ne varient-ils point! Les hommes condamnent le soir ce qu'ils ont approuvé le matin. Ce même soleil, qui leur plaisait à son aurore, les fatigue à son couchant. De là viennent ces réputations établies, effacées, et rétablies pourtant; et nous sommes assez insensés pour nous donner, pour la réputation, du mouvement pendant notre vie entière! Est-il possible qu'on ne soit pas détrompé de cette fausse monnaie, depuis le temps qu'elle est connue?

Je ne vous écris point de vers, parce que je n'ai pas le temps de toiser des syllabes. Souffrez que je vous fasse souvenir de l'Histoire de Louis XIV; je vous menace de l'excommunication du Parnasse, si vous n'achevez pas cet ouvrage.

Adieu, cher Voltaire; aimez un peu, je vous prie, ce transfuge d'A-

---

1. Ce n'est pas saint Matthieu, c'est saint Paul qui, dans sa première aux Corinthiens, chap. VI, verset 9, dit : *Iniqui regnum Dei non possidebunt.* (ÉD.)

pollon, qui s'est enrôlé chez Bellone. Peut-être reviendra-t-il un jour servir sous ses vieux drapeaux. Je suis toujours votre admirateur et ami, FÉDÉRIC.

MCLIII. — A FRÉDÉRIC II, ROI DE PRUSSE.

Avril.

Sire, pendant que j'étais malade, Votre Majesté a fait plus de belles actions que je n'ai eu d'accès de fièvre. Je ne pouvais répondre aux dernières bontés de Votre Majesté. Où aurais-je d'ailleurs adressé ma lettre? à Vienne? à Presbourg? à Temeswar? Vous pouviez être dans quelqu'une de ces villes; et même, s'il est un être qui puisse se trouver en plusieurs lieux à la fois, c'est assurément votre personne, en qualité d'image de la Divinité, ainsi que le sont tous les princes, en d'image très-pensante et très-agissante. Enfin, Sire, je n'ai point écrit, parce que j'étais dans mon lit quand Votre Majesté courait à cheval au milieu des neiges et des succès.

D'Esculape les favoris
Semblaient même me faire accroire
Que j'irais dans le seul pays
Où n'arrive point votre gloire;
Dans ce pays dont par malheur
On ne voit point de voyageur
Venir nous dire des nouvelles;
Dans ce pays où tous les jours
Les âmes lourdes et cruelles
Et des Hongrois et des Pandours
Vont au diable, au son des tambours,
Par votre ordre et pour vos querelles;
Dans ce pays dont tout chrétien,
Tout juif, tout musulman raisonne;
Dont on parle en chaire, en Sorbonne,
Sans jamais en deviner rien;
Ainsi que le Parisien,
Badaud, crédule, et satirique,
Fait des romans de politique,
Parle tantôt mal, tantôt bien,
De Belle-Ile, et de vous peut-être,
Et, dans son léger entretien,
Vous juge à fond sans vous connaître.

Je n'ai mis qu'un pied sur le bord du Styx; mais je suis très-fâché, Sire, du nombre des pauvres malheureux que j'ai vus passer. Les uns arrivaient de Scharding, les autres de Prague, ou d'Iglau. Ne cesserez-vous point, vous et les rois vos confrères, de ravager cette terre que vous avez, dites-vous, tant d'envie de rendre heureuse?

Au lieu de cette horrible guerre
Dont chacun sent les contre-coups,
Que ne vous en rapportez-vous
A ce bon abbé de Saint-Pierre?

Il vous accorderait tout aussi aisément que Lycurgue partagea les terres de Sparte, et qu'on donne des portions égales aux moines. Il établirait les quinze dominations de Henri IV. Il est vrai pourtant que Henri IV n'a jamais songé à un tel projet. Les commis du duc de Sulli, qui ont fait ses *Mémoires*, en ont parlé; mais le secrétaire d'État Villeroi, ministre des affaires étrangères, n'en parle point. Il est plaisant qu'on ait attribué à Henri IV le projet de déranger tant de trônes, quand il venait à peine de s'affermir sur le sien. En attendant, Sire, que la diète européane, ou *europaine*, s'assemble pour rendre tous les monarques modérés et contents, Votre Majesté m'ordonne de lui envoyer ce que j'ai fait depuis peu du *Siècle de Louis XIV;* car elle a le temps de lire quand les autres hommes n'ont point de temps. Je fais venir mes papiers de Bruxelles; je les ferai transcrire pour obéir aux ordres de Votre Majesté. Elle verra peut-être que j'embrasse un trop grand terrain, mais je travaillais principalement pour elle, et j'ai jugé que la sphère du monde n'était pas trop grande. J'aurai donc l'honneur, Sire, d'envoyer dans un mois à Votre Majesté un énorme paquet qui la trouvera au milieu de quelque bataille, ou dans une tranchée. Je ne sais si vous êtes plus heureux dans tout ce fracas de gloire que vous l'étiez dans cette douce retraite de Remusberg.

Cependant, grand roi, je vous aime
Tout autant que je vous aimais,
Lorsque vous étiez renfermé
Dans Remusberg et dans vous-même ;
Lorsque vous borniez vos exploits
A combattre avec éloquence
L'erreur, les vices, l'ignorance,
Avant de combattre des rois.

Recevez, Sire, avec votre bonté ordinaire, mon profond respect, et l'assurance de cette vénération qui ne finira jamais, et de cette tendresse qui ne finira que quand vous ne m'aimerez plus.

MCLIV. — DE FRÉDÉRIC II, ROI DE PRUSSE.

A Triban, le 12 avril

C'est ici que l'on voit tous les saints ennichés,
Dans les bois, sur les ponts, sur les chemins perchés,
Et messieurs les gueux, leur cortége,
Qui se morfondent sur la neige;
Tandis que, tranchant du Crésus,
Les puissants comtes de Bohême,
Prodigues de leurs revenus,
Ruinent leurs sujets, et se mangent eux-même.
Pour entretenir leurs chevaux;
Et que nosseigneurs les bigots,
Bien mieux instruits de leur cuisine
Que des pauvres et de leurs maux,
Chez les élus et leurs égaux

S'en vont promener leur doctrine,
Et se faire admirer des sots.

Vos Français, qui s'ennuient bien en Bohême, n'en sont pas moins aimables et malins. C'est peut-être la seule nation qui trouve dans l'infortune même une source de plaisanteries et de gaieté. C'est aux cris de M. de Broglio[1] que je suis accouru à son secours, et que la Moravie restera en friche jusqu'à l'automne.

Vous me demandez pour combien messieurs mes confrères se sont donné le mot de ruiner la terre; à cela je réponds que je n'en sais rien, mais que c'est la mode, à présent, de faire la guerre, et qu'il est à croire qu'elle durera longtemps.

L'abbé de Saint-Pierre, qui me distingue assez pour m'honorer de sa correspondance, m'a envoyé un bel ouvrage sur la façon de rétablir la paix en Europe, et de la constater à jamais. La chose est très-praticable; il ne manque, pour la faire réussir, que le consentement de l'Europe, et quelques autres bagatelles semblables.

Que ne vous dois-je point, mon cher Voltaire, du grandissime plaisir que vous me promettez en me faisant espérer de recevoir bientôt l'Histoire de Louis XIV !

Accoutumé de vous entendre,
De vos œuvres je suis jaloux;
Cher Voltaire, donnez-les-nous.
Par cœur je voudrais vous apprendre;
Il n'est point de salut sans vous.

Vous pensez peut-être que je n'ai point assez d'inquiétudes ici, et qu'il fallait encore m'alarmer sur votre santé. Vous devriez prendre plus de soin de votre conservation; souvenez-vous, je vous prie, combien elle m'intéresse, et combien vous devez être attaché à ce monde-ci dont vous faites les délices.

Vous pouvez compter que la vie que je mène n'a rien changé de mon caractère ni de ma façon de penser. J'aime Remusberg et les jours tranquilles; mais il faut se plier à son état dans le monde, et se faire un plaisir de son devoir.

D'abord que la paix sera faite,
Je retrouve dans ma retraite
Les Ris, les Plaisirs et les Arts,
Nos belles aux touchants regards,
Maupertuis avec ses lunettes,
Algarotti le laboureur,
Nos savants avec leurs lecteurs :
Mais que me serviront ces fêtes,
Cher Voltaire, si vous n'en êtes?

Voilà tout ce que j'ai le temps de vous dire sur le point de poursuivre ma marche. Adieu, cher Voltaire; n'oubliez pas un pauvre Ixion

[1]. Le maréchal de Broglie. (ÉD.)

MCLV. — A M. DE LA NOUE.

Fontainebleau, ce lundi 7 mai.

Je comptais, mon cher ami, avoir un plaisir plus flatteur que celui de vous féliciter de loin sur vos succès. J'espérais que ma santé me permettrait de venir vous entendre et vous embrasser; je ne sais pas encore quand je partirai pour la Flandre. Il se pourra très-bien que je reste assez de temps à Paris pour vous y voir ramener la foule au désert du théâtre. Je partirai content quand j'aurai vu l'honneur de notre nation rétabli par vous et Mlle Gautier. Vous me ferez aimer plus que jamais un art qui commençait à me devenir indifférent. Vos talents ne sont pas le seul mérite que j'aime en vous. L'auteur et l'acteur n'ont que mes applaudissements; mais l'honnête homme, l'homme d'un commerce aimable, a mon cœur. Faites, je vous prie, mille compliments de ma part à Mlle Gautier, et, au nom de l'amitié, ne me traitez plus avec cérémonie. Je vous embrasse de tout mon cœur. Votre succès m'est aussi cher qu'à vous; mais j'en étais bien plus sûr que vous.

MCLVI. — A FRÉDÉRIC II, ROI DE PRUSSE.

A Paris, le 15 mai.

Quand vous aviez un père, et dans ce père un maître,
Vous étiez philosophe, et viviez sous vos lois;
    Aujourd'hui, mis au rang des rois,
    Et plus qu'eux tous digne de l'être,
Vous servez cependant vingt maîtres à la fois.
Ces maîtres sont tyrans; le premier c'est la Gloire,
    Tyran dont vous aimez les fers,
    Et qui met au bout de nos vers,
Ainsi qu'en vos exploits, *la brillante Victoire*.
    La Politique à son côté,
    Moins éblouissante, aussi forte,
Méditant, rédigeant, ou rompant un traité,
Vient mesurer vos pas, que cette Gloire emporte.
    L'Intérêt, la Fidélité,
Quelquefois s'unissant, et trop souvent contraires;
Des amis dangereux, de secrets adversaires;
Chaque jour des desseins et des dangers nouveaux;
Tout écouter, tout voir, et tout faire à propos;
    Payer les uns en espérance,
Les autres en raisons, quelques-uns en bons mots;
Aux peuples subjugués faire aimer sa puissance:
    Que d'embarras! que de travaux!
Régner n'est pas un sort aussi doux qu'on le pense;
    Qu'il en coûte d'être un héros!

Il ne vous en coûte rien à vous, Sire; tout cela vous est naturel;

vous faites de grandes, de sages actions, avec cette même facilité que vous faites de la musique et des vers, et que vous écrivez de ces lettres qui donneraient à un bel esprit de France une place distinguée parmi les beaux esprits jaloux de lui.

Je conçois quelque espérance que Votre Majesté raffermira l'Europe comme elle l'a ébranlée, et que mes confrères les humains vous béniront après vous avoir admiré. Mon espoir n'est pas uniquement fondé sur le projet que l'abbé de Saint-Pierre¹ a envoyé à Votre Majesté. Je présume qu'elle voit les choses que veut voir le pacificateur trop mal écouté de ce monde, et que le roi philosophe sait parfaitement ce que le philosophe qui n'est pas roi s'efforce en vain de deviner. Je présume encore beaucoup de vos charitables intentions. Mais ce qui me donne une sécurité parfaite, c'est une douzaine de faiseurs et de faiseuses de cabrioles que Votre Majesté fait venir de France dans ses États. On ne danse guère que dans la paix. Il est vrai que vous avez fait payer les violons à quelques puissances voisines; mais c'est pour le bien commun, et pour le vôtre. Vous avez rétabli la dignité et les prérogatives des électeurs. Vous êtes devenu tout d'un coup l'arbitre de l'Allemagne; et quand vous avez fait un empereur, il ne vous en manque que le titre. Vous avez avec cela cent vingt mille hommes bien faits, bien armés, bien vêtus, bien nourris, bien affectionnés; vous avez gagné des batailles et des villes à leur tête; c'est à vous à danser, Sire. Voiture vous aurait dit que vous aviez l'air à la danse; mais je ne suis pas aussi familier que lui avec les grands hommes et avec les rois; et il ne m'appartient pas de jouer aux proverbes avec eux.

Au lieu de douze bons académiciens, vous avez donc, Sire, douze bons danseurs. Cela est plus aisé à trouver, et beaucoup plus gai. On a vu quelquefois des académiciens ennuyer un héros, et des acteurs de l'Opéra le divertir.

Cet Opéra, dont Votre Majesté décore Berlin, ne l'empêche pas de songer aux belles-lettres. Chez vous un goût ne fait pas tort à l'autre. Il y a des âmes qui n'ont pas un seul goût; votre âme les a tous, et si Dieu aimait un peu le genre humain, il accorderait cette universalité à tous les princes, afin qu'ils pussent discerner le bon en tout genre, et le protéger. C'est pour cela que je m'imagine qu'ils sont faits originairement.

Je connais quelques acteurs pour la tragédie, qui ne sont pas sans talents, et qui pourraient convenir à Votre Majesté; car je me flatte qu'elle ne se bornera pas à des galimatias italiens et à des gambades françaises. Le héros aimera toujours le théâtre qui représente les héros. Puissiez-vous, Sire, jouir bientôt de toutes sortes de plaisirs, comme vous avez acquis toutes sortes de gloire! C'est le vœu sincère de votre admirateur, de votre sujet par le cœur, qui malheureusement ne vit point dans vos États; d'un esprit pénétré de la grandeur du

1. L'abbé de Saint-Pierre a écrit une vingtaine de volumes sur la politique. Il envoyait souvent au roi de Prusse et à d'autres princes des projets d'une pacification générale. Le cardinal Dubois appelait ses ouvrages *les rêves d'un homme de bien*.

vôtre, et d'un cœur qui s'intéresse à votre bonheur autant que vous-même.

Recevez, Sire, avec votre bonté ordinaire, mes très-profonds respects.

MCLVII. — AU MÊME.

A Paris, ce 26 mai.

Le Salomon du Nord en est donc l'Alexandre.
Et l'amour de la terre en est aussi l'effroi!
L'Autrichien vaincu, fuyant devant mon roi,
    Au monde à jamais doit apprendre
Qu'il faut que les guerriers prennent de vous la loi,
    Comme on vit les savants la prendre.
J'aime peu les héros, ils font trop de fracas;
Je hais ces conquérants, fiers ennemis d'eux-même,
    Qui dans les horreurs des combats
    Ont placé le bonheur suprême,
Cherchant partout la mort, et la faisant souffrir
    A cent mille hommes leurs semblables.
Plus leur gloire a d'éclat, plus ils sont haïssables.
    O ciel! que je vous dois haïr!
Je vous aime pourtant, malgré tout ce carnage
Dont vous avez souillé les champs de nos Germains,
Malgré tous ces guerriers que vos vaillantes mains
    Font passer au sombre rivage.
Vous êtes un héros, mais vous êtes un sage;
Votre raison maudit les exploits inhumains
    Où vous força votre courage;
Au milieu des canons, sur les morts entassés,
Affrontant le trépas, et fixant la victoire,
Du sang des malheureux cimentant votre gloire,
Je vous pardonne tout, si vous en gémissez.

Je songe à l'humanité, Sire, avant de songer à vous-même; mais, après avoir, en abbé de Saint-Pierre, pleuré sur le genre humain dont vous devenez la terreur, je me livre à toute la joie que me donne votre gloire. Cette gloire sera complète si Votre Majesté force la reine de Hongrie à recevoir la paix, et les Allemands à être heureux. Vous voilà le héros de l'Allemagne et l'arbitre de l'Europe; vous en serez le pacificateur, et nos prologues d'opéra ne seront plus que pour vous.

La fortune, qui se joue des hommes, mais qui vous semble asservie, arrange plaisamment les événements de ce monde. Je savais bien que vous feriez de grandes actions; j'étais sûr du beau siècle que vous alliez faire naître; mais je ne me doutais pas, quand le comte du Four[1] allait voir le maréchal de Broglio, et qu'il n'en était pas trop content, qu'un jour ce comte du Four aurait la bonté de marcher avec une armée triomphante au secours du maréchal, et le délivrerait par

1. Nom pris par le roi de Prusse. (ÉD.)

une victoire. Votre Majesté n'a pas daigné jusqu'à présent, instruire le monde des détails de cette journée¹; elle a eu, je crois, autre chose à faire que des relations; mais votre modestie est trahie par quelque témoins oculaires, qui disent tous qu'on ne doit le gain de la bataille qu'à l'excès de courage et de prudence que vous avez montré. Ils ajoutent que mon héros est toujours sensible, et que ce même homme, qui fait tuer tant de monde, est au chevet du lit de M. de Rothembourg². Voilà ce que vous ne mandez point, et que vous pourriez pourtant avouer, comme des choses qui vous sont toutes naturelles.

Continuez, Sire; mais faites autant d'heureux au moins dans ce monde que vous en avez ôté; que mon Alexandre redevienne Salomon le plus tôt qu'il pourra, et qu'il daigne se souvenir quelquefois de son ancien admirateur, de celui qui par le cœur est à jamais son sujet, de celui qui viendrait passer sa vie à vos pieds, si l'amitié, plus forte que les rois et que les héros, ne le retenait, et qui sera attaché à jamais à Votre Majesté avec le plus profond respect et la plus tendre vénération.

MCLVIII. — A M. DE CIDEVILLE, A PARIS, RUE DE RICHELIEU.

De Versailles, ce dimanche, juin.

Mon très-aimable ami, je m'intéresse plus au cul dont vous me parlez, qu'à toutes les pauvres petites pièces que jouent ici d'assez médiocres acteurs. Vous m'intéressez pour le succès de Mlle Gautier, par la manière dont vous me parlez. Je voudrais bien qu'il y eût encore en France quelques personnes qui aimassent les arts, qui les cultivassent comme vous; nous aurions un beau siècle; mais qu'avons-nous? Cela fend le cœur.

Bonjour; j'espère vous embrasser bientôt. V.

MCLIX. — DE FRÉDÉRIC II, ROI DE PRUSSE.

Au camp de Kuttenberg, le 18 juin.

Les palmes de la Paix³ font cesser les alarmes;
Au tranquille olivier nous suspendons nos armes.
Déjà l'on n'entend plus le sanguinaire son
Du tambour redoutable et du bruyant clairon;
Et ces champs que la Gloire, en exerçant sa rage,
Souillait de sang humain, de morts et de carnage,
Cultivés avec soin, fourniront dans trois mois
L'heureuse et l'abondante image
D'un pays régi par les lois.

1. La victoire de Czaslau, remportée par Frédéric, le 17 mai 1742, sur le prince Charles de Lorraine. (Éd.)
2. Le comte de Rothembourg, mort au commencement de 1752. (Éd.)
3. Par un premier traité, signé le 11 juin 1742, à Breslau, Frédéric venait de s'engager tout à coup à garder la neutralité avec la reine de Hongrie, Marie-Thérèse, moyennant la cession que cette princesse lui fit de la Silésie et du comté de Glatz. (Éd.)

Tous ces vaillants guerriers que l'intérêt du maître
Ou rendait ennemis, ou le faisait paraître,
De la douce amitié resserrant les liens,
Se prêtent des secours et partagent leurs biens.

La Mort l'apprend, frémit; et ce monstre barbare,
De la Discorde en vain secouant les flambeaux,
　　Se replonge dans le Tartare,
　　Attendant des crimes nouveaux.

O Paix! heureuse Paix! répare sur la terre
Tous les maux que lui fait la destructive guerre!
Et que ton front, paré de renaissantes fleurs,
Plus que jamais serein, prodigue tes faveurs!

Mais quel que soit l'espoir sur lequel tu te fonde,
　　Pense que tu n'auras rien fait,
Si tu ne peux bannir deux monstres de ce monde,
　　L'Ambition et l'Intérêt.

J'espère qu'après avoir fait ma paix avec les ennemis, je pourrai à mon tour la faire avec vous. Je demande le *Siècle de Louis XIV* pour la sceller de votre part, et je vous envoie la relation que j'ai faite moi-même de la dernière bataille, comme vous me la demandez.

Je ne puis vous entretenir encore, jusqu'à présent, que de marches, de retraites honteuses, de poursuites, de colonneries, de toutes sortes d'événements qui, pour rouler sur des matières fort graves, n'en sont pas moins ridicules.

La santé de Rothembourg[1] commence à se rétablir; il est entièrement hors de danger. Ne me croyez point cruel, mais assez raisonnable pour ne choisir un mal que lorsqu'il faut en éviter un pire. Tout homme qui se détermine à se faire arracher une dent, quand elle est cariée, livrera bataille lorsqu'il voudra terminer une guerre. Répandre du sang dans une pareille conjoncture, c'est véritablement le ménager; c'est une saignée que l'on fait à son ennemi en délire, et qui lui rend son bon sens.

Adieu, cher Voltaire; croyez toujours, et jusqu'à ce que je vous dise le contraire, que je vous estimerai et aimerai toute ma vie. Frédéric

　　　MCLX. — Du même.
　　　　　　Au camp de Kuttenberg, le 29 juin.

Enfin ce Bork est revenu,
Après avoir beaucoup couru.
Entre les beaux bras d'Émilie
Il m'assure vous avoir vu,
Le corps languissant, abattu,
Mais toujours l'esprit plein de vie
Et de cette aimable saillie

---

1. Il avait été blessé à la journée du 17 mai. (Éd.)

ANNÉE 1742.

Qui vous a rendu si connu,
Depuis ce pays malotru
Jusqu'à Paris votre patrie.

Enfin le vieux Broglie a perdu,
Non pas sa culotte salie
Dont personne n'aurait voulu;
Mais, brusquement tournant le cu
Devant les Pandours de Hongrie,
Fuyant avec ignominie,
Il perd tout, sans être battu,
Et sous Prague il se réfugie.
Le jeune Louis l'a fait duc
Pour honorer son savoir-faire;
Si l'eût été par l'archiduc,
J'entendrais bien mieux ce mystère.

Notre genre de vie est assez différent de celui de Versailles, et plus encore de celui de Remusberg. Aujourd'hui un ambassadeur est venu me faire des propositions; hier il en est parti un chargé de fumée; et demain il en arrivera un autre avec du galbanum. On amena hier matin une quarantaine de Talpaches prisonniers, d'ailleurs les plus jolis garçons du monde. Nos hussards vont actuellement battre la campagne pour amener des paysans, des chariots et des vivres; nous faisons transporter nos blessés et nos malades pour le pays où nous les suivrons bientôt.

Puissiez-vous jouir sans discontinuation d'une santé ferme et vigoureuse! Puissiez-vous, plus philosophe que vous n'êtes, préférer la solitude de Charlottenbourg aux charmes du palais d'Armide que vous habitez! Puissiez-vous être le plus heureux des mortels comme vous en êtes le plus aimable! Ce sont les souhaits que vous fait un ancien ami du fond de son cœur. Adieu. FÉDÉRIC.

MCLXI. — A FRÉDÉRIC II, ROI DE PRUSSE.   Juin.

Sire, me voilà dans Paris;
C'est, je crois, votre capitale.
Tous les sots, tous les beaux esprits,
Gens à rabat, gens à sandale,
Petits-maîtres, pédants rigris,
Parlent de vous sans intervalle.
Sitôt que je suis aperçu,
On court, on m'arrête au passage;
« Eh bien! dit-on, l'avez-vous vu
Ce roi si brillant et si sage?
Est-il vrai qu'avec sa vertu
Il est pourtant grand politique?
Fait-il des vers, de la musique,
Le jour même qu'il s'est battu?

Comment, à lui-même rendu,
Le trouvez-vous sans diadême,
Homme simple redevenu ?
Est-il bien vrai qu'alors on l'aime,
D'autant plus qu'il est mieux connu,
Et qu'on le trouve dans lui-même ?
On dit qu'il suit de près les pas
Et de Gustave et de Turenne
Dans les camps et dans les combats,
Et que le soir, dans un repas,
C'est Catulle, Horace et Mécène. »
A mes côtés, un raisonneur,
Endoctriné par la gazette,
Me dit d'un ton rempli d'humeur :
« Avec l'Autriche on dit qu'il traite.
— Non, dit l'autre, il sera constant,
Il sera l'appui de la France. »
Une bégueule, en s'approchant,
Dit : « Que m'importe sa constance ?
Il est aimable, il me suffit;
Et voilà tout ce que j'en pense;
Puisqu'il sait plaire, tout est dit. »
....
Thieriot.........................
....
Envoyer au roi des fromages,
Et les emballer prudemment
Dans certains modernes ouvrages.
Thieriot me dit tristement :
« Ce philosophe conquérant
Daignera-t-il incessamment
Me faire payer mes messages ?
— Ami, n'en doutez nullement;
On peut compter sur ses largesses;
Mon héros est compatissant,
Et mon héros tient ses promesses;
Car sachez que, lorsqu'il était
Dans cet âge où l'homme est frivole,
D'être un grand homme il promettait
Et qu'il a tenu sa parole. »

C'est ainsi que tout le monde, en me parlant de Votre Majesté, adoucit un peu mon chagrin de n'être plus auprès d'elle. Mais, Sire, prendrez-vous toujours des villes, et serai-je toujours à la suite d'un procès ? N'y aura-t-il pas, cet été, quelques jours heureux où je pourrai faire ma cour à Votre Majesté, etc.

ANNÉE 1742.   289

MCLXII. — A MESSIEURS ***.

On publia, il y a deux ans, quatre volumes d'un journal très-exact des campagnes de Charles XII¹ depuis 1700 jusqu'à 1709; mais ces matériaux ne suffisaient pas. J'attendis qu'on voulût bien me communiquer l'histoire complète, écrite en suédois par M. Nordberg, ci-devant chapelain du roi de Suède, histoire qui sera vraisemblablement la plus fidèle que nous ayons en ce genre. M. de Warmholtz, jeune Suédois plein de mérite, qui sait fort bien notre langue, vient de traduire le livre de M. de Nordberg. On l'imprime actuellement à la Haye, en quatre tomes, et le premier doit paraître incessamment. J'attendrai que tout le livre soit public, pour faire enfin, de tant de matériaux, un édifice qui puisse être un peu durable.

Je ne doute pas que M. de Nordberg ne contredise souvent les mémoires que j'ai entre les mains; j'ai d'autant plus lieu de le croire que ces mémoires mêmes diffèrent entre eux autant que les esprits de ceux qui me les ont communiqués, et sans doute le chapelain de Charles XII aura vu les choses d'un autre œil que les ministres du czar.

Je crois qu'il faut désespérer de savoir jamais tous les détails au juste: Les juges qui interrogent des témoins ne connaissent jamais toutes les circonstances d'une affaire; à plus forte raison un historien, quel qu'il soit, les ignore-t-il; c'est bien assez qu'on puisse constater les grands événements, et se former une connaissance générale des mœurs des hommes. Voilà ce qu'il y a de plus important, et heureusement c'est ce qu'on peut le plus aisément connaître; pourvu que les grandes figures du tableau soient dessinées avec vérité, et fortement prononcées, il importe peu que les autres soient vues tout entières. Les règles de la perspective ne le permettent pas; la perspective de l'histoire ne souffre guère non plus que nous connaissions les petits détails.

Je n'en veux pour preuve que ces différentes raisons que chacun donne au sujet de cette abstinence de vin que le roi de Suède s'imposa dès la première jeunesse. Un ambassadeur de France auprès de lui m'a assuré que cette austérité n'était dans le roi qu'une vertu de plus, et qu'il avait renoncé au vin comme à l'amour, sans avoir jamais été surpris ni par l'un ni par l'autre, seulement pour n'être pas à portée d'en être subjugué, et pour donner en tout de nouveaux exemples. Le seigneur polonais² dont on a imprimé les *Remarques*, dit, au contraire, que Charles XII se priva de vin pour se punir toute sa vie d'un excès. L'un et l'autre de ces motifs est glorieux, et peut-être le dernier l'est-il davantage, en ce qu'il suppose un penchant qu'on a surmonté. Une circonstance m'avait fait croire d'abord au récit de l'ambassadeur : c'est que Charles XII quitta depuis la bière, et qu'ainsi il était vraisemblable qu'il ne renonça à la bière et au vin que par un régime austère qui entrait dans son héroïsme.

1. *Histoire militaire de Charles XII, roi de Suède, depuis l'an 1700 jusqu'à la bataille de Pultava, en 1709*, par G. Adlerfeld. 1740. (ÉD.)
2. Le comte de Poniatowski. (ÉD.)

VOLTAIRE — XXXIV   19

Je sais qu'il peut paraître très-puéril d'examiner scrupuleusement si un homme du Nord, qui vivait il y a près de trente ans, a bu du vin ou non, et par quelle raison il n'en a pas bu ; mais un si petit détail est ennobli par le héros ; d'ailleurs un historien qui pèse les plus petites vérités, en mérite plus de créance sur les grandes.

J'ai rapporté sur beaucoup d'événements des sentiments contraires, afin de laisser au lecteur la liberté de juger : mon impartialité ne peut pas être douteuse ; je ne suis qu'un peintre qui tâche d'appliquer des couleurs vraies sur les dessins qu'on lui a fournis. Tout m'est indifférent de Charles XII et de Pierre le Grand, excepté le bien que ce dernier a fait aux hommes ; il n'est pas en moi de les flatter ni d'en médire ; j'en parle avec le respect qu'on doit aux rois qui sont morts de nos jours, et avec celui qu'on doit à la vérité. Ce désir de savoir et de dire la vérité m'oblige d'avertir les libraires qui voulaient donner une nouvelle édition de cette histoire, qu'ils doivent différer longtemps. Je voudrais qu'ils eussent aussi moins précipité quelques éditions de mes ouvrages. Permettez-moi surtout, messieurs, de protester ici plus particulièrement contre deux de ces éditions nouvelles, dans lesquelles on a inséré beaucoup de pièces qui ne sont point de moi, telles qu'un commencement de roman, une *apothéose*, et je ne sais quels autres écrits de cette nature ; il est juste qu'on n'ait à répondre que de ses fautes ; mais les auteurs sont souvent réduits à répondre de celles des autres à force d'en avoir fait.

MCLXIII. — A FRÉDÉRIC II, ROI DE PRUSSE.
Juillet.

Sire, j'ai reçu des vers et de très-jolis vers de mon adorable roi, dans le temps que nous pensions que Votre Majesté ne songeait qu'à délivrer d'inquiétude le maréchal de Broglio, votre ancien ami de Strasbourg. Votre Majesté a glissé dans sa lettre l'agréable mot de *paix*, ce mot qui est si harmonieux à mon oreille : voici une *Ode*[1] que je barbouillais contre tous vous autres monarques, qui sembliez alors acharnés à détruire mes confrères les humains. Le *seigneur* des nations, Frédéric III[2], Frédéric le Grand, a exaucé mes vœux, et à peine mon ode, bonne ou mauvaise, a été faite, que j'ai appris que Votre Majesté avait fait un très-bon traité, très-bon pour vous sans doute, car vous avez formé votre esprit vertueux à être grand politique. Mais si ce traité est bon pour nous autres Français, c'est ce dont l'on doute à Paris ; la moitié du monde crie que vous abandonnez nos gens à la discrétion du dieu des armes ; l'autre moitié crie aussi, et ne sait ce dont il s'agit ; quelques abbés de Saint-Pierre vous bénissent au milieu de la criaillerie. Je suis un de ces philosophes ; je crois que

---

1. *Ode à la reine de Hongrie.* (ÉD.)
2. Cette manière de désigner le troisième roi de Prusse n'a pas été reçue, comme je l'ai dit dans le chapitre VI du *Précis du Siècle de Louis XV.* Le grand Frédéric fut inscrit dans l'*Almanach royal*, jusqu'en 1760, sous les noms de *Charles-Frédéric* ; ce ne fut que dans celui de 1761 qu'il figura sous le nom de Frédéric II. (*Note de M. Clogenson.*)

vous forcerez toutes les puissances à faire la paix, et que le héros du siècle sera le pacificateur de l'Allemagne et de l'Europe. J'estime que vous avez gagné de vitesse

Ce vieillard vénérable à qui les destinées
Ont de l'heureux Nestor accordé les années.

Achille a été plus habile que Nestor; heureuse habileté si elle contribue au bonheur du monde! Voici donc le temps où Votre Majesté pourra amuser cette grande âme pétrie de tant de qualités contraires! Soyez sûr, Sire, qu'avant qu'il soit un mois j'irai chercher moi-même, à Bruxelles, les papiers que vous daignez honorer d'un peu de curiosité, ou que je les ferai venir. Il y a de petites choses qu'un citoyen ne peut faire que difficilement, tandis que Frédéric le Grand en fait de si grandes en un moment. Vous n'êtes donc plus notre allié, Sire? mais vous serez celui du genre humain; vous voudrez que chacun jouisse en paix de ses droits et de son héritage, et qu'il n'y ait point de troubles; ce sera la pierre philosophale de la politique, elle doit sortir de vos fourneaux. Dites : « Je veux qu'on soit heureux; » et on le sera; ayez un bon Opéra, une bonne Comédie. Puissé-je être témoin, à Berlin, de vos plaisirs et de votre gloire!

MCLXIV. — A MADAME LA COMTESSE DE MAILLI.

13 juillet.

Madame, j'ai appris avec la plus vive douleur qu'il court de moi au roi de Prusse une lettre dont toutes les expressions sont falsifiées. Si je l'avais écrite telle que l'on a la cruauté de la publier, et telle qu'elle est parvenue, dit-on, entre vos mains, je mériterais votre indignation.

Mais, si vous saviez, madame, quelle est, depuis six ans, la nature de mon commerce avec le roi de Prusse, ce qu'il m'écrivit avant cette lettre, et dans quelle circonstance j'ai fait ma réponse, vous ne seriez véritablement indignée que de l'injustice que j'essuie; et je serais aussi sûr de votre protection que vous l'êtes d'être aimée et estimée de tout le monde.

Il ne m'appartient pas de vous fatiguer de détails au sujet de cette lettre, que je n'ai jamais montrée à personne, et au sujet de toutes celles du roi de Prusse, dont je n'ai jamais abusé.

Si je pouvais un jour, madame, avoir l'honneur de vous entretenir un quart d'heure, vous verriez en moi un bon citoyen, un homme attaché à son roi et à sa patrie, qui a résisté à tout, dans l'espoir de vivre en France; un homme qui ne connaît que l'amitié, la société, et le repos. Il veut vous devoir ce repos, madame; la France lui est plus chère, depuis qu'il a eu l'honneur de vous faire un moment sa cour, et ses sentiments méritent votre protection. J'ai l'honneur.... VOLTAIRE.

MCLXV. — A Frédéric II, roi de Prusse.
Juillet.

O le plus extraordinaire de tous les hommes ! qui gagnez des batailles, qui prenez des provinces, qui faites la paix, qui faites de la musique et des vers, le tout si vite et si gaiement !

C'est à vous de chanter sur la lyre d'Achille,
Vous de qui la valeur imita ses exploits;
C'est à moi de me taire, et ma muse stérile
Ne peut accompagner votre héroïque voix.
Vous, roi des beaux esprits, vous bel esprit des rois,
Vous dont le bras terrible a fait trembler la terre,
Rassurez-la par vos bienfaits,
Et faites retentir les accents de la paix
Après les éclats du tonnerre.
Ainsi ce roi-berger, et poëte et soldat,
Moins poëte que vous, moins guerrier, moins aimable,
Par les sons de sa lyre, en sortant du combat,
Adoucit de Saül la rigueur intraitable.
Adoucissez vingt rois par des sons plus touchants;
Que la barbare Até, que la Haine cruelle,
Que la Discorde et ses enfants,
Enchaînés à jamais par vos bras triomphants,
Entendent vos aimables chants !
Qu'ils sentent expirer leur fureur mutuelle;
Que l'Horreur vous écoute, et se change en douceur.
Que le Ciel applaudisse, et que la Terre, unie
Aux concerts de votre harmonie,
Dise : « Je lui dois mon bonheur. »

J'ai toujours espéré cette paix universelle, comme si j'étais un bâtard de l'abbé de Saint-Pierre. La faire pour soi tout seul serait d'un roi qui n'aime que son trône et ses États; et cette façon de penser n'est pas selon nous autres philosophes, qui tenons qu'il faut aimer le genre humain. L'abbé de Saint-Pierre vous dira, Sire, que pour gagner paradis, il faut faire du bien aux Chinois comme aux Brandebourgeois et aux Silésiens. La relation de votre bataille de Chotsits[1], que vous avez eu la bonté de m'envoyer, prouve que vous savez écrire comme combattre; j'y vois, autant qu'un pauvre petit philosophe peut voir, l'intelligence d'un grand général à travers toute votre modestie. Cette simplicité est bien plus héroïque que ces inscriptions fastueuses qui ornaient autrefois trop superbement la galerie de Versailles, et qu Louis XIV fit ôter[2], par le conseil des Despréaux; car on n'est jamais loué que par les faits. Cette petite anecdote pourra servir à augmenter votre estime pour Louis XIV.

1. Cette bataille est du 17 mai 1742 : elle porte ordinairement le nom de Czaslau. (*Éd. de Kehl.*)
2. Il en restait encore de très-fastueuses : le Régent fit effacer celles qui pouvaient offenser les nations voisines. (*Éd. de Kehl.*)

J'espère bientôt, Sire, voir votre galerie de Charlottenbourg, et jouir encore du bonheur de voir ce roi vainqueur, ce roi pacifique, ce roi citoyen, qui fait tant de choses de bonne heure. Je serai probablement, le mois prochain, à Bruxelles, et de là je me flatte que j'aurai l'honneur d'aller encore passer dix ou douze jours auprès de mon adorable monarque. Mais comment parler de Chotsits en vers? quel triste nom que ce Chotsits! N'êtes-vous pas honteux, Sire, d'avoir gagné la bataille de Chotsits, qui ne rime à rien, et qui écorche les oreilles? N'importe, je voudrais passer ma vie auprès du vainqueur de Chotsits.

    Ne me reprochez point d'éviter ce vainqueur;
    Je ne préfère point à sa cour glorieuse
    Ces tendres sentiments et la langueur flatteuse
        Que vous imputez à mon cœur.
    Vous prenez pour faiblesse une amitié solide;
    Vous m'appelez Renaud, de mollesse *abattu*;
    Grand roi, je ne suis point dans le *palais d'Armide*,
        Mais dans celui de la vertu.

Oui, Sire, mettant à part héroïsme, trône, victoires, tout ce qui impose le plus profond respect, je prends la liberté, vous le savez bien, de vous aimer de tout mon cœur; mais je serais indigne de vous aimer à ce point-là, et d'être aimé de Votre Majesté, si j'abandonnais, pour le plus grand homme de son siècle, un autre grand homme qui, à la vérité, porte des cornettes, mais dont le cœur est aussi mâle que le vôtre, et dont l'amitié courageuse et inébranlable m'a depuis dix ans imposé le devoir de vivre auprès d'elle.

    J'irai sacrifier dans votre temple, et je reviendrai à ses autels.

    Puissé-je ainsi, dans le cours de ma vie,
        Passer du ciel de mon héros
        A la planète d'Émilie!
    Voilà mes tourbillons et ma philosophie,
        Et le but de tous mes travaux.

Je vais commencer à envoyer à Votre Majesté les papiers qu'elle demande, et elle aura le reste dès que je serai à Bruxelles.

    Vainqueur de Charle[1] et son ami,
    Soyez donc celui de la France.
    Ne soyez point vertueux à demi;
    Avec le monde entier soyez d'intelligence.

Dieu et le diable savent ce qu'est devenue la lettre[2] que j'écrivis à Votre Majesté sur ce beau sujet, vers la fin du mois de juin, et comment elle est parvenue en d'autres mains; je suis fait, moi, pour

---

1. Charles-Alexandre de Lorraine, né à Lunéville le 12 décembre 1712, et vaincu à Czaslau. (ÉD.)
2. La lettre MCLXI. (ÉD.)

ignorer le dessous des cartes. J'ai essuyé une des plus illustres tracasseries de ce monde; mais je suis si bon cosmopolite que je me réjouirai de tout.

MCLXVI. — DE FRÉDÉRIC II, ROI DE PRUSSE.

A Potsdam, le 25 juillet.

Mon cher Voltaire, je vous paye à la façon des grands seigneurs, c'est-à-dire que je vous donne une très-mauvaise ode[1] pour la bonne[2] que vous m'avez envoyée, et de plus je vous condamne à la corriger pour la rendre meilleure. Je pense que c'est une des premières odes où l'on ait tant parlé de politique; mais vous devez vous en prendre à vous-même; vous m'avez incité à défendre ma cause. J'ai trouvé en effet que le langage des dieux est celui de la justice et de l'innocence, qui fera toujours valoir ce morceau de poésie, quand même les vers alexandrins n'en seraient pas aussi harmonieux qu'on pourrait le désirer.

La reine de Hongrie est bien heureuse d'avoir un procureur qui entende aussi bien que vous le raffinement et les séductions de la parole. Je m'applaudis que nos différends ne se soient pas vidés par procès; car, en jugeant de vos dispositions en faveur de cette reine, et de vos talents, je n'aurais pu tenir contre Apollon et Vénus.

Vous déclamez à votre aise contre ceux qui soutiennent leurs droits et leurs prétentions à main armée; mais je me souviens d'un temps où, si vous eussiez eu une armée, elle aurait à coup sûr marché contre les Desfontaines, les Rousseau, les Van Duren, etc., etc. Tant que l'arbitrage platonique de l'abbé de Saint-Pierre n'aura pas lieu, il ne restera d'autres ressources aux rois, pour terminer leurs différends, que d'user des voies de fait pour arracher de leurs adversaires les justes satisfactions auxquelles ils ne pourraient parvenir par aucun autre expédient. Les malheurs et les calamités qui en résultent sont comme les maladies du corps humain. La guerre dernière doit donc être considérée comme un petit accès de fièvre, qui a saisi l'Europe, et l'a quittée presque aussitôt.

Je m'embarrasse très-peu des cris des Parisiens; ce sont des frelons qui bourdonnent toujours; leurs brocards sont comme les injures des perroquets, et leurs jugements aussi graves que les décisions d'un sapajou sur des matières métaphysiques. Comment voulez-vous que je trouve à redire que les parents du grand Broglio soient indisposés contre moi de ce que je n'ai point réparé le tort de ce grand homme? Je ne me pique point de don-quichotisme; et, loin de vouloir réparer les fautes des autres, je me borne à redresser les miennes, si je le puis.

Si toute la France me condamne d'avoir fait la paix, jamais Voltaire le philosophe ne se laissera entraîner par le nombre. Premièrement, c'est une règle générale qu'on n'est tenu à ses engagements qu'autant

1. Sur les jugements que le public porte sur ceux qui sont chargés du malheureux emploi de politiques. (*Éd. de Kehl.*)
2. L'*Ode à la reine de Hongrie.* (ÉD.)

que ses forces le permettent. Nous avions fait une alliance comme on fait un contrat de mariage; j'avais promis de faire la guerre comme l'époux s'engage à contenter la concupiscence de sa nouvelle épousée. Mais, comme dans le mariage les désirs de la femme absorbent souvent les forces du mari, de même, dans la guerre, la faiblesse des alliés appesantit le fardeau sur un seul, et le lui rend insupportable. Enfin, pour finir la comparaison, lorsqu'un mari croit avoir des preuves suffisantes de la galanterie de sa femme, rien ne peut l'empêcher de faire divorce. Je ne fais point l'application de ce dernier article; vous êtes assez instruit et assez politique pour le sentir.

Envoyez-moi au plus tôt, je vous prie, tous les jolis vers que vous avez faits pendant votre séjour à Paris. Je vous envie à toute la terre, et je voudrais que vous fussiez au seul endroit où vous n'êtes pas, pour vous réitérer combien je vous estime et je vous aime. *Vale.*

FÉDÉRIC.

MCLXVII. — DU MÊME.

A Potsdam, le 7 août.

Mon cher Voltaire, vous me dites poétiquement de si belles choses, que, si je m'en croyais, la tête me tournerait. Je vous prie, trêve de héros, d'héroïsme, et de tous ces grands mots qui ne sont plus propres, depuis la paix, qu'à remplir d'un galimatias pompeux quelques pages de romans, ou quelques hémistiches de vers tragiques.

> Vos vers légers, mélodieux,
> Par un élégant badinage
> Amuseront et plairont mieux
> Que par l'encens et par l'hommage,
> Qui, vous soit dit, est un langage
> Bon pour faire bâiller les dieux.

Ces traits brillants de votre imagination ne sont jamais plus charmants que sur le badinage. Il n'est pas donné à tout le monde de faire rire l'esprit; il faut bien l'enjouement naturel pour le communiquer aux autres.

Ce n'est ni *Dieu* ni le *diable*, mais bien un misérable commis du bureau de la poste de Bruxelles qui a ouvert et copié votre lettre ; il l'a envoyée à Paris et partout. Je crois que le vieux Nestor n'est pas tout à fait blanc dans cette affaire.

Je vous prie, mon cher Voltaire, de restituer une syllabe au village de Cotuchitz, que vous lui avez si inhumainement ravie; et, puisqu'il vous faut des champs de bataille qui riment à quelque chose, j'ose vous faire remarquer que Cotuchitz rime assez bien à Molwitz. Me voilà quitte de la rime et de la raison.

Vous vous formalisez de ce que je vous crois de la passion pour la marquise du Châtelet; je pensais mériter des remercîments de votre part, de ce que je présumais si bien de vous. La marquise est belle, aimable; vous êtes sensible, elle a un cœur; vous avez des sentiments, elle n'est pas de marbre; vous habitez ensemble depuis dix années. Voudriez-vous me faire croire que pendant tout ce temps-là vous n'avez parlé que de philosophie à la plus aimable femme de France? Ne vous en déplaise, mon cher ami, vous auriez joué un bien pauvre personnage. Je n'imaginais pas que les plaisirs fussent exilés du temple *de la Vertu*, que vous habitez.

Quoi qu'il en soit, vous m'avez promis de me sacrifier quelques-uns de vos jours; ce qui me suffit. Plus je croirai que cette absence de la marquise vous coûte d'efforts, plus je vous en aurai de reconnaissance. Gardez-vous bien de me détromper.

J'entends déjà cent belles choses,
Toutes nouvellement écloses,
Et des bons mots sur tous sujets.
Juvénal lancera vos traits,
L'aimable Anacréon vous ceindra de ses roses.
Horace fera vos portraits,
Le bon, le simple La Fontaine
Fera tout naturellement
Quelque conte badin, sans gêne,
Que nous écouterons voluptueusement.
Ami, votre discernement
Mêlera ses préceptes graves,
Et mettra de justes entraves
A notre feu trop pétillant.
Pour soutenir notre enjouement
Et tout l'essor de la saillie,
Le vin d'Aï, nectar charmant,
Pourra vous servir d'ambrosie;
Et dans cette bachique orgie
L'on saura fuir également
L'assoupissante léthargie
Et le fougueux emportement.

Adieu, cher Voltaire; soyez juste envers vos amis. Sacrifiez aux autels de Mme du Châtelet; mais dans le commerce des dieux n'oubliez pas les hommes qui vous estiment, et donnez-leur quelques-uns de vos moments. FÉDÉRIC

MCLXVIII. — A M. DE MARVILLE, LIEUTENANT GÉNÉRAL DE POLICE.

Paris, le 14 août.

Monsieur, j'ai exécuté l'arrêt[1] que vous avez prononcé malgré vous contre moi; et tout se passera comme vous l'avez très-sagement prescrit. Celui qui a le manuscrit signé de votre main est à la campagne; il ne reviendra qu'à neuf heures, et, si je peux sortir, j'irai lui demander ce manuscrit moi-même; sinon, j'enverrai chez lui, et j'aurai l'honneur de vous le remettre.

Je n'ai jamais mieux senti la différence qui est entre la raison et le

---

1. L'ordre de retirer du théâtre la tragédie du *Fanatisme ou Mahomet*. Cette pièce avait eu trois représentations. (ÉD.)

fanatisme, entre la connaissance du monde et la pédanterie, que lorsque j'ai eu l'honneur de vous parler.

Je suis avec beaucoup de respect, et j'ose dire avec attachement, votre, etc. VOLTAIRE.

MCLXIX. — A M. LE CARDINAL DE FLEURI.

A Paris, ce 22 août.

Monseigneur, en partant pour Bruxelles, je reçois encore une lettre du roi de Prusse par laquelle il me réitère de lui aller faire ma cour incessamment. Je n'irai qu'en cas que le roi me le permette, et que Votre Éminence ait la bonté de m'envoyer son agrément.

Je vous supplie, monseigneur, de vouloir bien me l'envoyer à Bruxelles, sous le couvert de M. d'Agieu. Au reste, ce monarque aura la bonté de me rendre toutes les lettres que je lui ai écrites depuis le mois de juin, paraféees de sa main; et Votre Éminence verra si j'ai écrit celle qu'on m'a si cruellement imputée; elle verra avec quelle malice noire elle est falsifiée, elle connaîtra mon innocence et l'infâme imposture sous laquelle j'ai été accablé. Je me flatte, monseigneur, que le roi, ayant été instruit de cette calomnie, le sera de ma justification. C'est une justice que j'ai droit d'attendre du plus équitable et du plus sage des hommes.

Je suis attaché personnellement à Votre Éminence, et on ne peut avoir eu l'honneur de lui parler sans lui être dévoué.

C'est une fatalité pour moi que les seuls hommes qui aient voulu troubler votre heureux ministère soient les seuls qui m'aient persécuté, jusque-là que la cabale des convulsionnaires, c'est-à-dire ce qu'il y a de plus abject dans le rebut du genre humain, a obtenu la suppression injurieuse d'un ouvrage public honoré de votre approbation, et représenté devant les premiers magistrats de Paris.

Mais, monseigneur, je garde le silence sur cet article comme sur beaucoup d'autres, concernant le roi de Prusse; je suis bien loin de chercher à me faire valoir.

La seule chose que je désire passionnément, c'est que Votre Éminence soit convaincue de mes sentiments pour elle, et de mon amour extrême pour ma patrie. Si vous daignez en persuader Sa Majesté, ce sera le comble à vos bontés.

Je vous souhaite, monseigneur, la longue prospérité qui doit être le fruit de tant de modération et de tant de sagesse.

J'ai l'honneur d'être, avec le plus profond respect, monseigneur, de Votre Éminence le très-humble, etc. VOLTAIRE.

MCLXX. — A M. LE COMTE D'ARGENTAL.

A Paris, le 22 août, *en partant*.

Tandis que vous êtes à Lyon, mon cher et respectable ami, avec mon autre ange gardien, le diable, qui dispose de ma vie, m'envoie à Bruxelles; et songez, s'il vous plaît, qu'à Bruxelles il n'y a que des Flamands qui ne sauront pas même si, dans la tragédie de *Mahomet*, il sera question de mahométisme. Mme du Châtelet va, tout armée de compulsoires, de requêtes et de contredits, perdre son argent et son temps à gagner des incidents inutiles d'un procès qui sera jugé à la quatrième ou cinquième génération.

O vanas hominum mentes! o pectora cæca!
                        Lucr., lib. II, v. 14.

Pour moi, je jirai :

O noctes cœnæque Deum!...............
                        Hor., lib. II, sat. VI, v. 65.

quand je vous reverrai à Paris. Je ne prétends pas vous regretter précisément autant que fait Mme d'Argental ; mais, après elle, je crois que je peux très-hardiment le disputer à tout le monde.

Je vois que M. Pallu et M. Perichon, et tous ceux qui font les honneurs de Lyon, vont donner des indigestions à mes deux anges. M. de La Marche n'est-il pas avec vous? n'avez-vous pas un Opéra, et, par-dessus tout cela, un cardinal¹? Voilà assurément de quoi passer son temps. Que dit M. de La Marche de ses confrères de Paris, qui ont instrumenté si pédantesquement contre mon prophète ? que dira M. le cardinal de Tencin ? que dira madame sa sœur de nos convulsionnaires en robe longue, qui ne veulent pas qu'on joue *le Fanatisme*, comme on dit qu'un premier président ne voulait pas qu'on jouât *Tartufe*? Puisque me voilà la victime des jansénistes, je dédierai *Mahomet* au pape², et je compte être évêque *in partibus infidelium*, attendu que c'est là mon véritable diocèse. Bonjour, mes saints anges ; je me mets toujours à l'ombre de vos ailes. Voulez-vous des nouvelles? On joue jeudi ma ³ comédie nouvelle; Mlle Gaussin a été saignée hier ; M. le cardinal de Fleuri a eu une petite faiblesse ; on répète *Hippolyte et Aricie*.

A propos, vous avez mon *Mahomet*; Mme de Tencin le lira, M. le cardinal⁴ le lira; qu'en auront-ils dit ? et M. Pallu, on ne peut pas se dispenser de lui en accorder une lecture.

Je vous prie de présenter mes respects à madame votre tante; et, si je n'étais pas aussi profane, aussi irrévocablement damné que j'ai l'honneur de l'être, je demanderais la bénédiction de Son Éminence.

MCLXXI. — A MADAME DE CHAMPBONIN.
De Reims.

On a retenu, ma chère amie, la vivacité de mes sentiments ; et l'on a réglé que celui des voyageurs qui ne vous est pas le moins attaché serait le dernier à vous écrire. Nous voilà dans la ville de la *sainte ampoule !* Je vous jure que Mme la marquise du Châtelet n'a jamais été plus aimable. Elle a enchanté toute la ville de Reims ; et, comme

---

1. Pierre Guérin de Tencin, oncle de d'Argental, avait été nommé cardinal au commencement de 1739, et archevêque de Lyon en 1740. (Éd.)
2. Voltaire dédia effectivement *Mahomet* à Benoît XIV, au lieu de Frédéric II. (Éd.)
3. *Ma* doit être une faute : *la Fête d'Auteuil ou la Fausse Méprise*, comédie en trois actes et en vers libres, jouée le jeudi 23 août 1742, est de Boissy. (Éd.)
4. Le cardinal de Tencin. (Éd.)

de raison, ceux à qui elle plait tant lui ont donné un jour deux pièces en cinq actes, l'une avant souper, et l'autre après. La dernière a été suivie d'un bal qu'on n'attendait pas, et qui s'est formé tout seul. Jamais elle n'a mieux dansé au bal; jamais elle n'a mieux chanté à souper; jamais tant mangé, ni plus veillé. Elle loge chez mon ami M. de Pouilly[1] homme d'une vaste érudition, et cependant aimable, doux, facile, comme s'il n'était pas savant, digne enfin de loger Émilie. Au lieu d'y coucher une nuit, elle en passe trois dans cette bonne ville. Nous partons demain sous l'étoile d'Émilie qui nous conduit. Vous qui tenez sa place à Cirey, faites des vœux pour une prompte conclusion de nos affaires; je dis nos affaires, car celles d'Émilie sont les nôtres, et nous avons certainement, vous et moi, un très-gros procès contre M. Honsbrouck. Il y a au Champbonin et à Paris deux personnes qui me seront toujours bien chères, et auxquelles je vous prie de parler toujours de moi : c'est M. de Champbonin et monsieur votre fils. Je vous aime, madame, dans tout ce qui vous appartient. Adieu, gros chat. Je vous embrasse si tendrement qu'Émilie m'en grondera.

MCLXXII. — DE FRÉDÉRIC II, ROI DE PRUSSE.

A Aix-la-Chapelle, le 26 septembre.

De la source où la Faculté
Promet à la goutte et colique,
Gravelle, chancre, et sciatique,
La bonne humeur et la santé;

de cet endroit où tant de gens viennent pour se divertir, et d'où tant d'autres s'en retournent sans être guéris, et où la charlatanerie des médecins, les intrigues de l'amour, tiennent leur jeu également; où enfin l'infirmité et les préjugés amènent tant de personnes de tous les bouts de l'univers, je vous invite, comme un ancien infirme, à venir me trouver; vous y aurez la première place, en qualité de malade et en qualité de bel esprit.

Nous sommes arrivés hier. Je vous crois à Bruxelles, et même je vous crois après-demain ici. Je vous prie de m'apporter *Mahomet* tel que vous l'avez fait représenter sur le théâtre de Paris, et de ramasser ce que vous avez fait du *Siècle de Louis XIV*, pour m'en amuser et pour m'instruire. Vous serez reçu avec tout le désir de l'impatience et avec tout l'empressement de l'estime. *Vale*. FRÉDÉRIC.

MCLXXIII. — A FRÉDÉRIC II, ROI DE PRUSSE.

Le 29 août.

Après votre belle campagne,
Après ces vers brillants et doux,
Grand Apollon de l'Allemagne,
Dans quel Parnasse habitez-vous?
Vous êtes dans Aix, entre nous,
Comme au pays de Charlemagne,

1. Lévesque de Pouilly. (ÉD.)

Et non pas comme au rendez-vous
Des fiévreux, des sots, et des fous,
Qu'un triste Esculape accompagne.

Permettez, mon héros, mon roi, qu'une abominable fluxion, qui s'est emparée de moi sur le chemin de Lille à Bruxelles, soit un peu diminuée pour que je vole à Aix-la-Chapelle. Cette fluxion me rend sourd, et il ne faut pas l'être avec Votre Majesté : ce serait être impuissant en présence de sa maîtresse. Je vais, pendant les deux ou trois jours que je suis condamné à rester dans mon lit, faire transcrire le *Mahomet* tel qu'il a été joué, tel qu'il a plu aux philosophes, et tel qu'il a révolté les dévots; c'est l'aventure du *Tartufe*. Les hypocrites persécutèrent Molière, et les fanatiques se sont soulevés contre moi. J'ai cédé au torrent sans dire un seul mot; si Socrate en eût fait autant, il n'eût point bu la ciguë.

J'avoue que je ne sais rien qui déshonore plus mon pays que cette infâme superstition, faite pour avilir la nature humaine. Il me fallait le roi de Prusse pour maître, et le peuple anglais pour concitoyen. Nos Français, en général, ne sont que de grands enfants; mais, aussi c'est à quoi je reviens toujours, le petit nombre des êtres pensants est excellent chez nous, et demande grâce pour le reste.

A l'égard de mon bavardage historique[1], une première cargaison partit le 20 de ce mois de Paris, adressée au fidèle David Gérard, et la seconde est toute prête. J'ai déjà demandé pardon à Votre Majesté de la peine qu'elle aura peut-être à déchiffrer le caractère des différents écrivains qui m'ont copié à la hâte ce que j'ai rassemblé.

Je m'imagine que le paquet est actuellement en chemin pour venir ennuyer Votre Majesté à Aix-la-Chapelle.

Je sais certainement (si ce mot est permis aux hommes) que ce n'est point un commis de Bruxelles qui a ouvert la lettre, laquelle est devenue ma boîte de Pandore. Tout ce bel exploit s'est fait à Paris, dans un temps de crise, et c'est un espion de la personne que Votre Majesté soupçonne qui a fait tout le mal.

Votre Majesté l'avait très-bien deviné; elle se connaît aux petites choses comme aux grandes.

Surtout qu'elle connaît bien les injustices des hommes qui se mêlent de juger les rois, et que son ode sur cette matière toute neuve est pleine d'une poésie et d'une philosophie vraie et sublime !

Plût à Dieu que Votre Majesté eût également raison dans les beaux compliments qu'elle me fait dans son avant-dernière lettre, au sujet de la marquise[2] !

Ah ! vous m'avez fait, je vous jure,
Et trop de grâce et trop d'honneur,
Quand vous dites que la nature
M'a fait, pour certaine aventure,

---

1. C'étaient des cahiers du *Siècle de Louis XIV* et de l'*Essai sur les mœurs*. (ÉD.)
2. Le vieux *Nestor*, le cardinal de Fleury. (ÉD.)

D'autres dons que le don du cœur;
Plût au ciel que je l'eusse encore,
Ce premier des divins présents,
Ce don que toute femme adore,
Et qui passe avec nos beaux ans !
J'approche, hélas ! de la nuit sombre
Qui nous engloutit sans retour;
D'un homme je ne suis que l'ombre,
Je n'ai que l'ombre de l'amour.
Adressez donc à des poëtes
Qui soient encor dans leur printemps,
Les très-désirables fleurettes
Dont vous honorez mes talents.
Gresset est dans cet heureux temps;
C'est Gresset qui devait se rendre
Dans le Parnasse de Berlin;
Mais, ou trop timide, ou trop tendre,
Il n'osa faire ce chemin.
Il languit, dans sa Picardie,
Entre les bras de sa catin
Et sur des vers de tragédie.

MCLXXIV. — A M. DE CIDEVILLE.

A Bruxelles, le 1ᵉʳ septembre.

Allah, illah, allah; Mohammed rezoul, allah.

Ce *Mahomet*, mon très-aimable ami, m'a fait bien coupable envers vous; il m'a rendu paresseux.

Me voilà enfin tranquille à Bruxelles, et je profite de ce petit moment de loisir pour m'entretenir avec vous. Je pars demain pour aller trouver à Aix-la-Chapelle le roi qui a changé deux fois le système de l'Europe, et qui pourtant n'est pas puni de Dieu; car il est aux eaux sans avoir besoin de les prendre, et les médecins sont au nombre des puissances dont il se moque. Si notre *Mahomet*, mon cher ami, eût été représenté devant lui, il n'en eût pas été effarouché, comme l'ont été nos prétendus dévots. Il ne veut pas faire jouer *Zaïre*, parce qu'il y a trop de christianisme, à ce qu'il dit, dans la pièce. Vous jugez bien que le miracle de Polyeucte n'est pas de son goût, et que celui de Mahomet lui plaît davantage.

Nos jansénistes de Paris, et surtout nos jansénistes convulsionnaires, ne pensent point ainsi. Les bonnes gens ont cru que l'on attaquait saint Médard et M. saint Pâris. Il y a eu même de vos graves confrères, conseillers au parlement[1] de Paris, qui ont représenté à leur chambre que cette pièce était toute propre à faire des Jacques Clément

---

1. Le procureur général Joli de Fleuri (mort en 1756), père du fameux Omer Joli de Fleuri, avocat général, écrivit à de Marville, les 11 et 13 août 1742, au sujet de *Mahomet* : « On a parlé ce matin, monsieur, dans une chambre du parlement, d'une *comédie* où quelques-uns de *Messieurs* ont été, et qu'ils

et des Ravaillac. Ne trouvez-vous pas que ce sont là de bonnes têtes ? Ils croient sans doute qu'Harpagon fait des avares, et enseigne à prêter sur gages. Il y a une chose qui me fait de la peine, mon cher ami, et je vous la dirai : c'est que le gros de notre nation n'a point d'esprit. Le petit nombre d'illustres précepteurs que les Français ont eus dans le siècle passé n'a pu encore rendre la raison universelle. Corneille, Racine, Molière, La Bruyère, Bossuet, Fénelon, etc., etc., ont eu beau faire, le petit, le léger, sont le caractère dominant. Cependant il y a toujours le petit nombre des élus, à la tête desquels je vous place. Ceux-là conduisent à la longue le troupeau : *Dux regit agmen;* mais ce n'est qu'à la longue, et il faut des années avant que les gens d'esprit aient repétri les sots.

Le *Tartufe* essuya autrefois de plus violentes contradictions ; il fut enfin vengé des hypocrites. J'espère l'être des fanatiques : car enfin Mahomet est Tartufe le Grand.

Nous en raisonnerons à Paris, c'est là ma plus chère espérance; car vous y viendrez à ce Paris, et moi j'y serai dans deux ou trois mois.

10 septembre.

Tout ce griffonnage, mon cher ami, avait été écrit il y a huit jours. J'ai été voir le roi de Prusse avant de finir ma lettre. J'ai courageusement résisté aux belles propositions qu'il m'a faites. Il m'offre une belle maison à Berlin, et une jolie terre ; mais je préfère mon second étage dans la maison de Mme du Châtelet. Il m'assure de sa faveur et de la conservation de ma liberté, et je cours à Paris, à mon esclavage et à la persécution. Je me crois un petit Athénien qui refuse les bontés du roi de Perse. Il y a pourtant une petite différence : on était libre à Athènes, et je suis sûr qu'il y avait beaucoup de Cidevilles; sans cela, comment aurait-on pu aimer sa patrie ? C'est beaucoup qu'il y en ait un en France, et que je puisse me flatter d'avoir bientôt la consolation de l'embrasser.

Mme du Châtelet fait toujours ici sa malheureuse guerre de chicane; et on craint à tout moment d'en voir une véritable et universelle. Quel acharnement ! ne faudra-t-il pas faire la paix après la guerre ? Eh morbleu ! que ne fait-on la paix tout d'un coup !

Adieu ; Mme du Châtelet vous fait ses compliments; je vous regrette, je vous regrette.... je vous aime, je voudrais passer avec vous ma vie.

MCLXXV. — DE FREDERIC II, ROI DE PRUSSE.

A Aix-la-Chapelle, le 1ᵉʳ septembre.

Federicus Virgilio salutem.

Je suis arrivé dans la capitale de Charlemagne et de tous les hypocondres. On m'a envoyé de Paris une lettre qui y court sous votre nom, et qui, de quelque auteur qu'elle puisse être, mériterait d'être

disent contenir des choses énormes contre la religion.... Tout le monde dit que, pour avoir composé une pareille pièce, *il faut être un scélérat à faire brûler.*» Tome I de *La Police de Paris dévoilée.* (*Note de M. Clogenson.*)

sortie de votre plume. Elle a fait ma consolation dans un pays où il n'y a guère de société, où l'on boit les eaux du Styx, et dans lequel la charlatanerie des médecins étend sa domination jusque sur l'esprit. Je voudrais que les Français pensassent tous comme l'auteur de cette lettre, et que leur fureur partiale devînt plus équitable envers les étrangers; je voudrais enfin que vous eussiez fait cette lettre, et que vous me l'eussiez envoyée. Mais qu'ai-je besoin de vos lettres ? l'auteur est dans le voisinage. Si vous veniez ici; vous ne devez pas douter que je ne préfère infiniment le plaisir de vous entendre à celui de vous lire. J'espère de votre politesse que vous voudrez me faire cette galanterie, et m'apporter en même temps ce *Mahomet* proscrit en France par les bigots, et œcuménisé par les philosophes à Berlin.

Je ne prétends pas vous en dire davantage; j'espère que vous viendrez ici pour entendre tout ce que mon estime peut avoir à vous dire. Adieu. FÉDÉRIC.

MCLXXVI. — A MADAME DE SOLAR, A PARIS.

A Bruxelles, le 2 septembre.

Ce fut, madame, le 23 du dernier mois, que les troupes enfermées dans Prague firent la plus vigoureuse sortie. Ils comblèrent une partie de la tranchée; ils renversèrent des batteries, ils enclouèrent du canon. Le combat dura une heure; on se battit de part et d'autre en désespérés. On dit le prince de Deux-Ponts blessé à mort, le duc de Biron prisonnier, un nombre à peu près égal de morts des deux côtés; mais beaucoup plus d'officiers français que d'autrichiens, par la raison qu'il y a toujours plus d'officiers dans nos troupes que chez les étrangers, et qu'ainsi nous jouons des pistoles contre de la monnaie.

Après cette sanglante action, il y eut une heure d'armistice pendant laquelle on agit et on se parla comme si tout le monde avait été du même parti. Les officiers français avouèrent aux Autrichiens qu'ils espéraient que l'armée de secours arriverait le 28 août. Leurs généraux leur avaient donné cette espérance. Les assiégeants les détrompèrent, et leur firent voir que cette armée ne pouvait arriver qu'à la fin de septembre; mais nos troupes, loin d'en être découragées, protestent qu'elles périront plutôt que de se rendre. Jamais on n'a vu tant de zèle et tant d'intrépidité; chaque soldat semble être responsable de la gloire de la nation; c'est une justice que leur rend le prince Charles.

J'ai mandé cette nouvelle à M. le président de Meinières, pour en orner le grand livre de Mme Doublet; mais j'ai oublié de lui dire que nous avons pris Monti, ingénieur en chef de l'armée autrichienne. Puisse tant de courage être suivi d'une paix aussi prompte qu'honorable! Il paraît que les Hollandais temporisent. Il y a ici dix-huit mille Anglais avec du canon, vingt-deux mille nationaux; et on attendait, il y a cinq jours, M. de Neuperg avec la déclaration de Leurs Hautes et lentes Puissances. Seize mille Hanovriens devaient se joindre à toutes ces troupes, et commencer les opérations vers Thionville. Tous ces projets paraissent suspendus.

Le roi de Prusse est à Aix-la-Chapelle, où il fait semblant de consulter des charlatans et de boire des eaux. Il traite les médecins comme les autres puissances. Je pars dans l'instant, avec la permission du roi, pour aller faire un moment ma cour à ce prince. J'aimerais bien mieux partir pour venir manger la poule au .ix. Permettez-moi, madame, de présenter mes respects à M. de Solar. Mme du Châtelet va vous écrire. J'ai écrit aux anges. *Le baccio i piedi.*

MCLXXVII. — DE FRÉDÉRIC II, ROI DE PRUSSE

A Aix-la-Chapelle, le 2 septembre.

Je ne sais rien de mieux après vous-même que vos lettres. La dernière, aussi charmante que toutes celles que vous m'écrivez, m'aurait fait encore plus de plaisir si vous l'aviez suivie de près; mais à présent je crois être privé du plaisir de vous voir. Je pars le 7 pour la S[i]ésie.

C'est bien ici le pays le plus sot que je connaisse. Les médecins, pour mettre les étrangers à l'unisson de leurs concitoyens, veulent qu'ils ne pensent point; ils prétendent qu'il ne faut point avoir ici le sens commun, et que l'occupation de la santé doit tenir lieu de toute autre chose.

M. Chapel et M. Cotzviler ne veulent absolument pas que l'on fasse des vers; ils disent que c'est un crime de lèse-faculté, et qu'on ne peut boire de l'Hippocrène et de leurs eaux bourbeuses en même temps dans le petit empire d'Aix. Je suis obligé de céder à leurs volontés ; mais Dieu sait comme je m'en dédommagerai, lorsque je serai de retour chez moi !

Je n'ai rien reçu de vous, ni gros ni petit paquet. Je suppose que le prudent David Gérard aura tout gardé à Berlin, jusqu'à mon arrivée. Je vous assure que je vous tiendrai bon compte de tout ce que vous m'envoyez, et que vous faites par vos ouvrages la plus solide consolation de ma vie.

Adieu, mon cher Voltaire ; je vous charge de la nourriture de mon esprit; envoyez-moi tantôt de ces mets solides qui donnent des forces, et tantôt de ces mets fins dont la saveur charmante flatte et réveille le goût.

Soyez persuadé de l'estime, de l'amitié, et de tous les sentiments distingués que j'ai pour vous. FÉDÉRIC.

MCLXXVIII. — A M. LE CARDINAL DE FLEURI.

Le 10 septembre.

Monseigneur, je commence par envoyer à Votre Éminence la première lettre que le roi de Prusse m'écrivit le 26 août, qu'il date par mégarde du 26 septembre. Votre Éminence verra au moins par cette lettre que je n'ai point écrit celle qui courut si malheureusement il y a un mois, et qui fut fabriquée à Paris par le secrétaire d'un ambassadeur, aussi bien qu'une prétendue réponse de Sa Majesté Prussienne.

J'ai donc quelque droit d'espérer que je serai justifié dans l'esprit du roi, comme dans celui de Votre Éminence, sur cette petite affaire

Je vais maintenant lui rendre compte, comme je le dois, de mon voyage à Aix-la-Chapelle.

Je ne partis que le 2 de ce mois. Je rencontrai en chemin un courrier du roi de Prusse, qui venait me réitérer ses ordres. Le roi voulut que je logeasse près de son appartement, et passa, deux jours consécutifs, quatre heures de suite dans ma chambre, avec cette bonté et cette familiarité qui entrent, comme vous savez, dans son caractère, et qui n'abaissent point un roi, parce qu'on n'en abuse jamais. J'eus tout le temps de parler, avec beaucoup de liberté, sur ce que Votre Éminence m'avait prescrit, et le roi me parla avec une égale franchise.

D'abord il me demanda s'il était vrai que la nation fût si piquée contre lui, si le roi l'était, si vous l'étiez. Je répondis qu'en effet tous les Français avaient ressenti vivement une défection si inespérée ; qu'il ne m'appartenait pas de savoir comment pensait le roi, que je connaissais la modération de Votre Éminence, etc. Il daigna me parler beaucoup des raisons qui l'ont engagé à précipiter sa paix. Elles ne roulent point sur les prétendues négociations secrètes à la cour de Vienne, et desquelles Votre Éminence a bien voulu se justifier. Elles sont si singulières que j'ose douter qu'on en soit instruit en France. Cependant je n'ose les confier à cette lettre, sentant combien il me sied peu de toucher à des affaires si délicates.

Tout ce que j'ose dire, c'est qu'il m'a semblé très-aisé de ramener l'esprit de ce monarque, que la situation de ses États, son intérêt, et son goût, semblent rendre l'allié naturel de la France.

Il m'a paru très-affligé de l'opinion que cet événement a fait concevoir de lui aux Français ; il m'a dit qu'il avait commencé un manifeste, mais qu'il le supprimerait. Il ajouta qu'il souhaitait passionnément de voir la Bohême aux mains de l'empereur, qu'il renonçait de la meilleure foi du monde à Berg et à Juliers ; que, malgré les propositions avantageuses que lui faisait le comte de Stair, il ne songeait qu'à garder la Silésie ; qu'il savait bien qu'un jour la maison d'Autriche voudrait rentrer dans cette belle province, mais qu'il se flattait qu'il garderait sa conquête ; qu'il avait actuellement cent trente mille hommes de troupes ; qu'il allait faire de Neiss, de Glogau, et de Brieg, des places aussi fortes que Wesel ; que d'ailleurs il était très-bien informé que la reine d'Hongrie doit plus de quatre-vingts millions d'écus d'Allemagne, qui font environ trois cents millions de France ; que ses provinces épuisées et séparées les unes des autres ne pourront faire de longs efforts, et que de longtemps les Autrichiens ne seront redoutables par eux-mêmes.

Il est indubitable qu'on avait donné à ce prince des idées aussi fausses sur la France qu'il en a de justes sur l'Autriche. Il me demanda s'il était vrai que la France fût épuisée d'hommes et d'argent, et entièrement découragée ; je répondis qu'il doit y avoir encore plus de douze cents millions d'espèces circulant dans le royaume ; que les recrues ne se sont jamais faites si aisément, et qu'il n'y a jamais eu tant de bonne volonté.

Milord Hindfort lui avait parlé bien autrement, et milord Stair, dans ses lettres, lui représentait, il y a un mois, la France comme prête à succomber. Il n'a cessé de le presser encore pendant le voyage d'Aix.

Malgré la déclaration que M. de Podewils avait faite à la Haye, il y avait même encore, le 30 août, à Aix, un Anglais, de la part de milord Stair, qui vint parler au roi de Prusse dans un petit village nommé Boschet, à un quart de lieue d'Aix. On m'a assuré que l'Anglais s'en est retourné très-mécontent. Cependant le général Schmettau, qui était avec le roi, envoya dans ce temps-là même acheter à Bruxelles cinq exemplaires des cartes du cours de la Moselle et des Trois-Évêchés.

Voilà les principales choses dont j'ai cru devoir rendre un compte succinct à Votre Éminence, sans me hasarder à faire aucune réflexion, croyant avoir rempli mon devoir de Français, sans manquer à la reconnaissance que je dois aux bontés extrêmes dont le roi de Prusse m'honore.

Votre Éminence verra d'un coup d'œil le fond des choses dont je n'ai vu et dont je ne peux rendre que la superficie.

Si ma lettre est jugée digne de votre attention, je vous supplie, monseigneur, de ne la regarder que comme le simple témoignage de mon zèle pour le roi et pour ma patrie. La confiance avec laquelle le roi de Prusse daigne me parler me mettrait peut-être quelquefois en état de rendre ce zèle moins inutile, et je croirais ne pouvoir jamais mieux répondre à ses bontés qu'en cultivant le goût naturel qu'il a pour la France. Je suis, etc.

MCLXXIX. — A M. LE MARQUIS D'ARGENSON, A PARIS.

A Bruxelles, le 10 septembre.

Je vous en fais mon compliment, monsieur, et je le ferais encore avec plus de plaisir, s'il s'adressait à vous directement. J'ai vu ces jours-ci le roi de Prusse, et je l'ai vu comme on ne voit guère les rois, fort à mon aise, dans ma chambre, au coin de mon feu, où ce même homme, qui a gagné deux batailles, venait causer familièrement, comme Scipion avec Térence. Vous me direz que je ne suis pas Térence ; mais il n'est pas non plus tout à fait Scipion.

J'ai appris des choses bien extraordinaires. Il y en a une qu'on débite sourdement, au moment que j'ai l'honneur de vous écrire ; on dit le siége de Prague levé ; mais Bruxelles est le pays des mauvaises nouvelles. M. de Neuperg est arrivé de Hollande ici ; mais il n'amène point de troupes hollandaises, comme on s'en flattait, et nous pourrions bien avoir incessamment une paix utile et glorieuse, malgré milord Stair et malgré M. Van Haren, qui est le poëte Tyrtée des États-Généraux. L'un présente des mémoires, l'autre fait des odes ; et, avec tant de prose et tant de vers, leurs grosses et lentes puissances pourraient bien rester tranquilles. Dieu le veuille, et nous préserve d'une guerre dans laquelle il n'y a rien à gagner, mais beaucoup à perdre !

Les Anglais veulent nous attaquer chez nous, et nous ne pouvons

teur en faire autant; la partie, en ce sens, ne serait pas égale. Si nous les tuons tous, nous envoyons vingt mille hérétiques en enfer, et nous ne gagnons pas un château sur la terre; s'ils nous tuent, ils mangent encore à nos dépens. Il vaut bien mieux n'avoir de querelles que sur Locke et sur Newton. Celle que j'ai sur *Mahomet* n'est heureusement que ridicule. On croit ici les Français gais et légers; qui croirait qu'il y en ait de si tristes et de si pédants?

Vous qui êtes si loin d'être l'un et l'autre, conservez-moi, monsieur, des bontés qui me seront toujours bien précieuses, et protégez-moi un peu auprès de monsieur votre fils. Mme du Châtelet vous fait mille compliments.

MCLXXX. — A M. LE CARDINAL DE FLEURI.

A Bruxelles, le 24 septembre.

Monseigneur, je regarde les lettres de Votre Éminence comme la faveur la plus flatteuse que puisse recevoir un citoyen, surtout dans un temps où la multiplicité de vos affaires semble devoir ne vous laisser aucun moment.

Votre Éminence se peint dans ses lettres; on ne peut les lire sans sentir redoubler son attachement. Il n'y a que les Anglais que de tels charmes ne puissent pas apprivoiser. Je puis vous assurer que le roi de Prusse a été vivement touché de celles que vous lui avez écrites, et qu'il m'a parlé avec une extrême sensibilité de cette éloquence d'autant plus persuasive, que la modération lui donne un nouveau poids et un nouveau prix. Son goût l'attache personnellement à vous; la manière dont ce monarque m'a fait l'honneur de me parler ne me permet pas d'en douter. Il ne croyait pas assurément que je dusse en rendre compte à Votre Éminence.

Si je n'avais craint le sort que les lettres ont quelquefois sur les frontières, surtout dans un temps aussi orageux que celui-ci, j'aurais pris un peu plus de liberté, et je profiterais aujourd'hui de celle que Votre Éminence me donne de lui parler des raisons secrètes qui ont précipité la paix du roi de Prusse. Mais, supposé que ces allégations eussent quelque fondement, ce que je suis très-éloigné de croire, et qu'il en fallût venir à quelques éclaircissements, le roi de Prusse pourrait penser que j'ai trahi sa confiance; je perdrais sans fruit ses bonnes grâces et les occasions de vous marquer mon zèle.

Me sera-t-il permis, monseigneur, de vous représenter que, si vous ordonnez à M. de Valori de vous instruire de ces motifs secrets, il peut aisément vous satisfaire sans aucun risque, ayant un caractère qui le met à l'abri de tout reproche, et un chiffre qui assure du secret?

Je soupçonne que ce que Votre Éminence veut savoir est déjà connu de M. de Valori; mais s'il ne l'était pas, il peut aisément l'apprendre du baron de Poellnitz, chambellan du roi de Prusse. Je sais que ce chambellan est au fait, qu'il fut présent à un entretien que le roi de Prusse eut sur ce sujet avec son ministre. Il sera très-facile à M. de Valori de faire parler M. de Poellnitz sur ce chapitre.

Oserai-je encore ajouter, monseigneur, en soumettant mes faibles

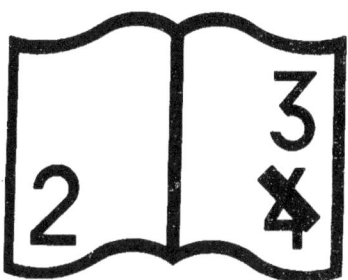

Pagination incorrecte — date incorrecte
NF Z 43-120-12

LIRE PAGES
308 - 309
au lieu de 308 - 310

conjectures à vos lumières, qu'il me paraît que le roi de Prusse allègue ces prétextes secrets, dont il est question, pour cacher la raison véritable, qu'il se repent peut-être d'avoir trop écoutée? Votre Éminence sait à quel point le parti anglais avait persuadé à ce prince que la France était incapable de soutenir la guerre en Bohême; et, par tout ce qu'il m'a fait l'honneur de me dire, il est aisé de juger que, s'il vous eût cru plus puissant, il vous eût été plus fidèle. On l'assurait alors que le parti du stathoudérat aurait le dessus en Hollande, et que les Anglais, avec la nouvelle faction hollandaise, pouvaient lui faire de grands avantages.

Voilà sa véritable raison. Je ne doute pas que les Anglais n'aient appuyé cette raison de quelque calomnie, pour l'engager à se détacher de la France avec moins de scrupule; et ces calomnies anglaises sont vraisemblablement les raisons secrètes dont il s'agit.

Je souhaiterais qu'on pût découvrir que les Anglais lui en ont imposé grossièrement, et que cette manœuvre inique de leur part pût servir à vous attacher davantage un prince que son goût et son intérêt véritable détermineront toujours de votre côté.

Pour moi, monseigneur, quand je ne serais pas Français, je ne m'en sentirais pas moins de dévouement pour votre personne. Il me semble que vous devez faire des Français de tous ceux qui vous entendent, ou à qui vous daignez écrire. J'ai été un peu Anglais avec Newton et avec Locke; je pourrais bien tenir à leurs systèmes, mais je suis infiniment partisan du vôtre : c'est celui de la grandeur de la France et de la tranquillité de l'Europe. Je me flatte qu'il sera mieux prouvé que tous ceux de philosophie.

Il n'y a personne, monseigneur, à qui votre gloire soit plus précieuse qu'à moi. Je suis avec le plus profond respect et l'attachement le plus sincère, monseigneur, de Votre Éminence le très-humble, etc.,

VOLTAIRE.

MCLXXXI. — A FRÉDÉRIC II, ROI DE PRUSSE.

A Bruxelles, ce 2 octobre

Vous laissez reposer la foudre et les trompettes;
Et, sans plus étaler ces raisons du plus fort,
Dans vos fiers arsenaux, magasins de la mort,
De vingt mille canons les bouches sont muettes.
J'aime mieux des soupers, des opéras nouveaux,
Des passe-pieds français, des fredons italiques,
Que tous ces bataillons d'assassins héroïques,
    Gens sans esprit et fort brutaux
Quand verrai-je élever par vos mains triomphantes
Du palais des Plaisirs les colonnes brillantes?
    Quand verrai-je à Charlottenbourg
Du docte Polignac[1] les marbres respectables,
Des antiques Romains ces monuments durables,

1. Le roi de Prusse avait fait acheter, à Paris, une collection de statues antiques que le cardinal de Polignac avait formée. (*Éd. de Kehl.*)

Accourir à votre ordre, embellir votre cour?
Tous ces bustes fameux semblent déjà vous dire :
« Que faisions-nous à Rome, au milieu des débris
  Et des beaux-arts et de l'empire,
Parmi ces capuchons blancs, noirs, minimes, gris,
Arlequins en soutane, et courtisans en mitre,
D'homme et de citoyen abjurant le vain titre,
Portant au Capitole, au temple des guerriers,
Pour aigle des agnus, des bourdons pour lauriers?
Ah! loin des monsignors tremblants dans l'Italie,
Restons dans ce palais, le temple du Génie;
Chez un roi vraiment roi fixons-nous aujourd'hui;
Rome n'est que la sainte, et l'autre est avec lui. »

Sans doute, Sire, que les statues du cardinal de Polignac vous disent souvent de ces choses-là : mais j'ai aujourd'hui à faire parler une beauté qui n'est pas de marbre, et qui vaut bien toutes vos statues.

  Hier je fus en présence
  De deux yeux mouillés de pleurs,
  Qui m'expliquaient leurs douleurs
  Avec beaucoup d'éloquence.
  Ces yeux qui donnent des lois
  Aux âmes les plus rebelles
  Font briller leurs étincelles
  Sur le plus friand minois
  Qui soit aux murs de Bruxelles.

Ces yeux, Sire, et ce très-joli visage appartiennent à Mme de Walstein, ou Wallenstein, l'une des petites-nièces de ce fameux duc de Walstein que l'empereur Ferdinand[1] fit si promptement tuer, au saut du lit, par quatre honnêtes Irlandais; ce qu'il n'eût pas fait assurément, s'il avait pu voir sa petite-nièce.

  Je lui demandai pourquoi
  Ses beaux yeux versaient des larmes.
  Elle, d'un ton plein de charmes,
  Dit : « C'est la faute du roi. »

« Les rois font de ces fautes-là quelquefois, répondis-je; ils ont fait pleurer de beaux yeux, sans compter le grand nombre des autres qui ne prétendent pas à la beauté. »

  Leur tendresse, leur inconstance,
  Leur ambition, leurs fureurs,
  Ont fait souvent verser des pleurs
  En Allemagne comme en France.

Enfin j'appris que la cause de sa douleur vient de ce que le comte de Furstemberg est pour six mois les bras croisés, par l'ordre de Votre

---

1. Ferdinand II. L'assassinat de Wallenstein eut lieu le 15 février 1634. (Éd.)

Majesté, dans le château de Wesel. Elle me demanda ce qu'il fallait qu'elle fît pour le tirer de là. Je lui dis qu'il y avait deux manières : la première, d'avoir une armée de cent mille hommes, et d'assiéger Wesel; la seconde, de se faire présenter à Votre Majesté, et que cette façon-là était incomparablement la plus sûre.

Alors j'aperçus dans les airs
Ce premier roi de l'univers,
L'Amour, qui de Walstein vous portait la demande,
Et qui disait ces mots, que l'on doit retenir :
« Alors qu'une belle commande,
Les autres souverains doivent tous obéir. »

MCLXXXII. — A M. THIERIOT.

A Bruxelles, le 9 octobre.

J'ai reçu votre lettre du 2 d'octobre ; mais pour celle du 12 septembre, il était fort difficile qu'elle me parvînt, attendu que j'étais parti, le 10, d'Aix-la-Chapelle, où elle était adressée. Je n'avais pas besoin assurément d'être excité à prendre vos intérêts auprès d'un prince à qui je les ai toujours osé, et osé seul, représenter ; car, quoi que vous en puissiez dire, soyez très-persuadé qu'il n'y a jamais eu que moi seul qui lui ai parlé de votre pension. On ne paye actuellement aucun marchand. Vous savez que les tableaux de Lancret ne sont point payés. Il faudra bien pourtant qu'on s'arrange à la fin, et qu'on acquitte des dettes si pressantes ; alors j'ai tout lieu de croire que vous ne serez point oublié. J'avoue qu'il est très-dur d'attendre. Cet homme-là s'empare d'une province plus vite qu'il ne paye un créancier ; mais comme il ne perd de vue aucun objet, chaque chose aura son temps. Il fait bâtir une salle de spectacle dont l'architecture sera ce qu'il y aura de plus beau dans l'Europe en ce genre. Il y aura une Comédie l'année prochaine. Il fonde une académie pour l'éducation des jeunes gens, d'une manière bien plus utile que ce qu'il s'était proposé d'abord. Vous voyez que ce serait bien dommage si un prince qui fait de si grandes choses oubliait les petites, qui sont nécessaires ; je lis les petites par rapport à lui, car votre pension est pour moi une très-grande affaire.

Je ne doute pas qu'avant qu'il soit un an je ne réussisse à lui faire agréer M. de La Bruère[1], qui pourra avoir un emploi très-agréable pour un homme de lettres. Ce sera une très-bonne acquisition pour Berlin ; mais c'est, à mon gré, une perte pour Paris. Je ne connais guère d'esprit plus juste et plus délicat. Il est bien triste qu'avec ses talents il ait besoin de sortir de la France.

Vous me dites qu'il est venu d'étranges récits sur le compte du roi de Prusse d'Aix-la-Chapelle, mais que Mme du Châtelet ni moi nous n'y sommes point mêlés. Cette restriction semble supposer que Mme du Châtelet était à Aix-la-Chapelle ; c'est un voyage auquel elle n'a pas pensé. Si elle avait eu à le faire, ce n'est pas ce temps-là

---

1. L'auteur des opéras intitulés : *les Voyages de l'Amour*, et *Dardanus*. (ÉD.)

qu'elle eût prise. Je sais à peu près d'où partent ces discours, mais il faut savoir que les faiseurs de tragédies, c'est-à-dire les rois et moi, nous sommes sifflés quelquefois par un parterre qui n'est pas trop bon juge. Les auteurs en sont fâchés, de ces sifflets, mais les rois s'en moquent, et vont leur train.

Songez à votre santé, et puissiez-vous avoir incessamment une bonne pension assignée sur la Silésie, laquelle vaut par an à son vainqueur quatre millions sept cent mille écus d'Allemagne, toutes charges faites ! Je vous embrasse de tout mon cœur.

MCLXXXIII. — DE FRÉDÉRIC II, ROI DE PRUSSE.
A Remusberg, le 13 octobre.

J'étais justement occupé à la lecture de cette histoire [1] réfléchie, impartiale, dépouillée de tous les détails inutiles, lorsque je reçus votre lettre. La première espérance que je conçus fut de recevoir la suite des cahiers. Le peu que j'en ai me fait naître le désir d'en avoir davantage. Il n'y a point d'ouvrage chez les anciens qui soit aussi capable que le vôtre de donner des idées justes, de former le goût, d'adoucir et de polir les mœurs. Il sera l'ornement de notre siècle, et un monument qui attestera à la postérité la supériorité du génie des modernes sur les anciens. Cicéron [2] disait qu'il ne concevait pas comment les augures faisaient pour s'empêcher de rire, quand ils se regardaient ; vous faites plus, vous mettez au grand jour les ridicules et les fureurs du clergé.

Le siècle où nous vivons fournit des exemples d'ambition, des exemples de courage, etc. ; mais j'ose dire, à son honneur, qu'on n'y voit aucune de ces actions barbares et cruelles qu'on reproche aux précédents ; moins de fourberies, moins de fanatisme, plus d'humanité et de politesse. Après la guerre de Pharsale, il n'y eut jamais de plus grands intérêts discutés que dans la guerre présente ; il s'agit de la prééminence des deux plus puissantes maisons de l'Europe chrétienne, il s'agit de la ruine de l'une ou de l'autre ; ce sont de ces coups de théâtre qui méritent d'être rapportés par votre plume, et de trouver place à la suite de l'histoire que vous vous proposez d'écrire.

Je regrette ces maux dont le monde est couvert,
Ces nœuds que la Discorde a su l'art de dissoudre :
Les aigles prussiens ont suspendu leur foudre
Au temple de Janus, que mes mains ont ouvert.
N'insultez point, ami, l'intrépide courage
Que mes vaillants soldats opposent à l'orage ;
L'intérêt n'agit point sur mes nobles guerriers ;
Ils ne demandent rien, leur amour est la gloire,
Le prix de leurs travaux n'est que dans la victoire.
Le repos leur est dû, et c'est sous leurs lauriers

1. *Essai sur les mœurs et l'esprit des nations.* (*Éd. de Kehl.*)
2. *De Divinatione,* II, XXIV. (ÉD.)

Que les Arts, les Plaisirs, vont élever leur temple,
Que le Germain surpris avec ardeur contemple.

C'est ce temple dont vous jouirez, lorsque vous le voudrez bien, et dont, en attendant, les instructions et les plaisirs sortiront pour nous autres.

J'attends tous les jours les beaux antiques de l'abbé de Polignac,

Que Polignac, ce savant homme,
Escamota jadis à Rome,
Et qu'aux yeux du monde surpris
Nous escamotons à Paris.

J'ai admiré l'Épître dédicatoire de *Mahomet;* elle est pleine de réflexions vraies et d'allusions très-fines.

Le zèle enflammé des bigots
Nous vaut parfois de vos bons mots;
Leurs sottises, leurs momeries,
Leur vierge, leurs saints, leurs folies,
Et le non-sens de leurs héros,
Leurs fourbes et leurs tromperies,
Et leurs saintes supercheries,
Mériteraient que leurs chapeaux
Fussent tout ornés de grelots;
Que du saint-père jusqu'au diacre,
Au lieu de tonsure et de sacre,
On eût tranché certains morceaux
Qui, par le vœu de pucelage,
Chez eux ne sont d'aucun usage,
Et scandalisent leurs égaux.

Je ne connais pas Mme de Walstein; je sais bien que son soi-disant neveu a eu de très-mauvais procédés avec ses supérieurs, et que même il a voulu se battre à toute force.

Faites des vers et des histoires à l'infini, mon cher Voltaire, vous ne rassasierez jamais le goût que j'ai pour vos ouvrages, ni ne tarirez jamais la source de ma reconnaissance. Adieu. FÉDÉRIC.

MCLXXXIV. — A M. L'ABBÉ AUNILLON.

Octobre.

Allah! illah! allah; Mohammed rezoul, allah!

Je baise les barbes de la plume du sage Aunillon[1], fils d'Aunillon, resplendissant entre tous les imans de la loi du Christ.

Votre lettre a été pour moi ce que la rosée est pour les fleurs, et les rayons du soleil pour le tournesol. Que Dieu vous couronne de prospérité comme vous l'êtes de sagesse, et qu'il augmente la rondeur

1. Il avait écrit à l'auteur une lettre en style oriental, sur la tragédie de *Mahomet.* M. de Voltaire lui répondit sur le même ton. (*Éd. de Kehl.*)

de votre face! Mon cœur sera dilaté de joie, et la reconnaissance sera dans lui comme sur mes lèvres, quand mes yeux pourront lire les doctes pages du généreux iman qui fortifie la faiblesse de mon diame par la force de son éloquence. J'attends avec impatience sa docte dissertation. Mais comme la poste des infidèles est très-chère, et que le plus petit paquet coûte un sultanin, je vous supplie de vouloir bien faire mettre promptement au coche de Bruxelles cet écrit bien ficelé et point cacheté, selon les usages de la peu sublime Porte de Bruxelles. Ce paquet arrivera en six ou sept jours, attendu qu'il n'y a que dix-sept cent vingt-huit stades de la ville impériale de Paris à celle où la divine Providence nous retient actuellement. Que Dieu vous accorde toutes les églantines de Toulouse et toutes les médailles des Quarante! que le bordereau de la fortune tombe de ses mains entre les vôtres!

Écrit dans mon bouge, sur la place de Louvain[1], affligé d'une énorme colique, le 8 de la lune du neuvième mois, l'an de l'hégire 1122[2].

Si la divine Providence permet que vous voyiez le plus généreux et le plus aimable des enfants des hommes, d'Argental, fils de Ferriol, dont Dieu croisse la chevance, nous vous prions de l'assurer que nous soupirons après l'honneur de le voir avec plus d'ardeur que les adjes ne soupirent après la vue de la pierre noire de Caaba, et qu'il sera toujours, ainsi que sa compagne ornée de grâces, l'objet des plus vives tendresses de notre cœur.

MCLXXXV. — A MADAME DE CHAMPBONIN.
Bruxelles.

Si je n'espérais pas vous revoir encore à Cirey, je serais inconsolable. J'ignore à présent dans quelle gouttière vous portez votre bon cœur et vos pattes de velours. Êtes-vous au Champbonin, à la Neuville? Nous nous sommes vus comme un éclair. Tout passe bien vite dans ce monde; mais rien n'a passé si rapidement que notre entrevue. Nous vivons à Bruxelles comme à Cirey. Nous voyons peu de monde; nous étudions le jour, nous soupons gaiement. Nous prenons notre café au lait le lendemain d'un bon souper. Je suis malade quelquefois, mais très-content de mon sort, et ne trouvant que vous qui me manque. Que cette lettre et ces mêmes sentiments soient aussi pour monsieur votre fils, à qui je fais mille compliments.

Adieu, gros chat; je baise vos pattes. V.

MCLXXXVI. — A M. LE CARDINAL DE FLEURI.
Bruxelles, le 20 octobre.

Monseigneur, malgré la honte où l'on doit être de parler de petites choses à Votre Éminence, sa bonté semble m'autoriser à la supplier instamment de vouloir bien que M. de Marville se charge de découvrir

---

1. Voltaire demeura d'abord, à Bruxelles, rue de la *Grosse-Tour*; il paraît qu'en 1742 il habitait sur la *place de Louvain*. (ÉD.)
2. 1155. (ÉD.)

les éditeurs de *Mahomet*[1], qui ont imprimé cet ouvrage malgré toutes les précautions qu'on avait prises pour le dérober au public. Daignez ajouter cette grâce, monseigneur, à tant d'autres bontés. Je suis avec la plus respectueuse reconnaissance, etc. VOLTAIRE.

MCLXXXVII. — A M. DE MARVILLE, LIEUTENANT GÉNÉRAL DE POLICE.

Bruxelles, le 30 octobre.

Monsieur, M. le cardinal de Fleuri m'a fait l'honneur de me mander qu'il vous avait envoyé la lettre par laquelle je le suppliais que la petite affaire en question[1] vous fût renvoyée. J'aurais été bien affligé qu'un autre que vous s'en fût saisi, et vous savez mes raisons.

Je vous aurais, monsieur, la plus sensible obligation, si vous pouriez découvrir le dépositaire infidèle qui a trafiqué du manuscrit. Je ne me plains point des libraires; ils ont fait leur devoir d'imprimer clandestinement et d'imprimer mal. Mais celui qui a violé le dépôt mérite d'être connu. Je crois que vous avez d'autres occupations que cette bagatelle, et j'abuse un peu de vos bontés: mais les plus petites choses deviennent considérables à vos yeux lorsqu'il s'agit d'obliger.

Je crois savoir que le nommé Constantin a débité les premiers exemplaires au Palais-Royal. Je suis bien loin de demander qu'on en use sévèrement avec ce pauvre homme; mais on peut remonter par lui à la source. Enfin je m'en remets à vos lumières et à vos bontés.

VOLTAIRE.

MCLXXXVIII. — A M. THIERIOT, A PARIS.

A Bruxelles, le 3 novembre.

Je vous avoue que je suis aussi fâché que vous du retard que vous éprouvez. Nous en raisonnerons à loisir à Paris, où j'espère vous voir, avant la fin du mois,

Satisfait sans fortune, et sage en *vos* plaisirs.

Je voudrais bien voir cette sagesse un peu plus à son aise. On ne m'écrira que lorsque je serai à Paris; ainsi jusque-là je n'ai rien de nouveau à vous dire. J'attends pour cet hiver la paix et votre pension.

J'ai vu les meurtriers anglais et les meurtriers hessois et hanovriens; ce sont de très-belles troupes à renvoyer dans leur pays. Dieu les y conduise, et moi à Paris, par le plus court! Les maudits houssards ont pris tout le petit équipage de mon neveu Denis, qui se tue le corps et l'âme en Bohême, et qui est malade à force de bien servir. Pour surcroît de disgrâce, on lui a saisi ici deux beaux chevaux qu'il envoyait à sa femme, et je n'ai jamais pu les retirer des mains des

---

1. Les éditeurs d'une contrefaçon de *Mahomet*. (ÉD.)
2. Manuel, qui, le premier, fit imprimer cette pièce dans la *Police dévoilée*, rapporte la note marginale mise par le chef de la police, et que voici : « Ne faire réponse à Voltaire que dans huit jours. Si Mérigot ne déclare point d'où il tient le *Mahomet*, le mettre en prison pour huit à dix jours. » (Note de M. Beuchot.)

commis, gens maudits de Dieu dans l'Évangile¹, et plus dangereux
que les houssards. Vous voyez que dans ce monde vous n'êtes pas
le seul à plaindre.

Mme du Châtelet essuie tous les tours de la chicane, et moi tous
ceux des imprimeurs.

> *Durum! sed levius fit patientia,*
> *Quidquid corrigere est nefas.*
> Hor., lib. I, od. xxiv, v. 19.

Quiconque est au coin de son feu, et qui songe en soupant qu'en
Bohême on manque souvent de pain, doit se trouver heureux.

Je vous embrasse, comptez toujours sur mon amitié.

MCLXXXIX. — A FRÉDÉRIC II, ROI DE PRUSSE
A Bruxelles, novembre.

Sire, je suis bien heureux que le plus sage des rois soit un peu content de ce vaste tableau que je fais des folies des hommes. Votre Majesté a bien raison dire que le temps où nous vivons a de grands avantages sur ces siècles de ténèbres et de cruauté,

> Et qu'il vaut mieux, ô blasphèmes maudits!
> Vivre à présent qu'avoir vécu jadis.

Plût à Dieu que tous les princes eussent pu penser comme mon héros! il n'y aurait eu ni guerre de religion, ni bûchers allumés pour y brûler de pauvres diables qui prétendaient que Dieu est dans un morceau de pain d'une manière différente de celle qu'entend saint Thomas. Il y a un casuiste² qui examine si la Vierge eut du plaisir dans la coopération de l'obombration du Saint-Esprit; il tient pour l'affirmative, et en apporte de fort bonnes raisons. On a écrit contre lui de beaux volumes; mais il n'y a eu, dans cette dispute, ni hommes brûlés ni villes détruites. Si les partisans de Luther, de Zwingle, de Calvin et du pape, en avaient usé de même, il n'y aurait eu que du plaisir à vivre avec ces gens-là.

Il n'y a plus guère de querelles fanatiques qu'en France. Le janséniste et le moliniste y entretiennent une discorde qui pourrait bien devenir sérieuse, parce qu'on traite ces chimères sérieusement.

Le prince n'a qu'à s'en moquer, et les peuples en riront; mais les princes qui ont des confesseurs sont rarement des rois philosophes.

J'envoie à Votre Majesté une petite cargaison d'impertinences³ humaines qui seront une nouvelle preuve de la grande supériorité du siècle de Frédéric sur les siècles de tant d'empereurs; mais, Sire, toutes ces preuves-là n'approchent point de celles que vous en donnez.

J'ai ouï dire que, tout général que vous êtes d'une armée de cent cinquante mille hommes, Votre Majesté se fait représenter paisiblement des comédies dans son palais. La troupe qui a joué devant elle n'est

---

1. Matthieu, xviii, 17. (ÉD.) — 2. Le P. Sanchez, jésuite. (ÉD.)
3. De nouveaux morceaux de l'*Essai sur les mœurs*. (ÉD.)

pas probablement comme ses troupes guerrières; elle n'est pas, je crois, la première de l'Europe.

Je pense avoir trouvé un jeune homme d'esprit et de mérite, qui fait fort joliment des vers, et qui sera très-capable de servir aux plaisirs de mon héros, de conduire ses comédiens, et d'amuser celui qui peut tenir la balance entre les princes de ce monde. Je compte être dans quinze jours à Paris, et alors j'en donnerai des nouvelles plus positives à Votre Majesté.

J'espère aussi lui envoyer deux ou trois siècles de plus; mais il me faut autant de livres que vous avez de soldats, et ce n'est guère qu'à Paris que je pourrai trouver tous ces immenses recueils dont je tire quelques gouttes d'élixir.

Je me flatte qu'à présent Votre Majesté jouit de la belle collection du cardinal de Polignac.

> Roi très-sage, voilà donc comme
> Vous avez, pour vingt mille écus,
> Tout le salon de Marius !
> Mais pour ces antiques vertus
> Qu'on ne rapporte plus de Rome,
> Le don de penser toujours bien,
> D'agir en prince, et vivre en homme,
> Tout cela ne vous coûte rien.

Je viens de voir les Hanovriens et les Hessois en ordre de bataille; ce sont de belles troupes, mais cela n'approche pas encore de celles de Votre Majesté, et elles n'ont pas mon héros à leur tête. On ne croit pas que cet hiver elles sortent de leur garnison. On disait qu'elles allaient à Dunkerque; le chemin est un peu scabreux, quoiqu'il paraisse assez beau.

Sire, que Votre Majesté conserve ses bontés à son éternel admirateur!

MCXC. — DE FRÉDÉRIC II, ROI DE PRUSSE.

A Potsdam, le 18 novembre.

> J'ai vu ce monument durable
> Qu'au genre humain vous érigez;
> J'ai lu cette histoire admirable
> De fous, de saints et d'enragés,
> De chevaliers infortunés
> Guerroyant pour un cimetière,
> Et de ces successeurs de Pierre
> Que joyeusement vous bernez.
> Que je suis heureux, cher Voltaire,
> D'être né ton contemporain !
> Ah! si j'avais vécu naguère,
> Quelque trait mordant et sévère
> M'eût déjà frappé de ta main.

Continuez cet excellent ouvrage pour l'amour de la vérité, continuez-le pour le bonheur des hommes. C'est un roi qui vous exhorte à écrire les folies des rois.

Vous m'avez si fort mis dans le goût du travail, que j'ai fait une épître, une comédie, et des *Mémoires*[1] qui, j'espère, seront fort curieux. Lorsque les deux premières pièces seront corrigées de façon que j'en sois satisfait, je vous les enverrai. Je ne puis vous communiquer que des fragments de la troisième; l'ouvrage en entier n'est pas de nature à être rendu public. Je suis cependant persuadé que vous y trouverez quelques endroits passables.

Je vois que vous avez une idée assez juste de nos comédiens; ce sont proprement des danseurs dont la famille de la Cochois fait la comédie. Ils jouent passablement quelques pièces du Théâtre-Italien et de Molière; mais je leur ai défendu de chausser le cothurne, ne les en trouvant pas dignes.

La collection d'antiques du cardinal de Polignac est arrivée à bon port, sans que les statues aient souffert la moindre fracture.

Pourquoi remuer à grands frais
Les décombres de Rome entière,
Ce marbre et cette antique pierre;
Et pourquoi chercher les portraits
De Virgile, Horace, et d'Homère?
Leur esprit et leur caractère,
Plus estimables que leurs traits,
Se retrouvent tous dans Voltaire.

Le cardinal apostolique, qui pouvait vous posséder, avait donc grand tort de ramasser tous ces bustes; mais moi, qui n'ai pas cet honneur-là, il me faut vos écrits dans ma bibliothèque, et ces antiques dans ma galerie.

Je souhaite que messieurs les Anglais se divertissent aussi bien, cet hiver, en Flandre, que je me propose de passer agréablement mon carnaval à Berlin. J'ai donné le mal épidémique de la guerre à l'Europe, comme une coquette donne certaines faveurs cuisantes à ses galants. J'en suis guéri heureusement, et je considère à présent comme les autres vont se tirer des remèdes par lesquels ils passent. La fortune ballotte le pauvre empereur et la reine de Hongrie; je suis d'avis que la fermeté ou la faiblesse de la France en décidera.

Au moins souvenez-vous que je me suis approprié une certaine autorité sur vous; vous êtes comptable envers moi de vos *Siècles*, de l'*Histoire générale*, etc., comme les chrétiens le sont de leurs moments envers leur doux Sauveur. Voilà ce que c'est que le commerce des rois, mon cher Voltaire; ils empiètent sur les droits de chacun, ils s'arrogent des prétentions qu'ils ne devraient point avoir. Quoi qu'il en soit, vous m'enverrez votre Histoire, trop heureux que vous en réchappiez vous-même; car, si je m'en croyais, il y aurait longtemps

---

1. *Mémoires pour servir à l'histoire de Brandebourg.* (Éd.)

que j'aurais prouvé que vous m'appartenez, et que j'étais fondé à vous revendiquer, à vous prendre partout où je vous trouverais.

Adieu; portez-vous bien, ne m'oubliez pas, et surtout ne prenez point racine à Paris, sans quoi je suis perdu. Frédéric.

MCXCI. — A M. D'ARNAUD, A PARIS.

A Bruxelles, 20 novembre.

Mon cher enfant en Apollon, vous vous avisez donc enfin d'écrire d'une écriture lisible, sur du papier honnête, de cacheter avec de la cire, et même d'entrer dans quelque détail en écrivant? Il faut qu'il se soit fait en vous une bien belle métamorphose; mais apparemment votre conversion ne durera pas, et vous allez retomber dans votre péché de paresse. N'y retombez pas au moins quand il s'agira de travailler à votre *Mauvais riche*, car j'aime encore mieux votre gloire que vos attentions. J'espère beaucoup de votre plan, et surtout du temps que vous mettez à composer, car, depuis trois mois, vous ne m'avez pas fait voir un vers. *Sat cito si sat bene.*

Plusieurs personnes m'ont écrit que M. Thieriot répandait le bruit que j'avais part à votre comédie; je ne crois pas que M. Thieriot puisse ni veuille vous ravir un honneur qui est uniquement à vous. Je n'ai d'autre part à cet ouvrage que celle d'en avoir reçu de vous les prémices, et d'avoir été le premier à vous encourager à traiter un sujet susceptible d'intérêt, de comique et de morale, et où vous pourrez peindre les vertus d'après nature, en les prenant dans votre cœur. A l'égard des vices, il faudra que vous sortiez un peu de chez vous; mais les modèles ne seront pas difficiles à rencontrer.

Faites-moi le plaisir de me donner souvent de vos nouvelles si vous pouvez. Je vous embrasse de tout mon cœur.

MCXCII. — A M. LE COMTE D'ARGENTAL.

A Bruxelles, novembre.

Votre gardiennerie m'a donc inspiré, mon cher et respectable ami, car j'ai renoué bien des fils à *Mahomet* et à *Zulime*, avant que votre ordre angélique eût été signifié. Je ne pouvais pas me dispenser de faire imprimer *Mahomet*, après les malheureuses éditions qu'on en avait faites à Paris, et qu'on allait faire encore à Londres et en Hollande. J'ai été obligé d'envoyer à ces deux endroits le véritable manuscrit, après l'avoir encore retouché selon mes petites forces. Il n'y a point d'épître dédicatoire au roi de Prusse, mais on imprime une lettre que je lui avais écrite, il y a deux ans, en lui envoyant un exemplaire manuscrit de la pièce. Je crois que vous ne serez pas mécontent de la lettre; vous y trouverez les objections que le fanatisme a pu faire, détruites sans que je prenne la peine d'y répondre. Je me contente de faire sentir qu'il y a eu plus d'un *Séide* sous d'autres noms, et que la pièce n'est, au fond, qu'un sermon contre les maximes infernales qui ont mis le couteau à la main des Poltrot, des Ravaillac, et des Châtel. D'ailleurs, quoique je parle à un roi, la lettre est purement philosophique; elle n'est souillée d'aucune flatterie; je suis aussi loin de flatter les rois, que je le suis d'écrire au cardinal de Fleuri que je soupçonne Prault de l'édition clandestine de *Mahomet*.

Je supplie instamment mes anges d'étendre ici leurs ailes; leur *Mahomet*, pour lequel ils ont eu tant de bontés, et qui m'a coûté tant de soins, ne m'a donc produit que des peines! Mon sort serait bien malheureux, si je n'avais pour consolation Émilie et mes anges.

Je compte que nous partirons dans cinq ou six jours, et que nous serons à Paris vers le 20 du mois. Tous les lieux me seraient égaux sans vous. Nous avons mené à Bruxelles une vie retirée qui est bien de mon goût; j'y ai trouvé peu d'hommes, mais beaucoup de livres : je n'ai pas laissé de travailler; mais ma mauvaise santé me fait perdre bien du temps, elle se dérange plus que jamais. Vous rendrez heureuse cette vie que la nature s'obstine à tourmenter. Je retrouverai dans votre commerce et dans celui de Mme d'Argental de quoi braver tous les maux.

Adieu. Les Autrichiens disent qu'ils inonderont la France avec cent mille hommes, l'année qui vient. Je n'en crois rien du tout

MCXCIII. — DE FRÉDÉRIC II, ROI DE PRUSSE.

A Berlin, le 4 décembre.

Au lieu de votre *Pucelle* et de votre belle Histoire, je vous envoie une petite comédie contenant l'extrait de toutes les folies que j'ai été en état de ramasser et de coudre ensemble. Je l'ai fait représenter aux noces de Césarion, et encore a-t-elle été fort mal jouée. D'Éguilles, qui m'a rendu votre lettre d'antique date, est arrivé. On dit qu'il a plus d'étoffe que son frère; je n'ai pas encore été en état d'en juger. Je n'ai de *la Pucelle* que l'alpha et l'oméga; si je pouvais avoir les ive, v^e, vi^e et viie chants, alors ce serait un trésor dont vous m'auriez mis pleinement en possession.

Il me semble que les créanciers de mesdames les dix-sept Provinces sont aussi pressés de leur payement que messieurs les maréchaux de France sont lents dans leurs opérations. Pour ce qui regarde vos créanciers [1], je vous prie de leur dire que j'ai beaucoup d'argent à liquider avec les Hollandais, et qu'il n'est pas encore clair qui de nous deux restera le débiteur.

Si Paris est l'île de Cythère, vous êtes assurément le satellite de Vénus; vous circulez à l'entour de cette planète, et suivez le cours que cet astre décrit de Paris à Bruxelles et de Bruxelles à Cirey. Berlin n'a rien qui puisse vous y attirer, à moins que nos astronomes de l'Académie ne vous y incitent avec leurs longues lunettes. Nos peuples du Nord ne sont pas aussi mous que les peuples d'Occident; les hommes chez nous, sont moins efféminés et, par conséquent, plus mâles, plus capables de travail, de patience, et peut-être moins gentils, à la vérité. Et c'est justement cette vie de sybarite que l'on mène à Paris,

1. Quelques marchands de tableaux de la Flandre en avaient sans doute vendu à Frédéric par l'entremise de Voltaire, et le philosophe avait probablement aussi glissé un mot de leur payement dans sa correspondance avec le prince. (*Note de M. Clogenson.*)

dont vous faites tant d'éloges, qui a perdu la réputation de vos troupes et de vos généraux.

Surtout, en écoutant ces tristes aventures,
Pardonnez, *cher Voltaire*, à des vérités dures
Qu'un autre aurait pu taire ou saurait mieux voiler,
Mais que *ma bouche enfin ne peut* dissimuler.

Adieu, cher Voltaire; écrivez-moi souvent, et surtout envoyez-moi vos ouvrages et *la Pucelle*. J'ai tant d'affaires que ma lettre se sent un peu du style laconique. Elle vous ennuiera moins, si je n'en ai pas déjà trop dit. FRÉDÉRIC.

MCXCIV. — A FRÉDÉRIC II, ROI DE PRUSSE.
Décembre.

Sire,
J'ai reçu votre lettre aimable
Et vos vers fins et délicats,
Pour prix de l'énorme fatras
Dont, moi pédant, je vous accable.
C'est ainsi qu'un franc discoureur,
Croyant captiver le suffrage
De quelque esprit supérieur,
En de longs arguments s'engage;
L'homme d'esprit, par un bon mot,
Répond à tout ce verbiage,
Et le discoureur n'est qu'un sot.

Votre *humanité* est plus adorable que jamais ; il n'y a plus moyen de vous dire toujours *Votre Majesté*. Cela est bon pour des princes de l'empire, qui ne voient en vous que le roi ; mais moi qui vois l'homme, et qui ai quelquefois de l'enthousiasme, j'oublie dans mon ivresse le monarque pour ne songer qu'à cet homme enchanteur.

Dites-moi par quel art sublime
Vous avez pu faire à la fois
Tant de progrès dans l'art des rois,
Et dans l'art charmant de la rime.
Cet art des vers est le premier,
Il faut que le monde l'avoue;
Car des rois que ce monde loue,
L'un fut prudent, l'autre guerrier;
Celui-ci, gai, doux et paisible,
Joignit le myrte à l'olivier,
Fut indolent et familier;
Cet autre ne fut que terrible.
J'admire leurs talents divers,
Moi qui compile leur histoire;
Mais aucun d'eux n'obtint la gloire
De faire de si jolis vers.

> O mon héros! esprit fertile,
> Animé de ce divin feu,
> Régner et vaincre n'est qu'un jeu,
> Et bien rimer est difficile.
> Mais non, cet art noble et charmant
> N'est pour vous qu'un délassement.
> Homme universel que vous êtes !
> Vous saisissez également
> La lyre aimable des poètes,
> Et de Mars le foudre assommant.
> Tout est pour vous amusement,
> Vos mains à tout sont toujours prêtes;
> Vous rimez non moins aisément
> Que vous avez fait vos conquêtes.

Si la reine de Hongrie et le roi mon seigneur et maître voyaient la lettre de Votre Majesté, ils ne pourraient s'empêcher de rire, malgré le mal que vous avez fait à l'une, et le bien que vous n'avez pas fait à l'autre. Votre comparaison d'une coquette, et même de quelque chose de mieux, qui a donné des *faveurs* un peu *cuisantes*, et qui se moque de ses *galants* dans les remèdes, est une chose aussi plaisante qu'en aient dit les César, et les Antoine, et les Octave, vos devanciers, gens à grandes actions et à bons mots. Faites comme vous l'entendrez avec les rois; battez-les, quittez-les, querellez-vous, raccommodez-vous, mais ne soyez jamais inconstant pour les particuliers qui vous adorent.

> Vos faveurs étaient dangereuses
> Aux rois qui le méritent bien;
> Car tous ces gens-là n'aiment rien,
> Et leurs promesses sont trompeuses.
> Mais moi, qui ne vous trompe pas,
> Et dont l'amour toujours fidèle
> Sent tout le prix de vos appas,
> Moi qui vous eusse aimé cruelle,
> Je jouirai sans repentir
> Des caresses et du plaisir
> Que fait votre muse infidèle.

Il pleut ici de mauvais livres et de mauvais vers; mais, comme Votre Majesté ne juge pas de tous nos guerriers par l'aventure de Lintz[1], elle ne juge pas non plus de l'esprit des Français par les *Étrennes de la Saint-Jean*, ni par les grossièretés de l'abbé Desfontaines.

Il n'y a rien de nouveau parmi nos sybarites de Paris. Voici le seul trait digne, je crois, d'être conté à Votre Majesté. Le cardinal de Fleuri, après avoir été assez malade, s'avisa, il y a deux jours, ne sachant que faire, de dire la messe à un petit autel, au milieu d'un jardin où

---

1. Le 23 janvier 1742, Henri-François, comte de Ségur, enfermé dans Lintz, avec un corps de dix mille hommes, capitula devant l'armée autrichienne, sous la condition d'être un an sans servir. (Éd.)

il gelait. M. Amelot et M. de Breteuil arrivèrent, et lui dirent qu'il se jouait à se tuer : *Bon, bon, messieurs,* dit-il, *vous êtes des douillets.* A quatre-vingt-dix ans! quel homme! Sire, vivez autant, dussiez-vous dire la messe à cet âge et moi la servir.

Je suis avec le plus profond respect, etc.

MCXCV. — A M. Thieriot.
Jour de Noël.

Montrez, je vous en prie, à M. l'abbé de Rothelin cette ode que j'ai retrouvée dans mes paperasses. Je cherche toujours à lui plaire, malgré son ingratitude. Il me semble que, dans un temps où les lettres tombent si visiblement, et où les frelons s'emparent si hautement du miel des abeilles, on doit chercher au moins à se consoler par l'approbation du petit nombre des connaisseurs, plus petit, en vérité, que celui des élus. Si vous voulez, je vous enverrai encore ma lettre au roi de Prusse, sur *Mahomet;* mais envoyez-moi quelques-uns des anciens brimborions que je vous ai demandés.

Je vous embrasse.

MCXCVI. — A madame de Champbonin.
De Cambrai, janvier 1743.

Mon cher *gros chat* est dans sa gouttière et nous courons les champs. Nous voici à Cambrai, marchant à petites journées. Nous n'avons pas trouvé la moindre petite fête sur la route. Nous sommes traités en médecins de village, qu'on envoie chercher en carrosse et qu'on laisse retourner à pied. Si vous me demandez pourquoi nous allons à Paris, je ne peux vous répondre que de moi. J'y vais parce que je suis Émilie. Mais pourquoi y va-t-elle? je ne sais pas trop. Elle prétend que cela est nécessaire, et je suis destiné à la croire comme à la suivre. Vous jugez bien que la première chose que je ferai sera de voir monsieur votre fils; mais pourquoi la mère n'y serait-elle pas? pourquoi n'aurions-nous pas le plaisir de nous voir rassemblés? Voici une belle occasion pour quitter sa gouttière. On ne vous soupçonnera point d'être venue à Paris pour les feux d'artifice[1]. On sait assez que vous ne faites de ces voyages-là que pour vos amis. Où êtes-vous à présent, cher *gros chat?* êtes-vous à la Neuville? y renouez-vous les nœuds d'une ancienne amitié, et Mme de La Neuville jouit-elle un peu de l'interrègne? Elle sera trop heureuse de vous avoir retrouvée; mais nous aurons notre tour, et nous espérons toujours revoir Cirey avant d'habiter le palais de la pointe de l'île. Nous les verrons bien tard, ce Cirey et ce Champbonin. Hélas! nous avons acheté des meubles à Bruxelles; c'est la transmigration de Babylone. Je ne suis pas trop content de mon séjour dans ce pays-là. Je m'y suis ruiné; et, pour dernier trait, les commis de la douane ont saisi des tableaux qui m'appartiennent.

1. Voltaire savait sans doute déjà comment le maréchal de Belle-Isle était sorti de Prague, malgré le prince de Lobkowitz, qui ne put entamer les troupes françaises dans leur glorieuse retraite jusqu'à Egra. (ÉD.)

Il y a, comme vous savez, beaucoup de princes à Bruxelles, et peu d'hommes. On entend à tout moment *Votre Altesse, Votre Excellence*. Mme du Châtelet ne sera princesse que quand sa généalogie sera imprimée ; mais, fût-elle bergère, elle vaut mieux que tout Bruxelles. Elle est plus savante que jamais; et, si sa supériorité lui permet encore de baisser les yeux sur moi, ce sera une belle action à elle; car elle est bien haute. Il faut qu'elle cligne les yeux en regardant en bas pour me voir. On va souper ; adieu, cher *gros chat*. J'embrasse vos pattes de velours.

MCXCVII. — A M. DE MONCRIF.

1er février.

J'ai été enchanté, monsieur, de vous retrouver et de retrouver l'ancienne amitié que vous m'avez témoignée. Je vous remercie encore de l'humanité que vous avez fait paraître en examinant les ouvrages d'un homme[1] qui était l'ennemi du genre humain. Si tous les gens de lettres pensaient comme vous, le métier serait bien agréable. Ce serait alors qu'on aurait raison de les appeler *humaniores litteræ*. J'ai oublié d'écrire à M. d'Argenson[2] que je le suppliais de me recommander à M. Maboul[3]; mais avec vous, monsieur, on a beau avoir oublié ce qu'on voulait, vous vous en souviendrez. Je vous prie donc de vouloir bien suppléer mes péchés d'omission, et de dire à M. d'Argenson qu'il ait la bonté de me recommander fortement et généralement.

Ces deux adverbes joints font admirablement.

Molière, *Femmes savantes*, acte III, scène II.

Le roi m'a donné son agrément pour être de l'Académie, en cas qu'on veuille de moi. Reste à savoir si vous en voulez. Vous savez que, pour l'honneur des lettres, je veux qu'on fasse succéder un pauvre diable à un premier ministre[4] ; je me présente pour être ce pauvre diable-là.

J'écris à la plus aimable sainte[5] qui soit sur la terre. Elle nous convertira tous; elle était faite pour mener au ciel ou en enfer qui elle aurait voulu. Je compte sur sa protection dans cette vie et dans l'autre. Je me flatte aussi, mon cher monsieur, que vous ne m'abandonnerez pas, et que, quand vous aurez fini la grande affaire du frère[6] d'*Athalie* et de *Phèdre*, vous donnerez des marques de votre amitié à votre ancien serviteur, qui vous sera tendrement obligé, et qui vous aimera toute sa vie.

1. Moncrif devait donner une édition des *Œuvres* de J. B. Rousseau. (*Éd. de Kehl.*)
2. Le comte d'Argenson venait d'être nommé secrétaire d'État au département de la guerre, à la place du marquis de Breteuil, mort subitement; et, comme conseiller d'État, il dirigeait le bureau des affaires de chancellerie et de librairie. (ÉD.)
3. M. Maboul était maître des requêtes et membre du bureau des affaires de chancellerie et librairie, sous la direction du comte d'Argenson. (ÉD.)
4. Le cardinal de Fleuri, mort à Issy, le 29 janvier précédent. (ÉD.)
5. La maréchale de Villars, qui était devenue dévote, mais que Voltaire aimait et respectait toujours. (ÉD.)
6. Louis Racine, que Fleuri avait empêché d'être admis à l'Académie française, vers 1722, et qui, depuis ce temps-là, végétait oublié en province. (ÉD.)

MCXCVIII. — A M. DE VAUVENARGUES.
Le dimanche 10 février.

Tout ce que vous aimerez, monsieur, me sera cher, et j'aime déjà le sieur de Fléchelles. Vos recommandations sont pour moi les ordres les plus précis. Dès que je serai un peu débarrassé de *Mérope*, des imprimeurs, des Goths et Vandales qui persécutent les lettres, je chercherai mes consolations dans votre charmante société, et votre prose éloquente ranimera ma poésie. J'ai eu le plaisir de dire à M. Amelot tout ce que je pense de vous. Il sait son Démosthène par cœur; il faudra qu'il sache son Vauvenargues. Comptez à jamais, monsieur, sur la tendre estime et sur le dévouement de VOLTAIRE.

MCXCIX. — DE FRÉDÉRIC II, ROI DE PRUSSE.
Le 22 février.

Nous avons dit hier de vous tout le bien que l'on peut dire d'un mortel. La salle du souper était un temple où l'on vous faisait des sacrifices. Il faut assurément qu'il y ait quelque chose de divin en vous, car vous récompensez d'abord les bonnes actions dès qu'elles sont faites. Je viens de recevoir, ce matin, une lettre charmante, et qui m'a bien réjoui, n'en ayant point reçu de vous depuis longtemps. J'ai été accablé d'affaires deux mois de suite, ce qui m'a empêché de vous écrire plus tôt.

Je vous demande à présent une nouvelle explication, au sujet de votre avant-dernière lettre; car voilà le cardinal mort, et les affaires se font d'une façon différente. Il est bon de savoir quels sont les canaux dont il faut se servir. J'ai participé vivement à vos trophées; il m'a semblé que j'avais fait *Mérope*, et que c'était à moi que le public rendait justice.

Je suis sur le point de partir pour la Silésie, mais ce ne sera que pour peu de temps; après quoi je renouerai mon commerce avec les Muses. Envoyez-moi, je vous prie, *la Pucelle* (j'ai la rage de la dépuceler), et votre histoire, et vos épigrammes, et vos odes, et vous-même. Enfin, j'espère, d'une ou d'autre façon, de vous voir ici. Ne me faites point injustice sur mon caractère; d'ailleurs il vous est permis de badiner sur mon sujet comme il vous plaira.

Adieu, cher Voltaire; je vous aime, je vous estime, et vous aimerai toujours. FRÉDÉRIC.

MCC. — A M. LE COMTE D'ARGENTAL.
Mars.

Vous avez bien raison, ange tutélaire; je vous ai cherché tous ces jours-ci, pour vous demander vos conseils angéliques. Il est très-vrai que je dois avoir peur que Satan, déguisé en ange de lumière, escorté de *Marie Alacoque*, se déchaîne contre moi.

Oui, l'auteur de *Marie Alacoque* persécute et doit persécuter l'auteur de *la Henriade*; mais je ferai tout ce qu'il faudra pour apaiser, pour désarmer l'archevêque de Sens¹. Le roi m'a donné son agrément; je tâcherai de le mériter. Je me conduirai par vos avis. La place, comme vous savez, est peu ou rien, mais elle est beaucoup par les circonstances où je me trouve. La tranquillité de ma vie en dépend; mais le vrai bonheur, qui consiste à sentir vivement, se goûte chez vous.

Adieu, mes adorables anges gardiens; ma vie est ambulante, mais mon cœur est fixe. Je vous recommande Mme du Châtelet et *César*²; ce sont deux grands hommes.

MCCI. — A M. ***, DE L'ACADÉMIE FRANÇAISE.
Mars.

J'ai l'honneur de vous envoyer les premières feuilles d'une seconde édition des *Éléments de Newton*, dans lesquelles j'ai donné un extrait de sa métaphysique. Je vous adresse cet hommage comme à un juge de la vérité. Vous verrez que Newton était de tous les philosophes le plus persuadé de l'existence de Dieu, et que j'ai eu raison de dire qu'un catéchiste annonce Dieu à ses enfants, et qu'un Newton le démontre aux sages.

Je compte dans quelque temps avoir l'honneur de vous présenter l'édition complète qu'on commence du peu d'ouvrages qui sont véritablement de moi. Vous verrez partout, monsieur, le caractère d'un bon citoyen. C'est par là seulement que je mérite votre suffrage, et je soumets le reste à votre critique éclairée. J'ai entendu de votre bouche, avec une grande consolation, que j'avais osé peindre, dans *la Henriade*, la religion avec ses propres couleurs, et que j'avais même eu le bonheur d'exprimer le dogme avec autant de correction que j'avais fait avec sensibilité l'éloge de la vertu. Vous avez daigné même approuver que j'osasse, après nos grands maîtres, transporter sur la scène profane l'héroïsme chrétien³. Enfin, monsieur, vous verrez si, dans cette édition, il y a rien dont un homme qui fait comme vous tant d'honneur au monde et à l'Église puisse n'être pas content. Vous verrez à quel point la calomnie m'a noirci. Mes ouvrages, qui sont tous la peinture de mon cœur, seront mes apologistes.

J'ai écrit contre le fanatisme⁴, qui, dans la société, répand tant d'amertumes, et qui, dans l'État politique, a excité tant de troubles. Mais, plus je suis ennemi de cet esprit de faction, d'enthousiasme, de rébellion, plus je suis l'adorateur d'une religion dont la morale fait du genre humain une famille, et dont la pratique est établie sur l'indulgence et sur les bienfaits. Comment ne l'aimerais-je pas, moi qui l'ai toujours célébrée? Vous, dans qui elle est si aimable, vous suffiriez à me la rendre chère. Le stoïcisme ne nous a donné qu'un Épictète, et la philosophie chrétienne forme des milliers d'Épictètes qui

---

1. Languet, de l'Académie française. (ÉD.) — 2. Il parle de sa tragédie. (ÉD.)
3. Dans la tragédie de *Zaïre*. (ÉD.)
4. Allusion à la tragédie de *Mahomet*, que les calomnies du procureur général Joly de Fleuri, et de plusieurs membres du parlement de Paris, avaient forcé Voltaire à retirer du théâtre, le 14 août 1742. (ÉD.)

ne savent pas qu'ils le sont, et dont la vertu est poussée jusqu'à ignorer leur vertu même. Elle nous soutient surtout dans le malheur, dans l'oppression, et dans l'abandonnement qui la suit; et c'est peut-être la seule consolation que je doive implorer, après trente années de tribulations et de calomnies qui ont été le fruit de trente années de travaux.

J'avoue que ce n'est pas ce respect véritable pour la religion chrétienne qui m'inspira de ne faire jamais aucun ouvrage contre la pudeur; il faut l'attribuer à l'éloignement naturel que j'ai eu, dès mon enfance, pour ces sottises faciles, pour ces indécences ornées de rimes qui plaisent par le sujet à une jeunesse effrénée. Je fis à dix-neuf ans une tragédie d'après Sophocle, dans laquelle il n'y a pas même d'amour. Je commençai à vingt ans un poëme épique dont le sujet est la vertu qui triomphe des hommes et qui se soumet à Dieu. J'ai passé mon temps dans l'obscurité à étudier un peu de physique, à rassembler des mémoires pour l'histoire de l'esprit humain [1], pour celle d'un siècle [2] dans lequel l'esprit humain s'est perfectionné. J'y travaille tous les jours, sinon avec succès, au moins avec une assiduité que m'inspire l'amour de la patrie.

Voilà peut-être, monsieur, ce qui a pu m'attirer, de la part de quelques-uns de vos confrères, des politesses qui auraient pu m'encourager à demander d'être admis dans un corps qui fait la gloire de ce même siècle dont j'écris l'histoire. On m'a flatté que l'Académie trouverait même quelque grandeur à remplacer un cardinal, qui fut un temps l'arbitre de l'Europe, par un simple citoyen qui n'a pour lui que ses études et son zèle.

Mes sentiments véritables sur ce qui peut regarder l'État et la religion, tout inutiles qu'ils sont, étaient bien connus en dernier lieu de feu M. le cardinal de Fleuri. Il m'a fait l'honneur de m'écrire, dans les derniers temps de sa vie, vingt lettres qui prouvent assez que le fond de mon cœur ne lui déplaisait pas. Il a daigné faire passer jusqu'au roi même un peu de cette bonté dont il m'honorait. Ces raisons seraient mon excuse, si j'osais demander dans la république des lettres la place de ce sage ministre.

Le désir de donner de justes louanges au père de la religion et de l'État m'aurait peut-être fermé les yeux sur mon incapacité; j'aurais fait voir, au moins, combien j'aime cette religion qu'il a soutenue, et quel est mon zèle pour le roi qu'il a élevé. Ce serait ma réponse aux accusations cruelles que j'ai essuyées; ce serait une barrière contre elles, un hommage solennel rendu à des vérités que j'adore, et un gage de ma soumission aux sentiments de ceux qui nous préparent dans le Dauphin un prince digne de son père.

1. *L'Essai sur les mœurs et l'esprit des nations.* (ÉD.)
2. *Le Siècle de Louis XIV.* (ÉD.)

MCCII. — A M. BOYER, ANCIEN ÉVÊQUE DE MIREPOIX.

Mars.

Il y a longtemps, monseigneur, que je suis persécuté par la calomnie, et que je la pardonne. Je sais assez que depuis les Socrate jusqu'aux Descartes, tous ceux qui ont eu un peu de succès ont eu à combattre les fureurs de l'envie. Quand on n'a pu attaquer leurs ouvrages ni leurs mœurs, on s'est vengé en attaquant leur religion. Grâce au ciel, la mienne m'apprend qu'il faut savoir souffrir ; le Dieu qui l'a fondée fut, dès qu'il daigna être homme, le plus persécuté de tous les hommes. Après un tel exemple, c'est presque un crime de se plaindre ; corrigeons nos fautes, et soumettons-nous à la tribulation comme à la mort!

Un honnête homme peut, à la vérité, se défendre, il le doit même, non pour la vaine satisfaction d'imposer silence, mais pour rendre gloire à la vérité. Je peux donc dire, devant Dieu qui m'écoute, que je suis bon citoyen et vrai catholique, et je le dis uniquement parce que je l'ai toujours été dans le cœur. Je n'ai pas écrit une page qui ne respire l'humanité, et j'en ai écrit beaucoup qui sont sanctifiées par la religion. Le poëme de *la Henriade* n'est, d'un bout à l'autre, que l'éloge de la vertu qui se soumet à la Providence ; j'espère qu'en cela ma vie ressemblera toujours à mes écrits. Je n'ai jamais surtout souillé ces éloges de la vertu par aucun espoir de récompense, et je n'en veux aucune que celle d'être connu pour ce que je suis.

Mes ennemis me reprochent je ne sais quelles *Lettres philosophiques.* J'ai écrit plusieurs lettres à mes amis, mais jamais je ne les ai intitulées de ce titre fastueux. La plupart de celles qu'on a imprimées sous mon nom ne sont point de moi, et j'ai des preuves qui le démontrent. J'avais lu à M. le cardinal de Fleury celles qu'on a si indignement falsifiées ; il savait très-bien distinguer ce qui était de moi d'avec ce qui n'en était pas. Il daignait m'estimer, et surtout dans les derniers temps de sa vie. Ayant reconnu une calomnie infâme dont on m'avait noirci, au sujet d'une prétendue lettre au roi de Prusse, il m'en aima davantage. Les calomniateurs haïssent à mesure qu'ils persécutent ; mais les gens de bien se croient obligés de chérir ceux dont ils ont reconnu l'innocence.

MCCIII. — A M. LE COMTE D'ARGENTAL, A PARIS.

Mars.

Mon adorable ami, vous n'aurez pas aujourd'hui la moindre bouteille de ce vin que vous daignez aimer. En vous remerciant de celui de M. de Mairan. Je vais aujourd'hui à Versailles, je ne reviendrai que samedi.

Mais, mon Dieu, je suis accusé bien injustement. Ce n'est qu'à La Noue même que j'ai parlé, et c'est avec la plus tendre amitié que je lui ai fait mes représentations ; il les a reçues avec un peu d'aigreur. Mais, mon cher et respectable ami, je ne m'opposais à voir le visage de La Noue couvert, à Versailles, du turban d'Orosmane, que parce que je croyais qu'après avoir joué le rôle dans cette petite ville, il aurait le droit et la volonté de le jouer à Paris. Vous m'apprenez qu'il veut bien le céder à Grandval, après l'avoir joué à Versailles, en province; c'est une nouvelle en tous sens très-agréable pour moi. Il s'en faut beaucoup que mon goût pour la personne et les talents de La Noue soit diminué. Je serais fâché que Grandval jouât le rôle de Titus dans *Brutus*. Chacun a son talent et doit s'y renfermer. En vérité, vous devez avouer que La Noue n'est pas fait pour Orosmane. Vous aimiez *Zaïre* avant d'aimer La Noue. C'est les trahir tous deux que de donner Orosmane à La Noue. Je vous conjure de lui faire entendre raison. N'appelez point acharnement ma juste fermeté. La Noue devrait me remercier; je lui rends service en le suppliant instamment de ne point paraître sous une forme qui le dégrade. Joignez-vous à moi, faites-lui connaître ses véritables intérêts, dites-lui qu'ils me sont chers. Il ne faut pas que je lui déplaise en lui rendant service.

J'ai reçu hier une lettre de l'archevêque de Narbonne, par laquelle il me fait entendre qu'on l'a pressé de succéder à M. le cardinal de Fleuri, et qu'il accepte la place.

Persécuté de tous côtés, que j'aie au moins le public pour moi. Il est de mon intérêt et de mon honneur de me présenter sous des faces différentes, et d'élever en ma faveur la voix publique, qui, jointe à la vôtre, me console de tout. Mille tendres respects à mes deux anges, que j'adore.

MCCIV. — AU MÊME.

A Versailles, vendredi, mars.

Voici, mon très-cher ange, un fait comique. Je fais à M. le duc de Richelieu mes très-humbles plaintes de ce qu'il m'a forcé à laisser jouer Rousselois dans mes pièces, et de ce que tout Versailles dit que c'est moi qui l'ai fait venir, que c'est moi qui lui ai écrit, de la part de M. le premier gentilhomme[1] de la chambre. Je m'épuise en doux reproches; je me lamente. M. de Richelieu me répond en pouffant de rire. « Eh bien! dit-il, après avoir bien ricané, voulez-vous que je vous avoue celui qui a écrit à Rousselois, sans me consulter? c'est Roi. — Quoi! Roi? — Oui, Roi; Roi, le chevalier de Saint-Michel; Roi, le cheval; Roi, l'ennuyeux; Roi, l'insupportable; Roi, qui fait assez bien des ballets. Il a gagné un homme à moi qui m'a recommandé Rousselois comme un Baron. Je l'ai fait jouer dans vos tragédies, croyant vous servir. Je vous avoue ma faute, et vous pouvez dire partout que c'est moi qui ai tort. »

Mes chers anges, cela désarme; mais Mlle Dumesnil et ce pauvre Paulin sont au désespoir, et M. le duc d'Aumont va me croire le plus inepte des mortels; mais enfin la vérité triomphe, et M. le duc de Richelieu confesse son erreur. Il ne reste que Roi à punir; mais il n'y a pas moyen de punir un si sot homme. Justifiez-moi bien, mes chers anges; permettez que je vous dise que je suis enchanté des bontés de Sa Majesté. Le ministère n'a pas mis à cela la dernière main; mais il le fera. Je vous confie ce petit secret comme à mes chers protecteurs, que j'adorerai toute ma vie.

1. Le duc d'Aumont. (ÉD.)

MCCV. — A M. DE CIDEVILLE.

A Paris, ce 23 mars.

Mon cher ami, tâchons donc de nous rassembler, car ce n'est vivre qu'à demi que de vivre sans vous. Une place à table à côté de mon cher Cideville vaut mieux qu'une place à l'Académie ; ce n'est pas beaucoup dire. Je solliciterai toujours la première place et jamais la seconde. Je vous embrasse tendrement. J'ai bien envie de connaître M. de Béthencourt en prose; ses vers m'ont déjà charmé.

MCCVI. — A M. LE COMTE D'ARGENTAL.

Mars.

Quand les autres en ont gros comme un moucheron, j'en ai gros comme un chameau[1]. Quoique j'aie commencé longtemps avant mes anges, je ne crois pas que j'aie la force de sortir aujourd'hui de mon lit. Si je sortais, ce ne serait pas pour *Mérope*. Je suis trop heureux que ces cahiers vous amusent; en voilà six autres. J'aurai soin du quatrième acte d'*Adélaïde*, mais c'est sur *Zulime* que je compte le plus. Si j'étais plus jeune et moins persécuté, je travaillerais encore. Je suis venu dans le temps de barbarie. Je ne sais rien de cette Académie; tout ce que je sais, c'est qu'il est bien cruel que deux hommes[2] puissants se soient réunis pour m'arracher un agrément frivole, la seule récompense que je demandais, après trente années de travail. Bonjour; vous êtes ma plus grande consolation; mais portez-vous bien l'un et l'autre.

MCCVII. — A M. D'AIGUEBERRE.

A Paris, le 4 avril.

J'ai été bien malade, mon cher ami; j'ai fait parler à M. de La Houssaie[3], comme vous me l'avez ordonné; il me semble que c'est une chose assez aisée de faire retarder les affaires; voilà de toutes les grâces la plus facile à obtenir. Je n'ai point vu M. l'abbé Berth, qui devait m'expliquer tant de choses; je ne sais où le déterrer. Si vous me mandez sa demeure, j'irai chez lui. Vous savez si j'ai de l'empressement à vous obéir.

Notre *Mérope* n'est pas encore imprimée; je doute qu'elle réussisse à la lecture autant qu'à la représentation; ce n'est point moi qui ai fait la pièce, c'est Mlle Dumesnil. Que dites-vous d'une actrice qui fait pleurer le parterre pendant trois actes de suite? Le public a pris un peu le change; il a mis sur mon compte une partie du plaisir extrême que lui ont fait les acteurs, et la séduction a été au point que je n'ai pu paraître à la comédie qu'on ne m'ait battu des mains; cette faveur populaire m'a un peu consolé de la petite persécution que j'ai essuyée de M. l'évêque de Mirepoix. L'Académie, le roi, et le public, m'avaient désigné pour avoir l'honneur de succéder à M. le cardinal de Fleuri, parmi les quarante; mais M. de Mirepoix n'a pas voulu, et il a enfin

---

1. Il avait alors la grippe. (ÉD.) — 2. Boyer et Maurepas.
3. Le Pelletier de La Houssaie, intendant des finances. (ÉD.)

trouvé, après deux mois et demi, un évêque[1] pour remplir la place qu'on me destinait. Je crois qu'il convient à un profane comme moi de renoncer pour jamais à l'Académie, et de m'en tenir aux bontés du public; mais il y a encore quelque chose de plus précieux que cette bienveillance, peut-être passagère, c'est l'amitié constante d'un cœur comme le vôtre.

Les lettres sont ici plus persécutées que favorisées. On vient de mettre à la Bastille l'abbé Lenglet[2], pour avoir publié des *Mémoires* déjà connus, qui servent de supplément à l'Histoire de M. de Thou. Il a rendu un très-grand service aux bons citoyens et aux amateurs de recherches sur l'histoire; il méritait des récompenses, et on l'emprisonne, à l'âge de soixante-huit ans.

Insere nunc, Melibœe, piros! pone ordine vites!
Virg., ecl. I, v. 74.

Mme du Châtelet vous fait mille compliments; elle marie sa fille, comme je crois vous l'avoir mandé, à M. le duc de Montenero, Napolitain au grand nez, au visage maigre, à la poitrine enfoncée; il est ici, et va vous enlever une Française aux joues rebondies. *Vale, et me ama.*

MCCVIII. — A M. DE VAUVENARGUES.

Jeudi, 4 avril.

Aimable créature, beau génie, j'ai lu votre premier manuscrit, et j'y ai admiré cette hauteur d'une grande âme qui s'élève si fort au-dessus des petits brillants des Isocrates. Si vous étiez né quelques années plus tôt, mes ouvrages en vaudraient mieux; mais, au moins, sur la fin de ma carrière, vous m'affermissez dans la route que vous suivez. Le grand, le pathétique, le sentiment, voilà mes premiers maîtres; vous êtes le dernier. Je vais vous lire encore. Je vous remercie tendrement. Vous êtes la plus douce de mes consolations dans les maux qui m'accablent. VOLTAIRE.

MCCIX. — DE FRÉDÉRIC II, ROI DE PRUSSE.

A Potsdam, le 6 avril.

Mon cher Voltaire, vous me comblez de biens, pendant que je garde sur vous un morne silence; je reçois les fruits précieux de votre amitié, de vos veilles et de votre étude, lorsque je cours encore de province en province, sans pouvoir fixer mon étoile errante, et reprendre mes anciens errements.

Me voilà enfin de retour de Breslau, après avoir politiqué, financé, et martialisé de reste. Je compte de goûter à présent quelque repos, et de recommencer mon commerce avec les Muses. Je vous enverrai

---

1. Paul d'Albert de Luynes, évêque de Bayeux et depuis cardinal. (ÉD.)
2. Nicolas Lenglet du Fresnoi, né en 1674, fut mis à la Bastille, le 28 mars 1743, comme auteur des *Mémoires de Condé*, tome VI, servant d'éclaircissements et de preuves à l'*Histoire de M. de Thou*. (ÉD.)

bientôt l'avant-propos de mes *Mémoires*. Je ne puis vous envoyer tout
l'ouvrage, car il ne peut paraître qu'après ma mort et celle de mes
contemporains, et cela parce qu'il est écrit en toute vérité, et que je
ne me suis éloigné en quoi que ce soit de la fidélité qu'un historien
doit mettre dans ses récits. Votre histoire de l'esprit humain est admirable ; mais qu'elle est humiliante pour notre espèce et pour la Providence même ! si pourtant elle fait choix de ceux qui doivent gouverner le monde et servir de ressort aux changements qui arrivent sur
la terre.

Je suis bien fâché d'apprendre que la grippe vous ait si fort abattu.
Je me flatte que l'esprit soutiendra le corps, comme l'huile fait durer
la flamme dans la lampe.

D'Argens a fait représenter sa comédie, qui nous a fait bâiller tous.
Il voulait la donner au théâtre de Paris; mais je l'en ai dissuadé, car
il aurait été sifflé à coup sûr. Vous êtes unique, vous avez fait une
tragédie à dix-neuf ans, et un poëme épique à vingt; mais tout le
monde n'est pas Voltaire.

Les tracasseries ridicules des dévots de Paris [1] sont parvenues jusqu'au Nord. Je m'attendais bien que Voltaire serait réprouvé, dès qu'il
comparaîtrait devant un aréopage de Midas crossés-mitrés. Gagnez sur
vous de mépriser une nation qui méconnaît le mérite des Belle-Ile et
des Voltaire, et venez dans un pays où l'on vous aime, et où l'on n'est
point bigot. Adieu. Frédéric.

La Pucelle ! la Pucelle ! la Pucelle ! et encore *la Pucelle !* Pour l'a-
mour de Dieu, ou plus encore pour l'amour de vous-même, envoyez-
la-moi.

MCCX. — A M. de Vauvenargues, a Nanci.

Paris, le 15 avril

J'eus l'honneur de dire hier à M. le duc de Duras que je venais de
recevoir une lettre d'un philosophe plein d'esprit, qui d'ailleurs était
capitaine au régiment du Roi. Il devina aussitôt M. de Vauvenargues.
Il serait en effet fort difficile, monsieur, qu'il y eût deux personnes
capables d'écrire une telle lettre ; et, depuis que j'entends raisonner
sur le goût, je n'ai rien vu de si fin et de si approfondi que ce que
vous m'avez fait l'honneur de m'écrire.

Il n'y avait pas quatre hommes dans le siècle passé qui osassent s'a-
vouer à eux-mêmes que Corneille n'était souvent qu'un déclamateur :
vous sentez, monsieur, et vous exprimez cette vérité en homme qui a
des idées bien justes et bien lumineuses. Je ne m'étonne point qu'un
esprit aussi sage et aussi fin donne la préférence à l'art de Racine, à
cette sagesse toujours éloquente, toujours maîtresse du cœur, qui ne
lui fait dire que ce qu'il faut, et de la manière dont il le faut ; mais,
en même temps, je suis persuadé que ce même goût, qui vous a fait
sentir si bien la supériorité de l'art de Racine, vous fait admirer le
génie de Corneille, qui a créé la tragédie dans un siècle barbare. Les

---

1. Pour empêcher la nomination de Voltaire à l'Académie française. (Éd.)

inventeurs ont le premier rang, à juste titre, dans la mémoire des hommes. Newton en savait assurément plus qu'Archimède; cependant les *Équipondérants* d'Archimède seront à jamais un ouvrage admirable. La belle scène d'Horace et de Curiace, les deux charmantes scènes du *Cid*, une grande partie de *Cinna*, le rôle de Sévère, presque tout celui de Pauline, la moitié du dernier acte de *Rodogune*, se soutiendraient à côté d'*Athalie*, quand même ces morceaux seraient faits aujourd'hui. De quel œil devons-nous donc les regarder quand nous songeons au temps où Corneille a écrit! J'ai toujours dit : *In domo patris mei mansiones multæ sunt*[1]. Molière ne m'a point empêché d'estimer *le Glorieux* de M. Destouches; *Rhadamiste* m'a ému, même après *Phèdre*. Il appartient à un homme comme vous, monsieur, de donner des préférences, et point d'exclusions.

Vous avez grande raison, je crois, de condamner le sage Despréaux d'avoir comparé Voiture à Horace[2]. La réputation de Voiture a dû tomber, parce qu'il n'est presque jamais naturel, et que le peu d'agréments qu'il a sont d'un genre bien petit et bien frivole. Mais il y a des choses si sublimes dans Corneille, au milieu de ses froids raisonnements, et même des choses si touchantes, qu'il doit être respecté avec ses défauts. Ce sont des tableaux de Léonard de Vinci qu'on aime encore à voir à côté des Paul Véronèse et des Titien. Je sais, monsieur, que le public ne connaît pas encore assez tous les défauts de Corneille; il n'y en a que l'illusion confond encore avec le petit nombre de ses rares beautés.

Il n'y a que le temps qui puisse fixer le prix de chaque chose; le public commence toujours par être ébloui.

On a d'abord été ivre des *Lettres persanes* dont vous me parlez. On a négligé le petit livre de la *Décadence des Romains*, du même auteur; cependant je vois que tous les bons esprits estiment le grand sens qui règne dans ce bon livre d'abord méprisé, et font assez peu de cas de la frivole imagination des *Lettres persanes*, dont la hardiesse, en certains endroits, fait le plus grand mérite. Le grand nombre des juges décide, à la longue, d'après les voix du petit nombre éclairé: vous me paraissez, monsieur, fait pour être à la tête de ce petit nombre. Je suis fâché que le parti des armes, que vous avez pris[3], vous éloigne d'une ville où je serais à portée de m'éclairer de vos lumières : mais ce même esprit de justesse qui vous fait préférer l'art de Racine à l'intempérance de Corneille, et la sagesse de Locke à la profusion de Bayle, vous servira dans votre métier. La justesse sert à tout. Je m'imagine que M. de Catinat aurait pensé comme vous.

J'ai pris la liberté de remettre au coche de Nanci un exemplaire que j'ai trouvé d'une des moins mauvaises éditions de mes faibles ouvrages; l'envie de vous offrir ce petit témoignage de mon estime l'a emporté

---

1. Évangile de saint Jean, chap. XIV, v. 2. (ÉD.)
2. Satire IX, v. 27. (ÉD.)
3. Vauvenargues donna, en 1744, sa démission comme capitaine au régiment d'infanterie du Roi, et se rendit à Aix, dans sa famille. En 1746 il vint à Paris où il demeura, rue du Paon, faubourg Saint-Germain, à l'hôtel de Tours. (ÉD.)

sur la crainte que votre goût me donne. J'ai l'honneur d'être, avec tous les sentiments que vous méritez, monsieur, votre, etc. VOLTAIRE.

MCCXI. — AU MÊME.
Ce lundi, 6 mai.

En vous remerciant. Mais vous êtes trop sensible. Vous pardonnez trop aux faux raisonnements, en faveur de quelque éloquence.

D'où vient que quelque chose est, et qu'il ne se peut pas faire que le rien soit, si ce n'est parce que l'être vaut mieux que le rien ?

Voilà un franc discours de Platon. Le rien n'est pas, parce qu'il est contradictoire .que le rien soit; parce qu'on ne peut admettre la contradiction dans les termes. Il s'agit bien là *du meilleur !* On est toujours, dans ces hauteurs, à côté d'un abîme. Je vous embrasse, je vous aime autant que je vous admire.

MCCXII. — ' M. DE CIDEVILLE, A PARIS,
Ce mercredi, 8 mai.

Mon aimable ami, dont l'amitié et les louanges sont si précieuses, je sortirai à quatre heures précises pour un homme qui me peint presque aussi bien que vous faites, et qui ne m'embellit pas tant. Voyez si, au sortir de chez M. de La Tour, vous voulez que j'aille chez cet autre peintre charmant. M. de Cideville, que j'embrasse mille fois. V.

MCCXIII. — AU MÊME, A PARIS, RUE NEUVE-DES-PETITS-CHAMPS.
Ce jeudi, 16 mai.

Mon cher ami, qui me faites plus d'honneur que je n'en mérite, et qui me donnez autant de plaisir que j'en peux ressentir, la difficile Émilie a été très-contente de votre épître, à quelques bagatelles près; jugez si j'en dois être enchanté. Je passai hier au soir à votre porte pour vous remercier. Je ne pus d'abord vous écrire, parce que je souffrais beaucoup, mais votre épître m'a été un baume souverain.

Si vous voyez Marivaux, appliquez votre baume consolant sur son esprit très-injustement aigri. Vous savez s'il y a, dans la bagatelle en question, le moindre mot qui puisse le regarder; et, s'il y avait la moindre apparence à la plus légère application, je ne l'y laisserais pas un moment. Il y a des gens bien méchants qui sèment toujours des poisons, tandis que vous faites naître des fleurs. Guérissez Marivaux, je vous en prie, des soupçons très-injustes que lui donnent des gens qui veulent nous tourmenter tous deux. *Vale, et me ama.* V.

MCCXIV. — A M. DE VAUVENARGUES.
A Paris, le 17 mai.

J'ai tardé longtemps à vous remercier, monsieur, du portrait que vous avez bien voulu m'envoyer de Bossuet, de Fénelon, et de Pascal; vous êtes animé de leur esprit quand vous parlez d'eux. Je vous avoue que je suis encore plus étonné que je ne l'étais que vous fassiez un métier, très-noble à la vérité, mais un peu barbare, et aussi propre aux hommes communs et bornés qu'aux gens d'esprit. Je ne vous croyais que beaucoup de goût et de connaissances, mais je vois que vous avez encore plus de génie. Je ne sais si cette campagne vous permettra de le cultiver. Je crains même que ma lettre n'arrive au milieu de quelque marche ou dans quelque occasion où les belles-lettres sont très-peu de saison. Je réprime mon envie de vous dire tout ce que je pense, et je me borne au plaisir de vous assurer de la singulière estime que vous m'inspirez.

Je suis, monsieur, votre, etc. VOLTAIRE.

MCCXV. — DE FRÉDÉRIC II, ROI DE PRUSSE.

A Potsdam, le 21 mai.

Depuis quand, dites-moi, Voltaire,
Êtes-vous donc dégénéré ?
Chez un philosophe épuré,
Quoi ! la grâce efficace opère !
Par Mirepoix endoctriné,
Et tout aspergé d'eau bénite,
Abattu d'un jeûne obstiné,
Allez-vous devenir ermite ?
D'un ton saintement nasillard,
Et marmottant quelque prière,
En bâillant lisant le bréviaire,
On vous enrôle à Saint-Médard,
Avec indulgence plénière.
Je vois Newton au haut des cieux,
Se disputant avec saint Pierre,
Auquel, en partage, des deux
Pourrait enfin tomber Voltaire.
Le saint, faisant une oraison,
Au lieu du compas de Newton
Vous offre une belle relique,
Vous éclaircit et vous explique
L'œuvre de la conception,
Tandis qu'au Parnasse Apollon
Se plaint, et voit avec grand' peine
Qu'on enlève au sacré vallon
L'élégance de votre veine,
Et que ce cygne harmonieux
Qui charmait les bords de la Seine
Profanera l'eau d'Hippocrène
Pour des prêtres audacieux.
Mais quel objet me frappe, ô dieux !
Locke à la main, désespérée,
Et de douleur tout éplorée,
Je vois la triste Châtelet;
« Hélas! mon perfide me troque,
Dit-elle, et me plante là net,
Pour qui ? pour Marie Alacoque ! »

C'est ce que je présume par la lettre que vous avez écrite à l'évêque de Sens[1], et sur ce que toutes les lettres mandent de Paris. Vous pouvez juger de ma surprise et de l'étonnement d'un esprit philosophique, lorsqu'il voit le ministre de la vérité plier les genoux devant l'idole de la superstition.

Les Midas mitrés triomphent, dans ce siècle, des Voltaire et des grands hommes ! mais c'est apparemment le siècle où les ignorants doivent, en tous genres, être préférés, en France, aux savants et aux habiles gens. *O tempora ! o mores !*

> Quarante savants perroquets,
> Tour à tour maîtres et valets
> De l'usage et de la grammaire,
> Placés au Parnasse français,
> Vous en ont donc exclu, Voltaire ?
> C'est sans doute par vanité.
> Ce refus n'est pas ridicule ;
> Une aussi brillante clarté
> Eût de leur faible crépuscule
> Terni la frivole beauté.

Je crois que la France est le seul pays en Europe où les *ânes* et les sots puissent à présent faire fortune. Je vous envoie l'avant-propos de mes *Mémoires*; le reste n'est point ostensible.

Je ne vous écris point aussi souvent que je le voudrais ; ne vous en prenez point à moi, mais à tant et tant d'occupations qui me partagent.

Adieu, cher Voltaire ; ne m'oubliez point, malgré mon silence, et croyez que, sur le sujet de l'amitié, je ne pense pas moins à vous qu'autrefois. FRÉDÉRIC.

MCCXVI. — A FRÉDÉRIC II, ROI DE PRUSSE.

Juin.

> Grand roi, j'aime fort les héros,
> Lorsque leur esprit s'abandonne
> Aux doux passe-temps, aux bons mots ;
> Car alors ils sont en repos,
> Et ne font de tort à personne.
> J'aime César, ce bel esprit,
> César dont la main fortunée,
> A tous les lauriers destinée,
> Agrandit Rome, et lui prescrit
> Un autre ciel, une autre année.
> J'aime César entre les bras
> De la maîtresse qui lui cède ;
> Je ris et ne me fâche pas

---

1. Cette Lettre à l'archevêque de Sens, qu'on fit courir dans le temps, n'est pas de Voltaire. (ÉD.)

De le voir, jeune et plein d'appas,
Dessus et dessous Nicomède.
Je l'admire plus que Caton,
Car il est tendre et magnanime,
Éloquent comme Cicéron,
Et tantôt gai, tantôt sublime,
Comme un roi dont je tais le nom.
Mais je perds un peu de l'estime
Quand il passe le Rubicon,
Et je pleure quand ce grand homme,
Bon poëte et bon orateur,
Ayant tant combattu pour Rome,
Combat Rome pour son malheur.

Vous êtes plus heureux, Sire, après votre prise de la Silésie, que votre devancier après Pharsale. Vous écrivez comme lui des commentaires; vous aimez comme lui la société; vous en faites le charme; vous m'envoyez des vers bien jolis, et une préface [1] digne de vous, qui annonce un ouvrage digne de la préface. Je n'y puis plus tenir; le côté de votre aimant m'attire trop fort, tandis que le côté de l'aimant de la France me repousse. S'il y avait dans la Cochinchine un roi qui pensât, qui écrivît, et qui parlât comme vous, il faudrait s'embarquer et aller à ses pieds. Tous les gens qui ont une étincelle de goût et de raison doivent devenir des reines de Saba.

Je vous avouerai cependant, grand roi, avec ma franchise impertinente, que je trouve que vous vous sacrifiez un peu trop dans cette belle préface de vos *Mémoires*. Pardon, ou plutôt point de pardon; vous laissez trop entrevoir que vous avez négligé l'esprit de la morale pour l'esprit de la conquête. Qu'avez-vous donc à vous reprocher? N'aviez-vous pas des droits très-réels sur la Silésie, du moins sur la plus grande partie; et le déni de justice ne vous autorisait-il pas assez? Je n'en dirai pas davantage; mais sur tous les articles je trouve Votre Majesté trop bonne, et elle est bien justifiée de jour en jour. Votre Majesté est avec moi une coquette bien séduisante; elle me donne assez de faveurs pour me faire mourir d'envie d'avoir les dernières. Quel temps plus convenable pourrais-je prendre pour aller passer quelques jours auprès de mon héros? Il a serré tous ses tonnerres, et il badine avec sa lyre: ici on ne badine point; et s'il tonne, c'est sur nous. Ce vilain Mirepoix est aussi dur, aussi fanatique, aussi impérieux, que le cardinal de Fleuri était doux, accommodant, et poli. O qu'il fera regretter ce bonhomme! et que le précepteur de notre dauphin est loin du précepteur de notre roi! Le choix que Sa Majesté a fait de lui est le seul qui ait affligé notre nation; tous nos autres ministres sont aimés; le roi l'est; il s'applique, il travaille, il est juste, et il aime de tout son cœur la plus aimable femme [2] du monde. Il n'y a que Mirepoix qui

---

1. L'avant-propos des *Mémoires* du roi de Prusse. (Éd.)
2. La marquise de La Tournelle, créée duchesse de Châteauroux en mars 1774. (Éd.)

obscurcisse la sérénité du ciel de Versailles et de Paris; il répand un nuage bien sombre sur les belles-lettres; on est au désespoir de voir Boyer à la place des Fénelon et des Bossuet; il est né persécuteur. Je ne sais par quelle fatalité tout moine qui a fait fortune à la cour a toujours été aussi cruel qu'ambitieux. Le premier bénéfice qu'il a eu après la mort du cardinal vaut près de quatre-vingt mille livres de rente; le premier appartement qu'il a eu, à Paris, est celui de la reine, et tout le monde s'attend à voir, au premier jour, sa tête, que Votre Majesté appelle si bien une tête d'*âne*, ornée d'une calotte rouge apportée de Rome.

Il est vrai que ce n'est pas lui qui a fait *Marie Alacoque*; mais, Sire, il n'est pas vrai non plus que j'aie écrit à l'auteur de *Marie Alacoque* la lettre qu'on s'est plu à faire courir sous mon nom. Je n'en ai écrit qu'une à l'évêque de Mirepoix, dans laquelle je me suis plaint à lui très-vivement et très-inutilement des calomnies de ses délateurs et de ses espions. Je ne fléchis point le genou devant Baal; et autant que je respecte mon roi, autant je méprise ceux qui, à l'ombre de son autorité, abusent de leur place, et qui ne sont grands que pour faire du mal.

Vous seul, Sire, me consolez de tout ce que je vois; et quand je suis prêt à pleurer sur la décadence des arts, je me dis : « Il y a dans l'Europe un monarque qui les aime, qui les cultive, et qui est la gloire de son siècle; » je me dis enfin : « Je le verrai bientôt, ce monarque charmant, ce roi homme, ce Chaulieu couronné, ce Tacite, ce Xénophon; oui, je veux partir; Mme du Châtelet ne pourra m'en empêcher; je quitterai Minerve pour Apollon. » Vous êtes, Sire, ma plus grande passion, et il faut bien se contenter dans la vie.

Rien de plus inutile que mon très-profond respect, etc.

MCCXVII. — A M. LE COMTE D'ARGENSON, MINISTRE DE LA GUERRE.

Samedi, 8 juin.

Je me flatte, monseigneur, que je partirai vendredi pour les affaires que vous savez. C'est le secret du sanctuaire; ainsi n'en sachez rien. Mais si vous avez quelques ordres à me donner, et que vous vouliez que je vienne à Versailles, j'aurai l'honneur de me rendre secrètement chez vous à l'heure que vous me prescrirez.

Nous perdons sans doute considérablement à nourrir vos chevaux. Voyez si vous voulez avoir la bonté de nous indemniser en nous faisant vêtir vos hommes. Je vous demande en grâce de surseoir l'adjudication jusqu'à la fin de la semaine prochaine. Mon cousin Marchand attend deux gros négociants qui doivent arriver incessamment, et qui nous serviront bien.

Heureux ceux qui vous servent, et plus heureux ceux qui jouissent de l'honneur et du plaisir de vous voir!

Mille tendres respects. VOLTAIRE.

MCCXVIII. — A M. THIERIOT.
A Paris, le 11 juin.

La persécution et le ridicule sont un peu outrés. J'ai une récompense bien singulière et bien triste de trente années de travail. Ce n'est pas tant *Jules César* que moi qu'on proscrit. Mais je songe encore plus à votre pension qu'aux tribulations que j'éprouve, et le plus grand de mes chagrins est de voir souffrir mon ami ; car enfin la pension du roi de Prusse vous est plus nécessaire que ne me l'était la justice que me refuse ma patrie.

MCCXIX. — A M. DE PONT DE VEYLE.
Juin.

Il est bien dur de partir sans avoir la consolation d'embrasser M. de Pont de Veyle. Je ne mettrais point de bornes à ma douleur, si, dans ma boîte de Pandore, il ne restait l'espérance de vous revoir un jour, et d'entendre avec vous *Jules César*. Les *brutes* qui me chicanent sont aussi sots que ceux qui assassinèrent mon héros furent cruels.

MCCXX. — DE FRÉDÉRIC II, ROI DE PRUSSE.
A Potsdam, le 15 juin.

Quand votre ami, tranquille philosophe,
Sur son vaisseau, qu'il a soustrait aux vents,
Voit à regret l'illustre catastrophe
Que le destin fait tomber sur les grands,

je voudrais, que vous vinssiez une fois à Berlin pour y rester, et que vous eussiez la force de soustraire votre légère nacelle aux bourrasques et aux vents qui l'ont battue si souvent en France. Comment, mon cher Voltaire, pouvez-vous souffrir que l'on vous exclue ignominieusement de l'Académie, et qu'on vous batte des mains au théâtre ? Dédaigné à la cour, adoré à la ville, je ne m'accommoderais point de ce contraste ; et de plus, la légèreté des Français ne leur permet pas d'être jamais constants dans leurs suffrages. Venez ici auprès d'une nation qui ne changera point ses jugements à votre égard ; quittez un pays où les Belle-Ile, les Chauvelin et les Voltaire ne trouvent point de protection. Adieu. FRÉDÉRIC.

Envoyez-moi *la Pucelle*, ou je vous renie.

MCCXXI. — DU MÊME.
A Magdebourg, le 25 juin.

Oui, votre mérite proscrit
Et persécuté par l'envie,
Dans Berlin, qui vous applaudit,
Aura son temple et sa patrie.

Je suis, jusqu'à présent, *plus errant que le Juif*[1] que d'Argens fait écrire et voyager. Nouveau Sisyphe, je fais tourner la roue à laquelle

---

1. Allusion aux *Lettres juives* du marquis d'Argens, et à une épigramme de J. B. Rousseau. (ÉD.)

je suis condamné de travailler; et tantôt dans une province et tantôt dans une autre, je donne l'impulsion au mouvement de mon petit État, affermissant à l'ombre de la paix ce que je dois aux bras de la guerre, réformant les vieux abus, et donnant lieu à de nouveaux ; enfin, corrigeant des fautes et en faisant de semblables. Cette vie tumultueuse pourra durer deux mois, si le lutin qui me promène n'a résolu de me lutiner plus longtemps. Je crois qu'alors je me verrai obligé de faire un tour à Aix, pour corriger les ressorts incorrigibles de mon bas-ventre, qui parfois font donner votre ami au diable. Si alors je puis avoir le plaisir de vous y voir, ce me sera très-agréable ; car je crois,

> Pour tout malade inquiété,
> A l'œil jaune, à l'air hypocondre,
> Exilé par la faculté
> Pour se baigner et se morfondre,
> Et se tuer pour la santé,
> Que Voltaire est un grand remède
> Que deux mots et son air malin
> Savent dissiper le chagrin,
> Et que son pouvoir ne le cède
> A Hippocrate ni Galien.

De là, si vous voulez venir habiter ces contrées, je vous y promets un établissement dont je me flatte que vous serez satisfait, et surtout d'être au-dessus des tracasseries et des persécutions des bigots. Vous avez souffert trop d'avanies en France pour y pouvoir rester avec honneur ; vous devez quitter un pays où l'on poignarde votre réputation tous les jours, et où des Midas occupent les premiers emplois.

Adieu, cher Voltaire ; mandez-moi, je vous prie, vos sentiments, et soyez sûrs des miens. FÉDÉRIC.

MCCXXII. — A M. DE CIDEVILLE.

A la Haye, ce 27 juin.

> Il n'arrive que trop souvent
> Que, tandis qu'on monte sa lyre,
> Et qu'on arrange un compliment
> Pour notre ami qui nous inspire,
> Notre ami, loué hautement,
> Prend ce temps-là tout justement
> Pour mériter une satire.

Vous me prodiguez, mon cher ami, les plus beaux éloges sur cette noble philosophie avec laquelle je refuse les invitations des rois, et vous me louez de préférer ma petite retraite [1] du faubourg Saint-Honoré aux palais de Berlin et de Charlottenbourg. Savez-vous que j'ai reçu votre épître quand j'étais en chemin pour aller faire ma cour au roi de Prusse ?

> Cependant ce n'est pas au prince,
> Au conquérant d'une province,

1. Cette petite retraite était dans la rue Traversière, près le Palais-Royal. (ÉD.)

Au politique, au grand guerrier,
Que je vais porter mon hommage;
C'est au bel esprit, c'est au sage,
Que je prétends sacrifier;
Voilà l'excuse du voyage.

Puisqu'il a daigné jouer lui-même *Jules César*, dans une de ses maisons de plaisance, avec quelques-uns de ses courtisans, n'est-il pas bien juste que je quitte pour lui les Visigoths qui ne veulent pas qu'on joue *Jules César* en France? et faut-il que je me prive du plaisir de voir un savant, un bel esprit, enfin un homme aimable, parce qu'il porte malheureusement des couronnes électorales, ducales et royales?

J'admire en lui l'esprit facile,
Toujours vrai. mais toujours orné;
Et c'est un autre Cideville
Qui, par malheur, est couronné.

Un Diogène insupportable,
Moitié sophiste et moitié chien,
Croit placer le souverain bien
A donner tous les rois au diable.
Pour moi, je suis plus sociable;
Je hais, il est vrai, tout lien;
Mais être roi ne gâte rien,
Lorsque d'ailleurs on est aimable.

Vous m'avouerez encore que je dois au moins la préférence à Sa Majesté le roi de Prusse sur l'ancien évêque de Mirepoix.

Quand ce monarque singulier
Daigne d'un regard familier
Échauffer ma muse légère,
Me chérit et me considère,
Mon sort est toujours de déplaire
Au révérend père Boyer,
Lequel voudrait dans son foyer
Brûler et Racine et Molière,
Et *la Henriade* et Voltaire,
Et ma couronne de laurier;
C'est là ce qui me désespère.

Je veux, en partant de Berlin,
Demander justice au saint-père;
J'irai baiser son pied divin;
Et chez vous je viendrai soudain
Avec indulgence plénière;
Car le sage Lambertini [1]
N'est point cagot atrabilaire;

1. Benoît XIV, auquel Voltaire dédia *le Fanatisme* en 1745. (ÉD.)

ANNÉE 1743.

  Il est rempli de la lumière
  Di questi grandi Romani.
  Admiré de la terre entière,
  Des beaux-arts il est défenseur,
  Et le successeur de saint Pierre
  De Léon dix est successeur.

Je veux avoir enfin Rome pour mon amie,
  Et, malgré quelques vers hardis,
Je veux être un élu dans le saint paradis,
Si je suis réprouvé dans votre Académie.

Mais c'est trop se flatter de chercher à la fois
Et les agnus de Rome et les faveurs des rois;
Non! terminons en paix mon obscure carrière;
Et du pape, et des grands, et des rois oublié,
  Ne vivons que pour l'amitié,
  C'est mon trône et mon sanctuaire.

MCCXXIII. — A Frédéric II, roi de Prusse.

A la Haye, le 28 juin.

  Sous vos magnifiques lambris,
Très-dorés autrefois, maintenant très-pourris,
Emblème et monument des grandeurs de ce monde,
  O mon maître, je vous écris,
  Navré d'une douleur profonde!
  Je suis dans votre *Vieille Cour*[1],
  Mais je veux une cour nouvelle,
Une cour où les arts ont fixé leur séjour,
Une cour où mon roi les suit et les appelle,
  Et les protége tour à tour.
  Envoyez-moi Pégase, et je pars dès ce jour.

Mon héros a-t-il reçu mes lettres de Paris, dans lesquelles je lui mandais que je m'échappais pour lui aller faire ma cour? Je les envoyai à David Gérard, et le dessus était à M. Frédérics-Hof. Or David Gérard n'est pas sans doute assez imbécile pour ne pas sentir que ce M. Frédérics-Hof est le plus grand roi que nous ayons, le plus grand homme, celui qui a mon cœur, celui dont la présence me rendrait heureux pendant quelques jours.

J'attends donc à la Haye, chez M. de Podewils, les ordres de votre *humanité*, et le forspan[2] de Votre Majesté.

Que je voie encore une fois le grand Frédéric, et que je ne voie point ce cuistre de Boyer, cet ancien évêque de Mirepoix, qui me plairait beaucoup s'il était plus ancien d'une vingtaine d'années au moins.

  Pour vous, grand roi, si votre diable
  Vous promène, au son du tambour,

---

1. Palais qui appartenait au roi de Prusse, à la Haye. (Éd.)
2. Le mot allemand est *Vorspann*, et le v s'y prononce *f*. Il signifie *relais*. (Éd.)

Dans Stetin ou dans Magdebourg.
Mon bon ange, plus favorable,
Va me conduire à votre cour,
Au son de votre lyre aimable.

Je suis ici chez votre digne et aimable ministre, qui est inconsolable, et qui ne dort ni ne mange, parce que les Hollandais veulent à trop bon marché la terre d'un grand roi. Il faut pourtant, Sire, s'accoutumer à voir les Hollandais aimer l'argent autant que je vous aime.

Quand quitterai-je, hélas! cette humide province,
Pour voir mon héros et mon prince?
(*Le reste manque.*)

MCCXXIV. — DE FRÉDÉRIC II, ROI DE PRUSSE.

A Reinsberg, le 3 juillet.

Je vous envoie le passe-port pour des chevaux avec bien de l'empressement. Ce ne seront pas des Bucéphales qui vous mèneront, ce ne seront pas des Pégases non plus; mais je les aimerai davantage, puisqu'ils amèneront Apollon à Berlin.

Vous y serez reçu à bras ouverts, et je vous y ferai le meilleur établissement qu'il me sera possible.

Je suis sur mon départ pour Stetin, de là pour la Silésie; mais je trouverai le moment de vous voir et de vous assurer à quel point je vous estime. Adieu. FÉDÉRIC.

MCCXXV. — A MADEMOISELLE DUMESNIL.

A la Haye, ce 4 juillet.

La divinité qui a eu les hommages de Paris, sous le nom de Mérope, m'est toujours présente à cent lieues de Paris, comme sur les autels où elle s'est fait adorer. Je ne peux, mademoiselle, résister plus longtemps aux sentiments qui m'ordonnent de vous écrire. Je regrette beaucoup plus le plaisir de vous entendre que celui de voir jouer *Jules César*. Une pièce que vous ne pouvez embellir devient dès lors pour moi d'un prix bien médiocre ; mais l'intérêt que je prends à tout ce qui regarde vos camarades, et, j'ose dire encore, l'intérêt des beaux-arts, me font voir avec beaucoup de douleur la persécution injuste que cette tragédie essuie.

J'entends dire que M. de Crébillon fait des difficultés[1] que personne ne devait attendre de lui.

Il prétend que Brutus ne doit point assassiner César, et assurément il a raison ; on ne doit assassiner personne. Mais il a fait autrefois[2] boire sur le théâtre le sang d'un fils à son propre père ; il a fait paraître Sémiramis amoureuse de son fils, sans donner seulement un remords à Sémiramis ni à Atrée ; et les réviseurs de ce temps-là[3] souffrirent que ces pièces fussent jouées.

1. Crébillon, comme censeur, avait déjà refusé d'approuver *Mahomet*. (ÉD.)
2. En 1707, dans *Atrée et Thyeste*. (ÉD.)
3. Le censeur d'*Atrée*, en 1707, fut Fontenelle. L'approbation de Danchet pour *Sémiramis* est rapportée dans l'*Éloge de Crébillon*. (ÉD.)

Il est vrai qu'ici Brutus laisse prévaloir l'amour de la patrie contre un tyran ; mais il faut songer, ce me semble, que cet assassinat est détesté à la fin de la pièce par les Romains ; que les derniers vers même annoncent la vengeance de ce parricide, et qu'ainsi on n'a rien à se reprocher, puisque, si on se contentait de suivre l'histoire à la lettre, jusqu'à la mort de César, et de ne pas blâmer l'action de Brutus, on n'aurait rien à se reprocher encore.

Il paraît donc que M. de Crébillon doit cesser, pour son honneur, de faire des difficultés, et ne pas révolter le public contre lui ; plus il travaille à son *Catilina*[1], dans lequel il fait paraître le sénat de Rome, plus il doit, me semble, prévenir les soupçons que forment trop de personnes, qu'il veut empêcher qu'on ne joue un ouvrage qui a un peu de rapport au sien, et qui lui ôterait la fleur de la nouveauté. Il est au-dessus de la jalousie, et il ne faut pas qu'il donne lieu de l'en soupçonner aux personnes qui le connaissent moins que moi. Je suis persuadé que vous et vos amis vous représenterez ces raisons, soit à M. de Marville, soit aux personnes qui peuvent avoir quelque crédit. Ne montrez point, je vous en prie, cette lettre ; je vous le demande en grâce : mais faites usage des choses qu'elle contient, et des prières que je vous fais. Faites jouer *César*, ma reine ; jouez *Thérèse*. Écrivez-moi chez Mme du Châtelet. Comptez que, partout où je serai, vous aurez sur moi un empire absolu. Permettez que je fasse mes compliments à M. de Brémont, et comptez sur le tendre et respectueux attachement de V.

MCCXXVI. — A M. LE COMTE D'ARGENTAL.

A la Haye, au palais du roi de Prusse, le 5 juillet.

Eh bien ! mes adorables anges, ce petit hémisphère est plus fou et plus malheureux que jamais ; et moi ne suis-je pas un des plus infortunés de la bande ? Les uns vont mourir de faim ou par l'épée des ennemis, vers le Danube, les autres sur le Mein, et moi où vais-je ? où suis-je ? J'ai bien peur de mourir de chagrin loin de vous.

Est-on devenu assez déterminément ostrogoth pour ne pas jouer *Jules César* ? Si on avait dit, il y a quelques années, qu'on parviendrait à cet excès d'impertinence, on ne l'aurait pas cru. Je ne vous déplairai pas en vous disant qu'il y a ici une comédie assez passable. Prin et Fierville en sont les principaux acteurs. Il y a une Bercaville qui vaut mieux, sans comparaison, que toutes les soubrettes qu'on a essayées, et qui est plus effrontée elle seule que toutes les autres ensemble. Les Anglais sont encore plus effrontés pourtant, et prennent un terrible ascendant sur ce théâtre-ci. Ils jouent le rôle de tyrans fort noblement, et les Hollandais celui d'assistants derrière leurs maîtres. Peut-on se réjouir à Paris, dans ce malheur général ! Hélas ! il le faut bien ; et on tuerait cent mille hommes en Allemagne, que l'Opéra serait plein les vendredis. Mais pourquoi la Comédie ne le sera-t-elle pas ?

Le roi de Prusse est réellement indigné des persécutions que j'es-

---

1. Crébillon mit trente ans à composer son *Catilina*. (ÉD.)

suie, il veut absolument m'établir à Berlin; j'ai sacrifié sa lettre à Mme du Châtelet et à mes anges. Tout ce que je vous dis là, je le dis à M. de Pont de Veyle, baisant toujours vos ailes avec un pur amour.

MCCXXVII. — A M. LE COMTE D'ARGENSON, MINISTRE DE LA GUERRE.

A la Haye, au palais du roi de Prusse, le 5 juillet.

Dans ce fracas de dispositions pour tant d'armées, permettez, monseigneur, que je vous remercie tendrement de la grâce accordée à Mme du Châtelet, et de la manière.

Vous savez mieux que moi les desseins des Anglais, et l'effet qu'a fait ici l'idée où l'on est (suivant le billet de M. le duc d'Aremberg) d'avoir remporté une victoire[1] complète. Tout ceci vous prépare beaucoup d'ennemis et peu d'alliés.

Les petits contre-temps que j'ai essuyés en France ne diminuent rien assurément de mon zèle pour le roi et pour ma patrie. Je ne vous cacherai point que Sa Majesté le roi de Prusse vient de m'écrire de Magdebourg, où il faisait des revues, qu'il me donne rendez-vous, au commencement d'août, à Aix-la-Chapelle. Il veut absolument m'emmener de là à Berlin, et il me parle avec la plus vive indignation des persécutions que j'ai essuyées. Ces persécutions viennent d'un seul homme[2] à qui vous avez déjà eu la bonté de parler. Il prend assurément un bien mauvais parti, et il fait plus de mal qu'il ne pense. Il devrait savoir que c'est un métier bien triste de faire des hypocrites. Vous devriez en vérité lui en parler fortement. Il ne sait pas à quel point il révolte les hommes; dites-lui-en un petit mot, je vous en supplie, quand vous le verrez.

Voulez-vous avoir la bonté de vous souvenir de Marchant, quand il s'agira des Invalides? Je pourrais avoir un peu mieux en Prusse; mais rien n'égale le bonheur de vous être attaché et de vivre avec des amis qui vous aiment. C'est la seule chose où j'aspire.

Je suis le plus ancien et le plus tendrement dévoué de vos courtisans; conservez-moi vos bontés, mon cœur les mérite. VOLTAIRE.

MCCXXVIII. — A FRÉDÉRIC II, ROI DE PRUSSE.

A la Haye, dans votre vaste et ruiné palais, ce 13 juillet.

Mon roi, je n'ai pas l'honneur d'être de ces héros qui voyagent avec la fièvre quarte; je deviens manichéen, j'adopte deux principes dans le monde. Le bon principe est l'humanité de mon héros, le second est le mal physique, et celui-là m'empêche de jouir du premier.

Souffrez donc, mon adorable monarque, que l'âme qui est si mal à son aise dans ce chétif corps ne se mette point en chemin, dans l'incertitude de trouver Votre Majesté. Si elle est pour quelques semaines à Berlin, j'y vole; si elle court toujours, et si, du fond de la Silésie, elle va à Aix-la-Chapelle, j'irai l'y attendre dans un bain chaud, qui le sera moins que votre imagination.

---

1. Ce fut au contraire une défaite. (ÉD.) — 2. Boyer. (ÉD.)

J'ai l'honneur de lui envoyer une dose d'opium dans ses courses; c'est un paquet de phrases académiques. Sa Majesté y verra le *Discours* de Maupertuis[1], accompagné de quelques remarques de Mme du Châtelet. Plût à Dieu que les Français ne fissent pas d'autres fautes que celles que Mme du Châtelet a crayonnées! L'empereur aurait la Bohême, et, du moins, souperait à Munich, au lieu de manquer de tout à Francfort.

Mais, Sire, malgré les nobles retraites de votre ami[2] de Strasbourg, et malgré la faute faite à Dettingen, il paraît que les Français n'ont pas manqué de courage; les seuls mousquetaires, au nombre de deux cent cinquante, ont percé cinq lignes des Anglais, et n'ont guère cédé qu'en mourant; la grande quantité de notre noblesse tuée ou blessée est une preuve de valeur assez incontestable. Que ne ferait point cette nation, si elle était commandée par un prince tel que vous.

Si elle a du courage, son ministère a de la fermeté; et une nouvelle armée sur la Meuse donnera bientôt aux Provinces-Unies matière à délibérations.

Je crois le traité entre la Sardaigne et l'Espagne à peu près conclu; c'est une nouvelle scène sur le théâtre; et ce qui se passe en Suède[3] peut encore changer la face du Nord.

> Dans ce choc orageux de cent peuples divers,
> Mon héros triomphant tient la foudre et la lyre.
> Ses yeux toujours perçants, ses yeux toujours ouverts,
> Regardent les erreurs du chétif univers,
> Il voit trembler Stockholm, il voit périr l'empire;
> , voit les fiers Anglais, ces souverains des mers,
> Faux désintéressés qu'un faux espoir attire,
> S'enivrant sur le Mein de succès fort légers,
> Traîner sous leurs drapeaux, ou plutôt dans leurs fers,
> Ces Bataves pesants dont la moitié soupire;
> Il voit Broglio qui se retire,
> Agissant, raisonnant et parlant de travers;
> Il voit tout et n'en fait que rire.
> Et je veux avec lui rire à mon tour en vers.

J'ai peur que ceci ne tienne du transport de la fièvre, mais le plus grand de mes transports est le désir de voir Votre Majesté. Où la verrai-je? où serai-je heureux? sera-ce à Berlin? sera-ce à Aix-la-Chapelle?

Je suis à vos pieds, monarque charmant, homme unique, et j'attends vos ordres pour régler ma marche.

1. Maupertuis fut reçu à l'Académie française, en 1743, en remplacement de l'abbé de Saint-Pierre, mort le 29 avril de la même année. Le nouvel académicien n'eut pas la permission de faire, dans son Discours, l'éloge de son prédécesseur. (ÉD.)
2. Le maréchal de Broglie. (ÉD.)
3. Allusion à la paix signée, le 17 août 1743, entre la Suède et la Russie. (ÉD.)

MCCXXIX. — A M. LE COMTE D'ARGENSON, MINISTRE DE LA GUERRE.

A la Haye, ce 15 juillet.

Sera-ce vous faire mal ma cour, monseigneur, que de vous envoyer le petit état ci-joint? Je doute qu'il y ait aucun ministre à la Haye qui ait cette pièce secrète.

Je voudrais rendre des services plus essentiels; je souhaite que ma famille soit plus à portée que moi de vous prouver son zèle.

Mon neveu La Houlière, capitaine dans Lyonnais, frère du jeune Marchant, ayant été blessé plus dangereusement qu'aucun autre officier, à l'affaire de Dingelfing, demande cette croix de Saint-Louis pour laquelle on se fait casser bras et jambes.

Marchant, père et fils, ne demandent qu'à vêtir et alimenter les défenseurs de la France.

Courage, monseigneur, courage; la fermeté rendra la France respectable à ceux qui l'ont crue affaiblie. Personne ne forme des vœux plus sincères pour votre gloire que votre ancien serviteur V., qui vous aime avec tendresse, et qui vous est respectueusement dévoué pour jamais....

Par la première, j'aurai l'honneur de vous envoyer l'état des dépenses extraordinaires de cette année, et vous pourrez comparer ce qu'il en coûte en France et en Hollande pour le même nombre d'hommes.

Vous pouvez être sûr que les Hollandais ne vous feront pas grand mal. Il est actuellement huit heures du soir, 15 juillet. A sept heures, le général Hompesch, qui attendait l'ordre de partir, a reçu un ordre nouveau de faire mettre petit à petit, ces quinze jours ci, jusqu'au premier d'août, les chevaux à la pâture. Les gardes à pied n'auront les ordres, pour la marche, que le 24 juillet. Il est évident qu'on cherche à ne plus obéir aux Anglais, sans leur manquer ouvertement de parole. Vous pouvez compter sur ce que j'ai l'honneur de vous dire, jusqu'à ce que ce qui est vrai aujourd'hui ne le soit plus dans huit jours.

MCCXXX. — AU MÊME.

A la Haye, ce 18 juillet.

Voici, monseigneur, la seconde partie de l'état secret que j'ai l'honneur de vous envoyer. Ayez la bonté d'accuser la réception des deux paquets, en disant ou faisant dire, à la dame[1] qui demeure au faubourg Saint-Honoré, que vous les avez reçus, sans quoi j'aurais ici beaucoup d'inquiétude.

L'ordre de mettre les chevaux au vert est exécuté, et subsiste pour dix ou douze jours, au moins. Les gardes à pied partent le 24 ou le 23, au plus tôt. Deux régiments sont en marche actuellement, aux environs de Maëstricht. On dit hier, en ma présence, au comte Maurice de Nassau, général de l'infanterie : « Vous ne serez pas avant deux mois au rendez-vous. » Il en convint.

1. Mme du Châtelet. (ÉD.)

Ne vous tuez pas de travail. La gloire et le destin de la France dépendent de la fermeté du ministère : j'attends tout de vous.
Vous savez que les troupes de la République, qui marchent, ne composent que quatorze mille six cents hommes [1].

MCCXXXI. — AU MÊME.

A la Haye, ce 23 juillet.

Le même homme qui vous est tendrement attaché, monseigneur, et qui vous a envoyé deux états des troupes et dépenses militaires de ce pays-ci, le premier à votre adresse, le second sous le couvert de M. de La Reynière, a l'honneur de vous envoyer, par cet ordinaire, le plan de la bataille de Dettingen, tel qu'on le débite ici. Les meilleures têtes de la Hollande avouent qu'elles ne seront pas peu embarrassées, si vous envoyez un corps sur la Meuse.

Les gardes à cheval sont partis aujourd'hui, comme j'avais l'honneur de vous le dire d'avance.

Vous devez être bien surchargé de travail. Tâchez donc de conserver votre santé. En vérité elle est précieuse à tout le monde, mais surtout à moi, qui vous suis si tendrement attaché et depuis si longtemps. V.

MCCXXXII. — A M. AMELOT, MINISTRE DES AFFAIRES ÉTRANGÈRES.

A la Haye, 2 août.

Monseigneur, je dépêchai, le 21 du mois passé, un courrier jusqu'à Lille, avec un paquet qu'il devait rendre à Mme Denis, ma nièce, femme du commissaire des guerres. Dans ce paquet il y en avait un pour M. le comte de Maurepas; et, sous l'enveloppe de M. de Maurepas, une lettre d'environ six pages, que j'avais l'honneur de vous adresser, sans signature. Cette lettre contenait, entre autres particularités, la petite découverte que j'avais faite que le roi de Prusse fait négocier secrètement un emprunt de quatre cent mille florins, à Amsterdam, à trois et demi pour cent. Je concluais de là, ou que ses trésors ne sont pas aussi considérables qu'on le dit, ou qu'il veut emprunter à un petit intérêt, pour rembourser des sommes qui en portent un plus grand. Je vous demandais la permission de me servir de cette connaissance pour tâcher de démêler s'il voudrait recevoir des

1. L'état joint à cette lettre, et celui qui était joint à la lettre précédente, n'ont pas été publiés. Mais, en publiant ces lettres en 1825, M. René d'Argenson, petit-neveu du comte d'Argenson, en donna le résumé que voici : « Il résulte des états joints à ces deux lettres que les forces militaires de la Hollande se composaient de huit cent quatre-vingt-six compagnies ou quatre-vingt-quatre mille hommes, dont environ sept mille sept cents de cavalerie, soixante-deux mille d'infanterie, trois mille cinq cents dragons, neuf mille six cents Suisses, et douze cents artilleurs.

« La dépense ordinaire de la guerre monte à 10 098 156 florins, à quoi il faut ajouter 501 212 florins pour frais de garde de la barrière des Pays-Bas.

« La dépense extraordinaire de guerre est de 5 774 561 florins, ce qui forme, avec l'état ordinaire, un total de 15 872 718 florins.

« Enfin, la dette hollandaise se montait, en l'année 1743, à 32 852 655 florins, dont l'intérêt annuel, supporté par les Provinces-Unies, était de 1 478 964 florins. » (Note de M. Beuchot.)

subsides, et j'osais proposer une manière d'affamer les armées ennemies, laquelle ce prince pouvait mettre en usage avec adresse.

Le même jour, 21 du mois passé, je fis proposer, par une voie très-secrète, à ce monarque, de faire quelques difficultés aux Provinces-Unies, touchant le passage des munitions de guerre qui doivent remonter le Rhin sur son territoire. Il a approuvé le projet; et, si les choses ne changent pas, son ministre aura ordre de retarder le passage de ces munitions autant qu'il le pourra. On s'y prend avec beaucoup d'art. L'envoyé du roi de Prusse a ordre de ne point communiquer avec l'ambassadeur de France, parce qu'on craint qu'il ne s'en prévale dans la chaleur des conjonctures présentes. On ne veut point du tout paraître lié avec vous; et on veut vous servir sous main, en ménageant la République.

Je tâcherai de faire fermenter ce petit levain. Je peux vous assurer que le fond des sentiments du roi de Prusse est tel qu'il était en 1741, quand il écrivit la lettre ci-jointe, dont j'ai l'honneur de vous envoyer copie.

Je compte toujours lui faire ma cour, à Aix-la-Chapelle, vers le 18 de ce mois.

MCCXXXIII. — AU MÊME.

Ce 3 août.

Monseigneur, hier, après le départ de ma lettre, j'en reçus une du roi de Prusse, datée du camp de Husfelt en Silésie, place dans laquelle il va bâtir une ville, tandis qu'il fortifie ses frontières. Il sera le 14 à Berlin, et le 18 ou le 20 à Spa, et non plus à Aix-la-Chapelle.

Je suis toujours dans la même espérance touchant le petit service que le roi de Prusse doit rendre; mais je crains que cette démarche n'ait pas d'assez grandes suites, si ce prince reste dans les idées qu'il me témoigne. Tous ses correspondants lui ont persuadé que la France est trop affaiblie pour mettre actuellement un grand poids dans la balance. Je n'ai pu même empêcher un ami intime que j'ai ici de lui écrire des choses qui doivent le dégoûter de votre alliance. Cet ami est cependant entièrement dans vos intérêts, et le roi de Prusse sent parfaitement qu'au fond votre cause et la sienne sont communes. Mais cet ami ne peut écrire autrement, de peur d'être démenti par les autres correspondants, et le roi de Prusse ne peut, à présent, concevoir que des idées avantageuses sur tant de rapports.

Je suis obligé de vous dire que, dans sa dernière lettre, il s'exprime dans les termes les plus durs sur la conduite passée; mais il paraît en sentir autant d'affliction qu'il en parle avec violence.

Soyez très-persuadé que, dès l'année 1741, il a prévu tout ce qui est arrivé. Il pense à présent que, si Sa Majesté envoyait ou faisait croire qu'elle envoie un corps considérable vers la Meuse, cette démarche, bien ménagée, opérerait une très-grande désunion entre le parti anglais, qui prédomine en Hollande, et le parti pacifique, qu'on ne doit pourtant pas appeler le parti français. Il ne m'appartient pas d'avoir une opinion sur ces matières; j'en laisse le jugement ici à M. l'ambassadeur et à M. de La Ville, dont les lumières et l'expérience sont trop supérieures à mes faibles conjectures. Je n'ai ici d'autre avantage que celui de mettre les partis différents et les ministres étrangers à portée de me parler librement. Je me borne et me bornerai toujours à vous rendre un compte simple et fidèle.

Mais, comme il paraît nécessaire que le roi de Prusse ait une opinion très-avantageuse des forces et des résolutions vigoureuses de la France, j'ose vous supplier de m'envoyer quelques couleurs avec lesquelles je puisse faire un tableau qui le frappe, quand je lui ferai ma cour à Spa; et je vous en prie d'autant plus que je suis certain que le tableau lui plaira beaucoup. La France est une maîtresse qu'il a quittée, mais qu'il aime et qu'il souhaite passionnément de voir embellie. M. Trévor m'a demandé aujourd'hui, en confidence, si je croyais que la maison de Lorraine eût un grand parti en Lorraine.

MCCXXXIV. — A M. LE MARQUIS D'ARGENSON, A PARIS.

A la Haye, au palais du roi de Prusse, le 8 août.

Soyez chancelier de France, monsieur, si vous voulez que j'y revienne; rendez-nous la gloire des lettres, quand nous perdons celle des armes. Les hommes sont faits originairement, ce me semble, pour penser, pour s'instruire, et non pour se tuer. Faut-il que la guerre ne soit pas encore la seule persécution que les arts essuient! Je gémis de voir ce pauvre abbé Lenglet enfermé, à soixante-dix ans, dans la Bastille, après nous avoir donné une bonne *Méthode* pour étudier l'histoire, et d'excellentes *Tables chronologiques*. Qui sont donc les vandales qui se sont imaginé que l'impression du sixième volume des additions à l'histoire de ce bon citoyen le président de Thou était un crime d'État? Quel comble de barbarie, et quel excès de petitesse de ne pas permettre qu'on imprime des livres où l'on explique Newton, et où l'on dit que les rêveries de Descartes sont des rêveries!

J'aime encore mieux l'abus qu'on fait ici de la liberté d'imprimer ses pensées, que cet esclavage dans lequel on veut chez vous mettre l'esprit humain. Si l'on y va de ce train, que nous restera-t-il, que le souvenir de la gloire du beau siècle de Louis XIV?

Cette décadence me ferait souhaiter de m'établir dans le pays où je suis à présent. N'ayant rien à y prétendre, je n'aurais point de plaintes à former. Je vivrais tranquille, et j'y souhaiterais à la France des temps plus brillants.

Il y a ici des hommes très-estimables; la Haye est un séjour délicieux l'été, et la liberté y rend les hivers moins rudes. J'aime à voir les maîtres de l'État simples citoyens. Il y a des partis, et il faut bien qu'il y en ait dans une république; mais l'esprit de parti n'ôte rien à l'amour de la patrie, et je vois de grands hommes opposés à de grands hommes.

Je suis bien aise, pour l'honneur de la poésie, que ce soit un poëte qui ait contribué ici à procurer des secours à la reine de Hongrie, et que la trompette de la guerre ait été la très-humble servante de la lyre d'Apollon. Je vois, d'un autre côté, avec non moins d'admiration, un des principaux membres de l'État, dont le système est tout pacifique, marcher à pied sans domestiques, habiter une maison faite pour ces consuls romains qui faisaient cuire leurs légumes, dépenser à peine deux mille florins par an pour sa personne, et en donner plus de vingt mille à des familles indigentes.

Ces grands exemples échappent à la plupart des voyageurs; mais ne vaut-il pas mieux voir de telles curiosités que les processions de Rome, les récollets au Capitole, et le miracle de saint Janvier? Des hommes de bien, des hommes de génie, voilà mes miracles.

Ce gouvernement-ci vous plairait infiniment, même avec les défauts qui en sont inséparables. Il est tout municipal, et voilà ce que vous aimez. La Haye d'ailleurs est le pays des nouvelles et des livres; c'est proprement la ville des ambassadeurs; leur société est toujours très-utile à qui veut s'instruire. On les voit tous en un jour. On sort, on rentre chez soi; chaque rue est une promenade; on peut se montrer, se retirer, tant qu'on veut. C'est Fontainebleau, et point de cour à faire.

Adieu, monsieur; plût à Dieu que je pusse vous faire la mienne! Vous savez si je vous suis attaché pour jamais.

MCCXXXV. — A M. LE DUC DE RICHELIEU.

A la Haye, ce 8 août.

J'ai reçu, monsieur le duc, la lettre dont vous m'avez honoré, par la voie de Francfort; mais il n'y a plus moyen de vous écrire par l'Allemagne, à moins que je ne veuille apprendre aux houssards autrichiens combien je vous aime. Daignez donc me donner vos ordres dans les paquets que vous adresserez à Mme du Châtelet.

Les troupes hollandaises ne pourront certainement joindre les alliés que le 15 ou le 16 septembre. Il paraît cependant que le gouvernement anglais commence à faire réflexion que tout le fardeau de la guerre retombera sur lui, et qu'il se ruine dans l'idée chimérique de faire avoir à la reine de Hongrie un dédommagement aux dépens de la France. La moitié des Provinces-Unies a toujours des sentiments de paix, et je ne voudrais pas parier que les troupes de la République n'eussent bientôt des ordres de ne point agir, pour peu que la France témoigne de vigueur et de bonne conduite. Il y a grande apparence qu'on tirera de grands avantages de nos fautes passées. Dunkerque peut être rétabli pour n'être plus jamais détruit; et la France en deux ou trois mois de temps peut devenir plus respectable que jamais. Il paraît que nous ne sommes pas extrêmement bien voulus dans les pays étrangers; quand je dis nous, je dis notre puissance, car on aime les particuliers, en haïssant la France. On nous traite comme nous traitons les jésuites; on dit du mal du corps, et on est fort aise de vivre avec les membres; on nous prie à souper, et on chante pouille à notre ministère; on joue publiquement, par permission du magistrat, une comédie intitulée *la Présomption punie*, dans laquelle la reine de Hongrie est représentée sous le nom de *Mimi*; le cardinal de Fleuri, sous celui d'un vieux bailli impuissant qui, ne pouvant coucher avec Mimi, veut lui ôter toute la succession de son père ; le prince Charles, sous le nom de *Charlot*, chasse le bailli et ses consorts : et voilà *la Présomption punie*. On va voir de dix lieues cette mauvaise bouffonnerie, qui se joue à Amsterdam. J'aime encore mieux cette farce que la tragédie de Dettingen, cela ne casse ni bras ni têtes. Conservez la vôtre, monsieur le duc, et permettez que je fasse aussi des souhaits pour un individu fort aimable qui a grande obligation au vôtre. Souffrez que je vous prie de daigner faire souvenir de moi M. le duc de Duras, *in quo bene complacuisti*[1]. Si vous pouvez m'apprendre de bonnes nouvelles, si vous avez la bonté de me faire un tableau bien brillant de votre position, comptez que vous me ferez bien du plaisir. Vous savez avec quel tendre respect je vous suis attaché pour toute ma vie.

MCCXXXVI. — A M. AMELOT, MINISTRE DES AFFAIRES ÉTRANGÈRES.

A la Haye, ce 16 août.

Monseigneur, j'ai reçu les ordres et les sages instructions dont vous m'honorez, en date du 11 du mois ; permettez qu'avant d'y répondre j'aie l'honneur de vous parler de quelques affaires présentes.

Il y a près d'un mois que je vous informai qu'on pourrait réussir à mettre quelque obstacle au passage des munitions de guerre du corps de troupes hollandaises. Celui qui s'était chargé de cette petite négociation à Berlin, l'a conduite heureusement par le moyen du ministère des finances. L'ordre vient d'arriver à la régence de la Gueldre prussienne de ne pas laisser passer les effets des Hollandais. M. de Podewils prépare exprès un mémoire très-long et de la discussion la plus ample, qu'il ne présentera que lundi, 19 du mois. Il se passera bien du temps avant qu'on y ait répondu, et que cette affaire soit arrangée.

Cet événement du moins fera voir que le roi de Prusse est bien loin d'entrer dans les mesures de la République et des Anglais, et qu'il est capable de les braver.

Le moment serait bien favorable pour agir auprès de Sa Majesté prussienne ; mais j'apprends, par cet ordinaire de Berlin, que le roi n'ira point à Spa. On ne me mande point cette nouvelle comme absolument certaine. Dans le doute, je me tiens prêt à partir ; et si le roi de Prusse, contre toute attente, était encore en Silésie, j'irais lui faire ma cour à Breslau.

Le premier usage que j'ai fait de vos instructions a été de dire, en confidence, à l'envoyé de Prusse que je savais, à n'en point douter, que la reine de Hongrie avait déclaré depuis peu aux Anglais qu'elle regarderait toujours le roi de Prusse comme son plus cruel ennemi. Il l'a mandé à sa cour dans le moment, sans me nommer, et il a accompagné ce discours de tout ce qui peut exciter le roi son maître à se lier aux intérêts de la France. Il a pris l'occasion du départ de M. le marquis de Fénelon, pour faire valoir adroitement la vigueur du ministère

1. Matthieu, XII, 18. (Éd.)

français, les ressources de l'État, le courage de la nation. Je suis même convenu avec lui des termes.

Il m'a assuré encore que le premier dessein du roi son maître avait été d'assembler à Magdebourg une armée de neutralité; mais qu'il en avait été détourné par nos disgrâces arrivées coup sur coup en Bavière, et aussi par la politique circonspecte et même timide du comte de Podewils, oncle du ministre de la Haye, qui a d'autant plus d'influence sur l'esprit de Sa Majesté prussienne qu'il ne veut jamais en avoir.

C'est bien dommage que ce jeune homme plein d'esprit, qui plaît beaucoup au roi et au ministre son oncle, ne voie point le roi de Prusse à Spa, comme je l'espérais. J'ose vous assurer, monseigneur, qu'il n'y a personne qui ait à présent le cœur plus français, et qui pût mieux vous seconder dans vos vues.

Cependant je suis très-loin de perdre l'espérance; je vois même que, de jour en jour, le roi de Prusse se met dans la nécessité de n'avoir d'autre allié que Sa Majesté. J'apprends, par les lettres du ministre hollandais à Pétersbourg, que ce prince refuse toujours, sous différents prétextes, d'accéder au traité défensif de la Russie et de l'Angleterre.

Permettez-moi, monseigneur, de vous rappeler, à cette occasion, ce que vous avez bien voulu me dire dans votre dépêche du 11, touchant la cour de Russie. On vous la dépeint comme peu liée avec l'Angleterre et la Hongrie; cependant vous verrez, par la copie ci-jointe de la lettre du résident Swart, que le ministère russe paraît entièrement autrichien.

Voilà, monseigneur, tout ce qui est venu à ma connaissance. Les démarches récentes du roi de Prusse auprès des États-Généraux pour la paix de l'Empire, la hardiesse qu'il a de les mécontenter et de les braver, sa froideur avec les Anglais, ses longueurs avec les Russes, et, plus que tout cela, son intérêt visible, font espérer qu'on pourra le porter à quelque résolution éclatante et digne d'un grand roi. Je vous rendrai un compte fidèle de tout ce que j'aurai aperçu à sa cour, sans oser vous promettre qu'on puisse jamais rien attribuer aux efforts de mon zèle.

J'aurai des lettres de recommandation de M. Trévor pour milord Hindfort, qui vous a tant fait de mal; je tâcherai de me lier avec lui, et de tourner à votre avantage l'heureuse obscurité à l'abri de laquelle je peux être reçu partout avec assez de familiarité.

Comme il a été nécessaire que j'écrivisse quelquefois ici en chiffres, et que je consultasse M. le marquis de Fénelon et M. de La Ville, il pourra arriver que je sois à Berlin dans une pareille obligation. Je ne m'ouvrirai à M. de Valori, qui d'ailleurs m'honore de quelque amitié, qu'avec toute la réserve convenable aux intérêts présents.

Encore une fois, je ne réponds d'aucun succès, mais soyez sûr du zèle le plus ardent.

La manière dont Sa Majesté prussienne me parlera réglera celle dont j'aurai l'honneur de lui parler. Je prendrai conseil de l'occasion et del'envie extrême que j'ai de mériter l'approbation d'un esprit tel que le vôtre et la protection d'un ministre tel que vous.

A l'égard de M. Van Haren, il faut le regarder comme un homme incorruptible; mais il paraît aimer la gloire et les ambassades. Il voulait aller en Turquie; c'est de là que j'ai pris occasion de lui représenter qu'il trouverait plus d'amis et d'approbateurs à Paris qu'à Constantinople. Cette idée a paru le flatter. On pourrait en faire usage, en cas que les yeux des Hollandais commençassent à s'ouvrir sur la ridicule injustice d'attaquer la France, sous prétexte d'un secours qu'ils ont refusé à la reine de Hongrie quand elle en avait besoin, et qu'ils lui donnent quand elle peut s'en passer. En ce cas, M. Van Haren pouvant avec honneur employer à la conciliation les talents qu'il a consacrés à la discorde, l'espérance d'être nommé ambassadeur en France, malgré l'usage qui l'en exclut comme Frison, pourrait le flatter et le déterminer à servir la cause de la justice et de la raison.

MCCXXXVII. — A M. THIERIOT.

A la Haye, ce 16 août.

Je mène ici une vie délicieuse, dont les agréments ne sont combattus que par le regret que m'inspirent mes amis, et surtout par le chagrin que j'ai de voir que vous ne vivez encore que de promesses. Je n'ai jamais douté de la pension, vous le savez; mais je suis aussi surpris qu'affligé de ces prodigieux retardements. Le roi de Prusse vous fera-t-il donc vieillir dans l'espérance? et l'inscription de votre tombeau sera-t-elle un jour : « Ci-gît qui attendit son payement? » En vérité cela perce le cœur. J'espère en parler bientôt fortement à Sa Majesté prussienne, soit aux eaux de Spa, soit à Berlin. Vous savez que je ne suis pas

Dissimulator opis propriæ, mihi commodus uni.
Hor., lib. I, ep. IX, v. 9.

Je n'ai heureusement rien à demander à ce monarque pour moi-même. On est bien honteux quand on demande pour soi, mais on est bien hardi quand on demande pour un ami. Le roi de Prusse m'a fait l'honneur, en dernier lieu, de m'écrire plusieurs lettres dans lesquelles il daigne m'offrir un établissement sûr et avantageux. Je lui ai répondu que le plus bel établissement pour moi était le bonheur de le voir et de l'entendre, que je n'en voulais point d'autre, et que, si je pouvais renoncer à ma patrie et à mes amis, à qui je dois tout, je passerais le reste de ma vie dans sa cour. Voilà où j'en suis, et voilà quels seront toujours mes sentiments. Je suis même assez heureux pour que le roi de Prusse les approuve. Tout roi qu'il est, il ne trouve pas mauvais que les grands devoirs de l'amitié aillent les premiers.

Ne vous méprenez plus sur le nom d'un homme qui sera immortel dans ce pays-ci. Ce n'est point Van Hyden, c'est Van Haren qu'il s'appelle. Il lui est arrivé la même chose qu'à Homère; on gagnait sa vie à réciter ses vers aux portes des temples et des villes; la multitude court après lui quand il va à Amsterdam. On l'a gravé avec cette belle inscription :

Quæ canit ipse fecit.

Vous ne sauriez croire combien cette fadaise, par laquelle j'ai répondu à ses politesses et à ses amitiés, m'a concilié ici les esprits. On en a imprimé plus de vingt traductions. Il n'est rien tel que l'à-propos.

Bonsoir; croyez qu'en tout temps et en tout lieu je songerai à vos intérêts. Je vous embrasse.

MCCXXXVIII. — A M. AMELOT, MINISTRE DES AFFAIRES ÉTRANGÈRES.

A la Haye, ce 17 août.

Monseigneur, heureusement le courrier n'est pas encore parti. Je profite de cet instant pour avoir l'honneur de vous informer qu'il vient d'arriver un courrier du roi de Prusse à son ministre, avec une lettre portant en substance qu'il regarde comme une violation du droit des souverains, et *comme une marque de mépris pour sa personne*, le passage des troupes hollandaises par son territoire, sans lui avoir demandé, à lui expressément, la permission. Il ordonne à son ministre, le jeune comte de Podewils, de prendre cette affaire avec hauteur, et d'exiger une satisfaction authentique. De plus il ordonne à son ministre de partir et de venir recevoir ses ordres à Berlin, après avoir fait ses plaintes et demandé réparation. Il lui ordonne en même temps de ne partir qu'après avoir laissé à la Haye un secrétaire, et l'avoir instruit du courant des affaires. La lettre est datée de Glatz. Le voyage du ministre à Berlin sera différé jusqu'au retour de ce secrétaire, qui est actuellement à Spa, et auquel on dépêche un courrier dans le moment.

J'observe que le roi de Prusse n'a été instruit du passage des troupes que par les dépêches datées de la Haye, du 30 juillet, et que la personne que j'avais engagée à demander l'arrêt des munitions de guerre l'avait obtenu dès le commencement de juillet, et cela même malgré la permission que les États devaient demander pour ces munitions.

Ces effets sont assez considérables et j'aurai l'honneur de vous en adresser le mémoire par le premier ordinaire, après que je l'aurai traduit du hollandais en français.

La mésintelligence que j'avais trouvé l'heureuse occasion de préparer, touchant ces effets, est fondée sur l'intérêt. Celle qui naît du passage des troupes vient du juste maintien de la dignité de sa couronne. Je souhaiterais que ces deux grands motifs pussent servir à déterminer ce monarque au grand but où il faudrait l'amener. J'ai peur que son ministre à la Haye, qui a plus d'une raison d'aimer ce séjour, ne ménage, autant qu'il pourra, une conciliation. Je n'attends pas une rupture ouverte, mais je tâcherai de faire en sorte que le ministre de Sa Majesté prussienne attende encore quelques jours pour faire sa déclaration aux États-Généraux. Plus il aura tardé à éclater, et plus tard la réconciliation se fera, et plus longtemps aussi les munitions de guerre seront arrêtées.

Au reste je partirai pour Berlin avec ce ministre, et vous êtes bien sûr que je n'omettrai rien pour le faire servir à vos intentions.

MCCXXXIX. — DE FRÉDÉRIC II, ROI DE PRUSSE.
A Potsdam, le 20 août.

Je ne suis arrivé ici que depuis deux jours; j'y ai trouvé trois de vos lettres.

    Le dieu de la raison et le dieu des beaux vers
    Président tous les deux à vos brillants concerts;
    Vous déridant le front et voulant nous instruire,
    Vos vers de Juvénal empruntent la satire.
    Contre vous le bigot n'aura pas jeu gagné,
    Et de l'hysope au cèdre il n'est rien d'épargné.
    Malheur à Mirepoix, si son panégyrique
    Se prononce jamais en style académique!
    Les arts, qu'il offensa, pour venger leurs chagrins,
    Renverseront sa tombe avec leurs propres mains;
    Et la fade oraison que lui fera Neuville
    Aura même en sa bouche un air de vaudeville.

Je plains ceux qui ont le malheur de vous offenser, car avec quatre hémistiches vous les rendez ridicules *ad secula seculorum*.

Je ne vais point à Aix, comme je me l'étais proposé. Vous savez que j'ai l'honneur d'être un atome politique, et qu'en cette qualité mon estomac est obligé de prendre ses combinaisons des affaires européanes; ce qui ne l'accommode pas toujours.

Il me semble, mon cher Voltaire, que vous êtes un peu dans le goût de la girouette du Parnasse, et que vous ne vous êtes pas encore décidé sur le parti que vous avez à prendre. Je ne vous dirai rien là-dessus; car je dois vous paraître suspect dans tout ce que je pourrais vous dire. Le tableau que vous me faites de la France est peint avec de très-belles couleurs; mais, vous me direz tout ce qu'il vous plaira, une armée qui fuit trois ans de suite, et qui est battue partout où elle se présente, n'est pas assurément une troupe de Césars ni d'Alexandres.

Je ne suis point peint, je ne me fais point peindre; ainsi je ne puis vous donner que des médailles. *Vale.*

MCCXL. — A M. LE COMTE D'ARGENTAL.
Sur l'eau, près d'Utrecht, ce 23 août.

La Haye en Touraine est donc une ville bien célèbre! Savez-vous, mon cher et respectable ami, que votre lettre adressée à la Haye n'est pas venue d'abord en Hollande? Je l'ai reçue avec ces belles paroles : « Inconnu à la Haye en Touraine, renvoyée à la Haye en Hollande? » Oh bien! il n'y aura plus de *quiproquo*, me voici sur le chemin de Berlin. Le roi de Prusse devait aller à Spa, il devait aller à Aix-la-Chapelle; il m'ordonne d'aller lui faire ma cour dans sa capitale, et peut-être apprendrai-je, en courant la poste, qu'il a changé d'avis, et il faudra courir en Franconie ou dans le Haut-Palatinat. Heureusement je ne crains point les houssards en voyageant, comme je fais, avec des Allemands; et d'ailleurs je leur réciterai des vers pour la reine de Hongrie. Le fameux colonel Mentzel a commencé par être comédien. Je lui ferai jouer *Jules César*, puisqu'on ne le joue point à Paris. Ah! plût à Dieu que les dévots ne fussent pas plus à craindre que les houssards! Ayez pitié de moi, *saltem vos, amici mei*. Écrivez-moi un petit mot à Berlin. On dit que vous n'avez pas trop bien vendu votre charge. On n'achète chèrement dans ce temps-ci que des malheurs. Daignez me mander ce que devient ce pays fait pour être aimable : y est-on bien fou? y a-t-on de la crainte, de l'espérance? ou plutôt Paris ne s'occupe-t-il pas plus d'une danseuse que de ce qui se passe sur le Rhin? Cela n'est peut-être pas si fou. Les véritables fous, en vérité, sont ceux qui font tuer les hommes, et je mets encore de ce nombre ceux qui voyagent en Prusse, pouvant être à Paris; mais, puisque ces fous-là sont les plus malheureux, dites-leur des choses bien consolantes; daignez les égayer par des nouvelles. Ayez la bonté de présenter leurs respects à vos parents et à vos amis. Bonsoir, mes anges; j'enrage du meilleur de mon cœur. Adieu, les plus aimables personnes du monde.

MCCXLI. — De Frédéric II, roi de Prusse.

A Potsdam, le 24 août.

Ce sera donc à Berlin que j'aurai le plaisir de voir l'Apollon français descendre de son Parnasse en ma faveur, et s'humaniser un peu avec la canaille prosaïque! Je vous prie, mon cher Voltaire, apportez avec vous bonne provision d'indulgence, et surtout qu'aucun grammairien ne mesure à la toise la longueur de nos phrases et ne nous punisse de la sottise d'un solécisme. Vous verrez une troupe de comédiens qui se forment, une académie naissante, mais surtout beaucoup de personnes qui vous aiment et qui vous admirent.

Il n'y a point à Berlin d'*âne* de Mirepoix. Nous avons un cardinal et quelques évêques dont les uns font l'amour par devant et les autres par derrière, plus versés dans la théologie d'Épicure que dans celle de saint Paul, par conséquent bonnes gens, qui ne persécutent personne, et qui ne disposent précisément que des charges de marguillier et des places de chantre auxquelles vous n'aspirez point.

> Apportez au moins, en venant,
> Cette vierge[1] si découplée
> Qui brillait plus dans la mêlée
> Que tous vos héros d'à présent;
> Que ce Broglio toujours fuyant,
> Réduisant sa troupe en fumée :
> Que Mallebois toujours errant,
> Menant promener son armée;
> Que Ségur le capituleur[2],
> Et les autres transis de peur.

1. *La Pucelle*. (Éd.)
2. Allusion à la capitulation du 23 janvier 1742, dans Lintz. (Éd.)

Je vous montrerai de mes *Mémoires*[1] ce que je croirai pouvoir vous montrer. Ils sont vrais, et par conséquent d'une nature à ne paraître qu'après le siècle.

Adieu, cher Voltaire; à revoir. FÉDÉRIC.

MCCXLII. — A M. L'ABBÉ DE VALORI.

Berlin, le 31 août.

Je viens, monsieur, de me vanter à monsieur votre frère de vos bontés; mais il faut que je me vante à vous des siennes. Berlin et Lille sont pour moi deux patries nouvelles. Je me flatte que j'aurai bientôt l'honneur de vous revoir et de vous dire à quel point je suis attaché à toute votre famille. Permettez-moi d'assurer de mon respect Mme et Mlles de Valori. Il sera bien difficile que je quitte sitôt ce pays-ci; mais enfin on ne peut oublier cette troisième patrie qui s'appelle la France. Plût à Dieu que tous les gens de votre espèce qui sont dans ce pays-là vous ressemblassent! ils seraient les maîtres de tout, à force de plaire.

Mille tendres respects. VOLTAIRE.

MCCXLIII. — A M. AMELOT, MINISTRE DES AFFAIRES ÉTRANGÈRES.

A Charlottenbourg, ce 3 septembre.

Aujourd'hui, après un dîner plein de gaieté et d'agréments, le roi de Prusse est venu dans ma chambre, il m'a dit qu'il avait été fort aise de prier hier monsieur l'envoyé de France, seul de tous les ministres, non-seulement pour lui donner des marques de considération, mais pour inquiéter ceux qui seraient fâchés de la préférence.

Je lui répondis que l'envoyé de France serait bien plus content si Sa Majesté envoyait quelques troupes à Wesel et à Magdebourg. « Mais, dit-il, que voulez-vous que je fasse? le roi de France me pardonnera-t-il jamais une paix particulière? — Sire, lui dis-je, les grands rois ne connaissent point la vengeance; tout cède à l'intérêt de l'État; vous savez si l'intérêt de Votre Majesté et de la France n'est pas d'être à jamais unis.

— Comment puis-je croire, dit alors le roi de Prusse, que la France soit dans l'intention de se lier fermement avec moi? Je sais que votre envoyé à Mayence fait des insinuations contre mes intérêts, et qu'on propose la paix avec la reine de Hongrie, le rétablissement de l'empereur et un dédommagement à mes dépens.

— J'ose croire, répliquai-je, que cette accusation est un artifice des Autrichiens, qui leur est trop ordinaire. Ne vous ont-ils pas calomnié ainsi au mois de mai dernier? n'ont-ils pas écrit en Hollande que vous aviez offert à la reine de Hongrie de vous joindre à elle contre la France?

— Je vous jure, me dit-il, mais en baissant les yeux, que rien n'est plus faux. Que pourrais-je y gagner? Un tel mensonge se détruit de

[1]. C'est l'ouvrage intitulé *Histoire de mon temps*, et qui fait partie des *Œuvres posthumes de Frédéric*. (ED.)

soi-même. — Eh bien! Sire, pourquoi donc ne vous pas réunir hautement avec la France et l'empereur contre l'ennemi commun, qui vous hait et qui vous calomnie tous deux également? quel autre allié pouvez-vous avoir que la France? — Vous avez raison, reprit-il : vous savez aussi que je cherche à la servir, vous connaissez ce que je fais en Hollande. Mais je ne peux agir hautement que quand je serai sûr d'être secondé de l'Empire; c'est à quoi je travaille à présent, et c'est le véritable but du voyage que je fais à Bareuth dans huit ou dix jours. Je veux être assuré au moins que quelques princes de l'Empire, comme Palatin, Hesse, Wurtemberg, Cologne et Stetin, fournissent un contingent à l'empereur. — Sire, lui dis-je, demandez-leur seulement leur signature, et commencez par faire paraître vos braves Prussiens.

— Je ne veux point recommencer la guerre, dit-il; mais j'avoue que je serais flatté d'être le pacificateur de l'Empire, et d'humilier un peu le roi d'Angleterre, qui veut donner la loi à l'Allemagne. — Vous le pouvez, lui dis-je; il ne vous manque plus que cette gloire, et j'espère que la France tiendra la paix de son épée et de vos négociations; la vigueur qu'elle fera paraître augmentera sans doute votre bonne volonté. Permettez-moi de vous demander ce que vous feriez si le roi de France requérait votre secours, en vertu de votre traité avec lui.

— Je serais obligé, dit-il, de m'excuser et de répondre que ce traité est annulé par celui que j'ai fait depuis avec la reine de Hongrie; je ne peux à présent servir l'empereur et le roi de France qu'en négociant. — Négociez donc, Sire, aussi heureusement que vous avez combattu, et souffrez que je vous dise, avec toute la terre, que la reine de Hongrie n'attend que le moment favorable d'attaquer la Silésie. » Alors il parla ainsi : « Mes quatre places seront achevées avant que l'Autriche puisse envoyer contre moi deux régiments; j'ai cent cinquante mille combattants, j'en aurai alors deux cent mille. Je me flatte que ma discipline militaire, que je tiens la meilleure de l'Europe, triomphera toujours des troupes hongroises. Si la reine de Hongrie veut reprendre la Silésie, elle me forcera de lui enlever la Bohême. Je ne crains rien de la Russie : la czarine m'est à jamais dévouée depuis la dernière conspiration fomentée par Botta et par les Anglais. Je lui conseille d'envoyer le jeune Ivan et sa mère en Sibérie, aussi bien que mon beau-frère, dont j'ai toujours été mécontent, et qui n'a jamais été gouverné que par des Autrichiens. » Le roi allait poursuivre ; on est venu l'avertir que la musique était prête; je l'y ai suivi, il m'a fait plus d'accueil que jamais. Je n'ajoute rien à ce détail simple et exact. J'omets, en faveur de la brièveté, les raisons que j'ai fait valoir. Je n'ai mis ici que la substance.

Ce 6 septembre.

Depuis cet entretien j'en ai eu plusieurs autres; j'ai même reçu des billets de son appartement au mien.

Le résultat est que je l'ai fait convenir que la cour de France ne peut avoir de part à cette proposition faite à Mayence contre lui. En effet, vous n'avez pas voulu offenser un roi que vous avez tant d'intérêt de ménager.

Étant instruit que le parti pacifique commençait à s'accréditer en Hollande, et sachant ce qui s'est passé d'un autre côté entre les régents et d'un autre entre les principaux bourgmestres d'Amsterdam et l'abbé de La Ville, j'en ai rendu compte à Sa Majesté prussienne; j'ai fait valoir cette conjoncture, et j'ai obtenu au moins qu'elle donnât ordre à son ministre à la Haye de presser la paix et de parler avec vigueur. *Allez*, lui a-t-il dit en propres termes, *faites-moi respecter*. Mais ce ministre en Hollande ne doit pas communiquer avec M. de Fénelon; le roi de Prusse veut paraître impartial.

Cependant il arrête toujours les munitions de guerre des Hollandais; je vois qu'il formera à Bareuth le plan de sa conduite dans l'Empire. Je ne sais s'il me mettra du voyage; ma situation pourra devenir très-épineuse, on a donné des ombrages.

Je vous écris peu de choses; mais j'en ai beaucoup à vous dire et qui vous concernent. Vous verrez si je vous suis dévoué.

MCCXLIV. — A M. LE MARQUIS DE VALORI.

Du 7 septembre.

Ce mardi au soir. Je me prive d'un grand et beau souper pour griffonner le petit mémoire ci-joint. Vous y verrez l'effet des promesses que j'ai eu l'honneur de vous faire; je vous prie de le regarder comme un témoignage de mon zèle pour vous autant que pour ma patrie. Je vous supplie de le faire chiffrer d'un bout à l'autre et de l'envoyer dans votre paquet. Je vous prie aussi de vouloir bien me rendre ce petit billet et la minute ci-jointe, dont je n'ai pas gardé de copie. Soyez persuadé de mon tendre et respectueux attachement, et comptez que je n'ai pas été en reste dans les louanges que le roi vous a données.
VOLTAIRE.

MCCXLV. — DE FRÉDÉRIC II, ROI DE PRUSSE.

A Potsdam, le 7 septembre.

Vous me dites tant de bien de la France et de son roi qu'il serait à souhaiter que tous les souverains eussent de pareils sujets et toutes les républiques de semblables citoyens. C'est ce qui fait véritablement la force des États, lorsqu'un même zèle anime tous les membres, et que l'intérêt public devient l'intérêt de chaque particulier.

Il aurait été à souhaiter que la France et la Suède eussent eu des militaires qui pensassent comme vous: mais il est bien sûr, quoi que vous puissiez dire, que la faiblesse des généraux, et la timidité des conseils, ont presque perdu de réputation ces deux nations, dont le nom seul inspirait, il n'y a pas un demi-siècle, la terreur à l'Europe.

De quelle façon voyons-nous que la France ait agi envers ses alliés? Quel exemple pour l'Europe que la paix secrète que fit le cardinal de Fleuri, à l'insu de l'Espagne et du roi de Sardaigne! il abandonna le roi Stanislas, beau-père de Louis XV, et acquit la Lorraine. Quel exemple inouï que la manière dont la France abandonne l'empereur, sacrifie la Bavière, et réduit ce prince si respectable dans la dernière misère; je ne dis pas dans la misère d'un prince, mais dans la situation la plus affreuse où puisse se trouver un particulier! Quelles machinations n'ont pas été celles du cardinal en Russie, lorsque nous étions le mieux liés! Quelles propositions n'a-t-on pas faites à Mayence pour ouvrir les routes à la paix, ou, pour mieux dire, afin d'allumer une nouvelle guerre! Avec quel peu de vigueur parlent les Français, lorsqu'ils devraient montrer de la fermeté; et, lors même qu'il en paraît quelque étincelle dans leurs discours, combien peu les opérations militaires y répondent-elles!

Cependant cette nation est la plus charmante de l'Europe; et, si elle n'est pas crainte, elle mérite qu'on l'aime. Un roi digne de la commander, qui gouverne sagement, et qui s'acquiert l'estime de l'Europe entière, peut lui rendre son ancienne splendeur, que les Broglio, et tant d'autres plus ineptes encore, ont un peu éclipsée.

C'est assurément un ouvrage digne d'un prince doué de tant de mérite, que de rétablir ce que les autres ont gâté; et jamais souverain ne peut acquérir plus de gloire que lorsqu'il défend ses peuples contre des ennemis furieux, et que, faisant changer la situation des affaires, il trouve le moyen de réduire ses adversaires à lui demander la paix humblement.

J'admirerai tout ce que fera ce grand homme, et personne de tous les souverains de l'Europe ne sera moins jaloux que moi de ses succès.

Mais je n'y pense pas de vous parler politique; c'est précisément présenter à sa maîtresse une coupe de médecine. Je crois que je ferais beaucoup mieux de vous parler poésie; mais ne peut pas qui veut; et, lorsque vous m'écrivez des vers et que j'y dois répondre, vous me revenez comme un échanson qui, ayant le talent de boire, porte de grands verres en rasade à un fluet qui tout au plus peut supporter de l'eau.

Adieu, cher Voltaire; veuille le ciel vous préserver des insomnies, de la fièvre et des fâcheux! Fédéric.

MCCXLVI. — Du même.

Le 8 septembre.

Je n'ose parler à un fils d'Apollon de chevaux, de carrosses, de relais, et de pareilles choses; ce sont des détails dont les dieux ne se mêlent pas, et que nous autres humains prenons sur nous. Vous partirez lundi après midi, si vous le voulez, pour Bareuth, et vous dînerez chez moi en passant, s'il vous plaît.

Le reste de mon mémoire est si fort barbouillé et en si mauvais état, que je ne puis vous l'envoyer. Je fais copier les chants VIII et IX de *la Pucelle*. J'en possède à présent le 1er, le IIe, le IVe, le Ve, le VIIIe, et le IXe; je les garde sous trois clefs, pour que l'œil des mortels ne puisse les voir.

On dit que vous avez soupé, hier, en bonne compagnie.

Les plus beaux esprits du canton,
Tous rassemblés en votre nom,
Tous gens à qui vous deviez plaire,

Tous dévots croyant à Voltaire,
Vous ont unanimement pris
Pour le dieu de leur paradis.

Le paradis, pour que vous ne vous en scandalisiez pas, est pris ici, dans un sens général, pour un lieu de plaisir et de joie. Voyez la remarque sur le dernier vers du *Mondain*. *Vale*. FÉDÉRIC.

MCCXLVII. — A M. AMELOT, MINISTRE DES AFFAIRES ÉTRANGÈRES.

Ce 3 octobre.

Monseigneur, en revenant de la Franconie, où j'ai resté quelques jours, après le départ de Sa Majesté prussienne, je reprends le fil de mon journal.

Le roi de Prusse me dit à Bareuth, environ le 13 ou le 14 du mois passé, qu'il était bien content que le roi eût envoyé de l'argent à l'empereur, et qu'il était satisfait des explications données par M. le maréchal de Noailles, au sujet de l'électeur de Mayence. « Mais, ajouta-t-il, il résulte de toutes vos démarches secrètes que vous demandez la paix à tout le monde, et il se pourrait très-bien faire que votre cour eût fait des propositions contre moi, à Mayence, seulement pour entamer une négociation, et pour sonder le terrain.

— C'est donc ainsi, lui dis-je en riant, que vous en usez, vous autres rois, et c'est ainsi, probablement, que vous fîtes, au mois de mai, des propositions à la reine de Hongrie contre la France.—Êtes-vous toujours dans cette idée ? me répondit-il ; je vous jure sur mon honneur que je n'ai jamais pensé à faire cette démarche. » Il me répéta deux fois ces paroles, en me frappant sur l'épaule ; et vous sentez bien que, quand un roi jure deux fois sur son honneur, il n'y a rien à répliquer. Il m'ajouta : « Si j'avais fait la moindre offre à la reine de Hongrie, on l'eût acceptée à genoux ; et il n'y a pas longtemps que les Anglais m'ont offert la carte blanche, si je voulais envoyer seulement dix mille hommes à l'armée autrichienne. »

Ensuite il me dit qu'il allait voir à Anspach ce qu'on pourrait faire pour la cause commune, qu'il y attendait l'évêque de Wurtzbourg, et qu'il tâcherait de réunir les cercles de Souabe et de Franconie. Il promit, en partant, au margrave de Bareuth, son beau-frère, qu'il reviendrait chez lui avec de grands desseins et même de grands succès.

Ces succès se bornèrent à des promesses vagues du margrave d'Anspach de s'unir aux autres princes, en faveur de l'empereur, quand Sa Majesté prussienne donnerait l'exemple. L'évêque de Wurtzbourg ne se trouva point à Anspach, et même n'envoya pas s'excuser. Le roi de Prusse alla voir l'armée de l'empereur, et n'entama rien d'essentiel avec le général Seckendorf.

Tandis qu'il faisait cette tournée, le margrave me parla beaucoup des affaires présentes. Il venait d'être déclaré feld-maréchal du cercle de Franconie. C'est un jeune prince plein de bonté et de courage, qui aime les Français, et qui hait la maison d'Autriche. Il voyait assez que le roi de Prusse n'était point dans l'intention de rien risquer et d'envoyer une armée de neutralité vers la Bavière. Je pris la liberté de dire au margrave, en substance, que, s'il pouvait disposer de quelques troupes en Franconie, les joindre aux débris de l'armée impériale, obtenir du roi, son beau-frère, seulement dix mille hommes, je prévoyais, en ce cas, que la France pourrait lui donner en subside de quoi en lever encore dix mille, cet hiver, en Franconie, et que toute cette armée, sous le nom d'armée des cercles, pourrait arborer l'étendard de la liberté germanique, auquel d'autres princes auraient alors le courage de se rallier; et que le roi de Prusse engagé pourrait encore aller plus loin.

Le margrave et son ministre approuvent ce projet, et l'approuvent avec chaleur, d'autant plus qu'il peut mettre ce prince en état de faire valoir plus d'une prétention dans l'Empire. Mais il fallait gagner l'évêque de Wurtzbourg et de Bamberg, de qui la tête est, dit-on, très-affaiblie; et le ministre du margrave me dit que, moyennant trente à quarante mille écus, on pourrait déterminer les ministres de cet évêque.

Le roi de Prusse, à son retour à Bareuth, ne parla pas de la moindre affaire à son beau-frère, et l'étonna beaucoup. Il l'étonna encore plus en paraissant vouloir retenir de force à Berlin le duc de Wurtemberg, sous prétexte que Mme la duchesse de Wurtemberg, sa mère, voulait faire élever son fils à Vienne.

Irriter ainsi le duc de Wurtemberg, et désespérer sa mère, n'était pas le moyen d'acquérir du crédit dans le cercle de Souabe, et de réunir tant de princes. La duchesse de Wurtemberg, qui était à Bareuth pour s'aboucher avec le roi de Prusse, m'envoya chercher. Je la trouvai fondant en larmes. « Ah! me dit-elle, le roi de Prusse veut-il être un tyran, et veut-il, pour prix de lui avoir confié mes enfants, et donné deux régiments, me forcer à demander justice contre lui à toute la terre? Je veux avoir mon fils; je ne veux point qu'il aille à Vienne; c'est dans ses États que je veux qu'il soit élevé auprès de moi. Le roi de Prusse me calomnie, quand il dit que je veux mettre mon fils entre les mains des Autrichiens. Vous savez si j'aime la France, et si mon dessein n'est pas d'y aller passer le reste de mes jours, quand mon fils sera majeur. »

Enfin la querelle fut apaisée. Le roi de Prusse me dit qu'il ménagerait plus la mère, qu'il rendrait le fils si on le voulait absolument, mais qu'il se flattait que de lui-même le jeune prince aimerait à rester auprès de lui.

Sa Majesté prussienne partit ensuite pour Leipsick et pour Gotha, où il n'a rien déterminé.

Aujourd'hui vous savez quelles propositions il vous fait; mais toutes ses conversations et celles d'un de ses ministres, qui me parle assez librement, me font voir évidemment qu'il ne se mettra jamais à découvert que quand il verra l'armée autrichienne et anglaise presque détruite.

Il faudrait du temps, de l'adresse, et beaucoup plus de vigueur que le margrave de Bareuth n'en a, pour faire réussir, cet hiver, le projet d'assembler une armée de neutralité.

Le roi de Prusse veut beaucoup de mal au roi d'Angleterre, mais il ne lui en fera que quand il y trouvera sécurité et profit. Il m'a toujours parlé de ce monarque avec un mépris mêlé de colère, mais il me parle toujours du roi de France avec une estime respectueuse; et j'ai de sa main des preuves par écrit que tout ce que je lui ai dit de Sa Majesté lui a fait beaucoup d'impression.

Je pars vers le 12; j'aurai l'honneur de vous rendre un compte beaucoup plus ample. Je me flatte que vous et M. le contrôleur général[1], permettrez que je prenne ici trois cents ducats pour acheter un carrosse et m'en retourner, ayant dépensé tout ce que j'avais pendant près de quatre mois de voyages.

MCCXLVIII. — A M. LE COMTE DE PODEWILS,
ENVOYÉ DU ROI DE PRUSSE, A LA HAYE.
Le 3 octobre.

Lorsque d'un feu charmant votre muse échauffée
Chez les Vestphaliens rimait des vers si beaux,
 Cher ami, j'ai cru voir Orphée,
Qui chantait dans la Thrace, entouré d'animaux.

Pour moi, mon adorable ministre, j'ai suivi à Bareuth l'Orphée couronné: j'y ai vu une cour où tous les plaisirs de la société et tous les goûts de l'esprit sont rassemblés. Nous y avons eu des opéras, des comédies, des chasses, des soupers délicieux. Ne faut-il pas être possédé du malin pour s'exterminer sur le Danube ou sur le Rhin, au lieu de couler ainsi doucement sa vie? Je compte repasser incessamment par le pays dont vous faites les délices; ce n'est pas mon plus court, mais je ferais un détour de cinq cents lieues pour venir vous embrasser, pour jouir encore quelques jours de votre aimable commerce, et pour vous jurer un attachement éternel. Votre monseigneur Cresseni a donc donné partout des bénédictions, au lieu d'argent, dans les auberges?

 Il ne faut pas que l'on s'étonne
 De ce beau tour italien;
Car dans les cabarets où l'on ne trouve rien
 Quel argent voulez-vous qu'on donne?

J'ai eu l'honneur de souper hier avec le roi, et avec monsieur votre oncle.

MCCXLIX.—A M. AMELOT, MINISTRE DES AFFAIRES ÉTRANGÈRES.
Le 5 octobre

Monseigneur, ce que vous mande M. de Valori, touchant la conduite du oi de Prusse à mon égard, n'est que trop vrai. Vous savez de quel nom et de quel prétexte je m'étais servi auprès de lui pour colorer mon voyage. Il m'a écrit plusieurs lettres sur l'homme qui servait de prétexte, et je lui en ai adressé quelques-unes qui sont écrites avec la même liberté.

[1] Orry. (ÉD.)

Il y a dans ses billets et dans les miens quelques vers hardis qui ne peuvent faire aucun mal à un roi, et qui en peuvent faire à un particulier. Il a cru que, si j'étais brouillé sans ressource avec l'homme qui est le sujet de ces plaisanteries, je serais forcé alors d'accepter les offres que j'ai toujours refusées de vivre à la cour de Prusse. Ne pouvant me gagner autrement, il croit m'acquérir en me perdant en France; mais je vous jure que j'aimerais mieux vivre dans un village suisse que de jouir à ce prix de la faveur dangereuse d'un roi capable de mettre de la trahison dans l'amitié même : ce serait en ce cas un trop grand malheur de lui plaire. Je ne veux point du palais d'Alcine, où l'on est esclave parce qu'on a été aimé, et je préfère surtout vos bontés vertueuses à une faveur si funeste.

Daignez me conserver ces bontés, et ne parler de cette aventure curieuse qu'à M. de Maurepas. Je lui ai écrit de Bareuth, mais j'ai peur que le colonel Mentzel n'ait ma lettre.

MCCL. — DE FRÉDÉRIC II, ROI DE PRUSSE.

Le 7 octobre.

La France a passé, jusqu'à présent, pour l'asile des rois malheureux; je veux que ma capitale devienne le temple des grands hommes. Venez-y, mon cher Voltaire, et dictez tout ce qui peut vous y être agréable. Je veux vous faire plaisir; et, pour obliger un homme, il faut entrer dans sa façon de penser.

Choisissez appartement ou maison, réglez vous-même ce qu'il vous faut pour l'agrément et le superflu de la vie; faites votre condition comme il vous la faut pour être heureux, c'est à moi à pourvoir au reste. Vous serez toujours libre et entièrement maître de votre sort; je ne prétends vous enchaîner que par l'amitié et le bien-être.

Vous aurez des passe-ports pour des chevaux, et tout ce que vous pourrez demander. Je vous verrai mercredi, et je profiterai des moments qui me restent pour m'éclairer au feu de votre puissant génie. Je vous prie de croire que je serai toujours le même envers vous.

Adieu. FRÉDÉRIC.

MCCLI. — A M. AMELOT, MINISTRE DES AFFAIRES ÉTRANGÈRES.

A Berlin, le 8 octobre.

Monseigneur, dans le dernier entretien particulier que j'eus avec Sa Majesté prussienne, je lui parlai d'un imprimé qui courut, il y a six semaines, en Hollande, dans lequel on proposait des moyens de pacifier l'Empire, en sécularisant des principautés ecclésiastiques en faveur de l'empereur et de la reine de Hongrie, suivant l'exemple qu'on en donna, le siècle passé, à la paix de Vestphalie. Je lui dis que je voudrais de tout mon cœur voir le succès d'un tel projet; que c'était rendre à César ce qui appartient à César ; que l'Église ne devait que prier Dieu pour les princes; que les bénédictins n'avaient pas été institués pour être souverains, et que cette opinion, dans laquelle j'avais toujours été, m'avait fait beaucoup d'ennemis dans le clergé. Il m'avoua que c'était lui qui avait fait imprimer ce projet. Il me fit entendre qu'il ne serait pas fâché d'être compris dans ces restitutions que les prêtres doivent, dit-il, en conscience aux rois, et qu'il embellirait volontiers Berlin du bien de l'Eglise. Il est certain qu'il veut parvenir à ce but, et ne procurer la paix que quand il y verra de tels avantages.

C'est à votre prudence à profiter de ce dessein secret, qu'il n'a confié qu'à moi. Peut-être si l'empereur lui faisait dans un temps convenable des ouvertures conformes à cette idée, et pressait une association de princes de l'Empire, le roi de Prusse se déterminerait à se déclarer; mais je ne crois pas qu'il voulût que la France se mêlât de cette sécularisation, ni qu'il fasse aucune démarche éclatante, à moins qu'il n'y voie très-peu de péril et beaucoup d'utilité.

Il me dit que, dans quelque temps, on verrait éclore des événements agréables à la France. J'ai peur que ce ne soit une énigme qui n'a point de mot. Il veut toujours me retenir. Il m'a fait encore parler aujourd'hui par la reine mère; mais je crois que je dois plutôt venir vous rendre compte que de jouir ici de sa faveur.

MCCLII. — A M. THIERIOT.

A Berlin, le 8 octobre.

J'ai reçu vos deux lettres, en revenant de la Franconie, à la suite d'un roi qui est la terreur des postillons, comme de l'Autriche, et qui fait tout en poste. Il traîne ma momie après lui. Je n'ai que le temps de venir vous dire un mot. *Jodelet Prince*¹ est entouré de rois, de reines, de musiques, de bals. Le roi de Prusse daigne, en quatre jours de temps, faire ajuster sa magnifique salle des machines, et faire mettre au théâtre le plus bel opéra de Metastasio et de Hasse; le tout parce que je suis curieux. *Jodelet Prince* s'en retourne, après ce rêve, être à Paris *Jodelet* tout court, être berné et écrasé comme de coutume; mais il ne s'en retournera pas sans s'être jeté aux pieds du roi en faveur de son ami Thieriot, et sans avoir obtenu quelque chose. Ce ne sera pas assurément le fruit le moins flatteur du plus agréable voyage qu'on ait jamais fait. L'amitié, qui me ramène à Paris, est toujours à Berlin la première divinité à qui je sacrifie.

MCCLIII. — A FRÉDÉRIC II, ROI DE PRUSSE.

Votre Majesté aurait-elle assez de bonté pour mettre en marge ses réflexions et ses ordres?

(VOLTAIRE.)

1° Votre Majesté saura que le sieur Bassecour, premier bourgmestre d'Amsterdam, est venu prier M. de La Ville, ministre de France, de faire des propositions de paix. La Ville a répondu que,

(FRÉDÉRIC.)

1° Ce Bassecour est apparemment celui qui a soin d'engraisser les chapons et les coqs-d'Inde pour Leurs Hautes Puissances?

1. *Jodelet Prince*, comédie donnée au Théâtre-Français, en 1655, par Thomas Corneille. (ÉD.)

si les Hollandais avaient des offres à faire, le roi son maître pourrait les écouter.

2° N'est-il pas clair que le parti pacifique l'emportera infailliblement en Hollande, puisque Basse-cour, l'un des plus déterminés à la guerre, commence à parler de paix? N'est-il pas clair que la France montre de la vigueur et de la sagesse?

3° Dans ces circonstances, si Votre Majesté parlait en maître, si elle donnait l'exemple aux princes de l'Empire d'assembler une armée de neutralité, n'arracherait-elle pas le sceptre de l'Europe des mains des Anglais, qui vous bravent, et qui parlent hautement de vous d'une manière révoltante, aussi bien que le parti des Bentinck, des Fagel, des Obdam? Je les ai entendus, et je ne vous dis rien que de très-véritable.

4° Ne vous couvrez-vous pas d'une gloire immortelle, en vous déclarant efficacement le protecteur del'Empire? et n'est-il pas de votre plus pressant intérêt d'empêcher que les Anglais ne fassent votre ennemi le grand-duc roi des Romains?

5° Quiconque a parlé seulement un quart d'heure au duc d'Aremberg, au comte de Harrach, au lord Stair, à tous les partisans d'Autriche, leur a entendu dire qu'ils brûlent d'ouvrir la campagne en Silésie; avez-vous en ce cas, Sire, un autre allié que la France? et, quelque puissant que vous soyez, un allié vous est-il inutile? Vous connaissez les ressources de la maison d'Autriche, et combien de princes sont unis à elle. Mais résisteraient-ils à votre puissance jointe à celle de la maison de Bourbon?

2° J'admire la sagesse de la France; mais Dieu me préserve à jamais de l'imiter!

3° Ceci serait plus beau dans une ode que dans la réalité. Je me soucie fort peu de ce que les Hollandais et Anglais disent, d'autant plus que je n'entends point leur patois.

4° La France a plus d'intérêt que la Prusse de l'empêcher; et en cela, cher Voltaire, vous êtes mal informé; car on ne peut faire une élection de roi des Romains sans le consentement unanime de l'Empire; ainsi vous sentez bien que cela dépend toujours de moi.

5° On les y recevra, biribi,
A la façon de Barbari,
Mon ami.

6° Si vous faites seulement marcher des troupes à Clèves, n'inspirez-vous pas la terreur et le respect, sans craindre que l'on ose vous faire la guerre? N'est-ce pas, au contraire, le seul moyen de forcer les Hollandais à concourir, sous vos ordres, à la pacification de l'Empire et au rétablissement de l'empereur, qui vous devra deux fois son trône, et qui aidera à la splendeur du vôtre?

7° Quelque parti que Votre Majesté prenne, daignera-t-elle se confier à moi comme à son serviteur, comme à celui qui désire de passer ses jours à votre cour? Voudra-t-elle que j'aie l'honneur de l'accompagner à Bareuth, et, si elle a cette bonté, veut-elle bien me le déclarer, afin que j'aie le temps de me préparer pour ce voyage? Pour peu qu'elle daigne m'écrire quelque chose de favorable dans la lettre projetée, cela suffira pour me procurer le bonheur où j'aspire depuis six ans de vivre auprès d'elle.

8° Si pendant le court séjour que je dois faire, cet automne, auprès de Votre Majesté, elle pouvait me rendre porteur de quelque nouvelle agréable à ma cour, je la supplierais de m'honorer d'une telle commission.

9° Faites tout ce qu'il vous plaira; j'aimerai toujours Votre Majesté de tout mon cœur. VOLTAIRE.

6° Vous voulez donc qu'en vrai dieu de machine
J'arrive pour le dénoûment;
Qu'aux Anglais, aux Pandours, à ce peuple insolent,
J'aille donner la discipline?
Mais examinez mieux ma mine;
Je ne suis pas assez méchant.

7° Si vous voulez venir à Bareuth, je serai bien aise de vous y voir, pourvu que le voyage ne dérange pas votre santé. Il dépendra donc de vous de prendre quelles mesures vous jugerez à propos.

8° Je ne suis dans aucune liaison avec la France; je n'ai rien à craindre ni à espérer d'elle. Si vous voulez, je ferai un panégyrique de Louis XV, où il n'y aura pas un mot de vrai; mais, quant aux affaires politiques, il n'en est aucune à présent qui nous lie ensemble; et d'autant plus, ce n'est point à moi à parler le premier. Si l'on me demande quelque chose, il est temps d'y répondre; mais vous, qui êtes si raisonnable, sentez bien le ridicule dont je me chargerais si je donnais des projets politiques à la France sans à-propos, et, de plus, écrits de ma propre main.

9° Je vous aime de tout mon cœur, je vous estime; je ferai tout pour vous avoir, hormis des folies et des choses qui me donneraient à jamais un ridicule dans l'Europe. et seraient, dans le fond, contraires à mes intérêts et à ma gloire. La seule commission que je puisse vous donner pour la France, c'est de leur conseiller de se conduire plus sagement qu'ils n'ont fait jusqu'à présent.

Cette monarchie est un corps très-fort, sans âme, et sans nerf. F.

MCCLIV. — AU MÊME.

C'est vous qui savez captiver
Mon cœur aux autres rois rebelle,
C'est vous en qui je dois trouver
Une douceur toujours nouvelle.
C'est chez vous qu'il faut achever
Ma vieille *Histoire universelle*[1],
Dépuceler, enjoliver,
Dans vingt chants, Jeanne *la Pucelle*,
Et surtout à jamais braver
Des dévots l'infâme séquelle.

Je partirai donc, mon adorable maître, pour revenir dès que j'aurai mis ordre à mes affaires. Je vous parle avec ma franchise ordinaire. J'ai cru m'apercevoir que je vous serais moins agréable si je venais ici avec d'autres, et je vous avoue que, appartenant uniquement à Votre Majesté, j'aurai l'âme plus à l'aise.

Je n'ambitionne point du tout d'être chargé d'affaires comme Destouches et Prior, deux poëtes qui ont fait deux paix entre la France et l'Angleterre[2]. Vous ferez ce qu'il vous plaira avec tous les rois de ce monde, sans que je m'en mêle; mais je vous conjure instamment de m'écrire un mot que je puisse montrer au roi de France.

Vous lui reprochez, dans la lettre que vous daignâtes m'écrire de Potsdam, qu'il laisse l'empereur *dans la dernière misère*, et qu'il a fait à Mayence des insinuations contre vos intérêts. Depuis cette lettre écrite, Votre Majesté a su que le roi de France a donné des subsides à l'empereur, et vous ne doutez pas, je crois, à présent, que ce Hatzel, qui a négocié ou plutôt brouillé à Mayence, ne soit un téméraire qui serait puni si vous le vouliez. Soyez donc un peu plus content, et daignez, je vous en conjure, m'écrire quatre lignes en général.

Je ne demande autre chose sinon que vous êtes satisfait aujourd'hui des dispositions de la France, que personne ne vous a jamais fait un portrait aussi avantageux de son roi, que vous me croyez d'autant plus que je ne vous ai jamais trompé, et que vous êtes bien résolu à vous lier avec un prince aussi sage et aussi ferme que lui.

Ces mots vagues ne vous engagent à rien, et j'ose dire qu'ils feront

1. L'*Essai sur les mœurs*, alors intitulé *Essai sur les révolutions du monde*. (ÉD.)
2. Prior, la paix d'Utrecht, 1712; Destouches, la paix de la quadruple alliance, 1718. (ÉD.)

un très-bon effet; car si on vous a fait des peintures peu honorables du roi de France, je dois vous assurer qu'on vous a peint à lui sous les couleurs les plus noires, et assurément on n'a rendu justice ni à l'un ni à l'autre. Permettez donc que je profite de cette occasion si naturelle pour rendre l'un à l'autre deux monarques si chers et si estimables. Ils feront de plus le bonheur de ma vie; je montrerai votre lettre au roi, et je pourrai obtenir la restitution d'une partie de mon bien [1] que le bon cardinal m'a ôté; je viendrai ici dépenser ce bien que je vous devrai.

Soyez très-persuadé du bon effet qu'elle fera; je ne serai point suspect, et ce sera le second de mes beaux jours que celui où je pourrai dire au roi tout ce que je pense de votre personne. Pour le premier de mes jours, ce sera celui où je viendrai m'établir à vos pieds, et commencer une nouvelle vie qui ne sera que pour vous.

MCCLV. — A M. LE BARON DE KAISERLING.

Dans un f.... village près de Brunswick,
ce 14 octobre, au matin.

Que je me console un peu avec vous, mon très-aimable ami.

   Je continuais mon voyage
   Dans la ville d'Otto Gueric [2],
   Rêvant à la divine Ulric [3],
   Baisant quelquefois son image,
   Et celle du grand Frédéric.
   Un heurt survient, ma glace casse,
   Mon bras en est ensanglanté;
   Ce bras qui toujours a porté
   La lyre du bonhomme Horace
   Pendante encore à mon côté.
La portière à ses gonds par le choc arrachée
Saute et vole en débris sur la terre couchée;
Je tombe dans sa chute; un peuple de bourgeois,
D'artisans, de soldats, s'empressent à la fois,
M'offrent tous de leur main, grossièrement avide,
Le dangereux appui, secourable et perfide;
On m'ôte enfin le soin de porter avec moi
La hotte de la reine et les portraits du roi.
Ah! fripons, envieux de mon bonheur suprême,
L'amour vous fit commettre un tour si déloyal :

1. Voltaire, en 1718, avait obtenu une pension du roi de deux mille livres, et une autre pension de la reine, de quinze cents livres, en 1725, sans les avoir demandées. Il en fut généralement mal payé. Il est probable que le cardinal de Fleury, excité par quelques fanatiques contre l'auteur de *Mahomet*, avait au moins suspendu le payement des pensions dont je viens de parler. (*Note de M. Clogenson.*)
2. Magdebourg. Otto de Guericke y naquit en 1602. (ÉD.)
3. Louise-Ulrique de Prusse, sœur de Frédéric. (ÉD.)

J'adore Frédéric, et vous l'aimez de même;
Il est tout naturel d'ôter à son rival
    Le portrait de ce que l'on aime.

Pour comble d'horreur, mon cher ami, deux bouteilles de vin de Hongrie se cassent, et personne n'en boit; la liqueur jaunâtre inonde mes pieds; mais ce n'est pas du *pissat d'âne* de Lognier[1], c'est du nectar répandu sur mon sottisier.

Deux bouteilles au moins de ce vin de Hongrie
Me demeurent encor dans ce malheur cruel;
Dieux! vous avez pitié d'un désastreux mortel!
Dieux! vous m'avez laissé de quoi souffrir la vie!

Je ne me suis aperçu de ma perte que fort tard. Je suis à présent comme Roland, qui a perdu le portrait d'Angélique; je cherche et je jure. Enfin j'arrive à minuit dans un village nommé Schaffen-Stadt ou F....-Stadt. Je demande le bourgmestre, je fais chercher des chevaux, je veux entrer dans un cabaret; on me répond que le bourgmestre, les chevaux, le cabaret. l'église, tout a été brûlé. Je pense être à Sodome. Je me conforte dans mes disgrâces en buvant de meilleur vin que le bonhomme Loth :

J'avais de meilleur vin que lui;
Mais, tandis que le pays grille,
Je n'ai pas eu, dans mon ennui,
L'agrément de baiser ma fille.

Enfin, aimable Césarion, me voilà dans la non magnifique ville de Brunswick. Ce n'est pas Berlin, mais j'y suis reçu avec la même bonté. On s'est douté que j'avais une lettre du grand, ou plutôt de l'aimable Frédéric; on me mène à un meilleur gîte que Schaffen-Stadt. Le duc et la duchesse[2] étaient à table; on m'apporte vingt plats et d'admirables vins.

Bonjour; je n'écrirai à notre héros que quand j'aurai eu l'honneur de saluer madame sa sœur. Mais dites un peu au grand homme qu'il faut absolument qu'il m'envoie à la Haye deux autres médailles, sans quoi je ne retournerai ni à Paris ni à Berlin. Je vous embrasse mille fois, mon charmant ami.

MCCLVI. — A M. DE MAUPERTUIS.

A Brunswick, le 16 octobre.

J'ai reçu dans mes courses la lettre où mon cher aplatisseur de ce globe daigne se souvenir de moi avec tant d'amitié. Est-il possible que je ne vous aie jamais vu que comme un météore toujours brillant et

---

[1]. Marchand de vin nommé dans le dernier alinéa de la lettre MCCLXI. (ÉD.)
[2]. Philippine-Charlotte, sœur du roi de Prusse, et mariée à Charles de Brunswick-Wolfenbuttel, dont le roi de Prusse, quelques semaines auparavant, avait épousé la sœur. (ÉD.)

toujours fuyant de moi? n'aurai-je pas la consolation de vous embrasser à Paris?

J'ai fait vos compliments à vos amis de Berlin, c'est-à-dire à toute la cour, et particulièrement à M. de Valori. Vous êtes là, comme ailleurs, aimé et regretté. On m'a mené à l'Académie de Berlin, où le médecin Eller a fait des expériences par lesquelles il croit faire croire qu'il change l'eau en air élastique; mais j'ai été encore plus frappé de l'opéra de *Titus*, qui est un chef-d'œuvre de musique. C'est, sans vanité, une galanterie que le roi m'a faite, ou plutôt à lui; il a voulu que je l'admirasse dans sa gloire.

Sa salle d'Opéra est la plus belle de l'Europe. Charlottenbourg est un séjour délicieux; Frédéric en fait les honneurs, et le roi n'en sait rien. Le roi n'a pas encore fait tout ce qu'il voulait; mais sa cour, quand il veut bien avoir une cour, respire la magnificence et le plaisir.

On vit à Potsdam comme dans le château d'un seigneur français qui a de l'esprit, en dépit du grand bataillon des gardes, qui me paraît le plus terrible bataillon de ce monde.

Jordan ressemble toujours à Ragotin; mais c'est Ragotin bon garçon et discret, avec seize cents écus d'Allemagne de pension. D'Argens est chambellan, avec une clef d'or à sa poche et cent louis dedans payés par mois. Chazot, ce Chazot que vous avez vu maudissant la destinée, doit la bénir; il est major, et a un gros escadron qui lui vaut environ seize mille livres au moins par an. Il l'a bien mérité, ayant sauvé le bagage du roi à la dernière bataille.

Je pourrais, dans ma sphère pacifique, jouir aussi des bontés du roi de Prusse, mais vous savez qu'une plus grande souveraine, nommée Mme du Châtelet, me rappelle à Paris. Je suis comme ces Grecs qui renonçaient à la cour du grand roi pour venir être honnis par le peuple d'Athènes.

J'ai passé quelques jours à Bareuth. Son Altesse royale m'a bien parlé de vous. Bareuth est une retraite délicieuse où l'on jouit de tout ce qu'une cour a d'agréable, sans les incommodités de la grandeur. Brunswick, où je suis, a une autre espèce de charme; c'est un voyage céleste où je passe de planète en planète, pour revoir enfin ce tumultueux Paris, où je serai très-malheureux si je ne vois pas l'unique Maupertuis, que j'admire et que j'aime pour toute ma vie.

MCCLVII. — A M. URIOT [1].

A Brunswick, ce 16 octobre.

J'ai été bien mortifié, mon cher monsieur, d'avoir reçu trop tard votre lettre, mais il en faut accuser mes courses continuelles. Je vous ai recommandé de mon mieux, en partant; mais vous savez qu'il faut parler souvent d'une affaire pour réussir; la vôtre me tient bien au

1. Joseph Uriot, né à Nancy en 1713, d'abord comédien à Bareuth, alla ensuite à Stuttgard, y fut professeur d'histoire, bibliothécaire et lecteur du duc de Wurtemberg. Il est mort le 18 octobre 1788. Il est auteur de quelques écrits en français. (*Note de M. Beuchot.*)

cœur. Berlin est un séjour digne de tous les arts que vous cultivez ; je me flatte que j'aurai le plaisir de vous parler plus amplement à la Haye, où je retourne comblé des faveurs du roi de Prusse et de la famille royale. Ce monarque daigna, quand je pris congé de lui, me faire présent d'une boîte d'or dans laquelle il y avait plusieurs médaillons d'or qui le représentent donnant la paix à ses sujets ; c'est dommage qu'on m'en ait volé quelques-uns à Magdebourg ; mais ses présents sont fort au-dessous de ses bontés. Je voudrais bien, monsieur, que vous connussiez par expérience les uns et les autres. Je suis, du meilleur de mon cœur, votre, etc. VOLTAIRE.

MCCLVIII. — DE LA PRINCESSE ULRIQUE [1].

Octobre.

C'est pour vous faire part, monsieur, de l'aventure la plus étrange de ma vie, que j'ai le plaisir de vous écrire. Comme vous y avez donné lieu, je ne pouvais me dispenser de vous en faire le récit. Retirée dans ma solitude, dans le temps que Morphée sème ses pavots, je goûtais le plaisir d'un sommeil doux et tranquille. Un songe charmant s'emparait de mes sens ; Apollon, d'un port majestueux, l'air doux et gracieux, suivi des neuf Sœurs, se présente à ma vue. « J'apprends, dit-il, jeune mortelle, que tu reçus des vers de mon favori. Une chétive prose fut toute ta réponse ; j'en fus offensé. Ton ignorance fit ton crime ; te pardonner, c'est l'ouvrage des dieux. Viens, je veux te dicter. » J'obéis en écrivant ce qui suit :

> Quand vous fûtes ici, Voltaire,
> Berlin, de l'arsenal de Mars,
> Devint le temple des beaux-arts ;
> Mais trop plein de l'objet dont le cœur vous sut plaire,
> Émilie en tous lieux présente à vos regards....
> Enfin l'illusion, une douce chimère,
> Me fit passer chez vous pour reine de Cythère.
> Au sortir de ce songe heureux,
> La vérité, toujours sévère,
> A Bruxelles bientôt dessillera vos yeux ;
> Je sens assez de nous la différence extrême.
> O vous, tendres amis, qui vous rendez fameux,
> Au haut de l'Hélicon vous vous placez vous-même ;
> Moi, je dois tout à mes aïeux.
> Tel est l'arrêt du sort suprême ;
> Le hasard fait les rois, la vertu fait les dieux.

A ces mots je m'éveillai ; à mon réveil vous perdîtes un empire, et moi, l'art de rimer. Contentez-vous, monsieur, qu'une deuxième fois, en prose, je vous assure de l'estime parfaite avec laquelle je suis votre affectionnée. ULRIQUE.

1. Épouse de Frédéric de Holstein-Eutin, proclamé roi de Suède le 6 avril 1751. (ED.)

ANNÉE 1743. 373

MCCLIX. — A M. LE COMTE D'ARGENTAL.

A la Haye, ce 26 octobre.

Il y a tant de gens, et de gens en place, qui n'ont point d'honneur, qu'il est bien juste que l'homme du monde qui en a le plus porte le nom de sa terre. Vous voilà donc conseiller d'honneur, mon cher et respectable ami; et avec l'honneur vous aurez encore le profit. Vous vendrez votre charge; vous aurez le double avantage d'être plus riche et de ne rien faire, deux points assez importants pour l'agrément de cette vie. Heureux qui peut la passer avec vous, mon cher ange, et avec votre aimable moitié, et avec votre fortuné frère! Vivez gais, sains, et contents; souvenez-vous tous trois d'un homme qui vous aime bien tendrement, et qui vous sera attaché toute sa vie avec les sentiments les plus vifs et les plus inaltérables.

MCCLX. — A M. AMELOT, MINISTRE DES AFFAIRES ÉTRANGÈRES.

Le 27 octobre.

Monseigneur, en arrivant à la Haye, je commence par vous rendre compte de plusieurs particularités dont je n'ai pu encore avoir l'honneur de vous informer.

Pour aller par ordre, je dirai d'abord que le roi de Prusse m'écrivit quelquefois de Potsdam à Berlin, et même de petits billets de son appartement à ma chambre, dans lesquels il paraissait évidemment qu'on lui avait donné de très-sinistres impressions qui s'effaçaient tous les jours peu à peu. J'en ai entre autres un, du 7 septembre, qui commence ainsi : « Vous me dites tant de bien de la France et de son roi, qu'il serait à souhaiter, etc., et qu'un roi digne de cette nation, qui la gouverne sagement, peut lui rendre aisément son ancienne splendeur.... Personne de tous les souverains de l'Europe ne sera moins jaloux que moi de ses succès. »

J'ai conservé cette lettre, et lui en ai rendu plusieurs autres qui étaient écrites à deux marges, l'une de sa main, l'autre de la mienne. Il me parut toujours jusque-là revenir de ses préjugés; mais, lorsqu'il fut prêt à partir pour la Franconie, on lui manda de plus d'un endroit que j'étais envoyé pour épier sa conduite. Il me parut alors altéré, et peut-être écrivit-il à M. Chambrier quelque chose de ses soupçons. D'autres personnes charitables écrivirent à M. de Valori que j'étais chargé, à son préjudice, d'une négociation secrète, et je me vis exposé tout d'un coup de tous les côtés. Je fus assez heureux pour dissiper tous ces nuages. Je dis au roi qu'à mon départ de Paris vous aviez bien voulu seulement me recommander, en général, de cultiver par mes discours, autant qu'il serait en moi, les sentiments de l'estime réciproque et l'intelligence qui subsiste entre les deux monarques. Je dis à M. de Valori que je ne serais que son secrétaire, et que je ne profiterais des bontés dont le roi de Prusse m'honore que pour faire valoir ce ministre; c'est en effet à quoi je travaillai. L'un et l'autre me parurent satisfaits, et Sa Majesté prussienne me mena en Franconie avec des distinctions flatteuses.

Immédiatement avant ce voyage, le ministre de l'empereur à Berlin m'avait parlé de la triste situation de son maître. Je lui conseillai d'engager Sa Majesté impériale à écrire de sa main une lettre touchante au roi de Prusse. Ce ministre détermina l'empereur à cette démarche, et l'empereur envoya la lettre par M. de Seckendorf. Vous savez que le roi de Prusse m'a dit, depuis, qu'il y avait fait une réponse dont l'empereur doit être très-satisfait. Vous savez qu'à son retour de Franconie à Berlin, il fit proposer par M. de Podewils à M. de Valori de vous envoyer un courrier pour savoir quelles mesures vous vouliez prendre avec lui pour le maintien de l'empereur; mais ce que le roi me disait de ces mesures me paraissait si vague, il paraissait si peu déterminé, que j'osai prier M. de Valori de ne pas envoyer un courrier extraordinaire pour apprendre que le roi de Prusse ne proposait rien.

Je peux vous assurer que la réponse que fit M. de Valori au secrétaire d'État étonna beaucoup le roi, et lui donna une idée nouvelle de la fermeté de votre cour. Le roi me dit alors, à plusieurs reprises, qu'il aurait souhaité que j'eusse une lettre de créance. Je lui dis que je n'avais aucune commission particulière, et que tout ce que je lui disais était dicté par mon attachement pour lui. Il daigna m'embrasser à mon départ, me fit quelques petits présents, à son ordinaire, et exigea que je revinsse bientôt. Il se justifia beaucoup sur la petite trahison dont M. de Valori et moi nous vous avons donné avis. Il me dit qu'il ferait ce que je voudrais pour la réparer. Cependant je ne serais point surpris qu'il m'en eût fait encore une autre par le canal de Chambrier, tandis qu'il croyait que j'avais l'honneur d'être son espion.

J'arrivai le 14 à Brunswick, où le duc voulut absolument me retenir cinq jours. Il me dit qu'il refusait constamment deux régiments que les Hollandais voulaient négocier dans ses États. Il m'assura que lui et beaucoup de princes n'attendaient que le signal du roi de Prusse, et que le sort de l'Empire était entre les mains de ce monarque. Il m'ajouta que le collège des princes était fort effarouché que l'électeur de Mayence eût, sans les consulter, admis à la dictature le mémoire présenté, il y a un mois, contre l'empereur par la reine de Hongrie; qu'il souhaitait que le collège des princes pût s'adresser à Sa Majesté prussienne (comme roi de Prusse), pour l'engager à soutenir leurs droits, et que cette union en amènerait bientôt une autre en faveur de Sa Majesté impériale.

Plusieurs personnes m'ont confirmé dans l'idée où j'étais d'ailleurs que si l'empereur signifiait au roi de Prusse qu'il va être réduit à se jeter entre les bras de la cour de Vienne, et à concourir à faire le grand-duc roi des Romains, cette démarche précipiterait l'effet des bonnes intentions du roi de Prusse, et mettrait fin à cette politique qui lui a fait envisager son bien dans le mal d'autrui.

On m'a encore assuré qu'on commence à redouter, en Allemagne, le caractère inflexible de la reine de Hongrie, et la hauteur du grand-duc[1], et que vous pourrez profiter de cette disposition des esprits.

1. Mari de Marie-Thérèse, successivement grand-duc de Toscane et empereur. (ÉD.)

Oserais-je, monseigneur, vous soumettre une idée qu'un zèle peut-être fort mal éclairé me suggère? On m'a fait promettre d'aller faire un tour à Wurtemberg, à Anspach, à Brunswich, à Bareuth, à Berlin. S'il se pouvait faire que l'empereur me chargeât de lettres pressantes pour les princes de l'Empire dont il espère le plus, si je pouvais porter au roi de Prusse les copies des réponses faites à l'empereur, ne pourrait-on pas pousser alors le roi de Prusse dans cette association tant désirée, qui se trouverait déjà signée en effet par tous ces princes? On saurait du moins alors certainement à quoi s'en tenir sur le roi de Prusse, et, s'il abandonnait la cause commune, ne pourriez-vous pas, à ses dépens, faire la paix avec la reine de Hungrie? Vous ne manquerez de ressources ni pour négocier ni pour faire la guerre. Je vous demande pardon pour mes rêves, qui sont les très-humbles serviteurs de votre raison supérieure.

MCCLXI. — A Frédéric II, roi de Prusse.

A la Haye, ce 28 octobre.

Sire, vous voyagez toujours comme un aigle, et moi comme une tortue; mais peut-on aller trop lentement quand on quitte Votre Majesté? J'arrive enfin en Hollande; la première chose que j'y vois, c'est un papier anglais où votre *Anti-Machiavel* est cité à côté de Polybe et de Xénophon. On rapporte deux pages de ce livre où vous prouvez de quel avantage sont aux princes les places fortifiées, et on fait voir quelle était la témérité des alliés de prétendre d'entrer en France.

> Ainsi donc vous êtes cité
> Par les auteurs comme auteur grave;
> Comme roi politique et brave,
> Des rois vous êtes respecté;
> Chacun vous craint, nul ne vous brave;
> Le taciturne et froid Batave,
> Amoureux de sa liberté,
> Le Russe, né pour être esclave,
> Ménagent Votre Majesté.
> Vous auriez, ma foi, tout compté
> Sur le Danube et sur la Save;
> Et le double cou si vanté
> De l'aigle jadis redouté
> Eût été coupé comme rave;
> Mais vous vous êtes arrêté.
> Maintenant votre main se lave
> Des malheurs du monde agité;
> Pour comble de félicité,
> Vous possédez dans votre cave
> De ce tokai dont j'ai tâté;
> Je ne puis plus rimer en *ave*.

Plus je songe à *il Tito*, à *il forte*, plus je me dis que Berlin est ma patrie.

Messieurs Gérard, mes chers amis,
Dépêchez, préparez ma chambre,
Un pupitre pour mes écrits,
Avec quelques flacons remplis
De ce jus divin de septembre.
Non cet ennemi du gosier
Fabriqué de la main profane
De ce Liégeois nommé Lognier;
Je l'ai surnommé *pissat d'âne*,
Et je l'ai dit à haute voix;
Je le redis, je le condamne
A n'être bu que par des rois.
J'aime mieux la simple nature
Du vin qu'on recueille à Bordeaux,
Car je préfère la lecture
D'un écrivain sage en propos,
A ce frelaté de Voiture,
Et plus encore à Marivaux.

MCCLXII. — DE LA PRINCESSE ULRIQUE.

Berlin, ce 29 octobre.

C'est avec un vrai plaisir, monsieur, que j'ai reçu votre lettre. Je me trouve fort embarrassée à y répondre. Ce n'est que la satisfaction de vous assurer de mon estime qui me fait sacrifier mon amour-propre. Je sais qu'il faudrait une autre plume et un esprit bien au-dessus du mien pour écrire à un homme tel que vous; mais j'espère que vous aurez quelque indulgence pour les défauts du style, qui ne vous convaincra que trop que je ne suis point déesse, mais un être des plus matériels. Je ne veux pas vous priver plus longtemps de ce qui vous sera le plus agréable; ce sont les marques de bonté de la reine ma mère, qui m'ordonne de vous assurer de son estime. Elle vous enverra la boîte et les portraits; et vous les auriez déjà reçus, si le peintre avait été plus diligent.

Ma sœur implore le secours d'Euterpe pour animer les enfants de Terpsichore. La composition de la musique des ballets est à présent son occupation. Comme vous êtes le favori des neuf Sœurs, je vous prie d'intercéder en sa faveur pour la réussite de son ouvrage. Par reconnaissance, je ferai des vœux pour l'accomplissement de votre bonheur, que vous faites consister à finir vos jours ici. J'y trouverai mon compte, ayant alors plus souvent le plaisir de vous assurer de l'estime et de la considération avec laquelle je suis votre affectionnée, ULRIQUE.

MCCLXIII. — A MADAME DE CHAMPBONIN.

Ma chère amie, mon corps a voyagé, mon cœur est toujours resté auprès de Mme du Châtelet et de vous. Des conjonctures qu'on ne pouvait prévoir m'ont entraîné à Berlin malgré moi. Mais rien de ce qui peut flatter l'amour-propre, l'intérêt et l'ambition, ne m'a jamais tenté. Mme du Châtelet, Cirey et le Champbonin, voilà mes rois et ma cour, surtout lorsque *gros chat* viendra serrer les nœuds d'une amitié qui ne finira qu'avec ma vie. Être libre et être aimé, c'est ce que les rois de la terre n'ont point. Je suis bien sûr que *gros chat* m'a rendu justice. Mon cœur lui a toujours été ouvert. Elle savait bien qu'il préférait ses amis aux rois. J'ai essuyé un voyage bien pénible; mais le retour a été le comble du bonheur. Je n'ai jamais retrouvé votre amie si aimable, ni si au-dessus du roi de Prusse. Nous comptons bien vous revoir cet été, *gros chat* ; je vous tiendrai des heures entières dans ma galerie, et Mme du Châtelet le trouvera bon, s'il lui plaît. M. le marquis du Châtelet va à Paris, et de là à Cirey ; Mme du Châtelet et moi l'accompagnons jusqu'à Lille, où est ma nièce, cette nièce qui devait être votre fille. Adieu, *gros chat*.

MCCLXIV. — A MADAME LA PRINCESSE ULRIQUE DE PRUSSE.
Le 12 novembre.

Madame, ce n'est donc pas assez d'avoir perdu le bonheur de voir et d'entendre Votre Altesse royale, il faut encore que l'admiration vienne, à trois cents lieues, augmenter mes regrets. Quoi! madame, vous faites des vers! et vous en faites comme le roi votre frère! C'est Apollon qui a les Muses pour sœurs; l'une est une grande musicienne, l'autre fait des vers charmants, et toutes sont nées avec le talent de plaire. C'est trop avoir d'avantages ; il eût suffi de vous montrer.

>   Quand l'Amour forma votre corps,
>   Il lui prodigua ses trésors,
>   Et se vanta de son ouvrage.
>   Les Muses eurent du dépit;
>   Elles formèrent votre esprit,
>   Et s'en vantèrent davantage.
>   Vous êtes, depuis ce beau jour,
>   Pour le reste de votre vie,
>   Le sujet de la jalousie
>   Et des Muses et de l'Amour.
>   Comment terminer cette affaire?
>   Qui vous voit croit que les appas,
>   Sans esprit, suffiraient pour plaire;
>   Qui vous entend ne pense pas
>   Que la beauté soit nécessaire.

J'avais bien raison, madame, de dire que Berlin est devenu Athènes; Votre Altesse royale contribue bien à la métamorphose. C'est le temps des jours glorieux et des beaux jours. C'est grand dommage que je n'aie pas à mon service ces trois cent mille hommes que je voulais pour vous enlever ; mais j'aurai plus de trois cent mille vivants, si je montre votre lettre. N'ayant donc point de troupes pour devenir votre sultan, je crois que je n'ai d'autre parti à prendre que de venir être votre esclave ; ce sera la première place du monde.

Je me flatte que Sa Majesté la reine mère ne s'offensera pas de ma déclaration; elle y entre pour beaucoup; je voudrais vivre à ses pied comme aux vôtres. J'avoue que je suis trop amoureux de la vertu, d véritable esprit, des beaux-arts, de tout ce qui règne à votre cour, pour ne lui pas consacrer le reste de ma vie. Le roi sait à quel poin j'ai toujours désiré de finir ma vie auprès de lui. Je lutte actuellement contre ma destinée, pour venir enfin être toujours le témoin de ce que j'admire de trop loin.

Croyez-moi, madame, on ne trompe point les princesses qu'on veut enlever ; mon unique objet est d'être sincèrement votre courtisan.

MCCLXV. — A M. L'ABBÉ DE VALORI.

Paris, ce 28 novembre.

Pourquoi à Étampes, monsieur ? Pourquoi n'ai-je pas le bonheur de vous dire à Paris combien je vous aime, et à quel point je suis dévoué à monsieur votre frère? J'ai entonné la trompette de ses louanges avec une voix animée par la reconnaissance et par la justice. Mon voyage, qui m'a mis à portée de connaître son mérite, m'a mis aussi à portée, pour un moment, d'oser dire combien ce mérite est nécessaire dans le pays où il est, et quelles distinctions il mérite dans ce pays-ci. Il est plus à portée que jamais d'obtenir, par de nouveaux services, ce qu'on doit déjà aux anciens. Pour moi, monsieur, qui ne dois qu'au hasard d'un voyage le bonheur d'avoir vu de près ce qu'il vaut, et celui de pouvoir en rendre compte, j'ai saisi avec ardeur l'occasion qui s'est naturellement offerte. Vous savez que tout voyageur aime à parler ; mais on ne peut pas me dire ici : *A beau mentir qui vient de loin*.

J'ai eu l'honneur de lui écrire ces jours-ci. Vous avez en moi l'un et l'autre, monsieur, un serviteur acquis pour la vie. Comptez, je vous en conjure, sur la passion respectueuse avec laquelle je suis dévoué à toute votre aimable famille. VOLTAIRE.

MCCLXVI. — A M. DE LA MARTINIÈRE.

Ce 3 janvier 1744.

J'ai attendu le temps des étrennes, monsieur, pour avoir l'honneur de vous répondre. J'ai cru que les usages du jour de l'an justifieraient l'insolence que j'ai de vous donner mon carrosse. Votre histoire de Puffendorf, dans laquelle vous avez corrigé une partie de ses fautes, est un présent plus considérable que celui que j'ose vous faire. Si j'avais l'honneur de porter quelque couronne électorale, j'enverrais le carrosse chez vous, traîné par six chevaux gris pommelés, avec un beau brevet de pension, dans les bourses de la portière ; mais je n'ai qu'une stérile couronne de laurier ; et, si je pense en prince, mes étrennes ne sont que d'un homme de lettres. Ayez la bonté de les accepter, monsieur, comme celles d'un ami qui ne peut vous témoigner combien il vous estime.

Voulez-vous bien vous charger de présenter mes profonds respects à monsieur l'ambassadeur et à madame l'ambassadrice d'Espagne, à M. et à Mme de Fogliani, et à tous ceux qui daignent se souvenir de moi?

J'aurai l'honneur de vous envoyer le tome qui vous manque de ce mauvais recueil qu'on a fait de mes œuvres. Il est vrai que je donnai, il y a quelques années, à monsieur l'envoyé d'Angleterre un exemplaire d'une autre édition, non moins mauvaise, que je trouvai à Amsterdam. Je ne manquerai pas d'obéir aux ordres de Mme la marquise de Saint-Gilles à la première occasion; mais il faut qu'elle sache que je préfère un quart d'heure de sa vue et de sa conversation à tous les vers, à toute la prose de ce monde. Adieu, monsieur; je suis pour toute ma vie avec la plus tendre estime, etc.

MCCLXVII. — A FRÉDÉRIC II, ROI DE PRUSSE.

A Paris, ce 7 janvier.

Sire, je reçois à la fois de quoi faire tourner plus d'une tête: une ancienne lettre de Votre Majesté, datée du 29 de novembre; deux médailles qui représentent au moins une partie de cette physionomie de roi et d'homme de génie: le portrait de Sa Majesté la reine mère, celui de Mme la princesse Ulrique; et enfin, pour comble de faveurs, des vers charmants du grand Frédéric, qui commencent ainsi:

    Quitterez-vous bien sûrement
L'empire de Midas[1], votre ingrate patrie?

M. le marquis de Fénelon avait tous ces trésors dans sa poche, et ne s'en est défait que le plus tard qu'il a pu. Il a traîné la négociation en longueur, comme s'il avait eu affaire à des Hollandais. Enfin me voilà en possession: j'ai baisé tous les portraits; Mme la princesse Ulrique en rougira si elle veut.

    Il est fort insolent de baiser sans scrupule
    De votre auguste sœur les modestes appas:
    Mais les voir, les tenir, et ne les baiser pas,
        Cela serait trop ridicule.

J'en ai fait autant, Sire, à vos vers dont l'harmonie et la vivacité m'ont fait presque autant d'effet que la miniature de Son Altesse royale. Je disais:

    Quel est cet agréable son?
    D'où vient cette profusion
    De belles rimes redoublées?
    Par qui les Muses appelées
    Ont-elles quitté l'Hélicon?
    Est-ce Bernard, mon compagnon,
    Qui de fleurs sème les allées
    Des jardins du sacré vallon?
    Est-ce l'architecte Amphion,

1. Boyer, surnommé l'âne de Mirepoix par Voltaire et Frédéric. (ÉD.)

Par qui les pierres assemblées
S'arrangent sous son violon ?
Est-ce le charmant Arion
Chantant sur les plaines salées ?
C'est mon prince, ou c'est Apollon.

Au doux son de tant de merveilles,
J'entends braire, près d'un chardon,
L'animal à longues oreilles
De qui vous devinez le nom.
Il nous dit de sa voix pesante :
« N'admirez plus la voix brillante
De ce roi, poëte, orateur;
Auprès de moi que peut-il être ?
Il n'est que roi, je suis son maître;
Car des rois je suis précepteur [1]. »

Oui, tu l'es; autrefois Achille
Soumit son enfance docile
A ce singulier animal
Moitié sage, moitié cheva ;
Mon cher précepteur, c'est dommage;
Mais quand le ciel t'a fabriqué,
Il n'acheva pas son ouvrage;
Une des moitiés a manqué.

MCCLXVIII. — A M. LE COMTE D'ARGENTAL.

Bruxelles, le 2 février.

Il me prend envie de mander des nouvelles à mes anges. M. de Stair, au nez haut, arrive ici dans ce moment; on lui tire le canon. Je ne crois pas qu'il s'expose au nôtre. Les Hollandais ne se déclarent point. Le roi d'Angleterre portera tout le fardeau, qui est un peu pesant. Ses Hanovriens, qui campent aux portes de Bruxelles, disent publiquement qu'on les mène à la boucherie, et sont assez fâchés du voyage. J'ai vu les troupes flamandes, troupes déguenillées et mal payées. On doit actuellement onze mois aux officiers. Allons, Français, réjouissez-vous !

Voici une lettre du sieur Rutan. Vous me direz : « Pourquoi Mme du Châtelet ne me l'envoie-t-elle pas elle-même ? » Vraiment, elle avait grande envie d'accompagner la lettre de ce Rutan d'une longue épître ; mais elle est si fatiguée d'avoir conversé toute la journée avec Christianus Wolffius et gens semblables, qu'elle n'a pas la force d'écrire. Vous n'aurez donc que ce billet de moi; mais les tendres compliments qu'elle vous fait valent mieux que cent de mes lettres. Mille respects à mes anges.

1. Boyer était précepteur du dauphin. (ÉD.)

ANNÉE 1744. 381

MCCLXIX. — A M. L'ABBÉ DE VALORI.
Paris, le 15 février.

Il n'y a, monsieur, qu'une violente maladie qui pût m'empêcher de répondre sur-le-champ à l'honneur que vous m'avez fait de m'instruire du mariage de madame votre nièce. Je ne suis pas encore en état de vous écrire de ma main, mais mon cœur ressent vos bontés aussi vivement que celui de l'homme le plus sain. Vous savez à quel point je suis attaché, monsieur, à toute votre famille. N'auriez-vous point encore quelqu'un d'une autre branche pour Mlle de Valori la cadette? Je ne manquerai pas de faire incessamment mon compliment à notre aimable Prussien. C'est bien dommage qu'il ne puisse pas être à la noce. Je le plains bien d'être si longtemps tout seul. Il me semble qu'il consume bien tristement des années bien précieuses, et qu'on ne lui paye pas assez le travail, l'absence et l'ennui auquel il se condamne. Permettez-moi, monsieur, d'assurer de mes respects Mme de Valori, la nouvelle mariée, celui qui va gâter sa belle taille, et la cadette, à qui j'en souhaite autant. Je suis, monsieur, avec l'attachement le plus tendre et le plus respectueux, votre, etc. VOLTAIRE.

MCCLXX. — A M. PALLU, INTENDANT A LYON.
Le 20 février.

Béni soit, monsieur, l'*Ancien Testament*, qui me fournit l'occasion de vous dire que de tous ceux qui adorent le *Nouveau* il n'y a personne qui vous soit plus attaché que moi. L'un des descendants de Jacob, honnête fripier, comme tous ces messieurs, en attendant le Messie très-fermement, attend aussi votre protection, dont il a dans ce moment plus de besoin.

Les gens du premier métier de saint Matthieu, qui fouillent les juifs et les chrétiens aux portes de votre ville, ont saisi je ne sais quoi, dans la culotte d'un page israélite, appartenant au circoncis[1] qui aura l'honneur de vous remettre ce billet en toute humilité.

Permettez-moi de joindre mes *Amen* aux siens. Je n'ai fait que vous entrevoir à Paris, comme Moïse vit Dieu; il me serait bien doux de vous voir face à face, si le mot de face est fait pour moi. Conservez, s'il vous plaît, vos bontés à votre ancien et éternel serviteur, qui vous aime de cette affection tendre, mais chaste, qu'avait le religieux Salomon pour les trois cents Sunamites.

MCCLXXI. — A M. NORDBERG.

Souffrez, monsieur, qu'ayant entrepris la tâche de lire ce qu'on a déjà publié de votre *Histoire de Charles XII*, on vous adresse quelques justes plaintes, et sur la manière dont vous traitez cette histoire,

---

1. Un juif, habitant de Genève, informé par son commis qu'on lui avait saisi, à Lyon, les effets dont il était porteur, se rappela qu'il avait eu occasion de rendre un petit service à Voltaire; il parla de son affaire à celui-ci, et réclama sa protection. C'est ce qui provoqua cette lettre au moyen de laquelle l'Israélite obtint la restitution des objets saisis. (ÉD.)

et sur celle dont vous en usez dans votre préface avec ceux qui l'ont traitée avant vous.

Nous aimons la vérité; mais l'ancien proverbe, *toutes vérités ne sont pas bonnes à dire*, regarde surtout les vérités inutiles. Daignez vous souvenir de ce passage de la préface de l'histoire de M. de Voltaire. « L'histoire d'un prince, dit-il, n'est pas tout ce qu'il a fait, mais seulement ce qu'il a fait de digne d'être transmis à la postérité. »

Il y a peut-être des lecteurs qui aimeront à voir le catéchisme qu'on enseignait à Charles XII, et qui apprendront avec plaisir[1] qu'en 1693 le docteur Pierre Rudbeckius donna le bonnet de docteur au maître ès arts Aquinus, à Samuel Virenius, à Ennegius, à Herlandus, à Stuckius, et autres personnages très-estimables sans doute, mais qui ont eu peu de part aux batailles de votre héros, à ses triomphes, et à ses défaites.

C'est peut-être une chose importante pour l'Europe qu'on sache que la chapelle du château de Stockholm, qui fut brûlée il y a cinquante ans, était dans la nouvelle aile du côté du nord, et qu'il y avait deux tableaux de l'intendant Klocker, qui sont à présent à l'église de Saint-Nicolas; que les siéges étaient couverts de bleu les jours de sermon; qu'ils étaient les uns de chêne et les autres de noyer[2]; et qu'au lieu de lustres, il y avait de petits chandeliers plats, qui ne laissaient pas de faire un fort bel effet; qu'on y voyait quatre figures de plâtre, et que le carreau était blanc et noir.

Nous voulons croire encore[3] qu'il est d'une extrême conséquence d'être instruit à fond qu'il n'y avait point d'or faux dans le dais qui servit au couronnement de Charles XII; de savoir quelle était la largeur du baldaquin; si c'était de drap rouge ou de drap bleu que l'église était tendue, et de quelle hauteur étaient les bancs. Tout cela peut avoir son mérite pour ceux qui veulent s'instruire des intérêts des princes.

Vous nous dites, après le détail de toutes ces grandes choses, à quelle heure Charles XII fut couronné; mais vous ne dites point pourquoi il le fut avant l'âge prescrit par la loi; pourquoi on ôta la régence à la reine mère; comment le fameux Piper eut la confiance du roi; quelles étaient alors les forces de la Suède; quel nombre de citoyens elle avait, quels étaient ses alliés, son gouvernement, ses défauts, et ses ressources.

Vous nous avez donné une partie du journal militaire de M. Adlerfeldt; mais, monsieur, un journal n'est pas plus une histoire que des matériaux ne sont une maison. Souffrez qu'on vous dise que l'histoire ne consiste point à détailler de petits faits, à produire des manifestes, des répliques, des dupliques. Ce n'est point ainsi que Quinte Curce a composé l'histoire d'Alexandre, ce n'est point ainsi que Tite Live et Tacite ont écrit l'histoire romaine. Il y a mille journalistes; à peine avons-nous deux ou trois historiens modernes. Nous souhaiterions que

1. Page 9 de l'*Histoire de Charles XII*, par Nordberg, édition de Cusson.
2. Page 24. — 3. Pages 31-32.

tous ceux qui broient les couleurs les donnassent à quelque peintre pour en faire un tableau.

Vous n'ignorez pas que M. de Voltaire avait publié cette déclaration que votre traducteur rapporte[1] :

« J'aime la vérité, et je n'ai d'autre but et d'autre intérêt que de la connaître. Les endroits de mon *Histoire de Charles XII* où je me serai trompé seront changés. Il est très-naturel que M. Nordberg, Suédois, et témoin oculaire, ait été mieux instruit que moi étranger. Je me réformerai sur ses mémoires; j'aurai le plaisir de me corriger. »

Voilà, monsieur, avec quelle politesse M. de Voltaire parlait de vous, et avec quelle déférence il attendait votre ouvrage, quoiqu'il eût des mémoires sur le sien des mains de beaucoup d'ambassadeurs avec lesquels il paraît que vous n'avez pas eu grand commerce, et même de la part de plus d'une tête couronnée.

Vous avez répondu, monsieur, à cette politesse française d'une manière qui paraît dans un goût un peu gothique.

Vous dites dans votre préface[2] que l'histoire donnée par M. de Voltaire ne vaut pas la peine d'être traduite, quoiqu'elle l'ait été dans presque toutes les langues de l'Europe, et qu'on ait fait à Londres huit éditions de la traduction anglaise. Vous ajoutez ensuite très-poliment qu'un Puffendorf le traiterait, comme Varillas, d'*archimenteur*.

Pour donner des preuves de cette supposition si flatteuse, vous ne manquez pas de mettre dans les marges de votre livre toutes les fautes capitales où il est tombé.

Vous marquez expressément que le major général Stuard ne reçut point une petite blessure à l'épaule, comme l'avance témérairement l'auteur français, d'après un auteur allemand, mais, dites-vous, une contusion un peu forte. Vous ne pouvez nier que M. de Voltaire n'ait fidèlement rapporté la bataille de Narva, laquelle produit chez lui au moins une description intéressante; vous devez savoir qu'il a été le seul écrivain qui ait osé affirmer que Charles XII donna cette bataille de Narva avec huit mille hommes seulement. Tous les autres historiens lui en donnaient vingt mille; ils disaient ce qui était vraisemblable, et M. de Voltaire a dit le premier la vérité dans cet article important. Cependant vous l'appelez *archimenteur*, parce qu'il fait porter au général Liewen un habit rouge galonné au siège de Thorn; et vous relevez cette erreur énorme, en assurant positivement que le galon n'était pas sur un fond rouge.

Mais, monsieur, vous qui prodiguez sur des choses si graves le beau nom d'*archimenteur*, non-seulement à un homme très-amateur de la vérité, mais à tous les autres historiens qui ont écrit l'histoire de Charles XII, quel nom voudriez-vous qu'on vous donnât, après la lettre que vous rapportez du Grand-Seigneur à ce monarque? Voici le commencement de cette lettre[3] :

« Nous sultan bassa, au roi Charles XII, par la grâce de Dieu, roi de Suède et des Goths, salut, etc. »

1. Page 13. — 2. *Id.* — 3. Page 137.

Vous qui avez été chez les Turcs, et qui semblez avoir appris d'eux à ne pas ménager les termes, comment pouvez-vous ignorer leur style? Quel empereur turc s'est jamais intitulé *sultan bassa*? quelle lettre du divan a jamais ainsi commencé? quel prince a jamais écrit qu'il enverra des ambassadeurs plénipotentiaires à la première occasion pour s'informer des circonstances d'une bataille? Quelle lettre du Grand-Seigneur a jamais fini par ces expressions *à la garde de Dieu*. Enfin, où avez-vous jamais vu une dépêche de Constantinople, datée de l'année de la création, et non pas de l'année de l'hégire? L'iman de l'auguste sultan, qui écrira l'histoire de ce grand empereur et de ses sublimes vizirs, pourra bien vous dire de grosses injures, si la politesse turque le permet.

Vous sied-il bien, après la production d'une pièce pareille, qui ferait tant de peine à ce M. le baron de Puffendorf, de crier au mensonge sur un habit rouge?

Étes-vous bien d'ailleurs un zélé partisan de la vérité, quand vous supprimez les duretés exercées par la chambre des liquidations sous Charles XI? quand vous feignez d'oublier, en parlant de Patkul, qu'il avait défendu les droits des Livoniens qui l'en avaient chargé, de ces mêmes Livoniens qui respirent aujourd'hui sous la douce autorité de l'illustre Sémiramis du Nord? Ce n'est pas là seulement trahir la vérité, monsieur; c'est trahir la cause du genre humain, c'est manquer à votre illustre patrie, ennemie de l'oppression.

Cessez donc de prodiguer, dans votre compilation, des épithètes *vandales* et *hérules* à ceux qui doivent écrire l'histoire; cessez de vous autoriser du pédantisme barbare que vous imputez à ce Puffendorf.

Savez-vous que ce Puffendorf est un auteur quelquefois aussi incorrect qu'il est en vogue? Savez-vous qu'il est lu parce qu'il est le seul de son genre qui fût supportable en son temps? Savez-vous que ceux que vous appelez *archimenteurs* auraient à rougir s'ils n'étaient pas mieux instruits de l'histoire du monde que votre Puffendorf? Savez-vous que M. de La Martinière a corrigé plus de mille fautes dans la dernière édition de son livre?

Ouvrons au hasard ce livre si connu. Je tombe sur l'article des papes. Il dit, en parlant de Jules II, « qu'il avait laissé, ainsi qu'Alexandre IV, une réputation honteuse. » Cependant les Italiens révèrent la mémoire de Jules II; ils voient en lui un grand homme qui, après avoir été à la tête de quatre conclaves, et avoir commandé des armées, suivit jusqu'au tombeau le magnifique projet de chasser les barbares d'Italie. Il aima tous les arts; il jeta le fondement de cette église qui est le plus beau monument de l'univers; il encourageait la peinture, la sculpture, l'architecture, tandis qu'il ranimait la valeur éteinte des Romains. Les Italiens méprisent avec raison la manière ridicule dont la plupart des ultramontains écrivent l'histoire des papes. Il faut savoir distinguer le pontife du souverain; il faut savoir estimer beaucoup de papes, quoiqu'on soit né à Stockholm; il faut se souvenir de ce que disait le grand Cosme de Médicis, « qu'on ne gouverne point des États avec des

ANNÉE 1744.   385

patenôtres; » il faut enfin n'être d'aucun pays, et dépouiller tout
esprit de parti quand on écrit l'histoire.

Je trouve, en rouvrant le livre de Puffendorf, à l'article de la reine
Marie d'Angleterre, fille de Henri VII, « qu'elle ne put être reconnue
pour fille légitime sans l'autorité du pape. » Que de bévues dans ces
mots! Elle avait été reconnue par le parlement; et comment d'ailleurs
aurait-elle eu besoin de Rome pour être légitimée, puisque jamais
Rome n'avait ni dû ni voulu casser le mariage de sa mère?

Je lis l'article de Charles-Quint. J'y vois que, dès avant l'an 1516,
Charles-Quint avait toujours devant les yeux son *nec plus ultra*;
mais alors il avait quinze ans, et cette devise ne fut faite que longtemps après.

Dirons-nous pour cela que Puffendorf est un *archimenteur?* Non,
nous dirons que, dans un ouvrage d'une si grande étendue, il lui est
pardonnable d'avoir erré; et nous vous prierons, monsieur, d'être plus
exact que lui, mieux instruit que vous n'êtes du style des Turcs, plus
poli avec les Français, et enfin plus équitable et plus éclairé dans le
choix des pièces que vous rapportez.

C'est un malheur inséparable du bien qu'a produit l'imprimerie,
que cette foule de pièces scandaleuses, publiées à la honte de l'esprit
et des mœurs. Partout où il y a une foule d'écrivains, il y a une foule
de libelles; ces misérables ouvrages, nés souvent en France, passent
dans le Nord, ainsi que nos mauvais vins y sont vendus pour du bour-
gogne et du champagne. On boit les uns, et on lit les autres, souvent
avec aussi peu de goût; mais les hommes qui ont une vraie connaissance savent rejeter ce que la France rebute.

Vous citez, monsieur, des pièces bien indignes d'être connues du
chapelain de Charles XII. Votre traducteur, M. Warmholtz, a eu l'é-
quité d'avertir, dans ses notes, que ce sont de ces mauvaises et téné-
breuses satires qu'il n'est pas permis à un honnête homme de citer.

Un historien a bien des devoirs. Permettez-moi de vous en rappeler
ici deux qui sont de quelque considération, celui de ne point calom-
nier, et celui de ne point ennuyer. Je peux vous pardonner le premier,
parce que votre ouvrage sera peu lu; mais je ne puis vous pardonner
le second, parce que j'ai été obligé de vous lire. Je suis d'ailleurs,
autant que je peux, votre très-humble et très-obéissant serviteur.

MCCLXXII. — DE FRÉDÉRIC II, ROI DE PRUSSE.

Le 26 mars.

J'ai bien cru que vous seriez content de ma sœur de Brunswick;
elle a reçu cet heureux don du ciel, ce feu d'esprit, cette vivacité par
où elle vous ressemble, et dont malheureusement la nature est trop
chiche envers la plupart des humains :

  De cette flamme tant vantée
  Que l'audacieux Prométhée
  Du ciel pour vous sembla ravir,
  Mais dont sa main trop limitée

VOLTAIRE — XXXIV   25

Ne put assez bien se munir
Pour que la cohue effrontée
Des humains en pût obtenir.
C'est là cependant leur folie;
Chacun d'eux prétend au génie,
Même le sot croit en avoir,
Et, du matin jusques au soir,
Prend pour esprit l'étourderie.
La bégueule, avec son miroir,
Le met dans sa minauderie;
Le gros savant, qui fait valoir
L'assommant poids de son savoir,
Se chatouille, et se glorifie
Que le ciel l'ait voulu pourvoir
Du sens dont sa tête est bouffie.

Il n'en est pas jusqu'au Mirepoix
Qui n'ait l'audace d'y prétendre;
Pour s'en désabuser, je crois
Qu'il doit suffire de l'entendre.

Je ne sais trop où vous êtes à présent, mais je suis toutefois persuadé que vous oublierez plutôt Berlin que vous n'y serez oublié. C'est de quoi vous assure votre admirateur, FÉDÉRIC.

P. S. Mon souvenir chez vous s'efface,
S'il faut qu'un maudit barbouilleur
Tant bien que mal vous le retrace [1];
Je ne veux point, sur mon honneur,
Briller chez vous en d'autre place
Que dans le fond de votre cœur.

MCCLXXIII. — DU MÊME.

Du 7 avril.

Enfin, malgré que j'en aie, voilà des vers que votre Apollon m'arrache. Encore s'il m'inspirait!

Votre *Mérope* m'a été rendue, et j'ai fait la commission de l'auteur, en distribuant son livre. Je ne m'étonne point du succès de cette pièce. Les corrections que vous y avez faites la rendent par la sagesse, par la conduite, la vraisemblance, et l'intérêt, supérieure à toutes vos autres pièces de théâtre, quoique *Mahomet* ait plus de force et *Brutus* de plus beaux vers.

Ma sœur Ulrique voit votre rêve accompli en partie; un roi la demande pour épouse; les vœux de toute la nation suédoise sont pour elle. C'est un enthousiasme et un fanatisme auquel ma tendre amitié

---

1. Voltaire, ayant perdu à Magdebourg les médailles à l'effigie du roi, lui en avait demandé d'autres, et les avait même reçues. (ÉD.)

pour elle a été obligé de céder. Elle va dans un pays où ces talents lui feront jouer un grand et beau rôle.

Dites, s'il vous plaît, à Rothembourg, si vous le voyez, que ce n'est pas bien à lui de ne me point écrire depuis qu'il est à Paris. Je n'entends non plus parler de lui que s'il était à Pékin. Votre air de Paris est comme la fontaine de Jouvence, et vos voluptés, comme les charmes de Circé; mais j'espère que Rothembourg échappera à la métamorphose.

Adieu, adorable historien, grand poëte, charmant auteur de cette *Pucelle*, invisible et triste prisonnière de Circé[1] : adieu à l'amant de la cuisinière de Valori, de Mme du Châtelet, et de ma sœur. Je me recommande à la protection de tous vos talents, et surtout de votre goût pour l'étude, dont j'attends mes plus doux et plus agréables amusements. FÉDÉRIC.

On démeuble la maison que l'on avait commencé à meubler pour vous à Berlin.

MCCLXXIV. — A M. LE MARQUIS D'ARGENSON.

A Cirey, ce 15 avril.

Vanitas vanitatum, et metaphysica *vanitas*. C'est ce que j'ai toujours pensé, monsieur; et toute métaphysique ressemble assez à la coxigrue de Rabelais bombillant ou *bombinant dans le vide*[2]. Je n'ai parlé de ces sublimes billevesées que pour faire savoir les opinions de Newton, et il me paraît qu'on peut tirer quelque fruit de ce petit passage :

« Que savait donc sur l'âme et sur les idées celui qui avait soumis l'infini au calcul, et qui avait découvert la nature de la lumière et la gravitation ? Il savait douter. »

Physiquement parlant, monsieur, je vous suis bien obligé de vos bontés, et surtout de celle que vous avez de vouloir bien réparer, par mon petit contrat, avec un prince et avec un saint, les pertes que j'ai faites avec tant de profanes. J'ai l'honneur de courir ma cinquantième année.

Êtes-vous dans la cinquantième ?
J'y suis, et je n'en vaux pas mieux;
C'est un assez f.... quantième,
Tâchez un jour d'en compter deux.

En vous remerciant mille fois, monsieur, et en vous demandant le secret. J'ai donné à Doyen le féal, argent comptant, et billets qui valent argent comptant; mais on paye le plus tard qu'on peut; et un fesse-matthieu de fermier de M. le duc de Richelieu, nommé Duclos, qui devait, selon toutes les lois divines et humaines, me compter quatre mille livres le lendemain de Pâques, recule tant qu'il peut, tout contraignable qu'il est. Voulez-vous permettre que ce Doyen fasse toujours mon contrat à bon compte ? Sinon il n'y a qu'à le ré-

1. Mme du Châtelet. (ÉD.)
2. *In vacuo bombinans. Pantagruel,* liv. II, chap. VII. (ÉD.)

duire à ce que Doyen a dans ses mains. Je mangerai le reste à mon retour très-volontiers. Faites comme il vous plaira avec votre vieux serviteur.

Je m'occupe à présent à faire un divertissement[1] pour un dauphin et une dauphine que je ne divertirai point. Mais je veux faire quelque chose de joli, de gai, de tendre, de digne du duc de Richelieu, l'ordonnateur de la fête.

Cirey est charmant, c'est un bijou; venez y, monsieur; tâchez d'avoir affaire à Joinville. Mme du Châtelet vous aime de tout son cœur, vous désire autant que moi, et vous recevra comme elle recevait Wolff et Leibnitz. Vous valez mieux que tous ces gens-là. Portez-vous bien. Permettez que je présente mes respects à monsieur l'avocat du roi très-chrétien.[2] Je vous aime et vous respecte de tout mon cœur.

Votre ancien et le plus ancien serviteur, etc.

MCCLXXV. — A M. LE DUC DE RICHELIEU.

Ce 24 avril.

Colletet envoie encore ce brimborion au cardinal-duc. Cette rapsodie le trouvera probablement dans un camp entouré d'officiers, et vis-à-vis de vilains Allemands qui se soucient fort peu des amours du duc de Foix et de la princesse de Navarre. Mais votre esprit agile, qui se plie à tout, trouvera du temps pour songer à votre fête. Vous serez comme Paul Émile, qui, après avoir vaincu Persée, donna une fête charmante, et dit à ceux qui s'étonnaient de la fête et du souper : « Messieurs, c'est le même esprit qui a conduit la guerre et qui a ordonné la fête. » Pour moi, monseigneur le duc, je crois, avec la dame de Cirey, que vous ne haïrez pas ce duc de Foix qui fait la guerre, qui est amoureux, qui est fourré tout jeune dans les affaires, qui combat pour sa maîtresse, qui la gagne à la pointe de l'épée, qui a de l'esprit, et qui berne les Morillo. Si vous êtes content, voulez-vous envoyer ce premier acte à Rameau ? Il sera bon qu'il le lise, afin que sa musique soit convenable aux paroles et aux situations; et, surtout, qu'il évite les longueurs dans la musique de ce premier acte, parce que ces longueurs, jointes aux miennes, feraient ce premier acte éternel. J'attends vos ordres sur le divertissement du second acte que je vous ai envoyé, il y a huit jours. Mme du Châtelet vous fait ses plus tendres compliments. C'est à vous et à messieurs les généraux à me fournir à présent le prologue. Adieu, monseigneur; revenez brillant de gloire et de santé. J'attendrai avec bien de l'impatience le plaisir de vous dire ce que je vous dis depuis près de trente ans, que je vous suis dévoué avec le plus tendre respect; j'y ajoute la plus vive reconnaissance.

MCCLXXVI. — A M. LE COMTE D'ARGENTAL.

A Cirey, en félicité, ce 28 avril.

Je vous envoie, mes anges tutélaires, un énorme paquet, par la voie de M. de La Reynière. Dans ce paquet vous trouverez le premier

1. *La Princesse de Navarre*. (ÉD.)
2. M. de Paulmi, fils du marquis d'Argenson. (ÉD.)

acte et le premier divertissement [1] qui doit faire bâiller le dauphin et Mme la dauphine, mais qui pourra vous amuser, car il plaît à Mme du Châtelet, et vous êtes dignes de penser comme elle. Quand vous aurez tant fait que de lire ce premier acte, je vous prie de le cacheter, avec la lettre ci-jointe, pour M. le duc de Richelieu, et de faire mettre le tout à la poste; mais la prière la plus essentielle que je vous fais, c'est de me faire des critiques. Vous pensez bien que j'en garde un exemplaire par devers moi, ainsi vous n'aurez seulement qu'à marquer sur un petit papier ce que vous désapprouverez. Il se pourra bien faire que vous receviez aussi, par la même poste, le divertissement du second acte; on le copie actuellement, et il y a apparence que vous aurez encore ce petit fardeau.

J'ai mis aussi dans le paquet un cinquième acte de *Pandore*, avec une lettre pour l'abbé de Voisenon, qui demeure rue Culture ou Couture-Sainte-Catherine; et je vous demande les mêmes bontés pour ce paquet que pour celui qui est destiné à M. le duc de Richelieu. A l'égard de la pastorale, qui sert de divertissement au second acte de la fête *dauphine*, vous pouvez la garder; M. de Richelieu en a déjà un exemplaire. Vous verrez, mes chers anges, que, si j'ai perdu mon temps à Cirey, ce n'est pas à ne rien faire; aussi j'ai fait graver sur la porte de ma galerie :

Asile des beaux-arts, solitude où mon cœur
Est toujours occupé dans une paix profonde,
C'est vous qui donnez le bonheur
Que promettrait en vain le monde.

Cela veut dire que votre amie est presque toujours dans la galerie.

Ne vous lassez point de moi, mes anges; armez-vous de courage; car, dès que j'aurai fini l'ambigu du dauphin, je vous sers d'une fausse *Prude*, revue et corrigée, qu'il faudra bien que vous aimiez. Quoi! faudra-t-il que l'opéra soit toujours fade, et la comédie toujours larmoyante? et l'histoire un chaos de faits mal digérés, une gazette de marches et de contre-marches? Je veux mettre ordre à tout cela avant de mourir. Les récompenses seront pour les autres, et le travail pour moi.

Mais Cirey et votre amitié consolent de tout. Ce Cirey est un bijou, et n'a pas besoin de l'être; il n'a besoin que de vous posséder.

Je me mets toujours à l'ombre de vos ailes, et vous suis tendrement attaché, à vous, mes deux anges, et à M. de Pont de Veyle, quoiqu'il me mette moins sous ses ailes que vous. *Valete.*

MCCLXXVII. — A M. DE CIDEVILLE.

A Cirey, le 8 mai.

Mon cher ami, vous m'avez envoyé le plus joli journal qu'on ait jamais fait. Pardonnez si je réponds en prose à des vers si aimables; je ne pourrais pas même vous payer en vers, je suis d'ailleurs presque

1. Le premier divertissement, et celui du second acte, n'ont pas été conservés. Un seul divertissement se trouve à la fin du troisième et dernier acte. (ÉD.)

glacé par mon ouvrage pour la cour. Je me représente un dauphin et une dauphine ayant tout autre chose à faire qu'à écouter ma rapsodie. Comment les amuser? comment les faire rire? moi travailler pour la cour! j'ai peur de ne faire que des sottises. On ne réussit bien que dans des sujets qu'on a choisis avec complaisance.

............*Cui lecta potenter erit res,*
Nec facundia deseret hunc, nec lucidus ordo.
Hor., *de Art. poet.*, v. 40.

Molière et tous ceux qui ont travaillé de commande y ont échoué. J'espérais plus de l'opéra de *Prométhée*[1], parce que je l'ai fait pour moi. M. de Richelieu l'a donné à mettre en musique à Royer, et le destine pour une des secondes fêtes qu'il veut donner. Or je veux sur cela, mon cher ami, vous supplier de faire une petite négociation. J'avais, il y a quelques mois, confié ce *Prométhée* à Mme Dupin, qui voulait s'en amuser et l'orner de quelques croches, avec M. de Francqueville[2] et Jéliotte. Je crois qu'elle ne me saura pas mauvais gré si M. de Richelieu y fait travailler Royer; c'est un arrangement que je n'ai ni pu ni dû empêcher.

Je vous supplie d'en dire un petit mot à la déesse de la beauté et de la musique, avec votre sagesse ordinaire.

Mais, s'il vous plaît, que faites-vous à Paris cet été? seriez-vous assez philosophe et assez ami pour passer quelques jours à Cirey? vous y trouveriez deux personnes qui vous feraient peut-être supporter la solitude. Quand vous aurez vu et revu *Dardanus*[3] et *l'École des Mères*[4], venez ici dans l'*école* de l'amitié.

Cette duchesse de Luxembourg, dont le nom de baptême est *belle et bonne*, avait quelque velléité de venir voir comment on vit entre deux montagnes, dans une petite maison ornée de porcelaines et de magots. Affermissez-la dans ses louables intentions, et soyez le digne écuyer de votre adorable gouvernante[5].

Je vous embrasse tendrement, mon cher et ancien ami,

............*Nostrorum* operum *candide judex.*
Hor., lib. I, ep. IV, v. 1.

MCCLXXVIII. — A M. THIERIOT.
A Cirey, le 8 mai.

Je bénis Dieu et le roi de Prusse de ce qu'enfin vous allez être du nombre des élus de ce monde, et qu'on songe à vous payer; mais permettez-moi de réserver mon *Te Deum* pour le jour où vous aurez touché votre argent. Cette petite somme payée à la fois vous mettrait fort à l'aise, et votre philosophie s'en trouvera très-bien. Je vous assure

---

1. *Pandore.* (ÉD.)
2. On doit sans doute lire *Francueil* au lieu de *Franqueville*. M. de Francueil était le fils de M. Dupin. (ÉD.)
3. Opéra de La Bruère et de Rameau. (ÉD.)
4. Comédie de La Chaussée. (ÉD.)
5. Le duc de Luxembourg était gouverneur de Normandie. (ÉD.)

que c'est un des plus grands plaisirs que le roi de Prusse pût me faire. Il m'écrit toujours des lettres charmantes : mais la lettre de change qu'il doit vous envoyer me paraîtra un chef-d'œuvre.

J'ai lu les extraits de Cicéron[1], que j'ai trouvés très-élégamment traduits. Je ne sais si ces *Pensées* détachées feront une grande fortune ; ce sont des choses sages, mais elles sont devenues lieux communs, et elles n'ont pas cette précision et ce brillant qui sont nécessaires pour faire retenir les maximes. Cicéron était diffus, et il devait l'être parce qu'il parlait à la multitude. On ne peut pas d'un orateur, avocat de Rome, faire un La Rochefoucauld. Il faut dans les pensées détachées plus de sel, plus de figures, plus de laconisme. Il me paraît que Cicéron n'est pas là à sa place.

On m'a mandé que l'*École des Mères*[2] est tombée à la seconde et à la troisième représentation. Il n'y a guère d'ouvrage dont on m'ait dit plus de mal ; mais je me défie toujours des jugements précipités. Une pièce de théâtre n'est jamais bien jugée qu'avec le temps.

Je n'ai point lu et je ne veux point lire l'ouvrage contre M. de Maupertuis ; c'est un grand mathématicien et un grand génie. Qu'a-t-on à lui reprocher ? Laissons là toutes ces brochures ridicules ; je n'ai le temps que de lire de bons livres ; je lirai sûrement celui de l'abbé Prévost. Je n'ai pu lire qu'à Cirey sa traduction libre et très-libre de la *Vie de Cicéron* ; elle m'a fait un très-grand plaisir. Je fais venir les *Lettres à Brutus*, et surtout celles de Brutus, qui me paraissent bien plus nerveuses que celles de Marc-Tulle. Bonsoir ; écrivez à votre ancien ami, qui vous aime toujours.

MCCLXXIX. — A M. L'ABBÉ D'OLIVET.

A Cirey, le 8 mai.

Si Marc-Tulle avait écrit en français, mon cher abbé, il aurait écrit comme vous. Je vous remercie de votre traduction, que je regarde comme un chef-d'œuvre. Il est vrai qu'il était fort difficile de donner Cicéron par *pensées* détachées ; on ne peut pas faire de jolies tabatières d'un grand morceau d'architecture dans lequel il n'y a point de petits ornements. Cependant vous avez trouvé le secret de faire lire par parcelles un homme qu'il faut lire tout entier.

Je n'ai pas entendu ce que vous voulez dire dans votre préface par *opulence mal distribuée*, à moins que ce ne soit les cent mille écus de rente des moines de Clairvaux, mes voisins, tandis que l'abbé de Bernis[3] n'a pas huit cents livres de revenu, et que l'auteur de *Rhadamiste* meurt de faim, et que le fils du grand Racine est obligé d'être, en province, directeur des fermes. Je comprends encore moins les

1. C'étaient les *Pensées de Cicéron*, traduites par d'Olivet, *pour servir à l'éducation de la jeunesse*. (ED.)
2. Par M. de La Chaussée. (ED.)
3. L'abbé de Bernis, en 1744, n'avait pas encore trente ans, et il venait seulement de publier un recueil de *Poésies diverses*. Crébillon père et Louis Racine étaient, sous le rapport de l'âge et du talent, bien plus dignes d'intérêt. (*Note de M. Clogenson.*)

plaintes que vous faites de notre *luxe outré*, tandis que nos princes sont à peine logés, et qu'il n'y a pas une maison dans Paris comparable à celles de Gênes. Personne n'a de pages; il n'y a pas à Paris ce qui s'appelle un beau carrosse. Un homme qui marcherait avec trois laquais se ferait siffler. La mode des grandes livrées est presque abolie. On vit très-commodément, mais sans faste. Apparemment que vous songiez aux soupers de Lucullus et aux voyages d'Antoine, quand vous nous avez dit ces injures; mais nous ne devons pas payer pour les Romains, dont nous n'avons ni les vertus ni les vices. J'aimerais mieux que vous voulussiez jouir des agréments de votre siècle que de les injurier. Un souper en bonne compagnie vaut mieux que des réflexions.

MCCLXXX. — A M. L'ABBÉ DE VALORI.

Cirey en Champagne, le 8 mai.

Je vois, monsieur, qu'il faut s'adresser à des rois pour que les commissions soient bien faites. Monsieur votre frère a reçu le paquet que je lui ai adressé très-insolemment par les mains du roi de Prusse, et je vois que vous n'avez pas reçu celui que j'ai eu l'honneur de vous envoyer par le coche d'Étampes. Je croyais devoir être plus fâché contre les rois que contre les coches, et je vois que je me suis trompé. Je n'ai point écrit à monsieur votre frère, parce que les lettres sont ouvertes en trois ou quatre endroits avant d'arriver; mais je me flatte qu'il n'en compte pas moins sur mon tendre attachement. Vos bontés, monsieur, adoucissent bien la douleur que m'a causée la mort de mon cher Denis [1]. Vous avez perdu un homme qui vous était dévoué. Et cette pauvre Mme Denis n'aura plus la consolation de vous voir à Lille. Conservez-moi des bontés qui serviront toujours de baume à toutes les blessures que la nature et la fortune peuvent faire. Je resterai jusqu'au mois de septembre dans la charmante solitude de Cirey, tandis qu'on s'égorgera en Italie, en Flandre et en Allemagne. Ensuite je viendrai faire bâiller l'infante d'Espagne et son mari; mais ce que je souhaite le plus ardemment, c'est de pouvoir vous dire, à mon tour, avec quel tendre et respectueux attachement je vous suis dévoué, à vous, monsieur, et à toute votre aimable famille, à laquelle je présente mes très-humbles respects. Votre, etc. VOLTAIRE.

MCCLXXXI. — DE MANNORY [2].

Ce 10 de mai 1744.

Il y a longtemps, monsieur, que vous n'avez entendu parler de moi, et il est bien fâcheux que je ne rappelle vos idées à mon sujet que pour vous entretenir de mes malheurs; mais je connais trop les sentiments de votre cœur pour manquer de confiance. Mon père vit toujours, il a quatre-vingts ans; il est extrêmement cassé et affaibli. J'aurai plus de cent mille francs de bien, et je n'en ai jamais reçu un écu. Ma profession est difficile; il y faut des secours sur lesquels j'avais compté,

1. Le mari de Mlle Mignot aînée. (ÉD.)
2. Il a reçu de moi l'aumône, et a fait contre moi un libelle.

et qui m'ont manqué. J'ai essuyé des maladies longues et considérables : j'ai enfin rétabli ma santé; mais, pendant ce temps, mon cabinet s'est trouvé vide. J'avais affaire alors, monsieur, à une propriétaire riche et dévote : j'avais extrêmement dépensé dans sa maison pour m'ajuster; elle m'a inhumainement mis dehors, et j'ai perdu toutes mes dépenses et mes arrangements. Enfin, monsieur, le pauvre M. de Fimarçon s'est adressé à moi; j'ai cru ses affaires bonnes, je m'y suis livré tout entier. Mes maladies m'avaient affaibli mon cabinet de la moitié. J'ai perdu l'autre moitié pour ne penser qu'à M. de Fimarçon.

Je me flattais qu'en le tirant d'affaire je me ferais honneur, et que sa reconnaissance me dédommagerait suffisamment : rien n'a réussi, monsieur. Pendant ce temps j'ai été trois mois à trouver une maison. J'en ai loué une le 23 décembre. Depuis cet instant les ouvriers y sont. Voilà donc six mois que je suis sans maison, sans cabinet, et par conséquent sans travail.

Jugez, monsieur, de ma situation. Je ne tirerais pas un écu de mon père. Quand on a été dur toute sa vie, on ne devient pas bon et généreux à quatre-vingts ans. M. Dodun, l'ancien receveur général, de qui j'ai loué, dans l'île, m'a fait attendre; mais il a dépensé quatre mille francs pour m'ajuster, et je serai au mieux. J'ai des meubles qui, en les faisant aller aux lieux, me suffiront. Il ne me manque donc, monsieur, que de pouvoir satisfaire à la dépense de mon emménagement, qui ne laissera pas que d'être un objet; de payer quelques petites dettes que j'ai depuis six mois, et d'avoir une faible somme devant moi pour ouvrir mon cabinet, et vivre en attendant la pratique, qui viendra sûrement.

J'ai toujours entendu dire, monsieur, qu'il était permis aux malheureux de se vanter un peu. En profitant de ce privilège que je n'ai que trop acquis par ma situation, qui est cruelle, je puis me vanter de ne craindre aucun des avocats qui ont actuellement de l'emploi. Si j'ai du secours, je vais reprendre dans l'instant; mon cabinet a sa valeur. Dans un an, mon emploi peut être considérable; et mon père me laissera enfin ce qu'il ne pourra pas emporter. Si je n'ai point de secours, ma maison me devient inutile. Je ne pourrai plus reparaître au palais, et je suis perdu sans ressource, car je ne suis bon à aucune autre chose. Je donnerai toutes les sûretés que je pourrai; je m'engagerai solidairement avec ma femme; je ferai même des lettres de change, pourvu que l'on me donne des délais suffisants.

M'abandonnerez-vous, monsieur? oublierez-vous l'ancienne amitié que vous avez eue pour moi? Je suis de vos plus vieux serviteurs, et l'apologiste d'*Œdipe*[1] ne doit pas périr dans la misère au milieu de si belles espérances; il ne s'agit que de l'aider un peu. Ce sera un avocat que vous ferez; et, s'il devient bon, l'opération n'est pas indigne de vous. Jusqu'à présent, monsieur, vous avez fait tant de choses différentes, et dans tous les genres, que celle-là vous manquait peut-être. J'attends tout de vous, monsieur; les temps sont affreux,

1. *Apologie de la nouvelle tragédie d'Œdipe*. (ÉD.)

puisque personne n'est sensible aux talents. Vous seul les connaissez tous, vous les protégez; et si vous pensez que je puisse faire quelque chose, vous ne m'abandonnerez certainement pas. Ma fortune dépend donc du jugement que vous porterez de moi. J'attends votre décision avec confiance. Je demeure rue de la Comédie-Française, chez M. Dubois, au Palais-Royal. En attendant que vous me mettiez en état de gagner l'Ile, je compte que vous m'honorerez d'une réponse. Je suis avec le plus tendre respect, monsieur, votre très-humble, etc.

MANNORY.

MCCLXXXII. — A M. LE DUC DE RICHELIEU.

A Cirey, par Bar-sur-Aube, ce 28 mai.

Vous, qui valez mieux mille fois
Que cet aimable duc de Foix,
Recevez d'un œil favorable
Ce croquis et ce rogaton;
Il faudrait vous le lire à table,
Dans votre petite maison,
Où Mars et la Galanterie
Ont fait une tapisserie
De lauriers et de....

Vous avez dû recevoir, monseigneur de Foix, les trois informes esquisses du premier et du second acte[1]. Lisez, si vous avez du loisir, ce troisième acte, et songez, je vous en supplie, qu'il m'est impossible de mettre en deux mois la dernière main à un ouvrage très-long, où vous voulez tout ce qui ferait la matière de plusieurs ouvrages. J'ai bien peur d'être avec vous comme Arlequin avec ce prince qui lui disait : *Fa mi ridere*[2]. Cependant, si le fond de cet acte, si les divertissements, si l'intérêt qui y règne, si le mélange du tendre, du plaisant, des fêtes, et de la comédie, ne trouvent pas grâce devant vous, si les couplets qui regardent la France et l'Espagne ne vous plaisent pas, je suis un homme perdu. Ah! monseigneur le duc de Foix, monseigneur le cardinal de Richelieu, monsieur de Candale, laissez-moi faire, donnez-moi du temps, permettez-moi le petit feu d'artifice qui fera un dénoûment délicieux. Voyez, voulez-vous que j'envoie à Rameau les divertissements, pendant que je travaillerai le reste du spectacle à tête reposée? car on ne fait point bien quand on fait vite. Daignez me donner vos conseils et vos ordres, et soyez sûr qu'il ne me manquera que du génie. Mon cœur, qui est à vos pieds, y suppléera comme il pourra.

Mme du Châtelet, qui est en vérité la meilleure femme du monde, et qui vous aime de tout son cœur, vous fait mille compliments.

Elle croit que je pourrai faire quelque chose de ma petite drôlerie; elle en trouve l'idée charmante. J'y travaillerai avec l'ardeur d'un homme qui veut vous plaire

---

1. De *La Princesse de Navarre*. (ÉD.)
2. *La Vie est un songe*, par Boissy, scène VI. (ÉD.)

MCCLXXXIII. — A M. THIERIOT.

A Cirey, le 30 mai.

Je vous suis très-obligé de la sensibilité que vous me marquez à la perte que je viens de faire de ce pauvre Denis. Sa veuve est très à plaindre; elle a fait une perte unique; elle était adorée d'un mari honnête homme et aimable; elle perd des jours et des nuits, et de la fortune, qu'elle ne retrouvera plus.

Je vous avais prié, par la réponse que je fis à votre première lettre, de dire à M. l'abbé de Rothelin combien je m'intéressais à sa santé. Vous avez prévenu mes prières; mais vous m'annoncez de fort tristes nouvelles[1]. Il faudrait que des âmes comme la sienne vécussent dans de meilleurs corps et dans un meilleur siècle, et que la vertu ne fût point obligée de rendre hommage au fanatisme et à l'hypocrisie.

J'attends avec impatience la nouvelle du payement qui s'est fait attendre si longtemps. Il faut bien qu'enfin vous jouissiez de cette petite aisance qui ne dérangera pas votre philosophie, mais qui la rendra plus heureuse.

Le bonheur que je goûte dans une retraite délicieuse, dans un loisir toujours occupé des arts et de l'amitié, augmentera par les accroissements de votre fortune, si on peut appeler fortune ce nécessaire qu'on vous a promis.

Je vous embrasse.

MCCLXXXIV. — A M. LE PRÉSIDENT HÉNAULT.

A Cirey en Champagne, ce 1er juin.

Les gens de bonne compagnie, monsieur, et ceux qui prétendent en être, vont bien se rengorger quand ils verront que le livre[2] le plus utile nous vient de l'homme du monde le plus aimable. Nous recevons dans ce moment votre présent charmant. Mme du Châtelet va quitter les *Tables astronomiques* de Bayer[3] pour vous en remercier; et moi je quitte très-volontiers ma *Fête de Versailles* pour vous dire combien votre livre m'enchante. Nous le parcourons. Je le lis en vous écrivant. J'admire ces traits brillants et vrais dont vous caractérisez les rois et les siècles. Ce que vous dites de Louis XII, de Henri IV, de Louis XIII, de Louis XIV, doit être appris par cœur. N'allez pas croire, au moins, que la reconnaissance que je vous dois sur Henri IV me fascine les yeux. Je vois très-clairement que votre ouvrage est un chef-d'œuvre d'esprit et de raison. Point de satire, point de prévention, point de faux raffinements. Vous avez enchâssé dans cette chronologie mille anecdotes intéressantes, qui toutes servent à faire connaître les temps dont vous parlez. Votre ouvrage vivra, je vous en réponds; faites donc comme lui, et n'ayez plus de coliques. Passez à Cirey, en allant aux

---

1. L'abbé de Rothelin, alors languissant, mourut le 17 juillet 1744. (ÉD.)
2. Le *Nouvel Abrégé chronologique de l'Histoire de France*, dont la première édition parut vers le mois d'avril 1744, avec un titre aussi long, à lui seul, qu'une préface. (ÉD.)
3. Jean Bayer, d'Augsbourg, auteur d'une description des constellations, sous le titre d'*Uranometria*. (ÉD.)

eaux, et employez votre loisir à nous donner votre grande Histoire, que cet *Abrégé* doit faire désirer à tous ceux qui veulent lire pour s'instruire et pour avoir du plaisir. Je viens de lire l'article du chancelier de L'Hospital; grand merci; c'est un chancelier que j'idolâtre; il était philosophe, vrai philosophe, excellent citoyen, et faisant de beaux vers latins.

Hic jacet a nullis potuit quæ Gallia vinci,
Ipsa sui victrix, ipsa sui tumulus.

Que vous avez bien fait de donner tant d'éloges au grand Colbert! La lettre à Vossius! bon encore; cela peut fructifier en son temps, ce sont des germes de vertu et de grandeur. Le public doit vous être très-obligé; il n'avait point encore vu de cette besogne.

Je vous demande en grâce de vous souvenir de moi avec Mme du Deffand. Conservez-moi vos bontés et les siennes. Elle écrit à Mme du Châtelet des lettres bien plaisantes. *Tentat eam*, quelquefois *in ænigmatibus*. On les devine sur-le-champ. Adieu, monsieur; je vous aime, je vous respecte, je vous suis dévoué pour la vie. V.

A propos, mais Mme du Châtelet vous a aussi envoyé son livre, et vous ne lui en dites mot : elle est fort piquée de ce que vous ne lui dites pas votre avis sur le carré de la vitesse. C'est cela qui est intéressant!

MCCLXXXV. — A M. JACOB VERNET.

A Cirey en Champagne, le 1er juin.

Monsieur, un des grands avantages de la littérature est de procurer des correspondances telles que la vôtre. J'ai reçu la lettre dont vous m'avez honoré, et nous avons parlé de vous avec le P. Jacquier[1], que vous avez vu à Genève; et je lui ai bien envié cette satisfaction.

Je ne décide point entre Genève et Rome,
Henriade, ch. II, v. 5.

comme vous savez; mais j'aimerais à voir l'une et l'autre, et surtout votre académie, dans laquelle il y a tant d'hommes illustres, et dont vous faites l'ornement. L'amitié, qui m'a fait refuser tous les établissements considérables dont le roi de Prusse voulait m'honorer à sa cour, me retient en France. C'est elle qui m'empêche de satisfaire le goût que j'ai toujours eu de voir votre république; c'est elle qui fait que Cirey est mon royaume et mon académie.

Je suis flatté que mes petites réflexions sur l'histoire ne vous aient pas déplu; j'ai tâché de mettre ces idées en pratique dans un *Essai*, que j'ai assez avancé, sur l'Histoire universelle depuis Charlemagne. Il me semble qu'on n'a guère encore considéré l'histoire que comme des compilations chronologiques; on ne l'a écrite ni en citoyen ni en philosophe. Que m'importe d'être bien sûr que Adaloaldus[2] succéda

1. François Jacquier, minime et savant mathématicien. (ÉD.)
2. *L'Art de vérifier les dates*, et les *Tablettes chronologiques* de Lenglet-Dufresnoy, et celles de M. J. Picot, disent 615; M. Simonde de Sismondi, la *Biographie universelle*, dit, vers 616. (*Note de M. Beuchot.*)

au roi Agiluf en 616, et de quoi servent les anecdotes de leur cour? Il est bon que ces noms soient écrits une fois dans les registres poudreux des temps pour les consulter peut-être une fois dans la vie; mais quelle misère de faire une étude de ce qui ne peut ni instruire, ni plaire, ni rendre meilleur! Je me suis attaché à faire, autant que j'ai pu, l'histoire des mœurs, des sciences, des lois, des usages, des superstitions. Je ne vois presque que des histoires de rois; je veux celle des hommes. Permettez-moi de vous soumettre ce que je dis dans l'avant-propos de mon *Essai*.

Voici comme je m'exprime: « Je regarde la chronologie et les successions des rois comme mes guides, et non comme le but de mon travail. Ce travail serait bien ingrat, si je me bornais à vouloir apprendre en quelle année un prince, indigne de l'être, succéda à un prince barbare. Il me semble, en lisant les histoires, que la terre n'ait été faite que pour quelques souverains et pour ceux qui ont servi leurs passions; presque tout le reste est abandonné. Les historiens, en cela, ressemblent à quelques tyrans dont ils parlent; ils sacrifient le genre humain à un seul homme. »

Je voudrais, monsieur, être à portée de vous consulter sur cet *Essai* que j'ai écrit dans cet esprit. Peut-être un jour le ferai-je imprimer dans votre ville.

A l'égard de mes autres ouvrages de littérature, tous les recueils qu'on en a faits sont très-mauvais et fort incorrects; j'ai toujours souhaité qu'on en fît une bonne édition; et, puisque vous voulez bien m'en parler, je vous dirai que, si quelque libraire de votre ville voulait en faire une édition complète, je lui donnerais toutes les facilités et tous les encouragements qui dépendraient de moi; je lui assurerais même le débit de trois ou quatre cents exemplaires, que je lui payerais au prix coûtant, avec un bénéfice dont nous conviendrions; je vous en remettrais l'argent, qui serait entre les mains d'un banquier et lui serait délivré quand il livrerait les trois ou quatre cents exemplaires.

Je suis extrêmement mécontent des libraires d'Amsterdam, et peut-être les vôtres me serviront-ils mieux. Mais c'est une entreprise que je voudrais très-secrète, attendu les mesures que je dois garder en France. Vos libraires pourraient être sûrs qu'ils seraient seuls dépositaires des pièces que je leur ferais tenir, et que leur édition ferait infailliblement tomber toutes les autres. Le marché même que je leur propose serait un bon garant.

Si vous trouvez donc, monsieur, quelque libraire à qui cette entreprise convînt, je vous aurais l'obligation de me voir enfin imprimé comme il faut.

Vos réflexions sur le *Postquam nos Amaryllis* et sur les rois de Naples me paraissent d'un homme qui connaît très-bien les livres et le monde.

Comptez, monsieur, que je suis avec la plus sincère estime, etc.

VOLTAIRE.

MCCLXXXVI. — A M. LE COMTE D'ARGENTAL.

A Cirey, le 5 juin.

Vous m'avez écrit, adorable ange, des choses pleines d'esprit, de goût et de bon sens, auxquelles je n'ai pas répondu, parce que j'ai toujours travaillé. Figurez-vous que, pendant ce temps-là, M. de Richelieu envoie au président Hénault, et à M. d'Argenson le ministre, l'informe esquisse de cet ouvrage. J'en suis très-fâché; car les hommes jugent rarement si l'or est bon quand ils le voient dans la mine tout chargé de terre et de marcassites. J'écris au président pour le prévenir. J'espère que, avec du temps et vos conseils, je pourrai venir à bout de faire quelque chose de cet essai; mais je vous demande en grâce de jeter dans le feu le manuscrit que vous avez. Pourquoi voulez-vous garder des titres contre moi? pourquoi conserver les langes de mon enfant, quand je lui donne une robe neuve?

Je conviens avec vous que le plaisant et le tendre sont difficiles à allier. Cet amalgame est le grand œuvre; mais enfin cela n'est pas impossible, surtout dans une fête. Molière l'a tenté dans *la Princesse d'Élide*, dans *les Amants magnifiques*; Thomas Corneille, dans *l'Inconnu*; enfin cela est dans la nature. L'art peut donc le représenter, et l'art y a réussi admirablement dans *Amphitryon*. Je vous avertis d'ailleurs qu'on a voulu une Sanchette ou Sancette, et que je la fais une enfant simple, naïve, et ayant autant de coquetterie que d'ignorance; c'est du fonds de ce caractère que je prétends tirer des situations agréables :

Si quid novisti rectius istis,
Candidus imperti; si non, his utere mecum.
Hor., lib. I, ep. vi, v. 67.

MCCLXXXVII. — A M. LE DUC DE RICHELIEU.

Cirey, le 5 juin.

Vous êtes un grand critique, et on ne peut prendre son thé avec plus d'esprit. Je vous admire, monseigneur, de raisonner si bien sur mon barbouillage quand on ouvre des tranchées. Il est vrai que vous écrivez comme un chat; mais aussi je me flatte que vous commanderez les armées comme le maréchal de Villars; car, en vérité, votre écriture ressemble à la sienne, et cela va tous les jours en embellissant; bientôt je ne pourrai plus vous déchiffrer; passons.

Vous avez grande raison, le tyran de Madrid, quoique ce soit don Pèdre, est malsonnant, et vous jugez bien que cela est corrigé sur-le-champ. Il en sera de même du reste. Mais comment avez-vous pu donner mes brouillons à M. d'Argenson et au président? Vous me faites périr à petit feu. Un malheureux croquis, informe, dont il ne subsistera peut-être pas cent vers, qui n'était que pour vous, une idée à peine jetée sur le papier, seulement pour vous obéir, et pour savoir de vous si vous approuviez l'esquisse du bâtiment! Ils prendront cela pour la maison toute faite, et ils me trouveront ridicule. Comment montrer un premier acte qui finit par A, V, G, R, C, G? C'est se moquer du monde; c'est me désespérer. L'ouvrage ne ressemble déjà plus à celui que je vous ai envoyé.

> A, V, G, R, C, G, cette énigme me gêne,
> Je veux la deviner avant la fin du jour;
> Ah! je n'aurai pas grande peine,
> Le mot de l'énigme est amour.

Cela clôt un acte du moins; cela peut se présenter. Et quand Léonor dit à la princesse:

> Mais un homme ridicule
> Vaut peut-être encor mieux que rien,

la princesse répond:

> Souvent, dans le loisir d'une heureuse fortune,
> Le ridicule amuse, on se prête à ses traits
> Mais il fatigue, il importune
> Les cœurs infortunés et les esprits bien faits.

Et puis suit le portrait d'Alamir. Et croyez-vous encore que j'aie laissé subsister les plats compliments de Morillo, et les sottes réponses de la princesse, quand on lui donne la pomme? Elle disait:

> Mais il me siérait mal d'accepter ce présent.

C'est répondre en bégueule sans esprit. Voici ce qu'elle dit:

> Il me siérait bien mal d'accepter ce présent;
> Pâris l'offrit moins galamment
> A l'objet dangereux qui de son cœur fut maître.
> Hélène fut séduite, et je ne veux pas l'être.

C'est un peu plus tourné cela. Vous me demanderez, monseigneur, pourquoi je ne vous ai pas envoyé tout l'ouvrage dans ce goût. C'est, ne vous déplaise, que je ne trouve pas l'esprit en écrivant, aussi vite que vous en parlant; c'est que j'aimerais mieux faire deux tragédies qu'une pièce où il entre de tout et où il faut que les genres opposés ne se nuisent point. Vous avez ordonné ce mélange, cela peut faire une fête charmante; mais, encore une fois, il faut beaucoup de temps. Je vais à présent travailler avec un peu plus de confiance ce qui regarde la comédie; et je me flatte que je remplirai vos vues autant que mes faibles talents le permettront. Il s'agit à présent des divertissements, que j'ai tâché de faire de façon qu'ils puissent convenir à tous les changements que je me réservais de faire dans la comédie.

Voyez si vous voulez que j'envoie à Rameau ceux des premier et troisième actes; j'attends sur cela vos ordres, et je vous avoue d'avance que je ne crois pas avoir dans mon magasin rien de plus convenable que ces deux divertissements. A l'égard du second acte, je ferai, comme de raison, ce que vous voudrez; mais ayez la bonté d'examiner si le duc de Foix, ayant intention de se cacher jusqu'au bout, peut donner une fête qui réponde mieux au dessein. Songez que les divertissements du premier et du second acte sont des fêtes entrecoupées, et qu'il faut au milieu une espèce de petit opéra complet, d'autant plus que, pendant ce temps-là, il faut que la princesse soit supposée tout voir d'un bosquet dans lequel elle est cachée, et dans lequel elle change d'habits. Mme du Châtelet est fort sévère, et jusqu'à présent je ne l'ai jamais vue se tromper en fait d'ouvrages d'esprit.

MCCLXXXVIII. — A M. LE COMTE D'ARGENSON, MINISTRE DE LA GUERRE.

A Cirey, le 6 juin.

Comment diable M. le duc de Foix de Richelieu a-t-il pu vous faire lire une mauvaise esquisse, un croquis informe, que je ne lui ai envoyé que par pure obéissance? Il ne s'agit pas de savoir si cela est bon, mais de prévoir si on en peut tirer quelque chose de bon. Et c'est, monseigneur, ce que je vous demande en grâce de prévoir, si vous m'aimez. Mais comment avez-vous eu le temps de lire cette bagatelle? Soyez béni, entre tous les ministres, d'aimer les beaux-arts au milieu de la guerre. C'est un mérite bien rare, et qui prouve bien qu'on est au-dessus de son emploi. M. de Louvois n'avait pas ce mérite; aussi Poignan disait de lui :

................Louvois, ce ministre brutal,
Renvoya d'un coup d'œil Phébus à l'hôpital.

A propos d'hôpital, je vous ai présenté un placet pour un gentilhomme champenois, nommé de Riaucourt, lieutenant dans le bataillon de Saint-Didier, milice, dont le père, capitaine audit bataillon, vient de crever. La veuve et sept enfants ont un procès dans votre ancienne principauté de Joinville; quand il faut payer leur procureur, ils apportent leurs poules au marché de Joinville, et les vendent vingt sous pour payer la justice, et meurent de faim. Cependant, point de réponse à mon placet.

Je vous demande en grâce de me protéger auprès du duc de Foix-Richelieu, et de croire que ma petite drôlerie vaut mieux que la petite esquisse qu'on vous a montrée. Triomphez, et je vous amuserai.

Je vous suis attaché aussi tendrement que quand vous n'étiez pas ministre, et non plus respectueusement.

Mme du Châtelet vous présente ses compliments. VOLTAIRE.

MCCLXXXIX. — A M. LE DUC DE RICHELIEU.

A Cirey, ce 8 juin.

Je crains bien qu'en cherchant de l'esprit et des *traits*,
    Le bâtard de Rochebrune[1]
    Ne fatigue et n'*importune*
Le successeur d'Armand *et les esprits bien faits*.

1. Rochebrune était un poëte agréable, et auteur de plusieurs chansons. C'est lui qui fit les paroles de la cantate d'*Orphée*, qui devint le triomphe du musicien Clérambault. Il mourut en 1732. (*Éd. de Kehl.*)

Il faut pourtant s'évertuer pour que les idées de votre maçon ne soient pas absolument indignes de l'imagination de l'architecte. Vous voulez, monseigneur, un divertissement au second acte où il soit question du duc de Foix.

Figurez-vous qu'à la fin du second acte la princesse de Navarre est déjà reconnue, et qu'on lui apprend que le duc de Foix avance; aussitôt arrive un député de ce duc de Foix, en présence du duc de Foix lui-même, qui est toujours Alamir. Ce député est suivi d'esclaves maures qu'il envoie à la princesse; ils font une entrée, et chantent. La princesse dit qu'elle ne veut rien du duc de Foix. Il y a dans le fond du théâtre un bassin d'eau, représenté par des toiles blanches. Les esclaves répondent qu'ils vont mourir, puisqu'on les rebute, et que leur maître en usera ainsi. Ils se précipitent dans l'eau, et il en renaît sur-le-champ autant d'Amours qui viennent avec des fleurs et des flambeaux, et qui disent à peu près à la doña :

De nouveaux esclaves paraissent;
Ne les rebutez pas, c'est pour vous qu'ils renaissent.
Comme leur mère, ils sont sortis des eaux.
C'est sous vos lois qu'ils sont à craindre;
Vous avez le pouvoir d'allumer leurs flambeaux,
Et vous n'aurez jamais celui de les éteindre.

Cependant il s'élève au milieu de l'eau un groupe d'architecture représentant Jupiter qui enlève Europe; Neptune qui enlève Calisto, et Pluton qui enlève Proserpine; et on chante tout ce qui peut justifier le duc de Foix par l'exemple de ces trois dieux. Alors les divertissements font place au reste de la pièce.

Voudriez-vous qu'à la fin du troisième acte le fond du théâtre représentât les Pyrénées ? L'Amour leur ordonnerait de disparaître, afin de ne faire qu'un peuple de la France et de l'Espagne; et on verrait à leur place une salle de bal où le duc de Foix danserait avec sa dame, etc. Je chercherai tant qu'à la fin j'approcherai de vos idées. Encouragez-moi, je vous supplie; soyez sûr que tous les divertissements seront faits avant le mois de juillet; qu'il ne faudra pas un mois à Rameau; que je travaillerai la pièce avec tout le soin possible, et que je n'aurai rien fait en ma vie avec plus d'application; mais, encore une fois, ne me jugez point sur cette misérable esquisse; et, s'il y a quelques scènes qui vous plaisent, croyez que tout sera travaillé dans ce goût; soyez sûr enfin que vous serez servi à point nommé, et que tout sera prêt pour votre retour.

Mme du Châtelet regrette toujours *la Petite Fête des bergers*, et

Du sort de Polémon l'intéressante histoire.

Mais il me semble que cette nouvelle façon serait plus susceptible de spectacle. Je vous demande toujours la permission d'envoyer à Rameau les autres divertissements. Je vous supplie de dicter vos ordres en prenant votre thé, si vous prenez du thé devant Menin ou dans Menin. Tâchez d'aller à Bruxelles, car on nous y dénie justice. Mme du Châtelet vous aime véritablement; je vous le dis, c'est une très-bonne femme. Adieu, monseigneur, mon cher protecteur, adieu.

MCCXC. — A M. THIERIOT.

A Cirey, le 11 juin.

Souvenez-vous que j'avais dit à celui qui vous fait tant attendre

Titus perdit un jour, et vous n'en perdrez pas.

Je n'ai point dit vous n'en *perdex* pas, puisque voilà neuf années perdues jusqu'à présent pour vous. Cependant je ne puis croire que, tout Vespasien qu'il est par son goût que vous lui reprochez pour l'argent, il ne vous paye, à la fin, en Titus. Il ne vous a pas demandé votre mémoire pour ne vous rien donner; il exerce votre patience, mais il ne la confondra point. Je vous réponds qu'on paye exactement toutes les pensions qu'il donne; on les paye même tous les mois; il ne s'agit que d'être mis sur l'état, et je vous assure qu'enfin vous y serez. Je vous plains beaucoup, l'épreuve est trop longue, mais je serais bien trompé si, dans peu de temps, vous ne recevez une somme honnête. Malheureusement les nouvelles affaires que la succession d'Ost-Frise va susciter pourraient être un prétexte d'un nouveau délai, mais une affaire aussi petite que la vôtre ne doit pas être comptée pour une dépense; enfin j'espère encore qu'il ne fera pas une injustice si criante.

Je vous prie de dire à M. l'abbé de Rothelin qu'il doit me compter parmi ceux qui s'intéressent le plus à son état; je lui suis sincèrement dévoué comme citoyen et comme homme de lettres.

J'avoue qu'il est triste qu'il ait été forcé de sacrifier sa philosophie et sa manière de penser à des hypocrites et à des imbéciles.

.........*fari... quæ sentiat....*
Hor., lib. I, ép. IV, v. 9.

est le plus beau privilége de l'humanité; mais il faut être Anglais pour jouir de cette prérogative. Si on avait le malheur de le perdre, il quitterait un monde bien peu regrettable. Je suis plus détaché que jamais des tourbillons des sots dans la douce solitude qui fait ma consolation; et, si la fête de Monsieur le dauphin ne me rappelait pas à Paris, je ne crois pas que j'y revinsse jamais.

Le paradis terrestre est où je suis.

Si vous aviez vu mon appartement, vous me croiriez plus *mondain* que philosophe. Je me crois pourtant plus philosophe que *mondain*. Comptez que dans ma philosophie l'amitié tient toujours un grand chapitre; je la regarde comme le baume qui guérit toutes les blessures que la fortune et la nature font continuellement aux hommes.

Je vous embrasse de tout mon cœur.

MCCXCI. — A M. LE DUC DE RICHELIEU.

Cirey, ce 18 juin.

J'ai reçu, monsieur le duc, les opinions de mes juges qui, à peu de chose près, justifient ma manière de penser. Vous m'avez donné une terrible besogne. J'aurais mieux aimé faire une tragédie qu'un ouvrage dans le goût de celui-ci. La difficulté est presque insurmontable, mais je me flatte qu'à la fin mon zèle me sauvera. Voici un prologue que la prise de Menin m'a inspiré. Il me paraît qu'il embrasse assez naturellement le sujet de vos victoires et celui du mariage. Peut-être l'envie de vous servir m'aveugle; mais il me paraît que Mars et Vénus viennent assez à propos, et que l'arbre chargé de trophées, dont les rameaux se réunissent, fournit un des heureux corps de devise qu'on ait jamais vus.

Je n'ai qu'une certaine portion de talent, et je vous avoue que j'ai mis dans ce prologue tout ce que la nature du sujet fournit à ma faible capacité; j'en envoie un double à mes juges. Qu'ils prennent bien garde que souvent *il meglio è 'l nemico del bene*.

Les divertissements du premier acte ne peuvent devenir que plus mauvais sous ma main; et, si le spectacle de ce premier acte, tel qu'il est, ne fait pas un grand effet, je suis l'homme du monde le plus trompé.

Voyez donc, monsieur le duc, si vous voulez que j'envoie à Rameau ce prologue et ces fêtes du premier acte, tandis que je travaillerai au reste.

Ce reste est extrêmement difficile, encore une fois, parce que vous avez ordonné l'alliage des métaux. J'y travaille comme un homme qui veut vous plaire; mais croyez-moi sur le prologue et sur les fêtes du premier acte : ce ne sont pas des morceaux qui flattent assez mon amour-propre pour m'aveugler. Il n'y a ici d'autre gloire pour moi que celle de vous obéir. Le grand point est que je vous fournisse un spectacle brillant et plein d'agrément, qui fasse honneur à votre magnificence et à votre goût; et je vous réponds que tout cela se trouve dans le premier acte. Je ne parle que du tableau. il est aisé de se le représenter. Y a-t-il rien de plus contrasté et de plus magnifique, j'ose dire, de plus neuf? Où trouvera-t-on une femme persécutée, arrêtée par des fêtes à toutes les portes par où elle veut sortir? Songez bien que je ne prends le parti que de ce tableau, que je soutiens devoir faire un effet charmant; croyez-en l'expérience que j'ai du théâtre. J'abandonne tout mon style, mes scènes, mes caractères; j'insiste sur ces deux divertissements dont je peux parler sans faire l'auteur. Enfin je crois voir cela très-clair, et enfin il faut prendre un parti; Rameau presse. Je travaillerai nuit et jour pour vous; mais encouragez-moi un peu, et fiez-vous un peu à qui vous aime et vous respecte si tendrement.

MCCXCII. — A M. Martin Kahle.

Monsieur le doyen, je suis bien aise d'apprendre au public que vous avez écrit contre moi un petit livre. Vous m'avez fait beaucoup d'honneur. Vous rejetez, page 17, la preuve de l'existence de Dieu tirée des causes finales. Si vous aviez raisonné ainsi à Rome, le révérend père jacobin maître du sacré palais vous aurait mis à l'inquisition; si vous aviez écrit contre un théologien de Paris, il aurait fait censurer votre proposition par la sacrée faculté; si contre un enthousiaste, il vous eût dit des injur., etc., etc.; mais je n'ai l'honneur d'être ni jacobin, ni théologien ni enthousiaste. Je vous laisse dans votre opinion, et je demeure dans la mienne. Je serai toujours persuadé qu'une horloge prouve un horloger, et que l'univers prouve un Dieu. Je souhaite que vous vous entendiez vous-même sur ce que vous dites de l'espace et de la durée, et de la nécessité de la matière, et des monades, et de l'harmonie préétablie; et je vous renvoie à ce que j'en ai dit en dernier lieu dans cette nouvelle édition, où je voudrais bien m'être entendu, ce qui n'est pas une petite affaire en métaphysique.

Vous citez, à propos de l'espace et de l'infini, la *Médée* de Sénèque, les *Philippiques* de Cicéron, les *Métamorphoses* d'Ovide, des vers du duc de Buckingham, de Gombaud, de Regnier, de Rapin, etc. J'ai à vous dire, monsieur, que je sais bien autant de vers que vous; que je les aime autant que vous; et que, s'il s'agissait de vers, nous verrions beau jeu : mais je les crois peu propres à éclaircir une question métaphysique, fussent-ils de Lucrèce ou du cardinal de Polignac. Au reste, si jamais vous comprenez quelque chose aux monades, à l'harmonie préétablie, et, pour citer des vers,

Si monsieur le doyen peut jamais concevoir
Comment, tout étant plein, tout a pu se mouvoir;

si vous découvrez aussi comment, tout étant nécessaire, l'homme est libre, vous me ferez plaisir de m'en avertir. Quand vous aurez aussi démontré en vers ou autrement pourquoi tant d'hommes s'égorgent dans le meilleur des mondes possibles, je vous serai très-obligé.

J'attends vos raisonnements, vos vers, vos invectives; et je vous proteste du meilleur de mon cœur que ni vous ni moi ne savons rien de cette question. J'ai d'ailleurs l'honneur d'être, etc.

MCCXCIII. — A M. LE COMTE D'ARGENTAL.
A Cirey, le 11 juillet.

Le convalescent fait partir aujourd'hui, sous l'enveloppe de M. de La Reynière, le plus énorme paquet dont jamais vous ayez été excédé; c'est, mes anges, toute la pièce avec les divertissements, telle à peu près que je suis capable de la faire. Je ne vous demande pas d'en être aussi contents que Mme du Châtelet et M. le président Hénault, mais je vous demande de l'envoyer à M. le duc de Richelieu, et d'en paraître contents.

Je souhaiterais, pour le bien de votre âme, que vous voulussiez faire grâce à Sanchette, dont vous m'avez paru d'abord si mécontents. Tenez-moi quelque compte d'avoir mis au théâtre un personnage neuf dans l'année 1744, et d'avoir, dans ce personnage comique, mis de l'intérêt et de la sensibilité. Comment avez-vous pu jamais imaginer que le *bas* pût se glisser dans ce rôle? comment est-ce que la naïveté d'une jeune personne ignorante, et à qui le nom seul de la cour tourne la tête, peut tomber dans le bas? ne voulez-vous pas distinguer le bas du familier, et le naïf de l'un et de l'autre?

Il n'y a de bas que les expressions populaires et les idées du peuple grossier. Un Jodelet est bas, parce que c'est un valet ou un vil bouffon à gages.

Morillo est d'une nécessité absolue; il est le père de sa fille encore une fois, et on ne peut se passer de lui. Or, s'il faut qu'il paraisse, je ne vois pas qu'il puisse se montrer sous un autre caractère, à moins de faire une pièce nouvelle.

Je pourrai ajouter quelques airs aux divertissements, et surtout à la fin; mais dans le cours de la pièce, je me vois perdu si on souffre des divertissements trop longs. Je maintiens que la pièce est intéressante; et ces divertissements n'étant point des intermèdes, mais étant incorporés au sujet, et faisant partie des scènes, ne doivent être que d'une longueur qui ne refroidisse pas l'intérêt.

Enfin vous pouvez, je crois, envoyer le tout à M. de Richelieu, et préparer son esprit à être content. S'il l'est, ne pourrait-on pas alors lui faire entendre que cette musique, continuellement entrelacée avec la déclamation des comédiens, est un nouveau genre pour lequel les grands échafaudages de symphonie ne sont point du tout propres? Ne pourrait-on pas lui faire entendre qu'on peut réserver Rameau pour un ouvrage tout en musique? Vous me direz ce que vous en pensez, et je me conformerai à vos idées.

Que de peines vous avez avec moi! et que d'importunités de ma part! En voici bien d'un autre. Vous souvenez-vous avec quels serments réitérés ce fripon de Prault vous promit de ne pas débiter l'infâme édition qu'il a fait faire à Trévoux? M. Pallu me mande qu'elle est publique à Lyon. Je le supplie de la faire séquestrer; mais je vous demande en grâce d'envoyer chercher ce misérable, et de lui dire que ma famille est très-résolue à lui faire un procès criminel, s'il ne prend pas le parti de faire lui-même ses diligences pour supprimer cette œuvre d'iniquité. Il a assurément grand tort, et on ne peut se conduire avec plus d'imprudence et de mauvaise foi. Je travaillais à lui procurer une édition complète et purgée de toutes les sottises qu'il a mises sur mon compte dans son indigne recueil; et c'est pendant que je travaille pour lui, qu'il me joue un si vilain tour! Il ne sent pas qu'il y perd, que son édition se vendrait mieux, et ne serait point étouffée par d'autres, si elle était bonne.

Mais presque tous les libraires sont ignorants et fripons; ils entendent leurs intérêts aussi mal qu'ils les aiment avec fureur. La mauvaise foi de Prault me fait d'autant plus de peine, que je me flattais que cette même édition, corrigée selon mes vues, serait celle dont je serais le plus content. Vous allez trouver ma douleur trop forte; mais vous n'êtes pas père; pardonnez aux entrailles paternelles, vous qui êtes le parrain et le protecteur de tous mes enfants. Adieu, mon cher et respectable ami; Mme du Châtelet vous dit toujours des choses bien tendres; car comment ne vous pas aimer tendrement? Mille respects à tous les anges.

P. S. Permettez que le bavard dise encore un petit mot de *la Princesse de Navarre* et du *duc de Foix*. Il m'est devenu important que cette drogue soit jouée, bonne ou mauvaise. Elle n'est pas faite pour l'impression; elle produira un spectacle très-brillant et très-varié ; elle vaut bien *la Princesse d'Élide*, et c'est tout ce qu'il faut pour le courtisan ; mais c'est aussi ce qu'il me faut. Cette bagatelle est la seule ressource qui me reste, ne vous déplaise, après la démission de M. Amelot, pour obtenir quelque marque de bonté qu'on me doit pour des bagatelles d'une autre espèce dans lesquelles je n'ai pas laissé de rendre service. Entrez donc un peu, mon cher ange, dans ma situation, et songez plutôt ici à votre ami qu'à l'auteur, et au solide qu'à la réputation. Je ferai pourtant de mon mieux pour ne pas perdre celle-ci.

VOLTAIRE.

Autre bavarderie. Je suis pourtant toujours pour cet arbre chargé de trophées, dont les rameaux se réunissent. Est-ce encore ce coquin de M. le chevalier Roi qui m'a volé cette idée? Je viens de lire *Nirée*¹. Je ne sais si je me trompe, mais cela ne me paraît écrit ni naturellement ni correctement.

Ces deux choses *manquant* font *détestablement*.

J'en demande pardon à M. le chevalier.

MCCXCIV. — A M. CLÉMENT, RECEVEUR DES TAILLES A DREUX.

A Cirey en Champagne, ce 11 juillet.

J'ai reçu, monsieur, à la campagne où je suis depuis quelques mois, le joli conte, ou plutôt le conte joliment écrit dont vous avez bien voulu me faire part. J'aurais répondu plus tôt à cette marque aimable de votre souvenir, si ma très-mauvaise santé et mes travaux de commande, qui l'affaiblissent encore, m'en avaient laissé le loisir.

Vous avez échauffé la glace
Qui me gelait dans les écrits
De ce trop renommé Boccace;
Et vous mettez toute la grâce
De votre brillant coloris
Sur son vieux tableau, qui s'efface.
Sans vous je n'aurais point aimé
Ensalde et sa sorcellerie ;
L'enchanteresse poésie
Dont votre conte est animé
Est la véritable magie,
Et la seule qui m'ait charmé.

Conservez-moi, monsieur, une amitié qui m'est d'autant plus précieuse que je la dois au commerce des Muses.

Je suis, etc.

1. C'était la cinquième entrée du *Ballet de la Paix*; paroles de Roi, musique de Rebel et Francœur. (ÉD.)

MCCXCV. — A M. LE COMTE D'ARGENTAL.

A Cirey, le 23 juillet.

J'avais déjà fait le divertissement du second acte, selon le projet que j'avais envoyé à M. de Richelieu. M. le président Hénault doit avoir à présent entre les mains ce nouveau divertissement. Le comité peut comparer mes Maures avec mon berger qui tue les monstres tout seul pendant que l'évêque bénit les drapeaux. Il peut choisir ou rejeter tout.

Je vous avertis, mon cher ange gardien, que la comédie est à peu près faite selon les deux manières, c'est-à-dire que, avec le divertissement de la princesse Ésone, tiré d'Hygin, Madame de Navarre n'est reconnue qu'au troisième acte, et que, avec mes Maures, mes Amours, mon bassin, mon groupe, tirés de ma tête, Madame de Navarre est reconnue au second acte. Vous devinez tout le reste. J'ai reçu votre projet du troisième acte, et je vous remercie d'aider la faiblesse de mon imagination; mais je vous supplie de ne pas imiter les comédiens italiens, quand vous craignez d'imiter Roi. Or ce serait les imiter bien pauvrement que de donner un feu d'artifice, sans autre raison que l'envie de le donner; mais que ce feu d'artifice serve à expliquer un secret, à dénouer une intrigue, alors il me semble que c'est une invention très-agréable. J'ai imaginé qu'on avait prédit à la princesse qu'elle aimerait un jour son ennemi, et l'accomplissement de cette prédiction se trouvera renfermée dans les lettres de feu qui paraîtront sur un ciel étoilé, comme un ordre des dieux écrit dans le ciel. Laissez-moi donc conserver mon divertissement du premier acte; il ne ressemble point tant, ce me semble. Ce sont les trois déesses elles-mêmes qui font une galanterie de leur pomme à la princesse. Les guerriers sont nécessaires, parce qu'ils la jettent dans l'embarras. Enfin il me semble que c'est n'imiter personne que de faire arrêter les gens à chaque porte par des fêtes. C'est principalement dans cette invention que consiste toute la galanterie; et, pour peu que la musique soit bonne, il me paraît que ce premier acte doit beaucoup réussir.

A l'égard des autres, vous sentez bien qu'il y a deux tons qui dominent, celui de la tendresse et celui du comique; je ne dis pas celui du bouffon. J'appelle comique le rôle de Sanchette, qui est tout neuf au théâtre, et qui doit partager au moins l'attention. J'entends par comique la scène de Léonor avec sa maîtresse, où elle dit :

    Mais si j'étais fille d'un empereur,
      Si j'étais reine de la France, etc.

Je ne sais ce que vous aviez contre moi quand vous m'avez mandé que cette Léonor parlait en suivante de comédie. Je soutiens que quand Mme de Villars n'avait pas le malheur d'être dévote, elle ne s'exprimait pas autrement. Je vous demande bien pardon, mais cette scène de la princesse et de sa confidente est, avec ce que j'y ai ajouté, une des moins mauvaises de l'ouvrage; prenez garde que le reste ne retombe dans tous les combats ordinaires *de la gloire et du devoir*. Enfin il faut se résoudre à quelque chose dans cette besogne, où il y a peu d'honneur à acquérir, mais qui est très-importante pour moi. Je crois que le tout formera un très-beau spectacle; mais, en conscience, il faut donner à Rameau le prologue, le premier divertissement, et celui des deux seconds qui vous déplaira le moins; il aura bientôt le troisième. Je voudrais bien épargner à vos bontés ces volumes d'écritures, et vous consulter de vive voix; mais le moyen que vous veniez à Cirey, ou que j'aille à Paris! Vous aurez donc d'énormes paquets, au lieu de fréquentes visites. Je baise mille fois le bout des ailes de mes anges gardiens, quoique je dispute contre eux. Je lutte comme Jacob, mais il adora l'ange après avoir lutté, aussi fais-je.

MCCXCVI. — A M. LE MARQUIS D'ARGENSON, A PARIS.

A Cirey, ce 8 ou 9 d'août. Dieu merci, je ne sais pas comme je vis.

A propos, je suis un infâme paresseux. Ah! que j'ai tort! que je vous demande pardon, monsieur! Vous mariez un fils que j'aime presque autant que son père. Vous écrivez sans cesse aux fermiers généraux, et moi je ne vous écris point. Je disais toujours : « J'écrirai demain; » et demain je faisais une plate comédie-ballet pour l'infante-dauphine, et je me grondais, et puis j'étais honteux. Je le suis bien encore, mais je passe par-dessus tout cela. Pour Dieu! faites-en autant, et aimez-moi toujours. Mais y a-t-il tant de compliments à vous faire de ce que vous êtes du conseil des finances? Je vous en ferai, ou plutôt à la France, quand vous serez chancelier; car je veux que vous le soyez pour me dépiquer. N'y manquez pas, je vous en conjure; et le plus tôt sera le mieux.

Je vous avertis que je viendrai chercher bientôt la réponse à mon chiffon; et, quand vous serez soûl des fermes et gabelles, et dixièmes, et autres grosses besognes, je vous lirai ma petite drôlerie pour l'infante, en présence du nouveau marié. Nous partons vers le 20 de ce mois.

Savez-vous bien, monsieur, que mon plus grand chagrin n'est pas de ne vous avoir point écrit, mais de passer ma vie sans vous faire ma cour? Je vous la ferai, je vous jure, mais quand? Vous ne soupez point, je ne dîne point; vous allez entendre au conseil des choses assommantes, et j'en fais de frivoles. N'importe, il faut absolument que je reprenne mon habitude de vous soumettre mes rêveries :

Dum *validus*, dum *lætus eris*, dum *denique posces*.
Hor., lib. I, ep. xiii, v. 3.

Mes respects, si vous le permettez, à monsieur votre fils tout comme à vous; mais, malgré mon long et coupable silence, je vous suis dévoué avec l'attachement le plus tendre et le plus vieux. Il y a, ne vous déplaise, plus de quarante ans; cela fait frémir.

Adieu, monsieur; aimez-moi un peu, je vous en supplie; que j'aie cette consolation dans cette courte vie. Il y a quarante ans, ô ciel! que je vous aime, et je n'ai pas eu l'honneur de vivre avec vous la valeur de quarante jours! Ah! ah!

MCCXCVII. — A M. LE COMTE D'ARGENTAL.

Le 9 août.

Adorable ami, je reçois votre lettre. Vous corrigez *la Princesse de Navarre* et Prault; il faut que je vienne vous remercier de tous vos bienfaits. Mme du Châtelet et Dieu me sont témoins que je rapetassais la scène manquée, quand votre lettre est venue. Songez qu'il n'y a pas encore trois mois que j'ai entrepris un ouvrage extrêmement difficile, qui demanderait plus de six mois d'un travail assidu, pour être tolérable. Je n'ai jamais travaillé aux divertissements qu'à regret et à la hâte, ne pouvant les bien faire que quand la pièce achevée me laissera de la liberté dans l'esprit.

Tout malade que je suis, je n'en ai pas moins d'envie de vous plaire. Une fille d'Éole, nommée Arné, avec qui Neptune eut une passade, viendra très-bien à la place de Calisto. Il n'y a qu'à substituer aux quatre vers de Calisto ces quatre-ci :

<blockquote>
De l'empire inconstant des airs
La fille d'Éole
Descend et revole
Près du dieu des mers.
</blockquote>

Je sens bien que M. de Richelieu voudrait une répétition des divertissements, avant son départ pour l'Espagne; mais, s'il veut tout précipiter, il gâtera tout. Il a déjà fait assez de tort à la pièce, en me forçant d'en faire le plan chez lui à Versailles, et d'y mettre une espèce de *Jodelet* dont vous l'avez dégoûté trop tard. Vous voyez, mon cher ange gardien, que votre empire est assez difficile à conduire, et qu'il faut donner le temps à vos sujets de semer et de cultiver leurs terres, qui ne peuvent pas produire en trois mois.

Je crois enfin avoir, à peu de chose près, dégrossi la comédie. Je vais me mettre aux divertissements. Au nom de Dieu, ne m'en demandez pas trois dans un acte : *ter repetita nocent;* cela serait insupportable. Il faut bien prendre garde que les ballets dans la pièce n'étouffent l'intérêt.

M. de Richelieu veut despotiquement que nous revenions à Paris, et je sens que mon cœur dit oui, puisque je vous reverrai.

MCCXCVIII. — AU MÊME.

A Cirey, août.

Eh bien! mes chers anges, tandis que vous y êtes, crayonnez encore cette guenille, et ne me laissez faire rien de médiocre. Quand vous en serez contents, ne la lisez et ne l'envoyez qu'à vos amis. Je crois que M. de Chauvelin ne sera pas mécontent de la manière dont j'y traite messieurs des Alpes; mais je voudrais qu'on fût aussi un peu satisfait à Metz [1].

S'il est bien vrai que le roi ait dit de lui-même que l'ode de

---

[1]. Louis XV, arrivé à Metz le 4 août 1744, y était tombé malade le 8. (ÉD.)

Mme Bienvenu était trop mauvaise pour être de moi, nous sommes trop heureux. Nous avons un roi qui a du goût. Il faut donc que ceci lui plaise; mais j'ai peur d'avoir raison de lui dire :

Que vous êtes heureux de ne nous jamais lire

J'attends ma *Princesse*, et je me recommande à vos bontés.

MCCXCIX. — AU MÊME.
A Cirey, le 25 août.

Deux nouveaux divertissements, qui peut-être ne vous divertiront guère, mes anges gardiens, partent dans le moment, sous le couvert de M. le président Hénault. Eh bien! je vous ai sacrifié Vénus, et la pomme, et Pâris, et les galanteries que tout cela produisait. Voyez, jugez, écrivez-moi. Vous êtes d'étranges anges de ne pouvoir venir à Cirey, où on fait des drames, et où l'on voit Jupiter et ses satellites tous les soirs. Vous passeriez tout le jour dans votre chambre, et, le soir, on vous lirait la besogne du jour; mais vous êtes des mondains, mes anges, vous ne connaissez pas les charmes de la retraite. Je baise vos ailes.

MCCC. — AU MÊME.
A Cirey, août.

Je vous supplie, mes saints anges, de considérer que M. de Richelieu aurait voulu que l'ouvrage eût été fait avant son départ, et qu'en moins de quinze jours j'ai fait deux actes et ces deux divertissements. Il ne faut donc regarder tout ce que j'ai broché que comme une esquisse dessinée avec du charbon sur le mur d'une hôtellerie où on couche une nuit. Je n'ai jamais prétendu que la comédie restât comme elle est, je prétends seulement que les divertissements du premier acte demeurent. Ils me paraissent devoir faire un spectacle charmant. J'ai déjà fait tenir à M. le duc de Richelieu le second acte; mais je lui mande bien positivement que tout cela n'est qu'une ébauche. Il veut absolument du burlesque; j'ai eu beaucoup de peine à obtenir qu'il n'y eût point d'Arlequin. A l'égard de Sanchette, elle n'est qu'une pierre d'attente. Il y faut mettre Mme Morillo, parce qu'il faut une personne ridicule, qui occasionne des méprises et des jeux de théâtre; mais, je vous en prie, prêtez-vous un peu plus au comique. Il est vrai qu'il est hors de mode; mais ce n'est pas parce que le public n'en veut point, c'est qu'on ne peut lui en donner. Comptez que le comique qui fait rire dépend du jeu des acteurs, et ne se sent point quand on examine un ouvrage, et qu'on le discute sérieusement. Je vais retoucher ce premier acte dont l'idée paraît toujours charmante à Mme du Châtelet, et qui peut fournir un des plus agréables spectacles du monde, avec des danses et de la musique. A l'égard de ce qui était destiné à M. de Richelieu, il n'y a qu'à le brûler. Je vais le refondre. Je ne me rebuterai point; je travaillerai jusqu'à ce que vous soyez contents.

ANNÉE 1744.

MCCCI. — A M. LE PRÉSIDENT HÉNAULT.

A Cirey, le 1ᵉʳ septembre

O déesse de la santé,
Fille de la sobriété,
Et mère des plaisirs du sage,
Qui, sur le matin de notre âge,
Fais briller ta vive clarté,
Et répands la sérénité
Sur le soir d'un jour plein d'orage
O déesse, exauce mes vœux !
Que ton étoile favorable
Conduise ce mortel aimable ;
Il est si digne d'être heureux !
Sur Hénault tous les autres dieux
Versent la source inépuisable
De leurs dons les plus précieux.
Toi qui seule tiendrais lieu d'eux,
Serais-tu seule inexorable ?
Ramène à ses amis charmants,
Ramène à ses belles demeures
Ce bel esprit de tous les temps,
Cet homme de toutes les heures.
Orne pour lui, pour lui suspends
La course rapide du temps :
Il en fait un si bel usage !
Les devoirs et les agréments
En font chez lui l'heureux partage.
Les femmes l'ont pris fort souvent
Pour un ignorant agréable,
Les gens en *us* pour un savant,
Et le dieu joufflu de la table
Pour un connaisseur très-gourmand
Qu'il vive autant que son ouvrage[1] !
Qu'il vive autant que tous les rois
Dont il nous décrit les exploits.
Et la faiblesse, et le courage,
Les mœurs, les passions, les lois,
Sans erreur et sans verbiage !
Qu'un bon estomac soit le prix
De son cœur, de son caractère,
De ses chansons, de ses écrits !
Il a tout ; il a l'art de plaire,
L'art de nous donner du plaisir,
L'art si peu connu de jouir ;
Mais il n'a rien, s'il ne digère.
Grand dieu ! je ne m'étonne pas

1. L'*Abrégé chronologique*. (ÉD.)

Qu'un ennuyeux, un Desfontaine,
Entouré, dans son galetas,
De ses livres rongés des rats,
Nous endormant, dorme sans peine,
Et que le bouc soit gros et gras.
Jamais Églé, jamais Silvie,
Jamais Lise à souper ne prie
Un pédant à citations.
Sans goût, sans grâce, et sans génie,
Sa personne, en tous lieux honnie,
Est réduite à ses noirs gitons.
Hélas! les indigestions
Sont pour la bonne compagnie.

Après cet hymne à la Santé, que je fais du meilleur de mon cœur, souffrez, monsieur, que j'y ajoute mentalement un petit *Gloria Patri* pour moi. J'ai autant besoin d'elle que vous, mais c'était de vous que j'étais le plus occupé. Qu'elle commence par vous donner ses faveurs, comme de raison. Buvez gaiement, si vous pouvez, vos eaux de Plombières, et revenez vite à Cirey, avant que les houssards autrichiens ne viennent en Lorraine. Ces gens-là ne font boire que des eaux du Styx.

Souvenez-vous que, dans la foule de ceux qui vous aiment, il y a deux cœurs ici qui méritent que vous vous arrêtiez sur la route.

MCCCII. — A M. LE COMTE D'ARGENTAL.
Septembre.

Mon cher et respectable ami, voilà ma petite drôlerie[1]; si vous voulez avoir la bonté de souffrir qu'elle passe par vos aimables mains, pour aller ennuyer ou amuser un moment votre éminentissime oncle[2], cela sera mieux reçu; et je vous supplie de vouloir bien ménager cette négociation. Il y a je ne sais quoi de bien insolent à envoyer ses vers soi-même; c'est dire à un ministre : « Quittez vos affaires pour me lire, admirez-moi, et donnez-vous la peine de me l'écrire. » Il faut, en vérité, que les vers se fassent lire eux-mêmes; qu'ils courent d'eux-mêmes s'ils sont bons; qu'ils tombent d'eux-mêmes s'ils ne valent rien, et que le pauvre auteur se cache tant qu'il peut. On doit être soûl de vers sur le roi. Hier je vis encore trois odes; c'est bien le cas de dire :

.... et si peu de bons vers.

Il faudrait être fou pour se fâcher quand on nous dit que, de trente mille vers faits par nous, il y en a peu de bons.

Si on avait l'esprit mal fait, on se fâcherait plutôt du début :

Quoi! verrai-je toujours des sottises en France?

1. Le petit poëme *Sur les événements de l'année* 1744. (Éd.)
2. Le cardinal de Tencin, nommé ministre d'État sans portefeuille en 1742. (Éd.)

ANNÉE 1744.

On se fâcherait de ce qu'on dit qu'il y a des railleurs; voilà qui est plus personnel; mais j'espère qu'on ne se fâchera point, parce qu'on ne me lira point. Peut-être quatre vers de l'endroit de *Germanicus*, qui sont touchants, et que M. le cardinal de Tencin pourrait faire valoir dans un moment favorable, seraient vus avec indulgence, et puis c'est tout. En un mot, que le roi sache que j'ai mis mes trois chandelles à ma fenêtre. Pardon si je suis un bavard en vers et en prose. Mille tendres respects à madame l'ange.

MCCCIII. — AU MÊME.

À Champs, septembre.

Je partis pour Champs, mon adorable ange, au lieu de dîner. Je me mis dans le trémoussoir de l'abbé de Saint-Pierre, et me voilà un peu mieux. Ayez donc la bonté de me renvoyer notre *Princesse* crayonnée de votre main; ajoutez à toutes les peines que vous daignez prendre celle de me pardonner mon impuissance. Vous ordonnez que cette première scène, entre le duc de Foix et sa dame, soit des plus touchantes; je ne l'ai regardée que comme une scène de préparation qui excite la curiosité, qui laisse échapper des sentiments, mais qui ne les développe point, qui irrite le désir et qui n'entame point la passion. Si cette scène avait le malheur d'être passionnée, la scène suivante, qui me paraît bien plus piquante, deviendrait très-insipide. Je sacrifierai pourtant, autant que je pourrai, mes idées à vos ordres, je tâcherai d'échauffer encore un peu cette scène des deux amants; mais permettez-moi de ménager les teintes, et de ne pas prodiguer des sentiments qui doivent être ménagés et filés jusqu'à la fin. J'ôterai, si vous voulez, le mot d'*outrageuse*, quoiqu'il soit dans Boileau et dans Corneille.

Vous vous intéressez tant aux arts, que vous ne souffrirez pas que Mlle Clairon joue d'une manière raisonnée et froide ce troisième acte, où elle doit faire éclater le pathétique et le désespoir le plus douloureux; ce serait un contre-sens du cœur, et ceux-là sont les plus impardonnables.

Je sais bien que ces deux vers du Discours,

Ennuyer son héros est une triste chose;
Nous l'accablons de vers, nous l'endormons en prose,

sont trop faibles et ne répondent pas assez à l'idée que vous avez qu'il ne faut pas avoir l'air de se mettre au-dessus de son prochain. N'aimeriez-vous pas mieux :

Ô ma prose, mes vers ! gardez-vous de paraître;
Il est dur d'ennuyer son héros et son maître?

La pièce avec ces deux vers devient honnêtement modeste.

Je vous prie de vouloir bien observer que ce petit ouvrage ne s'adresse point au roi, que ce n'est que par occasion qu'on ose y parler de lui, qu'il commence sur le ton familier, et qu'ainsi les vers héroïques gâteraient cet ouvrage s'ils donnaient l'exclusion aux autres. Le grand art, ce me semble, est de passer du familier à l'héroïque, et de descendre avec des nuances délicates. Malheur à tout ouvrage de ce genre qui sera toujours sérieux, toujours grand ! il ennuiera ; ce ne sera qu'une déclamation. Il faut des peintures naïves ; il faut de la variété ; il faut du simple, de l'élevé, de l'agréable. Je ne dis pas que j'aie tout cela, mais je voudrais bien l'avoir ; et celui qui y parviendra sera mon ami et mon maître. Dites-moi seulement pourquoi Mme du Châtelet et M. de La Vrillière[1] savent par cœur ma petite drôlerie.

Adieu, mes adorables anges.

MCCCIV. — A M. LE PRÉSIDENT HÉNAULT, A VERSAILLES.

A Champs, ce 14 septembre.

Le roi, pour chasser son ennui,
Vous lit, et voit votre personne ;
La gloire a des charmes pour lui,
Puisqu'il voit celui qui la donne.

En qualité de bon citoyen et de votre serviteur, je dois être charmé que le roi vous lise, et je le serais plus encore s'il vous écoutait. Vous savez bien, très-adorable président, que vous avez tiré Mme du Châtelet du plus grand embarras du monde ; car cet embarras commençait à la Croix-des-Petits-Champs, et finissait à l'hôtel de Charost ; c'était des reculades de deux mille carrosses, en trois files, des cris de deux ou trois cent mille hommes semés auprès des carrosses, des ivrognes, des combats à coups de poing, des fontaines de vin et de suif qui coulaient sur le monde, le guet à cheval qui augmentait l'imbroglio ; et, pour comble d'agréments, Son Altesse royale revenant paisiblement au Palais-Royal avec ses grands carrosses, ses gardes, ses pages, et tout cela ne pouvant ni reculer ni avancer jusqu'à trois heures du matin. J'étais avec Mme du Châtelet ; un cocher, qui n'était jamais venu à Paris, l'allait faire rouer intrépidement. Elle était couverte de diamants ; elle met pied à terre, criant à l'aide, traverse la foule sans être ni volée ni bourrée, entre chez vous, envoie chercher la poularde chez le rôtisseur du coin, et nous buvons à votre santé tout doucement dans cette maison[2] où tout le monde voudrait vous voir revenir.

Suave, mari magno turbantibus æquora ventis,
E terra magnum alterius spectare laborem.
Lucr., lib. II, v. 1.

J'ai laissé *la Princesse de Navarre* entre les mains de M. d'Argental, et le divertissement entre les mains de Rameau. Ce Rameau est aussi grand original que grand musicien. Il me mande « que j'aie à mettre

1. Le comte de Saint-Florentin, depuis duc de La Vrillière, alors ministre des affaires de la religion prétendue réformée, et chargé par Louis XV de toutes les affaires de l'intérieur du royaume, pendant l'absence de ce prince en 1744. (ÉD.)
2. Hénault demeurait alors dans la rue Saint-Honoré, vis-à-vis les Jacobins. (ÉD.)

en quatre vers tout ce qui est en huit, et en huit tout ce qui est en quatre. » Il est fou; mais je tiens toujours qu'il faut avoir pitié des talents. Permis d'être fou à celui qui a fait l'acte des *Incas*[1]. Cependant, si M. de Richelieu ne lui fait pas parler sérieusement, je commence à craindre pour la fête.

Je suis le plus trompé du monde si Royer n'a pas fait de belles choses dans *Prométhée*[2]; mais Royer n'a pas eu la plus grande part de ce monde au larcin du feu céleste. Le génie est médiocre; on en peut cependant tirer parti. Je voudrais bien, monsieur, qu'à votre retour nous fissions exécuter quelque chose devant vous. Il est juste qu'on amuse celui qui passe sa vie à joindre *utile dulci*[3].

Adieu, monsieur; vous êtes aimé où je suis, comme partout ailleurs, et je crois toujours me distinguer un peu dans la foule, car, en vérité, je sens bien vivement tout ce que vous valez. Je le dis de même, et je vous suis attaché de même.

MCCCV. — A MADAME LA COMTESSE D'ARGENTAL.

A Champs, le 18 septembre.

Vraiment, madame, votre idée est très-bonne; en vous remerciant de vos belles inspirations, je tâcherai d'en faire usage. Ne croyez pourtant point qu'au temps de Pierre le Cruel[4] il n'y eût point de barons. Toute l'Europe en était pleine, et il y a toujours eu des barons ridicules.

Si la platitude des vers du janséniste Racine a réussi à la cour, il est clair que des vers d'un ton agréable doivent y être mal reçus.

En vain Boileau a recommandé de

Passer du grave au doux, du plaisant au sévère.
Art poét., ch. I, v. 76.

C'est, à la vérité, la seule manière de se faire lire dans des ouvrages détachés, dans des épîtres, dans des discours en vers. Ce genre de poésie a besoin de sel pour n'être pas fade; c'est pourquoi je ne reviens pas d'étonnement que M. d'Argental condamne ces vers:

Et le vieux nouvelliste, une canne à la main,
Trace, au Palais-Royal, Ypres, Furne et Menin.
Évén. de 1744, v. 39.

Si vous n'aimez pas ces peintures, vous ne pouvez aimer la poésie. Il n'y a que ces images qui la soutiennent. Boileau n'est lu que parce que ses ouvrages sont pleins de ces portraits vrais, plaisants, familiers, qui égayent le ton sérieux, et en varient l'insupportable monotonie. Prenez garde qu'un peu trop de goût pour l'uniformité du sentiment ne vous écarte des idées qui firent fleurir les lettres il y a quatre-vingts

---

1. La seconde des entrées des *Indes galantes*, dont Rameau a fait la musique, était intitulée: *Les Incas du Pérou*. (ÉD.)
2. C'est l'opéra de *Pandore*. (ÉD.)
3. Horace, *de Arte poetica*, vers 343. (ÉD.)
4. Don Pèdre, surnommé *le Cruel* ou *le Justicier*, roi de Castille au quatorzième siècle. (ÉD.)

ans. Vous ne voulez point de comique dans les comédies, vous ne voulez point d'images gaies dans les épîtres; gare l'ennui, gare le néant!

Il faut jeter le *Pastor Fido* dans le feu, si ces vers-ci ne valent rien :

J'en crois assez votre rougeur,
C'est de nos sentiments le premier témoignage.
— C'est l'interprète de l'honneur.
Cet honneur, attaqué dans le fond de mon cœur,
S'en indigne sur mon visage.
La Princesse de Nav., acte III, scène II.

A l'égard des autres détails, il y en a une grande partie sur lesquels je passe condamnation; mais, soit que je me soumette, soit que j'aie la témérité de demander une révision, je suis également plein de reconnaissance et de la plus respectueuse tendresse pour tous mes anges.

MCCCVI. — A M. BERGER.
A Paris, le 7 octobre.

J'ai bien peur, monsieur, de perdre l'imagination comme la mémoire. J'ai été si lutiné, depuis mon retour à Paris, et par mes maladies et par les fêtes que je prépare à notre dauphine; il a fallu tant faire de vers, tant en refaire, parler à tant de musiciens, de comédiens, de décorateurs, tant courir, tant m'épuiser en bagatelles, que j'avoue que je ne sais plus si j'ai répondu à une lettre que vous m'adressâtes, il y a quelque temps, au Champbonin. Vous me mandâtes que tout le foin de la cavalerie du roi très-chrétien était soumis à votre juridiction. Je souhaite que vous en mettiez dans vos bottes, et que vous veniez à Paris, enrichi de nos triomphes. Il me semble que votre général a fait une campagne à la Turenne, toujours supérieur, par la conduite, à un ennemi supérieur en forces. Si tous les fourrages qu'on a pris aux Autrichiens vous appartenaient, vous seriez un Bernard; mais quand vous ne seriez qu'un homme très-aimable un peu à son aise, ce sera toujours un rôle fort agréable. Je serai très-charmé de vous embrasser à Paris. Je compte toujours sur votre amitié; la mienne est, comme vous savez, ennemie des cérémonies.

MCCCVII. — A FRÉDÉRIC II, ROI DE PRUSSE.
A Lille, ce 16 novembre

Est-il vrai que, dans votre cour,
Vous avez placé, cet automne,
Dans les meubles de la couronne,
La peau de ce fameux tambour
Que Zisca fit de sa personne?

La peau d'un grand homme enterré
D'ordinaire est bien peu de chose,
Et, malgré son apothéose,
Par les vers il est dévoré.

ANNÉE 1744.   417

> Du destin de la tombe noire
> Le seul Zisca fut préservé;
> Grâce à son tambour conservé,
> Sa peau dure autant que sa gloire.
>
> C'est un sort assez singulier.
> Ah ! chétifs mortels que nous sommes !
> Pour sauver la peau des grands hommes,
> Il faut la faire corroyer.
>
> O mon roi ! conservez la vôtre;
> Car le bon Dieu, qui vous la fit,
> Ne saurait vous en faire une autre
> Dans laquelle il mît tant d'esprit.

Il n'est pas infiniment respectueux de pousser un grand roi de questions; mais on en usait ainsi avec Salomon, et il faut bien, Sire, que le Salomon du Nord s'accoutume à éclairer son monde.

Sa Majesté me permettra donc que j'ose lui demander encore ce que c'est qu'un arc trouvé à Glatz. Votre Majesté me dira peut-être qu'il faut m'adresser à Jordan; mais ce Jordan, Sire, est un paresseux, tout aimable qu'il est, et vous avez plus tôt réglé quatre ou cinq provinces, et fait deux cents vers et quatre mille doubles croches, qu'il n'a écrit une lettre.

J'arrive à Lille, qui est une ville dans le goût de Berlin, mais où je ne reverrai ni l'opéra ni la copie de Titus. Votre Majesté, et la reine mère, et Mme la princesse Ulrique, ne se remplacent point. Je n'ai pas encore l'armée de trois cent mille hommes avec laquelle je devais enlever la princesse, mais, en récompense, le roi de France en a davantage. On compte actuellement trois cent vingt-cinq mille hommes, y compris les invalides; ce sont trois cent mille chiens de chasse qu'on a peine à retenir; ils jappent, ils crient, ils se débattent, et cassent leurs laisses pour courir sus aux Anglais, et à leurs pesants serviteurs les Hollandais. Toute la nation, en vérité, montre une ardeur incroyable. Heureusement encore votre ami[1] de Strasbourg ne fera plus semblant de commander les armées; et l'empereur, appuyé de Votre Majesté et de la France, pourra bientôt[2] donner des opéras à Munich.

Comme j'ai osé faire force questions à Votre Majesté, je lui ferai un petit conte, mais c'est en cas qu'elle ne le sache pas déjà.

Il y a quelques mois que Madame Adélaïde, troisième fille du roi mon maître, ayant treize louis d'or dans sa poche, se releva pendant la nuit, s'habilla toute seule, et sortit de sa chambre. Sa gouvernante s'éveilla, lui demanda où elle allait. Elle lui avoua ingénument qu'elle avait ordonné à un palefrenier de lui tenir deux chevaux prêts pour aller commander l'armée et secourir l'empereur; mais, si elle apprend que Votre Majesté s'en mêle, elle dormira tranquillement désormais.

1. Le maréchal de Broglie. (ÉD.)
2. L'empereur Charles VII rentra effectivement à Munich le 22 novembre 1744. (ÉD.)

Au moment où j'ai l'honneur d'écrire à Votre Majesté, nos troupes sont en marche pour aller prendre le Vieux-Brisach. A l'égard des troupes de comédiens, j'apprends une singulière anecdote dans cette ville de Lille : c'est que, tandis qu'elle fut assiégée par le duc de Marlborough, on y joua la comédie tous les jours, et que les comédiens y gagnèrent cent mille francs. Avouez, Sire, que voilà une nation née pour le plaisir et pour la guerre.

Titus prie toujours Votre Majesté pour ce pauvre Courtils[1], qui est à Spandau sans nez.

Je suis pour jamais aux pieds de votre *humanité*, etc.

MCCCVIII. — A M. LE MARQUIS D'ARGENSON,

Ministre des affaires étrangères.

19 novembre.

De quoi diable m'avisai-je, moi, d'écrire à M. le duc de Richelieu qu'il fallait sur-le-champ envoyer un courrier pour cette terre que vous deviez acheter? Il m'appartient bien de bourdonner, à moi, mouche du coche!

Or vous voilà cocher, monseigneur; menez-nous à la paix tout droit par le chemin de l · gloire; et, quand vous verrez, en passant, votre ancien attaché dans les broussailles, donnez-lui un coup d'œil.

Vous allez embrasser, être embrassé, remercier, promettre, vous installer, travailler comme un chien; mais surtout portez-vous bien, et aimez toujours Voltaire.

MCCCIX. — A M. NÉRICAULT DESTOUCHES.

Le 3 décembre.

J'ai toujours été, monsieur, au rang de vos amis; mais, en vérité, je ne me croyais pas dans celui de vos créanciers. Le premier titre m'est si cher que je ne pense point du tout à l'autre. Il y a eu une étrange fatalité sur ces souscriptions de *la Henriade*. Les quinze qui avaient échappé à votre mémoire sont en sûreté; et je sais, il y a longtemps, que vous conduisez une affaire aussi bien qu'une pièce de théâtre; mais il n'en alla pas de même de cent souscriptions dont mon pauvre Thieriot me perdit l'argent, sans aucune ressource. Il m'a offert depuis, fort souvent, de me rembourser, mais il serait ruiné; et moi je serais bien indigne d'être homme de lettres, si je n'aimais pas mieux perdre cent louis que de gêner mon ami. Jugez, monsieur, si, ayant remis à Thieriot cent louis qu'il me devait, j'aurai la mauvaise grâce de vous presser sur quinze louis que j'avais oubliés. J'aime mieux vos vers que votre argent, et j'attends avec bien plus d'impatience le recueil de vos ouvrages que les guinées dont vous me parlez. Je voudrais que le tourbillon de Paris pût me laisser assez de liberté pour aller philosopher avec vous dans votre retraite, et y jouir des charmes de votre amitié et de ceux de votre conversation; mais,

---

1. Nom du vieux gentilhomme franc-comtois dont Voltaire avait demandé la grâce à Frédéric en septembre ou octobre 1743. (ÉD.)

quand vous viendrez à Paris, n'oubliez pas de faire avertir votre ancien ami et comptez que vous le trouverez toujours comme vous l'avez laissé, attaché à votre gloire et à votre personne. C'est avec ces sentiments que je serai toute ma vie, etc.

MCCCX. — DE FRÉDÉRIC II, ROI DE PRUSSE.

A Berlin, le 4 décembre.

La peau de ce guerrier fameux
Qui parut encor redoutable
Aux Bohêmes, ses envieux;
Après que le trépas hideux
Eut envoyé son âme au diable,
Est ici pour les curieux.
Quand un jour votre âme légère
Passera sur l'esquif fameux,
Pour aller dans cet hémisphère
Inventé par les songe-creux,
Les restes de votre figure,
Immortels malgré le trépas,
Donneront de la tablature
A nos modernes Marsyas.

Oui, la peau de Zisca, ou, pour mieux dire, le tambour de Zisca, est une des dépouilles que nous avons emportées de Bohême.

Je suis bien aise que vous soyez arrivé en bonne santé à Lille; je craignais toujours les chutes de carrosse.

Vous voilà plus enthousiasmé que jamais de quinze cents galeux de Français qui se sont placés sur une île du Rhin, et d'où ils n'ont pas le cœur de sortir[1]. Il faut que vous soyez bien pauvres en grands événements, puisque vous faites tant de bruit pour ces vétilles; mais trêve de politique.

Je crois que les Hollandais peuvent avoir des pantomimes, quand les acteurs viennent des pays étrangers. Ils auront de beaux génies, quand vous serez à la Haye, de fameux ministres, lorsque Carteret y passera, et des héros, lorsque le chemin du roi, mon oncle, le conduira par des marais, pour retourner à son île. *Federicus Voltarium salutat.*

MCCCXI. — A M. LE MARQUIS D'ARGENSON.

Ce 7 décembre.

M. de Schmettau vient de me montrer un petit imprimé intitulé: *Lettre d'un ami à votre ennemi Bartenstein.* Il a grande raison de vouloir que cet écrit soit rendu public. Je soupçonne M. Spon, ministre de l'empereur auprès du roi de Prusse, d'en être l'auteur; mais, de quelque main qu'il parte, je vais le faire imprimer sur la parole que M. de Schmettau m'a donnée que vous le trouverez bon, et sur la confiance que j'ai, en le lisant, qu'il fera un très-bon effet.

1. Les Français venaient de s'emparer de Fribourg en Brisgau; mais le roi de Prusse l'ignorait encore, ou feignait de n'en rien savoir. (ÉD.)

Si vous pouviez me faire envoyer la *Déduction en faveur des droits de l'empereur à la succession des États héréditaires*, je serais plus en état de travailler aux choses auxquelles vous permettez que je m'emploie.

Adieu, monseigneur ; tôt ou tard on aura la paix, et votre ministère sera probablement bien glorieux. Vous savez si je m'y intéresse.

MCCCXII. — A M. LE COMTE D'ARGENTAL.

Ce jeudi.

L'un et l'autre de mes anges, je vous prie de battre de vos ailes un très-aimable homme nommé l'abbé de Bernis. Il faut absolument que vous lui fassiez changer un endroit de son *Discours*; il le faut, il le faut; vous allez en convenir, et lui aussi, ou tout est perdu.

Les plus cruels ennemis de l'Académie, et puis *tous les talents de l'esprit de ces plus cruels ennemis*. Ah ! les lâches, les ridicules ennemis, passe ! et du mérite, du mérite ! les grands talents ! Roy ? de grands talents ! quatre ou cinq scènes de ballet; des vers médiocres dans un genre très-médiocre; voilà de plaisants talents ! Y a-t-il là de quoi racheter les horreurs de sa vie ? Puisqu'il daigne désigner Roy, est-ce ainsi qu'on le doit désigner, lui, le plus cruel ennemi de l'Académie ? C'est ainsi qu'on eût parlé d'Antoine dans le sénat; c'est mettre Roy dans la balance avec l'Académie, c'est l'égaler à elle, c'est la rabaisser à lui. Ah ! divins anges ! c'est trop d'honneur pour ce faquin ; ne le souffrez pas, élevez-vous de toute votre force ; qu'il ne soit pas dit qu'un homme aussi aimable que l'abbé de Bernis ait paru se plaindre tendrement de Roy, au nom de l'Académie. Il n'en faut parler qu'avec mépris, avec horreur, ou s'en taire. C'est mon avis à jamais. Bonsoir, mes deux anges.

MCCCXIII. — A M. LE MARQUIS D'ARGENSON.

Samedi au soir, 18 ou 19 décembre.

J'ai l'honneur de vous renvoyer, monseigneur, les armes que vous m'avez mises en main, et qui ne valent pas celles de vos trois cent mille hommes. J'y joins mon thème, que je vous supplie de corriger à votre loisir.

Vous me faites un petit abbé de Saint-Pierre. J'en ai les bonnes intentions ; c'est tout ce que vous trouverez, dans cette ébauche, qui puisse mériter votre suffrage. Pardonnez-moi si je ne vous parle que bon citoyen, et soyez sûr qu'il n'y en a point qui attende de vous de plus grandes choses, quand je vous en donne de si petites. Je suis pétri pour vous d'attachement, de respect, et de reconnaissance.

Mme du Châtelet vous aime de tout son cœur.

MCCCXIV. — AU MÊME.

Ce samedi, 26 décembre.

Vous avez trop de bonté pour ce pauvre avocat [1], et vous empêcherez bien, monseigneur, qu'il ne soit l'avocat des causes perdues. Je vous

---

[1] Voltaire, qui servait au ministre de rédacteur de mémoires. (ÉD.)

ANNÉE 1744.   421

remercie bien tendrement de ce que vous avez daigné dire un mot de mon griffonnage.

Je m'occupe à présent à tâcher d'amuser par des fêtes celui que je voudrais servir par mes plaidoyers, mais j'ai bien peur de n'être ni amusant ni utile.

Il est bien ridicule que je ne vous aie pas encore contemplé depuis votre nouvelle grandeur. Je suis toujours bien aise de vous dire que les ministres étrangers sont enchantés de vous. Il me paraît qu'ils aiment vos mœurs, et qu'ils respectent votre esprit. Ce que je vous dis là est à la lettre.

Comptez sur la véracité de votre ancien et très-ancien serviteur. Je me flatte d'accompagner votre amie dans votre château, à quatre lieues de Paris, et de vous y faire ma cour.

MCCCXV. — A M. DE VAUVENARGUES.
Décembre.

L'état où vous m'apprenez que sont vos yeux a tiré, monsieur, des larmes aux miens; et l'éloge funèbre que vous m'avez envoyé a augmenté mon amitié pour vous, en augmentant mon admiration pour cette belle éloquence avec laquelle vous êtes né. Tout ce que vous dites n'est que trop vrai, en général. Vous en exceptez sans doute l'amitié. C'est elle qui vous a inspiré, et qui a rempli votre âme de ces sentiments qui condamnent le genre humain. Plus les hommes sont méchants, plus la vertu est précieuse; et l'amitié m'a toujours paru la première de toutes les vertus, parce qu'elle est la première de nos consolations. Voilà la première oraison funèbre que le cœur ait dictée, toutes les autres sont l'ouvrage de la vanité. Vous craignez qu'il n'y ait un peu de déclamation. Il est bien difficile que ce genre d'écrire se garantisse de ce défaut; qui parle longtemps, parle trop sans doute. Je ne connais aucun discours oratoire où il n'y ait des longueurs. Tout art a son endroit faible; quelle tragédie est sans remplissage, quelle ode sans strophes inutiles? Mais, quand le bon domine, il faut être satisfait; d'ailleurs, ce n'est pas pour le public que vous avez écrit, c'est pour vous, c'est pour le soulagement de votre cœur; le mien est pénétré de l'état où vous êtes. Puissent les belles-lettres vous consoler! elles sont en effet le charme de la vie quand on les cultive pour elles-mêmes, comme elles le méritent; mais, quand on s'en sert comme d'un organe de la renommée, elles se vengent bien de ce qu'on ne leur a pas offert un culte assez pur, elles nous suscitent des ennemis qui persécutent jusqu'au tombeau. Zoïle eût été capable de faire tort à Homère vivant. Je sais bien que les Zoïles sont détestés, qu'ils sont méprisés de toute la terre, et c'est là précisément ce qui les rend dangereux. On se trouve compromis, malgré qu'on en ait, avec un homme couvert d'opprobres.

Je voudrais, malgré ce que je vous dis là, que votre ouvrage fût public; car, après tout, quel Zoïle pourrait médire de ce que l'amitié, la douleur, et l'éloquence ont inspiré à un jeune officier; et qui ne serait étonné de voir le génie de M. Bossuet à Prague? Adieu, monsieur; soyez heureux, si les hommes peuvent l'être; je compterai parmi mes beaux jours celui où je pourrai vous revoir.

Je suis avec les sentiments les plus tendres, etc.

MCCCXVI. — A. M. LE MARQUIS D'ARGENSON.

Le jour de la Circoncision 1745.

Monsieur Bon[1], premier président,
Dans vos vers me paraît plaisant;
Mais les Anglais ne le sont guères.
Ils descendent assurément
De ces *aragnes* carnassières
Dont vous parlez[2] si sagement.
Puissent ces méchants insulaires,
Selon leurs coutumes premières,
Prendre le soin de s'égorger!
Mais ils entendent leurs affaires,
Et c'est nous qu'ils veulent manger.

Vous les en empêcherez bien, monseigneur. Béni soit Apollon, qui vous a inspiré des choses si jolies dont je ne me doutais pas!

Pollio et ipse facit nova carmina; pascite taurum.....
Virg., ecl. III, v. 86.

Il me semble que vos jolis vers, et encore moins ma chétive prose, ne produiront pas la paix cet hiver. Il vous faudra une bonne année pour accorder les araignées; mais il y a apparence qu'on ne nous gobera pas comme des mouches.

Je vous remercie bien de votre confidence; c'est un secret d'État que des vers d'un ministre. Le cardinal de Richelieu en faisait davantage, mais pas si bien.

Je vous souhaite la bonne année, monseigneur, et je prends la liberté de vous aimer de tout mon cœur, tout comme si vous n'étiez pas ministre.

MCCCXVII. — A M. DE LA CONDAMINE, A LA HAYE.

Versailles, le 7 janvier.

Votre style, monsieur, n'est point d'un homme de l'autre monde; votre cœur pourrait bien en être; vous vous souvenez de vos amis, et ce n'est pas la mode de cet hémisphère. Il est vrai que vous êtes fait pour être excepté. Il s'en faut bien qu'on vous ait oublié pendant vos dix ans d'absence[3]; on parlait toujours de vous à Paris, tandis que

---

1. De la chambre des comptes de Montpellier. (ÉD.)
2. Dans les vers rappelés ici par Voltaire, le marquis d'Argenson comparait les souverains à des araignées dont les plus grosses dévorent les petites. (ÉD.)
3. La Condamine était parti le 16 mai 1735, avec Godin et Bouguer, pour le Pérou. Pendant ces dix ans d'absence, Voltaire lui écrivit plusieurs lettres; mais La Condamine ne les reçut pas. Le premier soin de celui-ci, en arrivant à la Haye, fut d'écrire à Voltaire, avec lequel il se refroidit neuf ans plus tard, lors de la rupture de ce dernier avec Maupertuis. (ÉD.)

vous étiez sur la montagne de Pichincha. Vous avez dû jouir du plaisir d'occuper de vous les deux moitiés du globe. Revenez donc vite à Paris, et faites-vous peindre comme M. de Maupertuis, aplatissant la terre d'un côté, tandis qu'il la presse de l'autre; on ne dira plus que la *figure du monde passe*[1]; vous l'aurez fixée pour jamais. Il est question de vous fixer aussi à la fin, et de venir jouir du fruit de vos travaux, et, surtout, qu'on ne puisse pas dire du succès de votre voyage: *Tout leur bien du Pérou n'est que du caquet.* Je vous ai écrit plusieurs fois, et, surtout, quand M. Dufal, votre ancien ami et le mien, vivait encore. Que vous trouverez ici d'honnêtes gens de moins et de sottises de plus! que vous trouverez de choses changées! Je me suis fait tant soit peu physicien, pour être plus digne de vous revoir; mais c'est Mme du Châtelet qui mérite toute votre attention, en qualité de sublime géomètre. Elle s'est mise à éclaircir Leibnitz, ce qui était très-difficile; et moi, à embrouiller Newton, ce qui était très-aisé; mais elle a été mieux imprimée que moi, et l'édition des *Éléments de Newton*, faite en Hollande, est entièrement ridicule. Gardez-vous bien d'en lire un mot; j'aurai l'honneur de vous en présenter à Paris une moins mauvaise.

Je conçois que vous devez être retenu à la Haye par les agréments de la société; vous devez être surtout bien content de notre ministre, M. de La Ville. Vous aurez fait de grands dîners chez M. le général Debrosses; vous aurez dit des galanteries espagnoles à Mme de Saint-Gilles. Avez-vous vu mon cher et respectable ami, M. de Podewils, l'envoyé de Prusse? il était bien malade quand il est arrivé à la Haye, et j'ai peur qu'il n'ait pu jouir du plaisir de vous entrevoir. La Haye est un des endroits de la terre où j'aurais le mieux aimé à vivre; mais je donne encore la préférence à Paris, où je vous attends avec l'impatience de l'amitié, très-indépendante de celle de la curiosité.

Vous me trouverez aussi maigre et aussi malade que vous m'avez laissé, et aussi rempli d'attachement pour vous; je ne vous traite point comme un ami de l'autre monde. Point de compliments. Je reprends avec vous mes anciens errements. Il n'y a point eu de mille lieues entre nous. Je vous embrasse de tout mon cœur, comme vous le permettiez autrefois.

MCCCXVIII. — A M. DE VAUVENARGUES.
Versailles, le 7 janvier.

Le dernier ouvrage[2] que vous avez bien voulu m'envoyer, monsieur, est une nouvelle preuve de votre grand goût, dans un siècle où tout me semble un peu petit, et où le faux bel esprit s'est mis à la place du génie.

Je crois que si on s'est servi du terme d'*instinct* pour caractériser La Fontaine, ce mot *instinct* signifiait génie. Le caractère de ce bon

1. *I Corinth*, VII, 31. (ÉD.)
2. *Réflexions critiques sur quelques poètes*. (ÉD.)

homme était si simple, que dans la conversation il n'était guère au-dessus des animaux qu'il faisait parler; mais comme poëte, il avait un instinct divin, et d'autant plus *instinct* qu'il n'avait que ce talent. L'abeille est admirable, mais c'est dans sa ruche; hors de là l'abeille n'est qu'une mouche.

J'aurais bien des choses à vous dire sur Boileau et sur Molière. Je conviendrais sans doute que Molière est inégal dans ses vers, mais je ne conviendrais pas qu'il ait choisi des personnages et des sujets trop bas. Les ridicules fins et déliés dont vous parlez ne sont agréables que pour un petit nombre d'esprits déliés. Il faut au public des traits plus marqués. De plus, ces ridicules si délicats ne peuvent guère fournir des personnages de théâtre. Un défaut presque imperceptible n'est guère plaisant. Il faut des ridicules forts, des impertinences dans lesquelles il entre de la passion, qui soient propres à l'intrigue. Il faut un joueur, un avare, un jaloux, etc. Je suis d'autant plus frappé de cette vérité, que je suis actuellement occupé d'une fête[1] pour le mariage de M. le Dauphin, dans laquelle il entre une comédie, et je m'aperçois plus que jamais que ce délié, ce fin, ce délicat, qui font le charme de la conversation, ne conviennent guère au théâtre. C'est cette fête qui m'empêche d'entrer avec vous, monsieur, dans un plus long détail, et de vous soumettre mes idées; mais rien ne m'empêche de sentir le plaisir que me donnent les vôtres.

Je ne prêterai à personne le dernier manuscrit que vous avez eu la bonté de me confier. Je ne pus refuser le premier à une personne digne d'en être touchée. La singularité frappante de *cet ouvrage, en faisant des admirateurs, a fait nécessairement des indiscrets.* L'ouvrage a couru. Il est tombé entre les mains de M. de La Bruère, qui, n'en connaissant pas l'auteur, a voulu, dit-on, en enrichir son *Mercure.* Ce M. de La Bruère est un homme de mérite et de goût. Il faudra que vous lui pardonniez. Il n'aura pas toujours de pareils présents à faire au public. J'ai voulu en arrêter l'impression, mais on m'a dit qu'il n'en était plus temps. Avalez, je vous en prie, ce petit dégoût, si vous haïssez la gloire.

Votre état me touche à mesure que je vois les productions de votre esprit si vrai, si naturel, si facile et quelquefois si sublime. Qu'il serve à vous consoler, comme il servira à me charmer. Conservez-moi une amitié que vous devez à celle que vous m'avez inspirée. Adieu, monsieur; je vous embrasse tendrement.

MCCCXIX. — A M. LE COMTE D'ARGENTAL.

Paris, ce lundi.

Voici un prologue, voici des mémoires justificatifs, voici des consultations; ayez surtout la bonté de me répondre sur le feu d'artifice. Me suis-je trompé? cette idée ne fournit-elle pas un spectacle plein de galanterie, de magnificence et de nouveauté? Je ne vois plus qu'un étang; on m'a enfourné dans une bouffonnerie, dont j'ai peur de ne

1. *La Princesse de Navarre.* (ÉD.)

me pas tirer. Je travaille avec un dégoût extrême; je ne suis soutenu que par vos bontés. Dites à M. de Solar que ni Virgile ni Le Tasse n'ont été *improvisatori*; on ne fait sur-le-champ que des choses médiocres tout au plus. Ce goût *improvisare* est le sceau de la barbarie chez les Italiens. Voilà nos troubadours ressuscités.

Vous buvez, mon adorable ange, la dernière bouteille de mon vin; mais je me flatte que je ferai à Cirey une bonne cuvée, cet été, et que je vous fournirai encore un petit tonneau pour l'hiver. Pardon, je comptais vous faire ma petite cour ce matin; je ne sais si je serai assez heureux pour voir mes deux anges. Empêchez bien La Noue d'être fâché, car, en vérité, il ne doit pas l'être. La Noue Orosmane! ah!

A propos, mon divin ange, je n'ai pas cru qu'il fût du respect de vous prier d'honorer de votre présence notre orgie d'histrions; mais si vous étiez assez humain pour nous faire cet honneur, vous nous causeriez le plus grand plaisir.

Nous nous réservons toujours pour le beau jour. Mais si, par exemple, Mme d'Argental voulait alors nous honorer de sa présence, avec quelqu'une de ses amies, j'en écrirais sur-le-champ au tyran duc de Richelieu; et je répondrais bien que ce sultan recevrait dans son sérail de telles odalisques. Si Mme d'Argental veut venir entendre de très-belle musique, il ne tient donc qu'à elle. Je vais à bon compte la mettre sur la liste; et, quand elle se présentera, on lui ouvrira les deux battants.

Encore un mot. Si ces anges, qui tiennent une si bonne maison, veulent donner à souper mercredi à Mme Newton-pompon du Châtelet, on attend leurs ordres pour s'arranger, et on baise le bout de leurs ailes. Je m'arrange très-bien de les aimer à la fureur; écoutez, chers anges, pourquoi donc êtes-vous si aimables?

MCCCXX. — A M. DE CIDEVILLE.

A Versailles, le 31 janvier.

Mon aimable ami, je suis un barbare qui n'écris point, ou qui n'écris qu'en *vile prose*; vos vers font mon plaisir et ma confusion. Mais ne plaindrez-vous pas un pauvre diable qui est bouffon du roi à cinquante ans, et qui est plus embarrassé avec les musiciens, les décorateurs, les comédiens, les comédiennes, les chanteurs, les danseurs, que ne le seront les huit ou neuf électeurs pour se faire un césar allemand? Je cours de Paris à Versailles, je fais des vers en chaise de poste. Il faut louer le roi hautement, Mme la Dauphine finement, la famille royale doucement, contenter la cour, ne pas déplaire à la ville.

O qu'il est plus doux mille fois
De consacrer son harmonie
A la tendre amitié dont le saint nœud nous lie!
Qu'il vaut mieux obéir aux lois
De son cœur et de son génie,
Que de travailler pour des rois!

Bonjour, mon cher et ancien ami; je cours à Paris pour une répé-

tition, je reviens pour une décoration. Je vous attends pour me consoler et pour me juger. Que n'êtes-vous venu pour m'aider ! Adieu ; je vous aime autant que j'écris peu.
V.

MCCCXXI. — A M. LE MARQUIS D'ARGENSON.
Le 8 février.

Je vous renvoie, monseigneur, le manuscrit que vous avez bien voulu me confier. L'auteur n'a pas la courte haleine s'il prononce, sans respirer, ses périodes. C'est un peu se moquer du monde que de dire que ce corégent[1] n'aurait pas où reposer son chef, s'il devenait veuf ; il aurait l'administration des pays héréditaires de la maison d'Autriche, jusqu'à la majorité du duc, qui serait bientôt roi des Romains. Je suis sûr que vous direz de meilleures raisons aux électeurs.

Je suis bien fâché contre *la Princesse de Navarre*, qui m'empêche de vous faire ma cour. M. Racine fut moins protégé par MM. Colbert et Seignelai que je ne le suis par vous. Si j'avais autant de mérite que de sensibilité, je serais en belle passe.

La charge de gentilhomme ordinaire ne vaquant presque jamais, et cet agrément n'étant qu'un agrément, on y peut ajouter la petite place d'historiographe : et, au lieu de la pension attachée à cette historiographerie, je ne demande qu'un rétablissement de quatre cents livres. Tout cela me paraît modeste, et M. Orry[2] en juge de même. Il consent à toutes ces guenilles.

Daignez achever votre ouvrage, monseigneur, et vous aboucher avec M. de Maurepas. Je compte avoir l'honneur de vous remercier incessamment, et de vous renouveler mes très-tendres respects et ma vive reconnaissance.

MCCCXXII. — A M. DE CIDEVILLE.

Mon cher et aimable ami, si ma faible machine pouvait suivre mon cœur, je serais actuellement chez vous. Je comptais venir aujourd'hui vous embrasser, mais il faut que les malades souffrent de toutes façons ; et mon estomac, ma poitrine, etc., ne font pas mes plus grands chagrins. Je suis à Paris et je ne vous ai pas vu ! voilà de tous les maux le plus grand.
V.

MCCCXXIII. — A M. LE COMTE D'ARGENTAL.
A Versailles, le 25 février.

La cour de France ressemble à une ruche d'abeilles, on y bourdonne autour du roi. Il y avait plus de bruit à la première représentation[3] qu'au parterre de la Comédie ; cependant le roi a été très-content. Je ne me suis mêlé que de lui plaire. Sa protection et l'amitié de M. et de Mme d'Argental, voilà l'objet de mes désirs et de mes soins ; le reste m'est très-indifférent ; et on peut faire à l'Opéra toutes les sot-

---

1. François-Étienne de Lorraine, grand-duc de Toscane en 1737, corégent des États autrichiens en 1741, empereur d'Allemagne en septembre 1745. (ÉD.)
2. Philbert Orry, contrôleur général des finances depuis le 20 mars 1730, donna sa démission en novembre 1745, et mourut en novembre 1747. (ÉD.)
3. La *Princesse de Navarre*. (ÉD.)

tises qu'on voudra, sans que je m'en mêle. Mon ouvrage est décent, il a plu sans être flatteur. Le roi m'en sait gré. Les Mirepoix ne peuvent me nuire. Que me faut-il de plus? Il y aurait cent tracasseries à essuyer si je voulais empêcher qu'on rejouât l'opéra[1] de Rameau. Je n'en veux aucune, je ne veux que revenir vous faire ma cour; mais je vous avertis que Mme du Châtelet veut être du voyage. Je suis comme les jésuites, je ne marche point seul. Vous sentez bien que n'étant qu'un *accident*, et Mme du Châtelet étant *ens per se*, je ne peux me séparer d'elle sans être anéanti.

MCCCXXIV. — AU MÊME.

Mon cher ange gardien, vous ne réussissez qu'à vous faire adorer et à me faire trembler; mais il sera bien difficile que vous puissiez empêcher qu'on ne hasarde la petite pièce avec *Jules César*. On ne ferait jamais rien dans ce monde, dans aucun genre, si on ne hasardait pas un peu. Pourvu que je ne risque point de perdre votre estime et votre amitié, et celle de Mme d'Argental, je peux hasarder tout le reste; car qu'est-ce que le reste?

Le roi m'a accordé verbalement la première charge vacante de gentilhomme ordinaire de sa chambre, et, par brevet, la place d'historiographe, avec deux mille francs d'appointements. Me voilà engagé d'honneur à écrire des anecdotes; mais je n'écrirai rien, et je ne gagnerai pas mes gages.

Adieu, ange de paix; ne soyez pas un ange de mauvais augure; vous n'êtes fait que pour annoncer le bonheur.

Songez, je vous prie, à faire en sorte que je ne sois pas brouillé avec M. le duc d'Aumont parce que La Noue ressemble au petit singe de la cheminée de Mme de Tencin.

Sub umbra alarum tuarum[2].

MCCCXXV. — A M. DE CIDEVILLE.
A Versailles, le 7 mars.

Je compte, mon cher ami, vous apporter ces sottises de commande[3] dès que je serai à Paris. Je me ferais à présent une grosse affaire avec vingt messieurs en charge, si je donnais le moindre ordre au sieur Ballard, *imprimeur des ballets du roi très-chrétien*. Chacun a ici son droit, il n'y a que les arts et les talents qui n'en ont point; mais j'ai des droits qui valent mieux que tous ceux des premières charges de la couronne; ce sont ceux que j'ai sur votre cœur. Vous ne sauriez croire l'impatience que j'ai de vous embrasser. VOLTAIRE.

MCCCXXVI. — A M. LE LA CONDAMINE.
Versailles, mars.

Mon très-ambulant philosophe, j'ai obéi aux ordres que vous m'avez donnés auprès de M. le duc de Richelieu. Il sera fort aise de vous

---

1. *Dardanus*. (ÉD.) — 2. Psaume XVI, v. 8. (ÉD.)
3. *La Princesse de Navarre*. (ÉD.)

voir et de vous procurer ici les agréments qui dépendent de lui ; mais l'étiquette de ce pays-ci n'est pas d'être présenté deux fois. Vous pouvez venir au lever du roi, et sans doute vous attirerez ses regards. S'il est curieux, il vous parlera. Je crois que vous avez plus besoin de conversations approfondies avec le contrôleur général [1] qu'avec Sa Majesté. Quelque chose que l'on vous donne, on ne pourra, à mon gré, vous récompenser.

Continuez-moi, je vous prie, dans ce monde, une amitié que vous m'aviez conservée dans l'autre, et croyez que de tous ceux qui ont le bonheur de vous connaître il n'y en a point qui vous soient plus véritablement dévoués que *Voltaire*.

MCCCXXVII. — A M. DE VAUVENARGUES.

A Versailles, ce 3 avril.

Vous pourriez, monsieur, me dire comme Horace :

Sic raro scribis, ut toto non quater anno.

Hor., lib. II, sat. III, v. 1.

Ce ne serait pas la seule ressemblance que vous auriez avec ce sage aimable. Il a pensé quelquefois comme vous dans ses vers ; mais il me semble que son cœur n'était pas si sensible que le vôtre. C'est cette extrême sensibilité que j'aime ; sans elle vous n'auriez point fait cette belle oraison funèbre [2] dictée par l'éloquence et la tendre amitié. La première façon dont vous l'aviez commencée me paraît sans comparaison plus touchante, plus pathétique, que la seconde ; il n'y aurait seulement qu'à en adoucir quelques traits, et à ne pas comprendre tous les hommes dans le portrait funeste que vous en faites ; il y a sans doute de belles âmes, et qui pleurent leurs amis avec des larmes véritables. N'en êtes-vous pas une preuve bien frappante, et croyez-vous être assez malheureux pour être le seul qui soyez sensible ? Ne parlons plus de La Fontaine : qu'importe qu'en plaisantant on ait donné le nom d'instinct au talent singulier d'un homme qui avait toujours vécu à l'aventure, qui pensait et parlait en enfant sur toutes les choses de la vie, et qui était si loin d'être philosophe ? Ce qui me charme surtout de vos réflexions, monsieur, et de tout ce que vous voulez bien me communiquer, c'est cet amour si vrai que vous témoignez pour les beaux-arts ; c'est ce goût vif et délicat qui se manifeste dans toutes vos expressions. Venez donc à Paris ; j'y profiterai avec assiduité de votre séjour. Vous serez peut-être étonné de recevoir une lettre de moi, datée de Versailles. La cour ne semblait guère faite pour moi ; mais les grâces que le roi m'a faites m'y arrêtent, et j'y suis à présent plus par reconnaissance que par intérêt. Le roi part, dit-on, les premiers jours du mois prochain, pour aller nous donner la paix, à force de victoires. Vous avez renoncé à ce métier qui demande un corps plus robuste que le vôtre, et un esprit peu philoso-

1. Pour le remboursement des avances, que La Condamine eut beaucoup de peine à obtenir. (ÉD.)
2. L'Éloge du jeune de Seitres. (ÉD.)

phique; c'est bien assez d'y avoir consacré vos plus belles années. Employez, monsieur, le reste de votre vie à vous rendre heureux, et songez que vous contribuerez à mon bonheur quand vous m'honorerez de votre commerce, dont je sens tout le prix.

FIN DU TRENTE-QUATRIÈME VOLUME.